陰陽師とは何者か

うらない、まじない、こよみをつくる

国立歴史民俗博物館 編

小さ子社

プロローグ

陰陽師をさぐる

陰陽師とは何者だったのでしょうか。現代では小説やマンガ、あるいは映画などで陰陽師ということばを聞く機会があります。しかし、お坊さん（僧侶）や神主さん（神職）のように実際の陰陽師に接することはありません。制度としての陰陽師は明治のはじめに廃止されて、姿を消してしまったからです。

本書では、そうした陰陽師が、歴史のなかで、どのような役割をはたし、どういった文化を担っていたのか、について、具体的な資料にもとづいて考えてみたいと思います。遠い歴史のかなたに消えてしまったかのように思える陰陽師の本当のすがたをよみがえらせてみたいのです。

最初に陰陽師のあしあとを、その登場から消滅まで時間の流れに沿って探ってみます。そこには古代の社会で生まれた陰陽道の役割や働きが時代によって変化していくすがたを見出すことができるでしょう。その姿を近世の末まで描く一方で、時代をこえて、陰陽師たちに託されてきた仕事も見つめてみます。さらには生活の隅々に陰陽道の知識が広がると、日常のなかでそれほど意識しないうちに陰陽道の考え方が用いられるようになりました。それらにも光をあててみたいと思います。

代表的な陰陽師として安倍晴明の名はよく知られています。平安時代に実際に活躍したその名まえは、時代が下っても、いろいろな説話や芸能のなかに息づき、そのイメージは豊かなものでした。そうした晴明をめぐる「ものがたり」から陰陽師を考えることもできるのではないでしょうか。

また本書では、陰陽師の重要な仕事であった暦の製作についてもとりあげてみます。暦は現代ではカレンダーにおきかえられているようですが、明治より前の暦はカレンダーと異なる体裁と内容を持っていました。それは陰陽師たちの知識や活動とも密接に関連していたのです。ここでは暦とそれにかかわった人々の生活や意識、思想に注目して、前代の暦をめぐる文化を再発見してみようと思います。それによって現代ではカレンダーに表現されているわたしたちの時間とその感覚を改めて考えてみたいのです。

この試みは、宗教とも科学とも少し異なる陰陽道というかつて確かに存在していた何ものかを陰陽師と暦をたどることで思い出そうとする旅だともいえるでしょう。どうか、一緒にゆっくりとこの探求におつきあいいただきたいと思います。

目次

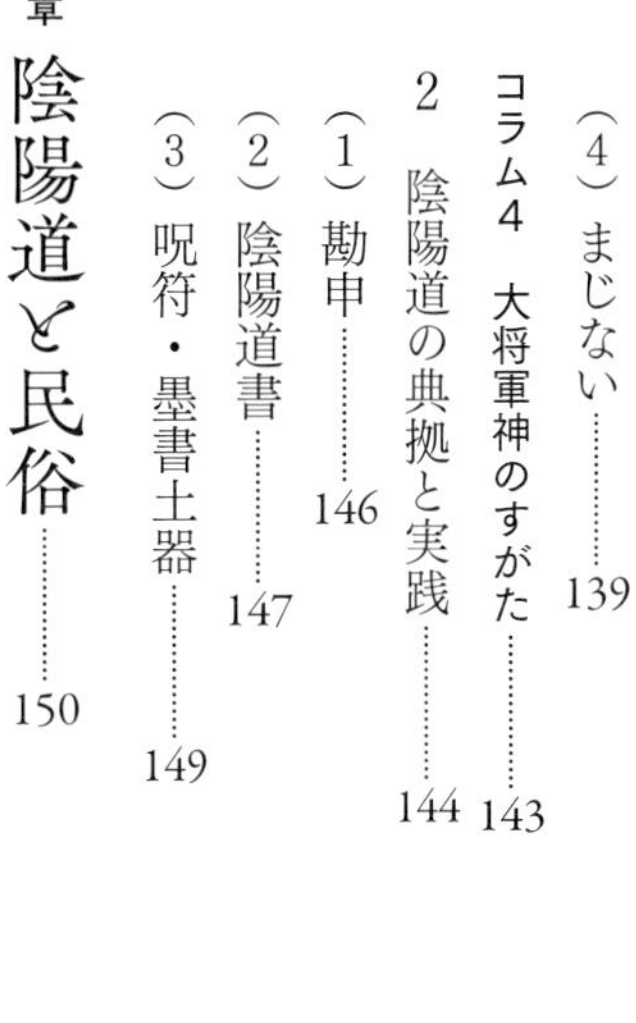

表紙・部扉図版
『星図歩天歌』（国立歴史民俗博物館所蔵、吉川家文書、文政七年（一八二四））

凡例

◦本書は、令和五年一〇月三日～一二月一〇日に国立歴史民俗博物館で開催する企画展示「陰陽師とは何者か―うらない、まじない、こよみをつくる―」の展示解説図録として編集した。

◦本書の構成は、おおむね展示構成に対応しているが、会期中に一部資料の展示替えを行うため、掲載している資料でも展示されていない場合がある。また、原物展示していない資料も「参考図」として掲載している。

◦本展示及び本書で用いた資料名称は、所蔵者・所蔵機関のそれとは必ずしも一致していない。

◦都道府県、市町村の指定文化財表記については省略した。また、所蔵機関・保管機関等の敬称を省略した。

◦写真は、原則として所蔵者・所蔵機関から提供を受けた。国立歴史民俗博物館所蔵資料及び一部の借用資料については、酒井康平（国立歴史民俗博物館博物館事業課）が撮影を行った。

◦写真の一部には、傍線を引いたり囲みをしたりして、強調した箇所がある。

◦本書全体の編集は小池淳一が担当し、執筆は、巻末に掲載した展示プロジェクト委員が分担した。また、各解説の文末に、執筆者を記した。

◦本書は、国立歴史民俗博物館共同研究（基盤研究）「奈良暦師吉川家文書を中心とする暦・陰陽道研究の史料基盤形成」（代表・梅田千尋〔京都女子大学〕、二〇一八～二〇二〇年度）及び科学研究費基盤研究（C）「古代～近代陰陽道史料群の歴史的変遷と相互関係の解明」（代表・梅田千尋〔京都女子大学〕、二〇二一～二〇二三年度）の成果の一部である。

◦本書では「陰陽」の語には原則としてルビを付していない。陰陽師の読みについては、一五頁「陰陽師（おんみょうじ）と陰陽師（おんようじ）」を参照。

◦安倍晴明の読みは諸説あるが「あべのせいめい」で統一した。

◦三嶋大社の表記は時代・史料によってゆれがあるが「三嶋大社」で統一した。

◦個々の史料名称や学術用語については執筆者の見解に従った。

第I部

陰陽師のあしあと

第一章 陰陽師、あらわる
——古代の陰陽道

日本では陰陽道の術者を陰陽師（おんみょうじ、おんようじ）という（読みについては本章一五頁参照）。中国にも陰陽師・陰陽家とよばれる術者がおり、また風水や天文を「陰陽」とよぶ場合もある。日本の陰陽師の名称もこれに由来しよう。

七世紀後半に、中国をモデルに中央集権的な国家体制である律令国家を建設するのにともなって、日本にも陰陽寮という役所ができた。ここに所属する占い師として、陰陽師は史料に現れる。

その後、律令国家の変質・再編によって八世紀末には、のちに「陰陽道」とよばれる術者の集団が形成される。この集団は、①占い（式占（しきせん）〈「ちょくせん」とも〉）、②呪術・祭祀、③暦日（れきじつ）・方角禁忌（きんき）の指南の三つを仕事とした。そして国家や天皇、また貴族のために、不祥事が起こらないかを占い、神々や霊の祟りを防ぎ、長寿や幸福を求めるために呪術・祭祀を執行し、不吉を避けるために日の吉凶を暦で確かめて方違えの助言を与えた。貴族が病気になると、原因を探るために陰陽師に占わせた。病因が神か霊か、単なる体調不良かで治療法が異なったからである。平安時代の貴族社会に陰陽師を欠くことはできない。

なお公務で術を行う国家公務員としての陰陽師を、研究用語で「官人陰陽師」という。これに対して、僧でありながら陰陽師として活動をする「法師陰陽師」もいた。彼らは貴族のもとに出入りして占いや祓をするだけでなく、しばしば呪詛も請け負った。この呪詛に使われたのが、式神である。貴族たちは、政敵がかけた呪詛にも気を配り、自分も陰陽師に依頼して呪詛返し（呪詛の祓）をする必要があった。

一一世紀になると、賀茂保憲を事実上の始祖とする賀茂氏と、安倍晴明を始祖とする安倍氏が朝廷の陰陽道を支配するようになる。賀茂氏は暦道（暦を造る専門家集団）、安倍氏は天文道（天変を占う専門家集団）の長も兼ねた。両氏による陰陽道支配は中世末まで続き、とりわけ安倍氏の一流である土御門家は、明治維新後まで陰陽道の宗家として権威と影響力を持つこととなった。

（細井浩志）

1 陰陽師をさぐる

西暦六七二年に、日本古代史上、最大の内乱とされる壬申の乱がおこった。皇位継承の最有力候補とされた大海人皇子は、兄の天智天皇に疎まれて、近江大津宮を去り、吉野山に逼塞していた。兄の死後、大友皇子（天智の皇子）が兵を集めて自分を襲撃しようとしているとの情報をつかみ、彼は吉野を脱出して東国に向かう。途中、伊賀（今の三重県）で黒雲を見た時、彼は天文の知識を使い、式盤を回して占い（式占）、近江方と互角に戦えるとの確信を得て、従う者たちを鼓舞した。その通り、彼は美濃国（今の岐阜県）で体勢を整えると、近江方の軍勢を破って即位した。彼こそが天武天皇である。天武天皇の下で、古代の中央集権国家である、律令国家の建設が進められた。

ここに出てくる式占も天文も、陰陽師が駆使する術法である。その重要性と危険性を熟知する天武天皇は、陰陽寮を造り、天文を見るための占星台を建てた。この陰陽寮が発展することで、陰陽道が誕生するのである。陰陽師の初見は、『日本書紀』巻二十九・天武天皇一三年（六八四）二月庚辰（二八日）条、陰陽寮の初見は同じく天武天皇四年（六七五）正月丙午朔（元日）条である。

ややこしい話だが、この頃の陰陽師は、平安時代の陰陽師と似ているが求められる仕事が少し異なっていた。第一に、彼らは占い師ではあるが、呪術・祭祀や暦の吉凶判断が必ずしも出来るわけではなかった。なかにはこうした術が使える者もいたが、とりあえず中国起源の占いができれば陰陽師は務まった。また天文もそのような占いの一種として、陰陽師の仕事とされていた。

平安時代との違いの第二は、この陰陽寮の陰陽師には僧侶がなる場合が多かったことである。平安時代の法師陰陽師とは異なり、国家公務員としての陰陽師に僧侶がなっていたのである。なぜかというと、後の官人陰陽師が使う式占、天文、暦といった諸術を日本（倭国）に伝えたのは、もともと僧侶だったからである。現代の宗教としての仏教とは違い、古代の仏教は占いや天体観測・占星術・暦や医術といったさまざまの技術も行っていた。天変を観察してその示す災異を読経で未然に防いだり、暦や時計を造って儀式の日や時刻を決めたりした。これは中央集権国家が誕生するまで、社会に共通する暦や時間を管理する存在がなく、国家がある程度発達してからも、国家の定めた暦や時刻を末端まで浸透させることは、情報設備のインフラ上、難しかったからである。また病気になった僧侶は、社会に病院が整っていないので寺院内で治療を施す必要があった。さらに占いや医術を人々に施すことで、僧侶は社会の信頼を得て、仏法を弘めることもできた。こうした術の中には、仏教ではなく道術（中国の道教の術法）も含まれた。道教の理想人物である「真人」を諡号（おくりな）にもつ天武天皇もまた、出家経験者である。

ところが日本で「大宝律令」が施行される七〇一年（大宝元）前後に、大きな変革が行われる。僧尼についての編目である僧尼令で、僧侶が占いをすることが禁止されたのである。このため陰陽寮内外で占いに携わっていた僧侶たちは、天皇の勅命で還俗させられて俗人としての陰陽寮所属となった。ここで僧侶とは区別される「陰陽師」という職分が生まれた。陰陽道は広い意味では東アジアの術数文化（天文・暦算・占法など「数」に関わる術法）のひとつの展開と言えるが、このような区別は中国や朝鮮にはなく、日本独自の意識だとされる。なお平安時代には僧形の陰陽師である法師陰陽師はいるが、彼らはいかがわしい存在と考えられており、あくまで僧と陰陽師は区別されるのが原則であった。

僧侶の占術禁止の規制は徐々に緩んでいくが、一方で陰陽師は九世紀までに、占いでも式占をもっぱら行う職業人となっていく。また八世紀後半には呪術・祭祀も行うようになる。特に官制改革による呪禁師との統合によってその職能を強め、加えて暦日や方角の禁忌も扱うことになったと推測される。この背景には、陰陽師の占いと呪禁師の術法の両方を行える者がおり、二つの官職を分けておくより一つの職分としておくほうが国家としても都合がよかったのだと考えられよう。ここにマンガや小説でわれわれがイメージする「陰陽師」の原型が登場したと言えるのである。おおよそ八世紀末頃のことである。

（細井浩志）

（1）中国の占いの日本伝来

陰陽師の行う術は、多くが中国で成立し、主に朝鮮半島を経て、日本（倭）に伝わった。最初に伝来したことが明らかなのは骨卜である。もとは動物を焼いて神に捧げていたところから発展して、骨を焼いてそのひび割れの形などで占うようになったのが骨卜である。中国北方の占いで日本列島には弥生時代から何度か波状に伝わった。大陸ではウシなどの家畜の肩甲骨を使ったが、日本では主に野生のシカやイノシシの肩甲骨を使った。六世紀頃、部制が成立すると、各地の骨卜技術者をヤマト王権は卜部として組織して奉仕をさせた。

同じ頃、欽明天皇の時、百済から亀卜が伝わった。中国ではリクガメを使うが、日本ではウミガメの甲羅を加工して卜甲とよばれる板を作り、ハハカギという木の細い棒に火をともして加熱し、できたヒビの形で占う。亀卜を使う人々は卜部に編成され、対馬・壱岐・伊豆に置かれた。これは朝鮮半島や東国での戦争に備えて、最新の占いができる集団を配置したものと考えられよう。京の卜部は三国から行き、朝廷での亀卜を奉仕した。畿内の内陸部ではウミガメは入手できないので、京卜部の活動が本格化するのは、亀甲をウミガメの産卵上陸地より調達できるようになった律令国家の成立と関わり、七世紀後半だと推測される。卜部は律令国家では神祇官に属し、御体御卜などの占いを務め、平安時代以降は陰陽師とともに、朝廷のために怪異の意味を占った。その子孫が神道吉田家となる。

やはり欽明天皇の時代、百済から易博士が交代で大王宮廷に派遣されていた。六世紀までの倭は百済の技術提供を受けるだけであったが、六〇二年（推古天皇一〇）に、百済の僧観勒が来て、暦法や天文・地理・遁甲や方術などの術法を教えた。この時、暦の造り方が初めて倭の地で伝授されたらしい。遁甲は、占い（式占）の一種であるが、陰陽師が行う反閇などの呪術に継承されていく。また天文は国家占星術、地理は後世の風水につながる術数である。つまり推古天皇の時、後の陰陽師が行う術法の技術移転が百済より行われたと言える。

これらは時の権力者である蘇我氏が主導する対朝鮮半島外交、仏教推進政策の一環であることを見逃すことはできない。陰陽道につながる諸術は、このほかに同じ朝鮮三国の新羅や高句麗からももたらされたが、何と言っても百済の影響が大きかった。六六三年の白村江の戦いで倭・百済軍が唐・新羅連合軍に壊滅的な敗北をしたことを受けて、ついに百済が滅びる。この際に、王族を含む大勢の百済人が倭国に亡命した。八世紀の日本に、陰陽師が使う式占の中でも太一式があったのは、このとき百済から持ち込まれた可能性が高い。太一式は唐でも国家の管理下にあり、倭から何度か遣唐使が派遣されたとはいえ、簡単には入手できなかったはずである。一方、百済は南北朝時代の中国南朝と深いつながりがあり、式占ももたらされていた（『宋書夷蛮伝』百済条）。この式占が太一式であったと明記はされていないものの、特に正史に記載があるのでその可能性が考えられる。八世紀初頭の陰陽寮官人の勤務評定を見ると、太一式の他に、遁甲式、六壬式、天文、算術、易経並びに楪筮、五行占、相地といったさまざまな中国系占術を職能としていたことがわかる。これらの中国系占術はその使い手から見て、多くが朝鮮三国より伝来したことはほぼ間違いない。

朝廷での占いにおいて、なぜ陰陽師が卜部よりも重視されるようになったのだろうか。ひとつにはウミガメの甲羅の入手が手間であるからとも考えられるが、今後、検討すべき問題と言える。

八世紀になると遣唐使がたびたび派遣され、唐のさまざまな文物がもたらされた。実は陰陽師は遣唐使船にも乗り込んだ。恐らく異国への旅の途中で事故を避けるため、またさまざまな吉凶を占うためであろう。正使以下の遣唐使の主要メンバーとは異なるので、唐に到着後の遣唐陰陽師はどこまで同行したのかはわからない。しかし彼らが滞在中に現地の術者と交流を持ったり、唐の占いや暦注、祭祀に関心を持って持ち帰ったりする場合もあったかもしれない。また春苑玉成は日本での疑問点を解決すべく、八三八年に遣唐陰陽師兼陰陽請益生として唐に渡って学び、『難義』一巻を得て、帰国後は陰陽寮の学生たちに伝えた。古代においても、記録には残らない、中国からの占いの影響は他にもいろいろあったと思われる。

（細井浩志）

1 卜甲（参考図）

対馬博物館所蔵　江戸時代末期～明治初期

亀卜で使う卜甲は、ウミガメの背甲を分けて成形し、磨いたもの。占い方は、裏を彫りくぼめ（鑽孔）、小刀や墨で町形（十）を書き、ウワズミザクラの細い棒の先端に火をつけて、「トホカミエミタメ」と唱えながら町形をなぞる。音がしてヒビが入ったら、表面を見て形（兆）で占う。大嘗祭で使う卜甲はもっと大きく、御体御卜では卜甲に引いた墨線にヒビがかかるかどうかで占うなど、さまざまな種類があった。

（細井）

（2）最初は占い師だった

陰陽師の仕事内容は、七一八年（養老二）頃に編纂された「養老律令」に載っている。これによると陰陽師は陰陽寮に六人置かれ、「占筮相地」をつかさどることとされていた。「占筮」とは厳密に言えば、筮竹による易占いを指すが、実際には易の陰陽説（陰陽五行説）を踏まえた中国の占い全般を指している（ただし亀卜は除く）。また「相地」とは地相を見ることで、後世で言う風水の古態を指す。

正倉院文書の中には、「官人考試帳（?）」（正確には考文）とよばれる、八世紀初頭の陰陽寮官人たちの勤務評定が残っている。これによると、陰陽師高金蔵は式占（「太一式」「六壬式」など）や「天文」といった占いを使うことができた。また陰陽師文広麻呂は、「五行占」と「相地」を行った。要するに何でもいいから亀卜以外の中国系の占いさえできれば、陰陽師は務まったのである。

この審査書類の術者は、共通して相地ができた。これは、平安時代以降とは異なり、奈良時代以前は遷都が多かったことと関係する。七世紀以前の倭国時代、天皇（大王）は居所である宮をしばしば変えていた。だから「○○宮にあめのしたしろしめす天皇」と称されたのだが、この背景には、当時の木造建築が掘立柱式であったことがある。礎石を使わないため傷みやすく長年使えば建て替える必要があった。また大王は終身制で、次の大王をあらかじめ指名する後世の皇太子制度もなかった。だから次の大王の候補者となる王族は複数おり、今の大王が亡くなる頃にはすでに成人となって、それぞれ自分の宮を構えていた。

陰陽寮を造った天武天皇の時代も同様の状況であった。中国思想好きの天武天皇は、新たな宮の建設に際しては、陰陽師に地相を見させていた。『日本書紀』巻二十九によると、六八四年（天武天皇一三）二月に、都とすべき地を探すため、他の官人や工匠らとともに、陰陽師を畿内に派遣している。

次の持統天皇の時代になると、律令国家の首都として藤原京が造営される（六九四年）。都城は律令国家の頭脳と言うべき場所である。主に都城の中央北部に最高権力者である天皇の住む内裏があり、そばには貴族官人が集う朝堂院、内裏を取り巻くように役人たちが勤務する、今日で言えばさしずめ霞ヶ関にあたる大内裏があった。また役人が早朝から出勤できるように都城内の宅地が分譲された。現代で言えば公務員住宅街である。天皇や太政官から出された命令が迅速に地方に届くように、また役人の往来や国家を運営する税の品々（当時はまだ貨幣経済が発達していなかった）を運ぶため、都城から全国に官道が走った。

都城ができたことで天皇や日本政府は頻繁に動くことはなくなった。しかし奈良時代の首都は時々変わった。政争があったり、疫病が流行ったり、重要な交通路である河川が、律令国家による工事で土砂が堆積したりなど、遷都の理由は様々であったが、その都度陰陽師が候補地に派遣されて地相を見た。

しかし七九四年に桓武天皇が平安京に移ると、都はその場所に落ち着く。都城は碁盤の目のように東西南北が直線道路によって区切られ、方位が明瞭な人工都市である。昔からの祭礼やタブーのない平安京で、暦日による日の吉凶や方角の禁忌は、新しい生活のルールとして貴族から支持されるようになったのである。この頃になると、陰陽師の仕事も占い全般ではなく式占や暦日による禁忌に限定され、そして平安京近辺の川原での祓や貴人の移動の際に邪気を防ぐ反閇などの呪術、都城を守る祭祀なども行うようになるのである。

（細井浩志）

陰陽師（おんみょうじ）と陰陽師（おんようじ）

全時代を通しての学術用語としては、「陰陽師」と書いて「おんみょうじ」、「陰陽道」と書いて「おんみょうどう」と読む。しかし古代・中世ではこれを「おんようじ」「おんようどう」と読んでいた。

たとえば『お湯殿の上の日記』という記録がある。これは宮廷に仕える女官が宮中の出来事を記した業務日誌で、室町時代中期～江戸時代末のものが残っている。その一五三七年の記事（天文六年四月一六日条）には「月しよく（＝月蝕）にて、御所つゝみまいらする。おんやうのかみ（＝陰陽頭）御なて物申いたす」とある。

近世においても、「をんやうし」などと読む事例は多いらしい（「陰陽師調法記」）。明治・大正期に編纂された百科事典「古事類苑」の索引も「陰陽師」「陰陽道」を「オンヤ（ウ）」で立項し、「おんみやうじ」は空見出しである。一方、北野本『日本書紀』南北朝時代訓は、陰陽師を「ヲムミヤウシ」と読んでいる。

つまり中世以降は「おんみょうじ」の読み方も行われていたのである。「おんみょうじ」の読み方が学術用語として定着したのは、近代のことだと考えられる。最近の研究者は、「おんみょうじ」「おんようじ」両様の読み方をしている。

（細井浩志）

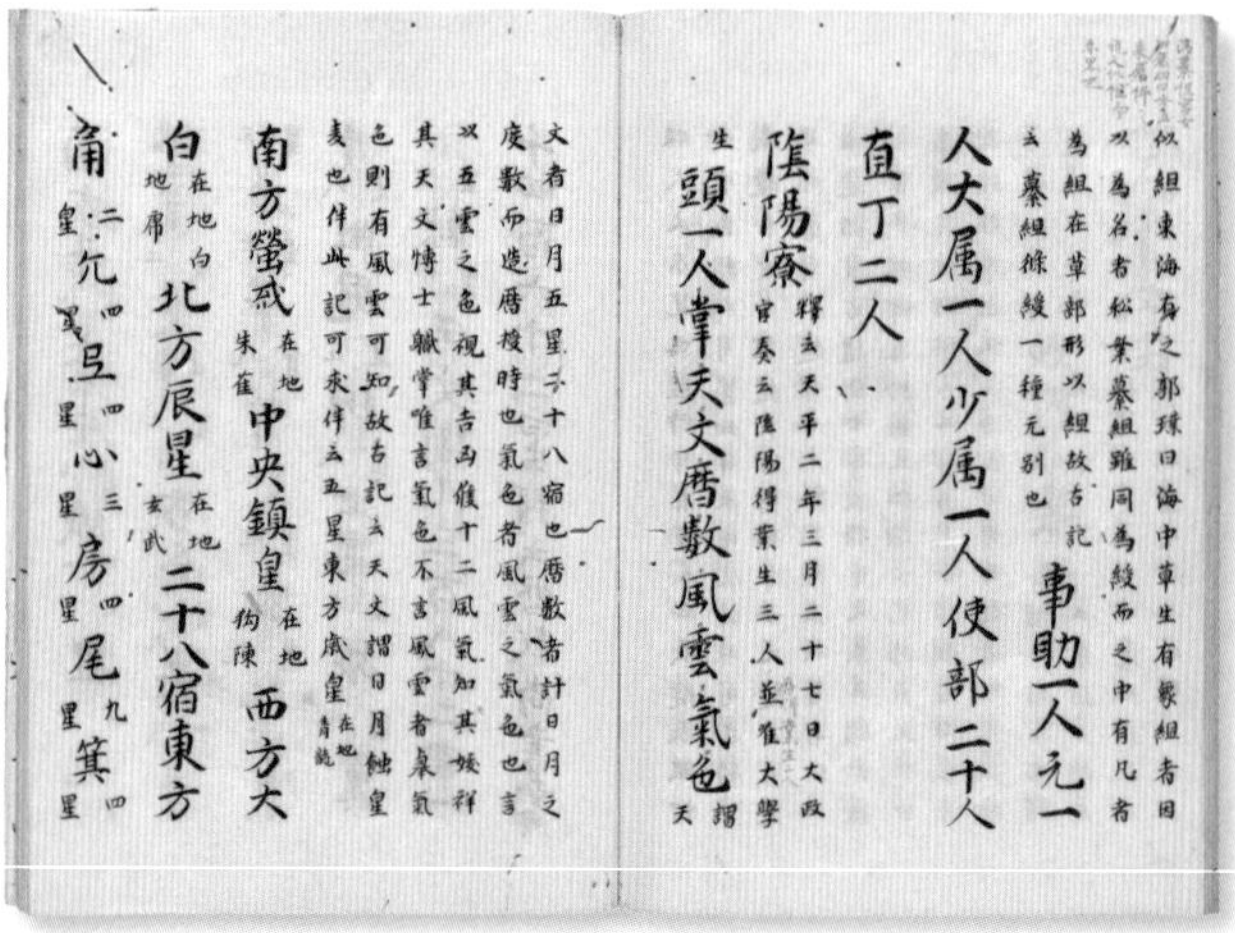

2 令集解　第三　職員二

本館所蔵　田中穣氏旧蔵典籍古文書
江戸時代前期写

写真の本文は、七一八年（養老二）頃編纂の「養老令」の陰陽寮に関する条文で、「大宝令」もほぼ同内容である。頭～少属が事務官、陰陽師（＝占い師）、陰陽博士（＝占いの教授者）、暦博士（＝造暦と造暦法の教授者）、天文博士（＝天文観察とその方法の教授者）、漏刻博士（＝水時計の管理者）、守辰丁（時刻観察と時報の鐘・鼓を撃つ役）が技官・教育職、陰陽生・暦生・天文生が学生で、使部・直丁は雑用係である。（細井）

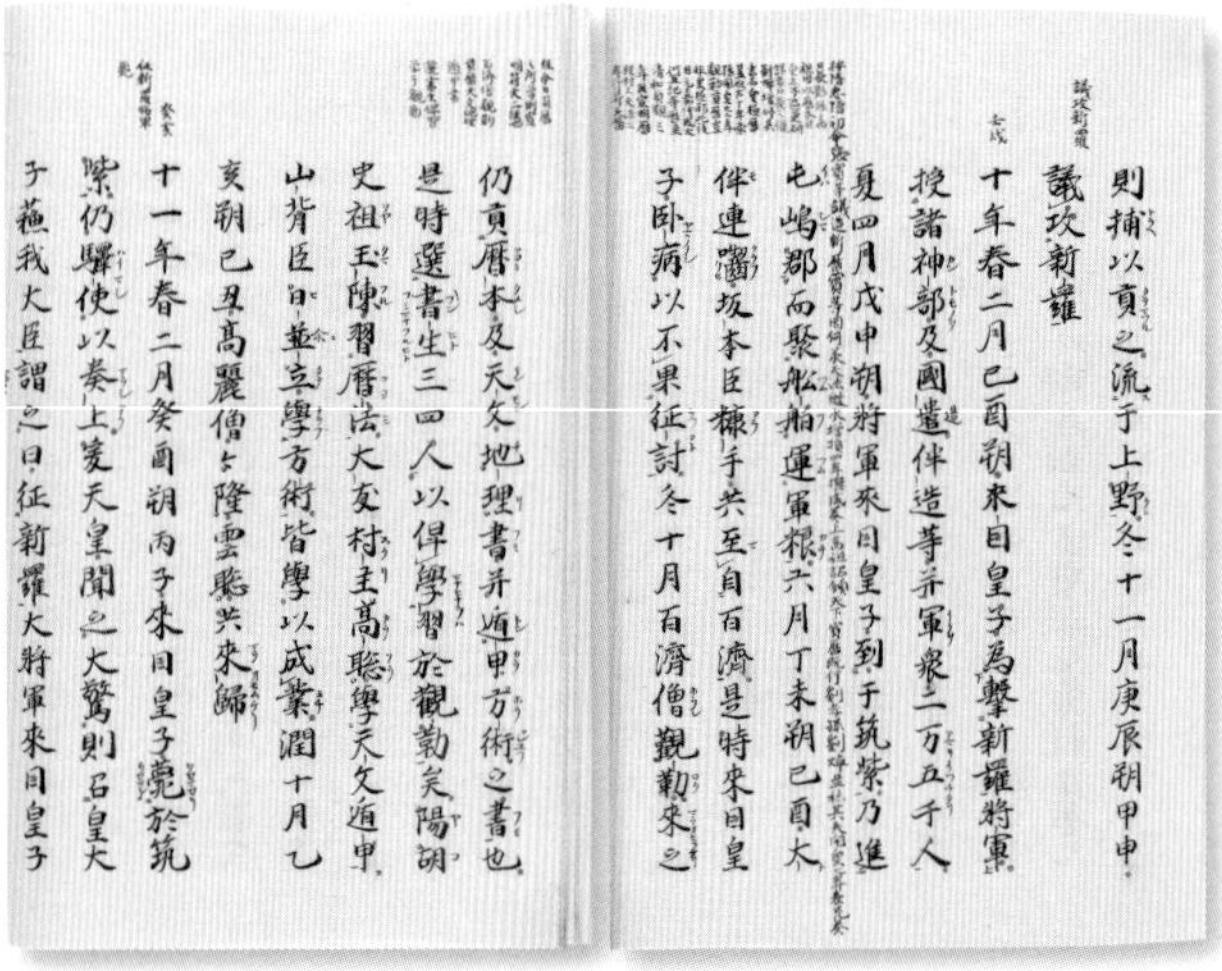

3 日本書紀

本館所蔵　高松宮家伝来禁裏本　江戸時代前期写

七二〇年（養老四）に完成した、律令国家初の国家編纂の史書（＝「国史」）。最初の方は神話や伝説的な話が多いが、後の方は信頼できる史料に基づく記事が増えてくる。写真の推古天皇一〇年（六〇二）一〇月条には、百済僧観勒が暦本、天文・地理（＝風水）書、遁甲・方術の書を献じたことと、書生三～四人に暦法・天文・遁甲・方術を伝授したことが記される。これらは後の陰陽道に関わる術法で、朝鮮半島の仏教と陰陽道との関係性を示している。（細井）

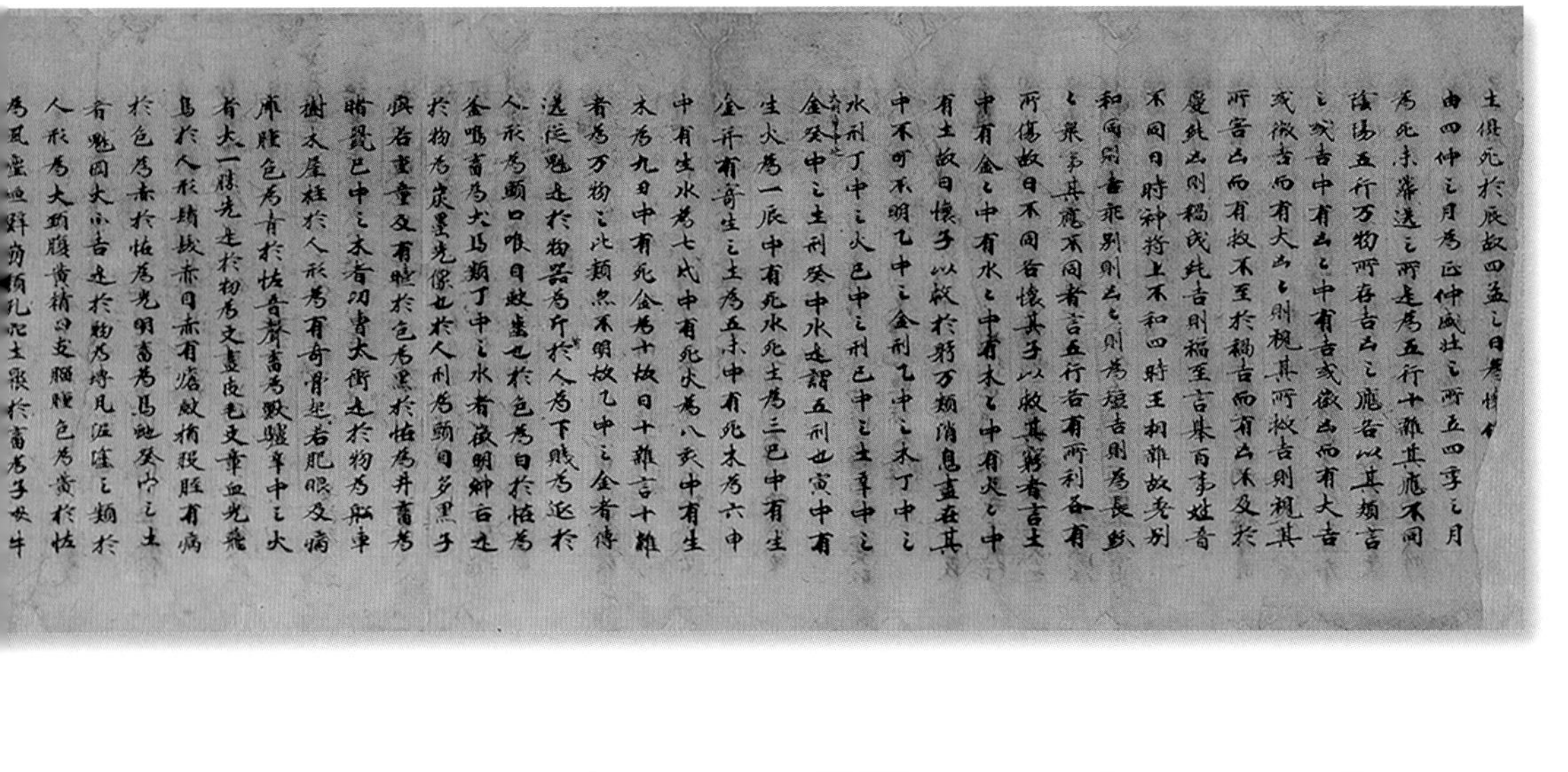

4　易経

本館所蔵　吉川家文書　江戸時代～明治

「周易」ともいい、古代中国で完成した占いの書で、儒教の経典でもある。その占法である易筮は、竹の棒を使い、陰爻と陽爻を三つ積み重ねた八卦を二段に重ねた六十四卦の何れか、そのうちの活動的爻（変爻）がどれかを判断して本書の言葉を見る。この陰陽説は五行説と結合して陰陽五行説となり、人事・自然全てを説明する自然哲学として東アジア全体に浸透した。本書はその理論的根拠として大きな影響力を持った。またドイツの哲学者・数学者のライプニッツは本書で二進法のアイデアを思いついたとされる。（細井）

5　大唐陰陽書

国立天文台所蔵　江戸時代カ

古代・中世日本で暦注をつける時に使われ、各地に写本が残っている。写本によっては唐の呂才撰『大唐陰陽書』全五三巻のうちの三十二・三十三巻とするが、大衍暦の暦注をマニュアル化したもののようで、日本で成立した可能性が考えられる。九世紀に活躍した暦博士大春日真野麻呂の所持本があったとされるので、この時期までは存在が遡る。宣明暦法で翌年の暦日を計算して、暦注を本書で当てれば、具注暦を作成することができる。（細井）

6　卜筮書

称名寺所蔵（神奈川県立金沢文庫保管）　六～七世紀写

重要文化財

占いに関する百科全書の巻二十三で、六壬式の課体を示す箇所。六～七世紀の中国で書写された貴重書で、『黄帝金匱経』下巻の「曽門経」より多く引用し、安倍晴明の『占事略決』の文と一部共通する。恐らく遣唐使がもたらして太政官に納め、某人（針間国造の関係者か）を経て、八八一年（元慶五）に僧慧稠が紙背に「授菩薩戒儀」を写した。鎌倉時代に称名寺蔵となったらしい。展示箇所以外の九割弱が寺外に流出し、羅振玉が一九一五年（大正四）に古本屋で購入している。（細井）

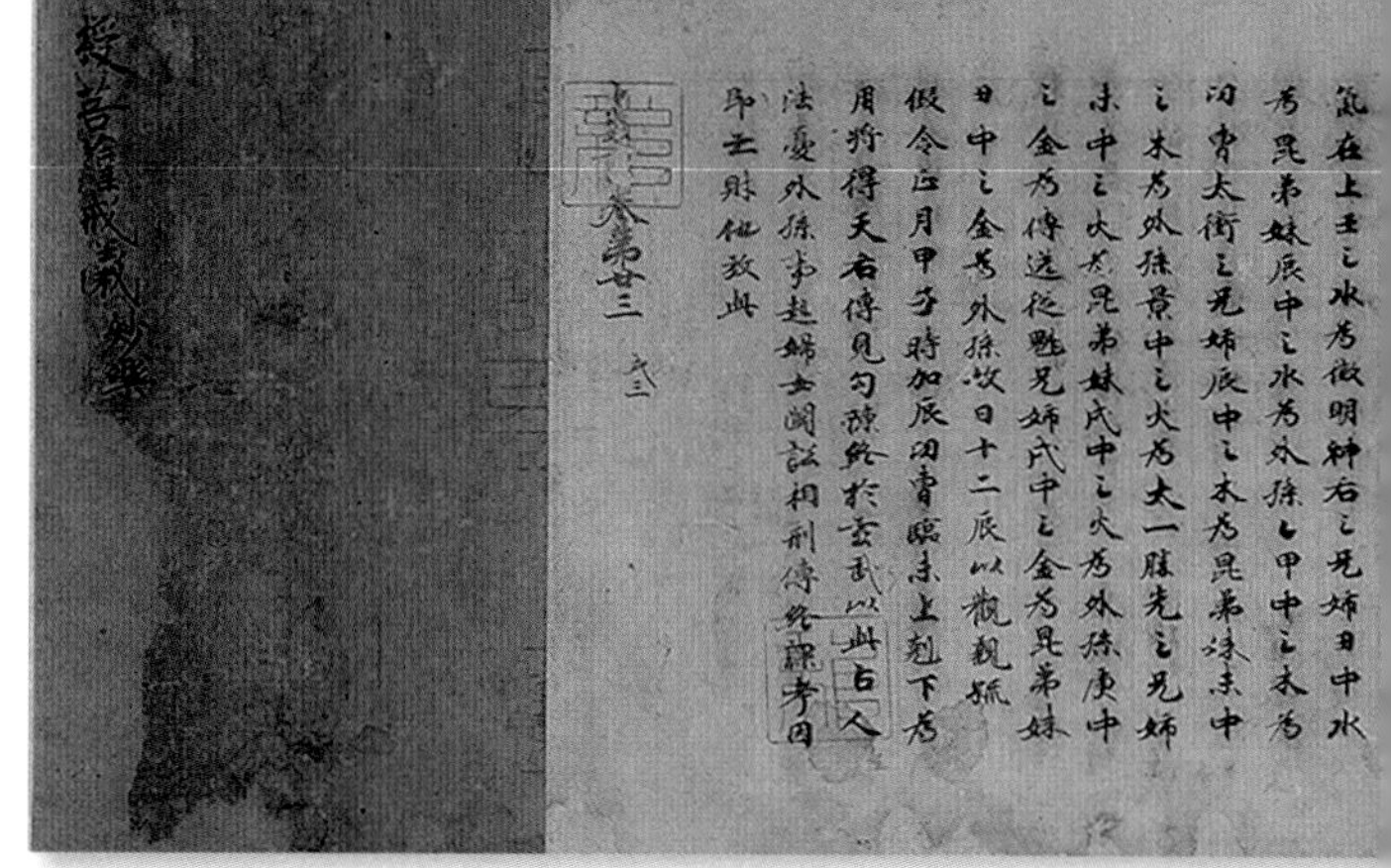

2 陰陽師あらわる

八世紀に成立した律令国家は、中国の天命思想を受容した。日本という国号を採用し、日本の天皇は中国の皇帝と同様、天の委託を受けた世界の支配者で、新羅などの海外の国から朝貢を受けている、という建前であった。だから天皇は天子として天の意志を知り、政治の善し悪しを反省する必要があるとされた。良い政治がなされていれば祥瑞（美しい雲や動物のアルビノなど）が出現し、悪ければ怪異（異常現象）が起こるとされた。国司は祥瑞と思われるものが出現すると、熱心に中央に報告したが、これが祥瑞かどうかやその等級を判断するのは治部省という役所の仕事であり、基本的には陰陽師は関わらなかった。大きな自然災害が起これば、自分の不徳のためだという天皇の言葉とともに、大赦や賑給（高齢者・病者などの困難者に食料や布を支給）を行い、徳を施して天の怒りを解こうとした。

一方、七世紀後半には陰陽寮が置かれ、陰陽寮の陰陽師は種々の占いを行った。中でも太一式は唐においても一般人が使用できない、国家の重要な占いであった。また節度使や海外との窓口である大宰府には早くから、のちには征夷使にも陰陽師が置かれているので、当初の陰陽師は、都城を選定するときの地相判断とともに、軍事的な役割を重視されていたのであろう。同じ占いでも、天皇の無事や外国使節が来日した場合の吉凶、穀物の豊凶などの国家の重大事一般は、神祇官の卜部が亀卜を行って判断した。その意味で当初の陰陽師の役割は限定的であった。

ところが八世紀も後半になると、少しずつ変わり始める。災害を天皇の不徳とするよりも、陵墓の霊や特定の神社の神の怒りの表れで、奉幣などでその神の怒りをなだめることにより解決しようという姿勢が目立つようになった。そこで天変地異や身近に起こった不可解な出来事、たとえば天皇の所持品をネズミがかじったり、太鼓が湿度変化で「ポコ」と鳴ったりすると、不祥事の前兆かと疑い、どの神の祟りかを占わせるようになる。最初は卜部だけが占ったが、八世紀末より陰陽寮の陰陽師も諮問を受けて並んで占うようになった。

この頃、呪術・祭祀を行ったり、暦日や方角の禁忌を指導したりする「陰陽師らしい」陰陽師が史料に姿を現す。たとえば現在の節分の起源である追儺が年中行事化する。大晦日の夜に、日本国内に隠れている疫鬼（疫病を起こす霊）を饗応して日本国外に追放するもので、陰陽師が祭文を読むものである。こうして七三七年（天平九）に疫病が起こった際に、聖武天皇が自分の不徳のために民が苦しんでいると詔で述べた時の姿勢からは、隔たっていくのである。

史料上、陰陽道祭祀が目立ってくるのは九世紀後半〜一〇世紀で、平安時代には数十種類にのぼるとされる。道教・密教の影響や卜部からの移管などで成立した。五行説に基づく攘災目的の土公祭・地鎮祭などや、冥界の神を祭る泰山府君祭・天曹地府祭、星神を祭る属星祭（北斗七星）・七曜の祭などがあり、国家や貴族個人のために行われた。これらは陰陽師が占いで神や霊の意志を知ることができるため、その延長で行うようになった仕事である。なお死者供養は僧侶の仕事であった。

ところで九世紀末からは、気候変動の影響で多雨となり河川の氾濫が続き、社会は混乱する。古くからの集落が消え、郡司などの地域の有力者の多くが衰退した。かわって、今日で言う起業家に当たる富豪の輩が現れる。また武士が登場して、ついには東国で平将門が新皇を名乗って独立を宣言し、西国では藤原純友が海賊を率いて国府を襲撃する承平・天慶の乱（九三〇〜四〇年代）が起こった。ところがやがて気候は乾燥化に変わり、九六〇年（天徳四）の天徳の大火以来、内裏がたびたび火事で焼失する事態を迎えた。このような不穏な社会において、天が善政を褒めることはありえないという観念が貴族たちに強まる。祥瑞は減り、怪異・災異ばかりがクローズアップされるようになる。卜部と陰陽師がこれらの意味を内裏で占う軒廊御卜という制度が整備されるのは、一〇世紀前半である。

また天徳の大火により、陰陽道の伝統的な太一式盤が焼失して、太一式が衰退する。かわって同じ式占でも、六壬式が重要事項の占いについても使われるようになった。そして平安時代の方違えの原則が、大火直後の村上天皇の行幸時に賀茂保憲によって確認された。また承平・天慶の乱の際には、陰陽師も将門への呪詛を行った。われわれがイメージする陰陽師の姿は一〇世紀の世相を背景に完成したと言えそうである。

（細井浩志）

（1）陰陽師は変わった

律令国家が成立した当初の陰陽師は、あくまで陰陽寮の一官職であり、中国流の占いにさえ秀でていればなることができた。またその官職から離れてしまえば、陰陽師ではなくなった。ところが正倉院文書の「官人考試帳（?）」（八世紀初）を見るとわかるように、陰陽師は定員の六人にはるかに及ばない二人しかいなかった。他の史料を見ても、「先端的」な中国の占いに優れた人材は不足していたことは確かである。また陰陽師という官職は官位相当制でいうと正八位上と低いので、真面目に仕事をして評価が上がれば、他の官職に移る可能性が高い。そして他の官職、たとえば陰陽寮の教育職である陰陽博士になっても、結局は占いの善し悪しで勤務評定を受けることになる。そこで官職の陰陽師ではなくとも、占いの仕事で政府に仕える専門家を「陰陽師」とよぶ習慣が生まれた。彼らは「陰陽家」とよばれる場合もある。こうした職業人としての陰陽師を、官職としての陰陽師と区別して「官人陰陽師」と研究者はよぶ。

　九世紀になると、陰陽師の使う占いは主に式占に限られるようになった。また地相を見ることはもとから陰陽師の重要な仕事である。中国ではそれぞれの土地に土神がいると考えており、その土地を使う場合にはこれを祭る習慣がある。中国の影響を受けた日本でも、建物を造る際にその敷地の神や霊を鎮めるようになった。この今で言う地鎮祭を陰陽師が行うようになるのは八世紀半ばである。

　同じ頃、陰陽寮は暦に基づく方角の吉凶により、天皇に居所の移動を要請するようになった。平安時代の方違えの原型と言える。その時期はちょうど藤原仲麻呂が権力を握っていた時期である。叔母の光明皇后の信頼を得て、政敵の橘奈良麻呂らを粛清した仲麻呂は、唐を模範に次々と政治改革を進め、編纂したままになっていた「養老律令」も施行する。彼は陰陽寮を、中国におけるモデルであった「太史局」（＝国立天文台）に名称を変更して、陰陽寮にも大胆な改組の手を加え、最先端の唐の暦法である大衍暦の施行を実現した。陰陽師が変わったのも、彼の改革の結果であると考えられる。

　とりわけ重要だったのが、呪禁師の陰陽寮への移管である。呪禁師は国立病院機構である典薬寮に属し、神や霊が原因で引き起こされる病気を治したり予防したりする一種の呪医であった。唐では呪禁師と陰陽師のモデルである卜師とが区別されていたので、日本でも典薬寮と陰陽寮に別置されていたのである。しかし式占などの占いを仕事とする陰陽師と、恐らくは占いなどで病因である神霊を特定し、暦日などの禁忌に基づいて病気を予防することを仕事とする呪禁師とは、実は人材としては重なる部分があった。陰陽師が式占だけではなく、呪術・祭祀や暦日・方角禁忌の諮問に携わるようになったのも、この呪禁師と業務内容が統合された結果だと言える。このようにして、八世紀末前後に、平安時代の陰陽師の仕事内容が揃ったわけである。

陰陽師の術法は「陰陽の道」とよばれた。この術法は、父から子、あるいは弟子へと継承された。律令国家は当初、陰陽寮に学校制度を設けて学生に専門教育を行うつもりであったが、人材不足で学生が集まらず、奨学金を出すなどして術法の継承をはかろうとした。だが結局この学校制度は定着せず、父から子への濃密な人間関係に基づく伝承方法に落ち着いた。同時代の中国では、こうした術が早くから発展したので、その人材も社会的に広い裾野があったが、その制度を輸入した日本は事情が違っていたと言えよう。

もともと陰陽寮は中国の国立天文台をモデルとした機関だったが、やはり天体観測を行う人材不足と観測設備の差のため独自の暦法を開発することもできず、陰陽寮の暦博士は中国からの輸入暦法で毎年の暦を造るだけに留まっていた。日本の陰陽寮が中国や朝鮮とは異なって国立天文台としては発展せず、占いと呪術・祭祀を主要任務とする陰陽道へと変貌するのも、こうした背景があったのである。官人陰陽師たちを「陰陽道」と総称するようになるのは、史料上、一〇世紀のことである。

（細井浩志）

column ① 呪禁師とは

呪禁師とは、道士などの使う術法によって、病気治療や予防をする術者である。道士とは中国の宗教・道教の司祭者である。『日本書紀』によれば、陰陽道に関わる他の術法と同様、朝鮮半島から仏教の一部として伝えられたもので、呪禁師は後世の陰陽師が用いたさまざまな呪術を使ったとみられる。「大宝令」の注釈書で七三八年（天平一〇）頃に編纂された「古記」によると、呪禁師韓国連の術法は「道士法」と認識されていた。この韓国連広足の師が、後に修験の祖とされた役行者こと役小角である。

律令国家での呪禁師は、当初は典薬寮（国立中央病院機構）に配属されたが、八世紀後半には陰陽寮に所属替えとなり、八世紀末頃に陰陽師と統合されて姿を消す。中国の治病呪術より考えて、この呪禁師との統合により、陰陽師の職掌に呪術・祭祀や、方違えのような方角、暦日の禁忌の判断が加わったのだと考えられる。もとより陰陽師に任じられるような術者は、占いだけではなく、呪術・祭祀や暦日・方角禁忌の知識やテクニックを持っていた場合も多かっただろう。平城京の長屋王邸跡から出土した木簡にも、陰陽博士觮兄麻呂が呪術を行ったことを示す記載がある。

もともと陰陽師と呪禁師に任じられるのは同じような能力の持ち主であり、このことから二つの官職は統合されたのだと推測される。陰陽師の術法に中国医術由来のものがあるのも、このためであろう。「大唐六典」によると、唐の場合は太医署という役所に呪禁博士一人を置き、呪禁生を教えさせた。呪禁は道教につながる山居方術の士と仏教の両方に由来し、その五法の一である禹歩は、陰陽師が使う反閇の中で行われる。

（細井浩志）

（2）陰陽師の活躍、はじまる

平安時代の陰陽師は、具体的にはどのような仕事をしていたのであろうか。陰陽師は式占を得意とするが、式占とりわけ太一式は軍事活動で使われたとされる。六七二年の壬申の乱の際に、大海人皇子（のちの天武天皇）は式占（遁甲式か）を使っている。また奈良時代（八世紀）の陰陽師は、節度使や征夷使といった軍事活動に関わる臨時官や、大宰府や陸奥国といった新羅・蝦夷との緊張関係にある辺境の行政組織に置かれている。遣唐使や遣渤海使に陰陽師が乗船するのも、海賊や漂流地での危険を想定したものであろう。平安時代（九世紀）に入ってから、鎮守府や出羽国といった蝦夷との戦争が続く場所、あるいはその後背地である坂東（今の関東）の諸国に陰陽師が置かれたのも同じ理由であろう。また六九四年の藤原京以来、平城京、恭仁京、難波京、長岡京、平安京など、都がしばしば移動した。新しい都を造る場合は、陰陽師も派遣された。職員令で規定される相地（後世の風水）のためである。

　ところで八世紀末になると、怪異が起こった際に、朝廷で卜部とともに陰陽師が招集され、なんの前兆かを占うようになる。怪異（恠異）とは、「かいい」「けい」と読み、「物怪」とも言われる。陵墓の鳴動からネズミが天皇の御座をかじったような出来事まで含む、不可思議と考えられた現象を指す。

　九世紀に活躍した陰陽師には滋岳川人がいる。もともと但馬国（今の兵庫県北部）出身の刀岐氏の一族で、刀岐氏は暦道を世襲していた。川人は六壬式のマニュアル本を作り、禁制品の太一式盤をひそかに所有していた。説話には陵墓の選定に当たったことがしるされている。

　一〇世紀になると軒廊御卜という制度が定着をする。軒廊とは内裏にあり、天皇が儀式の時に登場する紫宸殿の東側にある屋根付きの渡り廊下である。上卿（＝担当貴族）が神祇官と陰陽寮に招集をかけると、卜部と陰陽師が軒廊に集まり、怪異が何を意味するのか占う。平安京以後は遷都のことはなくなるが、陵墓の造営地などの選定に陰陽師は関わった。

　また八世紀半ば頃より、行幸（天皇の移動）の際に、暦日に伴う方角が重視されるようになり、その役割を陰陽寮が担うようになる。方角禁忌と深く関わるのが、暦注である。国家が暦道に造らせる公的なカレンダーが具注暦で、これには年月日についての注である暦注が載っている。暦注は二十四節気のような自然科学的なものもあるが、多くが日などの吉凶に関わる暦占いの記載である。ことに大将軍などの暦神は、年と日の干支で所在の方位を替えるので、その方向を犯さないように注意をしなければならないとされた（第I部第四章1（1）暦日と方角（方位）参照）。

　九世紀後半の貞観年間より忌むべき暦神（方位神）の数が増えていった。そこで貴族が方位の基点を自邸から別の場所に移して、暦神の方位を犯す心配がないようにするのが、方違えである。節分（暦の上の季節が変わる日の前日）、特に立春の前日の節分に別邸に移動して新しい季節の朝を迎えると、暦神はその邸宅を当の貴族の自邸と認識する。

そこで本当の自邸で暦神のいるはずの方位に向かって土木工事などを行っても、暦神の怒りを買う心配はない。もっともこの節分の方違えをするためには、やがて方違え先の邸宅の券契（＝所有を証明する書類）を借り受けておくことが必要となり、そうでなければ四五日間の方違えをしないと、方位の基点は変わらないようになる。家屋に方位の基点があるという考え方は元からあったが、賀茂保憲によって九六〇年（天徳四）の内裏の大火後に強く主張され、貴族たちに広まったと考えられる。

また時刻の吉凶についても注意されるようになり、朝廷での儀式や天皇の行幸の際には、予め陰陽師に日時の選定が諮問され、陰陽師は候補となる日時を記した日時勘文を提出した。

これに加えて陰陽師は、八世紀後半から、徐々に祭祀や祓も行うようになった。正倉院文書には、陰陽師が地鎮祭を行ったことが見えている。九世紀になると、年末に行う追儺（今の節分の原型）の祭文を読むのは、陰陽師の役割である。追儺は疫病を起こす疫鬼を国外に追い出す行事であり、陰陽師と病気との関わりを示している。陰陽師は式占で貴族の病気の原因を占ったが、その原因が風気や陰陽五行の不調であれば医師に、死者の霊であれば僧侶に治療を託した。しかし疫神のような神々が原因の場合は、陰陽師自らが祓などを行った。神々は仏法を恐れるので、僧侶に託すわけにはいかないからである。また貴族の延命や長寿、昇進の祈願を依頼されて、泰山府君などの神々に祈りを捧げた。このほか平安京の火事の多発に備えての火災予防に防解火災祭を行ったり、雨を降らせるために五龍祭を行ったりと、平安貴族の生活は陰陽師なしでは成り立たなくなっていったのである。

（細井浩志）

7　御堂関白記（複製）

本館所蔵　原品：公益財団法人陽明文庫所蔵
長保六年（寛弘元年・一〇〇四）／寛弘四年〔原品の年代〕
国宝

御堂関白と称された藤原道長の日記。陽明文庫に自筆原本が残されている。道長は実際には関白にならなかったが、彼とその子の頼通の時に摂関政治は全盛期を迎えた。日記は暦博士の署名が巻末に入った具注暦に書かれており、記入用に日と日の間明きが二行ある一年二巻仕立ての贅沢な作りである。これは最高級貴族が使った具注暦の形状をよく示す。（細井）

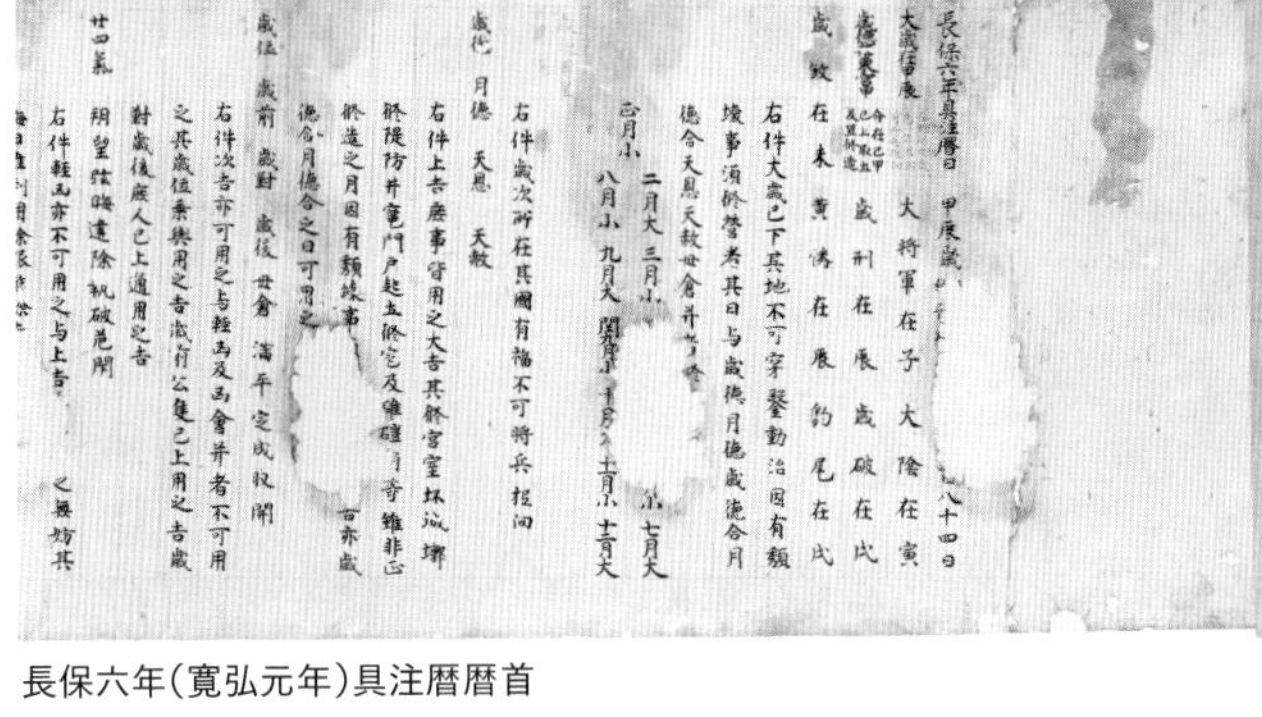

長保六年（寛弘元年）具注暦暦首

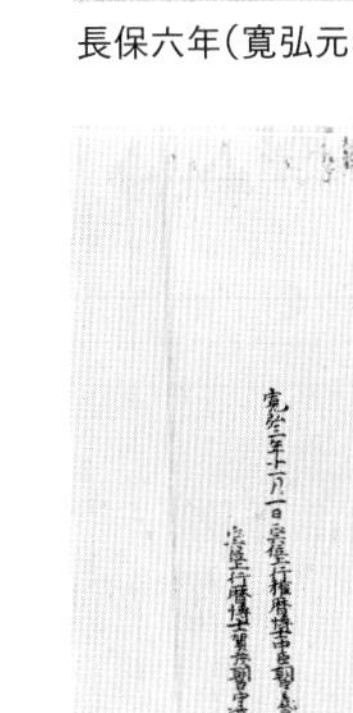

寛弘四年具注暦暦跋

平安京の姿

七九四年に都となった平安京は、一八六九年（明治二）に明治天皇が東京に移るまで日本の首都で、近世初期までは政治と経済の中心として繁栄した。平安京はそれまでの都城と同様、北方に官庁街である大内裏、その中に天皇の居所である内裏があり、域内は道路によって碁盤の目のように区切られていた。また中央には朱雀大路が南北に走っていた。だが平安京は西方の右京に湿地が多く、主に左京の北部が発展し、後に京域の外部も含めて京都となった。（細井）

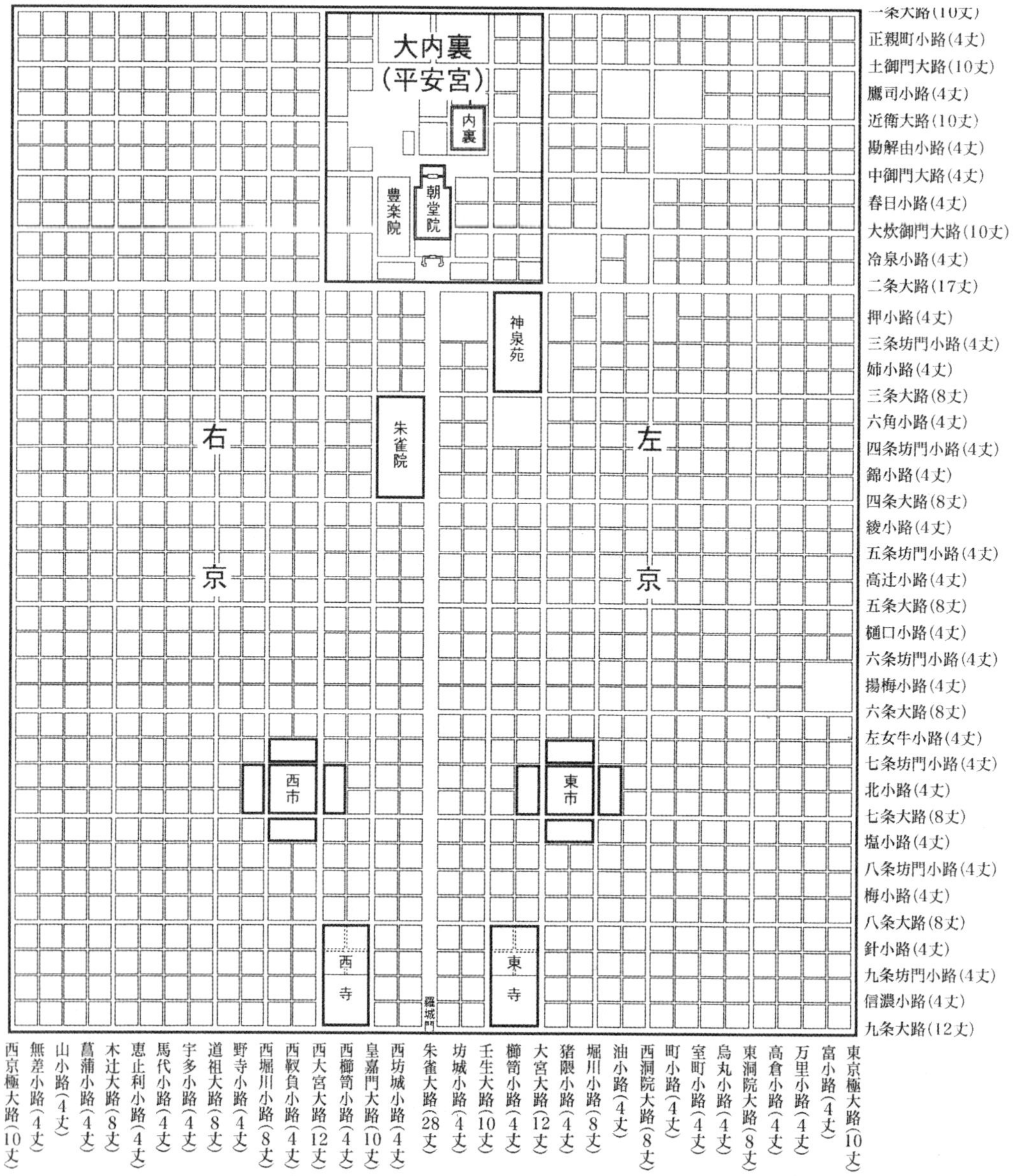

図1　平安京条坊復元図（山田邦和「平安京の条坊制」『都城制研究(1)』奈良女子大学21世紀COEプログラム古代日本形成の特質解明の研究教育拠点、2007年より転載）

（3）なぜ陰陽道は流行ったのか——平安京は魔界都市？

平安時代に陰陽道が流行ったのは、平安京という都市と切り離せない。平安京で魔術として十分に発展したことで、陰陽道は他の場所でも受け入れられたと言えよう。第一に碁盤の目のように直線道路で区切られて、方位が明瞭だったその都市構造が、陰陽師の得意とする方角禁忌とその前提となる暦注の人々への浸透に大いに影響した。律令国家の首都として生まれた都城は、人工的に造られ、新たに各地から集められた官人とその家族が住む人工的な都市空間である。古くからの祭祀や習慣はなく、暦に載っている年月日や季節の移り変わりと、陰陽寮が漏刻（水時計）に基づいて鳴らす時報による、時間の移り変わりがあるだけだった。当然彼らにはこうした暦や漏刻の時間がすり込まれていく。早くも藤原京時代の七〇五年（慶雲二）に、ある官人の出仕は三月一一日の卯辰（午前五時〜九時）が吉だとする木簡が作られている。

また平城京時代の八世紀半ばに、淳仁天皇は三合の年などに対応するために方違えを行った。平安京遷都後、平城天皇は暦注を儒教の聖典に基づかない迷信だとしてそのいくつかを削ってしまった。しかしいわゆる藤原薬子の変で平城上皇が権力を失うと、貴族たちは農業や男女の出会いには暦注が必要だと嵯峨天皇に訴えて、復活をさせている。平安京の時代になって、暦注は完全に貴族たちの心を捉えてしまったのである。

また都城は疫病が頻発する空間でもあった。律令国家の首都として、ここから全国に通じる七道とよばれる官道が造られ、国司や使者が頻繁に行き来した。また毎年、現物税にあたる調庸などを運ぶために地方の人々が都に上った。戸籍に基づく徴兵制が敷かれ、彼らのうちのある者は衛士として都に上り、また東国の者は防人として、はるばる九州にまで行き、任期が終わるとまた東国へと戻っていった。交通の便がよくなって人の移動速度が速くなると、病原体も移動が早くなり、疫病が流行する。人畜共通の病原体であれば、馬によっても移動をする。官道を通って都城に病原体が運ばれると、それが都で感染者を増やす。平城京は人口一〇万ほどの、八世紀の日本では他にない人口密集地帯であり、都城は下水施設も十分に備わっていない極めて不衛生な環境であった。こうして増えた感染者が官道を通って全国に移動することで、病原体は全国的に拡散する。早くも八世紀初頭には新羅の使者が持ち込んだと思われる疫病が大流行した。そして七三七年（天平九）には、遣新羅使が持ち込んだ病原体により貴族官人の四〇％近くが死亡し、政府首脳も壊滅するパンデミックが起こった。この疫病は長屋王の怨霊が引き起こしたのだという噂が流れたらしく、御霊（怨霊）信仰が成立する。平安遷都後も天然痘や麻疹などの流行病が定期的に起こっている。

　こうした疫病を起こす疫鬼を国外に追放する大晦日の儀式が、現在の節分の一つの起源である追儺であった。この追儺で疫鬼追放の祭文を読むのが陰陽師の役割であった。さらに陰陽師は鬼気祭や、内裏や都城への鬼気の侵入を防ぐ四角四堺祭を行った。

　また多数の人口を抱える平安京は、やがて経済的にも発展して、周辺から入り込んだ多くの住人が、整然とした都城の町並みとは異なる粗末な家を建て、住み着くようになる。これによって失火が必然的に起こるようになった。これに加えて一〇世紀は気候変動が激しい時代であり、半ば以降になると乾燥が続き、平安京では大規模な火災が多発するようになる。その最初が九六〇年（天徳四）に起こった天徳の内裏火災で、国家の珍宝や政務関係の重要書類が多数失われた。このとき、陰陽道で国家的大事を占う際に使われた太一式の式盤も焼失している。以後、内裏は何度も再建されるが、そのたびに焼失し、天皇やその妃たちも逃げ惑い、天皇位の象徴である宝剣や神鏡も焼損した。陰陽師は作り直しに関わったり、火災を防ぐための防解火災祭を行ったりした。

　こうした災厄は怨霊・疫鬼やさまざまな神の祟り、呪詛、暦神や土公などを犯したためと考えられ、験者（加持祈禱に秀でた僧侶）や陰陽師が活躍する背景となったのである。

（細井浩志）

8 春日権現験記絵（法師陰陽師）（参考図）
国立国会図書館デジタルコレクションより
明治三年（一八七〇）写
疫病に罹って苦しむ病人を、病気の原因である疫鬼がのぞき込んでいる場面。その赤色の姿は『政事要略』に見える追儺の疫鬼を思い起こさせる。病人の家の前には祈禱を行った痕跡があり、その左側を童子の肩に手を置いた法師陰陽師が歩いている。彼が祈禱をしたのであろう。病気の原因が神の祟りである場合もあり、神は仏法を恐れるため、法師陰陽師はこの図のように紙冠をつけて坊主頭を隠して、祓いや祈禱をしたのである。（細井）

9 日本三代実録（参考図）

国立公文書館所蔵　慶長一九年（一六一四）写

九〇一年（延喜元）に完成した律令国家最後の官撰史書（国史）。清和・陽成・光孝三代天皇の治世、八五八年（天安二）～八八七年（仁和三）を対象とする。記事が詳細で、陰陽寮・陰陽師の記事も多く、天文密奏の手順も記されている。菅原道真も編纂に関わったが、完成直前に大宰府に左遷されたため、左大臣藤原時平とその学問の師である大蔵善行の二名が醍醐天皇に奏進した。六国史がここで終わったのは、道真怨霊の影響だという説もある。（細井）

10 病草紙（病気治療をする医師）（参考図）

京都国立博物館所蔵　一二世紀

前近代は医療の発達が現代には遙かに及ばず、またある程度発達した治療は上流階級や富裕な者しか受けることが出来なかった。とりわけ京は多くの人々が集まる場所で、伝染病が広がりやすかった。病気の原因が神か霊か風気かにより、治療するのが陰陽師か僧侶か医者かが変わる。その判断をする陰陽師は重要であった。「病草紙」は平安時代末～鎌倉時代初期に六道絵の一部として制作されたと考えられている。（細井）

11 将門記（新皇平将門を呪詛）（参考図）

国立公文書館所蔵　江戸時代写

平将門は一族内の争いがこじれ、新皇を自称して坂東に独立王国を作ろうとした。折から西日本では藤原純友が海賊を率いて国府を次々と襲撃する。いわゆる承平・天慶の乱である。朝廷は大いに驚いて、敵降伏の密教祈禱だけではなく、陰陽師に将門の人形を式盤の下に敷く太一式祭を行わせたことが、『将門記』『貞信公記』天慶二年（九三九）条に見える。法師陰陽師だけでなく、官人陰陽師も呪詛を行ったことがわかる。（細井）

第二章 陰陽師、ひろがる

——中世の陰陽道

中世という時代を迎えると、陰陽師は様々な「ひろがり」を見せるようになる。

まず「官人陰陽師のひろがり」である。平安時代後期に陰陽道を掌握する賀茂(かも)氏と安倍(あべ)氏は院政期から鎌倉時代にかけてさらに複数の系統に分かれ、大きく勢力を伸ばしていく。加えて賀茂・安倍氏以外の陰陽師も数多く見られ、国家官僚たる官人陰陽師は隆盛期を迎える。

次に「武家へのひろがり」である。いままで主に貴族社会に独占されてきた官人陰陽師は鎌倉幕府の成立によって新たな活動の場を見いだし、次々と東下していった。鎌倉に定住して鎌倉殿および幕府に仕える鎌倉陰陽師という集団をつくり、京の賀茂・安倍氏に比肩するほどの勢力を築いた。同時に武家社会にも陰陽道が浸透し、政治や生活の場で用いられるようになった。これは室町時代以降の武家にも引き継がれる。

そして「地域・社会へのひろがり」「受け手・担い手のひろがり」である。鎌倉陰陽師の成立は東国にも陰陽師の拠点を新たに設けることになったが、その他の地域でも寺社や在地領主のもとに陰陽師の痕跡を見いだせる。さらに鎌倉後期ごろには賀茂・安倍氏が継承してきた「陰陽道」ではない所からも新たな禁忌や暦注、占術、呪術が発生するようになる。一見、陰陽道と捉えにくいものでも、陰陽説や五行説、八卦など陰陽道に関連する知識や技術が様々な思想や宗教と融合し、これまで陰陽道を担ってきた官人陰陽師ではない宗教者が担い手となって地域社会にひろがっていく。一方、受け手の側にも陰陽道的な知識が広まり、より多くの人々が受け入れる環境が整っていく。

（赤澤春彦）

1 賀茂保憲と安倍晴明

陰陽師と言えば「安倍晴明」というくらい、晴明は有名である。彼の生涯はちょうど藤原道長の時に頂点を極める摂関政治が形成される時期で、歴史気候学的には一〇世紀前半の多雨から後半の乾燥へと移る変動の激しい時代であった。このため農業生産の在り方や社会関係が大きく変わり、従来の律令国家は変質を余儀なくされた。律令国家を支えていた郡司層とよばれる伝統的な有力豪族の多くが没落して、彼らに支えられていた律令制的な税制が衰退して、陰陽師を含む官人たちは、国家からの給付を頼りに仕事に専念するだけでは済まなくなる。また律令国家以前から続いてきた氏族制的な結合もゆるみ、頼れなくなる。彼らは生き残りをかけて新しい時代に対応しなければならなかった。それに成功したのが保憲であり、その弟子の晴明であった。

賀茂朝臣保憲（九一七～九七七）と安倍朝臣晴明（九二一～一〇〇五）は、一一世紀から陰陽道を支配する賀茂氏・安倍氏の事実上の始祖である。賀茂朝臣は、後世に修験道の開祖とされる役小角を輩出した一族であり、安倍朝臣はヤマト王権以来の名族阿倍氏の一族である。ただし保憲と晴明の家系がそのどこに位置づけられるのかは不明で、今日伝わる両氏の系図の古い部分が明らかな偽作である点を考慮すれば、保憲は賀茂氏でも官人としての地位は低い家系、晴明は八・九世紀に阿倍（安倍）姓を許された者の子孫だという可能性も高い。

二人の関係にも謎が多い。平安時代末期に成立した『今昔物語集』には、晴明は保憲の父忠行に幼い頃から仕えて、その才能を見いだされて術法を全て伝授されたとある。一方、鎌倉時代に編纂された『続古事談』によれば、晴明は、最初は宮中に仕え役人見習いの立場である大舎人となった。ところが瀬田橋で人相見より陰陽道の達者になることを予言されて、陰陽師を志したことになっている。どちらが正しいのか、決定的な証拠はないものの、忠行は陰陽道で要職に就いたと思われないため、別の有力陰陽師の弟子であったと考える方が妥当であろう。しかも晴明が最初に入門したのは、『続古事談』では秦具瞻であり、彼が晴明を用いなかったので保憲のもとに移ったとする。史料に初めて登場した時、晴明は天文得業生（奨学金付の大学院生）であった。具瞻は保憲と交代で陰陽頭（陰陽寮の長官）となった有力陰陽師であり、その点では晴明を得業生に推薦する上で問題ないが、当時の得業生は師との関係が深い。活躍中の具瞻から保憲に師を乗り換えることができたのか疑問であり、別の師がいた可能性もある。

彼ら賀茂氏・安倍氏は摂関家と積極的につながり、陰陽道の名門氏族を押しのけてその地位を上昇させていった。両氏は協力をして陰陽道支配を進め、他氏族を門生に組み込んで、陰陽頭・助や博士などの主要官職を独占するようになる。あわせて賀茂氏は暦道、安倍氏は天文道を支配した。

古代・中世の陰陽道支配においては、師匠筋の賀茂氏が優位を占めた。保憲が権威とされただけでなく、その祖は右大臣に出世した奈良時代の文人・吉備真備であるとされ、朝廷陰陽道における賀茂氏の地位は高まる。

両氏が対立するようになるのは、院政期（一二世紀）以降のことで、以上の背景から、安倍氏による晴明の神格化も進められた。晴明は、式神を操り、星を見て天皇の退位を予言する魔法使いとされ、また晴明を修験の行者とする言説も生まれた。このような晴明像が民衆にも浸透して、さまざまな晴明伝説が作り出された（第Ⅱ部第三章参照）。中世の民間では暦を造るためのマニュアル本として『簠簋』が広く流通するが、その作者は晴明とされ、事実とは異なる彼の伝記が広められた。かたや晴明は人と白狐の子であるという葛の葉説話が生まれ、『蘆屋道満大内鑑』などの芝居や芸能のモチーフとして人口に膾炙した。晴明の子孫である土御門家が、近世になり賀茂氏（勘解由小路家）の断絶にともなって、陰陽道の唯一の支配者となり、明治維新後まで生き残る歴史的背景は、以上のようであった。

（細井浩志）

（1）晴明と師・保憲の活躍

賀茂保憲は陰陽師忠行の長男として九一七年（延喜一七）に生まれ、葛城氏から暦道を学んだとみられる。陰陽道は父の手ほどきを受けたのだろう。父忠行は摂関家に仕えたものの出世は遅く、保憲の要請でようやく貴族の末端である五位を得た。賀茂氏は保憲の代に急速に台頭したのである。彼は九四一年（天慶四）にまだ暦生の身分でありながら、暦博士大春日弘範と並んで翌年の暦を造る命令（造暦宣旨）を蒙り、その後は暦博士となった。これによって賀茂氏は大春日氏と並ぶ、暦道の二大門流の一つとなる。その後、保憲は陰陽頭となり陰陽道でも重きをなした。

その在任中、五代十国の戦乱のために経典を失った中国の天台山より、天台経典の送付の要請が日本の朝廷にもたらされた。書写した経典を届ける使者に選ばれた僧の日延は、禄命師とよばれる占い師で、暦術の知識もあった。そこで保憲は村上天皇に願って、多額の資金を日延に持たせ、経典運搬のついでに南中国の呉越国の司天台で「新修符天暦」を学ばせ、立成（計算表）とともに日本に持ち帰らせた。この符天暦が、九五八年（天徳二）より、天皇に献上する天体位置表である七曜暦の計算法として採用されたのである。このことで、保憲の暦道支配が一気に進む。

一方、符天暦によって日月五惑星とインドの仮想の天体である羅睺星・計都星の位置を計算できるようになったために、密教占星術である宿曜道が成立する。宿曜道は密教の星辰信仰に基づき宿曜師が行う。そのよるところの「宿曜経」は早くに空海が日本にもたらしたものだが、現在の西洋の「星占い」と同じ西アジア起源の占星術であった。従来の天文道が国家や社会に起こる事件を天変から予測するのに対して、個人の運勢を星の配置から予知する点で宿曜道は新しい術法で、貴族にも受け入れられた。

その後の賀茂氏は宿曜師と協力して、大春日氏を暦道から駆逐し、また一〇三八年頃には宿曜師をも造暦から排除することで、暦道支配を完成させたのである。

また保憲は九六〇年（天徳四）に陰陽頭より天文博士に移る。天文道は保憲の専門外なので、なぜ彼が天文博士になれたのかは大きな謎である。保憲は七曜暦を計算できたので、天変が起こった星座や星（＝星宿）を確認できたからかもしれない。実はこの年、晴明はすでに天文得業生、つまり奨学金付きの天文道の大学院生（あるいは特別研究員）といった身分であった。そうすると晴明の陰陽道・天文道の本来の師が保憲かどうかは大いに疑わしい。

この年、保憲の命令で、晴明は焼失した国家の宝物である霊剣の文様について調査した。また大火後の村上天皇の行幸に際して、保憲は他の陰陽師と論争して、方角禁忌の基点が個人であるとの説を退けて本人の居所であるとし、その基点は四五日間他所にいなければ移動しないという説を主張した。これはその後の方違えに、大きな影響を及ぼした。翌年、保憲は天皇の命令で、再鋳された二本の霊剣に神霊を降ろすため、三公五帝祭を執行する。このとき助手役を奉仕したのが晴明であった。

これを機に晴明は陰陽寮陰陽師に任じられ、のちに保憲のあとを受けて天文博士となり、以後は安倍氏がその地位を世襲するようになった。また九七七年（貞元二）の保憲の死後、晴明は陰陽道の長老として重きをなすようになる。最初は花山天皇や藤原実資に、その後は一条天皇や藤原道長らに仕え、官人陰陽師として権力の要路から大きな信頼を得た。保憲とはわずかに四歳違いでありながら、晴明は二八年も長生きしたことで、安倍氏と賀茂氏による陰陽道の支配体制の基礎を作り上げることができた。

また天徳の大火では、それまで陰陽道で最も権威を持っていた太一式の式盤が焼失した。名門の陰陽師が使った太一式は禁制品であったが、新興陰陽師である賀茂氏や安倍氏が得意とする占いは六壬式であった。太一式盤焼失後、保憲と晴明によって国家の大事も含めて六壬式で判断する在り方が定着したと考えられる。また後世の陰陽道で重視される泰山府君祭も、彼らの時に始まった。（細井浩志）

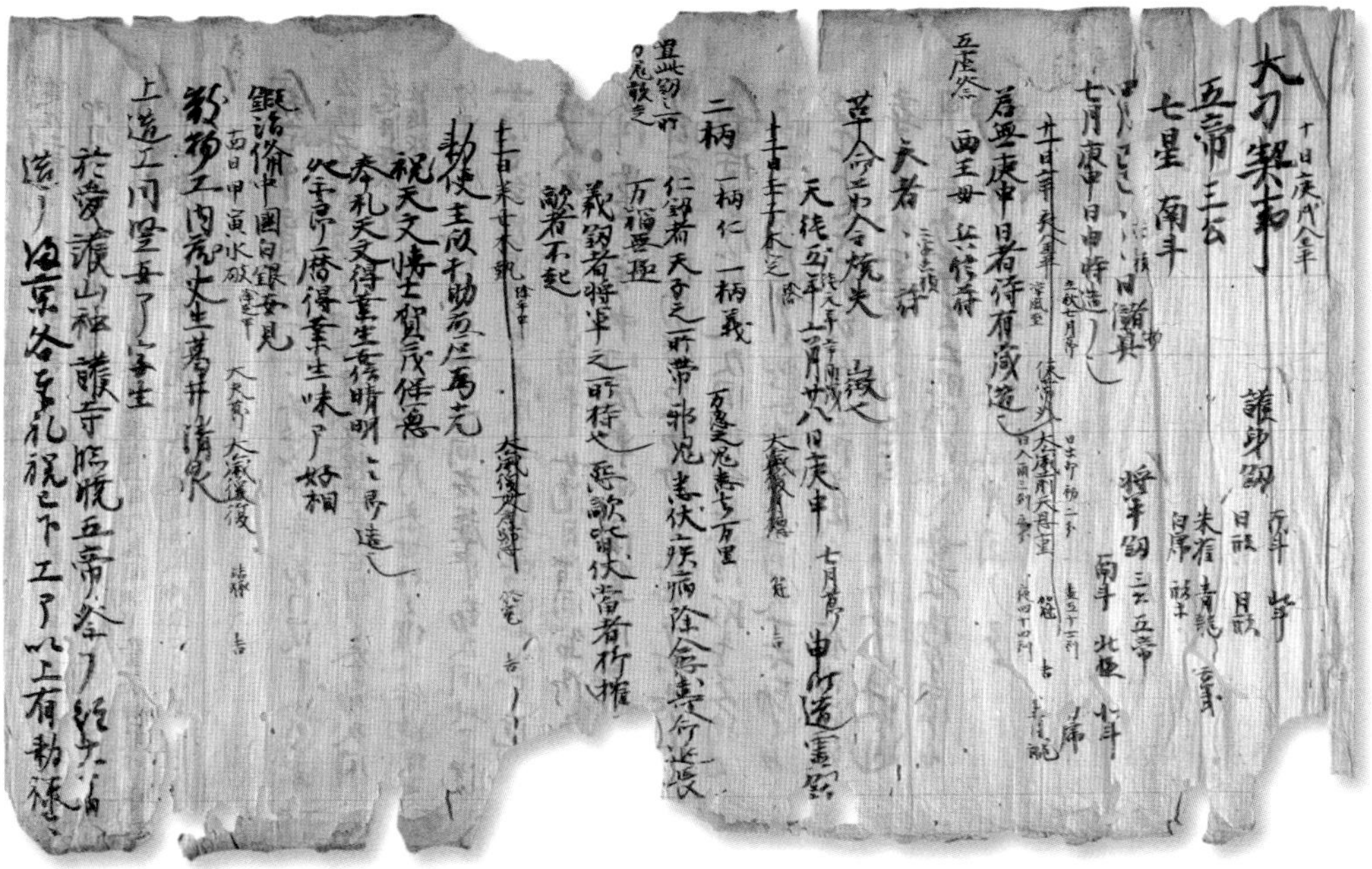

12 反閇作法幷作法（大刀契事）
京都府立京都学・歴彩館所蔵
若杉家文書　鎌倉時代末期
102と同一資料

九六一年（応和元）に天皇や将軍が持つ霊剣を造り直すに際して、賀茂保憲が三公五帝祭を行い、その霊を剣に降臨させようとしたことを示す。保憲が司祭者（祝）を務め、晴明は助手（奉礼）となった。元の剣は前年の天徳の大火で焼失した。このような重要な祭祀を行うことで、保憲はその権威を高めた。なお晴明の名の下に「晴明すなわちこれを造る」とある注記は、後段の名前の順番とともに、主役を晴明とするための後世の作為である。また晴明自身も、後年、再造は自分がしたと主張していた。（細井）

【→二九四頁に翻刻】

13 符天暦日躔差立成

大将軍八神社所蔵　中世写

符天暦で太陽の位置を計算するための数表。僧の日延は天台山に日本で書写した天台経典を送るための使者として呉越国（今の杭州）に渡り、『新修符天暦経』等を九五七年（天徳元）に持ち帰った。中国の国立天文台で正式に暦を学んだ日本人は記録では日延だけである。符天暦は唐代に曹士蔿が編纂した私暦法だが、授時暦につながる先駆面を持っていた。なお士蔿は六壬式書『黄帝金匱経』の注釈も著した術士である。（細井）

14 明応三年七曜暦

西尾市岩瀬文庫所蔵　室町時代

日月と水金火木土星の毎日の位置表で、元日に陰陽寮から天皇に奏上された。七曜の位置で国家の運命を占うことができるため、律では私有禁止とされた。九五八年（天徳二）以降は符天暦で計算され、平安時代の一時期は宿曜師が携わった。末尾に複数が署名する具注暦とは異なり、七曜暦は主に権暦博士一名が署名した。七曜暦は賀茂氏断絶により一時途絶えるが、渋川春海により復活した。（細井）

15 十二番職人歌合（宿曜師）

西尾市岩瀬文庫所蔵　江戸時代後期写

宿とは星座、曜は星を意味し、現代の西洋の星占いと同じく、個人の誕生時の星の配置で運勢を占う密教占星術師である。ここでは算道と対になっており、宿曜師の前に置かれた紙に描かれた円はホロスコープである。本冊子は『鶴岡放生会職人歌合』の写本で鎌倉の鶴岡八幡宮における八月一五日の放生会で職人が自らの仕事にちなんだ歌を詠んだ形式をとる。現存最古の写本は室町時代、原本は鎌倉時代の制作と考えられている。【→二九四頁に翻刻】（細井）

16 **二占要略（太一式盤）**（参考図）
国立国会図書館所蔵　文化一二年（一八一五）
江戸時代には太一式・六壬式の占法は失われていたが、中国の軍法書などからこれを復元したのが『二占要略』である。著者は加納次兵衛直義、木郁松石之貞校である。中世まで使われていた六壬式の式盤は中国に遺品があり、日本にも図が残されているが、一〇世紀に滅びた太一式については式盤は残っていない。その意味でこの復元図は往時の太一式盤の姿をうかがわせるものとして貴重である。（細井）

17 **朝野群載　巻十五　治暦元年一二月勘申**
国立公文書館所蔵　内閣文庫慶長御写本
慶長二〇年（一六一五）写
治暦二年（一〇六六）に数え年三三歳となる貴人の忌むべき日（八卦物忌）を陰陽寮が報告したもの。方位神の所在を示す図も載っている。署名者は一五人で、「陰陽師」の肩書きを持つ者は定員の六名おり、他は陰陽寮の事務官・博士で、すべて官人陰陽師である。この頃すでに賀茂氏と安倍氏が陰陽頭・助と博士の地位をほぼ独占するようになったが、惟宗・大中臣などのそれ以外の氏族も允・属（陰陽寮の三・四等官）や陰陽師として活躍していたことを示す。（細井）

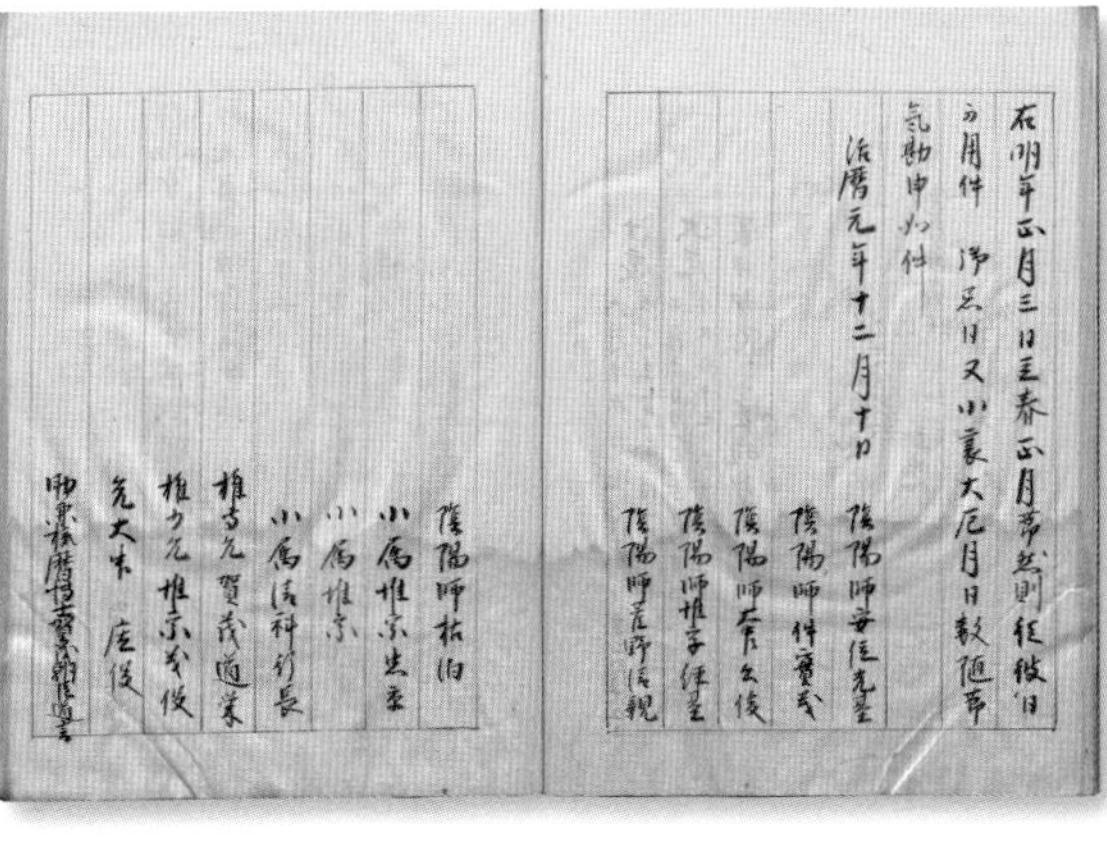

保憲・晴明以前の賀茂氏・安倍氏

賀茂氏

現存する陰陽道賀茂氏系図の忠行以前には不自然な点があり、あまり信用できない。またその名の多くが中級官人であるところから、実際はもっと低い身分の出身だった可能性がある。忠行は陰陽師で『貞信公記』に名前が見え、藤原忠平の家人であったようである。その子には陰陽道賀茂氏の実質的な初代である保憲の他に、文人で浄土教信者として有名な慶滋保胤や大外記となった慶滋保章がおり、代々の陰陽師ではなかったことがうかがえる。

安倍氏

阿倍氏（安倍氏）はヤマト政権では蘇我氏や物部氏に次ぐ有力豪族で、大嘗祭では吉志舞を奏上した。晴明の子孫もこれに関わっている。だが阿倍氏は多くの枝族に別れ、従属する丈部なども八・九世紀には取り込まれており、晴明がどの系統に属するのかはわからない。晴明の父益材以前の系図は六国史に見える人名を列挙するが、年代に不審な点があって信用できない。晴明には陰陽師になった吉昌・吉平の二人の子がおり、吉昌が兄と推測される。子孫が続くのは吉平の系統であった。（細井）

図2　賀茂氏系図（戦国時代末まで）

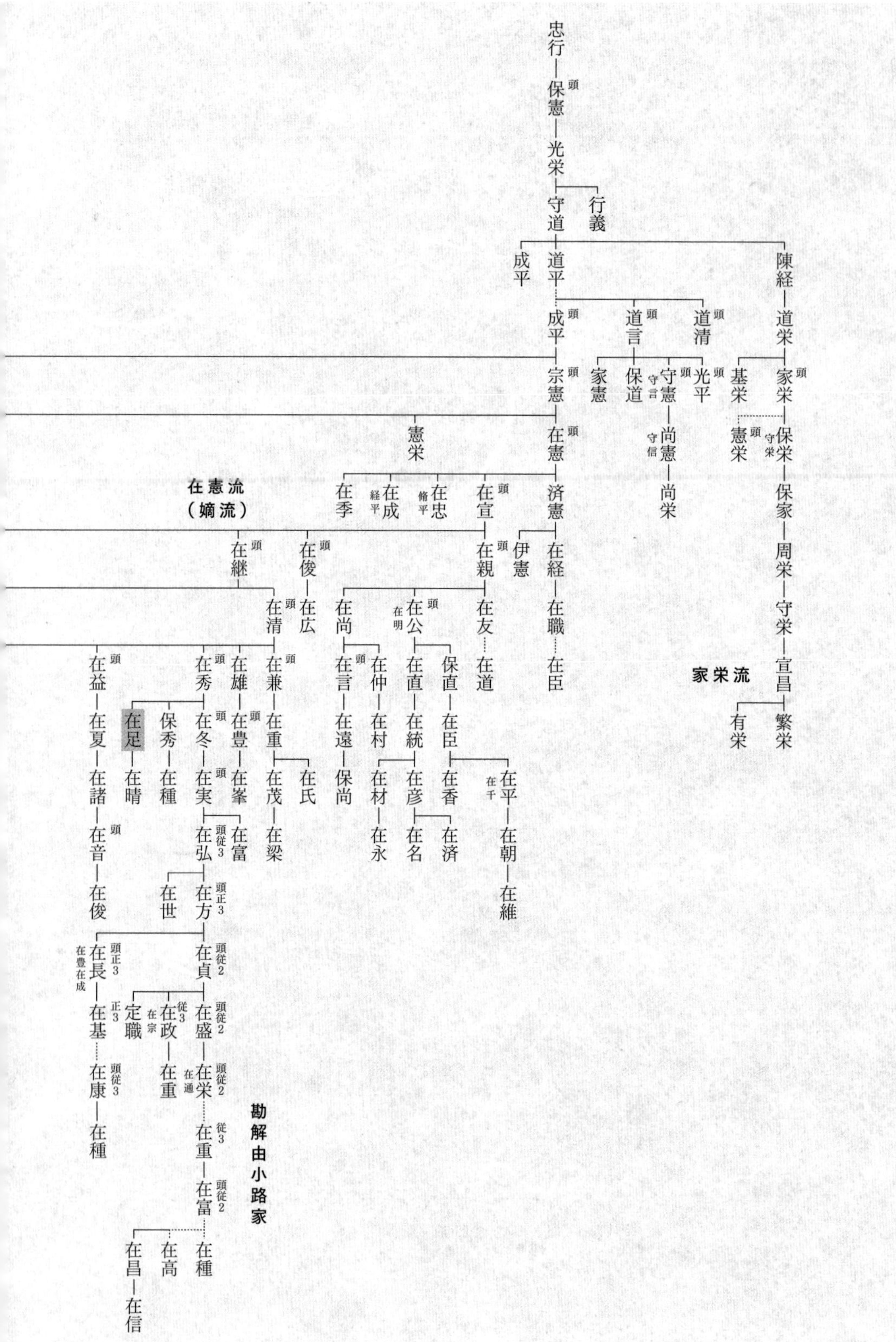

＊本系図は壬生本『医陰系図』（宮内庁書陵部所蔵）、『陰陽家系図』（同）、『尊卑分脈』、『系図纂要』、『群書類従』、『続群書類従』などの諸系図をもとに、一次史料に確認できる者を復原したものである（網掛けの者は一次史料に確認できない者を示す）。なお、古記録にはこのほかにも系図に確認できない者が多数おり、諸系図には古記録類に確認できない者が多数いる。
＊実線は実子、破線は養子・猶子を示す（推定も含む）。
＊枠で囲った人物は鎌倉幕府に仕えた鎌倉陰陽師を示す。
＊人名の右に陰陽頭（頭）と三位以上の極位を示した。
＊改名した人物は左側に示した。

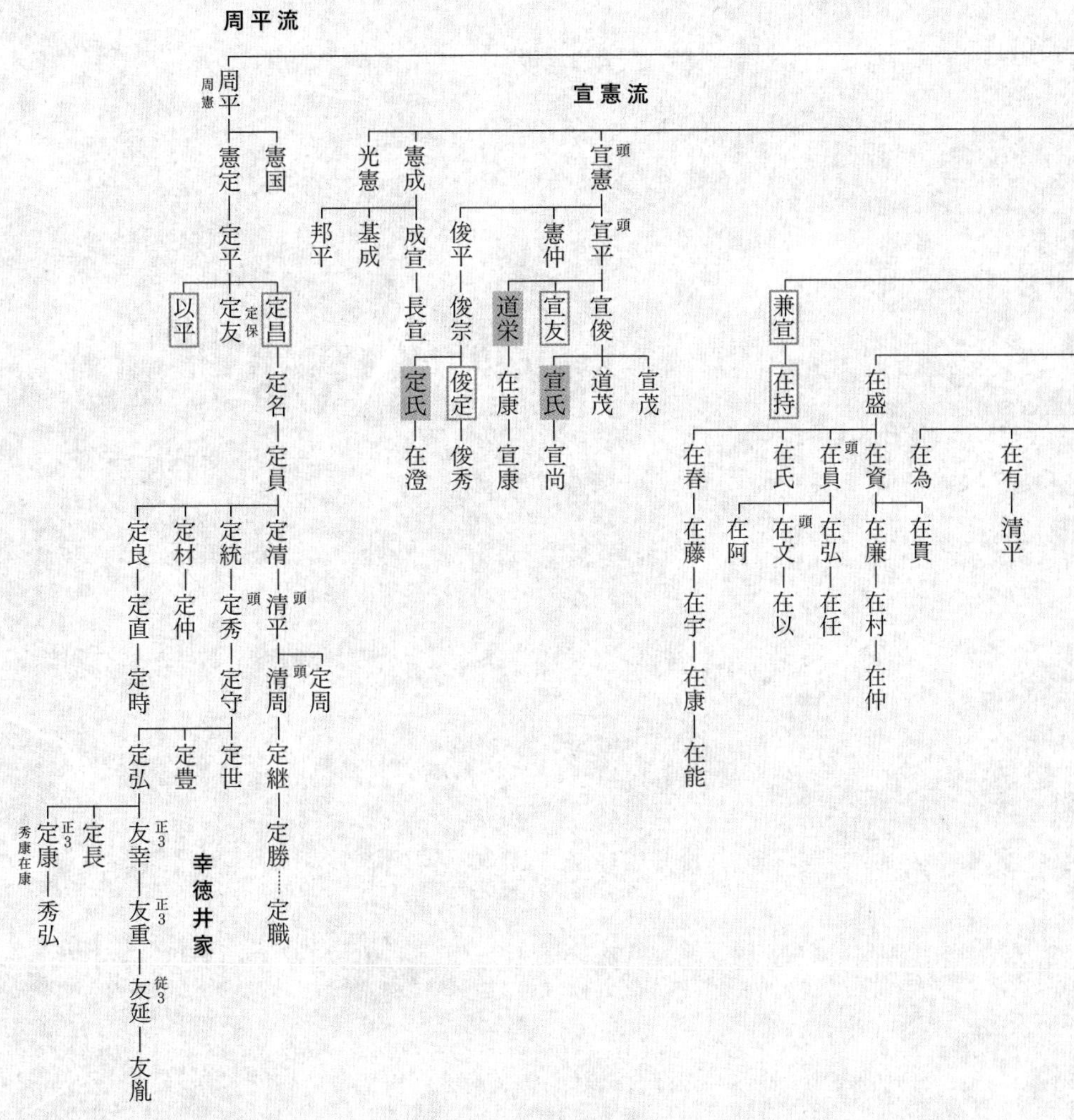

（赤澤春彦作成）

図3 安倍氏系図1（戦国時代末まで）

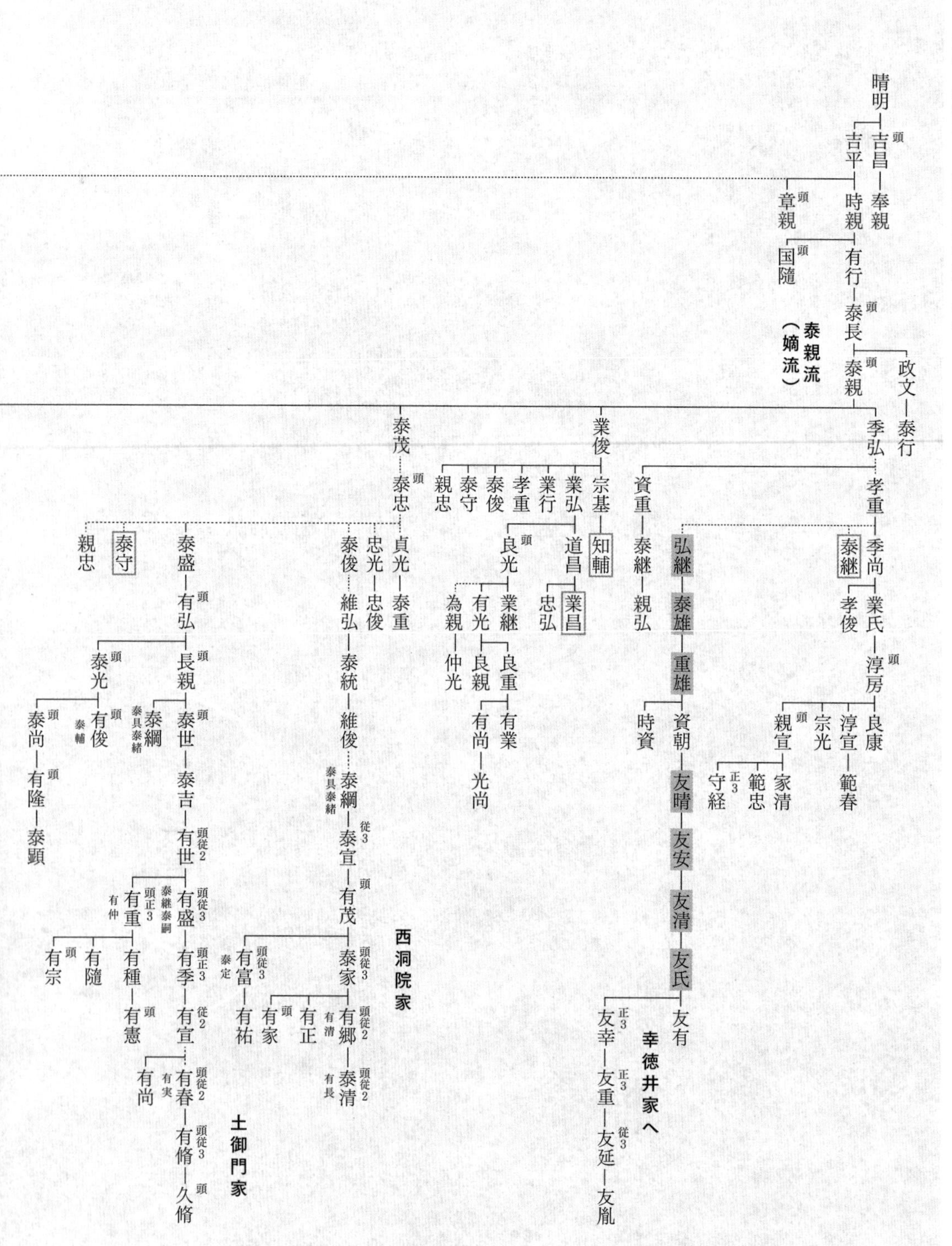

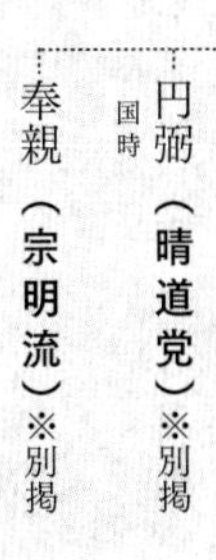

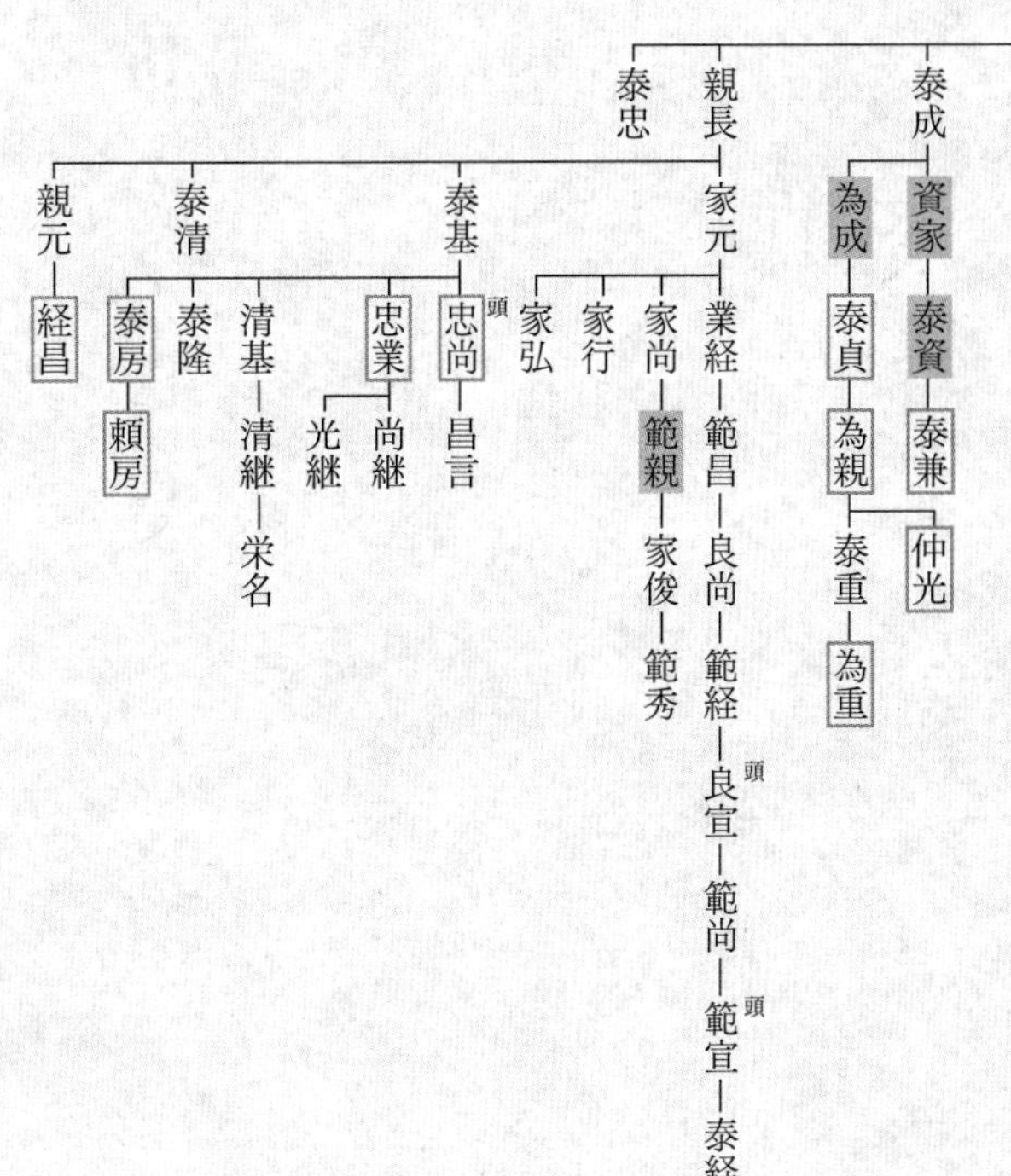

（赤澤春彦作成）

＊本系図は壬生本『医陰系図』（宮内庁書陵部所蔵）、『陰陽家系図』（同）、『尊卑分脈』、『系図纂要』、『群書類従』、『続群書類従』などの諸系図をもとに、一次史料に確認できる者を復原したものである（網掛けの者は一次史料に確認できない者を示す）。なお、古記録にはこのほかにも系図に確認できない者が多数おり、諸系図には古記録類に確認できない者が多数いる。
＊実線は実子、破線は養子・猶子を示す（推定も含む）。
＊枠で囲った人物は鎌倉幕府に仕えた鎌倉陰陽師を示す。
＊人名の右に陰陽頭（頭）と三位以上の極位を示した。
＊改名した人物は右側に示した。
＊泰綱の系統については系図によって異同があるが、山下克明氏の「若杉家文書『反閇作法并作法』『反閇部類記』」（『東洋研究』164、2007年）および野口飛香留氏の「安倍泰宣流再考―南北朝～室町期を中心に―」（『北大史学』62、2022年）の説に拠った。

図4　安倍氏系図2（戦国時代末まで）

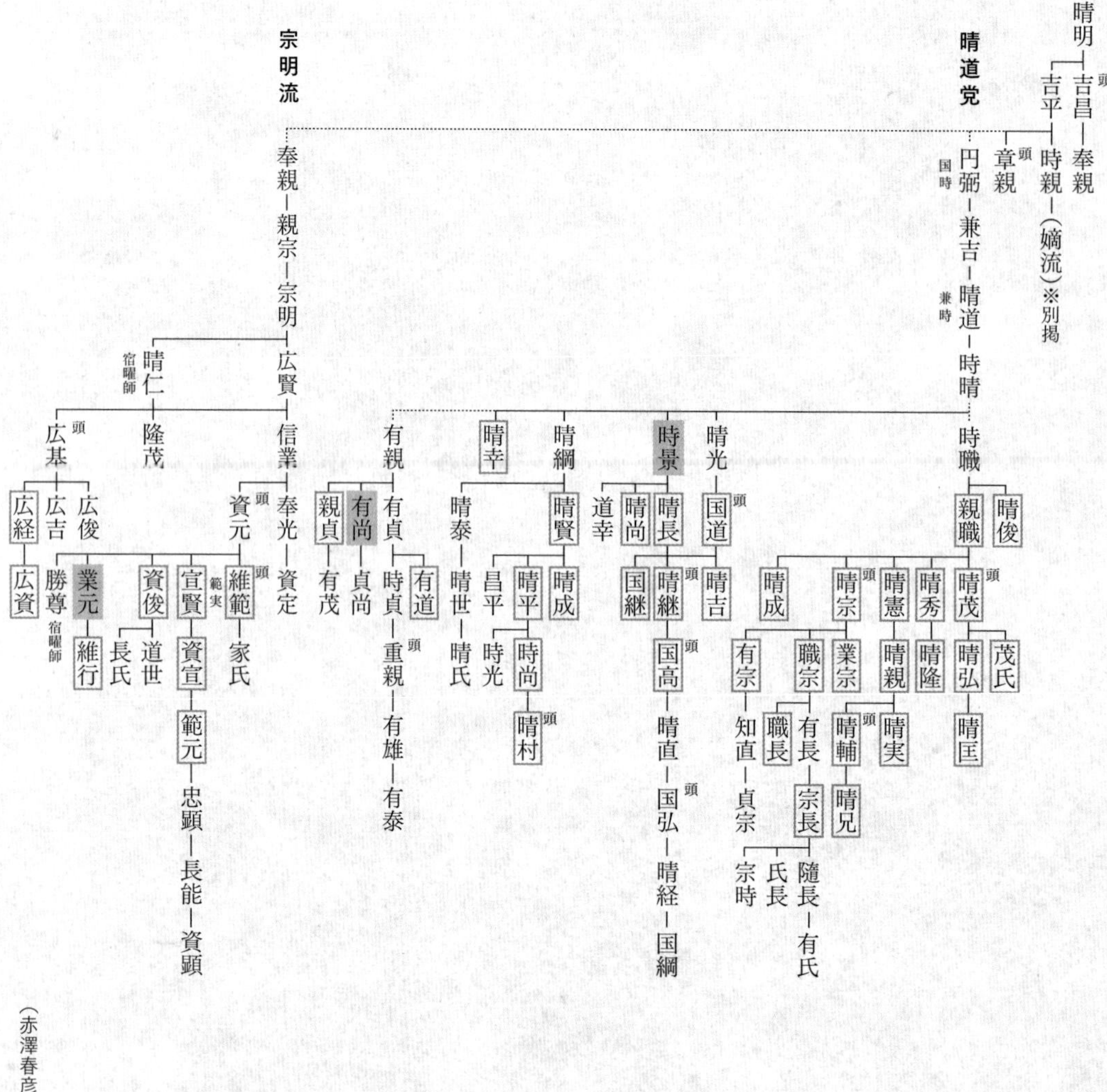

＊本系図は壬生本『医陰系図』（宮内庁書陵部所蔵）、『陰陽家系図』（同）、『尊卑分脈』、『系図纂要』、『群書類従』、『続群書類従』などの諸系図をもとに、一次史料に確認できる者を復原したものである（網掛けの者は一次史料に確認できない者を示す）。なお、古記録にはこのほかにも系図に確認できない者が多数おり、諸系図には古記録類に確認できない者が多数いる。
＊実線は実子、破線は養子・猶子を示す（推定も含む）。
＊枠で囲った人物は鎌倉幕府に仕えた鎌倉陰陽師を示す。
＊人名の右に陰陽頭（頭）と三位以上の極位を示した。
＊改名した人物は右側に示した。
＊泰綱の系統については系図によって異同があるが、山下克明氏の「若杉家文書『反閇作法并作法』『反閇部類記』」（『東洋研究』164、2007年）および野口飛香留氏の「安倍泰宣流再考―南北朝～室町期を中心に―」（『北大史学』62、2022年）の説に拠った。

（2）人々にとっての陰陽師

律令国家成立当初の陰陽師は、中国系の占いをする官人に与えられた官職に過ぎなかった。しかし八世紀末前後には、式占で占い、祓いや神々の祭祀を行い、日時の吉凶や方角の禁忌を取り扱う術者を指すようになった。同時にこうした術者の使う術が「陰陽の道」とよばれるようになったと考えられる。国家はこうした術法を使う官人たちを「陰陽道」「陰陽師」とよび、陰陽寮の官職についているか否かを問わず、陰陽の道で国家に仕えさせるようになった。こうした陰陽師を学術用語で「官人陰陽師」という。

一方、官人ではなく、広く貴族から庶民に至るまで顧客として、陰陽の道でその依頼に応える陰陽師もいた。彼らは多くが僧侶でもあったので「法師陰陽師」とよばれた。庶民にとって「陰陽師」といえばこの法師陰陽師であった。一〇～一一世紀に法師陰陽師は日本各地に存在し、それまで存在した巫などの男性の呪術者の多くが、法師陰陽師に転身したと思われる。

都にいる貴族は方違えの相談や長寿富貴などの私的な願いを陰陽師に託して、占いや祭りを行わせた。神々に祓を行うのも、陰陽師の仕事である。仏法は僧侶、特定の神社の祭祀は神官が行ったが、その他の神々のことはかなり多くが陰陽師の管轄であったと大まかにはいえよう。だが数が少ない官人陰陽師をもっぱら使うのは天皇や摂関クラスの高級貴族だけで、多くは法師陰陽師も使った。政敵を倒すための呪詛は主に法師陰陽師が請け負った。呪詛を跳ね返すための呪詛の祓も陰陽師の仕事である。

ところが中世になると、陰陽師を名乗らない僧侶やさまざまな術者が、陰陽師と同様の術を行うようになる。平安時代に、日本在来の神々は、仏や僧を嫌うものとされていた。そこで法師陰陽師は神々に祈るときは紙冠で坊主頭を隠していたが、中世になると神社に社僧がいることが珍しくなくなり、神仏習合が大きく進む。これにともなって陰陽師が使う陰陽道的な知識は、「陰陽師」を名乗るかどうかにはかかわらず日本社会に広がっていくのである。

（細井浩志）

(3) 朝廷陰陽道(官人陰陽師)のひろがり

朝廷では中務省に陰陽寮が置かれ、長官の陰陽頭以下、天文博士・暦博士・陰陽博士・漏刻博士らの官人が所属していた。こうした朝廷の官僚である陰陽師を官人陰陽師という。

四五頁図5・6は赤澤春彦氏が作成された「平安期〜室町期における官人陰陽師の推移」「平安期・鎌倉期の官人陰陽師の氏族別内訳」である。一〇世紀〜一五世紀の官人陰陽師の人数、構成氏族の内訳がグラフ化されている。このグラフを見ると、古代には賀茂氏・安倍氏以外にも大中臣氏・惟宗氏など多様な氏族出身の官人陰陽師がいたことがわかる。ところが一二世紀ごろになると、朝廷社会全体で、特定の官職・技能を特定の氏族が請け負う傾向が見られるようになる。陰陽道も例外ではなく、天文道を安倍氏、暦道を賀茂氏が寡占するようになっていく。鎌倉時代(一三世紀〜一四世紀初頭)にかけて、特に上位職で賀茂氏・安倍氏の割合が増し、他氏族との階層差が生じたことが指摘されている。そして室町時代(一四世紀半ば〜)になるとほとんどを両氏が占めていることが、グラフからも窺われる。

実際に当時の人々の意識も変化していたことが、官職の故実について記した『官職秘抄』(20)『職原抄』(18)『百寮訓要抄』(21)の記述の変化からも明らかである。院政期の状況を示した『官職秘抄』では、陰陽寮の長官はただ最上位のもの、と記されている。これに対し、南北朝期成立の『職原抄』では天文道は安倍氏の、暦道は賀茂氏の家職であるという意識が生じているのである。

このように賀茂・安倍両氏が上位職を独占するに至った方策の一つが、一族による譲任である。安倍良光言上状断簡(19)に見えるように、父から子や弟に官位や、官位を得るための賞(功績をあげた人に対し官位を進める褒賞)を譲って昇進させる方策である。これにより一族が安定的に昇進し、家格を確立・維持していった。

またグラフを見ると、鎌倉時代にはとりわけ多くの官人陰陽師の活動が確認できる(ただし時代によって、現代に残る史料状況の差異もある)。鎌倉幕府が成立すると、朝廷陰陽師の中には鎌倉に下って幕府に仕えるものも登場した。従来、平安時代に朝廷陰陽道が隆盛を誇り、鎌倉時代以降衰退していったと考えられてきた。しかし近年の研究では、平安時代以上に大きな規模となり、朝廷のみならず鎌倉幕府、地方社会に広がっていった時期であることが明らかにされている。

鎌倉時代には、先述のように賀茂・安倍両氏は、陰陽寮での優位を占めるよう努力した。同時に、氏族内でも主導権争いが続き、有力な家と庶流の差が生じた。室町時代になると、両氏の中でも官人陰陽師として見えなくなる流が増え、史料で確認できる官人陰陽師の数は減少する。賀茂氏諸流の中では勘解由小路家、安倍氏の中では土御門家が嫡流として力を持った。

23の『養和二年記』は、陰陽師安倍泰忠（一一五七～一二三〇）の養和二年（一一八二）正月～三月の日記である。陰陽師の日記は珍しく、祈禱や天体観測といった陰陽師の活動を知ることができる点、のみならず寺社参詣や当時の世間の様子など、その生活が窺われる点でも貴重である。

（遠藤珠紀）

18 職原抄

本館所蔵　吉川家文書
江戸時代版

興国元年（一三四〇）、北畠親房が後村上天皇のために記した官職故実書。朝廷の官職の沿革や唐名（中国風の呼び方）、その官に任じられるべき家柄などが記されている。その中で「陰陽寮」の項には、

陰陽寮は天文道・暦道を掌るが、平安時代賀茂保憲が暦道を子息光栄に、天文道を安倍晴明に伝え、それから天文・暦の両道が分かれた。

と記されている。当時は、元来賀茂氏の職であったが、平安時代に安倍氏と賀茂氏になったという認識になっていたようである。

（遠藤）

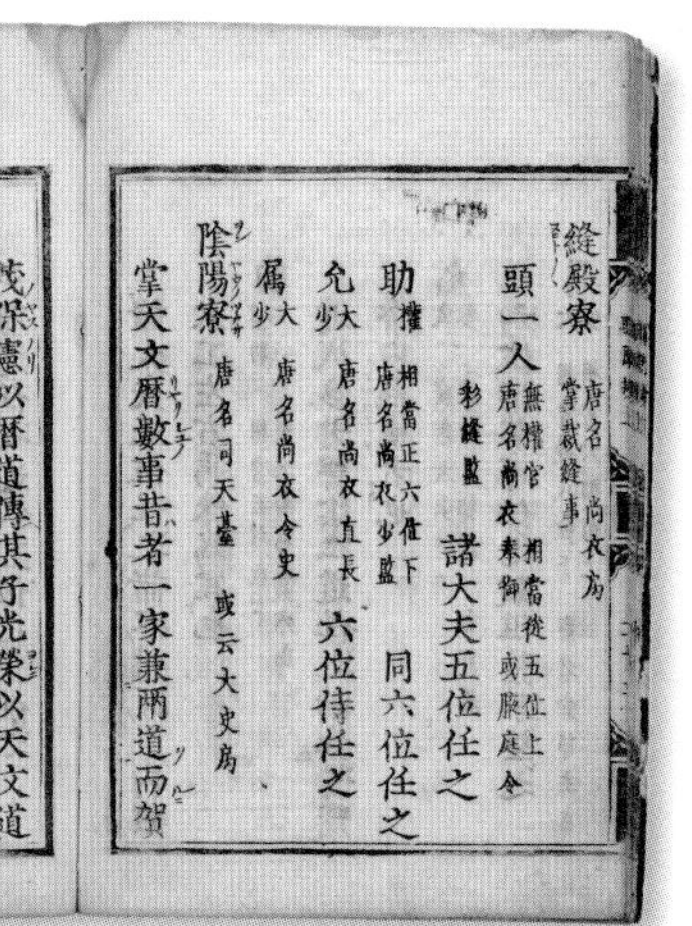

19 安倍良光言上状断簡

本館所蔵　広橋家旧蔵記録典籍類　一三世紀後半
「室町殿山水地鎮祭申沙汰記寛正元年十一月八日、九日及外十五通」紙背

一三世紀後半、権天文博士安倍良光が、権天文博士の官を子息有光に譲ることを申請した文書。過去に序列が上の人物がいても飛び越えて、親から子、兄から弟に官を譲った例、兄弟で博士に任じられた例、さらに現在の博士たちがみな親から譲られていることを書き上げて、息子に譲る正当性を主張している。この時期には、陰陽寮の官が親から子にと継承されるようになってきたことが窺われる。

（遠藤）

陰陽寮官人の変化

中世には官職故実書がいくつも書かれた。ここでは『官職秘抄』『職原抄』『百寮訓要抄』を取り上げ、時代によって陰陽寮の構成がどのように変化したのか見てみよう。

正治二年（一二〇〇）ころ平基親という公卿が記した『官職秘抄』には、陰陽寮の長官陰陽頭は、

> 陰陽道の中で序列が第一の人物を任じる。

と書かれている。当時の陰陽寮には様々な氏族の出身者がいた。その中で最上位の者を任じる慣習だったようである。

『百寮訓要抄』は、一四世紀末に二条良基が、足利義満のために記した官職故実書である。この書には陰陽頭は、

> 陰陽道のメンバーで、賀茂・安倍の両家の第一の者を任じる。決して他人は任じない官である。殊更に名誉で代々の家柄の者を選ぶように。

とある。

『官職秘抄』『職原抄』『百寮訓要抄』と時代が進むにつれて、多数の氏族出身者が存在した陰陽寮の上位の官は、安倍・賀茂の二氏に寡占的に請け負われ、それぞれ天文道・暦道を担うようになったという変化が見える。

（遠藤）

20 官職秘抄（参考図）
国立国会図書館デジタルコレクションより
大永五年（一五二五）写

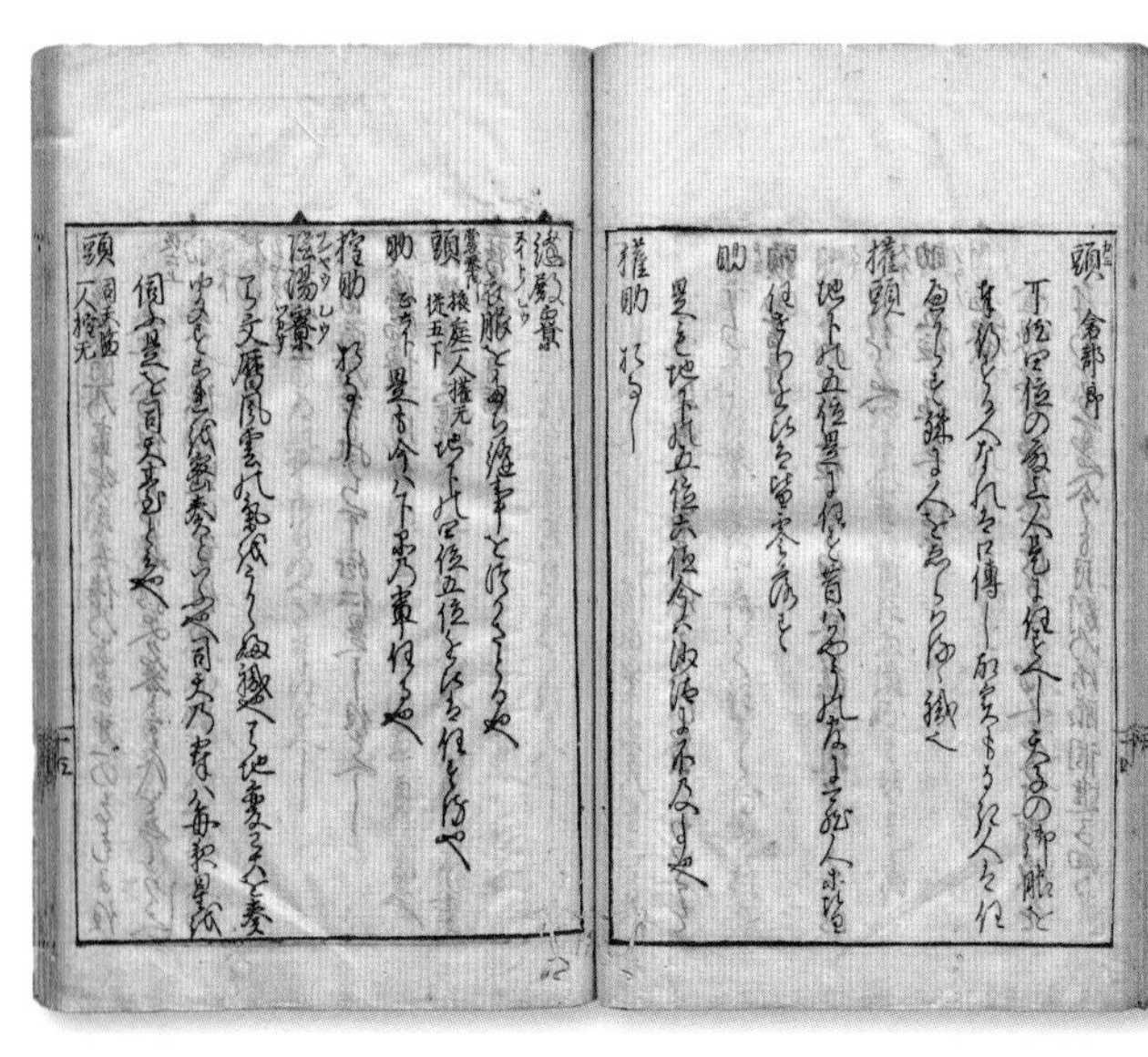

21 百寮訓要抄（参考図）
国立公文書館所蔵　慶安二年（一六四九）版

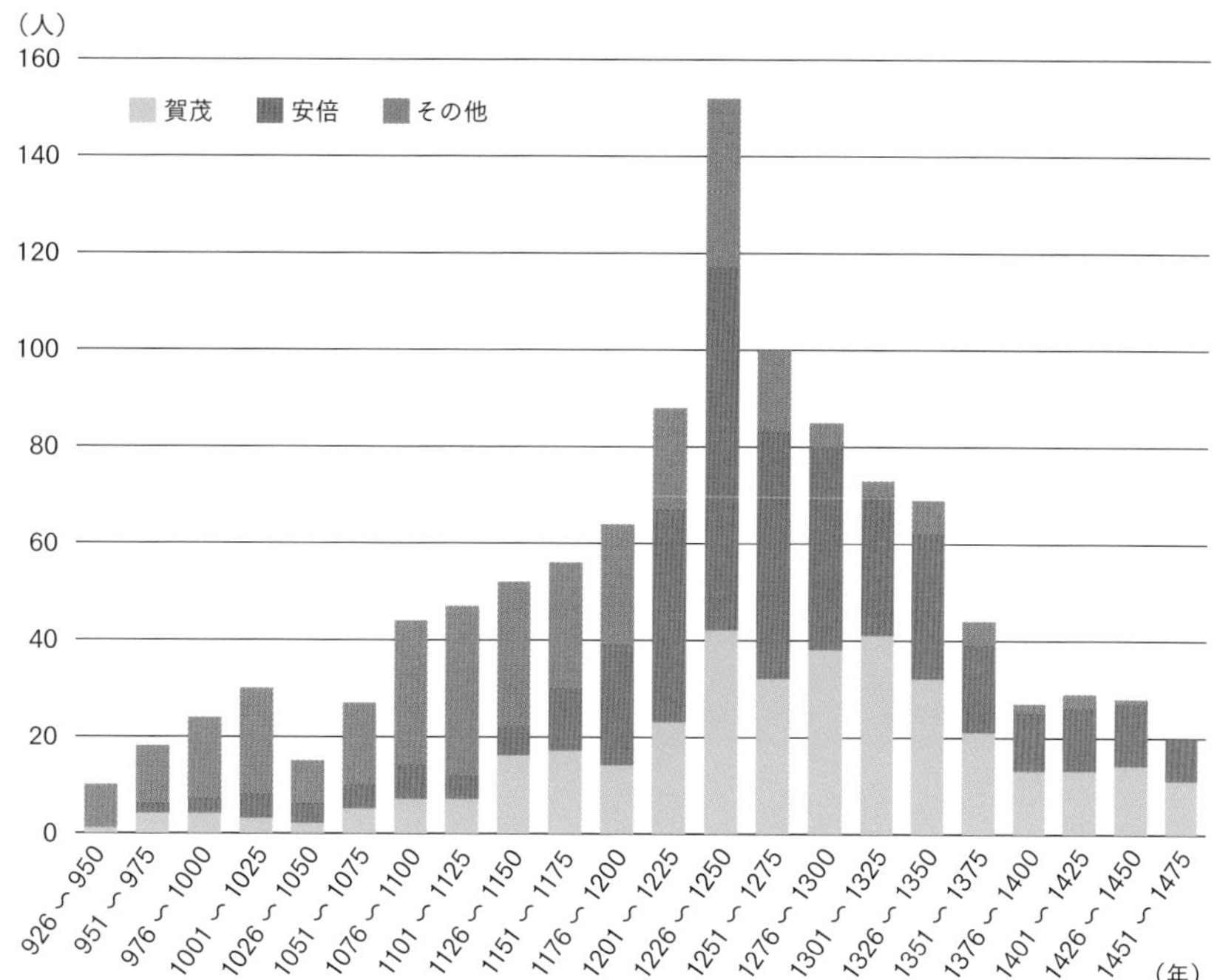

図5　平安期～室町期における官人陰陽師の推移

賀茂保憲や安倍晴明が活躍する平安時代後半（一〇世紀前半）から室町時代の中ごろ（一五世紀後半）までの古記録や古文書などに確認できる官人陰陽師は七〇〇名を超える。記録の残存状況や記録類に登場しない者もいるため、正確な数ではないが官人陰陽師の推移は、一一世紀末（院政期）から増えはじめ、一三世紀中頃（鎌倉時代中期）をピークに、南北朝期以降、急速に減少していくことが見てとれる。　（赤澤）

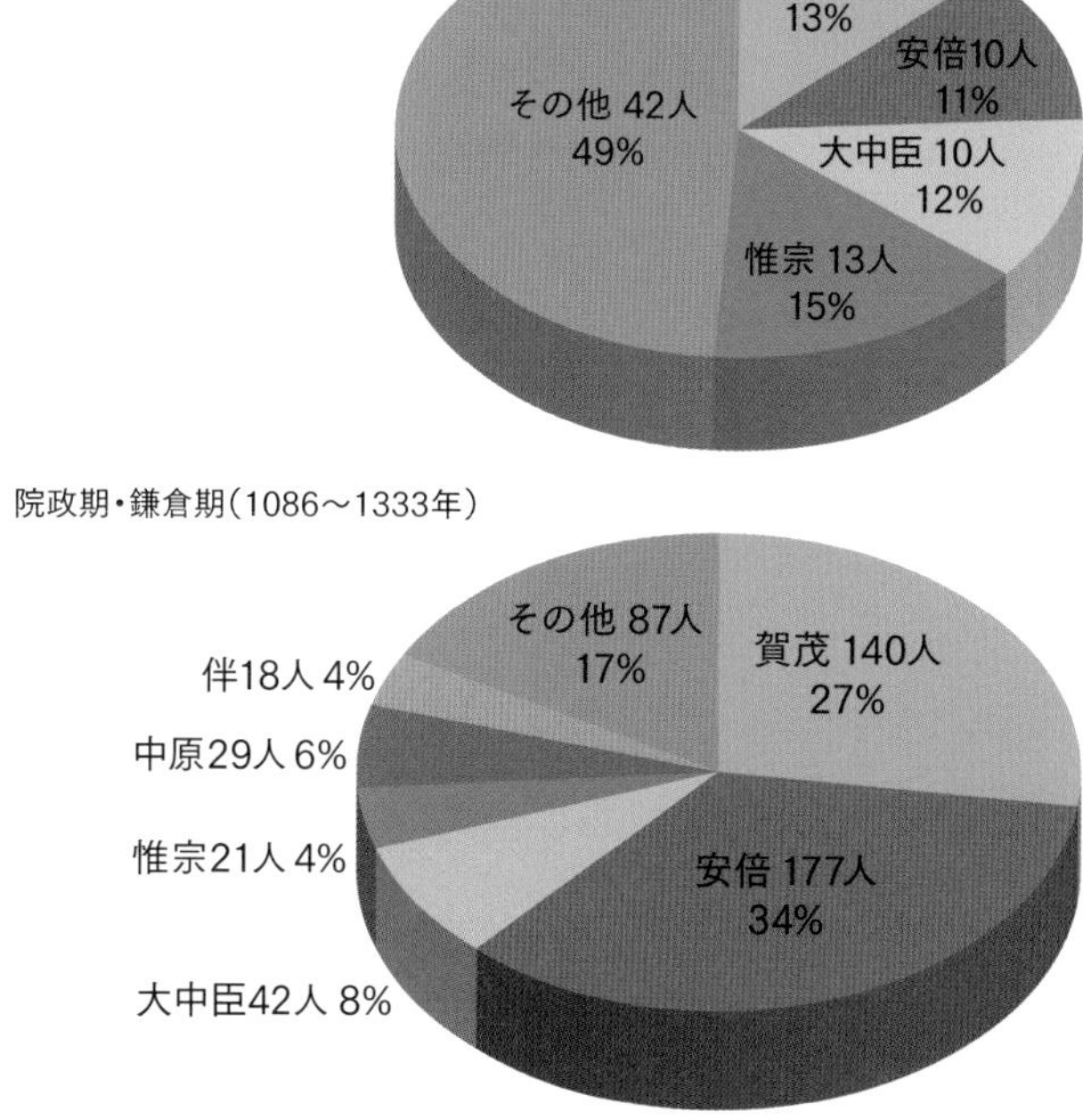

図6　平安期・鎌倉期の官人陰陽師の氏族別内訳

平安後期と院政期・鎌倉期の官人陰陽師を氏族別に見ると、明らかな違いが見られる。賀茂保憲や安倍晴明が活躍した平安時代後期は賀茂氏や安倍氏は四分の一程度で、むしろ惟宗氏や大中臣氏といった他の氏族が四分の三以上を占めていた。しかし、院政期・鎌倉期では賀茂氏と安倍氏が約六割を占めるようになる。その結果、［賀茂・安倍の有力家］―［賀茂・安倍の庶流家］―［その他の氏族］といった階層にわかれるようになる。　（赤澤）

22 奈與竹物語

曇華院所蔵
（京都国立博物館寄託）
江戸時代前期写カ

鎌倉時代の後嵯峨天皇の恋を描いた絵巻物。帝はある女房に恋をし、蔵人に捜索を命じた。困った蔵人が当世随一の占いの名人という陰陽師文平を訪ね、女房の居所を占っている場面である。豪華な屋敷で蔵人と向き合って紙（占形か）を見ているのが文平であろう。奥の部屋には、板廂の車が差し込まれている。これは書籍等を保管する文車で、陰陽道の書が納められていると推測される。なお占の結果は五月中に必ず会える、というもので的中した。（遠藤）

23 養和二年記

宮内庁書陵部所蔵　寛政一一年（一七九九）写

陰陽師安倍泰忠（一一五七〜一二三〇）の養和二年（一一八二）正月〜三月の日記の写本。泰忠は養和二年時には二六歳。のちに陰陽頭、天文博士をつとめる。日記には天体観測・祈禱・占いなどの陰陽師の仕事の様子だけでなく、賀茂社・鞍馬寺などの寺社参詣や、毘沙門講など信仰生活、木曽義仲の挙兵に伴う京中の飢饉の様子などが記されている。中世の陰陽師の日記は少なく、陰陽師の日常が窺われる貴重な史料である。（遠藤）

column ②

安倍氏中興の祖、泰親の活躍

陰陽家安倍氏において「中興の祖」と言えるのが晴明から五代後胤の泰親である。泰親は晴明が死去した寛弘二年（一〇〇五）よりおよそ一〇〇年後の天永元年（一一一〇）に安倍泰長の子として生まれた。父泰長は安倍氏の嫡流を継承する陰陽師として早くから朝廷で活躍し、泰親が生まれた当時は陰陽道第三者の地位にあり、その四年後には陰陽頭に昇進した実力者であった。また、泰親の兄政文も父から権陰陽博士を譲られ、父子ともに陰陽寮の要職にあった。ところが、保安二年（一一二一）に泰長、その三年後に政文が相次いで死去してしまう。当時一五歳の泰親はいまだ陰陽道を伝受し終えていなかったため、一族の長老安倍晴道に陰陽道を学んだという（壬生本『医陰系図』安倍氏系図傍注（140））。このように泰親の人生は嫡流断絶の危機に瀕したところから始まったのである。

泰親は二一歳で右京亮に任官し、官人としての第一歩を踏み出す。それ以降、権陰陽博士、権天文博士、陰陽助を歴任し、寿永元年（一一八二）に陰陽頭に昇進し、官人陰陽師のトップに昇りつめる。さらに後白河法皇に接近することで公家の祭祀を請け負い、その財源として龍華庄預所職などの相伝も認められた。

泰親が成功した最大の理由は占いの名手として認められたことにある。『平家物語』では泰親が「サスノミコ（指すの神子）」と呼ばれていたとするが（延慶本『平家物語』「法皇ヲ鳥羽殿ニ押籠奉ル事」）、その能力は当時の貴族の日記からもうかがえる。例えば、左大臣藤原頼長は当代きっての知識人だったが、その日記『台記』には「泰親の占いは父や兄に勝るものである。陰陽道書によれば占いは十のうち七当たれば神であると言うが、泰親の占いは十のうち七、八は的中する。しかもその的中した内容は他人が真似できるものではない。古来の陰陽師にも恥じない者である」（久安四年（一一四八）七月一九日条）と絶賛している。まさに泰親の占いは「神って」いたのである。また、延慶本『平家物語』には泰親に雷が落ちたにもかかわらず狩衣が少し焼けただけで体は無事だったというエピソードも載せているが、これも九条兼実の日記『玉葉』にみられる（承安四年（一一七四）六月二三日条）。

このように泰親は優れた陰陽師であったが、性格は自信家で狷介、他者に対して攻撃的だった。占断をめぐって他の陰陽師とたびたび相論を起こしたり、天変の勘申をめぐって他の陰陽師を批判したり、さらには自分の子息季弘ですら自分と異なる意見を出した時には厳しく糾弾している。

さらに泰親は自分と晴明とを重ねて強く意識していたようである。久寿二年（一一五五）七月、月に太白星（金星）が重なった天変が起きた際、藤原頼長は泰親の許に使者を送ったところ、泰親は晴明と同じ仕草（地に立ち天を仰ぐ姿）を使者に見せつけている（『台記』久寿二年七月二六、二七日条）。また、占いが良く当たる理由を尋ねられたとき、「晴明の流れをくむ者は推条（占い）を得意とします…私は晴明の五代目にあたりますので推条を得意とするのは当然なのです」（長門本『平家物語』「陰陽頭泰親占事」）と晴明の正統な後継者であることを強く主張している。幼くして父と兄を亡くし、安倍氏嫡流存亡の危機に立たされた過去が泰親をこのような人物にしたのかもしれない。

陰陽道のトップに昇りつめた泰親は、長子季弘に権陰陽博士、次子業俊に権天文博士を譲り渡し、三男泰茂も陰陽大允とするなど、子息を陰陽寮の主要官職に就かせ、公家の祈禱権とそれに付随する荘園所職を譲り渡して一門の繁栄を存続させようとした。後に泰茂の子孫が安倍氏の宗家たる土御門家となるが、その基盤は泰親によって固められたといって良いだろう。

（赤澤春彦）

2

武家へのひろがり

鎌倉幕府の成立以降、官人陰陽師は活動の場を武家社会へも広げていくことになる。むしろ、武家社会に進出したことがその後の陰陽師の歴史を大きく変えることになったといっても過言ではない。

武家と陰陽道というと繋がりが薄いように感じるかもしれないが、鎌倉幕府を開いた源頼朝はそもそも従五位下右兵衛佐という位職に就いていた貴族であり、頼朝が吉日を選んだり、占いや呪術を求めたりするのは当然のことであった。しかしながら、頼朝の時期には京から賀茂氏や安倍氏といった有力な陰陽師が下ってくることはなかった。当時の官人陰陽師たちにとって鎌倉はあまりにも遠く、下向するメリットがなかったからである。

大きな転機が訪れるのは三代将軍実朝の時期である。おそらく実朝自身が招いたものと思われるが、安倍氏の一族である安倍泰貞が承元四年（一二一〇）に鎌倉に東下し、ついで安倍親職、安倍宣賢も姿を見せる。この三名は鎌倉に定住し、その子孫たちも代々鎌倉殿および幕府に仕える武家専従の「鎌倉陰陽師」となる。その後、承久の乱で幕府が勝利したことにより加速度的に増え、鎌倉幕府の史書『吾妻鏡』には実に七四人もの陰陽師が登場する。鎌倉は京につぐ官人陰陽師たちの一大拠点へと成長を遂げるのである。

鎌倉陰陽師たちは鎌倉殿の身体を護るため、鎌倉殿に常に近侍して吉日や忌み日、方違えについて上申し、病になればその原因を占い、鶴岡八幡宮寺の寺僧が行う仏教祈禱とともに陰陽道祭祀をつとめた。さらに鎌倉や東国で発生した天変地異や怪異を占い、攘災招福のための陰陽道祭祀を行った。この他にも天文観測と天変の勘申や御所移転の相地（土地の吉凶判断）など、幕府の政策を円滑に進めるために働いた。鎌倉幕府にとって陰陽師とは東国の危機管理や政権運営に欠かせない重要なピースの一つであり、陰陽師にとって鎌倉幕府とは魅力的な就職先の一つだったのである。そして承久の乱以降、朝廷に対する幕府の力が相対的に強まっていくにしたがって鎌倉陰陽師も京の官人陰陽師たちと拮抗する勢力に成長し、鎌倉にいながら陰陽頭に就任する者も登場するようになる。また、鎌倉陰陽師の成立は東国に陰陽道を広げていくことにもなった。例えば伊豆国一宮の三嶋大社では三嶋暦が造られ東国に流通するようになったという。

鎌倉幕府が滅亡し、南北朝内乱の中で室町幕府が誕生した時には武家が陰陽師を用いることは当たり前のこととなっていた。鎌倉時代にあれだけ多くの官人陰陽師がいたにもかかわらず、鎌倉幕府の滅亡以降、急速に減少していくが、それは南北朝内乱が大きな原因の一つだった。内乱の長期化によって公家の財政が縮小した結果、陰陽師への依頼が減少し、安倍氏の有力陰陽師ですら困窮に陥ってしまう（『園太暦』文和三年（一三五四）一一月六日付け安倍泰尚書状）。さらに朝廷が南朝と北朝に二分したことにより陰陽師も二派にわかれ、最終的に北朝および足利尊氏に従った家が存続することになる。こうした中で頭角を現したのが安倍泰親流の有世という陰陽師であった。有世は三代将軍足利義満に重用され、陰陽師で初めて昇殿を許され、三位を経て最終的に従二位にまで至る。これを先例に有世以外の安倍氏や賀茂氏も昇進していき、安倍氏の宗家土御門家と賀茂氏の宗家勘解由小路家が成立し、陰陽師は諸大夫層から公卿へと家格を上昇させることに成功した。

応仁の乱によって京が荒廃すると貴族たちの中には地方に下向して活路を見出す者たちが現れる。陰陽師でも勘解由小路家は有力守護である周防山口の大内氏らのもとに身を寄せ、土御門家は所領がある若狭国名田庄へと下向した。その後、勘解由小路家は嗣子がおらず断絶し、土御門家が陰陽道宗家として君臨することになった。

（赤澤春彦）

（1）陰陽師、鎌倉に下る

鎌倉幕府の史書『吾妻鏡』によれば、治承四年（一一八〇）八月、源頼朝は挙兵するにあたり住吉小大夫昌長なる人物に吉日を選ばせ、山木兼隆襲撃の直前に天曹地府祭という陰陽道祭を行わせている（ただし、昌長は筑前国住吉社の神官の弟で正確には陰陽師ではない）。

頼朝が幕府を開いた後も天文観測や占筮、日時・方角禁忌の記事が散見されるが、官人陰陽師が鎌倉に定住した形跡はない。続く頼家期も安倍資元が天文勘文を献じ、頼家の息災を祈る当年星祭を京で行うなど陰陽家による奉仕が認められるものの、資元は在京したままで奉仕しており、依然として官人陰陽師が鎌倉に定住することはなかった。

こうした状況に大きな転機が訪れるのが三代将軍実朝の時期である。承元四年（一二一〇）一〇月四日に安倍泰貞が、ついで安倍親職、安倍宣賢が鎌倉に姿を現し、これをもって鎌倉に定住し、鎌倉殿および幕府に仕える「鎌倉陰陽師」が成立することになる。この三名は安倍氏ではあるものの、いずれも一族の中では傍流に属す者たちであった。京の陰陽師社会ではこれ以上の出世を望めないことを悟り、新天地を求めて鎌倉に下向してきたのである。泰貞らは実朝のもとで天変地異や怪異を占い、寺院建立の土地を選ぶなど実朝が推し進める政策の一翼を担うが、承久元年（一二一九）正月に実朝が殺害されたことで後鳥羽上皇の不興を買って所職停止の憂き目にあう。しかし、泰貞らは帰京することなく、北条氏や幕府と命運をともにすることを選び、小侍所御簡衆という幕府の正式な構成員としての身分を手に入れる。そして承久の乱で幕府が勝利したことにより、京から官人陰陽師が次々に鎌倉に下向するようになる。その中には現職の陰陽権助安倍国道といった有力陰陽師もいた。人材が飽和状態になりつつあった京の陰陽師たちの目には鎌倉は魅力的な奉仕先として映るようになったのである。

鎌倉陰陽師の最も重要な職務は鎌倉殿の護持である。輪番制で日常的に近侍し、日時や方角の吉凶を勘申し、病や怪異への対処を講じた。また、東国で天変地異や怪異が発生した際にはこれを占い、陰陽道祭祀を執行するなどして幕府の危機管理の一翼を担った。こうした中で京とは異なる鎌倉独自の先例も創られるようになった。

鎌倉陰陽師の構成は、安倍氏が多くを占め、賀茂氏はほとんど見られない。加えて、惟宗文元や清科重宗といった賀茂・安倍以外の陰陽師も重要なポジションに就いており、京の陰陽師たちとは異なる秩序で集団が形成されていた。承久の乱後は安倍国道のほか、安倍忠尚・維範といった現任の陰陽頭や助が一時的に下向して鎌倉陰陽師を主導していたが、寛元四年（一二四六）の宮騒動によって前将軍藤原頼経が京に追放されてからは初期に下向した安倍親職の一派が執権北条氏との緊密な関係を背景に優勢となり、陰陽頭を複数輩出するようになる。

こうして鎌倉の陰陽道は充実期を迎え、京の賀茂・安倍氏に比肩する勢力へと成長を遂げるが、幕府が滅亡した後はほとんど行方がわからなくなる。親職の子孫の中に帰京して室町幕府に仕えた者たちがいたほか、名前はわからないが鎌倉公方に仕えた者が確認できる程度である。鎌倉陰陽師の多くは歴史の表舞台から退場してしまうのである。

（赤澤春彦）

24 吾妻鏡 承久三年六月八日条

本館所蔵 江戸時代写

承久三年（一二二一）に起きた承久の乱の最中、鎌倉の北条義時邸の釜殿に雷が落ちた。義時は怪異かと恐れて大江広元を招いて相談したところ、広元は奥州合戦の例を出して関東では吉例であるといい、念のため陰陽師に占わせるよう進言した。そこで安倍親職・泰貞・宣賢に占わせた結果、三人とも鎌倉方にとって最吉であることを申し述べ、義時を安堵させた。このように陰陽師は東国の危機管理を担っていたのである。【→二九四頁に翻刻】

（赤澤）

25 金沢貞顕書状

称名寺所蔵（神奈川県立金沢文庫管理） 文保二年（一三一八）ヵ 国宝

称名寺金堂の上棟式を行うにあたり、金沢貞顕が鎌倉陰陽師の安倍晴村に吉日を選ばせた。晴村は今月中には吉日がないため代替として一二月一六日を推している。鎌倉陰陽師たちは鎌倉殿や幕府に仕えるだけでなく、得宗家や北条一門、有力御家人の私的な要請に応え、日時勘申や占い、呪術などを行っていた。武家社会にも陰陽道が浸透していることがうかがえる。なお、晴村は後に陰陽頭を務めるほどの実力者であった。【→二九五頁に翻刻】

（赤澤）

（２）陰陽師、室町殿に仕える

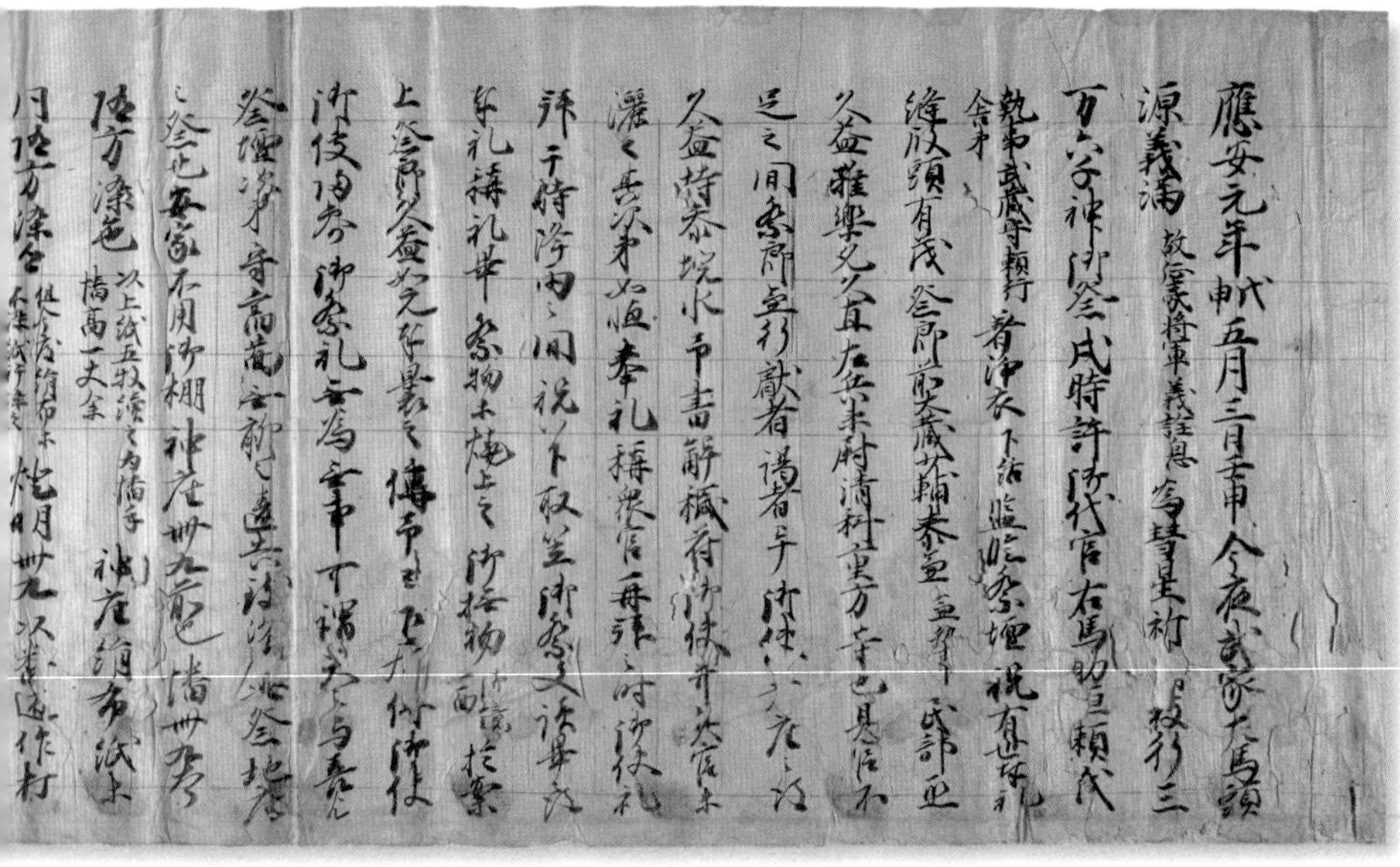

官人陰陽師が爆発的に増加した鎌倉時代を人員的な隆盛期とするならば、室町時代は官人陰陽師の身分的な隆盛期といえるだろう。そしてその要因は北朝および室町殿との繋がりに求めることができる。

鎌倉幕府を滅ぼす一翼を担い、後醍醐天皇と袂をわけて北朝を立てた足利尊氏は暦応元年（一三三八）幕府を開設する。尊氏は幕府の運営にあたって基本的に鎌倉幕府を踏襲する方針をとり、それは宗教政策においても同様であった。室町殿および室町幕府には鎌倉陰陽師の子孫と京の陰陽師が参仕し、賀茂・安倍氏の中で北朝側についた陰陽師たちが優位な立場を築くことになる。

賀茂・安倍氏の氏族内競合の最終的な段階を迎えるのが三代将軍義満の時期である。義満は北山第において大規模な祈禱を行わせるが、ここで仏教祈禱と両輪の役割を果たしたのが陰陽師による陰陽道祭祀であり、その中心となったのが安倍有世という陰陽師だった。有世は安倍氏の嫡流泰親流の出身で、若くして義満の管領陰陽師として仕えた。そして義満との個人的な関係により、康暦二年（一三八〇）に陰陽師で初めて昇殿を許され、さらには至徳元年（一三八四）には従三位に叙される。これまで正四位上の壁を超えることができなかった陰陽師が初めて三位に到ったのである。当初、有世の昇進は「不次之賞（特別な扱いによる賞）」とされてきたが、他の陰陽師たちは有世を先例に昇進を懇願するようになり、安倍泰宣、賀茂在弘、安倍守経、安倍泰家、賀茂在方らが次々と三位につくようになった。こうして公卿に昇進した有世の系統は「土御門」を名乗り、賀茂氏の嫡流在弘の系統は「勘解由小路」を名乗り、陰陽道宗家として確立するのである。

しかし、室町殿の権威が徐々に失墜し、応仁・文明の乱（一四六七～七七）によって京都が荒廃すると、貴族たちは地方の所領に下向するようになる。土御門家も所領があった若狭国名田庄上村（現福井県おおい町名田庄納田終）へ疎開し、数代にわたって当地に留まることになる。

（赤澤春彦）

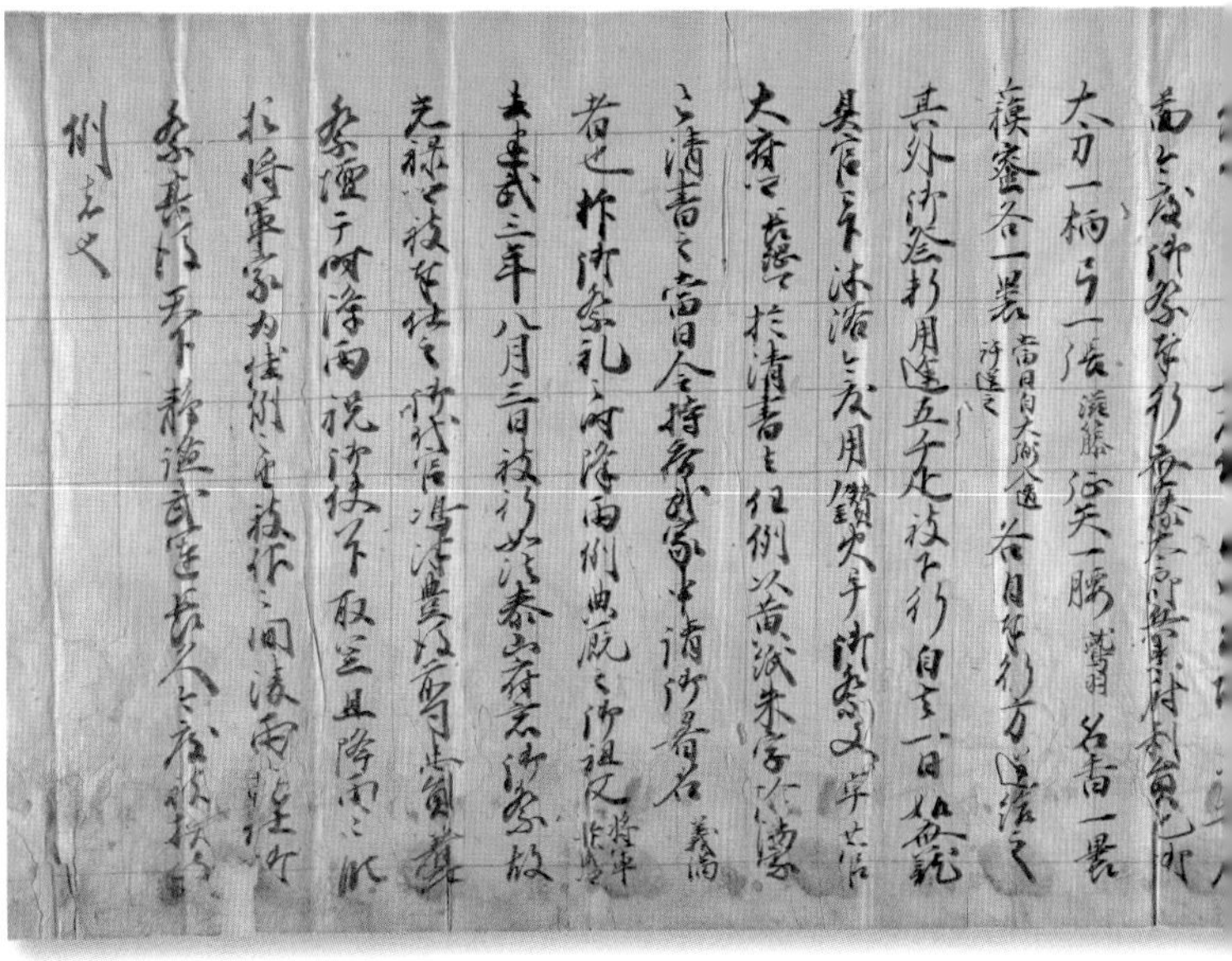

26 足利義満三万六千神祭記

京都府立京都学・歴彩館所蔵　室町時代

応安元年（一三六八）五月三日、足利義満が一一才の時に彗星の祈禱として三万六千神祭を執り行ったときの記録である。祭壇には安倍有世、安倍有茂、安倍泰重、民部丞久益、雅楽允久直、清科重方が参仕した。義満は四月一五日に元服したばかりで、翌年に征夷大将軍宣下を受けるが、不安定な世情に加え、彗星の出現といった重事に備えて祭祀を執行したのだろう。祭祀執行の時に雨が降ったようだが尊氏の先例を引いて佳例としている。（赤澤）【→二九五頁に翻刻】

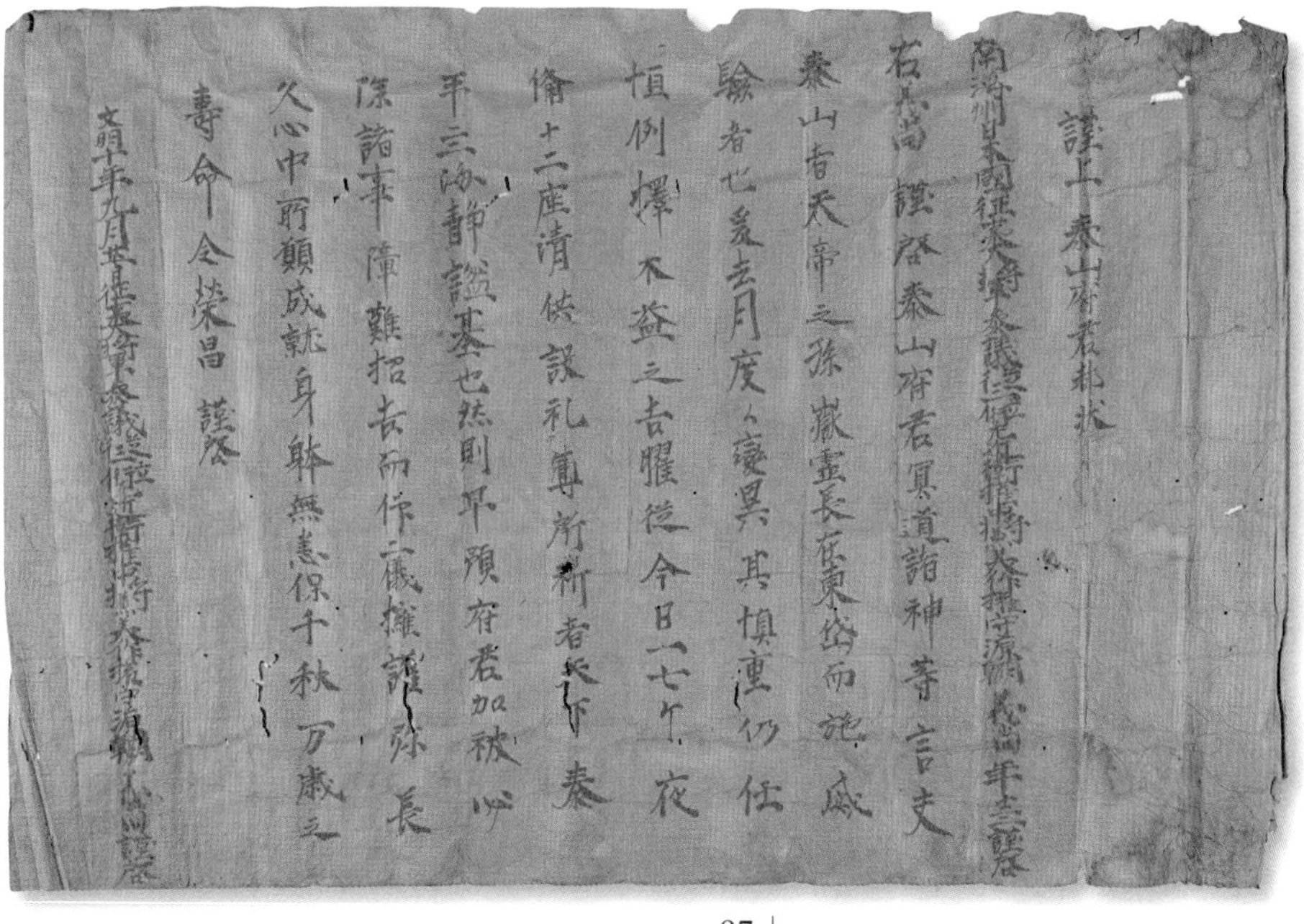

27 足利義尚泰山府君祭都状

京都府立京都学・歴彩館所蔵

文明一〇年（一四七八）九月二七日

陰陽道祭祀を行うときに奉じる願文のことを都状という。陰陽道祭は鎌倉末期で鎮法を含めれば一四九種以上もあったが、その中でも最も有名な祭祀の一つが泰山府君祭である。泰山府君は中国の道教神で、東岳の主として人々の生死や禍福を司った。本史料は文明一〇年に室町幕府九代将軍足利義尚が一四歳の時に泰山府君祭を行ったときの都状で、本文一行目、二行目、最後の署名の「義尚」は別筆である。（赤澤）【→二九六頁に翻刻】

（3）戦国時代の官人陰陽師たち——土御門家と名田庄

戦国時代になると京の公家たちの生活は苦しくなっていく。官人陰陽師たちも例外ではなく、官人陰陽師の数は減っていった。安倍氏の嫡流土御門家、賀茂氏の嫡流勘解由小路家と少数の庶流の活動が見えるのみとなっていく。

土御門家は、京を離れ家領の若狭国名田庄上村（現在の福井県おおい町）に下向し、暮らすようになった。ここは少なくとも一四世紀半ばには「長日泰山府君祭料」として土御門家の祖が与えられていた所領である。永正一〇年（一五一三）には、室町幕府から土御門有宣（一四三三～一五一四）が知行する「名田庄上村納田給」への乱暴を禁じる制札が発給されている（**28**）。

名田庄には、有宣以降、有春（一五〇一～六九）・有脩（一五二七～七七）の三代の墓が残っている。この三代は主に名田庄に住んでいたのであろう。必要に応じて、名田庄と京を往復し、官人陰陽師としての勤めを果たしている様子が見える。また若狭守護武田氏など近隣の有力者とも交流し、祈禱や暦の提供を行ったりしている。名田庄では、今回写真掲載している**28**～**31**をはじめ関係史料・遺跡が、現在に至るまで大切に保存されている。

有脩の子久脩（一五六〇～一六二五）は豊臣秀吉政権のころに京に本拠を移した。その後、詳細は不明であるが、久脩は勅勘を受けて一時逼塞し、慶長五年（一六〇〇）に赦されて復帰した。

一方、賀茂氏の嫡流勘解由小路家は、京の摺暦座（勘解由小路家から暦本を得て版暦を作成・販売する）と山科陵戸田が主な収益源であったようで、土御門家のように家領に在国してはいない。ただし在宗（生没年不詳）・在重（一四五九～一五一八）らは美濃や周防山口に滞在している様子が見える。これは足利将軍に近仕し、大名との関係を結んでいたためと指摘されている。在重の子在富（一四九〇～一五六五）が永禄八年（一五六五）に死去すると、勘解由小路家は断絶の危機に直面した。存続のため様々な方法が模索され、一時は土御門久脩が養子となる。しかし久脩は土御門家を継承することとなり、庶流賀茂在昌（？～一五九九）が跡を継いだ。この在昌は、異色の経歴を持つ人物として知られる。ルイス・フロイスの記した『日本史』など宣教師の史料に登場する「マノエル・アキマサ」と同一人物と推測されているのである。マノエル・アキマサは「日本で最高の天文学者の一人で公家」「天文学を職」とし、宣教師たちの天文に関する知識に感服し、永禄三年にキリシタンとなったという。

なお賀茂氏は在昌の子在信の代で、官人陰陽師としては再び断絶した。土御門家では暦道は担い難いとして、元和元年（一六一五）からは奈良より招請された幸徳井家が造暦を担当することとなる。（遠藤珠紀）

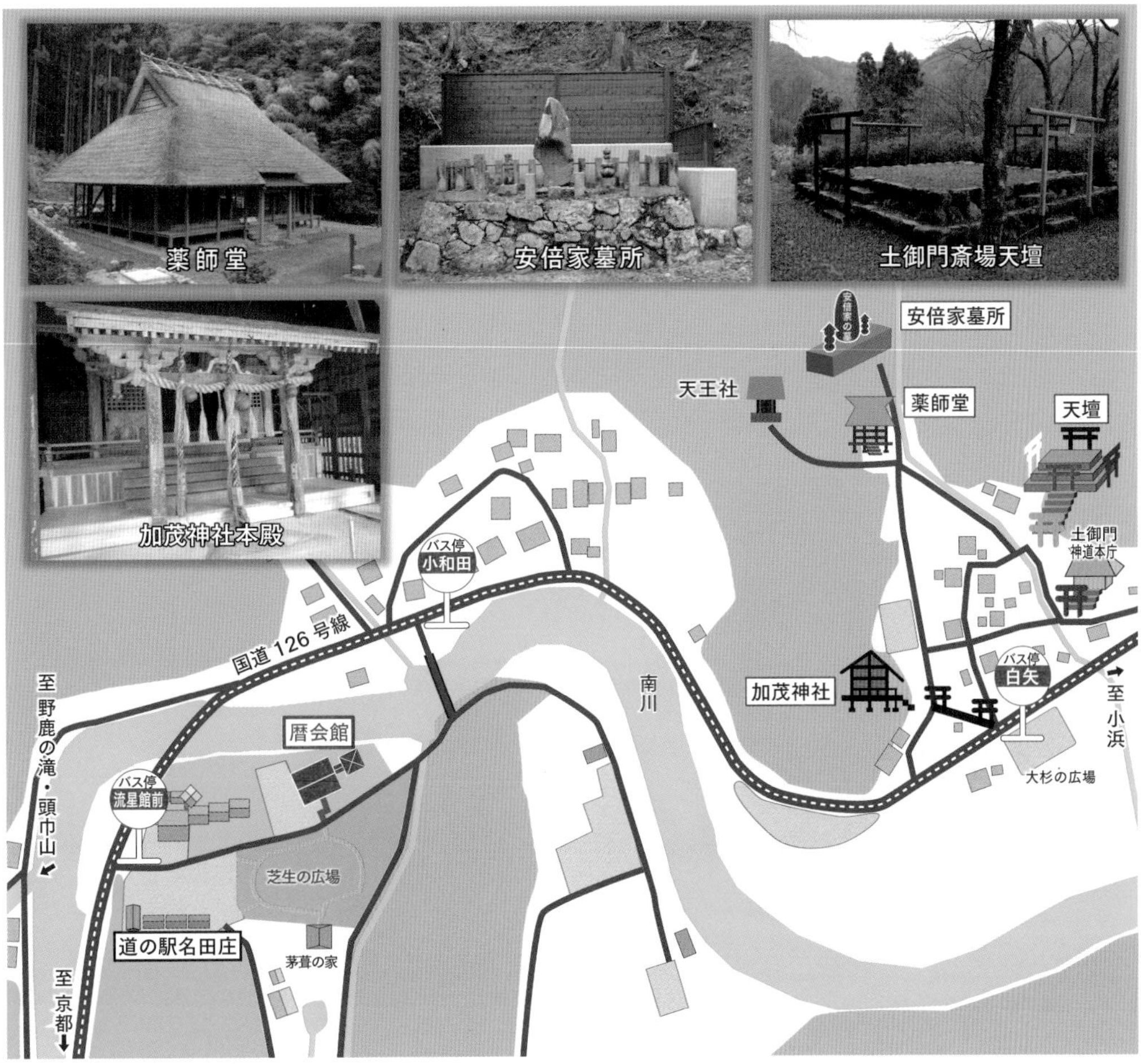

図7 名田庄の故地（提供：おおい町暦会館）

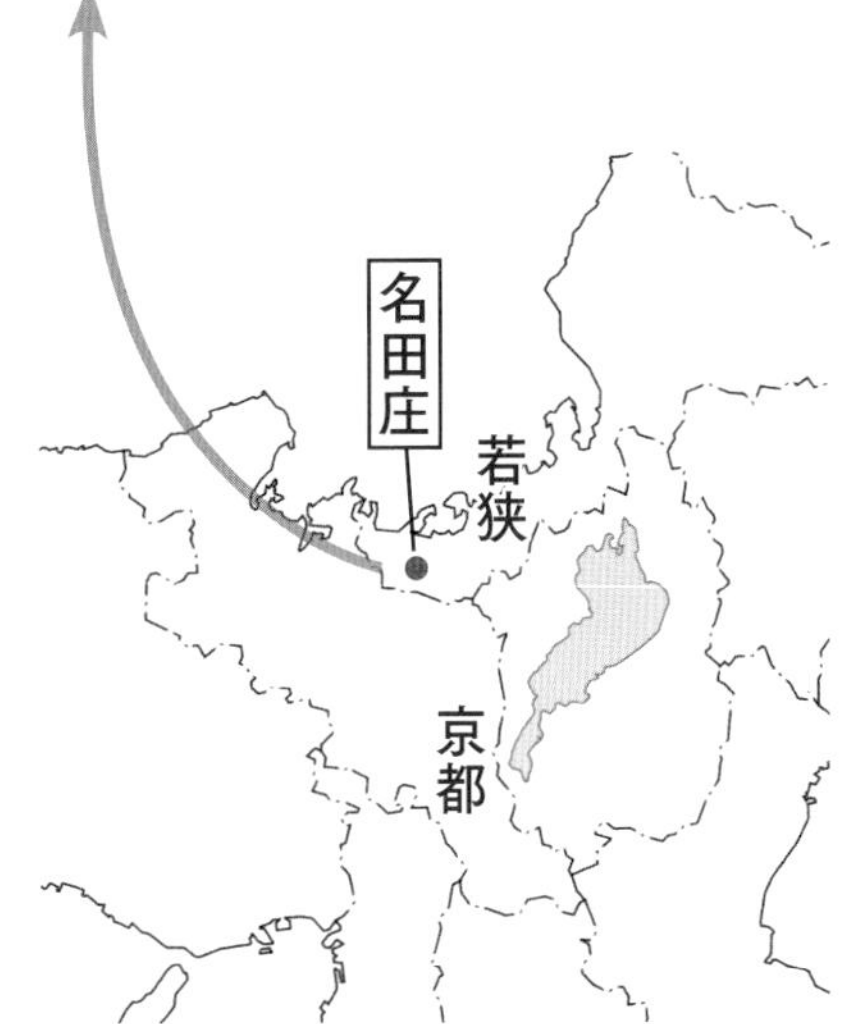

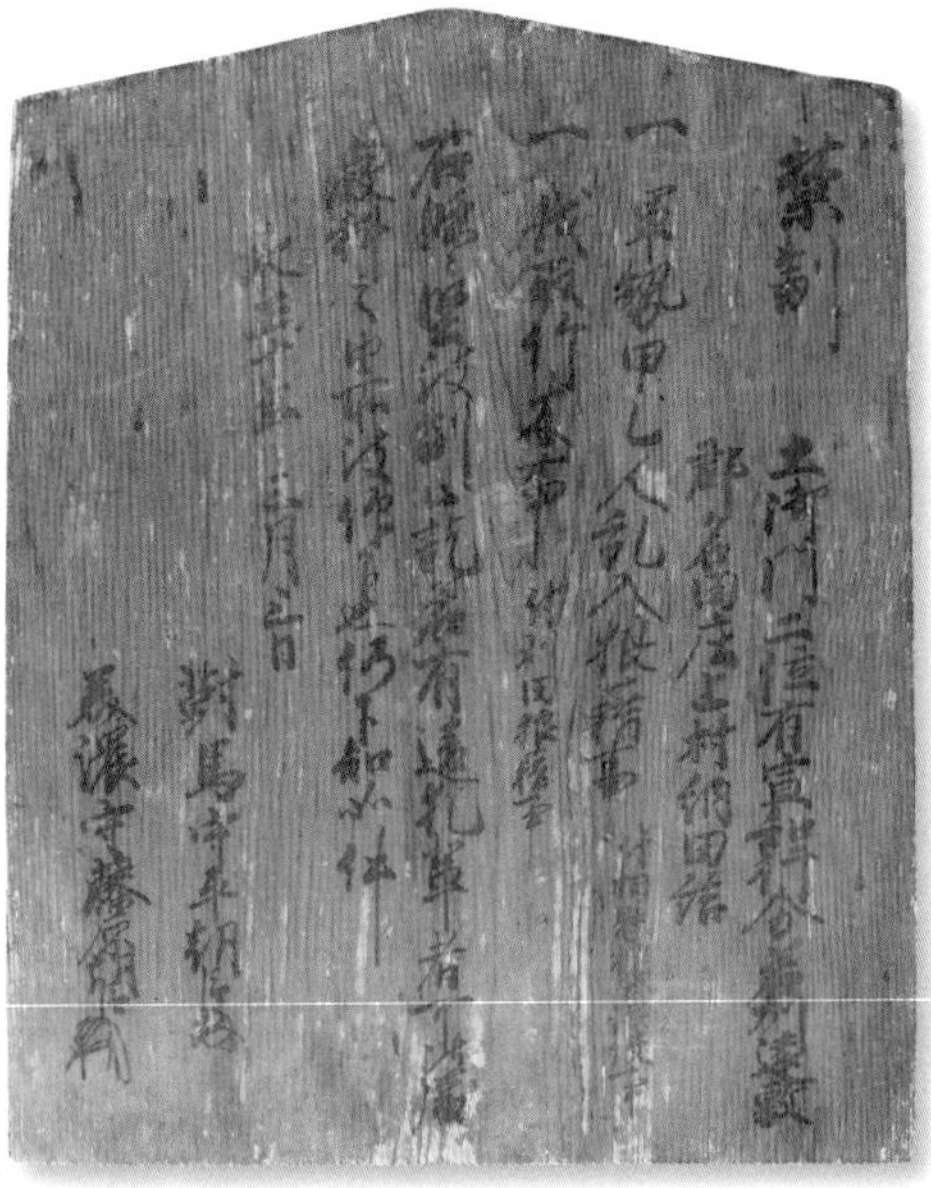

28 名田庄室町幕府制札

加茂神社所蔵　永正一〇年（一五一三）カ

永正一〇年三月三日に、室町幕府奉行人の連署で「土御門二位有宣知行分若州遠敷郡名田庄上村納田給」に対して出された禁制。打ち付けて掲示できるように五角形の駒形の木札で発給されている（本札は複製の可能性が指摘されている）。内容は納田給に対する軍勢による乱暴狼藉、竹木の徴収、苅田狼藉（他人の田の稲を勝手に刈り取る事）の禁止である。若狭守護の被官などの侵入をふせぐため発給されたものであろうか。「納田給」は現在の納田終。

（遠藤）

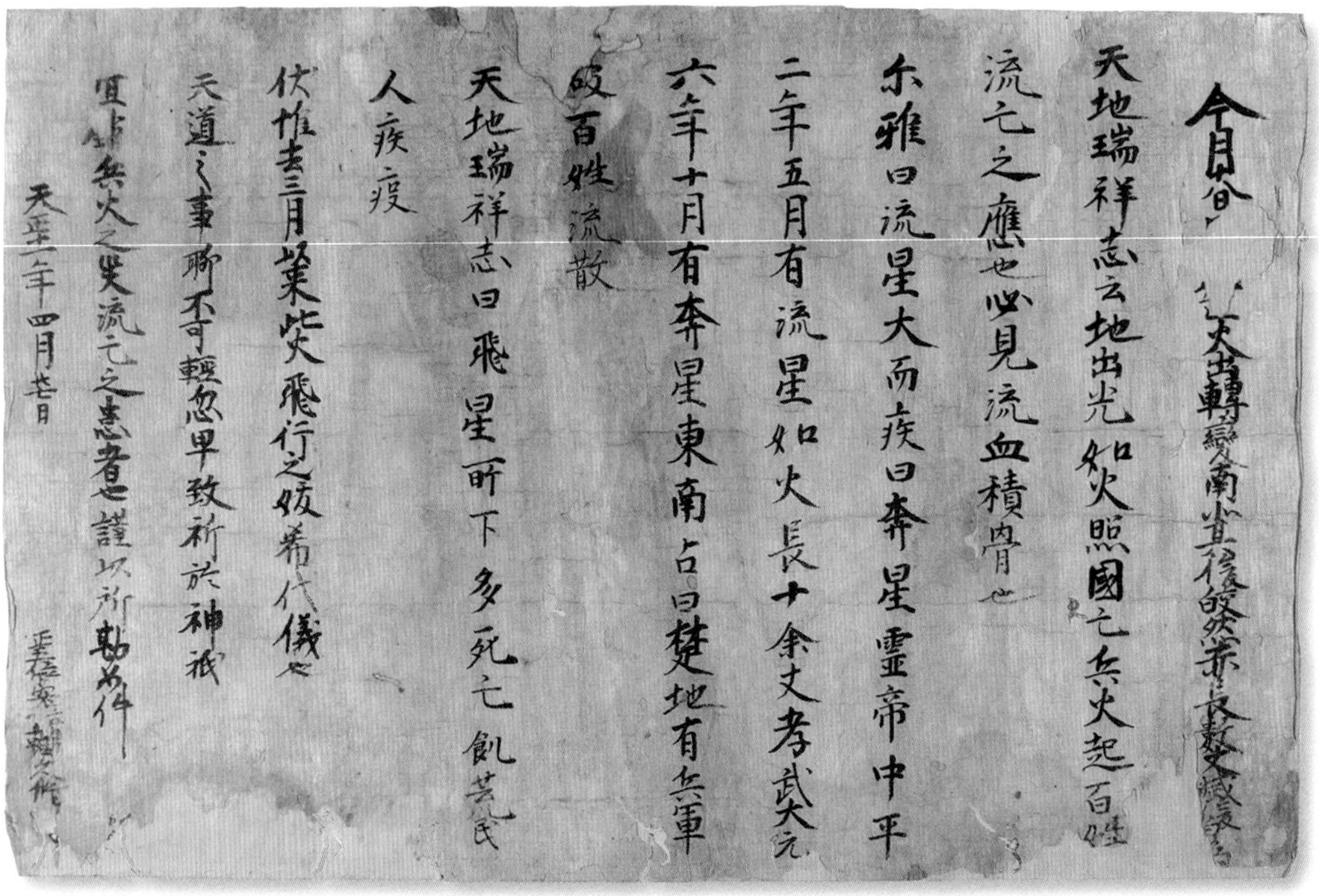

29 天変地異勘文案

谷川左近家所蔵

天正一一年（一五八三）

天正一一年三月以来火のようなものが飛行し、四月一八日には、赤く数丈の長さに伸びた後消滅する怪異があった。この天変について、土御門久脩が四月二七日に作成した勘文の草案である。『天地瑞祥志』『爾雅』を引用し、この天変は希代の事であり、兵乱の禍を招かぬように、神祇に祈るよう正親町天皇に勘申している。京では三月に光物の怪異が出現し（『舜旧記』）、五月二日には伊勢神宮や吉田神社で天変の祈禱を行うよう朝廷の命が出されている。あるいはこの勘文を受けて、命じられたものであろうか。

（遠藤）

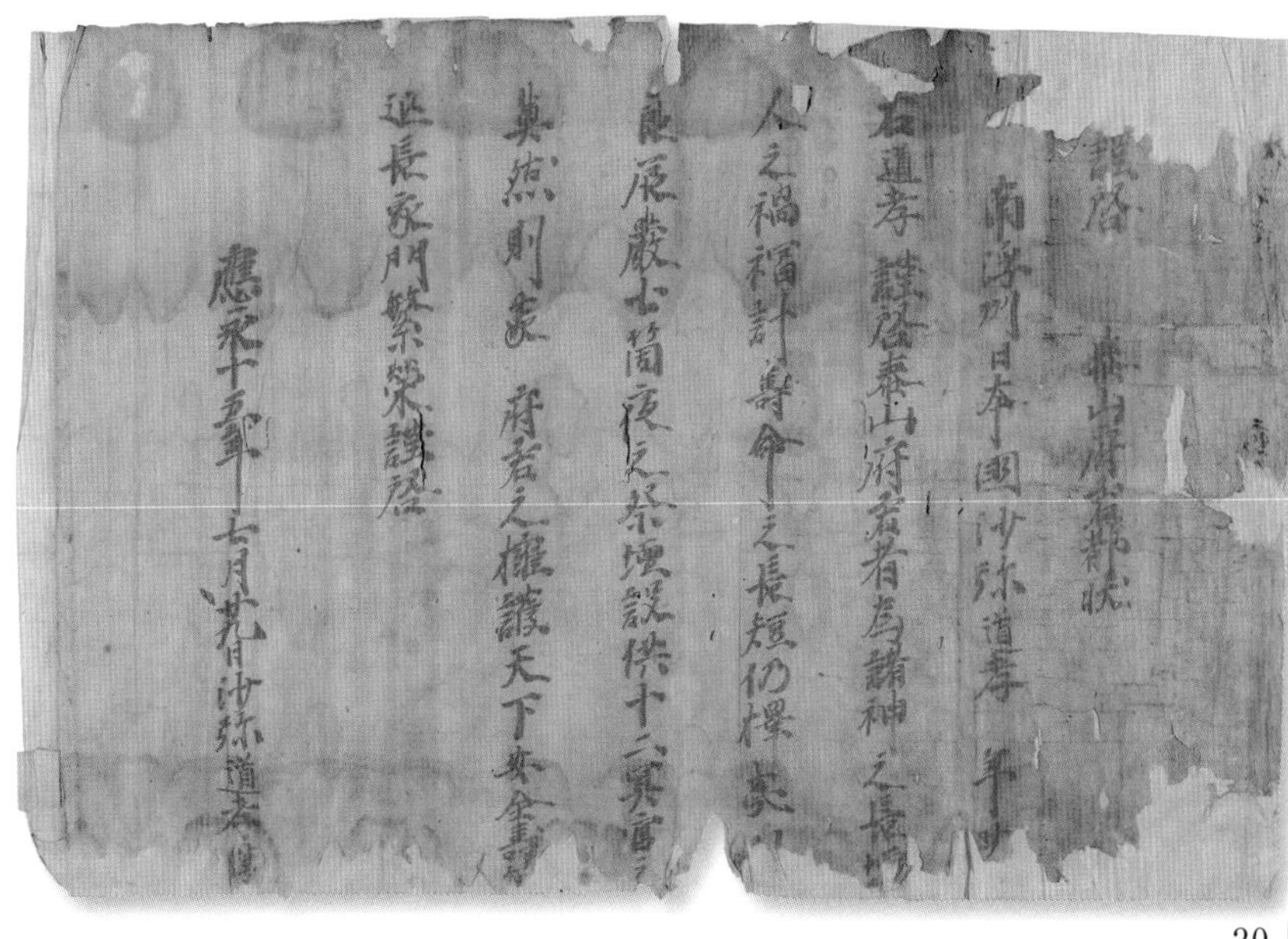

30 沙弥道孝泰山府君祭都状
谷川左近家所蔵
応永一五年（一四〇八）七月二九日
応永一五年に沙弥道孝の延命長寿、家門繁昌を祈って修された七日間の泰山府君祭に際し、神に奉った都状。沙弥道孝は俗名を斯波義教（もと義重）といい、足利義満の許で管領を勤め、幕政を主導した人物である。この時三八歳。黄紙に朱字で記すのは、都状の書式である。通常は「道孝」の名は自筆で墨書するが、この都状では朱書されており控えの可能性がある。ただ名前の前後に少し空白があり、空欄に後から名を書いたと推測される。
（遠藤）

31 平平貞泰山府君祭都状
谷川左近家所蔵
文明一四年（一四八二）六月七日
文明一四年、平平貞のために修された泰山府君祭に際し、神に奉った都状。平貞は当時二八歳であったが、病を得た。これは九曜星の一つ羅睺星の厄年および霊気の難によるとして、七日間の泰山府君祭が執り行われたのである。黄紙に朱字で記すのは、都状の書式である。通常は「平貞」の名は自筆で墨書するが、この都状では朱書されており、控えの可能性がある。
（遠藤）

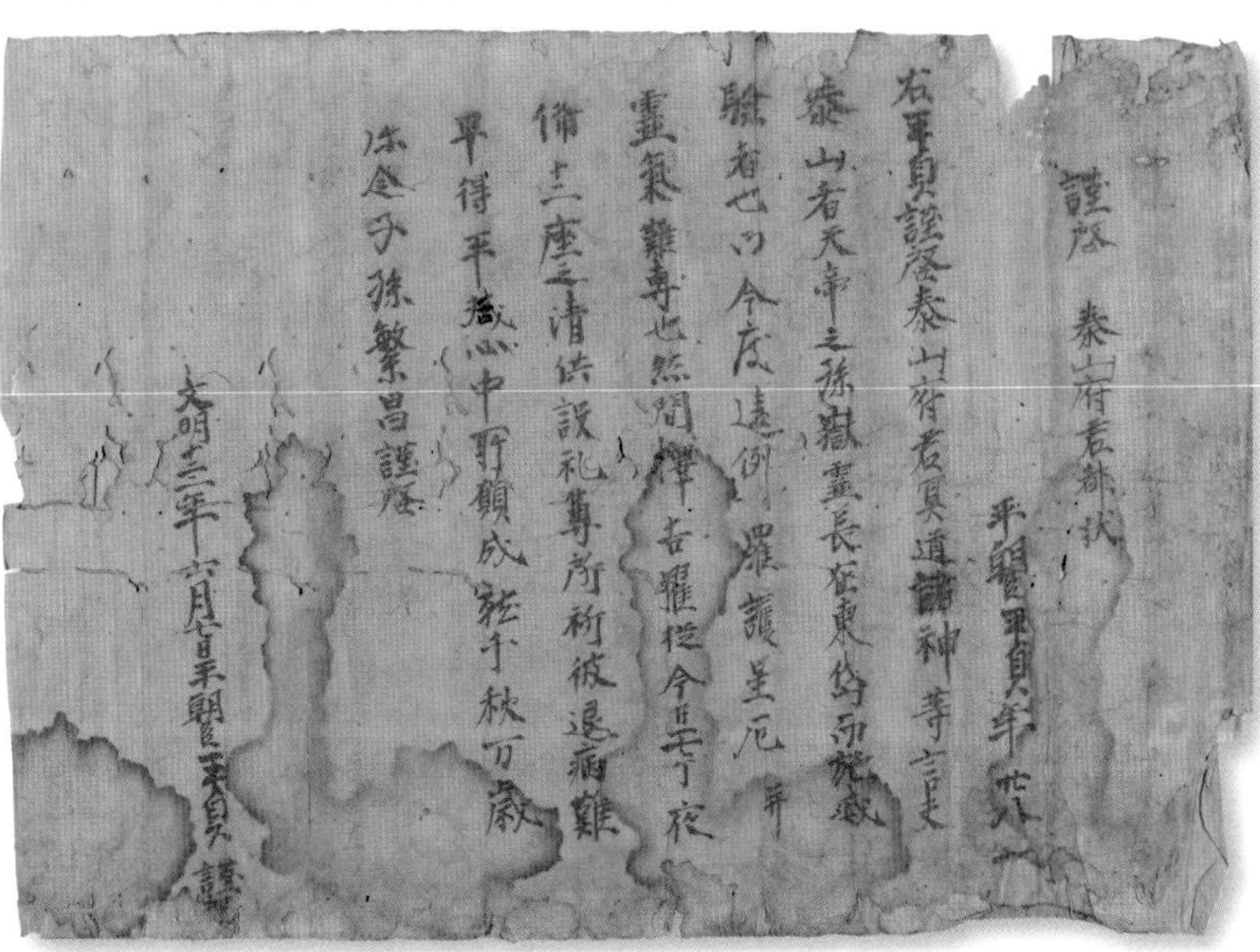

3
社会へのひろがり

これまで貴族たちがほぼ独占していた陰陽道は中世という時代を経て武家社会に広がり、さらに公家・武家以外の人々にも広がりをみせていく。中世以前から民間では法師陰陽師が活動しており、民衆とまったく接点がなかったわけではないが、中世以降、陰陽道の知識や思想はより広く、そして複雑な形で展開していく。その媒介や要因となったのは多様な「陰陽師」であり、陰陽道以外の宗教や民俗信仰との習合であり、そして地域社会からの欲求であった。

陰陽道の知識は他の宗教に取り込まれ、多様な宗教者が用いるようになるが、もともと陰陽道は仏教、とりわけ密教と深い関係にあり、相互に影響を与えながら展開してきた。例えば、密教の秘法の一つである六字河臨法には中臣祓や人形を流す作法といった陰陽道的な要素が色濃く見られる。また、盤法という修法では官人陰陽師が六壬式占で用いる式盤に祀られる神々を仏教の天部と入れ替えており、積極的に陰陽道を取り込んでいる動向が見受けられるという。さらに密教にはインド天文学をもとにした宿曜道という占星術が院政期から鎌倉期にかけて流行した。宿曜道は『宿曜経』などを典拠に日月や星の運行から個人の運勢を占い、これを司った宿曜師は陰陽師の強力なライバルとして貴族社会や武家社会に浸透した。これに刺激を受けた陰陽師側も宿曜師が修した星供を取り入れた星祭を盛んに行うなど、両者の交流はより緊密なものになっていった。

また、鎌倉時代後期ごろから賀茂・安倍氏ら官人陰陽師たちの「陰陽道」とは異なる禁忌や暦注が登場するようになる。例えば、吉田兼好の『徒然草』には「赤舌日といふこと、陰陽道には沙汰なきことなり。昔の人これを忌まず。この頃何者の言ひいでて忌みはじめけるにか」（第九十一段）とみえ、官人陰陽師たちが関与しない「赤舌日」という忌み日が人々の間で流行するようになったという。さらに室町時代になると軍事を忌む「大赤口日」という忌み日も登場し、室町殿ですらこの日には出陣を控えるようになる。

このようにこれまで陰陽道をリードしてきた官人陰陽師たちが掌握していない暦注や禁忌が社会に広まるようになるが、その代表的なテクストといえるのが、『三国相伝陰陽管轄簠簋内伝金烏玉兎集』（以下、『簠簋』とする）である。これは牛頭天王縁起に基づく暦注書で安倍晴明の撰をうたうがもちろん事実ではない。祇園社僧の関与も指摘されているが、いわゆる民間で活動する「陰陽師」を称する者たちが用いたり、他の宗教者が暦の知識を得て活用するために参照された。また、これまで官人陰陽師の先祖が著した書物、例えば安倍晴明の『占事略決』や賀茂家栄の『陰陽雑書』などは官人陰陽師たちが独占するものではなくなり、他の宗教テクストや文芸テクストにも入り込んでいく。

こうした陰陽道的知の媒介となった多様な「陰陽師」たちが姿を見せるのも中世という時代の特徴だろう。官人陰陽師の地方分派にはじまり、寺社を拠点に活動する陰陽師、また声聞師（唱門師）、院内、算置といった陰陽道的知を操る民間の宗教者が巷に溢れ、さらに修験を介して民俗信仰の中にも取り込まれてゆく。

こうした動向は陰陽道だけでなく、中世の宗教界でも同様であるが、これらの事態を引き起こした背景の一つに地域社会側からの要求があっただろう。地域ごとの地形、気候、生活、生業などに適した知識が求められ、これに応えるため陰陽道や陰陽師も多様化していったのである。中世以降、盛んに作られるようになる地方暦はその典型的なものといえるだろう。

（赤澤春彦）

(1) さまざまな「陰陽師」

平安時代には官人陰陽師のほかに僧形の姿で活動する法師陰陽師や隠れ陰陽師といった国家官僚ではない陰陽師もいたことは先にみたとおりであるが、時代が下るとさらに様々な陰陽師が登場するようになる。

鎌倉に下向して定住し、幕府に仕えた鎌倉陰陽師は官人陰陽師の新たな姿であったが、こうした官人陰陽師の地方下向は南都にも見られる。『中臣祐定記』寛喜四年（一二三二）六月一一日条によれば、安倍晴泰と安倍時資を「寺住陰陽師」と称しており、遅くとも一三世紀の前半には興福寺周辺に陰陽師が定住していた。その後も両者の子孫は南都陰陽師として活躍する。このうち時資の子孫友幸は応永二六年（一四一九）に賀茂定弘の弟子となり、賀茂氏に改姓する。江戸時代以降も続く幸徳井家の始まりである。このように官人陰陽師が地方に下向して権門専属の陰陽師となる者たちは、いわば官人陰陽師の新たな一形態といえるだろう。

一方、官人陰陽師でもなく、民間の陰陽師ともいえない陰陽師も存在した。それが宇佐の陰陽師である。八幡宇佐宮（以下、宇佐宮）は天皇家第二の宗廟にして豊前国の一宮であり、かつては九州最大の荘園領主でもあった。応神天皇・比売大神・神功皇后の三神を祀り、境内には弥勒寺という別当寺を設け、神仏習合が進められた。宇佐宮の由緒を記した『八幡宇佐宮御託宣集』(35)にはすでに九世紀前半に陰陽師が確認できる。また、文治四年（一一八八）の「神官等員数注文」（到津家文書）にも陰陽師が見え、遅くとも一二世紀末には宇佐宮の祠官の一員となっていたことは間違いない。宇佐の陰陽師には興味深い点がいくつかある。一つは一九世紀（明治初期）まで絶え間なく活動が確認できることである。これだけの長い期間、追跡できる地方陰陽師は他にはない。二つ目は宇佐宮から所領や屋敷を与えられており、地域社会に定住して活動していたことである。そして三つ目は一五世紀以降、喜多坊などの社僧が兼帯するようになったことである。ゆえにこれ以降、描かれた陰陽師はみな僧形である。宇佐の陰陽師は宇佐宮の一員として、神事や仏事に参仕し、清祓などの呪術や占いを行うなど、官人陰陽師とは別の形で陰陽の術をもって宇佐宮およびこの地域の宗教的欲求に応えていたのである。宇佐の陰陽師は寺社権門を拠点として地域社会で活動し、陰陽的知の集積・発信の役割を担った、いわば「地域陰陽師」といえる存在であるが、こうした者たちはほかにも下総国一宮の香取社、播磨国清水寺などに見られる。

官人陰陽師の分派や地域陰陽師のほかに中世後期には民間で活動する陰陽師、あるいは陰陽師に似た活動をなす者たちが活躍するようになる。もっとも著名なのは柳田國男や折口信夫、堀一郎らも注目してきた声聞師（しょうもじ、しょもじ）である。声聞師は主に畿内近国に集住した芸能民で、彼らが取り扱うものは「陰陽師・金口・暦星宮・久世舞・盆彼岸経・毘沙門経」（『大乗院寺社雑事記』文明九年五月一三日条）であったという。また、東海地域や甲斐国には院内という宗教者が中世末期に見られるようになる。彼らは河川や城郭の周辺に集住して新田開発や城普請の地鎮祭を担った。また、陰陽道の知識と算術を組み合わせた方法を使って占う算置という占い師も都市に見られるようになり、このように占いや呪術を生業にする者たちが日本列島各地に拡散していくのである。

（赤澤春彦）

南都陰陽師の登場

『春日清祓記』

一、寛喜四年六月九日、若宮拝屋野牛黒毛参立、
　預置番神人許、期十一日旬参之評定

同十一日申合［　　　　　］之処、可負祓之由評
定、但彼牛陰陽助時資牛云々、同者可賜彼時資
之由社司申之、而祐定賜本主之条者、非行過怠
歟、然者可取捜之由申天、於御前取捜之処、可
賜晴泰之由取之、仍陰陽少允晴泰ニ賜之了、

奈良には遅くとも一三世紀前半に安倍氏の庶流が移住するようになった。例えば、寛喜四年（一二三二）六月九日、春日社若宮の拝殿に野牛が入り込む事件に対し、牛の所有者である陰陽師安倍時資に返して祓をさせるべきか祓の執行者を安倍晴泰にするか神前で籤を引いて決めることにした。その結果、晴泰に牛を下賜して祓をさせることになった。『中臣祐定記』では時資と晴泰を「寺住陰陽師」と記しており、両者が興福寺および春日社周辺に定住する専属の陰陽師であったことがわかる。（赤澤）

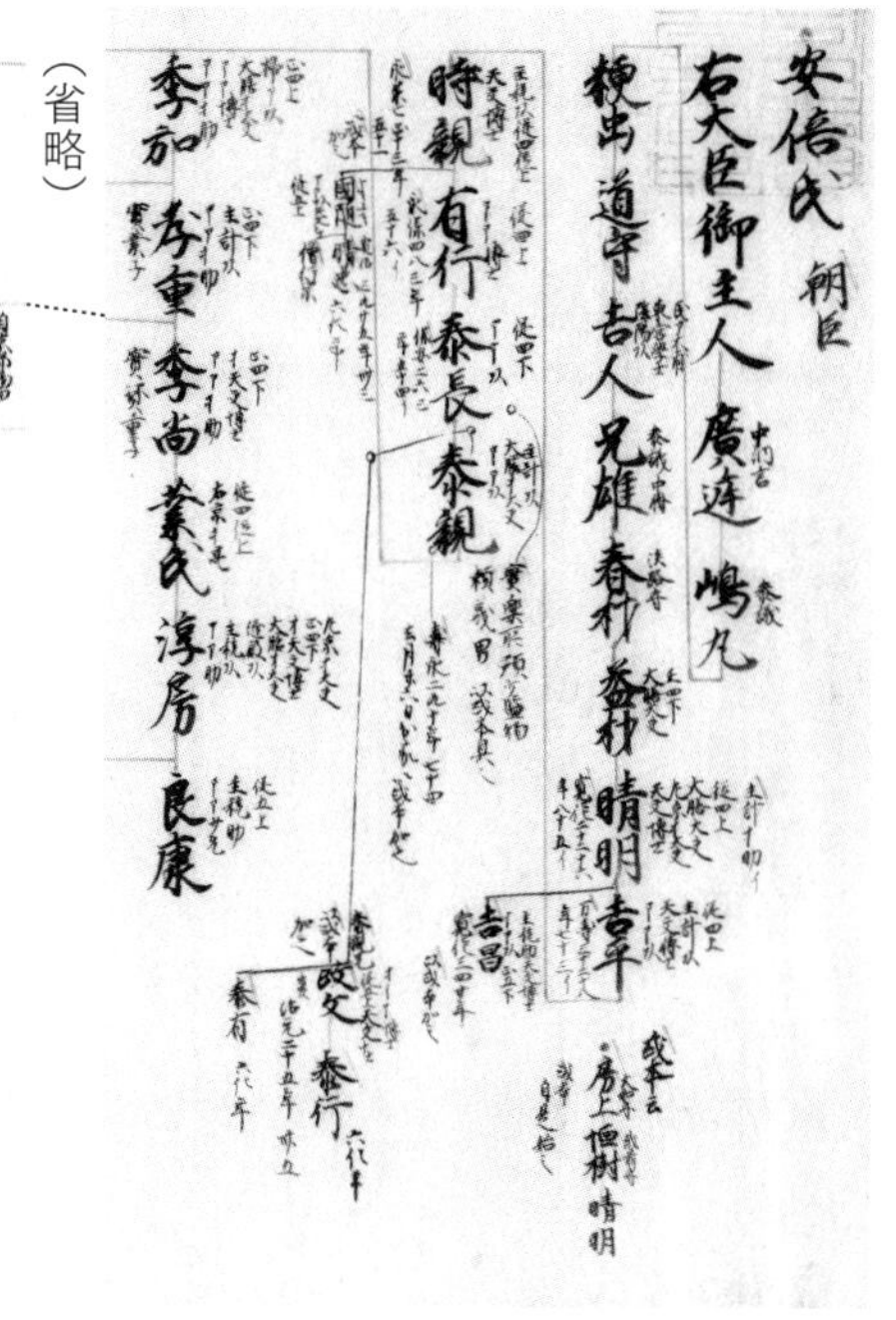

32
陰陽家系図（参考図）
宮内庁書陵部所蔵
江戸時代

陰陽家賀茂氏・安倍氏の系図の一つ。江戸時代の成立と思われる。安倍泰親流季弘の系統に幸徳井家の祖友幸を位置づける。友幸の出自が安倍氏であることは『系図纂要』の傍注にも見えるが、安倍氏の系譜上に位置づけるのは本系図のみである。ただし、友幸の先祖弘継や友晴の傍注には疑問が残る。例えば弘継は長久元年（一〇四〇）に京より下ったとするが、晴明から八代後胤の弘継が晴明の死から三五年後に下ったとは考えがたい。（赤澤）

33　奈良坊目拙解　第七　幸下之町（参考図）

奈良県立図書情報館所蔵
享保一五年（一七三〇）自序、享保二〇年成立（写本）

村井古道が奈良の町の由緒や伝承などを著した地誌。享保二〇年（一七三五）成立。これによれば幸井町の名の由来は、陰陽博士の幸徳井氏が住居を構えていたからだという。当時も町の人家の裏に「幸徳井」と称する古井戸があり、これにより幸徳井町が省略されて幸井町になったという。幸徳井氏は初代友幸が興福寺大乗院門跡の尋尊に積極的に奉仕することで自家の家格上昇をはかり、その結果、正三位に昇進する。【→二九六頁に翻刻】（赤澤）

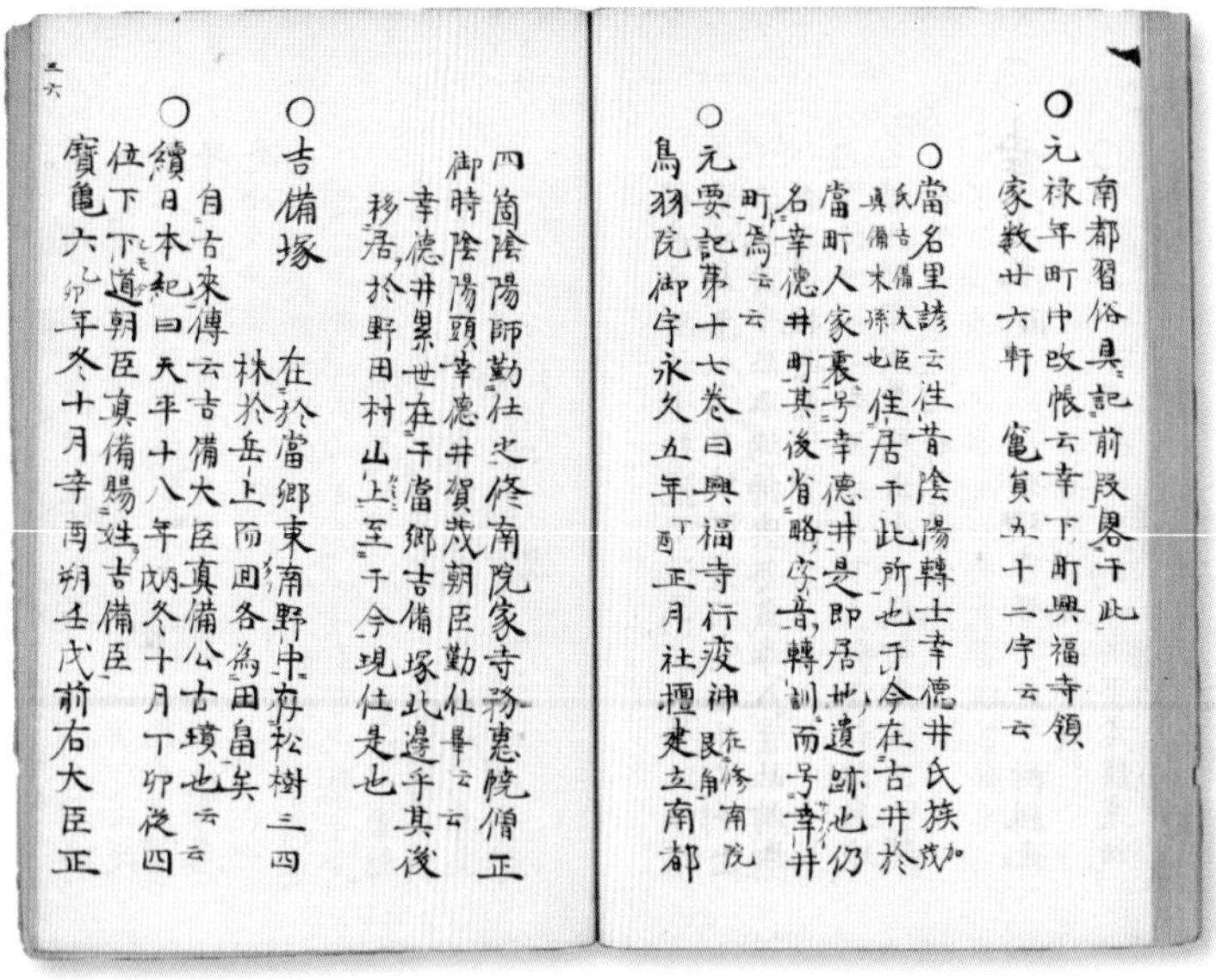

34　奈良坊目拙解　第十五　野田山上村（参考図）

奈良県立図書情報館所蔵
享保一五年（一七三〇）自序、享保二〇年成立（写本）

幸井町に居を構えた幸徳井氏はその後、野田山上村に転居し、赦免地となったという。幸徳井氏について、「陰陽助・暦博士」をつとめ、代々春日社・興福寺で清祓や正月の心経会で鬼気祭を行ったと解説している。大乗院門跡の経覚や尋尊の記録をみると、幸徳井氏は日時勘申、星供・荒神祓・六月晦の名越祓の勤修、新暦や八卦の献上、一言主社の神官としての役割、心経会の祭師、除服祓の執行、未来に対する占いを行っていた。【→二九六頁に翻刻】（赤澤）

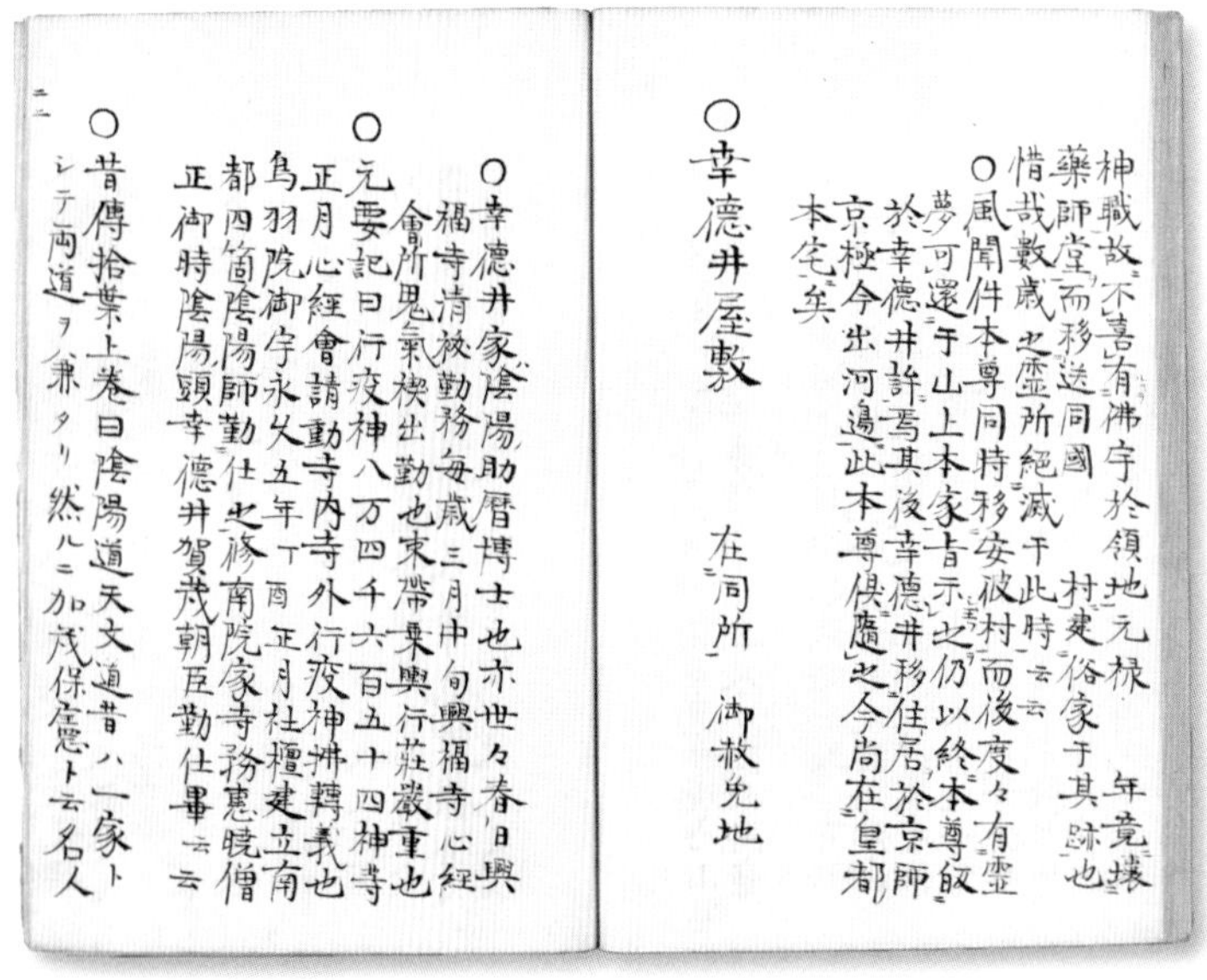

35 八幡宇佐宮御託宣集 第十三巻

宇佐神宮所蔵 応永二四年（一四一七）写

八幡神と宇佐宮の由緒について記した重要な書物（大分県指定文化財）。宇佐宮の社僧神吽によって正和二年（一三一三）に成立した。原本は現存しないが、本史料は最も古い写本（応永二四年）の一つである。本巻には宇佐宮の若宮創建の由緒が記されている。天長元年（八二四）、菱形宮の西方荒垣の外に隠居する神が陰陽師川辺勝真苗に乗り移り、殺してしまったという。本史料に拠るならば宇佐には九世紀前半には陰陽師がいたことになる。【→二九七頁に翻刻】（赤澤）

36 宇佐宮神事式（参考図）

宇佐神宮所蔵 明治一三年（一八八〇）写

享徳三年（一四五四）に成立した儀式次第書『宇佐宮斎会式』を書写・追筆したもの。宇佐の陰陽師は年中行事のうち、修正会（正月三日）、踏歌節会（正月八～一四日）、春の大祭（二月）、一切経会（三月一日）、石塔会（三月二日）、五月会（五月五日）、御田植神事（六月中旬）、放生会（八月一五日）、秋の大祭（一一月）、仏名会（一二月二三日）といった重要な神事・仏事に参仕していた。ここでは御田植の神事で吉日を勘申している。（赤澤）

37 宇佐宮御祓会絵図

宇佐神宮所蔵 江戸時代中期

宇佐宮の御祓会の陣列、神輿の行列を描いた絵巻物（大分県指定文化財）。神輿に続いて御杖人、椅子、祝の後ろに白い法衣をまとった僧形の陰陽師が列している姿が見て取れる。御祓会は現在の御神幸祭のことで、本来は六月晦日に寄藻川河口の和間浜で行われていたが、延宝八年（一六八〇）から宇佐神宮北側の頓宮で行われるようになった。宇佐の陰陽師は一五世紀以降、社僧が兼帯するようになった。（赤澤）

図8　宇佐神宮関係地図（地図出典：地理院タイル）　＊神社名は現名称

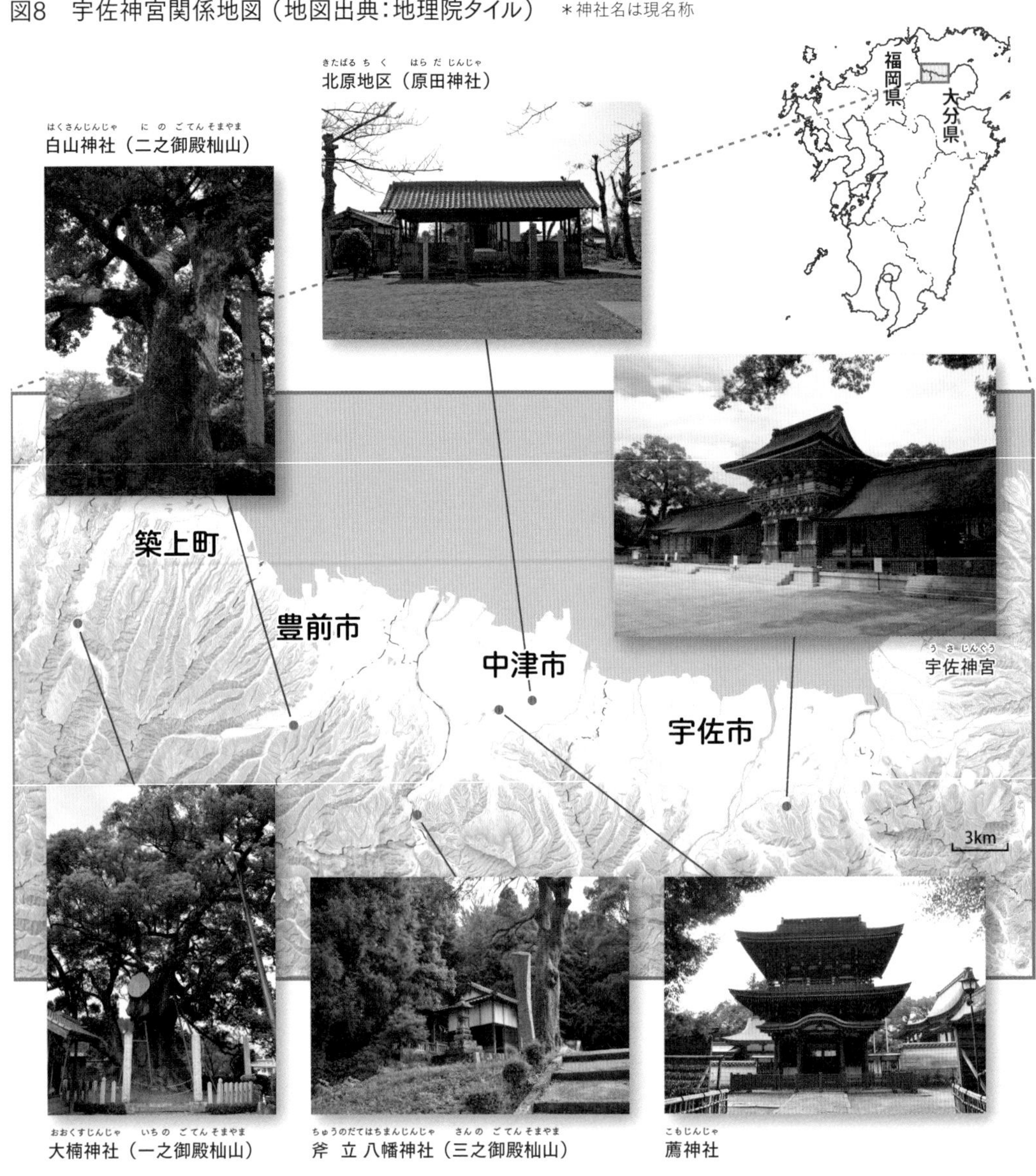

宇佐宮の造営と豊前の諸社

宇佐八幡宮において重要な儀式のひとつが式年造営である。元慶四年（八八〇）の太政官符によって三三年に一度、行うことが決まり、元亨元年（一三二一）まで一度も欠かすことなく行われた。南北朝内乱によって一時期途絶えたが、応永二五年（一四一八）にようやく復活した。造営は入杣採木、木作り始め、居礎、立柱上棟の順に行われる。この時の吉日を選ぶのは朝廷の官人陰陽師であったが、これは宇佐宮の式年造営が国家事業だったからである。ただし、官人陰陽師が携わるのは吉日の勘申のみで、それ以外は宇佐の陰陽師が執り行った。造営にあたり、三つの杣山（一之御殿、二之御殿、三之御殿）から材木を伐り出すこととなっていた。一之御殿の杣山は豊前国築城郡伝法寺河内御堂所（現大楠神社、福岡県築上郡築上町本庄）、二之御殿は同国上毛郡川底の川底大楠（現白山神社、福岡県豊前市下川底）、三之御殿は同国下毛郡臼杵の手斧立八幡宮（現斧立八幡神社、大分県中津市三光臼木）で、造営の都度それぞれ杣始めの神事が行われた。鎌倉末期～室町初期の杣始めの次第を書き上げた「宇佐宮杣始次第」（「到津家文書」）によれば、宇佐の陰陽師は若宮神主、宮司、祝らとともに祠官の一員として参仕し、釿と霊木を清めるために祓を執り行った。その後、造営は式年ではなく、臨時で行われるようになり、宇佐神宮や杣山を勤めた神社、地域の博物館などに関係史料が残されている。（赤澤）

38
宇佐宮応永造営記（参考図）

宇佐神宮所蔵　宝暦四年（一七五四）写

もとは永享五年（一四三三）一二月一三日に記されたものを宝暦四年六月中旬に政所惣検校宇佐（益永）光輔が書写したもの。宇佐宮では元慶四年（八八〇）の太政官符によって三三年に一度式年造営が行われることになり、元亨元年（一三二一）まで一度も欠かすことなく行われた。南北朝内乱によって途絶え、応永二五年（一四一八）にようやく復活した。一之御殿の杣始めに宇佐の陰陽師と権陰陽師が参仕していることがみてとれる。（赤澤）

39
享保度宇佐宮御杣始記

宇佐神宮所蔵　享保一三年（一七二八）～一九年

宇佐宮の造営事業は入杣採木、木作り始め、居礎、立柱上棟の順で行われる。入杣採木では三つの杣山から伐り出されることになっていた。一之御殿は豊前国築城郡本庄村の大楠、二之御殿は同国上毛郡川底の川底大楠、三之御殿は同国下毛郡臼木の手斧立八幡宮で、造営の都度それぞれ杣始めの神事が行われた。この史料は享保一三年から一九年にかけて行われた造営の書上で、ここでは二之御殿の儀式次第と座次図が描かれ、大宮の左に陰陽師が見られる。（赤澤）

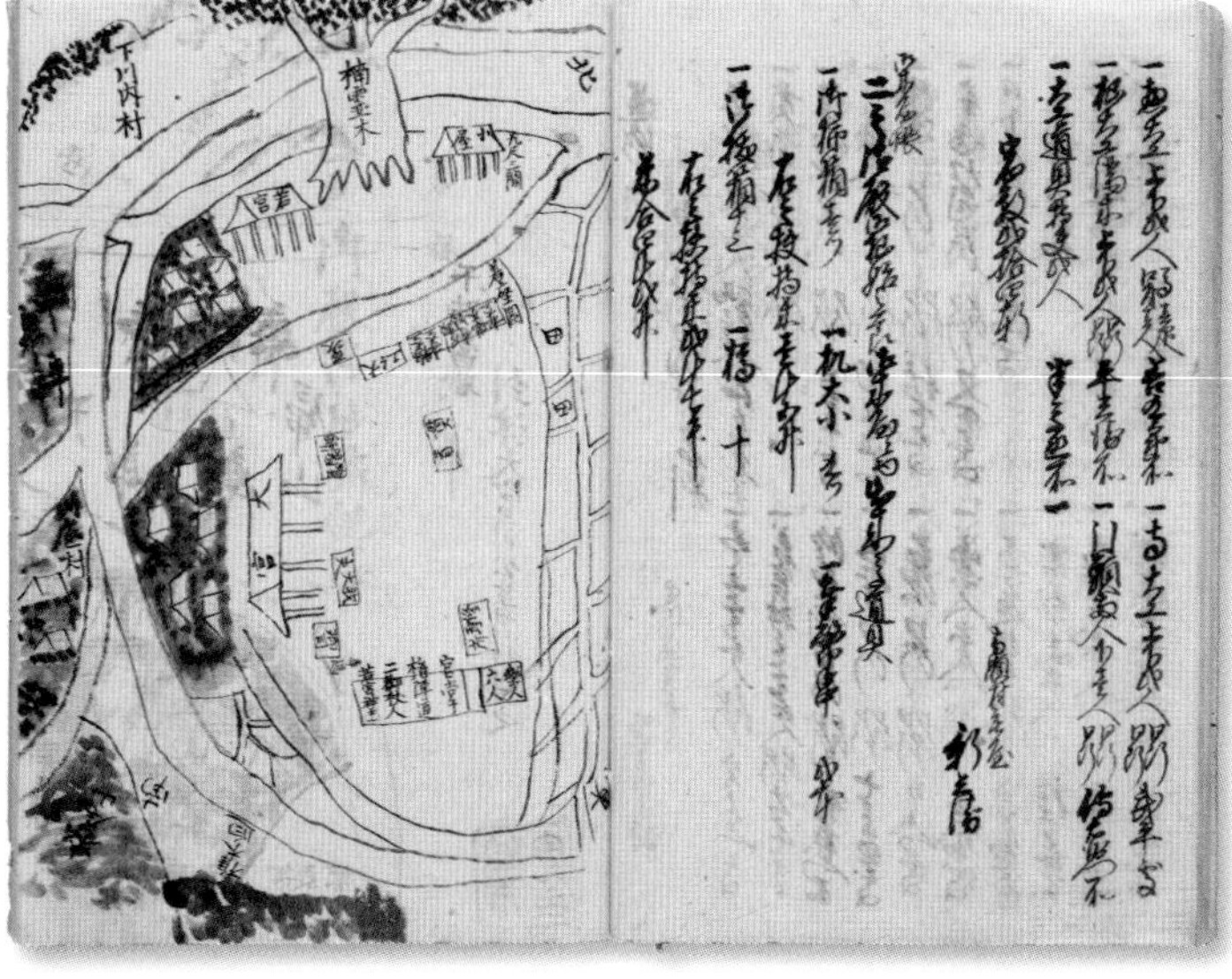

40
御杣始之儀絵図

大楠神社所蔵　江戸時代末期～明治初期

安政三年（一八五六）の造営にあたり、一之御殿杣山の豊前国築城郡本庄村（現大楠神社）で行われた入杣採木の神事を描いた絵図（築上町指定文化財）。祠官から若宮神主、宮司、祝、陰陽師、庁内から行事と惣弁官と大工、御杖人が参仕して、祝詞をあげ、釿・霊木を清める儀式を執り行った。「御霊木」と記された大楠の隣に座る僧形の人物が陰陽師である。祝や権祝と並ぶ座次は中世以来変わっていない。（赤澤）

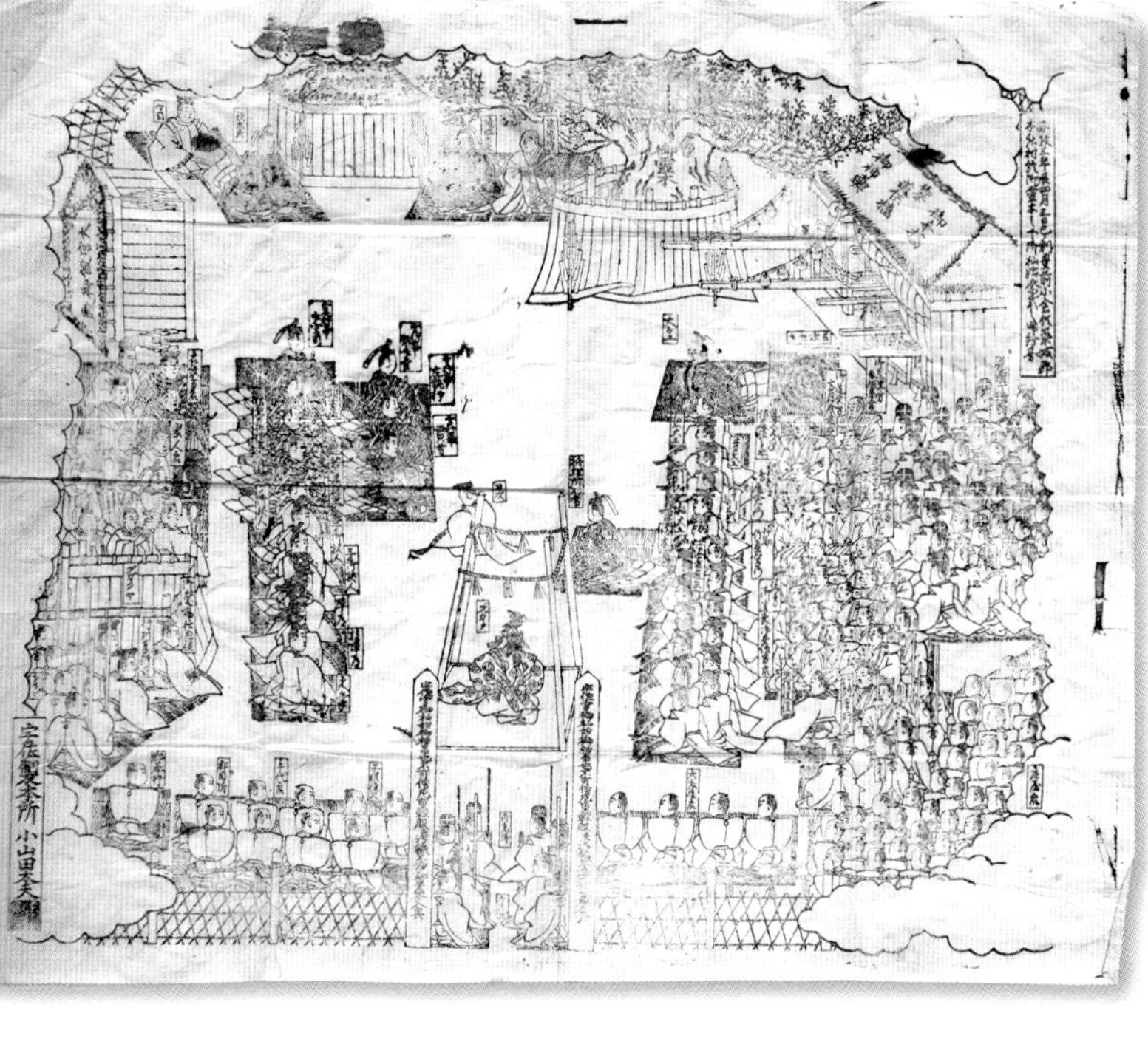

41 御杣始之儀版画

築上町教育委員会所蔵　安政三年（一八五六）頃ヵ

御杣始之儀絵図（40）のもととなった木版画。絵図と同様に大楠の脇に僧形の陰陽師が座っている。左下に「宇佐製本所小山田大夫」と記されており、この絵図が宇佐宮の祠官を務めた小山田家が製作したものであり、儀式の様子が精密に描かれていることがみてとれる。

（赤澤）

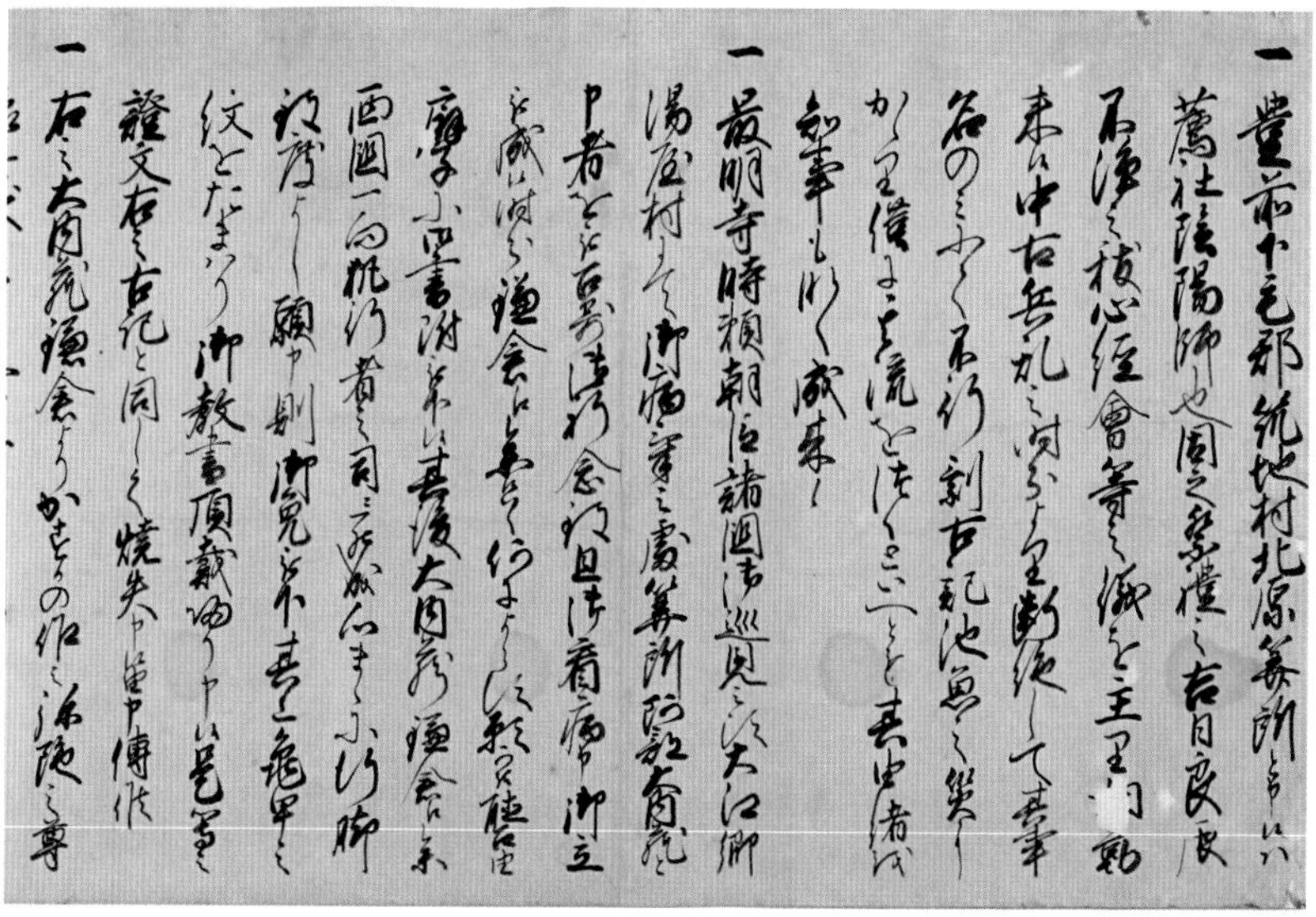

42 北原村並御前座由緒書

個人蔵

一八世紀半ば以降ヵ

宇佐宮の祖宮に深く関わる薦神社（大分県中津市大貞）の東に北原という地区がある（六四頁図8参照）。ここでは北原人形芝居（大分県指定無形民俗文化財）が継承されているが、その由緒を記した元禄一〇年（一六九七）の書上によれば、もとは薦社の陰陽師が集住する村であったという。薦社の祭礼にさいして吉日を勘申し、清祓を修していた。なお、北原のすぐ北には宇佐の陰陽師が居住していた是則という地区がある。【→二九七頁に翻刻】

（赤澤）

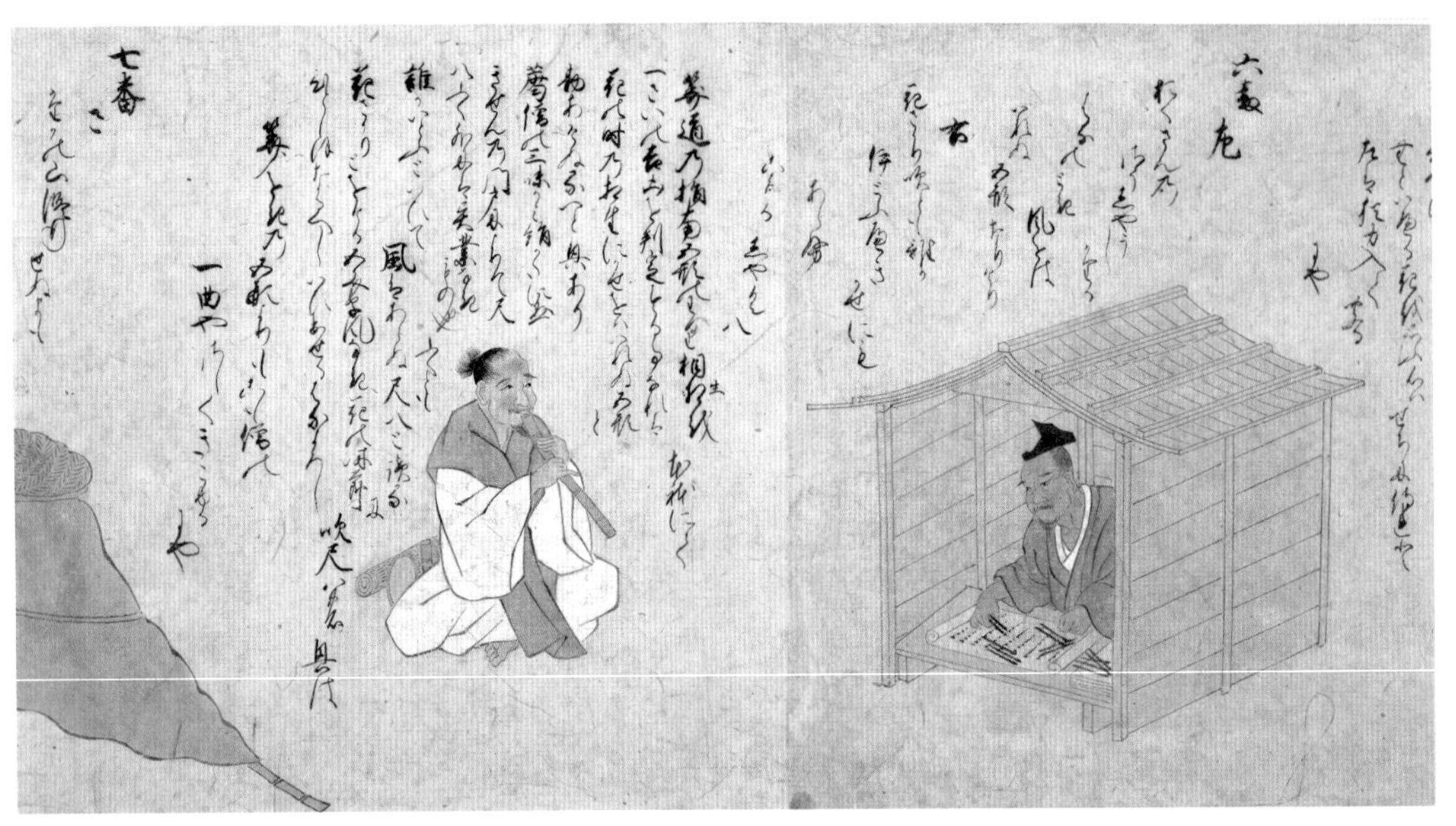

43
三十二番職人歌合絵巻
サントリー美術館所蔵　一六世紀
板葺き屋根の小屋の中に巻物と算木を広げているのが算置である。慶長八年（一六〇三）に刊行された『日葡辞書』によれば算置は「算木を置いて、それによって物事を占う人」とする。鎌倉中期あたりから絵巻物などに登場しはじめ、彼らは狭い意味での「陰陽師」ではないが、五行説や八卦といった陰陽道に関する知識と算術を組み合わせた占法を用いる占い師で、こうした存在が中世後期に都市などで頻繁に見られるようになる。【→二九七頁に翻刻】（赤澤）

（2）ひろがる暦、占い、呪術の知識

陰陽道は仏教や神祇信仰と交わりながら展開していく中で、陰陽道に関わる知識や呪術の作法も陰陽師だけが独占するのではなく、様々な宗教者が取り扱うものになっていった。

今回、新たに発見された「占術・暦注雑書」(44)（本館所蔵吉川家文書）は一六世紀初頭から中頃にかけて作成された占いと暦注が書き上げられた書物だが、書写したのは大和国広尾郡箸尾の極楽寺の定智という僧であった。内容をつぶさに見ると、『占事略決』、『陰陽雑書』、『吉日考秘伝』、『簠簋』といった陰陽道書や暦注書とほぼ同じ内容が数多く見られる。一方で、星の名称、本地仏の配当、吉凶日次に独自の解釈も多く見られることから、既存の陰陽道書を情報源とした占術・暦注テクストの一形態ととらえることができる。また、「萬通十二星」という占法が山城国愛宕山の西坊から伝授されたとあるが、これは『簠簋』にも載るもので、修験寺院の中にもこうした陰陽道的な知識が入り込み、修験の占法として再編・発信されていたことが確認できる。さらに同書の後半部には仏教との習合を意図したものが見られる。暦注神や算木に本地仏を配当させたり、「病を仏病と知る事」として十干に基づく病を仏神に引きつけるなど、陰陽道的知と仏教世界を接続させている。本史料の各所には合点や追筆、振り仮名が見られるが、これは実際に使用していたことを示す。つまり、本史料は官人陰陽師が記した『暦林問答集』のような五行の原理や暦注の起源を説いたものではなく、日常生活の中で参照しうるような実践的な知識であり、占術や暦注に対する人々の欲求に応えるためのものであった。このように様々な宗教的・呪術的知を取り込みながら編まれた占術書や暦注書が取捨選択や独自の解釈を織り交ぜて再編され、宗教者のネットワークを介して近国、あるいは遠方に広まっていったのである。

陰陽道に連なる知識や呪法は、民俗信仰へも接続していく。愛知県の奥三河地域には、中世末期に修験者を介して伝えられた、呪盤を用いた実践的な呪術の修法書が伝えられており、その冒頭や奥付には、吉備真備や賀茂保憲から伝わったものと記されている。むろん、そうした事実は確認できないが、『簠簋』で安倍晴明に仮託することによって呪法の正統性を担保しようとしたものと同様である。呪盤には梵字、呪句、神仏、算木などのほか、陰陽道の占法である六壬式占に登場する十二神将などの名も書き記される。中世の式占や在地の信仰など、様々な知識が混在しながら取り込まれた呪法であることがわかる。こうした修法書と同内容の遺物は、全国の中世遺跡から発見されている。中世社会でひろく実践された呪法であるといえるだろう。

また、禅宗の問答体テクストに陰陽道書や陰陽師の影響が見られたり、真義真言宗では談義所を介して暦注書が東国及び東北地方に展開している事例も確認できる。さらに中世後期に展開する兵法書にも陰陽道の知識に基づいた占法や暦注が見られることから、陰陽道的な知識は様々な宗教や在地の信仰、異なる学系と混ざり合い、これらを介することでより広範に展開していったのである。

（赤澤春彦）

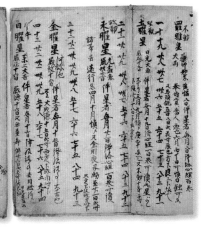

44 占術・暦注雑書

本館所蔵　吉川家文書　一六世紀初頭～前半

一六世紀初頭から中頃にかけて作成された占術・暦注のテクスト。前半部と後半部にわかれ、前半部の奥書によれば文亀三年（一五〇三）に大和国広尾郡箸尾の極楽寺の定智という僧が書写したという。五行に基づく男女の相性占い、暦日の吉凶判断、太刀占などが載り、こうした知識が畿内近国に流布していたことを示す興味深い史料である。また、後半部には南近江の守護六角高頼・氏綱らの書状が再利用されている点も注目される。【→コラム3】

（赤澤）

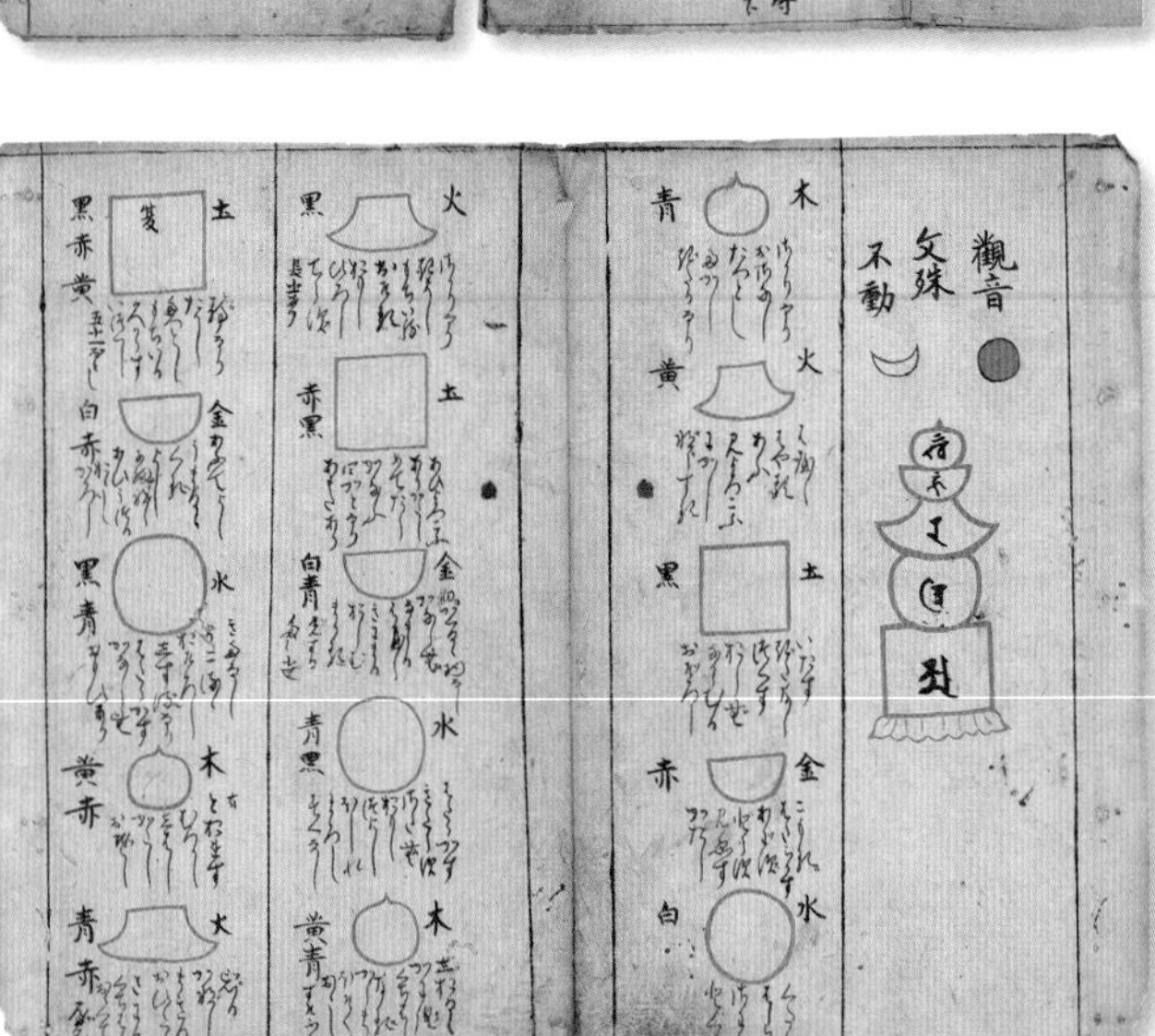

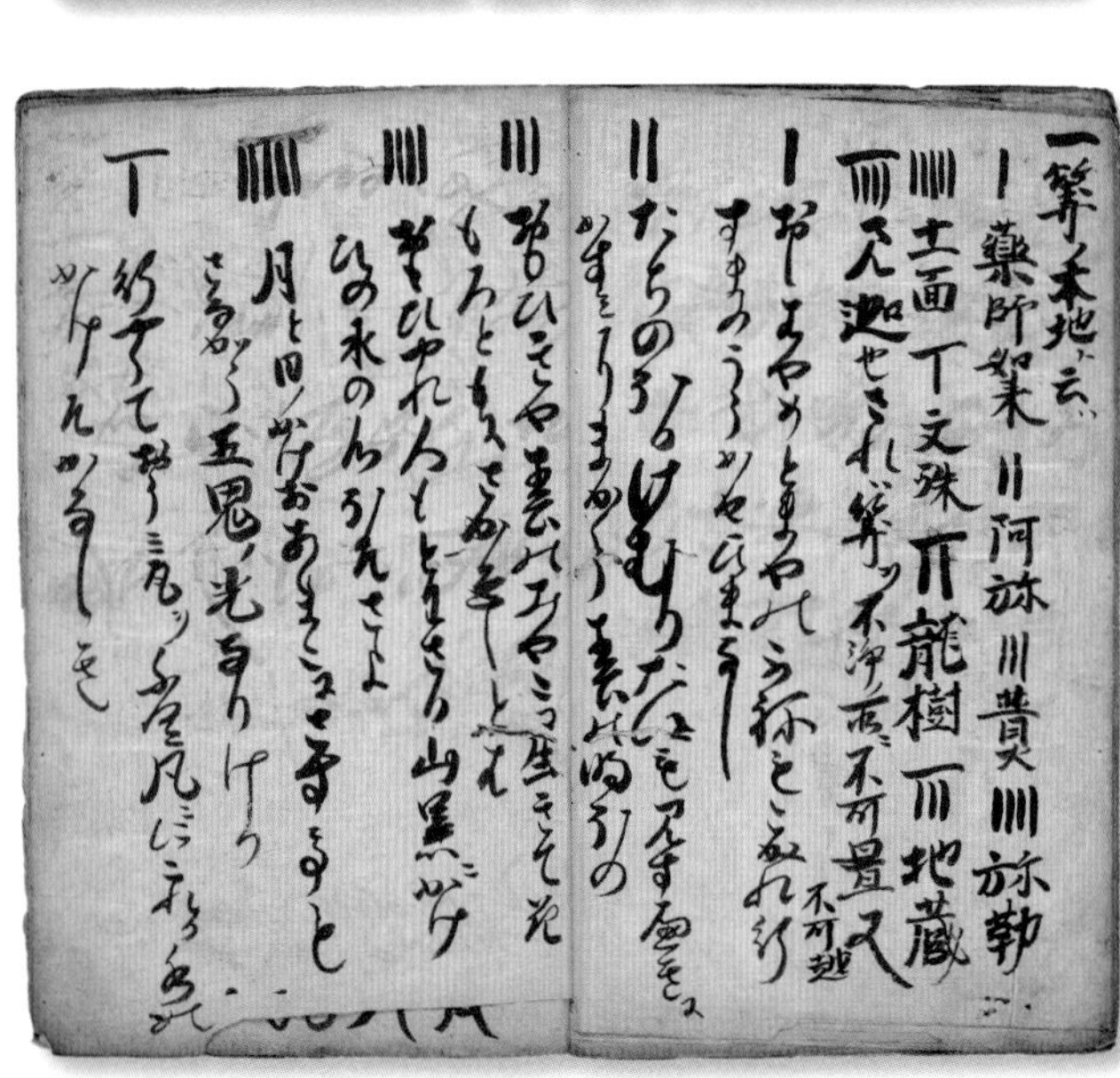

45 盤法まじない書（行法救呪）

豊根村教育委員会所蔵　大永五年（一五二五）写　愛知県豊根村古真立地区

まじないに用いる呪盤の図解書。天盤図と地盤図で一対となる図様が、用途と共に記される。円形の内には、梵字、算木、呪符、式占に用いられる神仏名などが組み合わされている。各図様には、姓名を記すこと、呪盤を埋める方角、手順などが注記されている。冒頭部が大破しているが、全三六図・一八対の呪盤が載せられており、また陰陽道に由来するまじないであることが記されている。集落内の宗教儀礼を担う太夫の家に伝えられた。題目はなく、在地では便宜的に「行法救呪」などと称されていた。同書の実用事例が、各地の中世遺跡より発掘されている。

（松山）

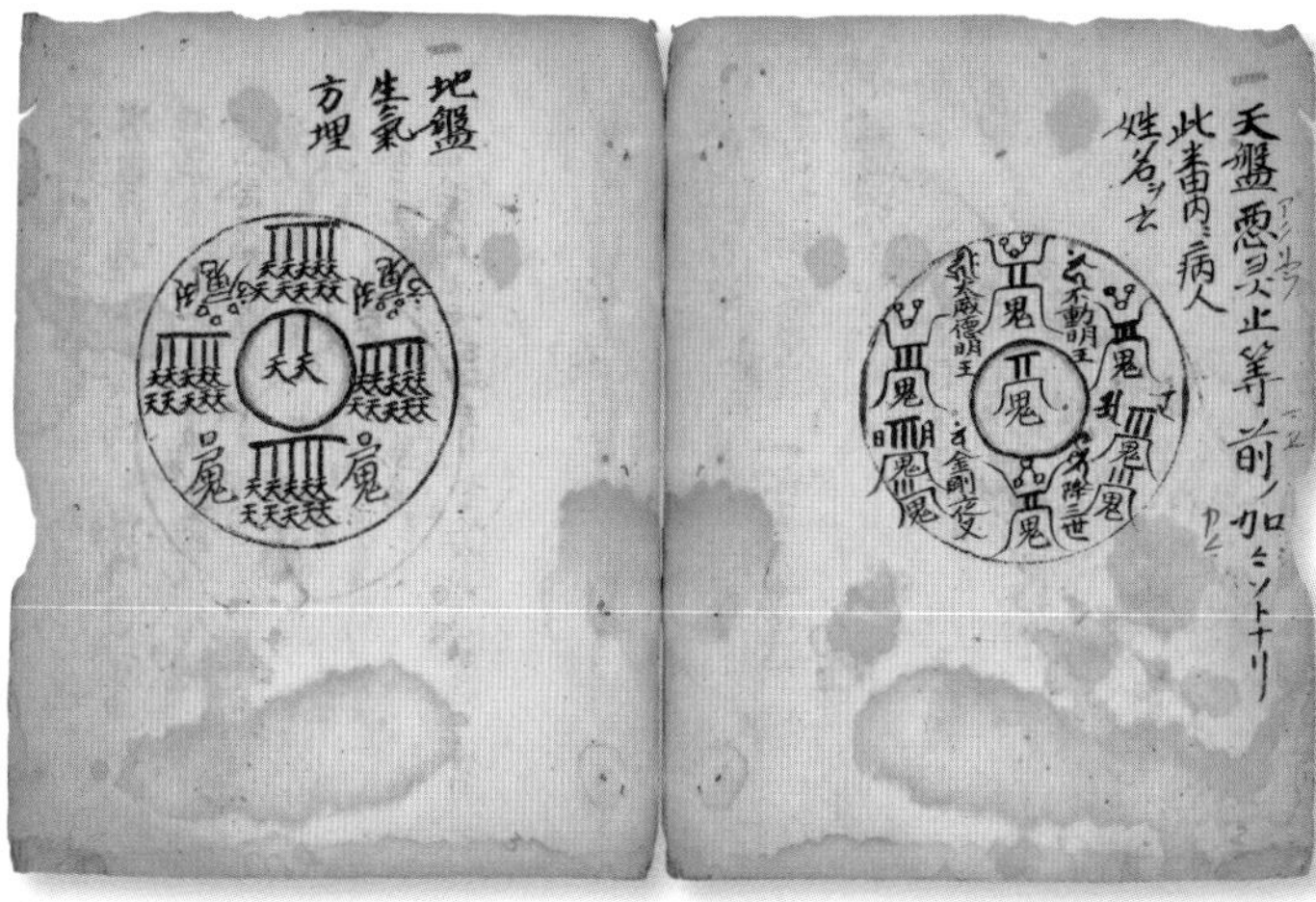

「悪霊止等」

「逃忌止等」

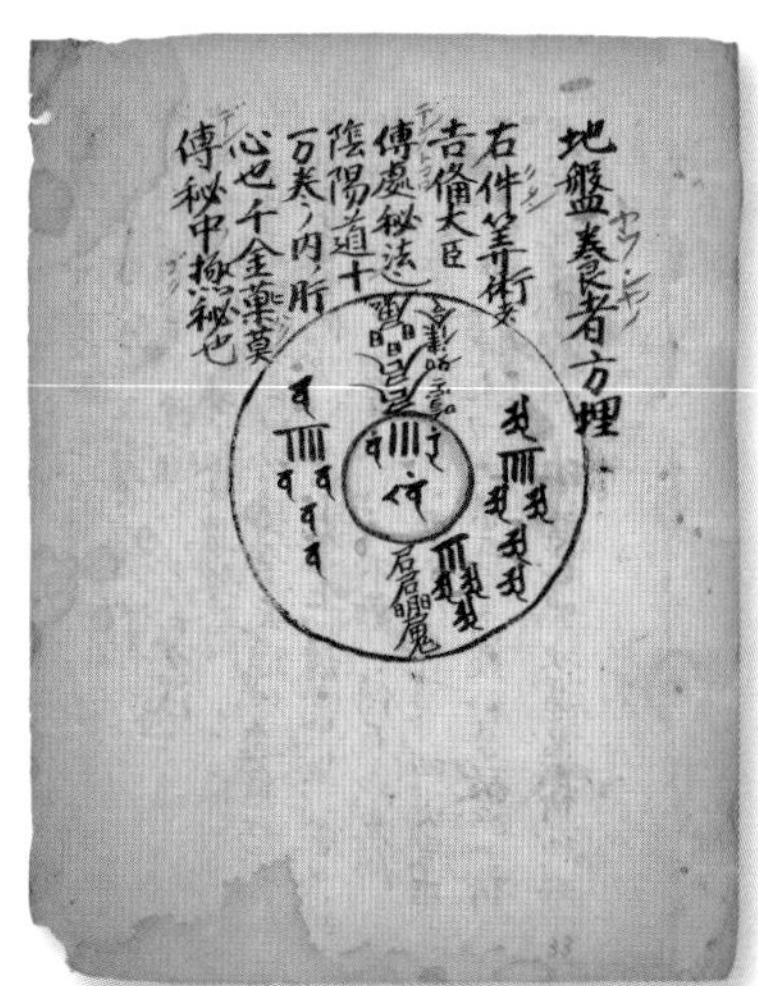

第一九丁表

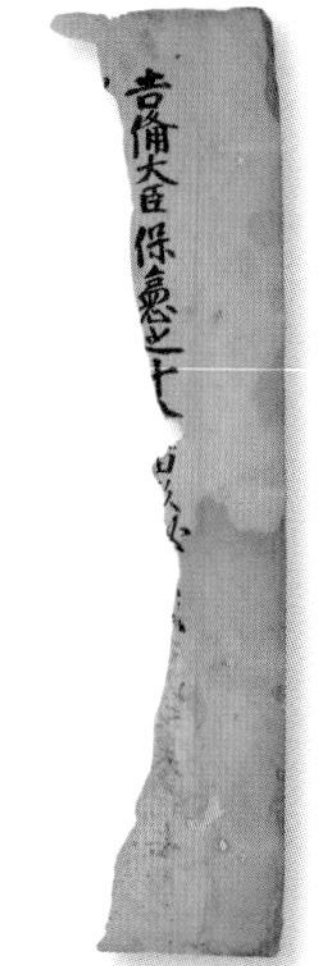

第一丁表残欠

46 易術大事

豊根村教育委員会所蔵　一七世紀写
愛知県豊根村古真立地区

日ごとの病気の原因となる祟りの消除や家普請の吉凶などを書きつけた写本。その中に「行法救呪」(45)とは異なる天盤・地盤の図解が、八図・四対記されている。また本書内には、近世初期に村内に住した修験者である「万蔵院」の記名が見られる。「行法救呪」と同じ太夫の家に伝えられた写本であり、同家が修験者などを介し、これらの知識を入手できる環境にあったことが知られる。題目はなく、便宜的に「易術大事」と称する。（松山）

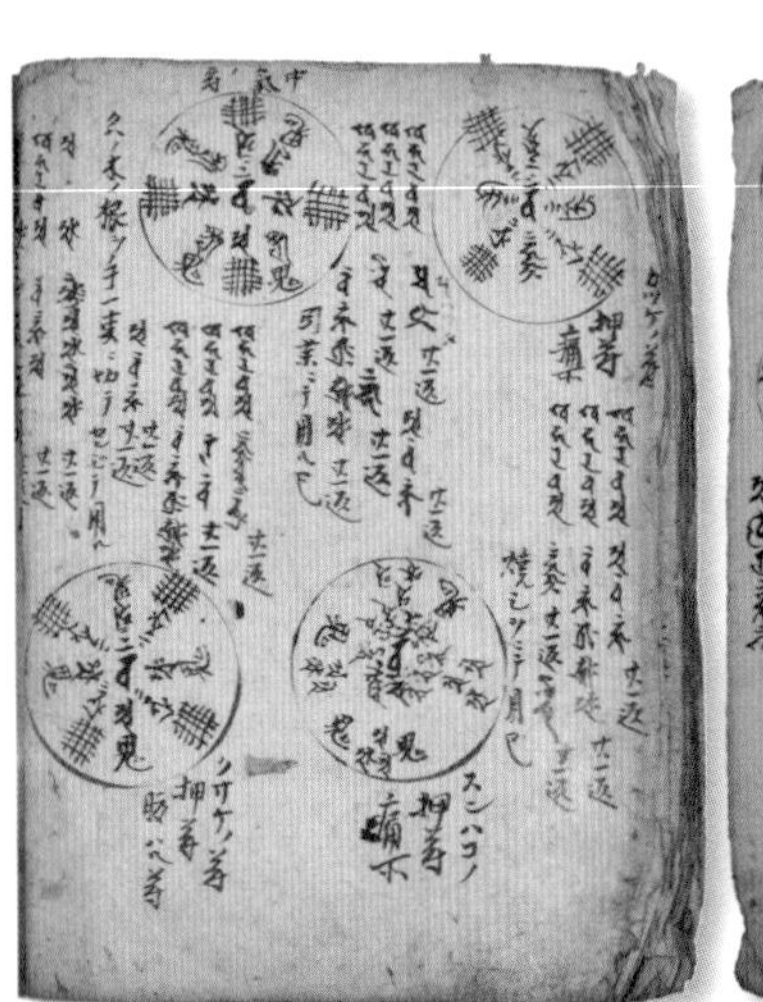

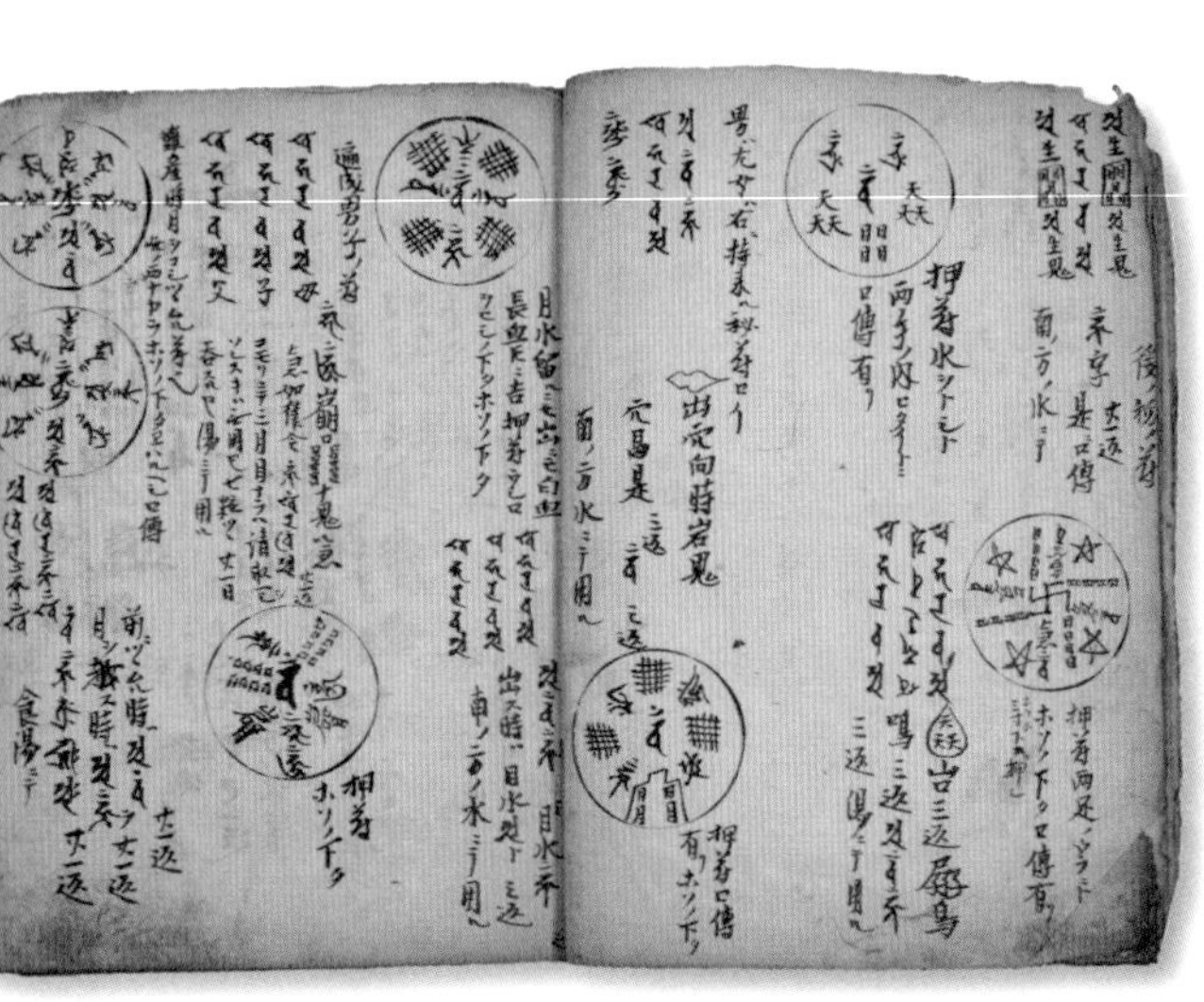

47 秘符・弘法大師御作（参考図）

個人蔵　延宝八年（一六八〇）写

弘法大師ゆかりの円形の呪符を集めた写本。表紙には、「秘符／弘法大師／御作」とある。

三三種類の呪符が、詳細な用法と共に記される。符を記す際には、硯や筆を加持し、大師の名号や観音経の読誦などの行法を行うべきとある。出産や病気治療などの身体に関わるまじないが多く、符を患部に当てるように記されている。表紙右下に「蔵持正福院」とあり、福島県いわき市上蔵持にある同名の寺院の旧蔵書と推測されている。（松山）

48 呪符かわらけ

栃木県立博物館所蔵　一六世紀頃
栃木県宇都宮市長岡百穴A遺跡出土

呪符を墨書した土器。中に鉄釘を入れ、二枚を合わせ口にした状態で出土した。土器の内側に図様が墨書される。土器の底部には「天番」「地番」の文字、「天番」側中央の円形の内には、「戊午年 火性 子ノ十八才」の墨書がある。土器の図様や円形の内の墨書が、天・地は逆であるが「行法救呪」(45)の「逃忌人等」の内容と一致し、同書の実用事例であることが確認できる。「戊午年」については、永禄元年（一五五八）と推定されている。（松山）

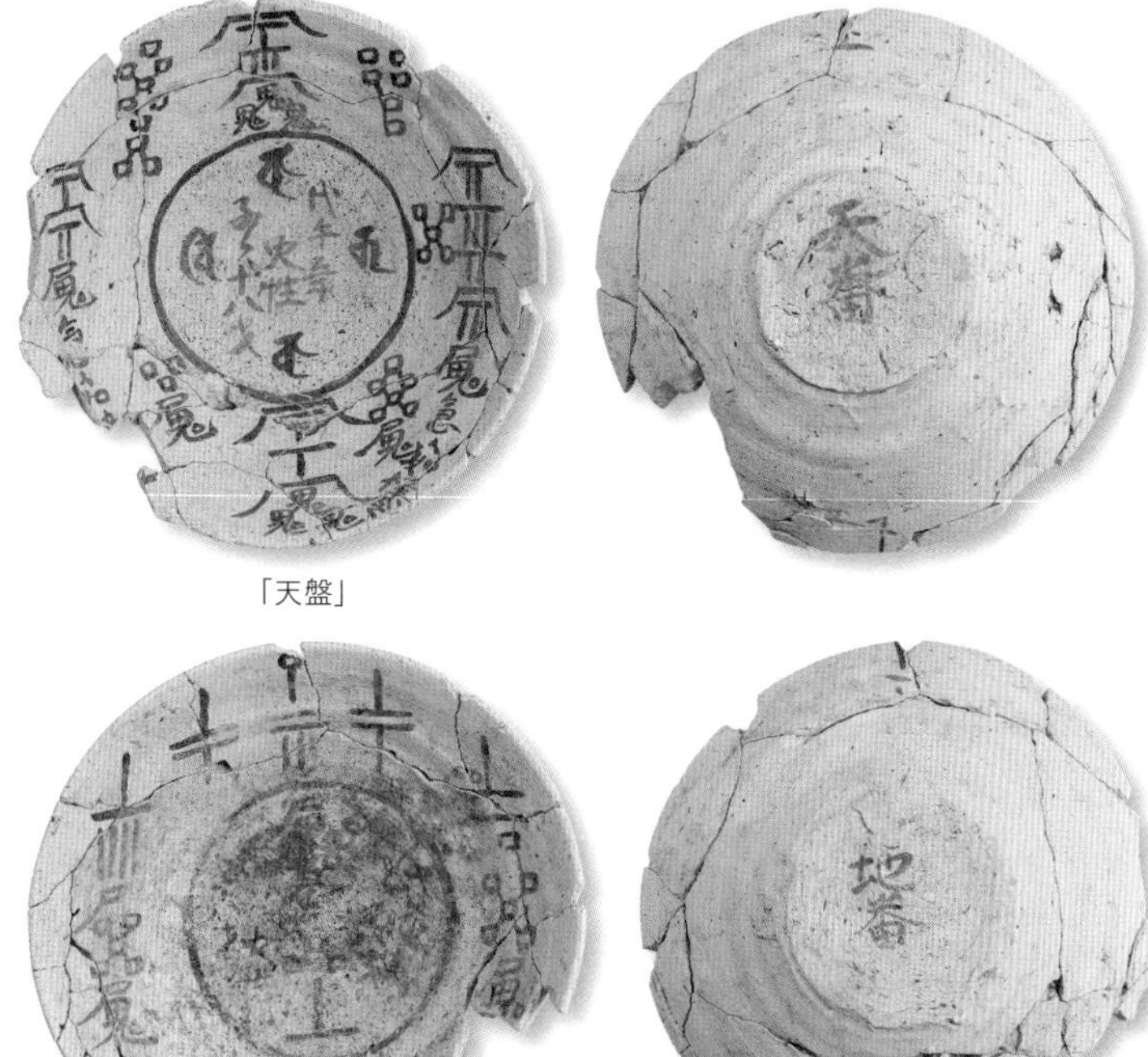

「天盤」

「地盤」

49 呪符木製円盤

福知山市教育委員会所蔵　応永（一三九四～一四二八）頃
京都府福知山市夜久野町矢谷経塚出土

木製の呪符円盤二枚と和鏡が、須恵器の壺に納められた状態で出土した。出土地は、夜久野町の板生川の東側、今西地区の丘陵の裾である。双方の円盤に銅が付着していることから、和鏡を挟むように納められたと推察されている。円盤の一枚には、「行法救呪」(45)の「悪霊止等」の地盤図の図様が記され、円形内に「子性ノ女」「悪霊調伏」「神罰死」の書入れがある。もう一枚には、多くの墨書文字が記され、「応永」の年号が確認できる。（松山）

表面

裏面

表面

裏面

50 呪符木製円盤

酒々井町教育委員会所蔵　一六世紀
千葉県酒々井町尾上出戸遺跡出土

木製の呪符円盤一枚が、和鏡や刀子と共に、常滑焼の小形広口壺に納められた状態で出土した。円盤には、福知山市や三次市の事例（49、51）と同様に、「行法救呪」（45）の「悪霊止等」の地盤図の図様が確認できる。壺の口縁部の特徴から、埋納時期は一六世紀代と推定されている。他の事例と同様に、元は二枚で一対のまじないであったと推察される。出土地は痩せ尾根状の台地上を通る街道の脇であり、集落の境界地にあたる場所であった。（松山）

表面　赤外線写真

裏面

51 呪符木製円盤（参考図）

広島県立埋蔵文化財センター所蔵　天文六年（一五三七）頃
広島県三次市山崎遺跡出土

和鏡・古銭・木製円盤（二枚）が重なった状態で、土師質土器皿と共に出土した。和鏡と円盤は同じ大きさであり、上の円盤には、「行法救呪」（45）の「悪霊止等」の地盤図の図様が片面に墨書され、墨書面が下向きに置かれていた。下の円盤は両面に墨書があり、上の盤と接する面には、「丁酉」の干支や、「大男四郎次郎」「小女人／惣市／生霊」「小女人／死霊」「犬狐／生霊／三疋」など、複数の人名、動物、生霊・死霊の文字が、裏側には「加賀」の文字と梵字が記される。「丁酉」については、天文六年と推定されている。（松山）

写真：公益財団法人広島県教育事業団撮影／広島県立埋蔵文化財センター提供

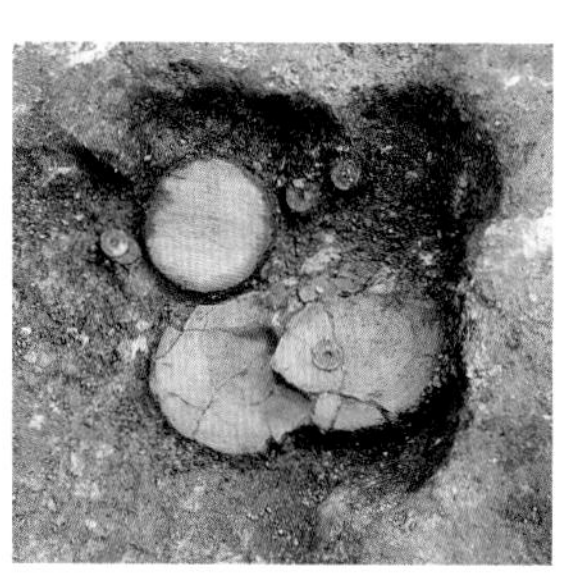

出土状況　写真：公益財団法人広島県教育事業団撮影／広島県立埋蔵文化財センター提供

Column ③

新たに発見された紙背文書

本館所蔵の吉川家文書のなかに、「占術・暦注雑書（十二星占写）」（44）という史料がある。これは、系統の異なる二つのテクストを一冊に合冊したもので、一七世紀半ばに当時の吉川家の当主だった庄三郎の手によってなされたものとみられる。この二つのテクストは、一六世紀初頭から半ばに書写された、畿内近国に流布していた占術・暦注の雑書であるが、そのうち後半部のものには都合一六点の紙背文書が確認できる。

これらの紙背文書は、いずれも戦国期の文書である。包紙を除くと、そのほとんどが近江国守護の佐々木六角氏（高頼・氏綱）の発給文書であり、いずれも新出文書とみなされる。五点ある高頼の文書のうち四点は、永正三年（一五〇六）に発給されたものと推定される（一点は未詳）。一方、二点ある氏綱の文書の発給年次を絞ることは難しいが、村井祐樹『六角定頼』（ミネルヴァ書房、二〇一九年）によると、氏綱は永正三年頃に父高頼から家督を譲られ、同一五年（一五一八）七月九日に亡くなったというから、この間に発給されたものと見受けられる。永正年間（一五〇四〜二一）の高頼の発給文書の残存数は少なく、氏綱も夭折したため同様であることから、これらの高頼・氏綱の発給文書は大変貴重な史料になると考えられる。

紙背文書の宛先の多くは、椿阿弥陀仏なる人物である。したがって、基本的に椿阿弥陀仏の手元に集積された文書が「占術・暦注雑書」後半部の料紙に使用されたことがわかるが、この人物について触れている先行研究は管見の限り見当たらない。そこで、同時代史料を調べてみると、『後法興院政家記』文亀三年（一五〇三）三月一九日条に「武家ニ被二召仕一者也」と確認できる。この「武家」とは管領の細川氏を指すと思われるが、実際、椿阿弥陀仏に宛てた八月六日付けの高頼の書状には、「就二四郎（氏綱）在京之儀一、種々無二等閑一由候、尤以祝着候、殊近日右京大夫殿（細川政元）細々四郎参会申処、取合□（可）レ然之由候、仍辛労之至候、弥可レ然様憑入候」とあり、在京している氏綱が近日中に政元に面会するにあたり、仲立ちをした椿阿弥陀仏に高頼が謝辞を述べていることがみえる。これらのことから、椿阿弥陀仏は政元の側近くに仕えた人物だったことが確かめられ、細川氏との連絡・交渉におけるキーマンだったことが知られるのである。

このような人物は、奉行人が発給するような公的な文書には姿を現さないため、彼を仲立ちとした細川氏との連絡・交渉の様子は、そうした文書からはうかがい知ることができない世界といえる。こうした意味においても、「占術・暦注雑書」の紙背文書群は貴重な史料と指摘でき、一六世紀前半の武家勢力と細川氏との「外交」の実態を伝える希有な史料と位置づけられよう。「占術・暦注雑書」の紙背文書群は、戦国期の室町幕府・畿内政治史の研究をいっそう進展させる可能性を秘めていると考えられるのである。

なお、「占術・暦注雑書」およびその紙背文書群の詳細については、赤澤春彦・田中大喜「吉川家文書『占術・暦注雑書』および紙背文書について」（『国立歴史民俗博物館研究報告』掲載予定）にて紹介する予定である。ぜひご参照いただきたい。

（田中大喜）

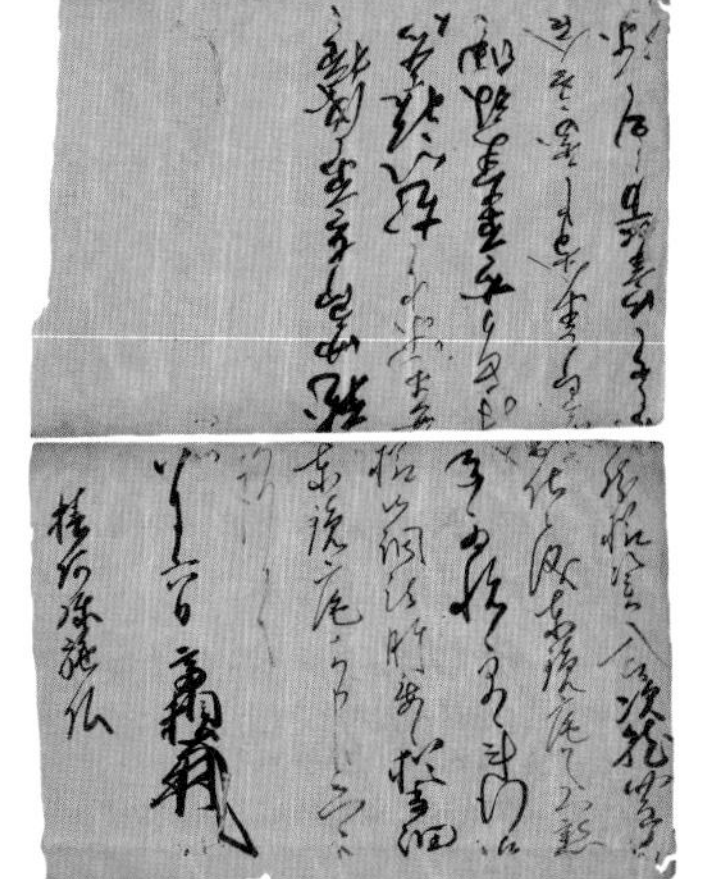
（永正3年ヵ）8月6日付六角高頼書状

(3) さまざまな暦の流通

『宇治拾遺物語』（一三世紀初頭成立）という説話集の中に「仮名暦あつらへたる事」というタイトルの一編がある。

ある女房が若い僧に紙を渡して「かな暦をかいてください」と頼んだ。かな暦とは、53の応長二年仮名暦のようにひらがなが主体で書かれた暦である。僧はお安い御用と引き受け、最初はきちんと「神仏によし」「かん日（坎）」「くゑ日（凶会）」と暦注を記していった。しかし後半になってくると、いたずら心を起こしたのか、「物を食べない日」「トイレに行かない日」などと書いた。不審がりながらもこれに従った女房が苦労する、ちょっとコミカルな話となっている。

この説話から、一三世紀初頭までには具注暦だけでなく、かな暦が貴族社会に普及していたこと、また貴族や女房たちが、暦注に示された禁忌に従って生活をしていた様子がうかがわれる。

具注暦は、朝廷の陰陽寮に属する暦博士たちが作成した。毎年一一月一日に翌年の暦を天皇に奏上する暦奏が行われ、天皇から施行される。役所などには、本来は朝廷から配布される規定だったが、平安時代中頃には行われなくなっていた。貴族たちは私的に陰陽師に注文したり、知り合いから暦を借りて書写したりして、暦を手に入れていた。利用しやすいようにかなで書くこともあった。『宇治拾遺物語』の僧もそうやって転写された具注暦を基に、女房のためのかな暦を書いたのであろう。

鎌倉時代後期には、刷られた具注暦も残されている（55「正和六年具注暦」）。ということは、一定量が作成され、使用されていたのであろう。室町時代になると、京では経師による三島摺暦座（東国の三嶋暦とは異なる）が陰陽師から暦本を得てかな暦を版行した。暦は貴族たちだけではなく、多くの人々に利用されていたのである。

では地方ではどうだったのだろうか。鎌倉時代には、鎌倉に滞在していた僧が、法事の日程を決めるために京に暦を求めている例がある。吉い日時の選定をできるような具注暦はあまり流通していなかったと推測される。

やがて地方でも独自に暦算が行われるようになった。南北朝時代の日記には、ある年の三嶋暦と京の暦で上巳節（三月三日）の日がずれているとの記載がある（56『空華日用工夫略集』）。ここからはこの時期すでに三嶋暦が独自に作成され、流通していたことがわかる。

京都に近い奈良では、京の暦を基に暦を作成していたようである。しかし応仁元年（一四六七）、応仁・文明の乱が勃発する。京が戦場になる中で暦博士たちは書物を失い、一一月一日の暦奏に応仁二年の暦を奏上することができなかった。翌年の暦を得られず困った奈良では、独自に暦算を行い応仁二年の暦を作成した。そうしたところ応仁二年正月になって施行された京の暦とは、閏月の配置がずれてしまった。戦国時代には、どのような暦かは不明だが、大和郡山の市で安価に販売されていた様子も見える（『多聞院日記』）。

室町時代・戦国時代には三嶋暦のほかにも、伊勢の丹生暦など複数の地方暦が存在していた。加賀や熊本県八代・人吉、宮崎県都城などでも独自の暦が使用されていたことが知られている。そして暦によって違いがある例もまま生じた。

有名な事例として天正一〇年（一五八二）の暦をめぐる相違がある。当時の天下人織田信長の領国である美濃・尾張に流通する暦と、京の暦では閏月の配置が異なった。信長はこれを問題視し、安土城に陰陽頭土御門久脩らを呼び調査している。この件は、同年六月に起きた本能寺の変によってうやむやとなるが、なぜ齟齬が生じたのだろうか。美濃・尾張の暦は唱門師が作成したもので、京の暦との齟齬は「進朔」という特殊な調整の有無により生じたと指摘されている。朝廷の暦も地方暦も宣明暦という暦法を基としていたが、このような計算や調整、独自の慣習によって暦算の違いが発生したようである。

（遠藤珠紀）

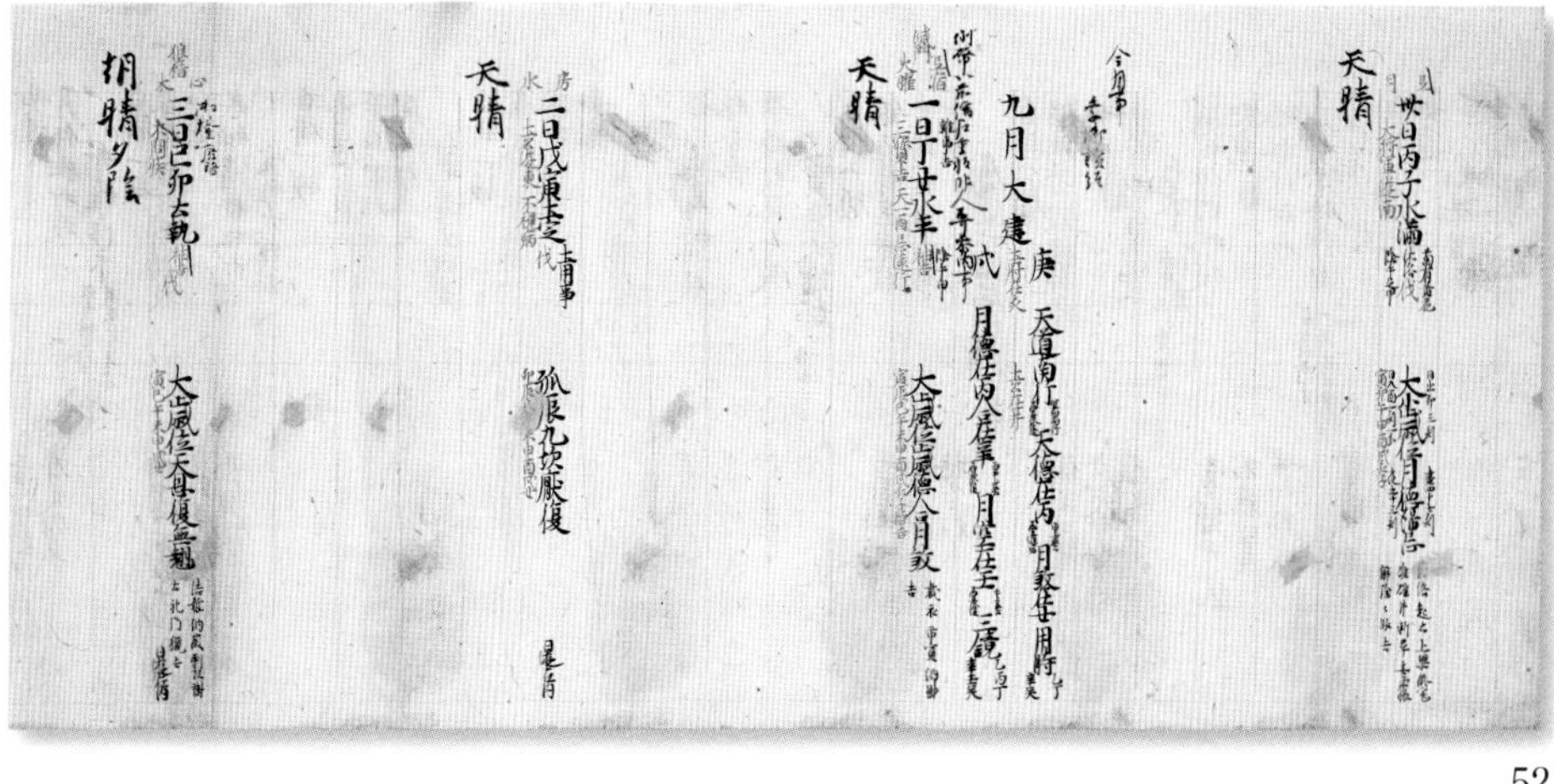

52 嘉禄三年具注暦

本館所蔵　広橋家旧蔵記録文書典籍類　嘉禄二年（一二二六）仙洞御八講記紙背

関白近衛家実の使用した嘉禄三年（安貞元年）八月二三日～九月二七日の具注暦。日付と日付の間には五行分の空白が取られている。これは日記を書き込むためのスペースで、写真掲載箇所にも「天晴」などの記述が見える。摂関家など有力な公家は日記用のスペースを含めた暦を陰陽師に特注し、使用していた。しかしこの部分は家実の日記が少なかったため、寛正六年（一四六五）、子孫の近衛政家によって裏の白紙部分が『仙洞御八講記』の書写に用いられた。

（遠藤）

53 応長二年仮名暦

本館所蔵　田中穣氏旧蔵典籍古文書
応長元年（一三一一）

応長二年（正和元年）正月一日～一一月四日の仮名暦。具注暦より簡略だが、冒頭に方位神の所在を記した暦序があり、干支・十二直・吉凶などが、かな書きで記されている。利用者が記した日記の書き込みも見える。この巻物は応長二年仮名暦、正和四年（一三一五）仮名暦、正和六年仮名暦を貼り継いで、紙背の白紙に『瑜伽瑜祇経秘決』を書写している。あるいは寺院で使用された暦であろうか。（遠藤）

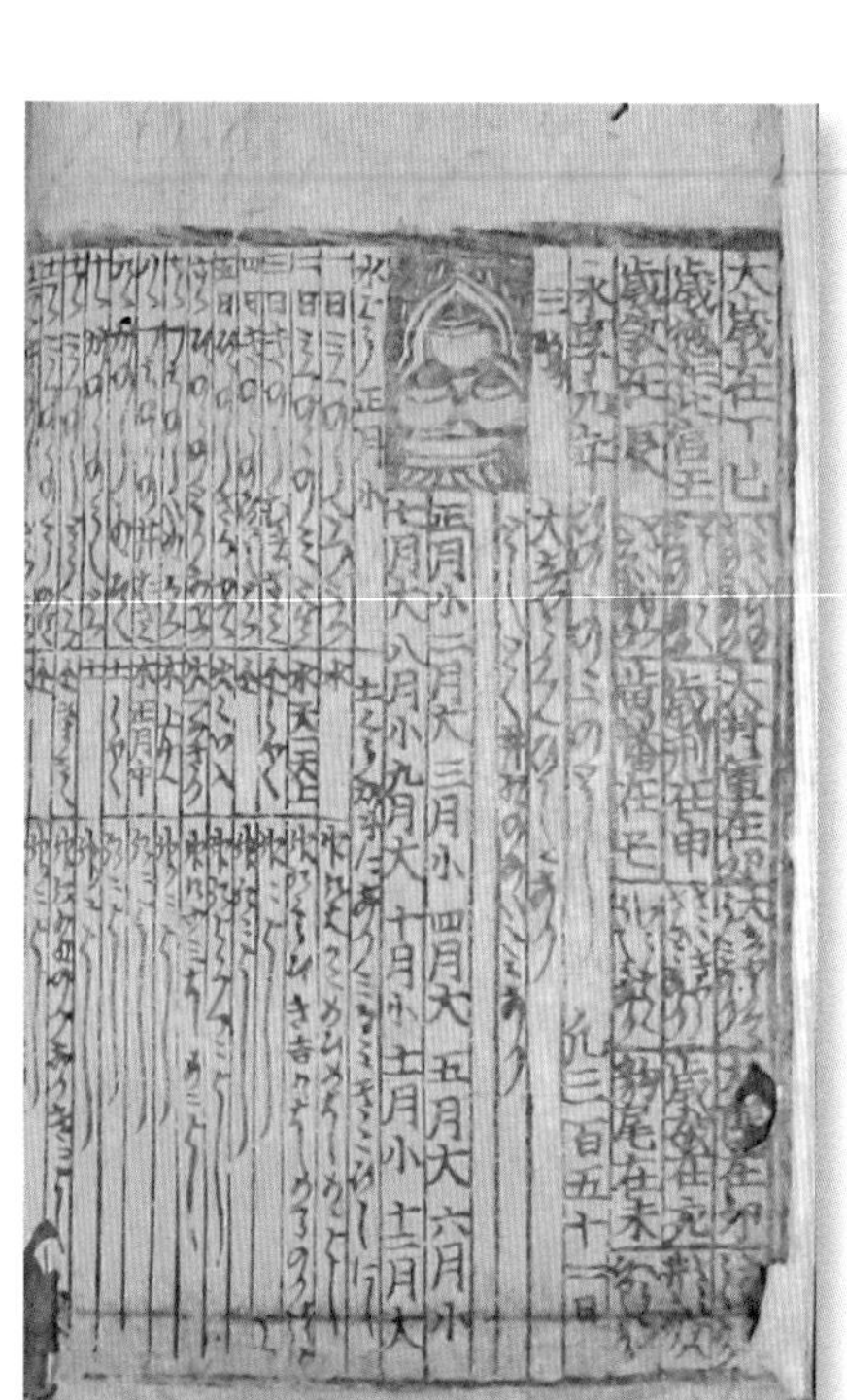

54 永享九年三嶋暦

史跡足利学校事務所所蔵
永享八年（一四三六）
『周易』紙背　重要文化財

伊豆三嶋大社で発行された三嶋暦の現存するもっとも古い永享九年の版暦。暦の冒頭部分が見え、三鏡宝珠の脇に「三嶋」と刷られている。三嶋暦は、鎌倉時代、鎌倉に下向した賀茂氏の一族が作成するようになったとの伝承がある。この暦は『周易』という儒教の書物の表紙裏に貼りこまれている。この『周易』は足利学校で書写・製本されたと考えられ、伊豆から下野足利まで禅宗のネットワークで伝わったと推測されている。（遠藤）

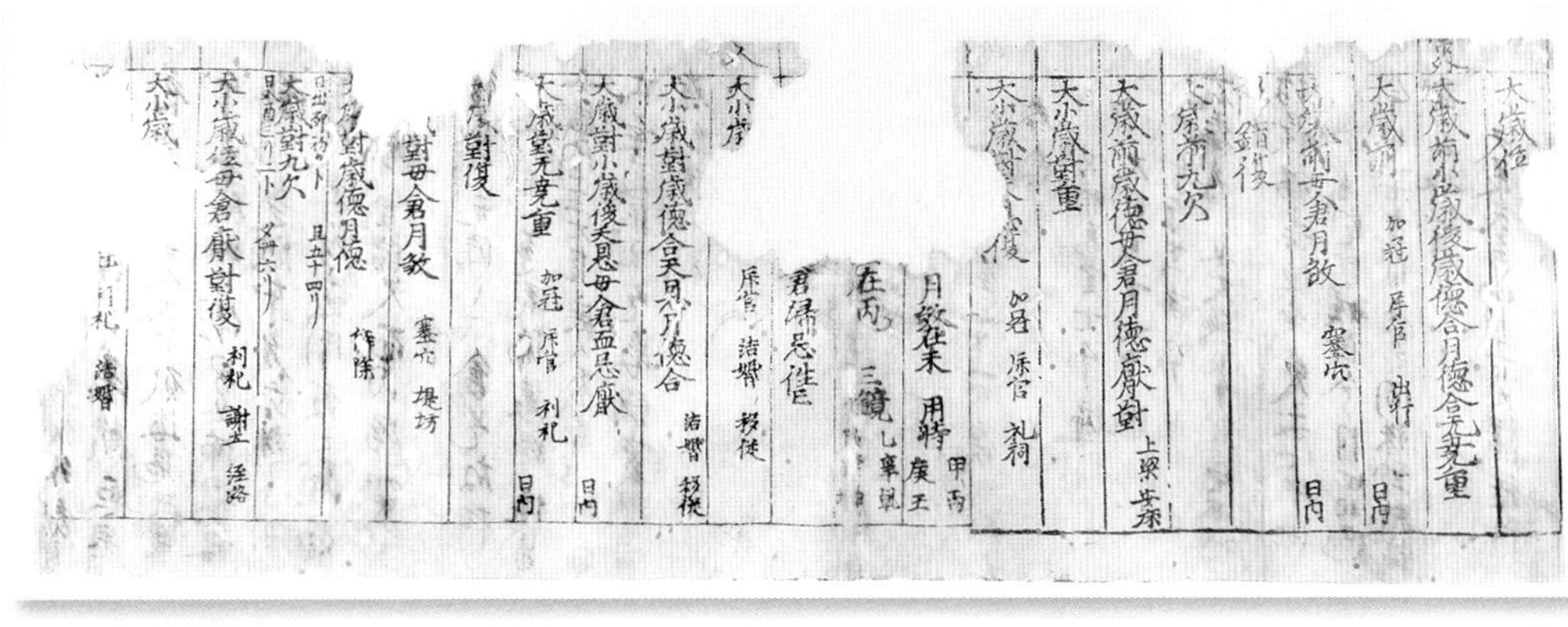

55 正和六年具注暦

称名寺所蔵（神奈川県立金沢文庫管理）
正和五年（一三一六）
『吒枳尼血脈』紙背　国宝

暦の上部が切断されているが、正和六年六月二一日～七月一二日、七月一六日～八月四日の暦である。具注暦の版暦として現存唯一のものであり、貴重である。ただし暦注の表現や内容が通常の具注暦と異なっている。版暦は鎌倉時代後期より作成されたと考えられる。紙背には『吒枳尼血脈』が記され、その奥書には「元亨二年（一三二二）十月廿二日書写了承厳」とある。（遠藤）

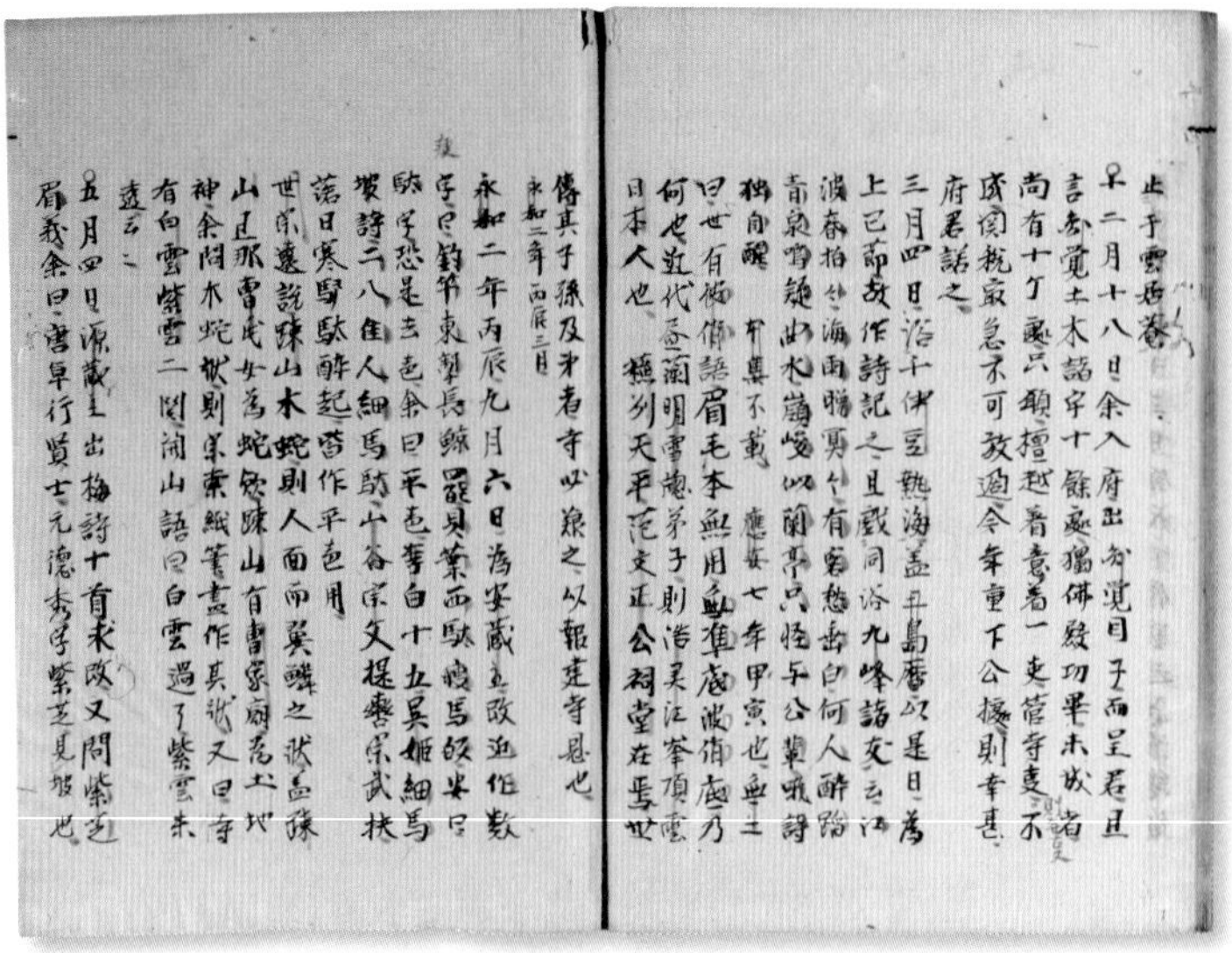

56 空華日用工夫略集（参考図）

東京大学史料編纂所所蔵　江戸時代初期写

義堂周信（一三二五～八八）の日記を抄出した『空華日用工夫略集』応安七年（一三七四）三月四日条に

四日、浴于伊豆熱海、蓋三島暦以是日為上巳節、

（四日、伊豆熱海で入浴した。三嶋暦ではこの日を上巳節としているようだ）

と記されている。義堂の持つ京の暦ではこの日は三月四日だったが、三嶋暦では上巳節（三月三日）と、一日ずれていた。このころまでには、関東では京の暦と異なる「三島暦」が使用されていたことがわかる。（遠藤）

57 初渡集　下（参考図）

妙智院所蔵（京都国立博物館寄託）　天文一〇年（一五四一）七月

天文八年、禅僧策彦周良は遣明使節の副使として明に渡った。策彦は道中日記を記していたが、帰途、天文一〇年七月の日記には次のような注記がある。

七月―本月大明暦の面小の月たり、日本暦の面大の月たり

（今月は大明暦を見ると小の月（二九日）である。日本暦では大の月（三〇日）である）

ここから明の大統暦と日本の宣明暦で一日のずれがあったことがわかる。現代でも海外旅行の時に時差を調整するが、策彦も両国の差を興味深く感じたことであろう。（遠藤）

京の暦と南都暦の齟齬

応仁元年（一四六七）、応仁・文明の乱が勃発した。暦博士たちは、争乱の中で書物を失い、通例の一一月一日に翌年の暦の献上ができなかった。翌年正月八日、ようやく暦が頒行された。

ところがここで問題が生じる。暦を得られなかった奈良では、幸徳井友重が独自に暦算を行って暦を作成した。この南都暦（閏一〇月）と暦博士による暦（閏一二月）で閏月の位置に違いが生じたのである。この違いは慣例的な調整の差によると指摘されるが、これまでは南都暦が朝廷の暦を基にしていたこと、暦法は同じでも独自の計算によりずれが生じることがわかる。

（遠藤）

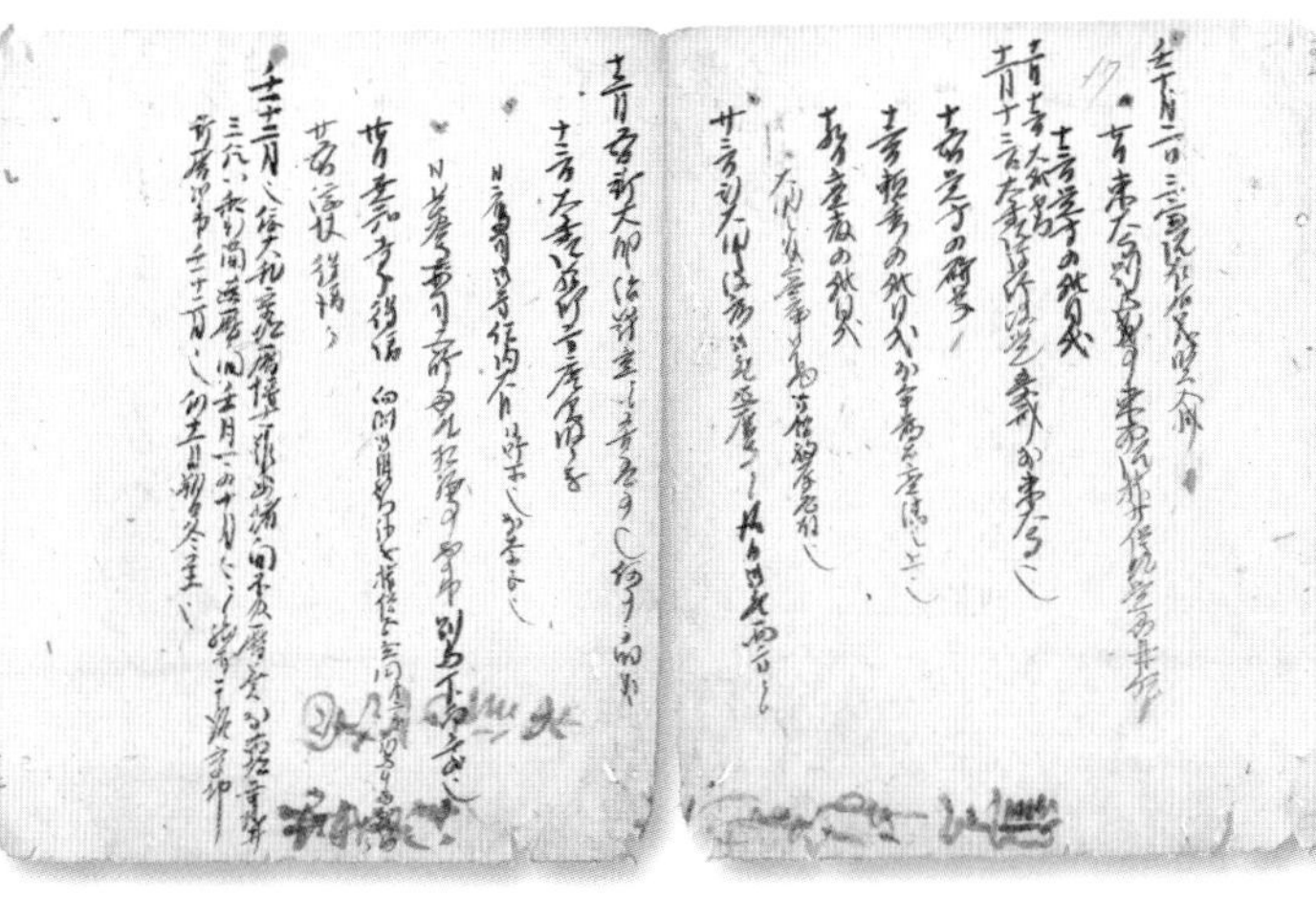

58 大乗院日記目録 応仁二年閏一二月（参考図）
国立公文書館所蔵 一五世紀後半

閏十二月也、依大乱京都暦博士難安堵之間、不及暦奏、於南都幸徳井三位以私料簡造暦之間、閏月可為十月歟云々、然而其後京都新暦出来、閏十二月也、仍十一月朔日冬至也、

59 碧山日録 応仁二年正月四日条（参考図）
公益財団法人前田育徳会所蔵 室町時代

四日、乙丑、是日節分、陰陽家、去歳為兵卒奪其書、不得校勘年月日、故無新暦、八日、己巳、初見新暦、前日天下頒行云、

第三章 陰陽師、たばねる
——近世の陰陽道

日本史上、「陰陽師」が最も多く存在し、活動した時代は江戸時代ではないだろうか。

ただしここでいう陰陽師は、多くの人が想像する平安時代の宮廷社会に活躍した官人陰陽師とは大きく異なる。都市や農村、公家町や武家屋敷の家々（檀家）を廻って占いや祓いを行い、あるいは寺社境内地で占いや芸能に従事した宗教者。彼らが江戸時代の陰陽師のひとつの典型である。

江戸時代は陰陽師の活動領域がさまざまな地域や階層に拡散した時代であった。そして江戸時代には、それを「たばねる」仕組みがあり、「たばねた」のが安倍晴明の子孫にあたる土御門家である。

名田庄から京都の公家社会に復帰した土御門家は、何世代かのライバルとの競合を経て、天和三年（一六八三）、幕府・

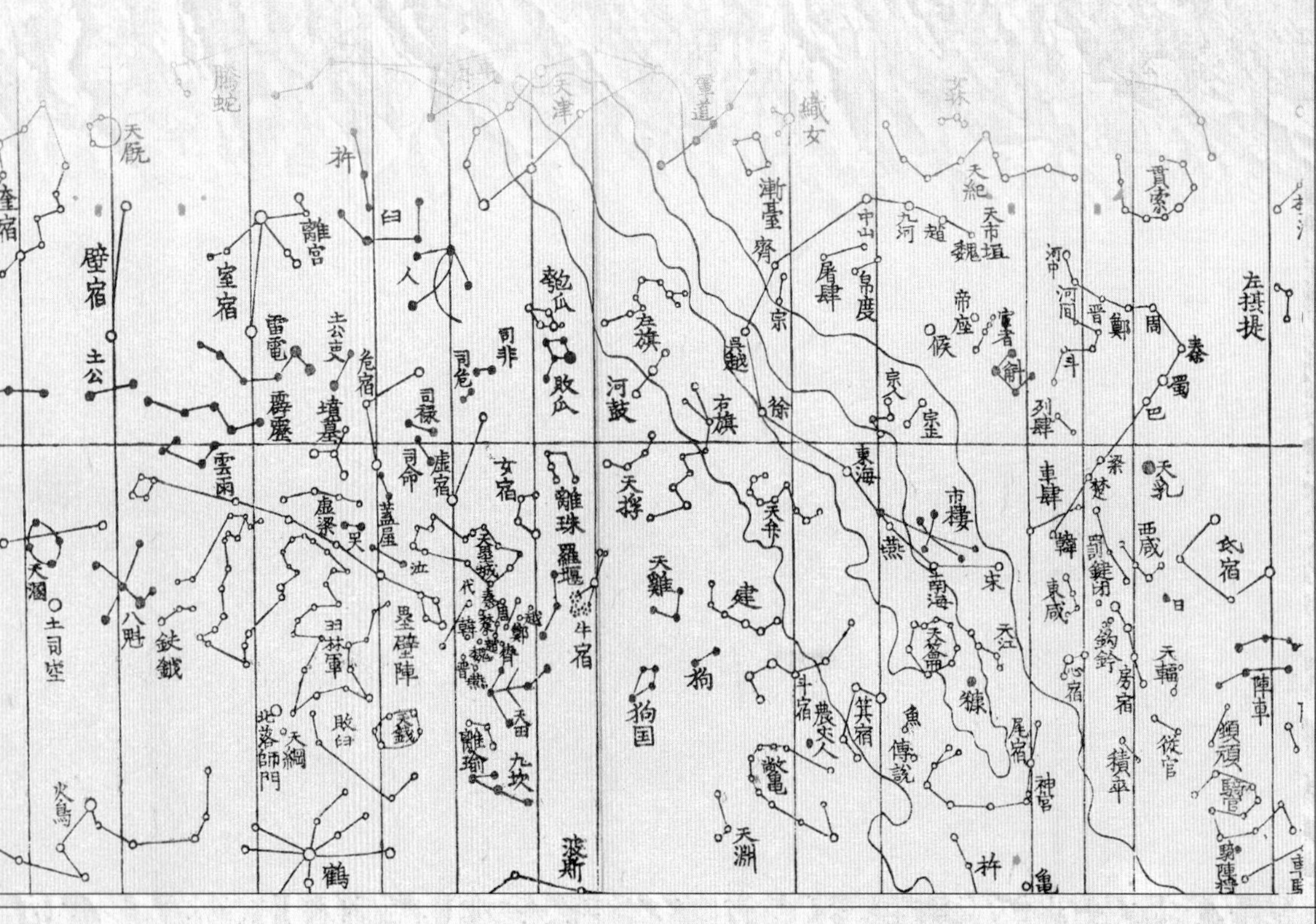

朝廷から陰陽道支配権を認められ、全国の陰陽師を「たばねる」立場に立った。具体的には、陰陽道本所として陰陽師たちに「免許」を発行し、彼らの営業権を管理する組織を運営した。江戸時代、幕府は宗派・教団毎に本所・本山を設定して宗教者を所属させるという制度を布き、陰陽師にもそれは適用された。土御門家は幕府の宗教者支配政策を補完した。

陰陽道支配にはもう一つの側面もあった。暦との関係である。江戸幕府は、地域毎に誤差が生じていた暦を改め、統一した（暦の発行については、第Ⅲ部参照）。貞享改暦を行った渋川春海は土御門泰福と協力し、幕府天文方は朝廷陰陽寮の伝統的枠組みも踏襲して暦の発行に関与することになったのである。幕府制度の一部に組み込まれた宗教者支配と頒暦（暦を作り配ること）への関与は、土御門家が「たばねた」江戸時代の陰陽道組織の特徴である。

しかし江戸時代の後半になると、檀家を廻る宗教者だけではなく、占いで生計を立てる者、暦算・和算に関心を持つ者など、陰陽道知識を介して土御門家の組織に加わる者も増えていった。陰陽道の範囲は現在考えられるよりも広く、科学と呪術・宗教が交叉する接点にあった。時代が進むにつれ、暦学は蘭学をはじめ西洋科学の影響を受けて発達し、陰陽道の範囲から外れていった。科学と宗教が分岐していった江戸時代後半、陰陽師たちも、その狭間で翻弄される時代を迎えた。

（梅田千尋）

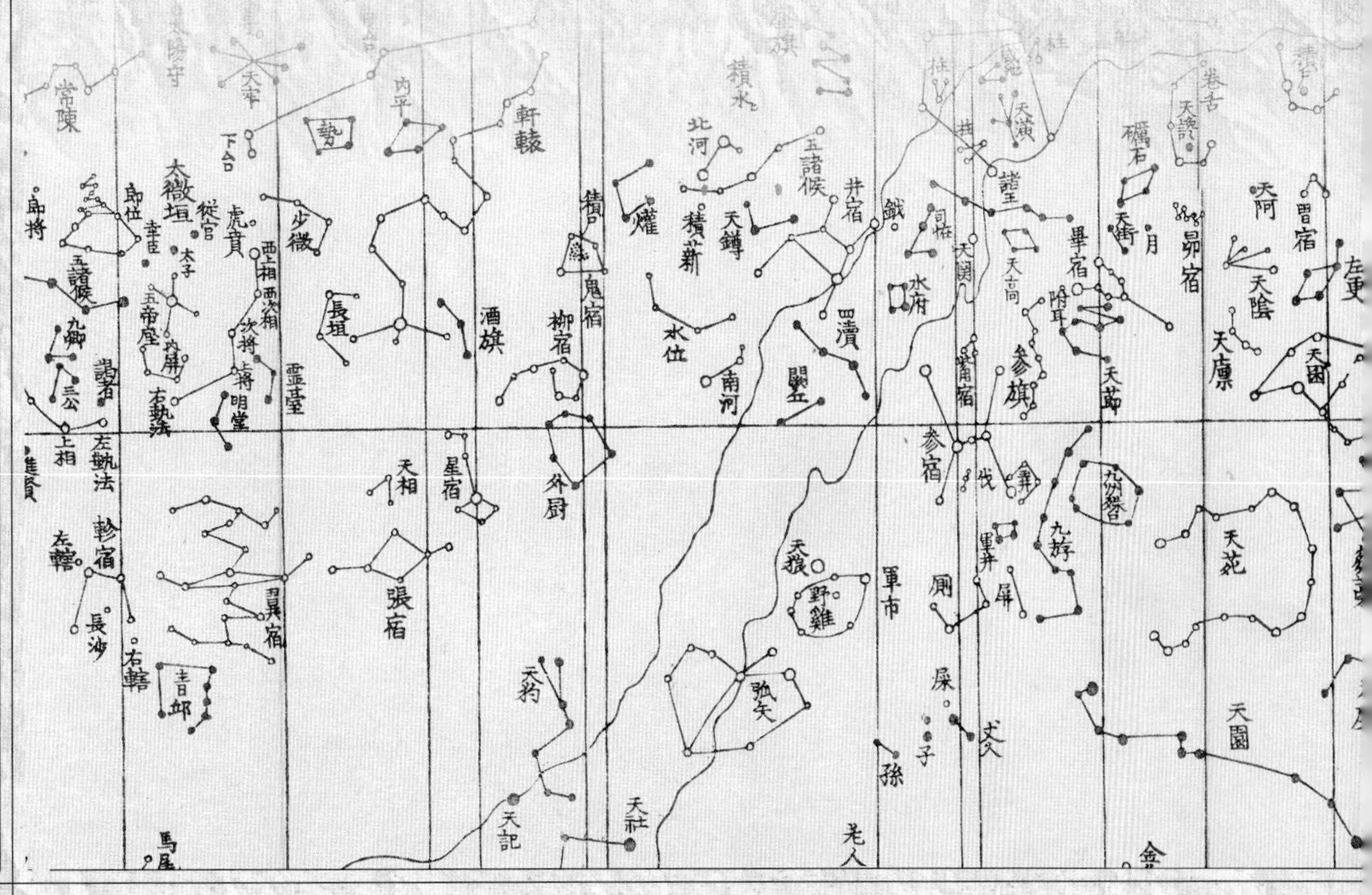

1 土御門家、陰陽道本所へ

江戸時代の陰陽道について語るとき、安倍晴明の末裔である土御門家の歴史を外すことは出来ない。江戸時代の土御門家は、朝廷の陰陽頭の地位、全国各地の陰陽師支配、頒暦への関与という諸方面で支配的な地位を確立した。しかし、その地位は当初から安定していたわけではない。以下江戸時代の土御門家の軌跡について、主要な人物の事蹟から辿ってみたい。

【土御門久脩】一五六〇―一六二五

平安期以来の賀安（賀茂・安倍）二家のうち、暦道賀茂氏の主流であった勘解由小路家は、戦国期に断絶した（第Ⅰ部第二章参照）。安倍氏の土御門家は名田庄に逃れていたが、有脩の時代に織田信長に接近し、天正三年（一五七五）、京都南郊の上鳥羽村に二〇石の新知を安堵された。

久脩は父の跡を継いで陰陽頭となった。織田信長が天正一一年正月の置閏について諮ったのも久脩である。一時期豊臣秀吉の怒りにふれ、出奔した。前後して京・大坂近辺の陰陽師が尾張に追放された。それらの理由については不明であるが、秀次事件への関与を理由とする説が有力である。

関ヶ原の戦い終結後、徳川家康には重用され、公家の中でも家康に近い昵懇公家（昵近衆）の一人に数えられた。慶長六年（一六〇一）後陽成天皇の天曹地府祭を執行、二年後には家康の将軍宣下に先立って身固の儀礼を行い、家康の安全を祈る天曹地府祭を土御門家の私邸で行った。こうして土御門家当主が天皇・将軍の代替わり時に同等の祭祀を行うことを恒例とした。鶏冠井村・梅小路村・寺戸村・吉祥院村・西院村に一八〇石の領地を得た。「万里小路事件（およつご寮人事件）」に関与して出仕停止となったとされる。

【土御門泰重】一五八六―一六六一

久脩の子。後水尾天皇の側近に名を連ね、日記『泰重卿記』は同時代の重要史料の一つで、日時勘申など陰陽道に関する記事も多い。泰重は天文博士に就任したが、陰陽頭には就かず、そのため幸徳井友景・友種・友傅が三代にわたって陰陽頭を務めた。万里小路事件の影響も指摘されるが、泰重が暦算の修得を断念し、天皇・上皇への近侍を優先したことも大きな要因であろう。一方、明正天皇らの天曹地府祭を執り行い、朝廷祭祀の家職を守った。

【土御門泰福】一六五五―一七一七

実際は泰重の孫だが泰重の養子として嗣ぐ。幸徳井友傅の死後、三代ぶりに陰陽頭に任じられ、天和三年（一六八三）、陰陽道支配の霊元天皇綸旨（64）と将軍綱吉朱印状（65）を獲得し、諸国陰陽師支配の権限を確立した。垂加神道を学び、初代天文方渋川春海・会津藩主保科正之の知遇を得て貞享改暦に貢献し、貞享元年（一六八四）改暦宣旨を蒙った。幕府天文方成立とともに、土御門家は頒暦体制の一角を担うこととなった。

【土御門泰邦】一七一一―一七八四

泰福の子。宝暦改暦では幕府天文方の西川正休を排斥し、改暦の実権を奪取した。改暦では各地の暦師を動員し、暦師支配を強化した。安倍晴明七百五十年祭を主宰し、晴明七箇所霊場を設定した。垂加神道の影響を受け神道化を志向した泰福時代から、平安以来の朝廷陰陽道の復興へと路線変更を行った。

【土御門泰栄】一七五八―一八〇六

分家倉橋家から泰邦の養子となった。天明四年（一七八四）泰邦没後に陰陽道本所組織改革を実行し、組織拡大に着手した。寛政改暦では幕府天文方に頒暦権が移ったが、直後に家塾斉政館を開き、暦算門人の獲得に努めた。

【土御門晴親】一七八七―一八四二

泰栄の子。家塾斉政館への学者招請や出版に注力した。尺改所設置計画など多角化を図った。文政一〇年（一八二七）、江戸参向途中のシーボルトに身分を隠して京都で面会した記事が残る。天保一三年（一八四二）死去、その直後に天文方渋川景佑による天保改暦が開始された。

【土御門晴雄】一八二七―一八六九

晴親の子。一六歳で陰陽頭に就任、直後に天保改暦（一八四四）の勘申を行った。嘉永～安政期（一八四八～六〇）には、伝統的な凶兆観を否定する天文占を行ったが、将軍家定死去・コレラ流行など社会不安が強まった安政五年（一八五八）以降は彗星を凶兆とする勘文を提出した。慶応四年（一八六八）、新政府成立に伴って幕府天文方にあった権限を京都に移し暦の作成・配布を手がけた。明治二年（一八六九）一〇月六日死去。最後の陰陽頭である。戊辰戦争のさなか、和平の密使となった和宮上臈の土御門藤子は実姉。

（梅田千尋）

図9　土御門家系図

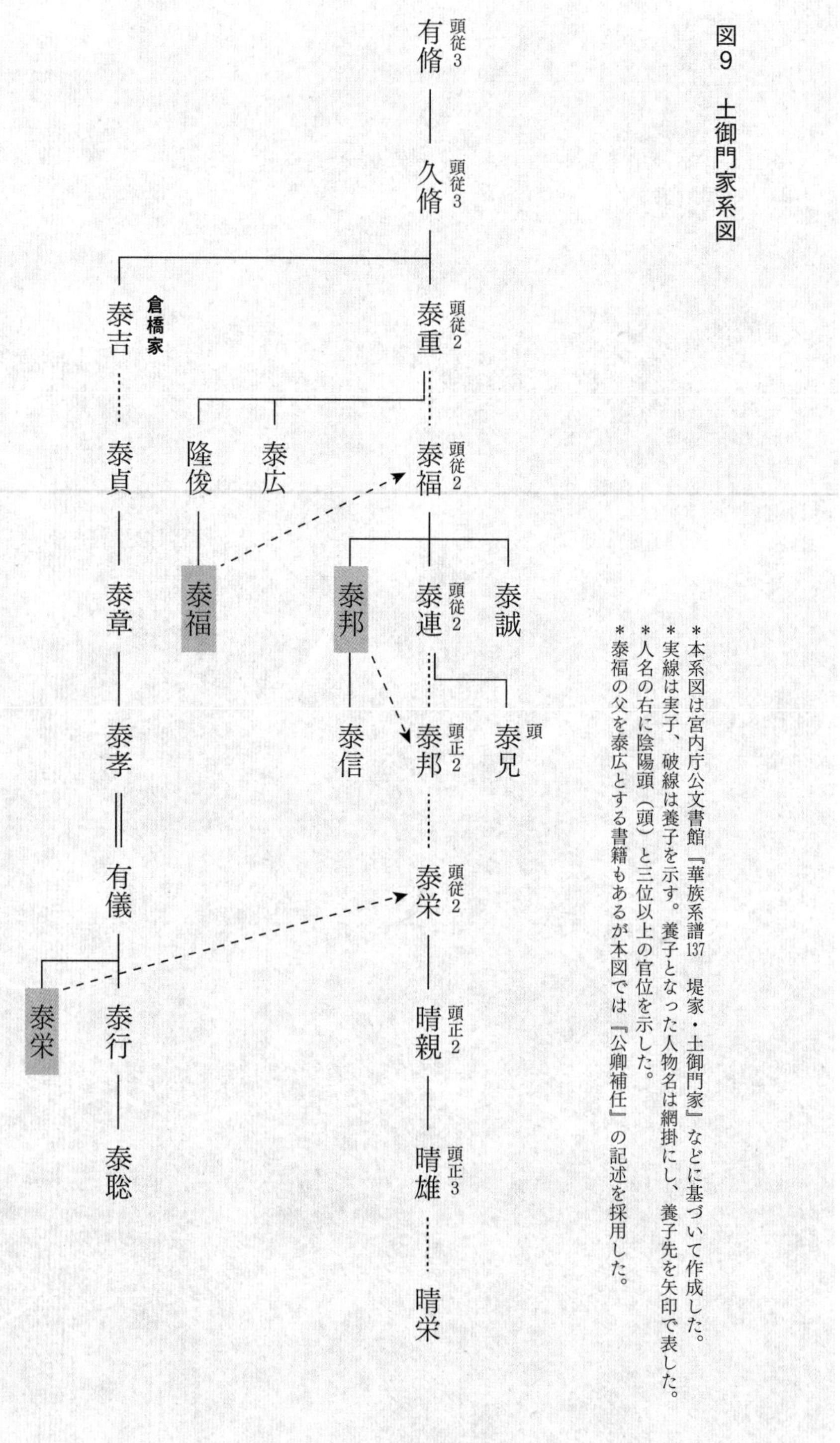

＊本系図は宮内庁公文書館『華族系譜137　堤家・土御門家』などに基づいて作成した。
＊実線は実子、破線は養子を示す。養子となった人物名は網掛にし、養子先を矢印で表した。
＊人名の右に陰陽頭（頭）と三位以上の官位を示した。
＊泰福の父を泰広とする書籍もあるが本図では『公卿補任』の記述を採用した。

（1）天皇・将軍・大名と陰陽道祭

土御門家は戦国時代をとおして家伝の書籍や祭祀用具の多くを失っていた。戦乱の時代が終わり、名田庄から京都に復帰した土御門久脩・泰重父子は、天皇や武家にたいする陰陽道祭の復興と祭祀の再編を試みた。

新たに公武祈禱の頂点に位置付けたのが、天曹地府祭という祭祀であった。天曹地府祭は、安倍晴明が創始した泰山府君祭を部分的に改変し、冥道十二神を祭神とした祭祀である。この祭の名称は鎌倉時代の記録にもあらわれるが、江戸時代には将軍・天皇だけに対して行われる特別な「一代一度の大祭」とされた。

その最初の例は慶長六年（一六〇一）、後陽成天皇の「運命長久」を祈って行われた。さらに二年後には徳川家康の将軍宣下で将軍の安全と長命を祈る天曹地府祭が行われた(60)。以後は天皇・将軍代替わりの恒例行事になった。宮内庁書陵部には、後陽成天皇から孝明天皇に至る天皇即位の天曹地府祭都状と、家康から家茂に至る天曹地府祭都状が残る。幸徳井家が陰陽頭の地位に就いていた時期にも、土御門家当主が家職としてこの行事を行った。

「天曹地府祭御祭典絵図」(63)に見られる大規模な祭場と多くの具官・楽人の参列には、近世最高クラスの祭祀としての荘厳を見てとることができるだろう。江戸時代の陰陽道祭祀は、示威的な「見せる」行事という要素が強い。ただしこれらの祭祀は、内裏ではなく梅小路の土御門邸で行われた祭祀であった。

天曹地府祭に限らず、土御門家は、宮中で節分星奠・巳日祓・名越祓など

60　徳川家康天曹地府祭都状

宮内庁書陵部所蔵　慶長八年（一六〇三）二月一二日

慶長八年二月一二日、徳川家康は征夷大将軍となった。本史料は、同日から修された天曹地府祭の都状である。三か所ある「家康」の署名は自筆。本文二行目の「家康」の下に「六十一歳癸卯」とある。これは通説とされる家康の年齢（この時六二歳。壬寅生）より一歳若い。当時、年の区切には正月一日だけではなく、立春を区切りとする慣例もあった。家康の誕生日天文一一年（一五四二）一二月二六日は立春後だったため、翌卯年生の扱いとされたのである。（遠藤）

四季折々の祈禱や祓を行い、天皇とその家族及び宮中行事（歯固め、髪上げ、親王宣下、楽始め…）の日程を占った。また、こうした祓いの札や占いを将軍に対しても贈り続けた。徳川家康に重用された土御門久脩は、家康の将軍宣下で「身固」という呪法を施し、以後の将軍も踏襲している。毎年正月には将軍家族の年卦を進上し、三月の巳日祓や六月晦日の名越祓の札を家司が毎年江戸城に持参した。

（梅田千尋）

61 伊達政宗泰山府君祭都状案

京都府立京都学・歴彩館所蔵　若杉家文書
慶長二〇年（元和元年〈一六一五〉）二月

62 伊達政宗泰山府君祭都状案

京都府立京都学・歴彩館所蔵　若杉家文書
慶長二〇年（元和元年〈一六一五〉）二月

泰山府君祭は天皇や武家などに対して陰陽師が天下泰平や延命を祈禱する祭祀で、陰陽家安倍氏が得意とした。本史料は「大坂冬の陣」の和議成立後、軍事的緊張が続いていた時期の泰山府君祭都状案で、墨書の「政宗」の文字は願主である政宗の自署になる。62の都状のみ、読み仮名や返り点などが付されている。「殊家康公・秀忠公対二政宗一心中悪心退」の文言からは、政宗に対して危害を加えようという徳川家康・秀忠の悪心を退かせるために願ったことがうかがえる。当時、政宗の長女・五郎八姫は家康の六男・松平忠輝の正室であったため、家康・秀忠は徳川家と縁戚関係にある政宗を警戒していた。その一方で、政宗も徳川家から謀反の疑いなどをかけられる懸念を抱いていたのであろう。このような政治的動機に基づいて作成された政宗の泰山府君祭都状は、日常的な健康や繁栄のために祈禱することが多い陰陽道祭のなかでは他に例がなく、非常に珍しいものである。

（山本）

63 天曹地府祭御祭典絵図 宮内庁書陵部所蔵 江戸時代

天曹地府祭は、将軍宣下・天皇即位の度に七日間かけて行われた近世最大規模の陰陽道祭である。本図は梅小路土御門邸で行われた祭祀の様子を描く。「源義礼」の落款があるが、作者は不明。鈴木星海・百年ら家司を務めた画家との関係も想定すべきか。土御門家当主が「長官」、分家倉橋家が「次官」を務め、家司らが「祠部」、畿内の陰陽師が「具官」として参列した。安倍晴明八百五十年祭など、江戸時代の陰陽道祭祀絵図は幾つか残るが、祭壇の配置や動線を示した略図が大半であり、絵画的描写による本図は稀な例である。（梅田）

（2）陰陽道支配の確立

京都に復帰した土御門久脩・泰重親子は、朝廷陰陽道祭祀の復興に着手した。しかし、彼らの関心は徳川家に近い立場の将軍昵近公家として、或いは天皇・上皇近臣としての地位確立にあり、陰陽道の独占に注力していたわけではない。例えば、泰重は後水尾天皇二条城行幸の際、天皇に供奉するため、反閇という陰陽道呪法の役を幸徳井家に譲った。また、泰重は一時期暦に関する職務を手放し、多忙を理由に陰陽頭を断ったとされる。泰重・泰広の二代、土御門家が陰陽頭に任じられなかった理由には、万里小路事件（およつ御寮人事件）への関与も指摘されるが、こうした陰陽道・暦に対する姿勢も影響したのではないか。そしてこの間、土御門家に替わって陰陽頭の座に就いたのは、賀茂氏庶流の幸徳井家であった。

幸徳井家は、室町期以来興福寺を中心に奈良の諸寺院で日時勘申を行っていた。また、造暦に関する知識も保持していたとされる。幸徳井家は奈良の暦師・声聞師に影響力も持っていた。そのなかには、江戸時代初期には幸徳井家の支配をうける「被官」となっていた者もいた。この他、宮中行事の左義長役を務めた大黒松大夫も、禁裏陰陽師として直接朝廷に奉仕していた（本章2（1）禁裏陰陽師（地下官人陰陽師）参照）。京都周辺だけでもこのように幾つかの自立した陰陽師・陰陽師集団があり、土御門家からは独立した存在であった。

寛文年間（一六六一〜七三）、こうした陰陽師・陰陽師集団と土御門家との間に対立が発生した。奈良では、土御門家が幸徳井被官の声聞師に烏帽子免許を与えたことから争論となった。また、寛文七年（一六六七）には「大黒」が関東の陰陽師に対して私的に免許を発行するという出来事も起こった。これらの事件は、寛文五年の「諸社禰宜神主法度」の影響で起こったと考えられる。公家の吉田家が全国の神職に免許を発給し、それを宗教者支配として法制化したものである。宗教者に特定の公家や寺社が免許を与える本所制度の確立であり、全ての宗教者が、幕府が公認する機関に帰属することを求める、幕府の宗教者政策が民間宗教者にも波及しはじめた。

その後も南都（奈良）の陰陽師の支配をめぐる土御門家と幸徳井家との争論は継続した。土御門家は朝廷内の訴訟によって事態の収拾を図ったが、決定的な解決には至らなかった。情勢が変化したのは天和二年（一六八二）、対抗していた幸徳井友傳が夭折したことがきっかけであった。翌年土御門泰福は陰陽道支配の霊元天皇綸旨（64）と将軍朱印状（65）を獲得し、全国の民間宗教者に陰陽師としての免許（許状）授与を開始した。陰陽師たちは土御門家に献金し、呼び名・装束や営業に関する許状を得て、その支配下に属することになった。南都の声聞師も、以降は土御門家の支配に属した。土御門家が陰陽道本所としての地位を確立したのである。これが可能になったのは、土御門泰福が、渋川春海と親交を結び、保科正之ら当時の幕閣らの支援を得て改暦の準備を進めていたことによる（第Ⅲ部第二章1近世の改暦　参照）。土御門家による陰陽道支配は、頒暦制度確立と同時に、幕府政策の一環として推進されたのである。

（梅田千尋）

64　霊元天皇綸旨

宮内庁書陵部所蔵　天和三年（一六八三）

霊元天皇が土御門泰福に陰陽道支配を認めた綸旨。「安家」は安倍＝土御門家を指し、発給者は蔵人頭中山篤親。天和二年、幸徳井友傳が死去し、泰福が陰陽頭に就任した。その翌年、土御門家の「陰陽道支配」を認めたものである。背景には貞享改暦に向けた幕府の支持があった。朝廷にとっても、綸旨に基づく諸国の陰陽師支配実現は、朝廷再興を示すものと捉えられた。当時の綱吉政権は朝廷儀礼復興に積極的であり、大嘗祭復興・貞享改暦とならぶ朝幕協調の成果となった。（梅田）

65　徳川綱吉朱印状

宮内庁書陵部所蔵　天和三年（一六八三）

霊元天皇綸旨（64）に基づく「諸国陰陽師之支配」の「勅許」を承けて、「家伝の祈禱」を土御門家の公儀役として認めた将軍綱吉朱印状。以後家茂まで、将軍の代替わりごとに朱印状が発給された。家宣以降は、「諸国陰陽師支配事并家伝之祈禱…」という文言となった。この時期、幕府は神職や民間宗教者に対する組織化・統制を強化していた。修験道や神道については「法度」によって支配を法制化した。土御門家においてはこの朱印状が、陰陽道を支配し、宗教者支配の拠り所となる文書であった。（梅田）

陰陽頭江戸へ行く

陰陽師は、江戸城にも現れた。

江戸時代の将軍は、天皇もしくは天皇の使者（勅使）から将軍宣下を受けて新将軍に就任した。その宣下を受ける儀式の直前に、新将軍を護持する「身固」を行うのが、土御門家当主の役割であった。

身固は、陰陽師が直接将軍に対面して行うまじないである。本来専用の短刀を用いて依頼者の掌の上で九字や呪符を描く護身呪法で、朝廷では天皇・上皇の行幸に臨んで用い、病気祈禱としても身固を行うことがあった。

徳川将軍家にたいしては、家康の将軍宣下での勤仕が先例となった。具体的な作法については、正保二年（一六四五）家綱が元服した時の記事が手がかりになる。この時は、将軍が当時一一歳と年少であったため、将軍「御前」に参上して将軍の手の内と御衣に身固を施すという前例を踏襲できず、代わりに衣裳の直垂に呪法を行ったという。江戸城での将軍宣下には、天皇の名代である勅使や、装束を整える衣紋道の高倉家など多くの公家が江戸城に向かったが、そのなかでも将軍に最も接近した異色の役割といえるだろう。身固勤仕に対しては、礼金と賄い料（旅費）が幕府から支給された。また、幸徳井家が陰陽頭を務めていた時期にも、身固は土御門家当主が行っており、天曹地府祭と同じく土御門家の家職と見なされていたようである。

土御門家にとっては、江戸城での儀礼だけでなく、江戸への旅そのものに重要な意味があった。途中の旅宿では各地の触頭ら陰陽師たちが土御門家当主を出迎え、挨拶し、祝儀や土産を持参した。地方の陰陽師を視察し、かれらとの結束を確認する機会でもあった。享保年間（一七一六〜三六）、吉宗と家重の将軍宣下で身固を行った土御門泰連は、東海道沿いの宿駅で陰陽師が待ち受けていた様子や江戸での天文方との交渉を日記に残した（表1）。

表1　土御門泰連享保10年の旅程と面会者

3月24日	京都発石部泊	
3月25日	関泊	水口で陰陽師からドジョウと鴨を贈られる
3月26日	四日市泊	
3月27日	知立（池鯉鮒）泊	桑名で陰陽師7人から金銭を贈られる。生鯛貰う。江尻の陰陽師が会いに来たが不埒があったので追い返した
3月28日	吉田泊	陰陽師が酒と肴を持参
3月29日	浜松泊	
4月1日	島田泊	
4月2日	江尻泊	江尻の陰陽師2人から草花・干鯛・田中三年酢贈られる。岡村伊勢組8人の陰陽師から干鯛贈られ、彼らを供として浅間神社参詣　別の陰陽師からは安倍茶2袋
4月3日	三島泊	
4月4日	大磯泊	
4月5日	川崎泊	陰陽師触頭菊川権頭出迎え
4月6日	江戸到着	陰陽師出迎え、相州陰陽師3人先供
4月9日		若君元服・将軍宣下、身固務める
4月11日		江戸城で能見物、天文方来る
4月16日	江戸発川崎泊	陰陽師4人が輿を守り、見送りの5人と共に旅装。老人は品川観音堂前までで帰る
4月17日	小田原泊	
4月18日	沼津泊	三島で陰陽師4人、沼津で2人に面会
4月19日	江尻泊	
4月20日	島田泊	府中と藤枝で陰陽師たちが来る
4月21日	島田泊	
4月22日	浜松泊	
4月23日	岡崎泊	高倉永福死去の知らせを受けて帰路を急ぐ
4月24日	桑名泊	（日記ここまで）

また、土御門泰邦は江戸への旅を軽妙な筆致で随筆「東行話説」に描き、安倍川餅など道中の名物を評価した。ここでは、江戸での儀礼や幕府役人との対面を詳細な図面で残した土御門晴雄による嘉永六年（一八五三）徳川家定将軍宣下の記録を紹介する（66）。（梅田）

※本項は京都女子大学文学部史学科での日本史入門演習（二〇二一－二二年度）の成果である。

66 関東参向記（江戸城身固図）

京都府立京都学・歴彩館所蔵　若杉家文書

嘉永六年（一八五三）

土御門晴雄の江戸参向日記。嘉永六年一一月二四日、晴雄は将軍宣下を控えた徳川家定に「身固」という護身の呪術を施した。図は、身固の儀式前後の晴雄の動線を示し、老中・高家が見守る中、白書院上段の間に座す家定（大樹公）の間近まで近づく様子が描かれている。同日記には幕府役人の上使や高家との交渉も詳しく、晴雄は、彼らの無礼や江戸城内で提供された弁当の粗末さ、他の公家との待遇差への不平も記す。（梅田）

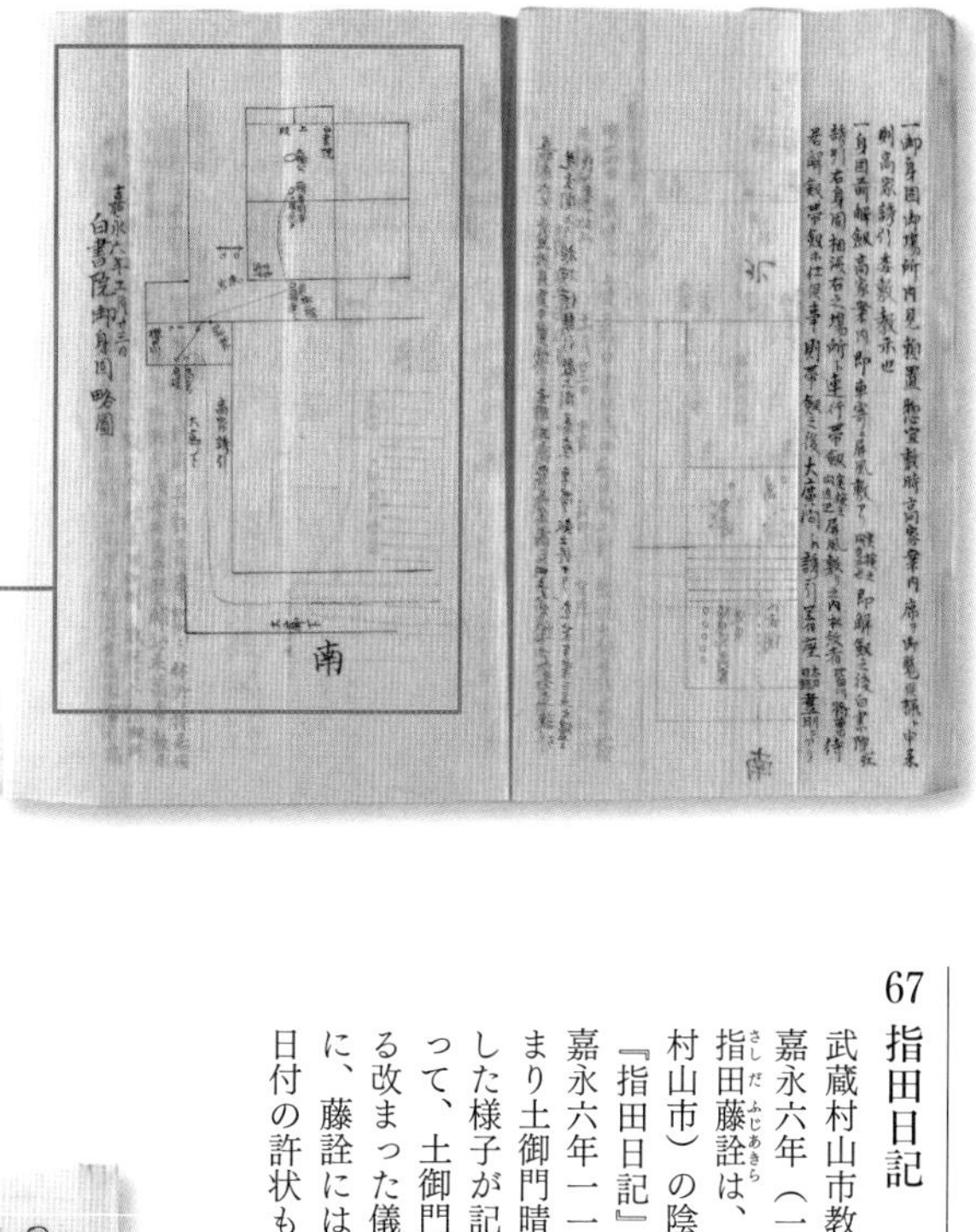

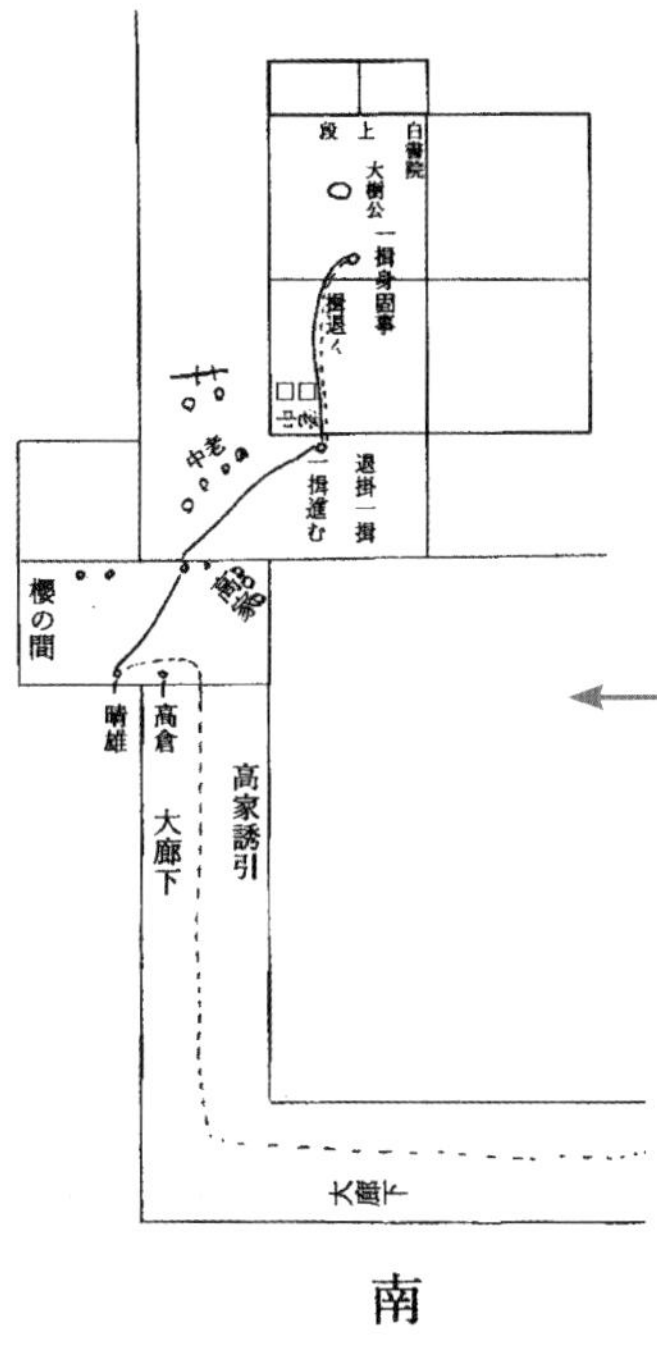

67 指田日記

武蔵村山市教育委員会所蔵

嘉永六年（一八五三）

指田藤詮は、武蔵国多摩郡中藤村（現東京都武蔵村山市）の陰陽師で、天保五年～明治三年の日記『指田日記』（一八三四～七〇）を残した。その嘉永六年一一月二四日の記事には、「御本所様」つまり土御門晴雄に江戸周辺の配下一同が御目見えした様子が記される。江戸周辺の陰陽師たちにとって、土御門家当主下向は、組織の紐帯を確認する改まった儀式の場でもあった。この対面を機会に、藤詮には「摂津正」の名乗りが認められ、同日付の許状も残る。（梅田）

（3）陰陽道本所という場所

ここでは、江戸時代の土御門家屋敷という場所に注目したい。

土御門家は、京都南西郊外の梅小路村に屋敷地を構えていた（図10・11）。梅小路村は、村高三四七石、公家六家の相給であった。土御門家の所領の一つであり、持高約一八〇石のうち八六石をこの村に領していた。

江戸時代、公家の屋敷は公家町と呼ばれる御所周辺の区画に集められていた（現在の京都御苑）。公家町では家格に応じて屋敷の規模が定まっていた。公家町の外に住んでいたのは吉田家（吉田神社）など数家であったが、土御門家は公家町からの遠さでも屋敷の広さでも例外的であった。

土御門家も、元々は公家町に屋敷を持っており、所領梅小路村の用地は陰陽道祭など臨時の利用だったと思われる。貞享改暦の頃、梅小路村が観測場となり、貞享三年（一六八六）の「京大絵図」では梅小路に「土御門殿」と屋敷が描かれる。宝暦期（一七五一～六四）には菩提寺梅林寺も建立し、この頃から梅小路村の邸を本格的に拠点としたようである。土御門邸の規模は公家町内でいえば摂家レベルに匹敵し、公家町から離れることで、公家社会の序列にしばられない空間を実現した。

土御門家は梅小路村の領主の一つでもあったから、いわば在地領主的存在でもあった。町場から離れた近郊農村にあって堀に囲まれ塀をめぐらした屋敷、そして盛り土の上にそびえた天文台は人目を引いたことだろう。そして、この屋敷は他にも特徴的な機能と施設をもっていた。明治三年の絵図（68）を手がかりに、屋敷内の構造を紹介しよう。

①天文台：邸内には、「天文台」が設けられていた。貞享改暦・宝暦改暦では、ここで天体観測が行われていた。幕末期の記録では「権殿」で観測を行ったという記述もあるが、神殿である権殿がなぜ観測の場となりえたのかは不明である。

②神殿・陰陽道祭祭場：「祭場図」に見られるように、広大な敷地で、陰陽師たち・楽人・僧侶らが参加する安倍晴明霊社祭や天曹地府祭が催行されていた。本殿には「晴明社」「天社」が祀られていたとされる。安倍晴明八百五十年祭では、神宝の開帳も行われ、多くの見物客が訪れた。

③陰陽道本所役所：屋敷内は土御門家当主・家族の私的空間と、家司たちが執務を行う役所空間に分かれていた。「長屋」とされる空間には、改暦測量で土御門家に招集された門人や暦師が滞在することもあった。

④家塾斉政館：寛政一二年（一八〇〇）以来、土御門家家塾として、暦算・陰陽道の講義・出版活動などが行われた（詳細は一〇一頁）。現在、屋敷跡とその周辺には、浄土真宗円光寺の渾天儀台座・西山浄土宗梅林寺（土御門家菩提寺）の土御門家墓所（原則非公開）・稲住神社などが残る。梅林寺には、土御門家の人々が寄進した什物類が伝わる。そのなかには、土御門家の家司たち（三上・山田・皆川）と西七条・梅小路村檀家中が寄進者として名を連ねた嘉永七年（一八五四）の涅槃図も残る。村の人々と陰陽道役所の人々の交流の証であろう。

（梅田千尋）

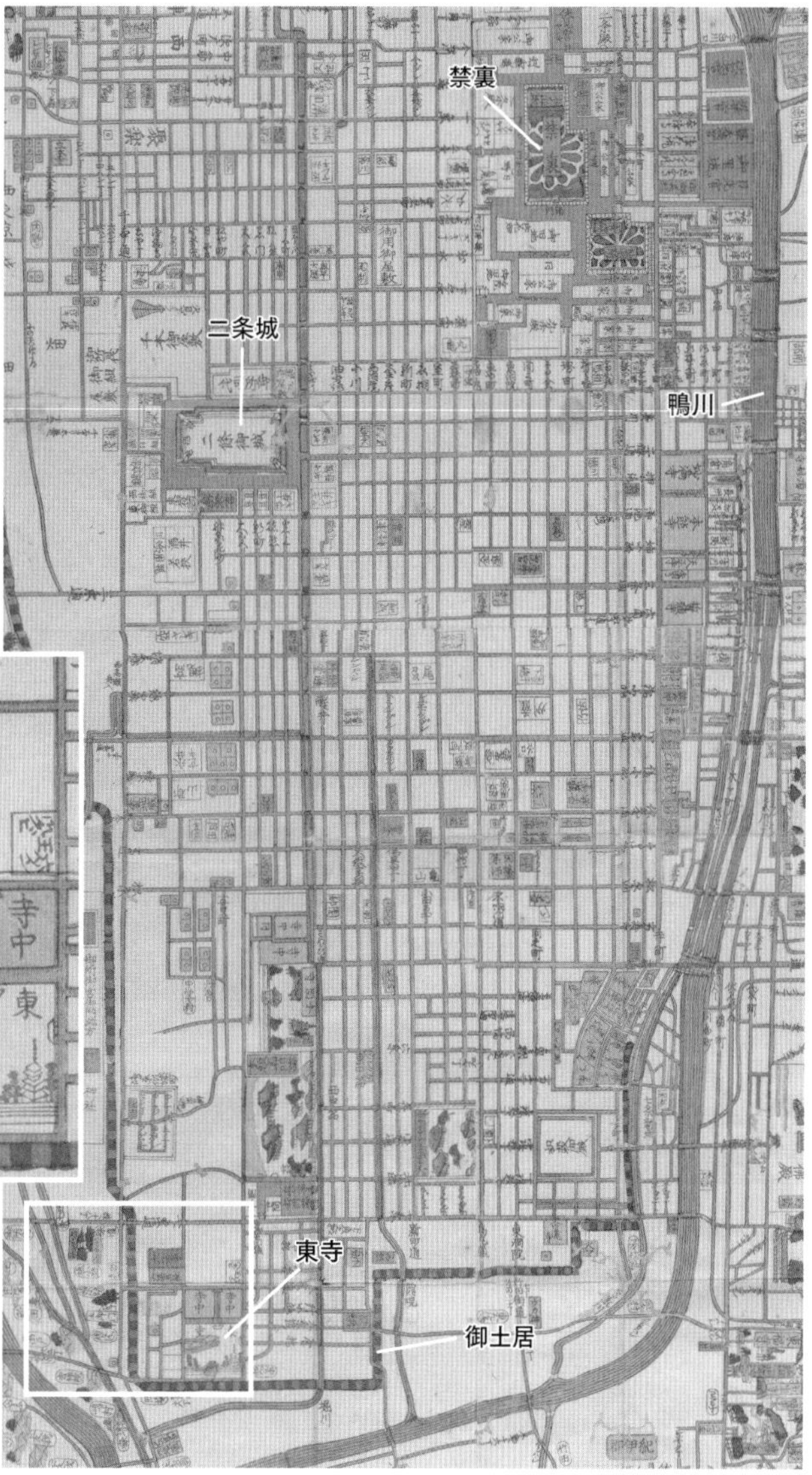

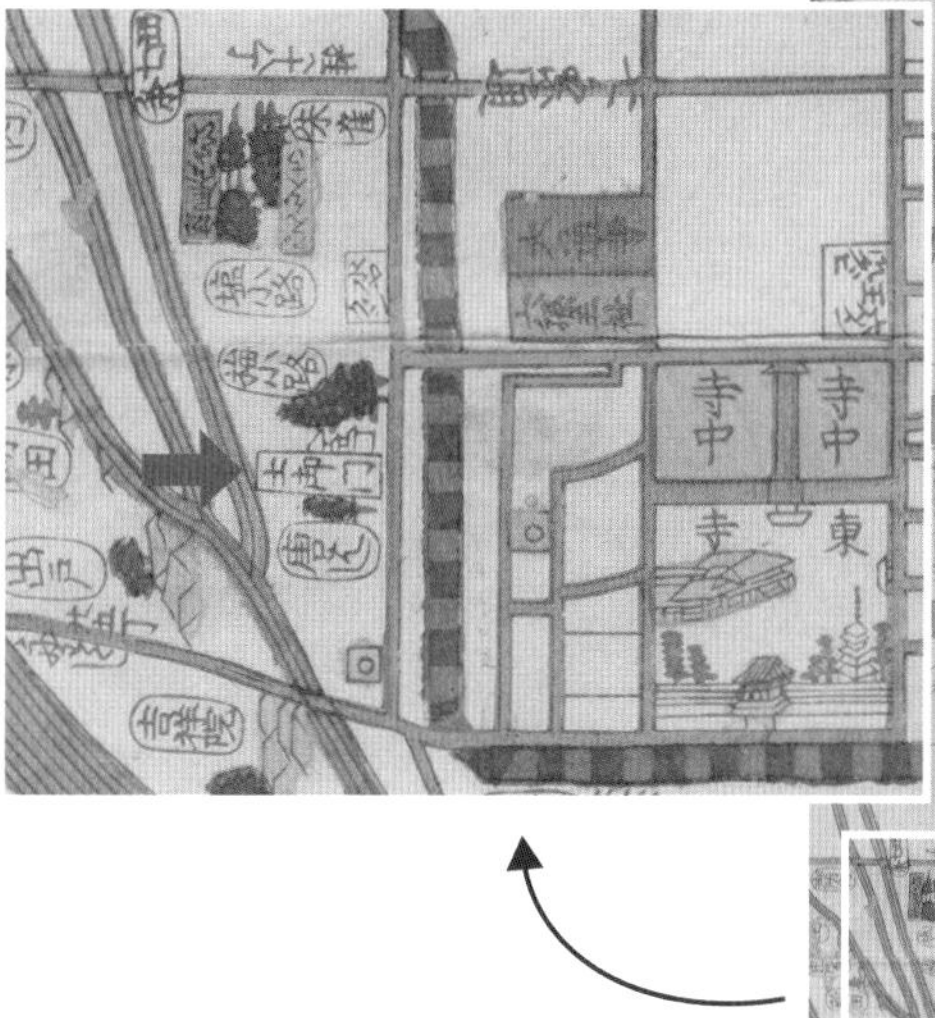

図10　「文久改正新増細見京絵図大全」
（文久3年、国立国会図書館デジタルコレクション）

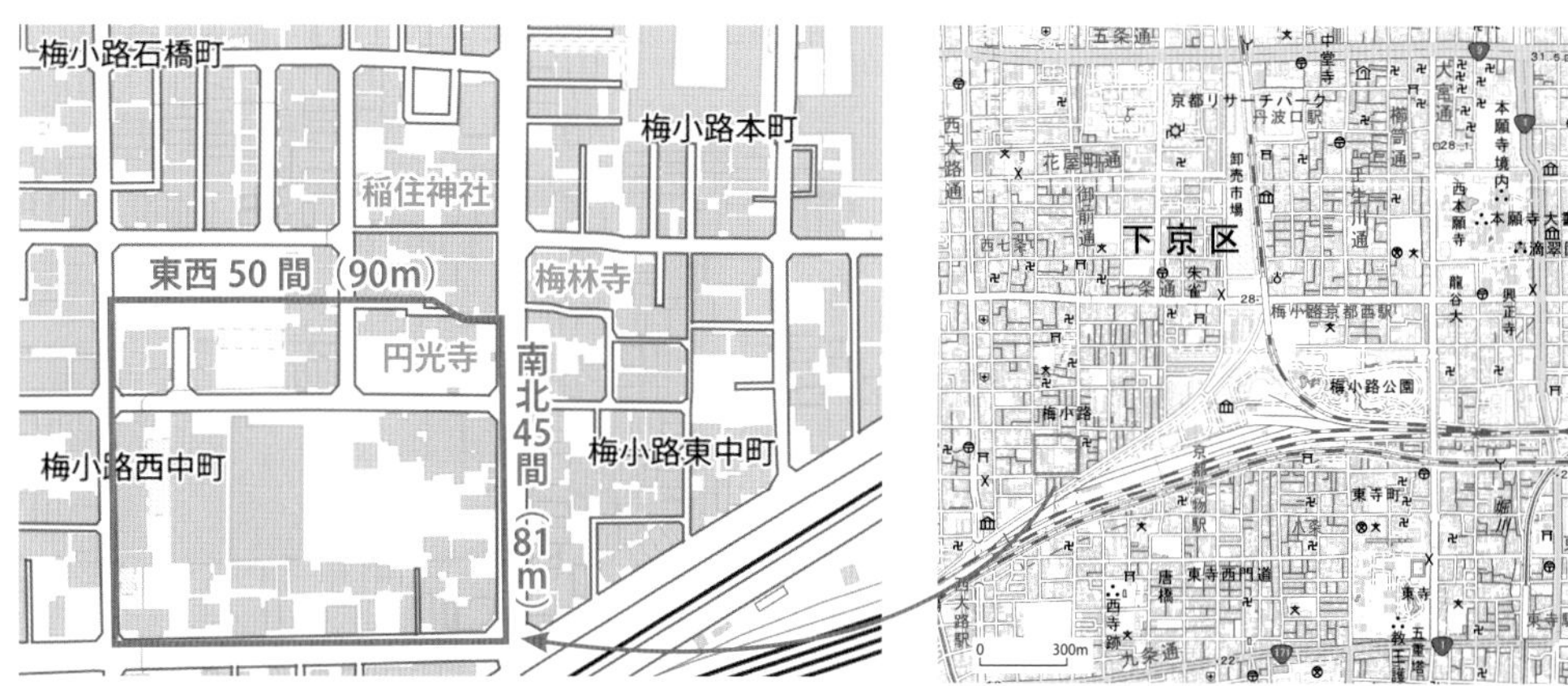

図11　土御門家跡想定エリア（左）と現在の梅小路周辺（右）

梅林寺に残る手水石。土御門家の崇敬者「福寿講」の寄進。

梅林寺の圭表台石。側面に「寛延四年五月」「安倍泰邦製」と刻まれている。

土御門殿菩提所であることを示す梅林寺の木札。

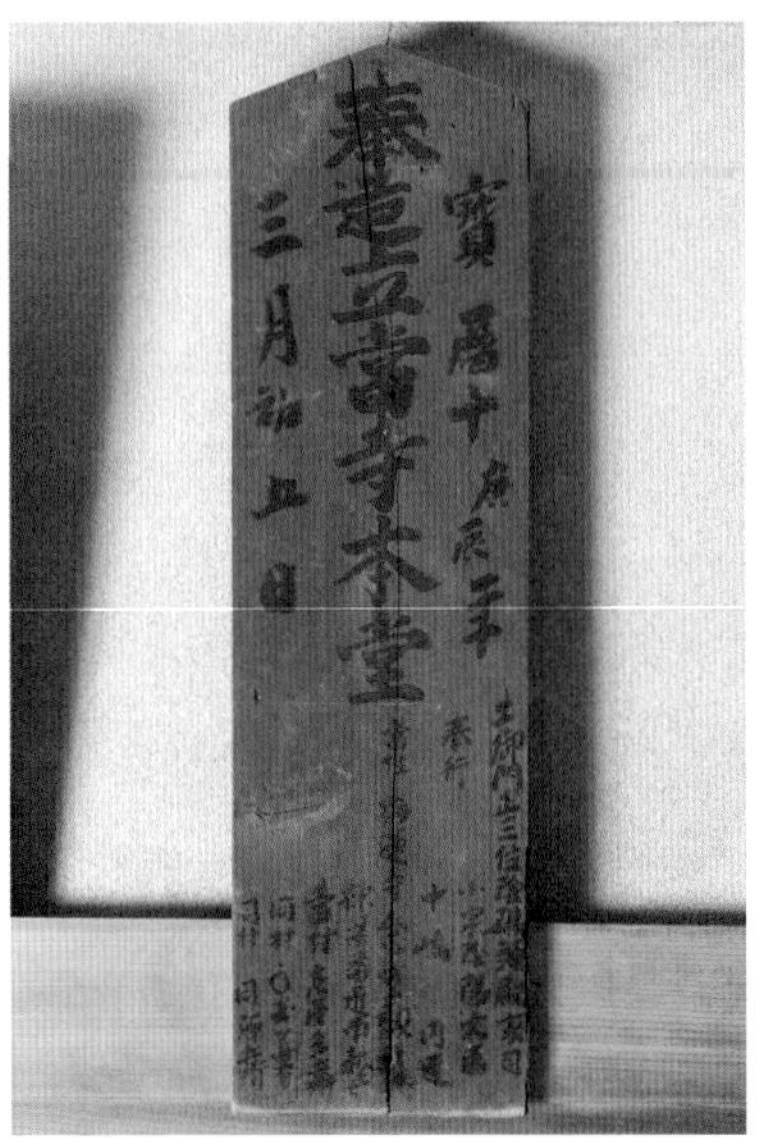
宝暦10年（1760）、梅林寺庫裏建立時の棟札。土御門陰陽頭殿家司小泉陰陽大属・中嶋内匠の名が見える。

円光寺に残る渾天儀台座。元は「天文台」上に在ったと思われる。

円光寺および土御門家屋敷跡付近の現況。

68
土御門家屋敷図

個人蔵（京都市歴史資料館寄託）　明治三年（一八七〇）

明治三年に作成された土御門家の屋敷図。東西五〇間、南北四五間（約九〇×八一m）という広大な屋敷が、現在の京都市下京区梅小路公園の西側付近にあった。御所周辺の公家町にあった同格の公家屋敷と比較すると例外的に広く、複雑な構造である。梅小路村は公家六家の相給だったが土御門家の所領もあり、地域では独特の存在感を示していた。天文台・祭場の区域はそれぞれ区切られ、屋敷の表門とは別に直接入り口の門が設けられている。本図面は土御門家門人でもあった東寺大工が作成した。（梅田）

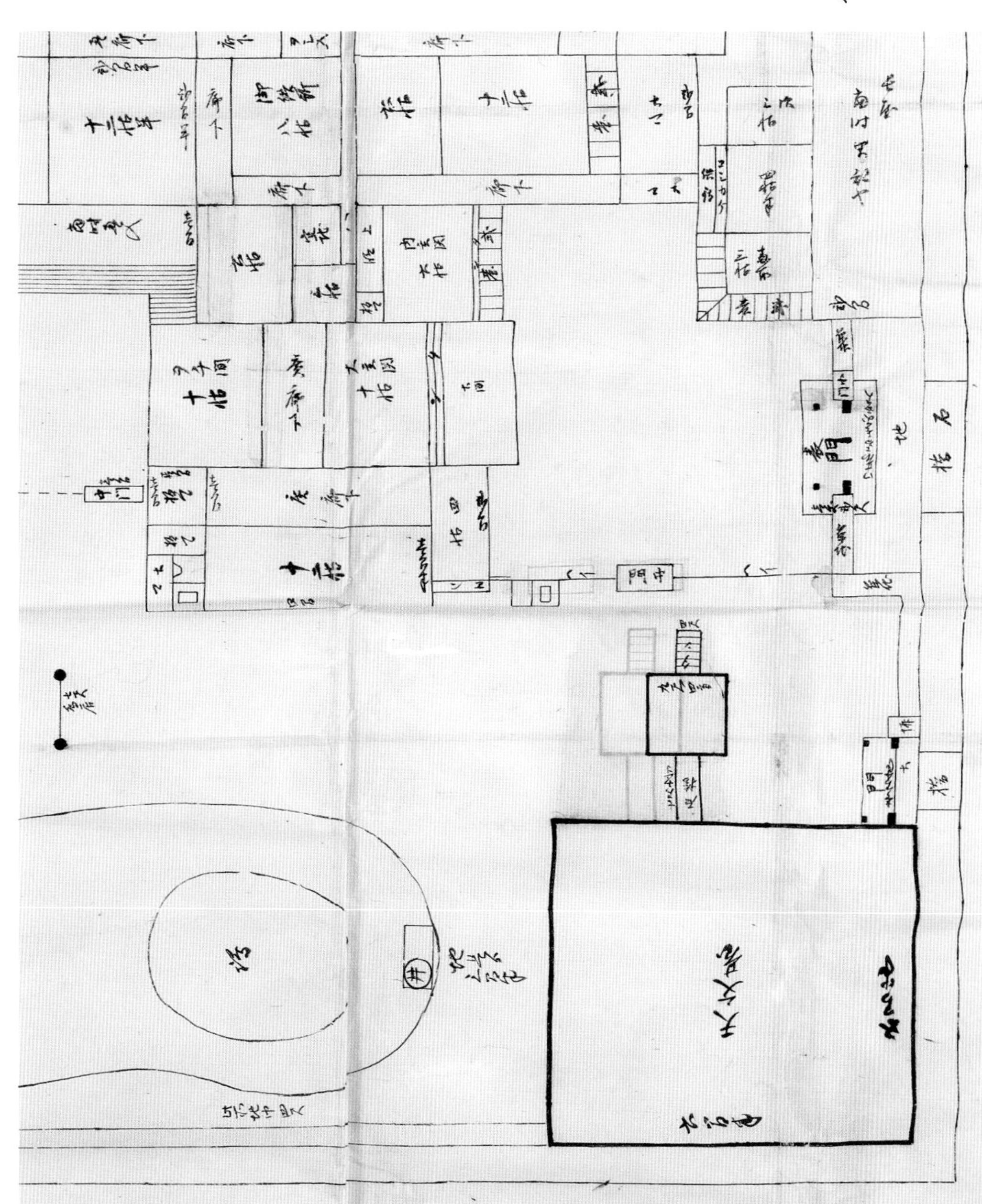

部分　※全体は次頁参照

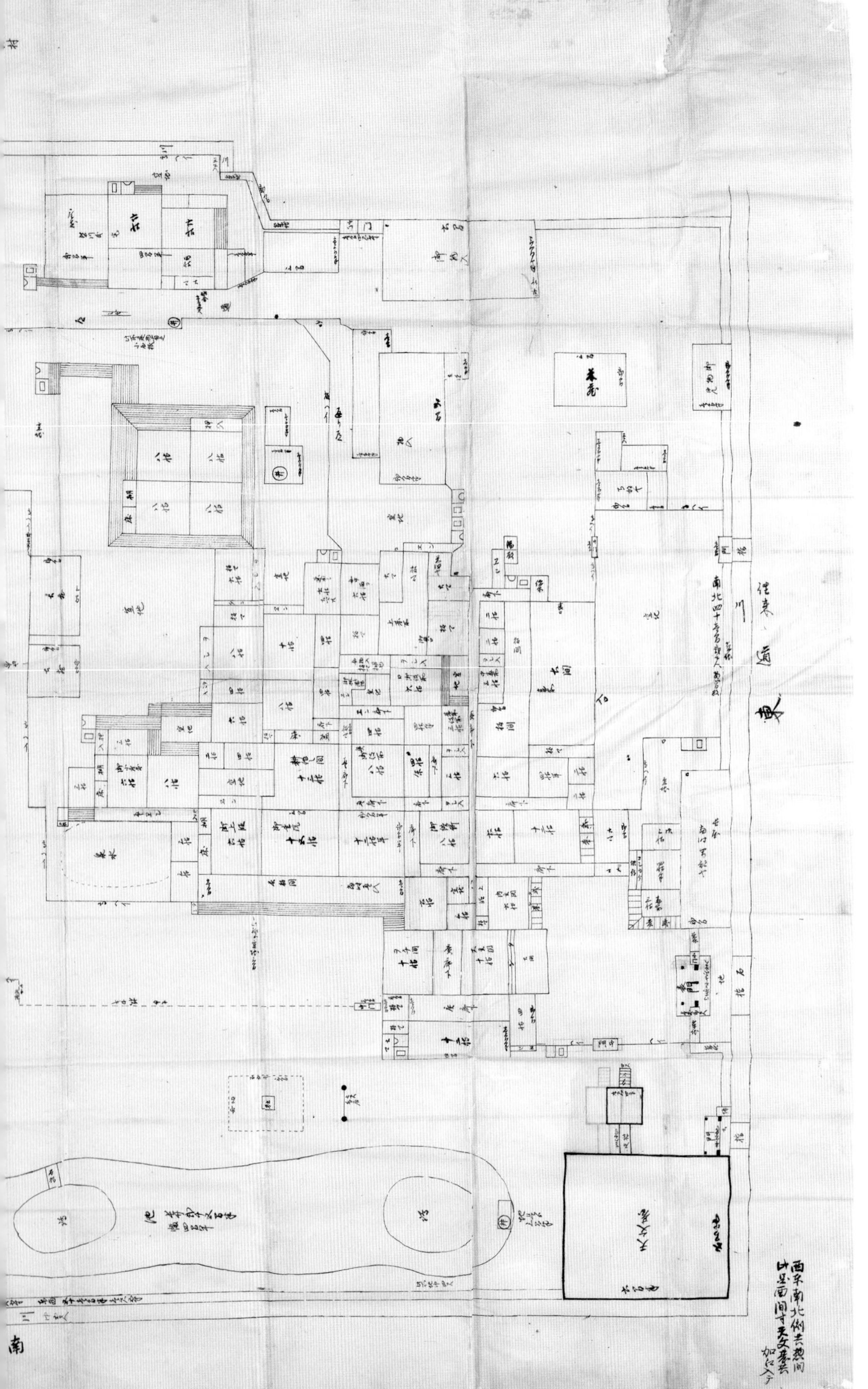

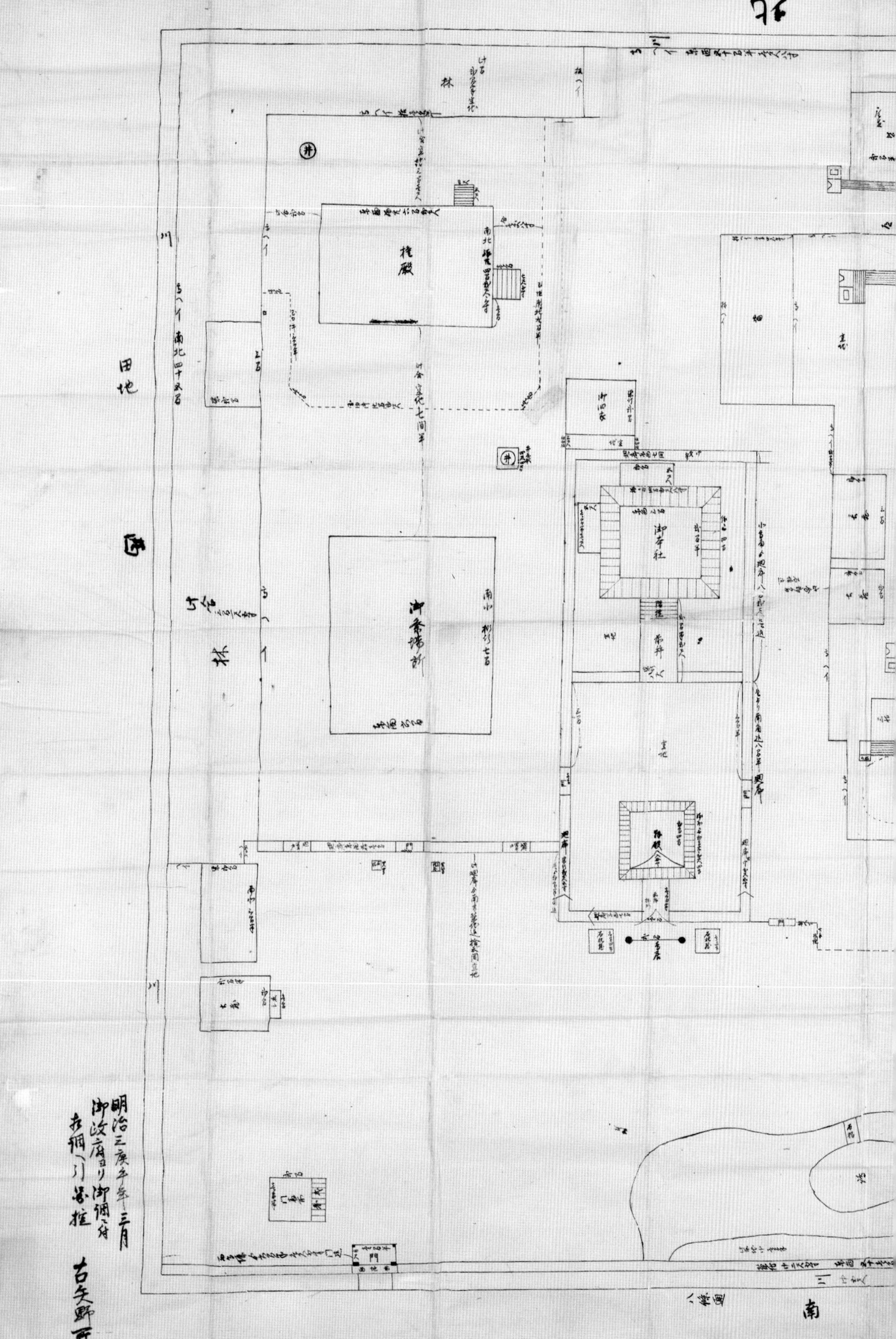
北
田地
林
権殿
御本社
御斎場所
南
明治三庚午年三月

69 蛍火武威丸

京都府立京都学・歴彩館所蔵　若杉家文書
江戸時代

土御門家が陰陽道組織を通して頒布した「蛍火武威丸」（別名「蛍火昌運丸」）は、薬と御守双方の性格をもつ「仙薬」である。実物の残存は珍しいが、宮城県大崎市岩出山の土御門家門人資料にも発見例がある。紅い三角布の中には丸薬が入り、「左肘に懸け」ると健康・延命そして商売繁盛・出世・武運などの効を得るという。特徴的な形は、中国宋代の『太平広記』に載る、戦陣で矢除けの効能を示した薬の形態を踏襲する。日本では『和漢三才図会』などで紹介された。

（梅田）

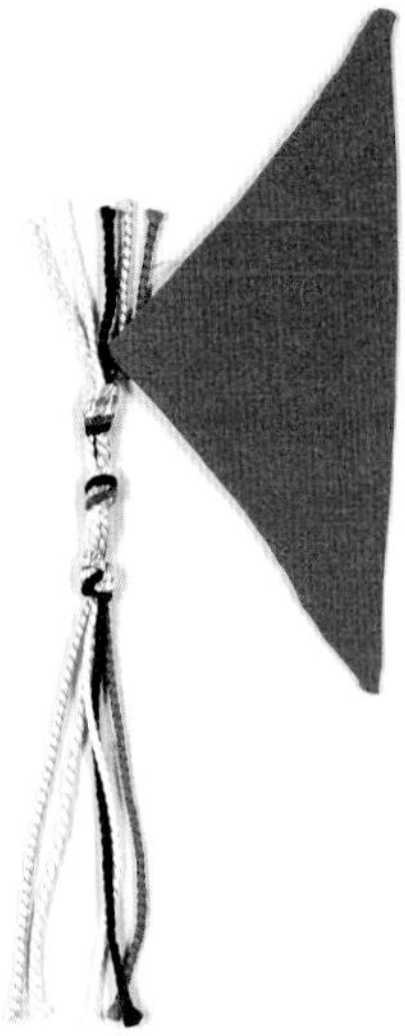

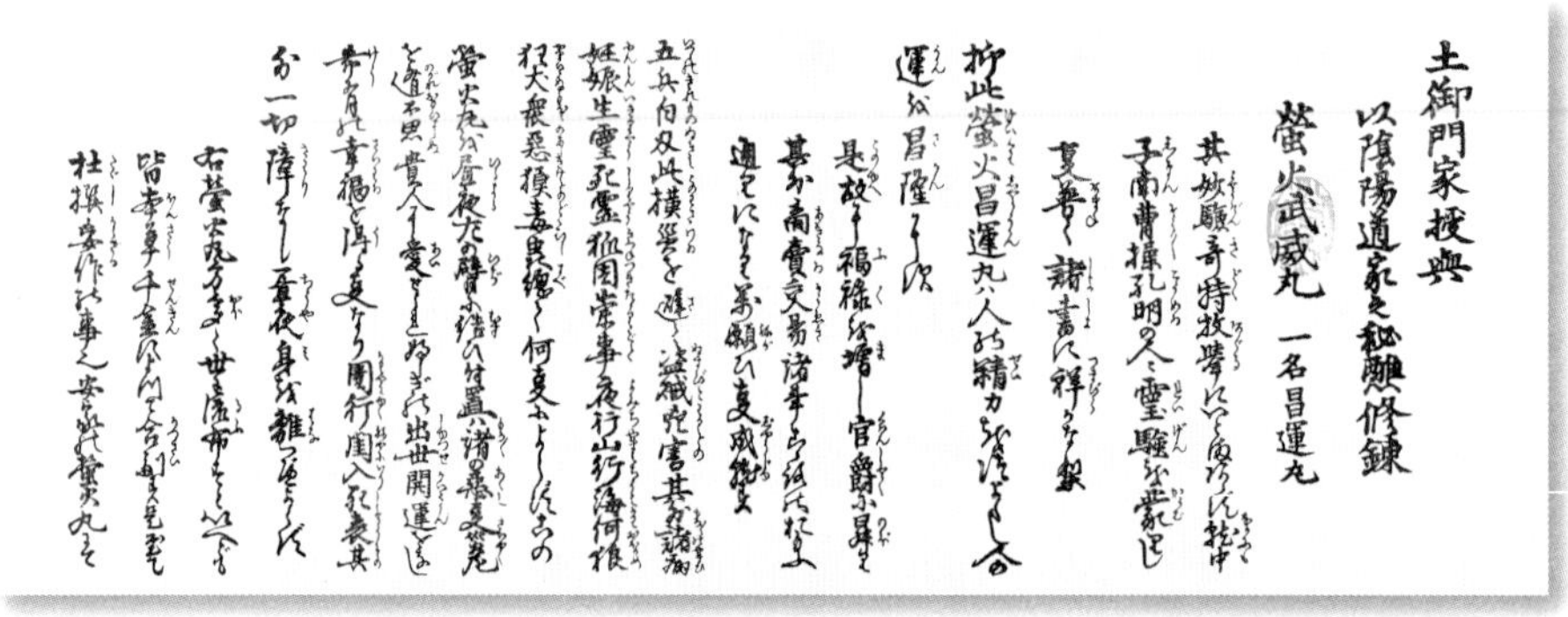
土御門家授與
以陰陽道家之秘醮修錬
螢火武威丸　一名昌運丸

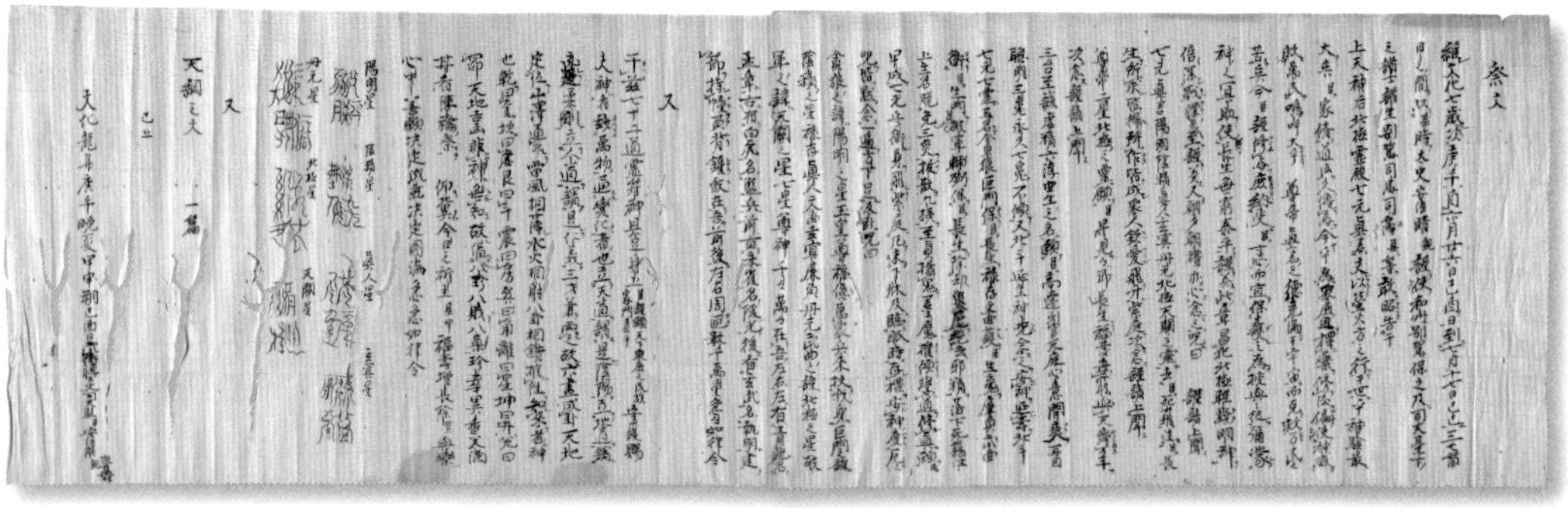

70 蛍火丸修法祭文

京都府立京都学・歴彩館所蔵
若杉家文書
文化七年（一八一〇）

「蛍火丸」の製造にあたって土御門家では二一日間の陰陽道祭を行った。本史料は文化七年六月二六日〜七月一七日の「秘醮修錬」での祭文である。地方に赴いた土御門家の役人は、数百枚の「蛍火丸」を持参し配布したという。効能書では「蛍火丸は多く世に流布するが、いずれも杜撰な合剤である。安家（土御門家）の蛍火丸は秘籙による修練を経た真正なもので天社泰山壇に参籠して、斎戒精進して日時方角を考え、陰陽道家の秘宝を勤修したもの」と謳った。

（梅田）

家塾・斉政館の活動

寛政一〇年（一七九八）の寛政改暦では、新たに幕府天文方に取立てられた髙橋至時ら、洋学知識を受容した学者が主役となった。この時期、天文方は土御門家を上回る観測技術・天文学知識を持っていた。以後、土御門家の造暦業務への関与は縮小することになった。

寛政一二年（一八〇〇）一一月七日の冬至の日、土御門泰栄は「当家の神道・天文暦道・易占・諸相選択以下陰陽道之諸術」を門下に伝授する「学館」を開講した。家塾斉政館である。

土御門家家塾斉政館では、暦算・陰陽道の講義・出版活動などが行われた。梅小路土御門邸が市中から離れていたため、文化年間には洛中の四条堺町の皆川村吉宅に「稽古所」を設け、月三度の例会を開いていた。

【斉政館の人物】

以下、学頭・都講として斉政館で活動した人物について紹介する。

小嶋濤山（好謙）：文政一三年（一八三〇）の文政京都地震の後『地震考』を著して、自然現象としての地震の特性を説き、不穏な世情を収めようとした。また、『仏国暦象弁妄』を著し、梵暦運動に対抗した。

鈴木世孝（星海）：暦学者・儒家また文人画家としても知られる。子の鈴木百年は土御門家に仕えつつ画壇でも活躍し、鈴木派の祖となった。なお、孫の鈴木松年は明治期に京都府画学校で教授を務め京都画壇の大家と呼ばれた。

皆川亀年：暦算に詳しく、土御門家家司として観測を支えた。娘は土御門晴親の妻となり、晴雄の母となった。

小出脩喜：徳島藩士。天文方に入門。「ラランデ暦書」翻訳を手がけた。和算家として、多数の弟子を抱えた。暦法修学のため土御門家に入門し、数学者への免許制度を提案した。

福田理軒：幕末期の最後の学頭の一人。明治維新後東京に移り、洋算学校の順天堂（現・順天学園）を開校した。

【斉政館が出版に関わった書籍】

斉政館では、暦学・易占に関わる書籍を中心に出版活動も行われた。現在判明している関連書籍は表2の通りである。（梅田）

表2　土御門家塾斉政館関係書籍（水野2009、梅田2016）

書名	原撰著者	訳者・校閲者	序跋	出版年	西暦
大学解	明 郝敬撰	日本 三浦邦彦校	序：中野煥季	文化4年	1807
『陰陽五要奇書』（『郭氏元経』、『璇璣経』）	『陰陽五要奇書』明 江孟隆・編 清 顧鶴庭・重編（乾隆55年）	安倍晴親撰	五要奇書序：安倍晴親撰	文化10年	1813
陰陽方位便覧	森重勝纂輯	森重固校、波華 吉田徳謙閲	①方位便覧序（菊坡安倍晴親）、②附言（森重勝謹識）、③跋（吉田徳謙撰）	文化11年	1814
年中局方便覧図	吉田徳謙	（不明）	（不明）	文化14年	1817
暦学疑問	清 梅文鼎撰	陰陽頭 安倍朝臣晴親閲、小島好謙 鈴木世孝 校	序：菅原長親、序：清原宣明	文政3年	1820
星図歩天歌	隋 丹元子撰	小島好謙 鈴木世孝校	序：安倍朝臣晴親誌、跋：小島好謙、鈴木世孝謹識	文政7年	1824
積善児訓	小沢正時伯史撰		序：柴田武修識	弘化4年	1847
陰陽方位便覧	白井為賀纂輯	（白井）男 為政校、福田復徳本閲	序：金塘福田復徳本撰、序：方鑒輯要自叙（白井為賀撰）	嘉永7年	1854

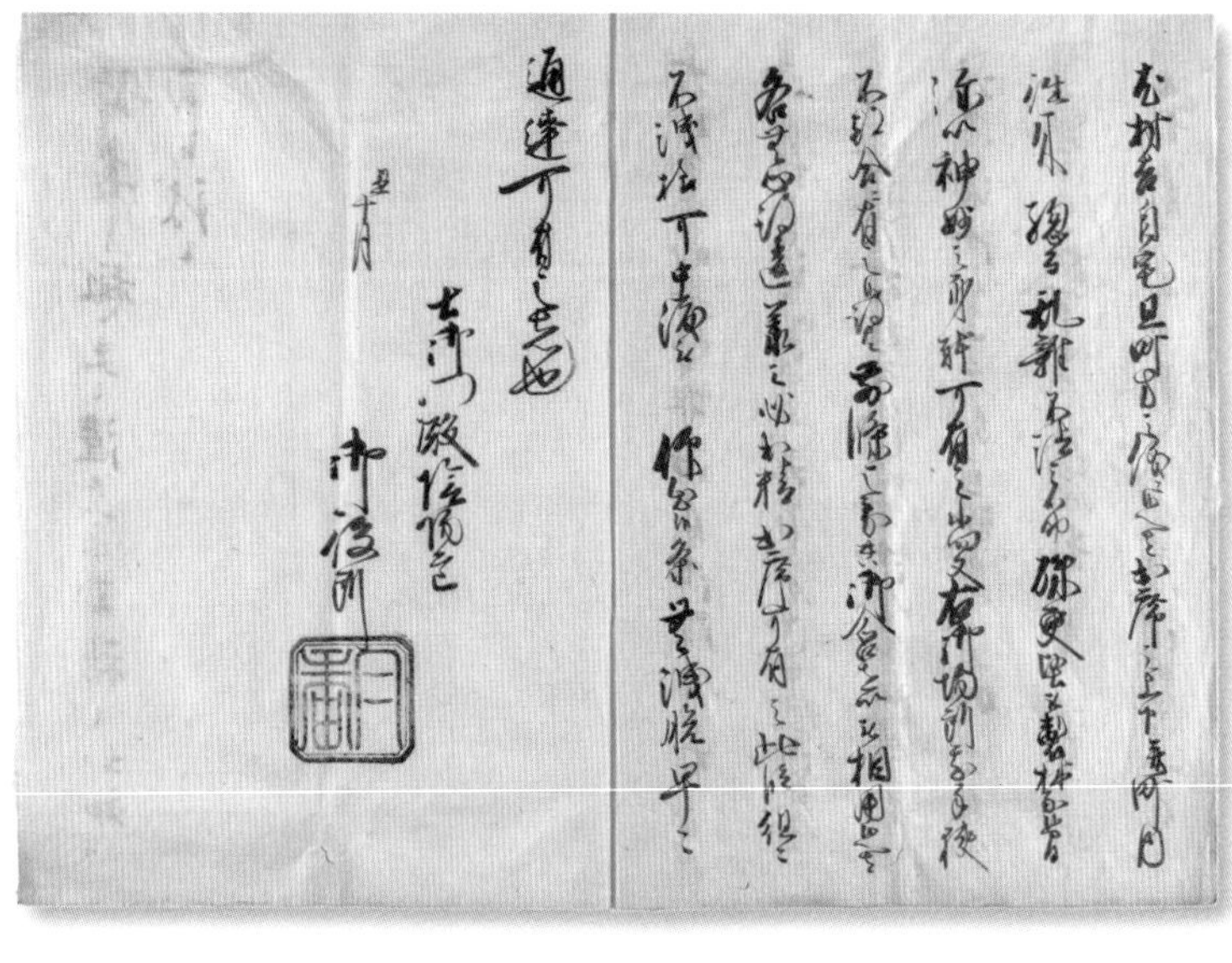

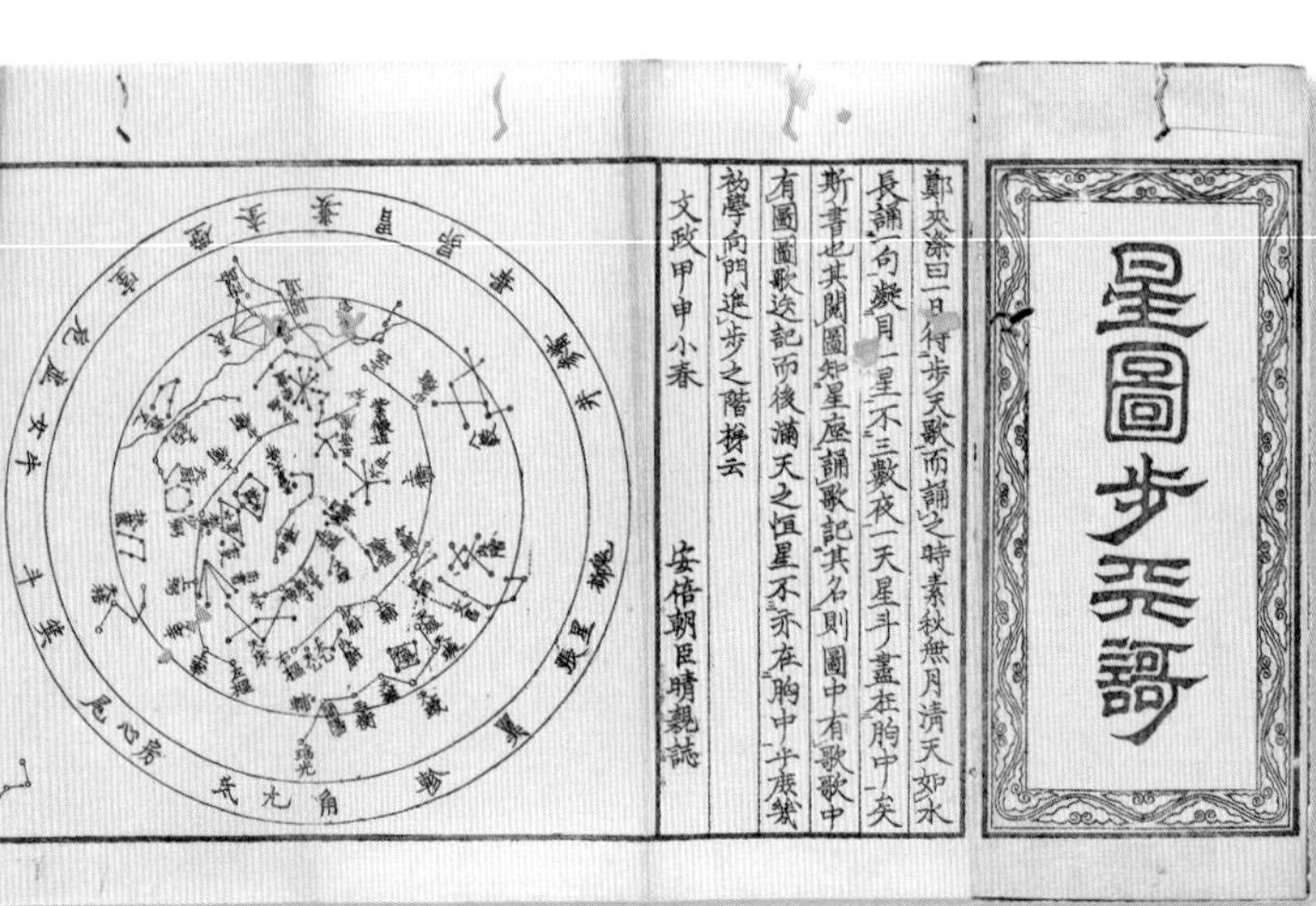

71 土御門御役所通達　京都府立京都学・歴彩館所蔵　若杉家文書　江戸時代

土御門家役所から京都近辺の配下陰陽師に伝達された告知文である。年代は文化一四年（一八一七）か。「御本館稽古所」である斉政館への出席を再三指示してきたが、市中から離れて不便であったため、四条堺町でも開講するという通知。元々土御門家は「堺町」にも家を借りていたといい、それを転用したのであろう。皆川村吉は父栄成の代から土御門家に仕え、弟亀年とともに暦算に詳しく土御門家の暦学を支えた。文化・文政期（一八〇四～三〇）、この稽古所では易占の実習会や暦書の会読など月三度の例会が開かれた。【→二九八頁に翻刻】（梅田）

72 星図歩天歌　本館所蔵　吉川家文書　文政七年（一八二四）

「歩天歌」は、中国で作られた星座名・星数・位置関係を描写する詩歌である。古くは『新唐書』に隋の王希明作として「歩天歌一巻」の書名がみえる。その後も中国では天文書などに採録された。朝鮮でも独自に再編集された。日本では、寛政一〇年（一七九八）に『星学歩天歌』が刊行され、文政七年に斉政館版が刊行された。序文で土御門晴親は初学者が暗誦して星座を覚えるために有用だと説く。写真掲載品は南都陰陽師吉川家の蔵書であった。（梅田）

陰陽道組織の仕組みと運営

江戸時代、僧侶・神職・その他の宗教者は、幕府の方針のもと、いずれかの組織に所属し、支配を受けることになっていた。僧侶は仏教諸宗派に属し、神職は、公家で吉田神社神職であった吉田家を本所とした。修験者の場合は、醍醐寺三宝院や聖護院を頂点とする組織に属した。これは本山・本所による認証を通じて宗教者の人別や職分を管理した江戸幕府の政策によるものである。土御門家は、天和三年（一六八三）霊元天皇綸旨（64）と将軍朱印状（65）を得て陰陽道支配権を確立し、諸国の陰陽師支配を開始した。

とくに、民間宗教者の支配をめぐる問題（寛文年間（一六六一～七三）の大黒事件や神事舞大夫との争論など）が多発していた関東での組織化を急ぐため、早期に江戸触頭が設置された。貞享元年（一六八四）には土御門家の江戸役所が寺社奉行所で訴訟対応を開始している。江戸役所は関八州以東の陰陽師に免許を発行し、独自の運営体制を築いた。

【初期の陰陽道組織】

陰陽師支配は、具体的には陰陽師への許状発行とその対価である貢納金の徴収によって成立する。

当初土御門家から許状を得たのは、畿内の声聞師系陰陽師や伊勢・南都の暦師、三河・尾張の万歳師などであった。彼らは概ね宗教者集落に集住する民間宗教者で、集団毎に「組」を形成し、「小頭」が「組」を束ねた。それらを旧国・藩領ごとに触頭が統轄した。触頭が直接個々の陰陽師を支配する場合もあった。こうしてピラミッド型の組織が整備されていった。

但し、陰陽師の職分範囲が曖昧だったこともあり、陰陽道組織の拡大は一部の地域に限られた。陰陽道組織の伸び悩みと、多発する修験者らとの争論に対応するため、土御門家は宝暦（一七五一～六四）以降、幕府に触として発令することを要請した。

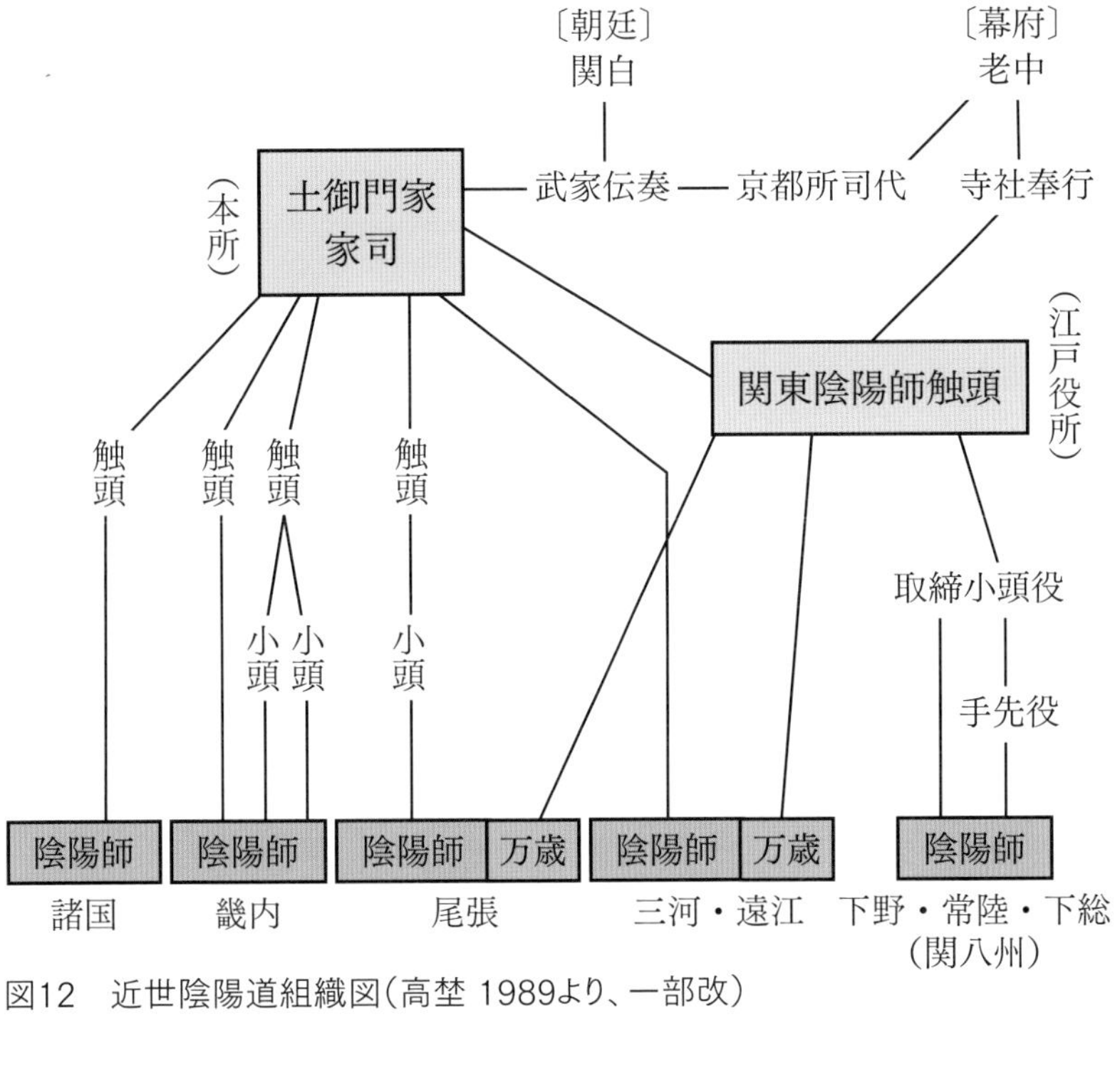

図12　近世陰陽道組織図（高埜 1989より、一部改）

【組織改革と対象の拡大】

寺社奉行での訴訟に直接関わった江戸役所は、他地域に先駆けて、陰陽師と他の宗教者との職分の明確化や、流入する都市下層の宗教者の増加という課題に直面した。そのため、明和（一七六四～七二）以降、「売卜組」という区分を設けて占考の職分に関わる修験や神職、易者らを加入させた。また、加入時期によって「古組」「新組」「新々組」の組別に編成した。京都の本所でも、天明四年（一七八四）の役所改革で「古組」陰陽師たちを本所役人として採用し、「一本職」「本組」「新組」など免許の種類を増やし、人別掌握・組織管理に関する新条目を発布して、複雑で多様な職分支配を実現した。

寛政三年（一七九一）、幕府の人別管理強化政策を背景に、陰陽師支配の全国触が発布されたことで、加入は事実上義務化された。文化・文政期（一八〇四～三〇）には、土御門家から各地に「出役」が派遣され、本所未加入の宗教者等に支配下加入を働きかけた。元治元年（一八六四）の「諸国触頭名前仮留」では、山陰や南九州を除くほぼ全国に「触頭」「取締」という地域毎の統括者が分布していた。

（梅田）

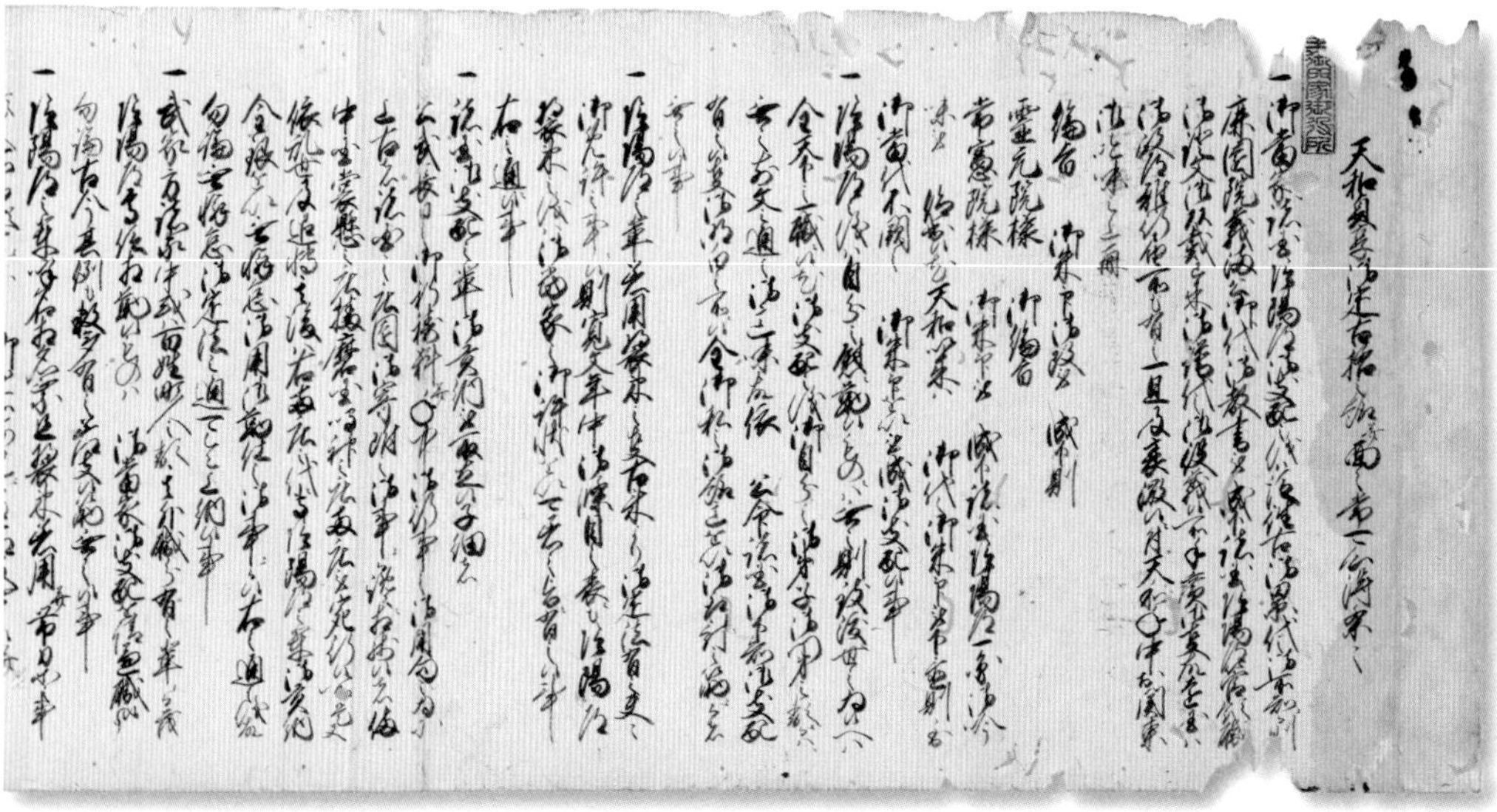

73

天和貞享御定古格之趣并面々常可心得条々

本館所蔵　吉川家文書

天明四年（一七八四）

「天和貞享御定」の表題を持つが、実際には天明四年に土御門泰栄の当主就任にあたって発給された。一〇月一二日、泰栄は「堺町御殿」に京都の陰陽師を集め、「御代始御目見」と「御代始御制道御触読み聞かせ」を行った。本史料がその「御制道御触」であり、陰陽道組織の規則を三九箇条にわたって示す。内容は、土御門家の支配対象は武家・百姓・町人の身分を問わず、占い・祈禱の職分に関わること、許状によって呼名・装束・帯刀を許されること、親子相続の際にも改めて本所に届け出ること、作法を遵守し、希望者には天社神道を伝授することなどである。同時に「本所御触書」一六箇条も発給された。

（梅田）

74 山城国目代職補任状

京都府立京都学・歴彩館所蔵
若杉家文書
天明四年（一七八四）

天明四年、土御門泰栄は組織改革の一環として、本所役人を増員した。それまでそれぞれの旦那場で陰陽師として生業を営んでいた京都の陰陽師の一部を役職に取り立てた。うち、若杉美作は「陰陽道目代職」にも任命され、定期的に土御門邸に出勤し、祭祀への参加や配下陰陽師への貢納金徴収などに従事するようになった。幕末期土御門家の史料を預かり、遺した家司若杉保定はこの若杉美作の子孫にあたる。（梅田）

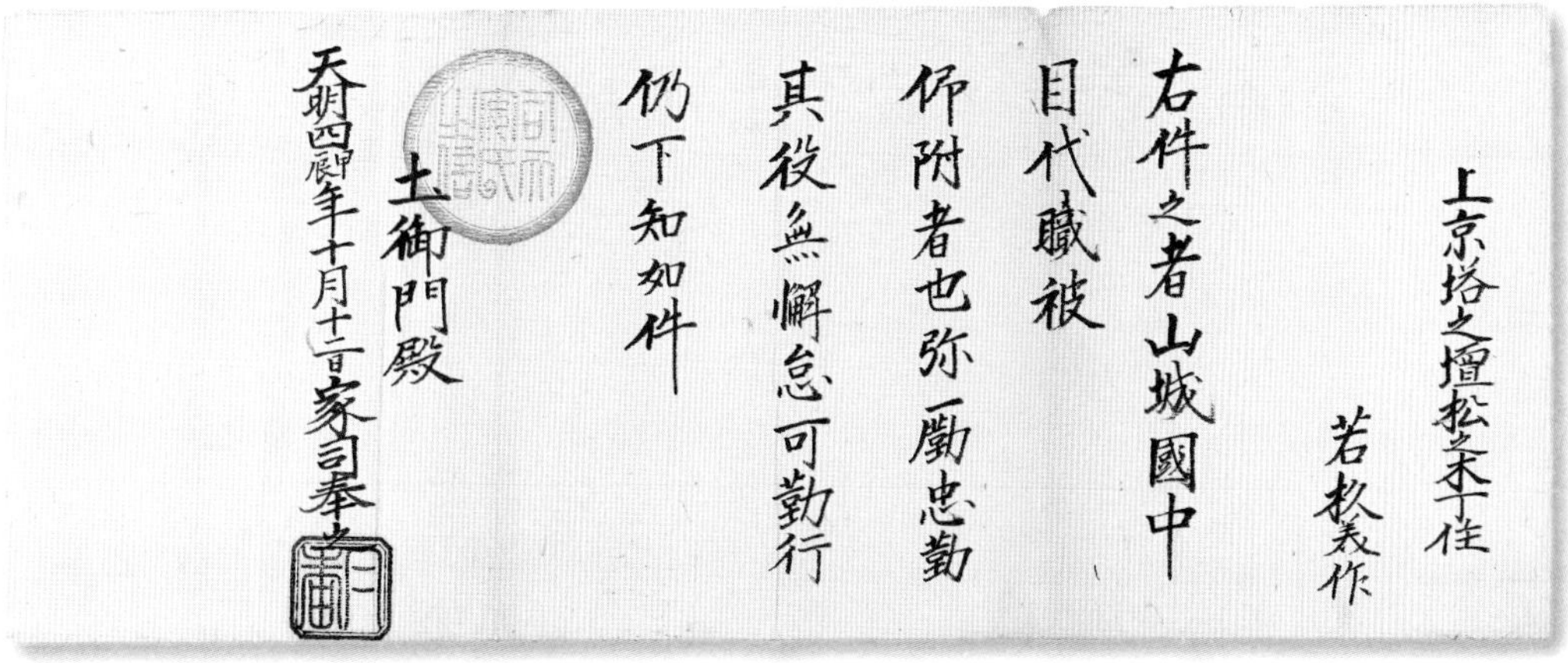
上京塔之壇松之木丁住
若杉美作
右件之者山城國中
目代職被
仰附者也弥励忠勤
其役無懈怠可勤行
仍下知如件
土御門殿
天明四甲辰年十月十二日 家司奉之

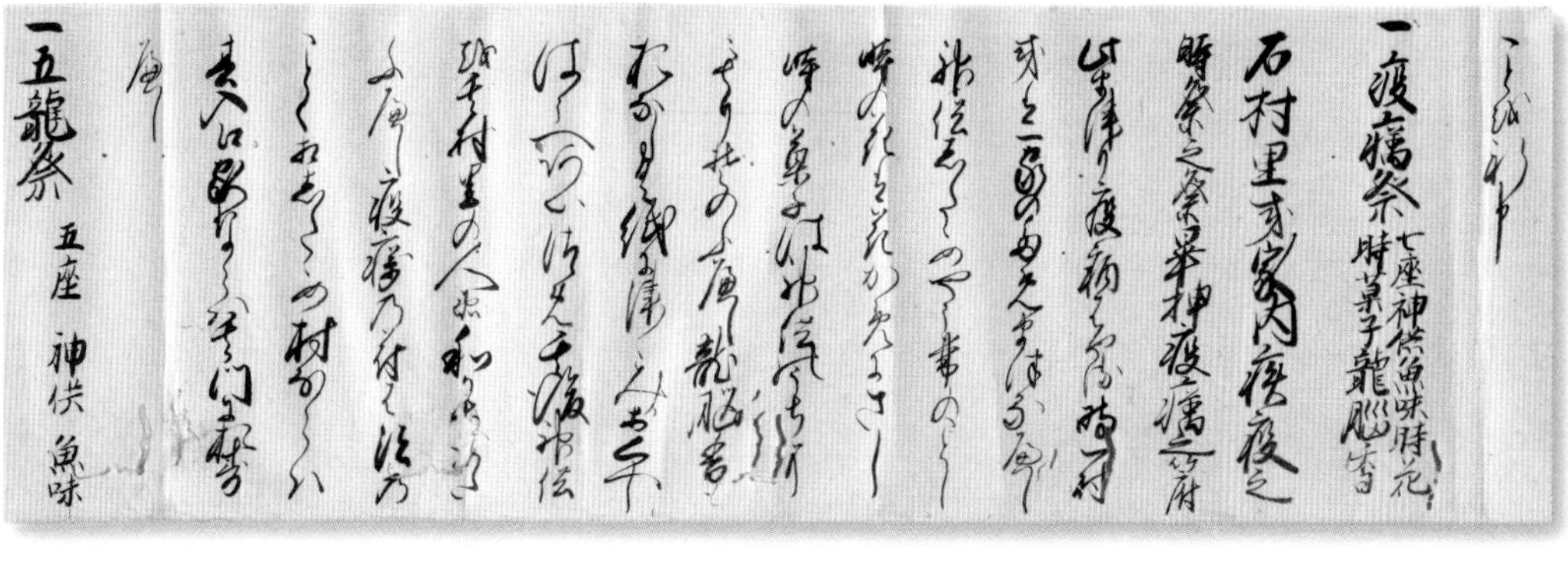
一疫癘祭 七座 神供 魚味 時花 時菓子 龍脳香
一五龍祭 五座 神供 魚味

75 天社神道行事

京都府立京都学・歴彩館所蔵
若杉家文書
寛文二年（一六六二）

主要な陰陽道祭の方法を列挙する。大鎮祭・荒神祭・竈神祭・疫癘祭など二二種の祭祀について、祭壇に立てる幣の本数、神供の種類（魚味・五穀など）、施主の身代わりの撫物（衣・鏡）の有無、祭祀の趣旨や目的などを記す。『文肝抄』『祭文部類』など土御門家に伝わった陰陽道書と重複する箇所も多く、土御門家の家伝を整理・集大成したものであろう。本書の一部は幕末期の「陰陽家家業條目」にも反映されており、後に配下陰陽師にも伝授されたと思われる。文末に寛文二年の年紀が記される。（梅田）

2 各地の陰陽師たち

【陰陽師の職分】

江戸時代の陰陽師はどのような人々であったのか。その姿をとらえるために、二つの前提を確認しておこう。

一つは、江戸時代とは、様々な民間宗教者が存在した時代で、陰陽師もその一種だったということ。もう一つは、江戸時代の後期にかけて陰陽師と名乗る人々がしだいに多様化していったということである。

ここでいう民間宗教者とは、寺院や神社を守る僧・神職ではなく、檀家（旦家）と呼ばれる特定の依頼者の家や自宅で祓い・祈禱・札配りや占いなどを行った宗教者を指す。在地で活動する山伏（里修験）が代表的で、ほかに神事舞大夫（関東を中心に祈禱や神楽を業とした宗教者）・夷願人などがいる。これら競合する民間宗教者のなかから、何らかの要素によって陰陽師的に分類され、陰陽師の許状を受けた者。それが江戸時代の陰陽師であった。

【様々な陰陽師たち】

地域の陰陽師とはどのような人々だったのか。以下、幾つかの類型にわけて紹介する。

最も典型的なのは、陰陽師あるいは民間宗教者が集まる特定の町や集落に住み、周辺の檀家での祈禱や占いを生業とした。第Ⅲ部第一章で紹介する南都陰陽師・暦師もこれに属する。かれらは陰陽町に集住して、檀家で祈禱や占いを行い、暦を発行し配布していた。京都にも江戸時代初期には「陰陽師の町」が存在したが、宝永大火（一七〇八年）で離散した。こうした陰陽師の町では、隣人かつ同業者仲間としての強いつながりがあった。

近畿地方の農村地域には、歴代組と呼ばれた村々があり、土御門家の祭祀に参加した。大和にも陰陽師の村は点在し、備中の上原大夫や甲州・遠州など各地に分布する。なお、こうした陰陽師村には中世の声聞師集落に遡りうる例もみられる。

三河・尾張の万歳も、特定の村に集住する陰陽師の一種に属する。万歳は、正月を祝って家々を門付する祝福芸である。現代の「漫才」のルーツにあたるが、伝統的な芸態では、扇を持ってめでたい口上をあげる太夫と、小鼓を打ち合の手を入れる才蔵の二人一組で家々を廻った。万歳は芸能であると同時に、えびす・福神などの御札を配り、家の神に祈りを捧げる呪術でもあった。一説には、豊臣秀吉によって尾張に追放された陰陽師の末裔であるという。彼らにとって土御門家の許状は、出稼ぎ先への円滑な移動を保証するものであった。それゆえ、三河・尾張の万歳は、早期から土御門家支配に属し、陰陽師として免許を得て関東の檀家を廻っていた。

【陰陽師の拡大】

一八世紀後半の明和・天明期（一七六四～八九）、土御門家では江戸役所や京都の本所で組織改革を行い、各地の配下への管理強化と加入者拡大にのり出した。旧来の陰陽師集落の衰退や、ほかの宗教者組織との競合といった問題に直面したからである。当時、幕府も人口の流動化という社会現象にたいして、住人の把握に力を入れていた。その一環として民間宗教者への統制も強化され、寛政三年（一七九一）には陰陽道支配の全国触が出て、陰陽師の組織加入が義務化された。

土御門家はこうした流れに乗じ、各地に本所役人を派遣して陰陽師たちに加入をすすめた。「易占組」「新組」といった新たな支配区分を設け、特定の檀家をもたずに易占を職業とする者、大都市の長屋に住み陰陽師の業を営む者も加えていった。各地を流浪して占いや祈禱を行う無宿の陰陽師や、修験者や神職との兼業、医師との兼業や易占を学ぶ知識人も含まれる。なかには、暦算・天文学をきっかけに入門した和算家も登場した。かれらは宗教者として活動していたのではなく、個人的な技術・知識習得の結果、陰陽師として占いや祈禱を職分とした、従来とは異なるタイプの陰陽師たちであった。

とはいえ上記のような概要では説明しきれない陰陽師、固有の特徴や歴史的経緯をもつさまざまな陰陽師も存在した。ここでは、特筆すべき例として禁裏陰陽師の大黒松大夫、村の知識人・指田藤詮、土御門遺跡を守った名田庄谷川左近家について取りあげ、紹介する。

（梅田千尋）

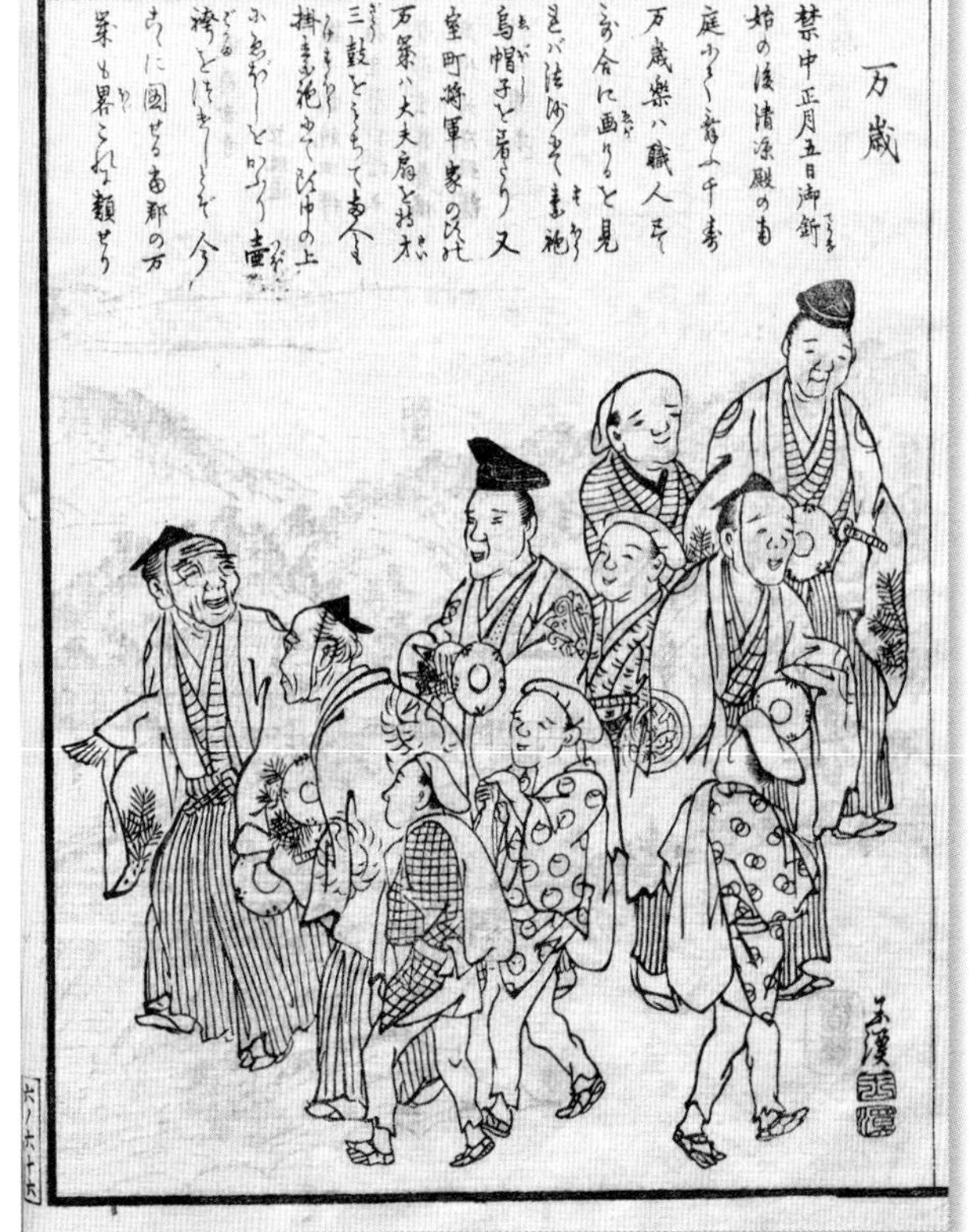

『尾張名所図会』（国立公文書館所蔵　天保15年（1844））（参考図）

（1）禁裏陰陽師（地下官人陰陽師）

三毬杖（左義長）は鎌倉時代に始まったとされる正月の宮中行事である。民俗行事の「さぎっちょ」「とんど焼き」と同じく、竹を組んで吉書などを焚き上げる。正月一八日の禁裏三毬杖（大三毬杖）にはその傍らで呪文を詠み、舞と囃しで「ほこらかす」者が登場した。それが、朝廷陰陽師の大黒松大夫である。

大黒松大夫は、室町期以来御所近辺の声聞師として公家の記録に現れ、千秋万歳や毘沙門経詠みなどの呪術的な芸能に携わっていた。左義長の他、六月に御所の井戸を祓う「御水合」や、重陽の節句に菊を献納する「御菊居」も行っていた。天文道・暦道という技能によって仕えた陰陽寮の官人陰陽師とは異なる、御所を旦那場とする陰陽師であったといえる。寛文六年（一六六六）には「禁裏御役家」を名乗って関東での陰陽師に免状を発行しようとして土御門家に訴えられた。江戸時代には、朝廷に直接仕える地下官人の一家として御所の北辺に居住し、知行地も与えられていた。

一見特異な存在に見える大黒松大夫だが、京都洛中の陰陽師集団の一員でもあった。土御門家の陰陽師支配が公認される以前から京都の公家町などに旦那場を持っていた彼らは、土御門家の権威からは独立的な傾向を示していた。

禁裏三毬杖の場で大黒松大夫が担当したのは、烏帽子・浄衣姿で囃す役であった（76『公事録』）。絵図に描かれる、赭熊をかぶり鬼面をつけ、鞨鼓を打つ棒振役は複数の「下役人」が務めていた。室町期の記録では「大黒の党」「大黒以下声聞師」などと呼ばれ、江戸時代前期までは実際に京都古組陰陽師らがこの役を務めていた。しかし、天明年間（一七八一～八九）頃からは、京都の町人達が朝廷権威との繋がりを求めて、鍛冶屋や呉服屋・薬種屋・紺屋など、この役を務めるようになっていた。三毬杖役人を務めることで菊紋付の高張提灯を所持できるという条件は魅力的だったようである。

江戸時代後期の大黒松大夫は、声聞師集団の首長というよりも、町人をたばね朝廷権威を分与する地下官人としての地位を獲得していた。なお、幕末には本草家の小野蘭山の子が養子に入り、大黒家を嗣いだ。

（梅田千尋）

76 公事録（恒例公事録・第一二）（参考図）

宮内庁書陵部所蔵　明治二〇年（一八八七）

正月一八日に小御所の庭で行われた禁裏三毬杖を描いた図である。『公事録』は江戸時代の宮廷行事を記録するため、岩倉具視らが編纂した行事記録。この図では浄衣に烏帽子で組み上げた竹の脇に控える大黒松大夫と、紅白の赭熊をかぶって棒振や羯鼓を披露し、鬼面を着けて踊の出番を待つ下役人らの姿が描かれている。室町期にはいずれも「大黒の党」と呼ばれた声聞師たちが演じ、江戸時代以降も明和（一七六四～七二）頃までは陰陽師たちが下役人を務めていた。しかし、天明期以降は京都の町人の希望者が下役人を務めるようになっていた。（梅田）

77 三毬打御用手順

京都府立京都学・歴彩館所蔵
大國家文書
明治一五年（一八八二）

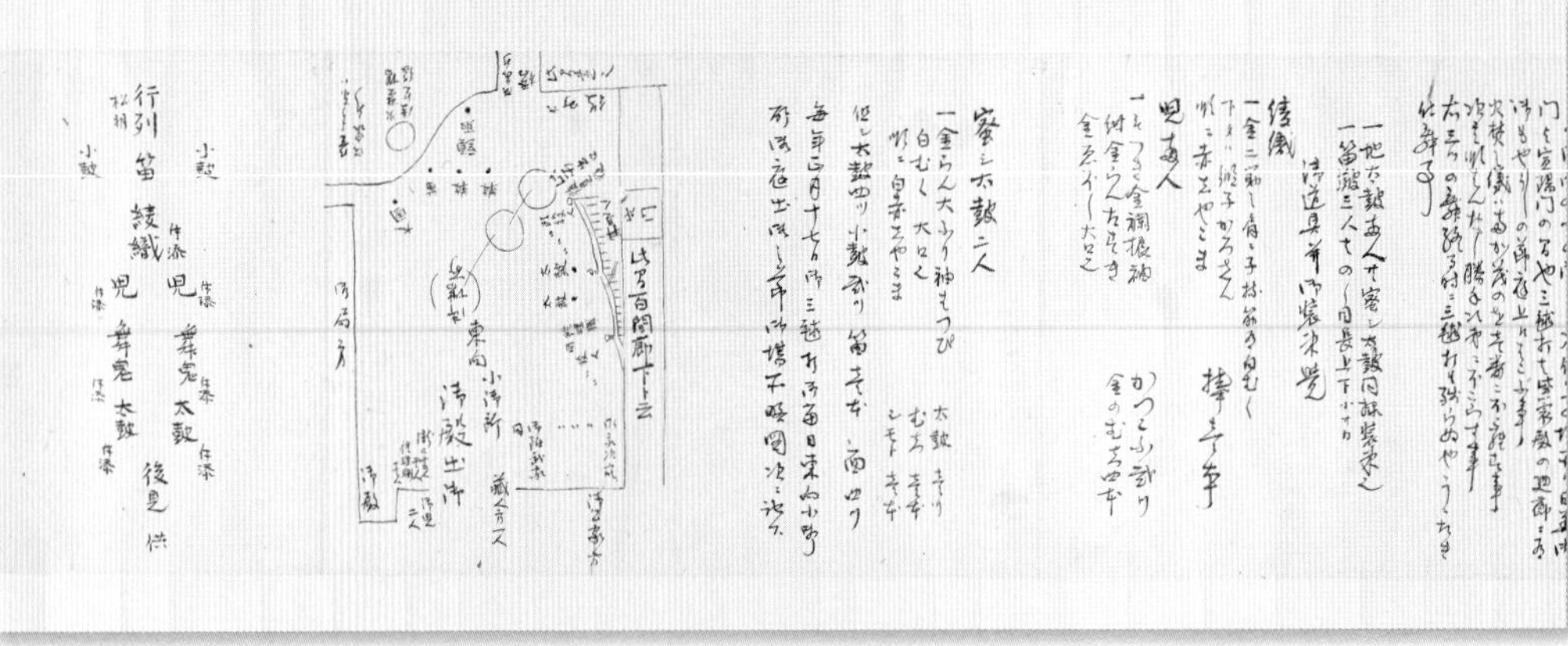

78 三毬打装束図

京都府立京都学・歴彩館所蔵　大國家文書　明治一五年（一八八二）

三毬杖行事は明治維新後、廃止された。本史料は、明治一五年、かつての宮中行事を調査した際に作成されたと思われる。正月一八日の三毬杖は小御所の庭で行われ、鞨鼓、棒振のいでたちからは、風流の流れをひく芸態が推測される。室町期の風俗画では、三毬杖の場に鷺舞も描かれ、声聞師が様々な芸能を率いていたものと考えられる。江戸時代初期には多くの観衆が訪れ、しばしば類焼などの事故も起こった。

（梅田）

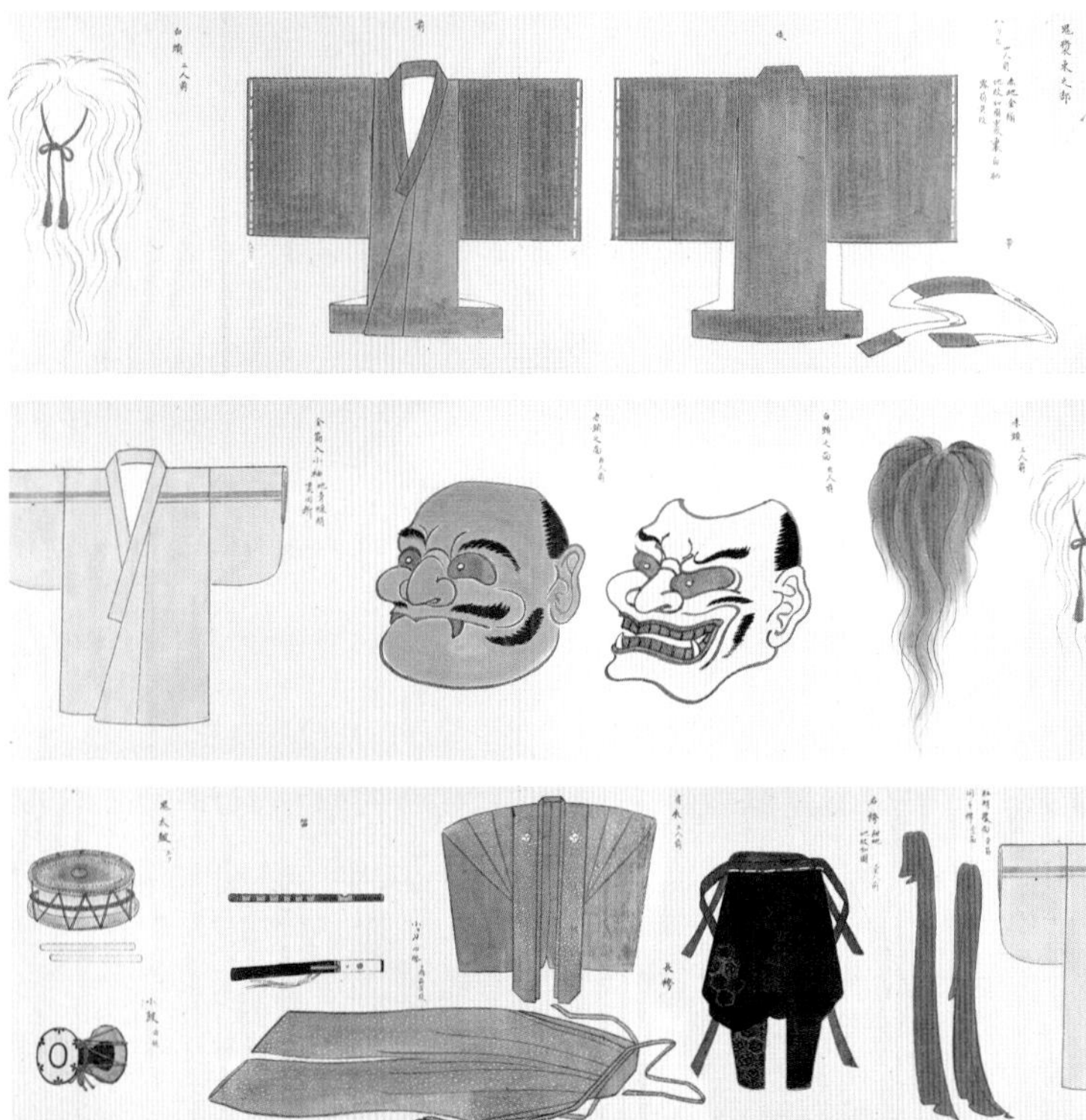

（2）村の知識人

江戸時代、まじないは生活上の実用知識の一部であった。村の陰陽師は、そうした知識の担い手であった。

幕末期の武蔵国多摩郡中藤村（現武蔵村山市）の指田藤詮は、父の代からの陰陽師であった。天保五年（一八三四）から明治四年（一八七一）まで書き綴った『指田日記』（67）には江戸参向中の土御門晴雄との対面記事もある。藤詮は村の神職も務め、寺子屋の教師でもあった。医学を学んだこともあり、薬の知識も持っていた。幕末期には、コレラという未知の伝染病に怯える村で、占い・祈禱・祓いという呪術と薬学の双方を駆使して対応に尽くした。漢籍・易占・国学・医書などの幅広い蔵書のなかには、「土御門家」伝来とする呪符・守札の書『安家相承霊符口伝』（79）も含まれていた。呪符の多くは、病気治しを目的とする内容であった。彼にとって医術も呪術も、現実の課題に対応するための選択肢のひとつだったのだろう。

なお、藤詮の子指田鴻斎は、若年の頃、父を手伝って陰陽師・神職の仕事を務めたが、のち江戸で医学を学び、漢方と西洋医学の両方に通じた医師となった。明治期には種痘や眼科治療で活躍し、地域医療に大きな足跡を残した。近代化の時代、村の知識人という役割は受け継ぎつつ、陰陽道から医学へと親子の仕事は推移していった。

指田藤詮が典型的だが、実践知識に関わる蔵書を持ち、農村で指導的役割を果たす人々のなかに陰陽師・陰陽道門人と称する人々もいた。寛政三年（一七九一）陰陽道支配の全国触と、その後の出役派遣による組織拡大を経て、陰陽師の範囲は拡大した。檀家をもつ民間宗教者だけでなく、易占を職業とする者も土御門家の支配下に入る例が増えた。折しも識字率が向上し、書籍が普及して、自ら易占や暦などの陰陽道知識に接する在村知識人が増えていたこともあり、そうした中から土御門家の門人となった者もみられた。

幾つか例を挙げる。武蔵国比企郡毛塚村（現埼玉県東松山市）の坂本家は、近世初期には周辺幕領の「地役代官」を務めたが、文化・文政期（一八〇四～三〇）に経済的困窮に直面し、村政への関与を弱めた。天保期（一八三〇～四四）に坂本家に入った道博が、村政に替わって主要な活動としたのが、陰陽師としての暦・易占、著述であった。坂本道博は、土御門家からの許状も受けており、周辺地域から多数の占考依頼に応じていた。安政三年（一八五六）には占書『方迪類叢』を出版した。なお、陰陽道組織が廃止された明治以降も坂本家当主は三代にわたって占考・方位鑑定などの活動を続けた。依頼者の中には渋沢栄一の伯父「血洗島名主渋沢宗助」の名もみられる。

小野光右衛門以正は備中国浅口郡大谷村（現岡山県浅口市）の庄屋・大庄屋を務め、河川改修や新田開発に功績を残した人物である。また、手習い塾を開いて地域の教育にも名を残し、金光教教祖赤沢文治の師匠でもあったことから、宗教史・思想史上の関心も寄せられる。江戸で天文方への入門を志し、天文方手代と親交を結んだという。その後天保一四年（一八四三）に土御門家に入門し、安政二年、和算入門書として定評のある『啓迪算法指南大成』（次頁写真）を著した。同書の出版には土御門家の家司も関与した。

こうした人々もやはり、江戸時代の陰陽師だったのである。（梅田千尋）

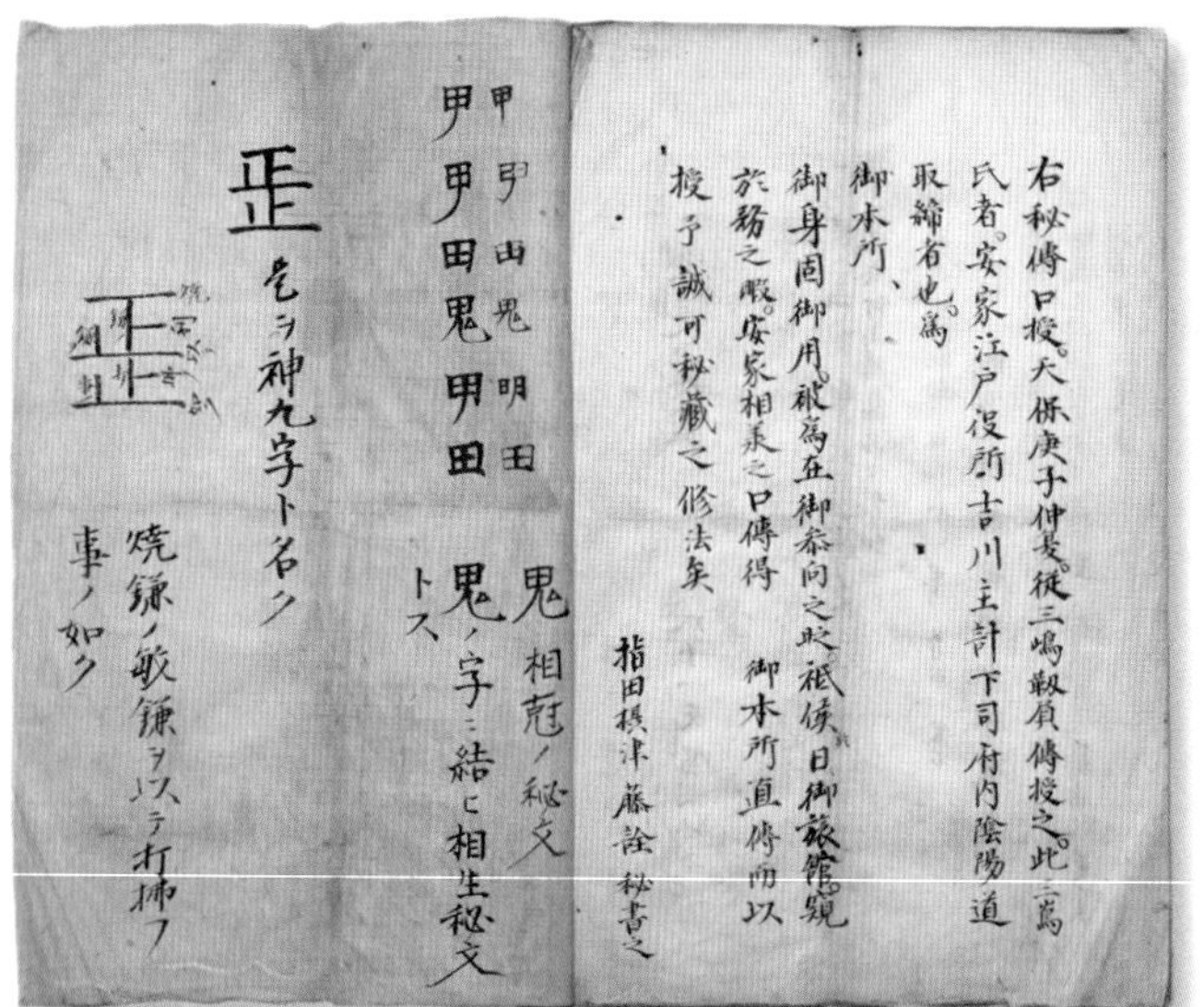

土御門二位安倍晴親卿直筆口伝

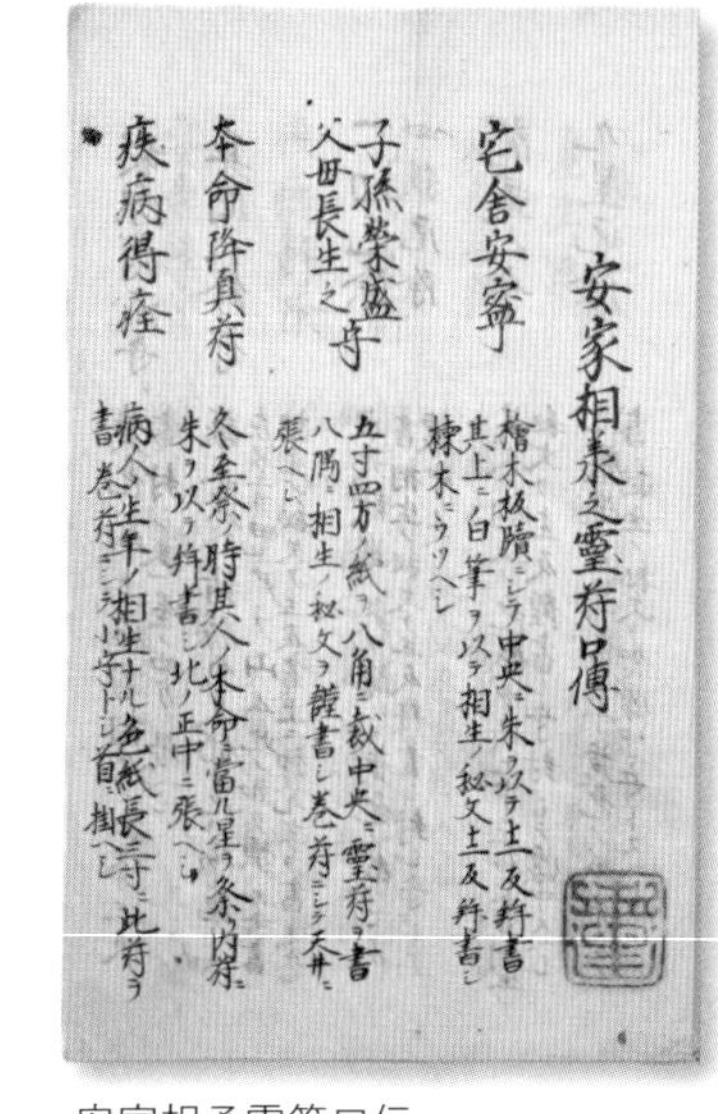

安家相承霊符口伝

79 安家相承霊符口伝（参考図）
武蔵村山市教育委員会所蔵
天保一一年（一八四〇）

80 土御門二位安倍晴親卿直筆口伝（参考図）
武蔵村山市教育委員会所蔵
天保一一年（一八四〇）

幕末、武蔵国多摩郡中藤村で活躍した陰陽師指田藤詮の蔵書である。土御門家江戸役所にて伝授されたという呪符・守札が載る。用途は厄除けや「宅舎安寧」「子孫繁栄」といった家の安穏や繁栄を祈るもの、「夫婦仲を切る」といった人間関係に関するものや「歯の痛みを止める」「安産握り守」「腫れ物」など病気や体調不良に対するまじないが多数を占める。こうした日常知識こそが陰陽師に求められた知識だったのかもしれない。（梅田）

啓迪算法指南大成
渾沌未分ノ時数ト呼ヘキモノナシ是故ニ易ニ无極ニシテ太極トイヒ老子ニモ無名ハ天地ノ始メ有名ハ萬物ノ母トイヒ算家ニモ亦是ヲ天元未生ノ一ト云フ太極判レテ天地位シ奇偶ノ数名アリ両儀和合シ始テ人アリ真ノ数アリ夫数ハ天地ト共ニ闢ケ術ハ國家ト共ニ成ルトイヘル先哲ノ確言アリ抑

啓迪算法指南大成（京都大学附属図書館所蔵　安政2年（1855））（参考図）

（3）土御門旧跡と名田庄

戦国期に土御門家が居住した名田庄納田終村は、江戸時代には小浜藩領となった。しかし、土御門家墓所を介して関係は続き、やがて土御門家に入門して陰陽道組織に加わる村民も現れた。

土御門家当主が最後に名田庄を訪れたのは寛永二年（一六二五）、土御門久脩の死後、子の泰重が名田庄納田終を訪れ、父の弔いと墓所の修復を行った。その旅の様子は『泰重卿記』に詳しい。

その後世代を経て土御門家と名田庄との関係は疎遠になったが、寛延二年（一七四九）、納田終村谷川十左衛門とその子新左衛門が京都土御門家屋敷に現れ、土御門家墓所・旧跡の現状を報告した。この頃土御門家は、宝暦四年（一七五四）の安倍晴明七百五十年祭に向けて、「旧跡」とされる各地の社寺に使者を送っていた。土御門家はこれらの旧跡を「七箇所旧跡」としてまとめ、納田終も「若州名田庄当家之旧地ニ而霊社鎮座之所ニ候、第三」と位置づけられた。

文政九年（一八二六）にも再び名田庄から「旧跡」の現状と由緒に関する報告が土御門家にもたらされた（81「泰山府君并土御門家　旧跡状況報告」）。この時期、谷川左近は度々土御門家に参殿し泰山府君社社司としての地位を確立しようとしていた。

谷川左近が神職として仕えた泰山府君社は、正徳年中（一七一一～一六）に建替えられたが、天保二年（一八三一）には「大破に及」んでいたという。小浜藩も再建を許可し、村では籤を催して建築資金を集めたが、天保飢饉の影響などにより中断した。その後、谷川左近が土御

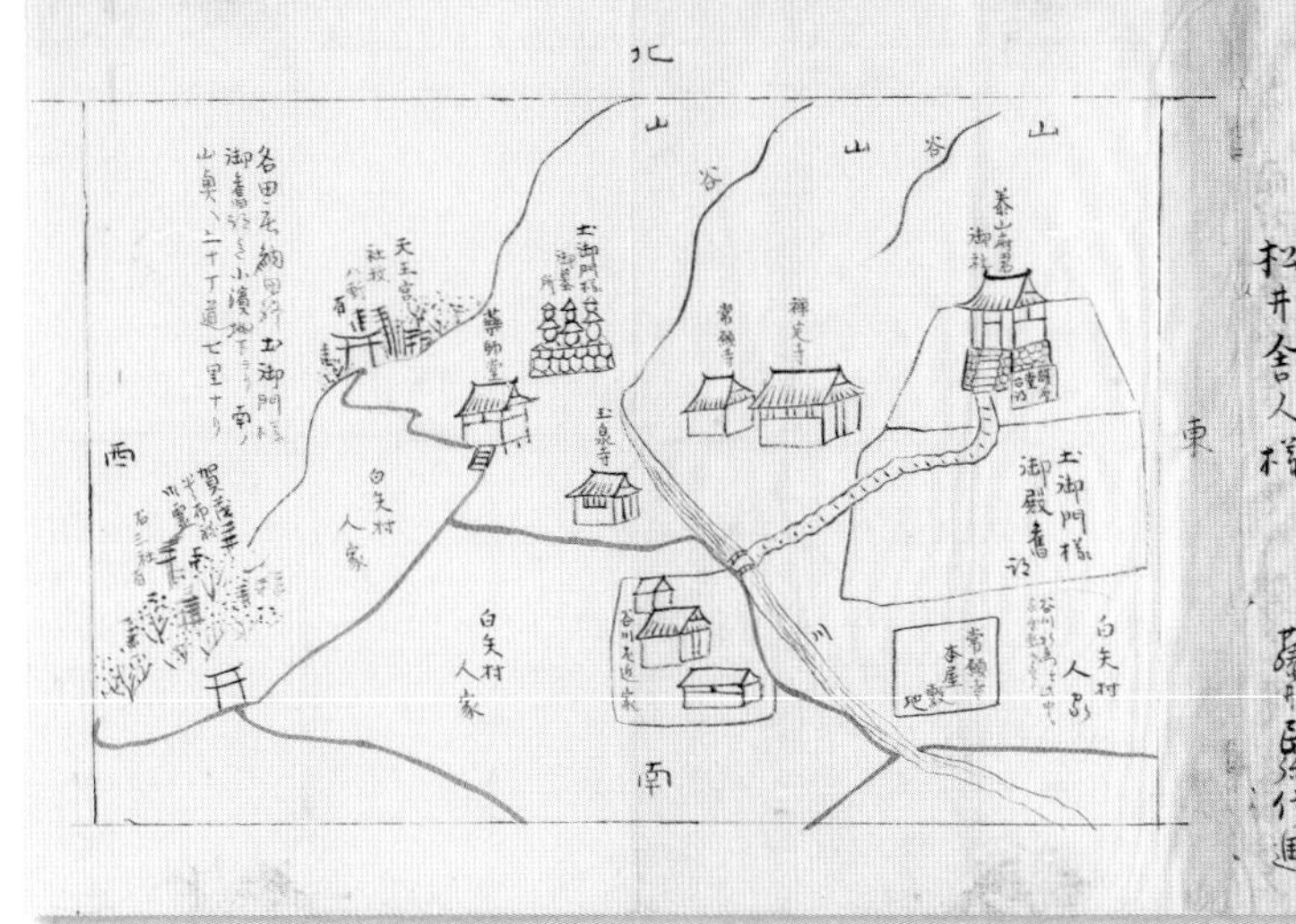

81　泰山府君并土御門家　旧跡状況報告

京都府立京都学・歴彩館所蔵　若杉家文書　文政九年（一八二六）

文政九年一〇月、名田庄泰山府君社守の谷川左近から土御門家にもたらされた「旧跡」の現状と由緒に関する報告書。略地図とともに白矢村に「往古御殿ノ御城跡」・「泰山府君御社」・「御氏寺常願寺本尊地蔵尊」・「御先祖之御墓所」の現状を説明する文が載る。現地での祭礼や伝承も詳細に語られる。左近先祖が土御門家を「夜討」から助け、「泰山府君御神体」と「書物」を預かったことを述べる。「書物」とは名田庄に伝わった祭文類をさすと思われる（29「天変地異勘文案」～31「平平貞泰山府君祭都状」参照）。（梅田）

門家からの指示に応じ、安倍晴明八百五十年祭に参仕したことで事態は動いた。土御門家の助力を得て工事は再開され、安政二年（一八五五）八月に泰山府君社再興が成就、土御門家からは家司・神官の三上大炊が来村、遷宮式を催行した。この遷宮の時の祭文・棟札も村に残っている。

　泰山府君社は大正時代に政府の合祀政策により、加茂神社に合祀された。土御門家墓所は昭和三二年、福井県の指定文化財に指定され、おおい町暦会館がこの地域の歴史を伝える。また、近隣の天社土御門神道本庁・天社宮が陰陽道の祭祀を伝える。（梅田千尋）

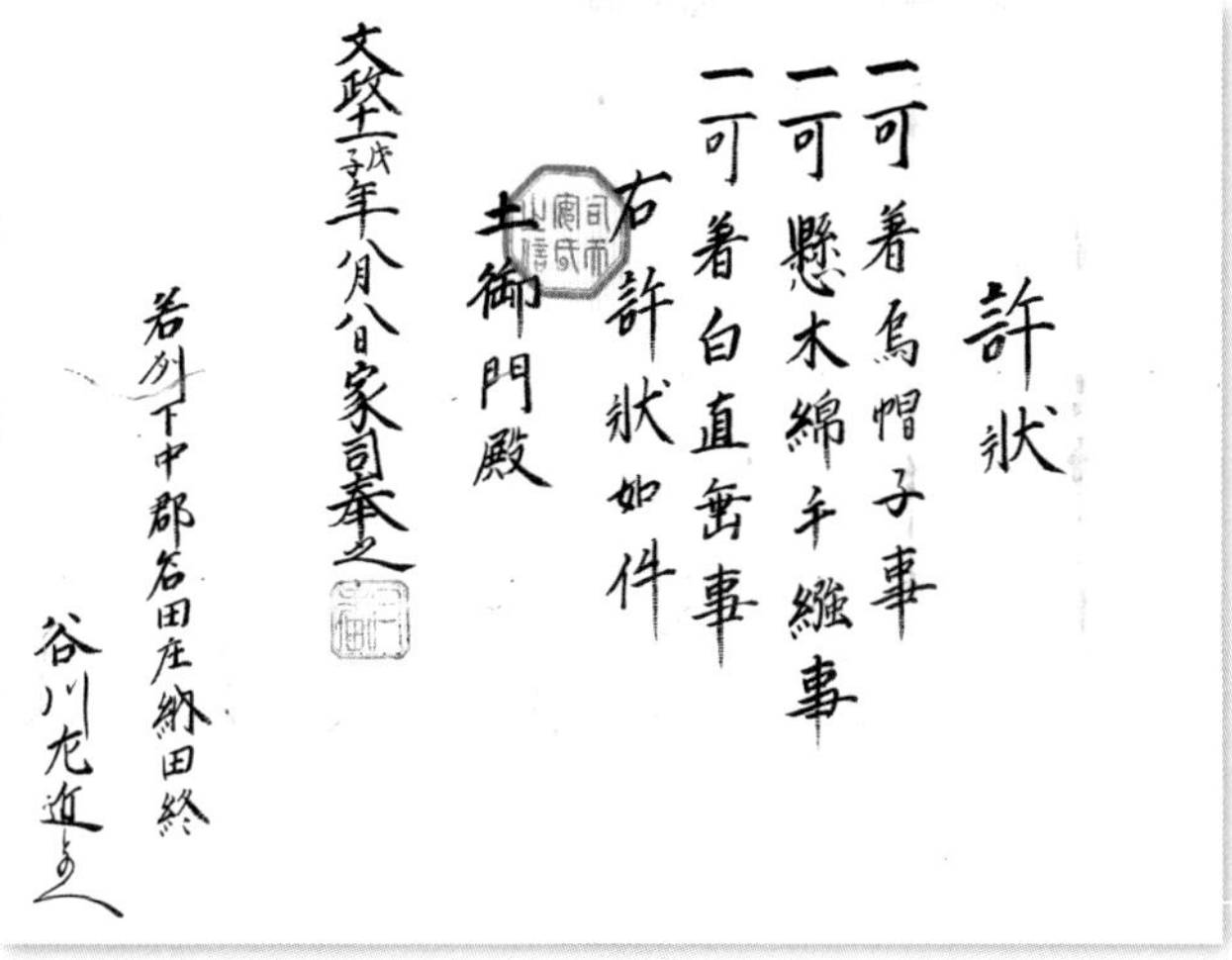

82
許状（参考図）
谷川左近家所蔵
文政一一年（一八二八）

83
口達（御当家格別の由緒につき帯刀の事）
谷川左近家所蔵
文政一一年（一八二八）

文政一一年八月、谷川左近は土御門家配下となり、神職装束での活動を許す「許状」（82）と、陰陽道を奉じて土御門家（安家）に「入門」することを認める「安家入門許状」、そして祭式に関わる「安家神拝式」を授与された。この「口達」も、入門時に土御門家家司から付与された文書と思われる。土御門家との「格別の由緒」により帯刀を許すが、領国では小浜藩主の許可を得て帯刀許可を得るよう左近に指示する。翌月には小浜藩からも神職・官位・易道を認可された。【→二九八頁に翻刻】（梅田）

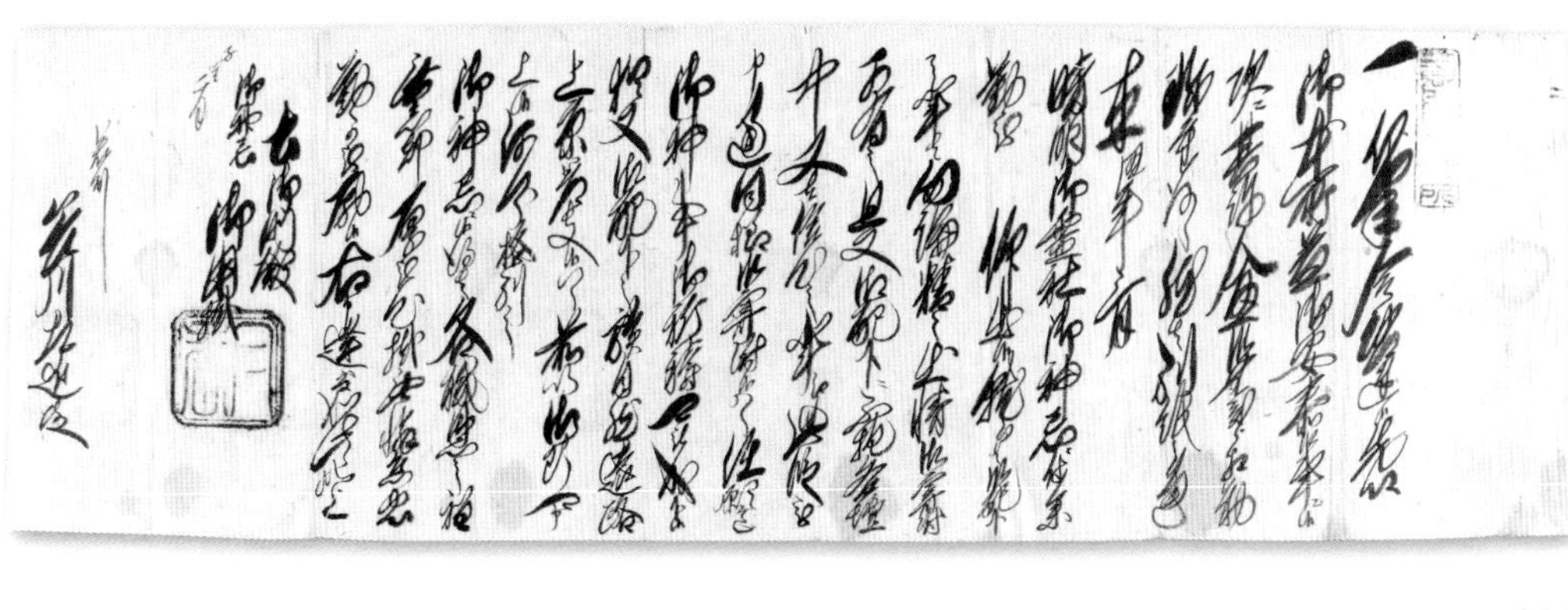

84
〔晴明霊社八百五十年忌につき書状〕
谷川左近家所蔵
嘉永五年（一八五二）

翌年嘉永六年三月に予定されている「晴明御霊社御神忌」への参勤指示書である。これを受けた谷川左近は三月八日～二八日、京都土御門邸で安倍晴明八百五十年祭に勤仕した。神忌の後、土御門晴雄に召出され、名田庄旧跡の現状を報告した。その後土御門家からは現地調査のため、家司三上大炊らが来村、墓所と泰山府君社再興の費用を土御門家が支援する事が決まった。天保期に始まった泰山府君社再興工事は三〇年近い歳月をへて安政四年（一八五七）に完工した。【↓二九九頁に翻刻】（梅田）

85
証（上京参殿ノ際扶持持方下付につき）
谷川左近家所蔵　安政五年（一八五八）

土御門家墓所を守り、土御門家との関係を強めた結果、谷川左近家は「往古格別御由緒柄」を認められた。この史料は、土御門家の用務で上京し長期滞在する際には、土御門家から費用を補助するという待遇を認めた証文である。元治元年（一八六四）の「諸国触頭名前仮留」では谷川左近は「若州小頭」とされるが、地方の陰陽師に対する待遇としては破格である。土御門晴雄の強い家祖意識が反映されたものと思われる。【↓二九九頁に翻刻】（梅田）

第四章 陰陽師の仕事

平安時代の安倍晴明から江戸時代の地域の陰陽師たちまで、本書で紹介する陰陽師の仕事内容には、時代を超えた共通点があった。そんな陰陽師の仕事を、「暦・暦日と方角（方位）」「占い」「祭祀」「まじない」という四分野にわけて紹介する。

「暦・暦日と方角（方位）」とは、暦を読みといて時間と空間の吉凶を予知し、判定する技術である。現代人にとって、暦は月日や曜日を表示する無機質なしくみである。しかし陰陽道の世界観では、暦日には吉凶の意味がうめこまれ、方位の神々の動きによって建築・旅行などの禁忌が発生した。この複雑な吉凶の記号を読みとくのが陰陽師であった。

「占い」には幾つかの用途があった。怪異や天変地異から未来の災いや変化の予兆を読みとるための怪異占・天文占、病気の原因をさぐる病気占が典型的だろう。時代がくだるにしたがって、婚姻や商売など俗事にかかわる占いが増えていったが、江戸時代にも病気占は消えたわけではない。そして主

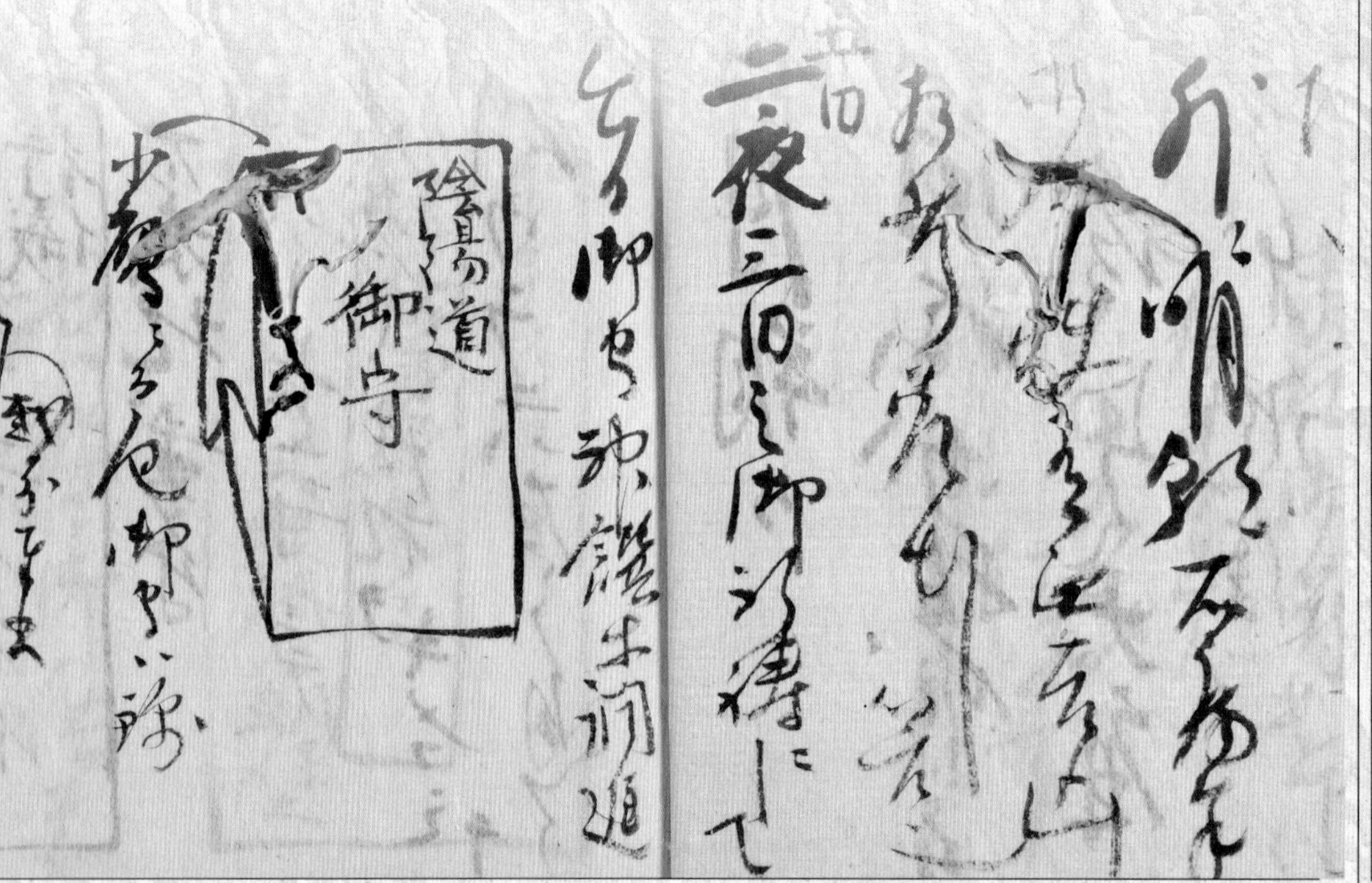

たる占いの方法は、式盤を使う式占から算木や筮竹、銭貨を使った易占に変わっていったが、暦日や五行を重視するという考え方は引きつがれていた。

「祭祀」は、泰山府君など陰陽道の神々を祀る陰陽道祭である。天曹地府祭のような国家的行事ともいえるものから、個人の延命富貴・治病や家の土木工事のための小規模な祭まで様々な祭祀があった。長命祈願の泰山府君祭が有名で、病気占で病の原因と判明した神霊を祀る鬼気祭などもあった。祭祀で読みあげる祭文は多く残っており、祭祀を復元する重要な手がかりとなっている。

「まじない」には呪符・守り札・呪文など様々な方法があったが、本書では主に呪符を紹介する。藤原京や平城京から大量の呪符木簡が出土されているように、呪符は古くから陰陽師や他の宗教者によって用いられていた。

符図と呪句を書いて土に埋めた土器の出土例もあり、こうした呪法を陰陽師が行っていたという説話集の描写と一致する。江戸時代の陰陽師の家にも呪符を集めた書籍が伝わり、出産や病気の依頼者に対して実際に呪符を使用した記録も残る。

（梅田千尋）

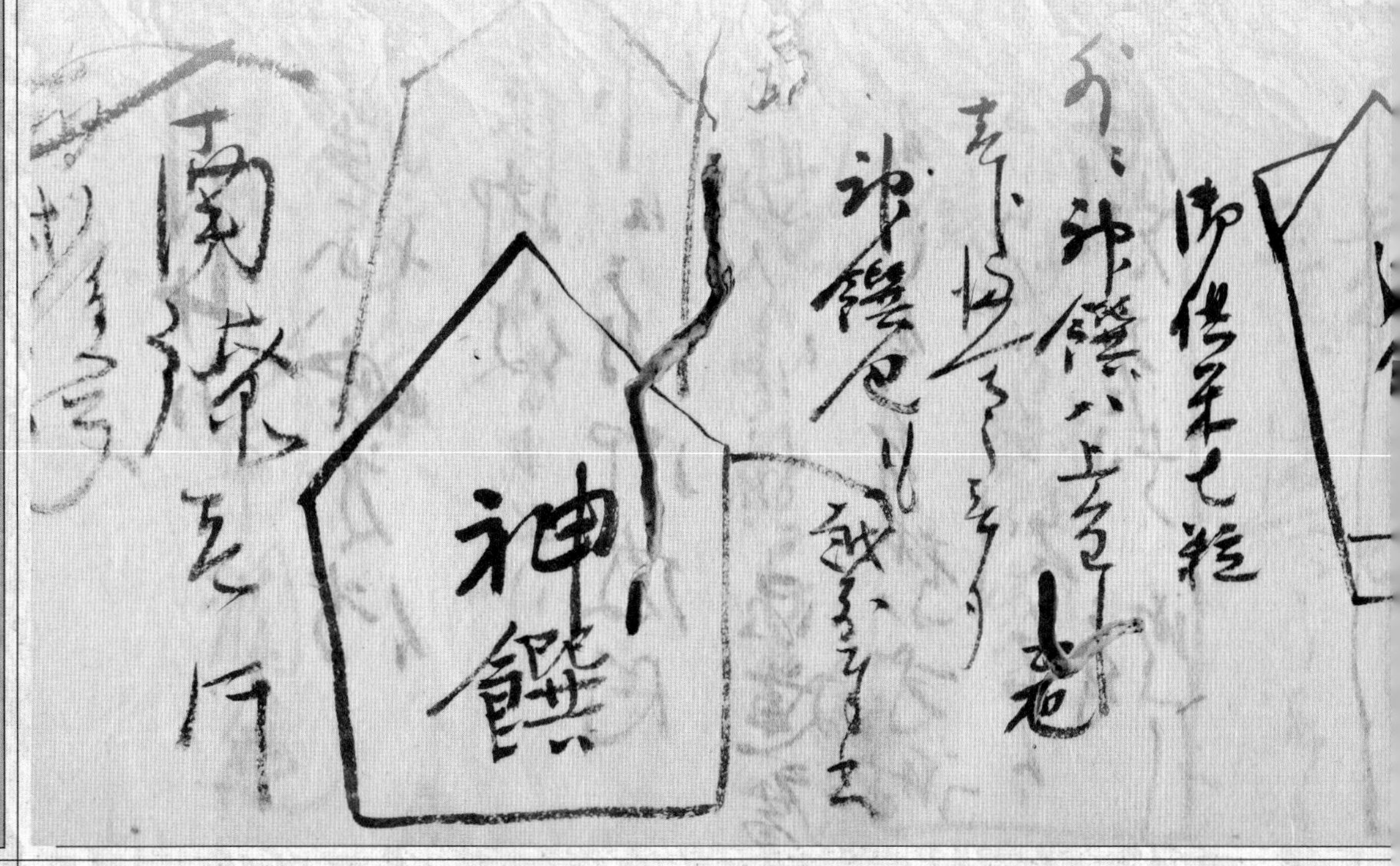

1 陰陽師の一年

ここでは、江戸時代の京都に生きたある陰陽師の例から、一年を通した陰陽師の仕事の全体像を描いてみたい。

若杉家は京都古組とよばれる陰陽師の一家で、江戸時代前期には御所南の「椹木町麩屋町」付近にあった陰陽師の町に住み、朝廷年中行事の禁裏三毬杖にも参加していた（第Ⅰ部第三章参照）。宝永大火（一七〇八）後の御所拡張にともない御所の北側に住まいを移した。花山院家・勧修寺家などの公家のほか、京都周辺の村（下鴨村・高野村など）の住民や北野社（現北野天満宮）に仕える人々、そして洛中の町人の何軒かを檀家として抱えていた。天明期（一七八一〜八九）以降、陰陽道本所に出仕し、幕末期には土御門家家司として陰陽道組織の要職を務め、明治初期まで陰陽師としての活動を続けていた。

陰陽師にとって檀家とは、定期的に訪れる客先の家である。正月には荒神祓いの祈禱を行い、年ごとに新しい札を配った。荒神は、火の神・竈の神だと考えられ、正月の竈祓いは、陰陽師・修験者（山伏）ら民間宗教者に共通する職分であった。正月だけでなく、正月・五月・九月の年三度もしくは、四季の土用ごとに祓・祈禱に訪れるのが一般的であった。歳末や正月には一年の運勢や吉凶、注意すべき事項を占った年卦（年八卦とも）を持参することも多い。京都の若杉家も奈良の陰陽師同様、檀家の要望に応じて包紙の体裁や呪符の種類、守札の種類などを変えていた。祓いでは毘沙門経を詠み、九曜の星を祭るなど、密教的要素をもっていたが、幕末期には毘沙門経を神道式の祓に切り替えたという。

　こうした年中行事となっていた檀家回り以外に、臨時の占いや祈禱の依頼もあった。病気治しの祈禱や建築・引っ越し・婚姻の日取りなど、必要に迫られての依頼である。むしろ切迫した用件に関わる臨時祈禱にこそ人々が陰陽師に求める要望が反映されている。この場合の依頼者は通常出入りしている檀家に限らず、いわば口コミや紹介による依頼もあった。

　「臨時祈禱並勘文記」（87）は、若杉大和介が文化七年（一八一〇）の一年間に行った臨時祈禱や勘文作成の記録である。このうち、依頼内容が判明する九七件の内訳は、地鎮・宅鎮三〇件、方位祈禱一九件、祓（清祓・除服）一九件、婚姻・元服など通過儀礼に関する日時勘文（日時占い）一一件、建築に関する日時方位勘文六件、その他治病・安産・夫婦和合・厄祓いなど諸祈禱七件、属星祈禱五件などとなっていた。

　家や土地、生活空間を祓い鎮め、時間と空間の吉凶をはかり、家族の健康や人間関係を維持するという、まさに生活の場の秩序を維持するはたらきかけが、陰陽師の務めであった。現代の感覚では、地鎮・宅鎮や厄祓いは、神職が行う神道行事のように思われるが、かつては陰陽師ら民間宗教者が関わることが多かったのである。そして、現代人が想起しがちな怨霊や呪詛、心霊現象に関わる依頼を記した史料は稀である。

（梅田千尋）

86 家業年中行事

京都府立京都学・歴彩館所蔵　若杉家文書　明治時代

京都の陰陽師若杉家が江戸時代に行っていた定期的業務について、明治時代にまとめた史料である。歳末から正月にかけて檀家に配っていた札や祈禱内容を記す。正月の京都周辺の村（下鴨村・高野村など）や公家、北野社（現北野天満宮）での檀家回りの日程と、依頼者毎に異なる札の図などが詳細に記されている。歳末には花山院家・勧修寺家など公家の檀家に方違え・年卦・新暦配布を行い、それぞれに祈禱札や占文を調進した。幕末に荒神祓での祈禱を毘沙門経から中津瀬祓に切り替えたという注記もある。（梅田）

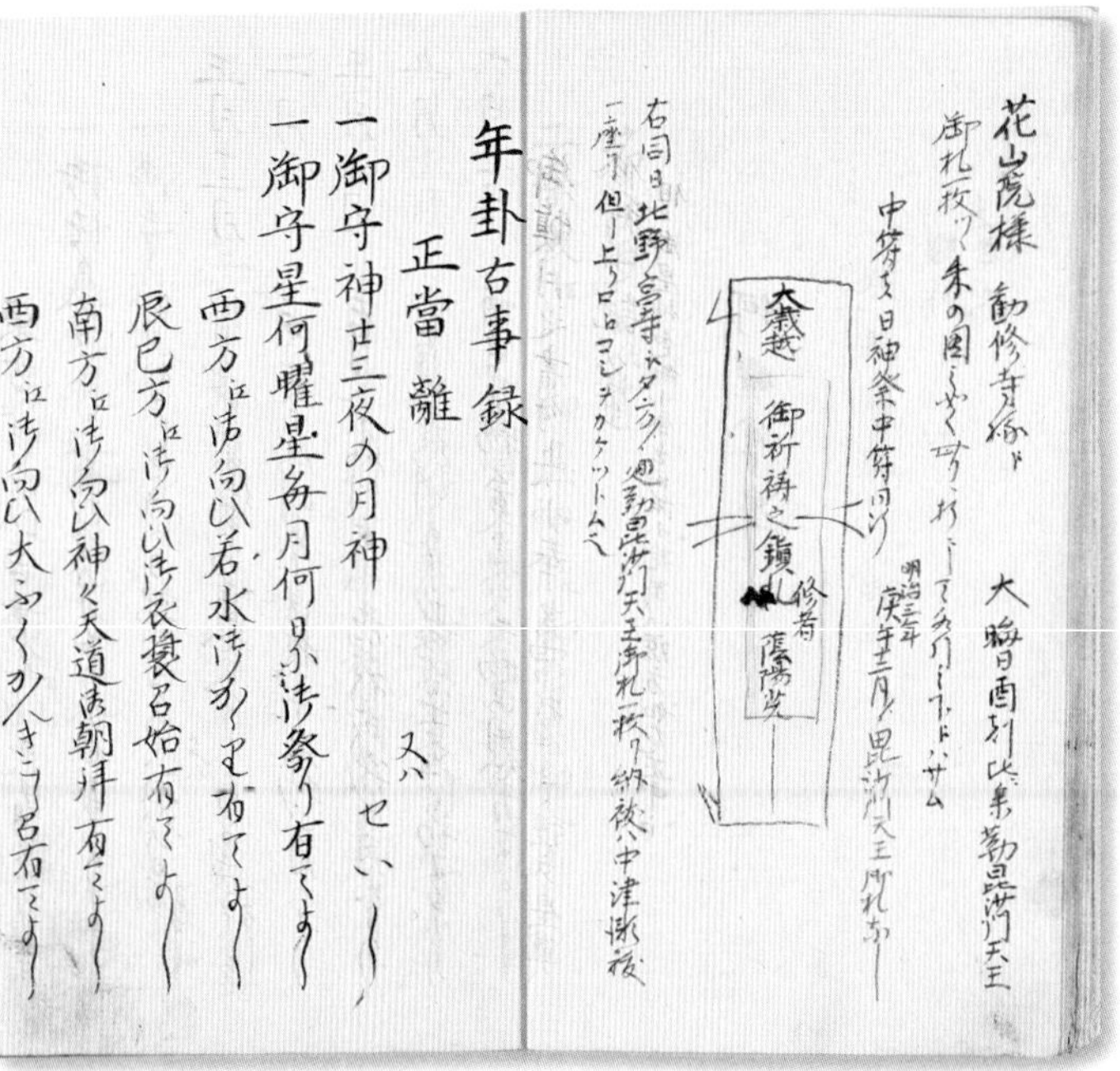

87 臨時祈禱並勘文記

京都府立京都学・歴彩館所蔵　若杉家文書　文化七年（一八一〇）

京都の陰陽師若杉大和介が文化七年の一年間に行った臨時祈禱や勘文作成の記録である。毎年の決まった日に檀家を回る恒例行事とともに、病気や建築など、臨時の用件での占い・祈禱も陰陽師の重要な仕事だった。依頼は旅行や婚姻などの方角・日時の勘申（吉方・吉日を占う）、建築に伴う井戸や土地の祈禱、治病祈禱などであった。写真掲載箇所には今宮村での地祭の事、公家の花山院家で葬儀後に服（忌）明の清め祓いを行ったという記事、そして辻下野という人物から依頼されて荒神謝祭という陰陽道祭を行い「陰陽道令印」の印を封入して仕立てた祈禱札の図が載る。

（梅田）

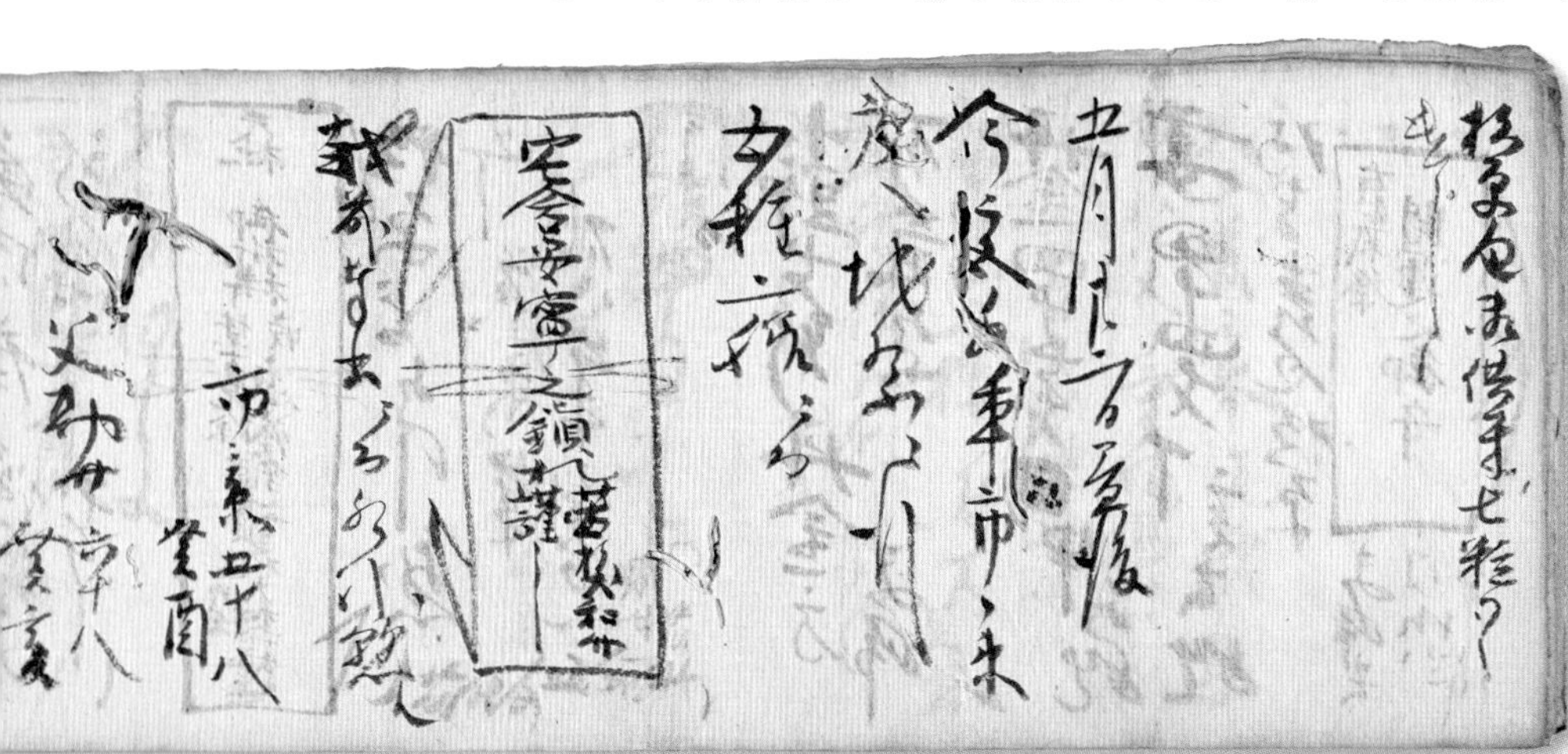

（1）暦日と方角（方位）

中国には日書という日の吉凶に関する書物が古くからあり、具注暦もその影響を受けて、さまざまな暦注が付けられた。暦注は現代から見ると、二十四節気のような天文学的情報もあるが、むしろ迷信的な情報の方が多く、陰陽道では日々の吉凶判断の根拠とされた。

具注暦の冒頭（暦首）には暦注についての解説が載せられており、中でも方位信仰と関わるのが、八将神とよばれる暦神である。これは年によりその所在の方位を変える神で、また遊行日には一時的に所在を変えるとされた。方位の忌みの早いものは八卦物忌で、この他、天一神・太白神、王相神や土公神、院政期頃からは金神も方位神として意識されるようになる。これらの中でも特に恐れられていたのが大将軍であり、その所在の方角に向かっては何を行うにも大凶とされた。

こうした方位の基点を変えて凶を避ける行為が方違えである。もともと方位の吉凶は本人から見ての方角であり、方違えも凶の方角を避けて遠回りする（例えば南が凶なら西南→東南の順に移動する）ことだったが、九六〇年（天徳四）の天徳の大火後に、賀茂保憲が方位の基点は居所であり、大将軍の場合は本人の滞在場所が変わって四五日たたなければ、基点は移動しないと主張した。このことが認められたため、これを逆手にとって、四五日間（王相神は一五日間）別の邸宅に毎日通うことで、基点を実際の邸宅とは別の場所に移せるようになった。

さらには春夏秋冬の初日（四立）、特に立春の前日の節分（現在の二月三日頃）に、別の邸宅に移動し、立春の朝を迎えることでより簡易に基点を移す方法もあった。また貴族社会では一日の始まりが丑寅（午前一時〜四時）の境とされたため、どの時点で方違え先に移動すれば立春の朝を迎えたことになるのかも問題であった。こうした方違えを指南する専門家も陰陽師だったのである。

なお方位神は凶神のイメージが強いが、事柄により吉凶が異なる。歳徳神のような吉神もおり、後世には恵方巻を食べる時の根拠とされるようになった。

（細井浩志）

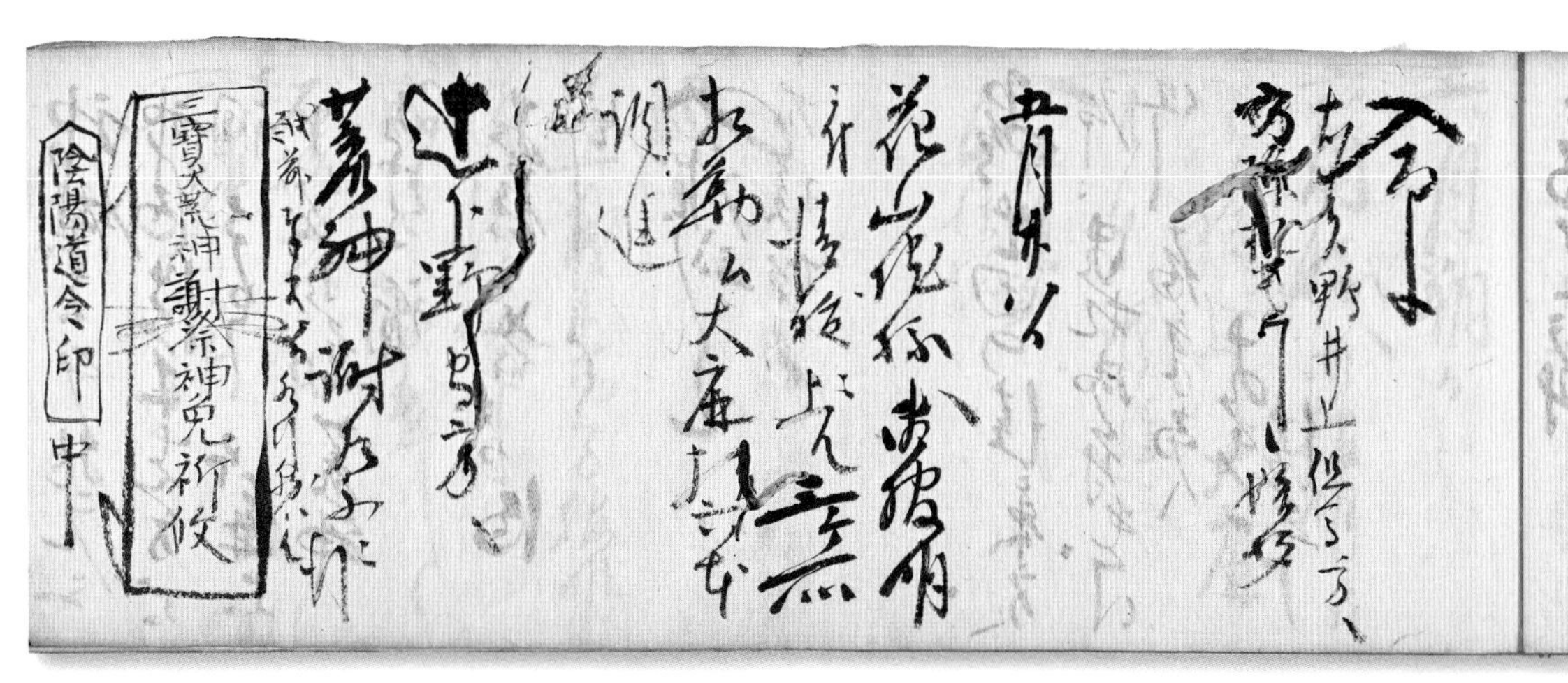

88
大将軍神像

大将軍八神社所蔵　平安時代　重要文化財

京都市上京区一条通御前西入の大将軍八神社に伝えられた神像。ヒノキ材を用い、兜の一部、両手首先端などが欠損している一方で、左沓先端は補修されている。同社の神像のうち、武装した姿のものは五〇体を数えるが、この神像は仏教の十二神将像にも通じる表現が見られ、一一世紀半ばから一二世紀の作と推測される。【→コラム4】

（小池）

十干十二支（干支）

古代中国に生まれた十干と十二支（子丑寅卯辰巳午未申酉戌亥）を組み合わせたもので、年月日などに配当され、暦算や占いに用いられた重要概念。甲子は「きのえね」、乙丑は「きのとうし」などと読む。阪神甲子園球場は甲子年（一九二四）に完成し、還暦は生まれ年の干支が再びめぐってきた満六〇歳をさす。方位にも十干と十二支は配された（図13）。（細井）

暦神の方角と方違え

暦の八将神や金神などは年により所在の方位が異なる。大歳は歳星（木星）の精とされる仮想の天体で、その方位がその年の十二支となる（二〇二三年なら卯＝東方）。大将軍は東西南北の四方を三年ごとにめぐり、この方位を犯すと大凶とされた。ただし遊行日には別方位に移る（この場合は図13よりも忌む範囲は狭い）。方位の基点は主に自宅とされた。この基点を別の場所に移すことで方角の禁忌を避けるのが方違えである。なお歳徳神は吉神で、その方位が恵方である。（細井）

表3　十干

五行（世界の基本要素）	もく 木 き	か 火 ひ	ど 土 つち	ごん 金 かね	すい 水 みず
兄 え	こう 甲 きのえ	へい 丙 ひのえ	ぼ 戊 つちのえ	こう 庚 かのえ	じん 壬 みずのえ
弟（女弟の意） と	おつ 乙 きのと	てい 丁 ひのと	き 己 つちのと	しん 辛 かのと	き 癸 みずのと

表4　暦神（八将神）の方角

豹尾	黄幡	歳殺	歳破	歳刑	大陰	大将軍	大歳	神／歳
戌	辰	未	午	卯	戌	酉	子	子
未	丑	辰	未	戌	亥	酉	丑	丑
辰	戌	丑	申	巳	子	子	寅	寅
丑	未	戌	酉	子	丑	子	卯	卯
戌	辰	未	戌	辰	寅	子	辰	辰
未	丑	辰	亥	申	卯	卯	巳	巳
辰	戌	丑	子	午	辰	卯	午	午
丑	未	戌	丑	丑	巳	卯	未	未
戌	辰	未	寅	寅	午	午	申	申
未	丑	辰	卯	酉	未	午	酉	酉
辰	戌	丑	辰	未	申	午	戌	戌
丑	未	戌	巳	亥	酉	酉	亥	亥

表5　大将軍の遊行日

(春)甲子日～戊辰日	卯方(東)
(土用)戊子日～壬辰日	中宮(屋内)
(夏)丙子日～庚辰日	午方(南)
(秋)庚子日～甲辰日	酉方(西)
(冬)壬子日～丙辰日	子方(北)

(特徴)　本所以外の方位に、各5日間とどまる。
巳日ごとに本所(本来の方角)に還る。
日付の干支により遊行する

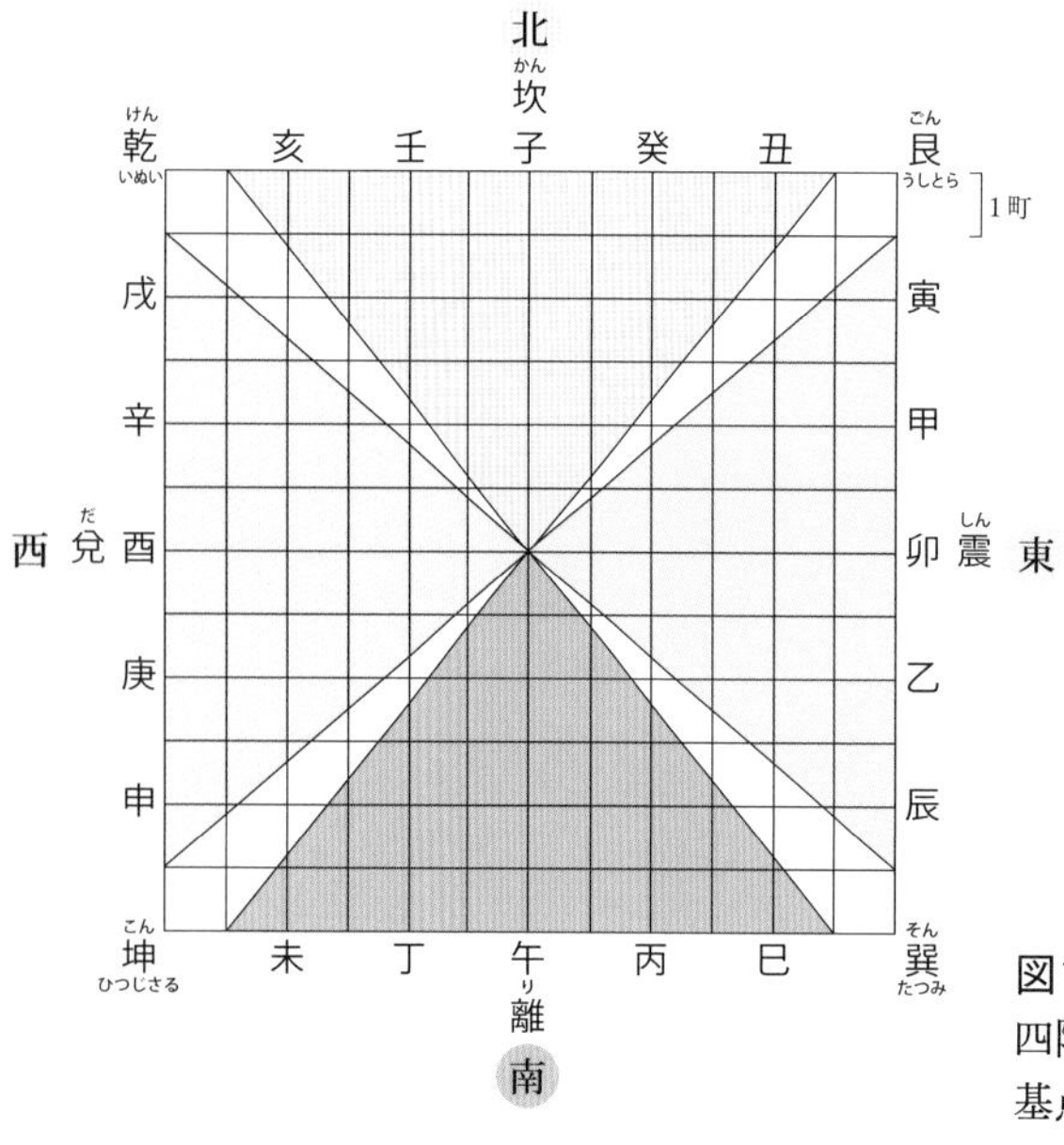

図13　大将軍の忌み
四隅以外はその年の所在方位を忌む。四隅と基点を結んだ範囲内は忌まなくても良い。

89 日時勘文留（慶長一二年）

宮内庁書陵部所蔵　慶長一二年（一六〇七）

土御門久脩による日時・方角占いの記録。この時江戸城天守の普請中で、正月に久脩が徳川家康と面会した記事もあり、写真右頁は江戸城天守閣建設に関わる日時勘文と思われる。「釿始め」以下の吉日時が記される。日時勘文は儀式の執行によい日時を選ぶもので、古代以来、朝廷や幕府の依頼に応えて陰陽師が進めた。なお本勘文が実際に幕府に提出されたのかは不明。左頁は久脩が江戸城で行った巳の日の祓の祭料に関する記述である。

（梅田・細井）

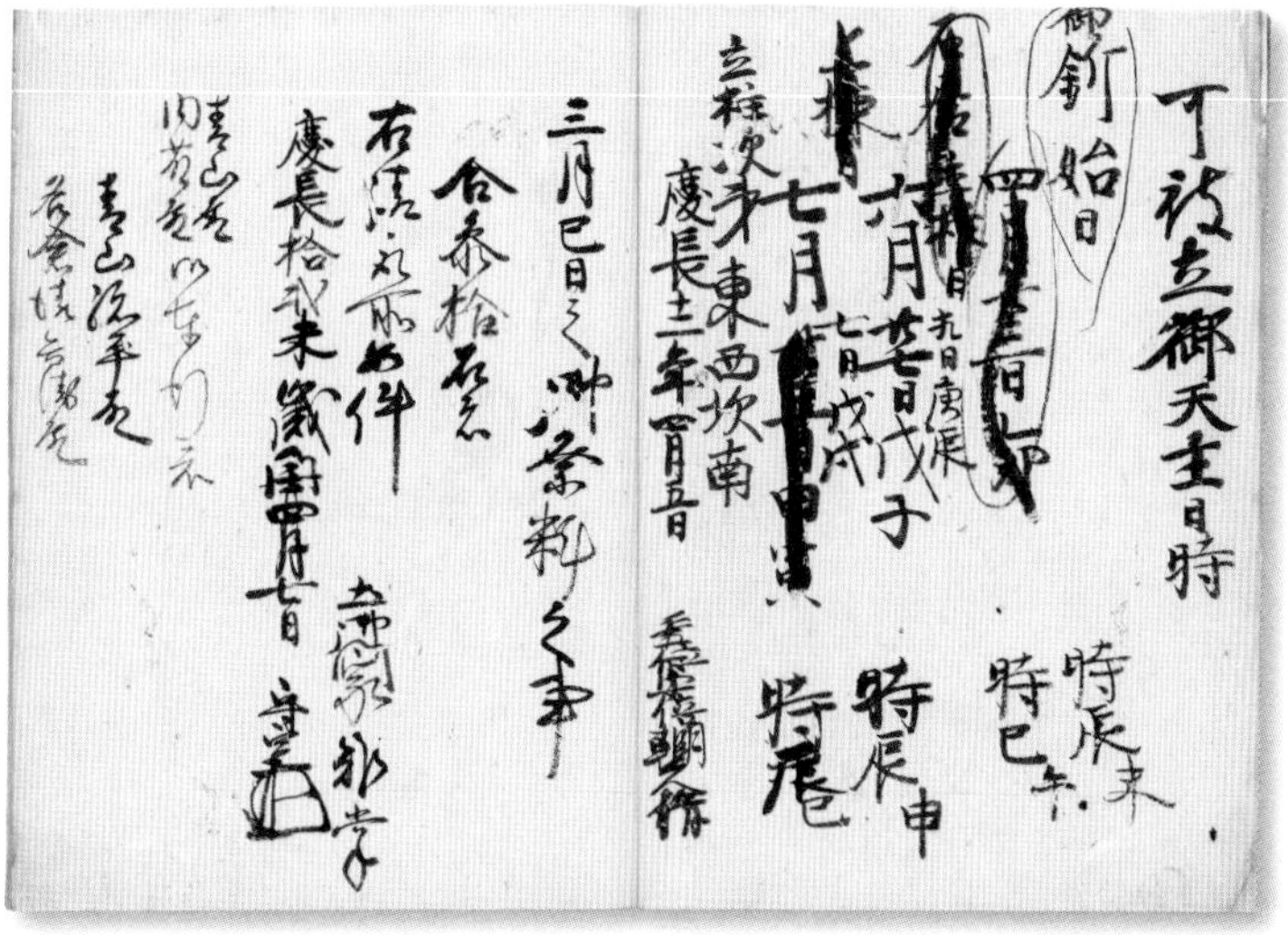

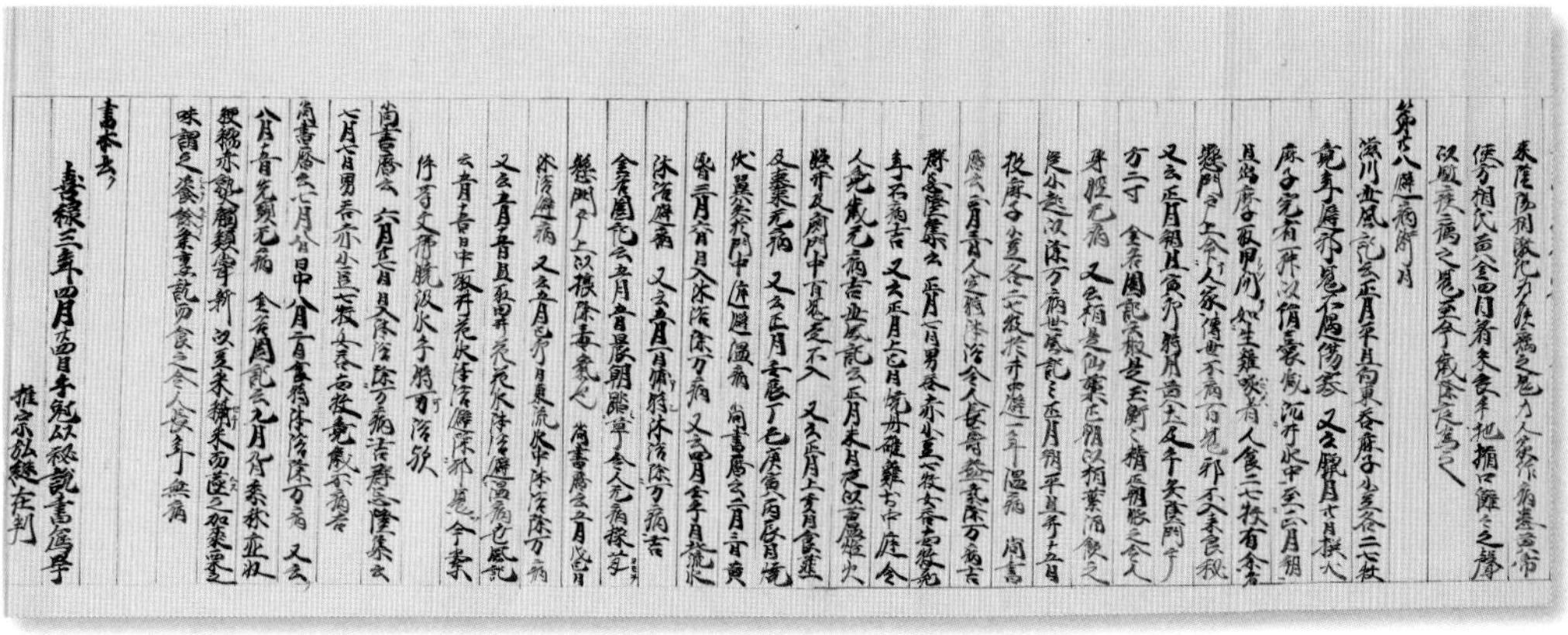

90 陰陽雑書

本館所蔵　吉川家文書
江戸時代写

陰陽道書の一つ。平安時代、賀茂家栄（一〇六四～一一三六）が撰して白河院（一〇五三～一一二九）に献上した。本文中では、藤原師実を「前太政大臣」（一〇九四～一一〇一）と称している。また承徳二年（一〇九八）一一月の例が引かれることから、承徳二～康和三年（一一〇一）の間に編まれたと推測される。吉川家が所蔵する『陰陽雑書』は二八項目を収め、善本とされる尊経閣文庫所蔵本や岩瀬文庫所蔵『陰陽抄』とは先例等に異同がある。また尊経閣文庫本には六一項目存在するが、嘉元四年（一三〇六）以前には、二九項目目以降は存在しなかった可能性が指摘されている。吉川家本は末尾に「書本云、喜〔嘉カ〕禄三年（一二二七）四月廿四日午刻以秘説書写畢、惟宗弘継在判」との本奥書がある。嘉元四年以前の古態を留めた系統の写本である可能性があり、注目される。

（遠藤）

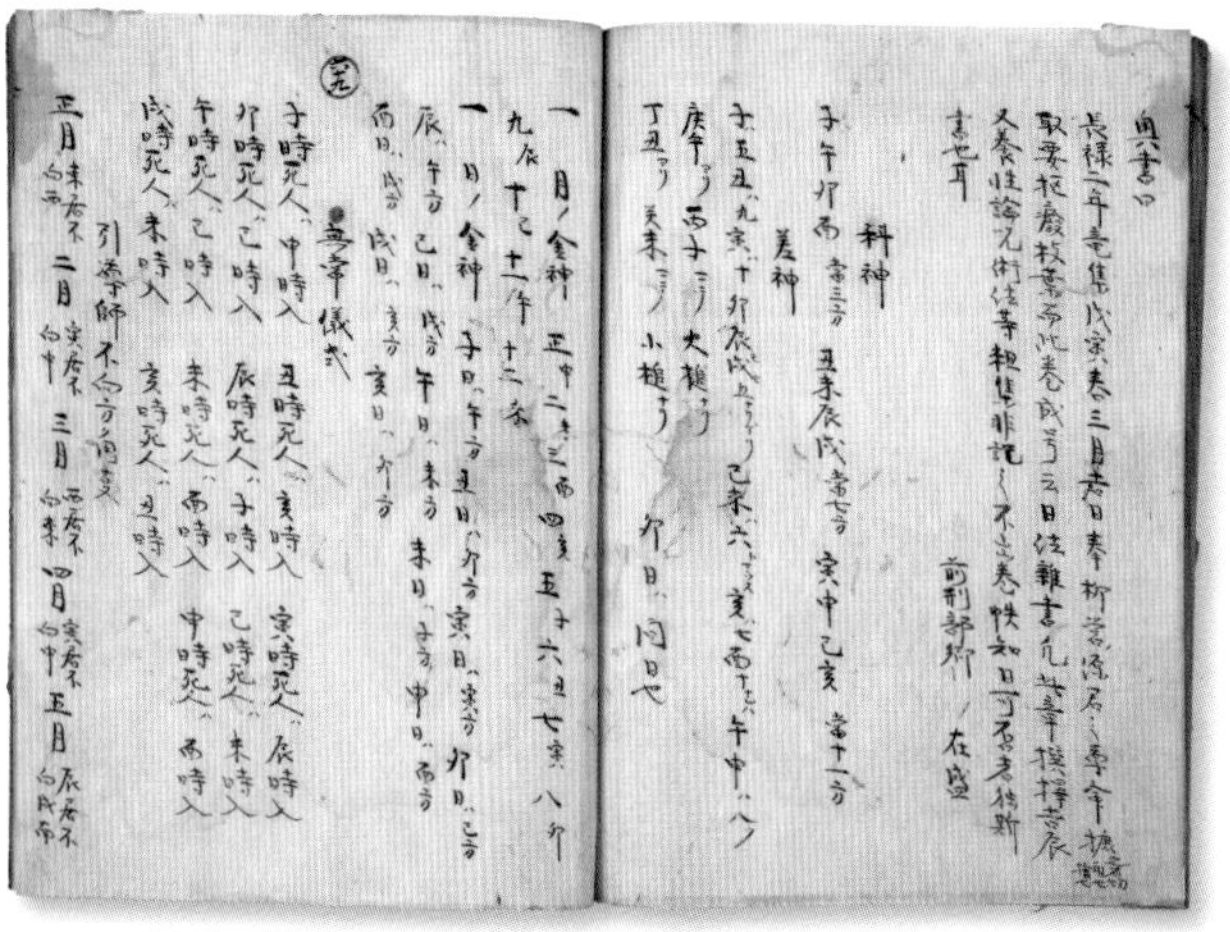

91 吉日考秘伝（日法雑書）

西尾市岩瀬文庫所蔵　天正四年（一五七六）写
大将軍八神社所蔵　享保一一年（一七二六）写

陰陽道書の一つ。「神事吉日」「犯土吉日」など六八の項目を立て、それぞれに良い日、悪い日などを示し、関連する陰陽道書の記述や先例が記される。日次の選択に関する記述が主だが、「鼻血吉凶」など養性論・呪術法が加えられているのが特徴。奥書によれば、長禄二年（一四五八）三月に将軍足利義政の命により勘解由小路（賀茂）在盛が選したものという。原題は『日法雑書』。写本には複数の系統がある。写真（下）の大将軍八神社本は、吉田神社神主吉田兼右が書写した系統の写本で、写真（上）の岩瀬文庫所蔵本とは異なる部分がある。またそれぞれ後世、新たに立てられた項目もある。

（遠藤）

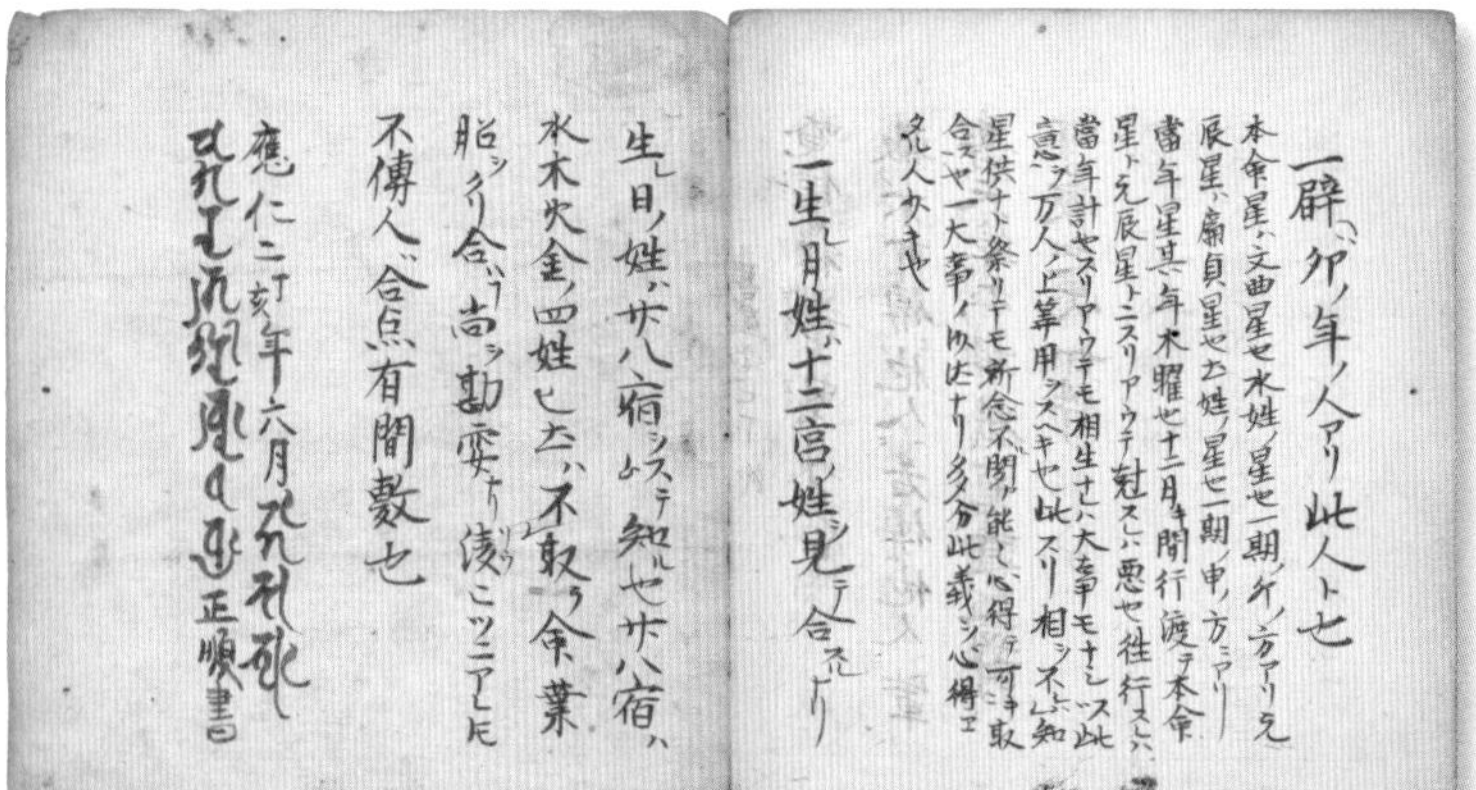

西尾市岩瀬文庫所蔵本

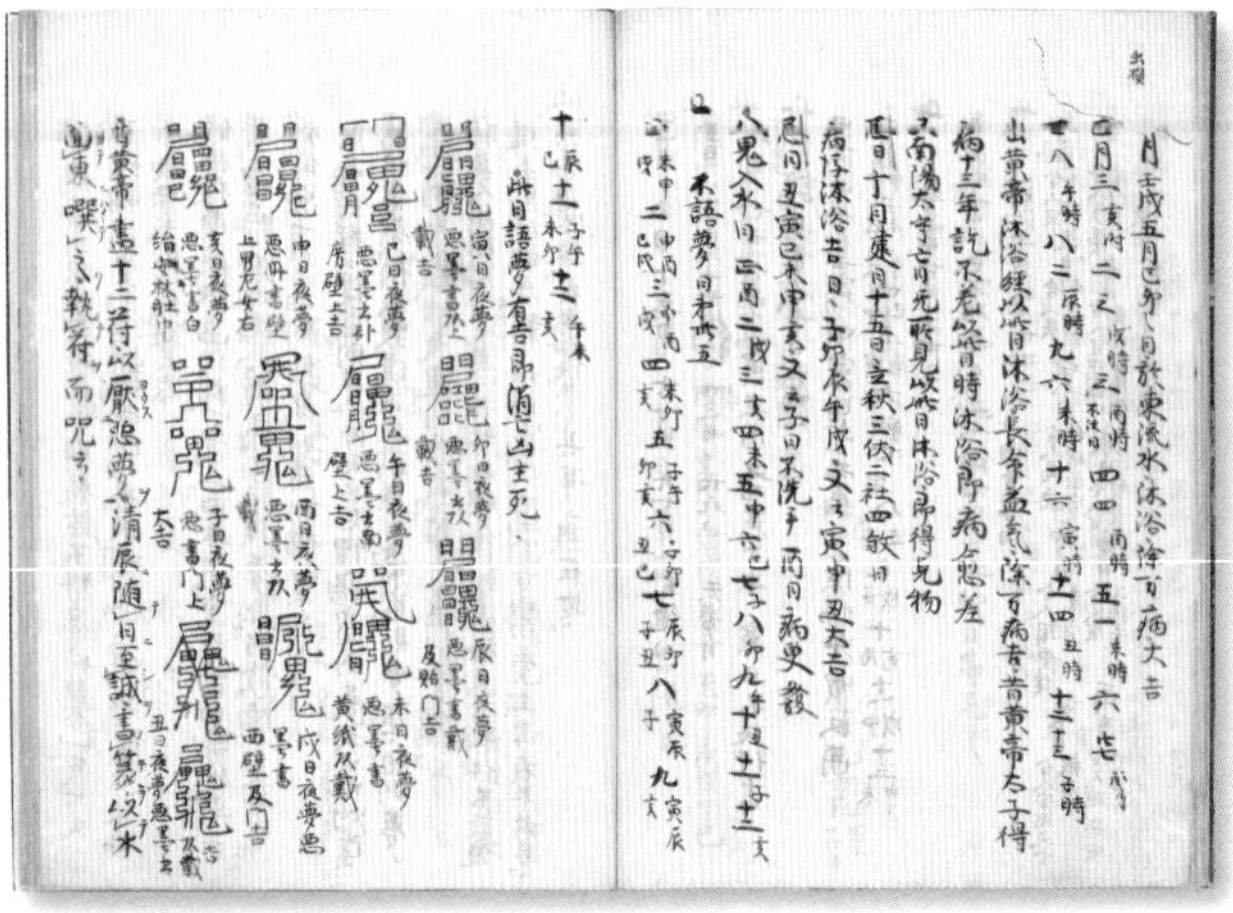

大将軍八神社所蔵本

92 普星伝

大将軍八神社所蔵　応仁二年（一四六八）写

宿曜道の書。外題に「星之行度知事」、内題に「普星伝」とある。宿曜道は、中国より伝来した「符天暦」に主に依拠して、北極星・北斗七星などの天体の運行によって吉凶、人間の運命などを予言したり、災厄を祓う祭祀を行う真言密教の占星術である。宿曜師と呼ばれる僧が司り、一〇世紀末以降、人々の生活に大きな影響力を持った。本書は奥書より応仁二年に正順が書写したものと判明する。

（遠藤）

93　陰陽道旧記抄

宮内庁書陵部所蔵　鎌倉時代前期カ

陰陽道書の一つ。前欠。土御門家旧蔵。「移徙事（引っ越し）」（写真掲載箇所）「六月祓事」などの項目をたて、中国の陰陽書や「大夫殿（安倍晴明）御説」「口伝」「日本紀」などから関連記事を引用している。陰陽道書の逸文・禁忌など本書によってのみ知られる記述もあり貴重。鎌倉時代前期に安倍氏の人物が著したと考えられる。この書の大部分は承元三年（一二〇九）の泰山府君祭の都状の草案を裏返して、裏の白紙部分を表に袋綴じの冊子として記されている。そのため黄紙が用いられている。（遠藤）

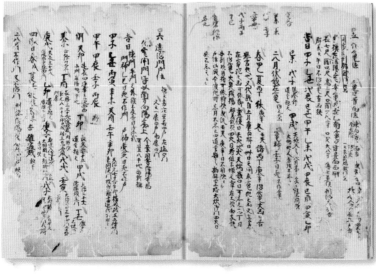

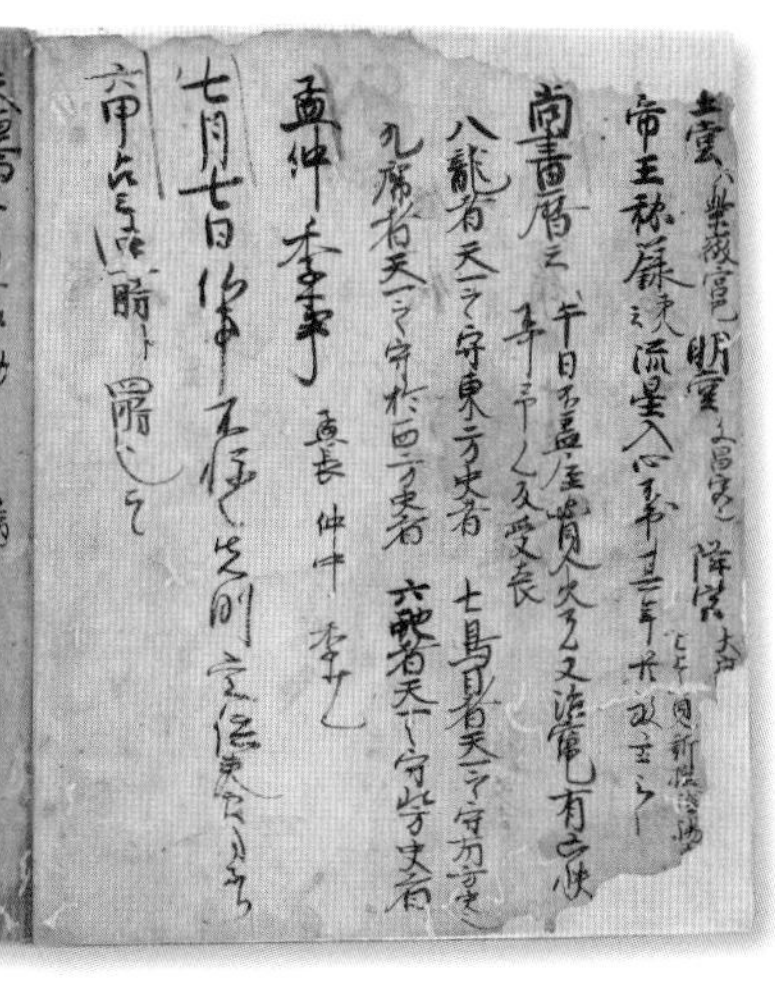

94　陰陽吉凶抄

東京大学史料編纂所所蔵　室町時代写カ

日次の吉凶や先例を書き上げた陰陽道書。「行雑事吉日」「出行吉日」など三〇の編目がたてられ、先例や中国の陰陽書、賀茂氏の人物の著作や説から関連記事が引用されている。本書のもととなる本の成立は鎌倉中期、賀茂氏の人物の手になると考えられている。写真掲載箇所（七丁裏）には、かまどを作るのに四火日を忌むかどうか、家々で説が異なるといい、家説が形成されていることがわかる。また引用されている家説の一つに勘解由小路の説がある。あるいは後の勘解由小路家につながる賀茂氏の家であろうか。（遠藤）

（2）占い

人類は太古の昔から、占いによって目には見えないものの意思を知ろうとしていた。それによって、自分や家族や組織の将来の吉凶禍福、運命を予測しようとしたのである。東アジアで占いが発達していたのは、やはり中国であった。動物の骨を整形し、それを焼いてできたひび割れで占う骨卜（こつぼく）については、考古学的な発掘でも、すでに弥生時代に使われた卜骨が日本列島でも発見されている。また「魏志倭人伝」によれば、その方法は中国の亀卜（きぼく）に似ているとある。ただし実際の骨卜技法は多彩であって、加熱した棒を当てて卜骨が貫通するかやヒビが描いた線にかかるかなどで判ずる方法もあったと考えられる。日本では主にシカやイノシシの骨が使われている。

やがてヤマト王権による列島支配が進むと、部（べ）の制度が成立して、骨卜を職掌とする占部（うらべ）が成立する。続いて、『日本書紀』によると、六世紀（欽明（きんめい）天皇の時代）に、亀卜と易が百済（くだら）より倭国の大王宮廷に伝わった。亀卜は亀の甲羅を整形した卜甲を焼いてできたヒビで占うもの、易は儒教の経典でもある『易経』に基づく占いである。「隋書倭国伝」によると、七世紀初期の倭国で庶民が埋葬をする場合、日の吉凶を占ったとある。このころ、壱岐（いき）・対馬（つしま）と伊豆（いず）などの東国に、亀卜を行う卜部（うらべ）が置かれた。六〇二年には百済僧観勒（かんろく）が来るが、彼は天文や地理（＝風水（ふうすい））・暦本・遁甲（とんこう）・方術（ほうじゅつ）の書を献じ、渡来人の子弟を学生として教えたとある。

律令国家の形成過程で陰陽寮が設置され、八世紀初頭の勤務評定によれば、陰陽師たちはさまざまな中国流の占いを駆使していたことがわかる。また卜部は神祇官の所属となった。僧侶の占いは僧尼令（そうにりょう）で禁止されたが、私度僧（しどそう）とよばれる非合法の出家者は、占いを行って国家から非難され、やがて官僧もなし崩しに占いを行うようになった。

律令国家時代となり、国家が暦博士（れきはかせ）に造らせた具注暦（ぐちゅうれき）が日本全体に流通すると、暦に記された日などの吉凶を示す暦注（れきちゅう）も知られるようになった。八世紀初頭には、早くも出仕の日時の吉凶を暦注で占った木簡（もっかん）が、藤原京跡で発見されている。また八世紀の日本を舞台とする仏教説話集の『日本霊異記（にほんりょういき）』（九世紀編纂）によると、大和国（やまとのくに）（＝奈良県）の率川（いさがわ）神社には、人相見と八卦（はっけ）（＝易占（えきせん））を行う占い師がいたとあり、さまざまな中国流の占いが日本社会に広く浸透していった様子が読み取れる。こうした中で古代の陰陽師は、式占（しきせん）と暦注の占い師として特化していったわけである。

一方易占は、主に僧侶や儒者が行うようになった。暦注は仮想の天体の位置により占う占星術（数理占星術）という側面がある一方、天体の通常の運行とは外れる動きに政治的な事件の前兆を見いだす天文占は、変異占星術というジャンルに分類される。中国に生まれた天文占は主に国家の未来を占うので、国家占星術だとも言われる。一方、現代のいわゆる星占いに当たる西洋占星術は、西アジアに起源がある。これが唐に伝わり、密教に取り込まれて『宿曜経』という密教占星術書が成立する。この書を九世紀の日本に持ち込んだのが、真言宗の空海であった。一〇世紀に符天暦が日本に入ると、この符天暦を使って密教の占星術を行う宿曜道が成立する。このように占いは、平安時代には日本社会に広がりを見せていったのである。

式占は日本では中世後期に、宿曜道は南北朝時代に衰退するが、易占と暦注、さらには諸種の占いが、同時代の中国や朝鮮の影響を受けつつ、日本独自の展開を見せるようになる。占いは本当に当たるかどうかではなく、日本社会の発展とともにますます多くの人々に必要とされるようになったのである。

（細井浩志）

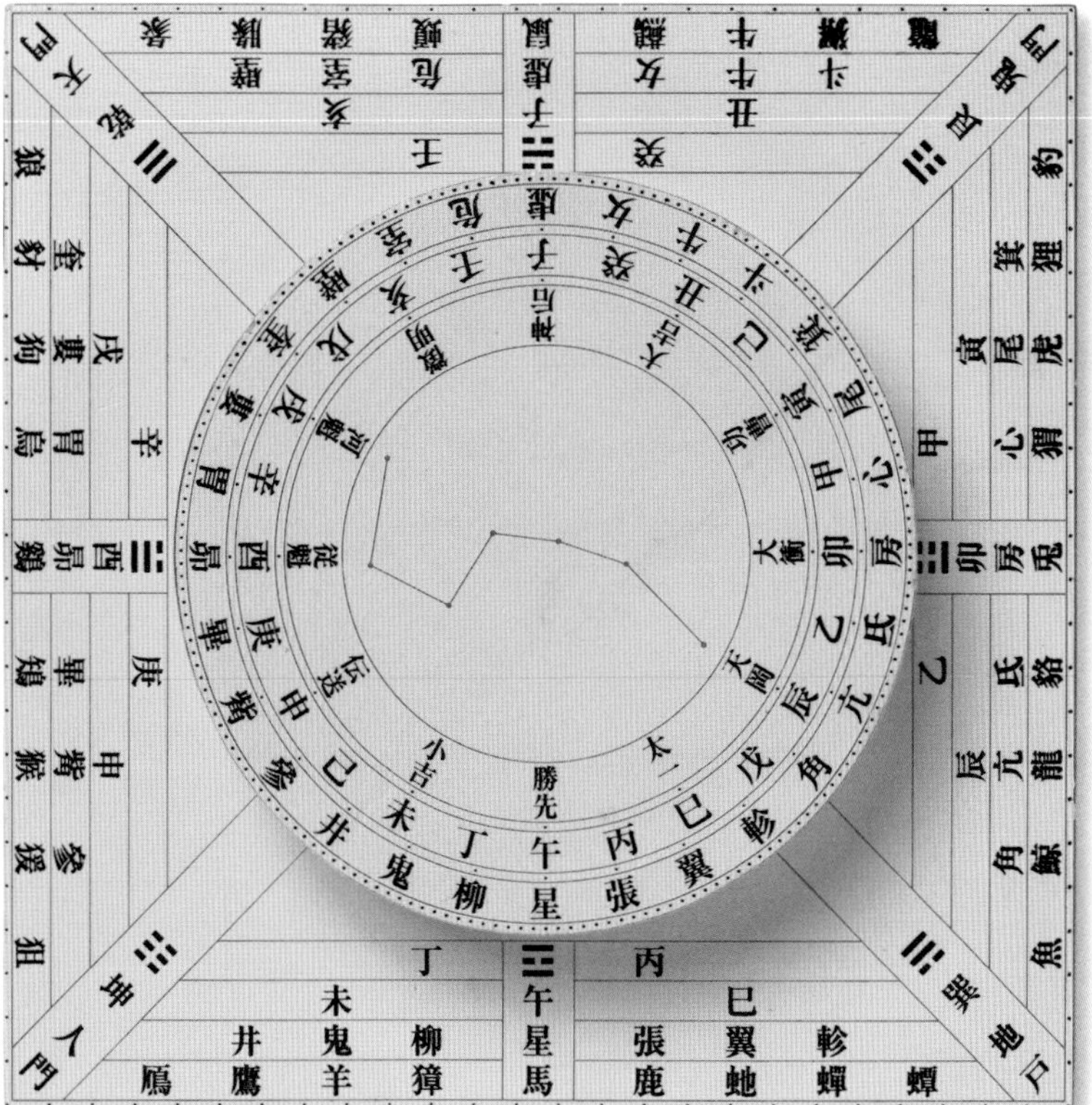

95 **式盤　復元模型**

個人蔵　現代

式占でも太一式・雷公式は唐・日本で私有禁止とされたが、この六壬式は庶民も使うことができた。一〇世紀末以降の陰陽道が使ったのは専ら六壬式で、天が丸く地は方形とする中国の天円地方説に基づく。天盤はカエデ、地盤はナツメで作り棗楓とも称された。天盤の十二月将が式神である。怪異の発生が節月正月（今の二月頃）・時刻が丑刻（午前一〜三時）なら、天盤の正月将徴明を地盤の丑に合わせ、四課三伝と称される五行の組み合わせを確認してその卦遇（天将・月将といった式占の神々の組み合わせ）で占った。（細井）

96 算木

本館所蔵　吉川家文書

江戸時代カ

算木はそろばん以前に計算に使われ、棒自体を「算」「籌」などとよんだ。正数を赤、負数を黒、もしくは末位の数に算を一本斜めに重ねて表した。算木の形を変える場合もある。数字に魔力が宿るという思想は世界中に見られ、東アジアでも算木が占いに使われた。正倉院文書では八世紀の陰陽師が「算術」を使っている。中世には算置が現れて五行や八卦などを判断して占い、近世初期には市井でもっとも一般的な占い師となった。だが易占や大雑書の普及などにより衰退したとされる。（細井）

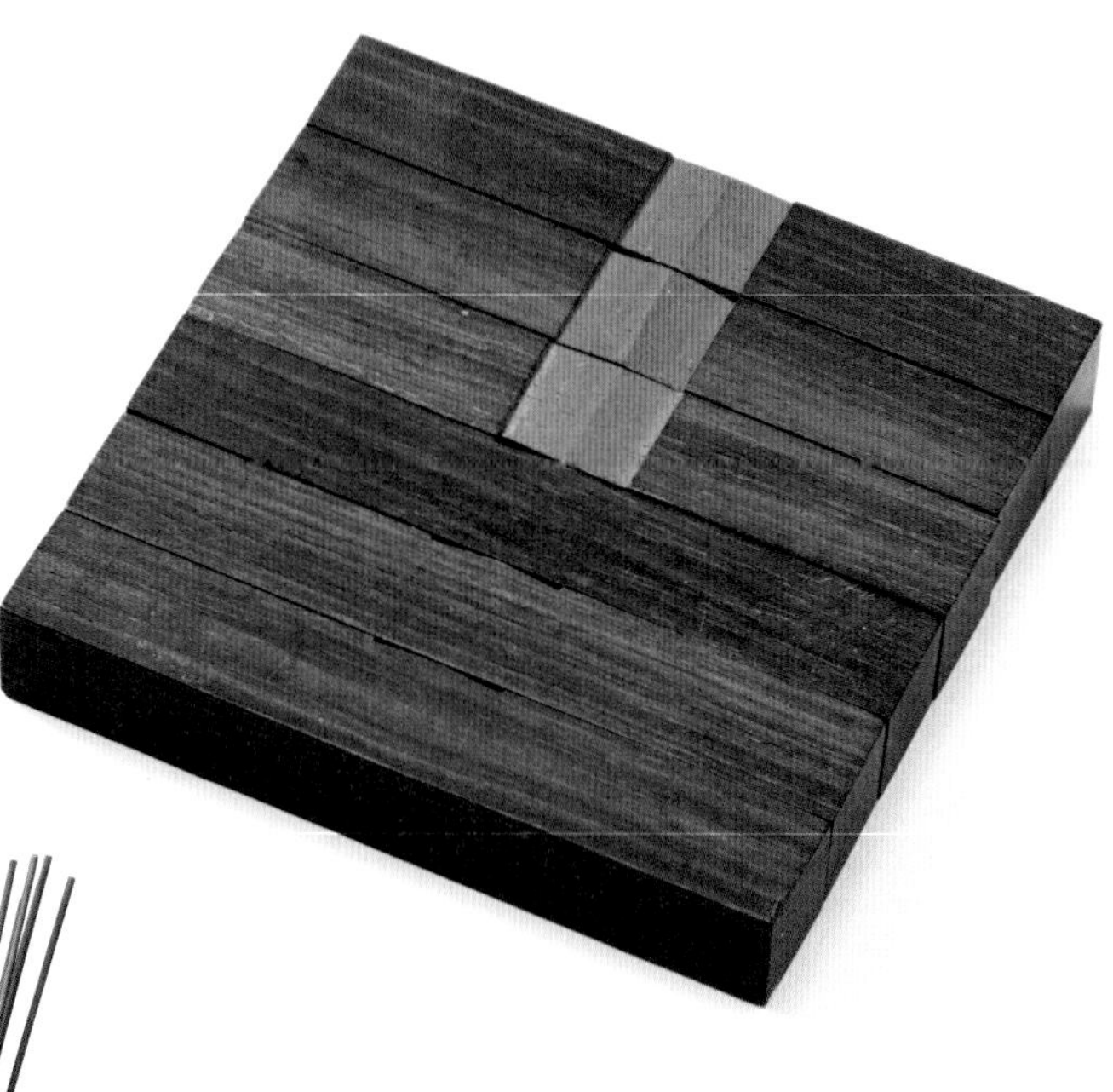

97 筮竹・筮竹立て・筮竹入れ

本館所蔵　吉川家文書　江戸時代カ

筮竹は易占に使う棒で、全部で五〇本ある。占い方には正式のものと略筮法とがある。『易経』は易占のテキストで、爻つまり陰（- -）か陽（—）を三段重ねた八卦をさらに二つ重ねた六十四卦のどの卦に当たるか、さらに最も活動的な変爻がどれかを定め、それぞれに付された『易経』の言葉によって占う。八世紀初頭の陰陽博士・觮兄麻呂は『易経』及び楪筮を得意としたが、古代・中世の陰陽師は主に式占を使った。（細井）

98 諸神神名柱・呪符版木

本館所蔵　吉川家文書　寛政七年（一七九五）

八角柱の底面に「寛政七乙卯年九月晦日祭」の墨書がある。柱の側面にはそれぞれ、陰陽道の神々（閻羅天子尊神・五道大神尊神・天官・水官・司禄・司命など）・日本神話の神々（高皇産霊神・伊弉諾尊など）・稲荷や弁財天などの民俗神の名前を記し、なかには「今上皇帝」もある。さながら祭文を立体化したかのような構成である。用途など詳細は不明だが、筮竹容器と形態が類似する。呪符版木は呪符と思われる。「招金銀…」などの文字がみえる。　（梅田）

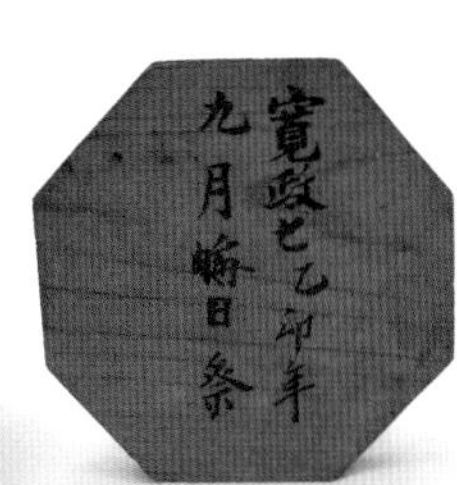

呪符版木

諸神神名柱

諸神神名柱（底面）

99 年卦版木

本館所蔵　吉川家文書

江戸時代

版面中央の記号は、易占の八卦である。八卦とは、陰爻と陽爻とを三本重ねることによって作られた八種類のパターン「卦」（乾・兌・離・震・巽・坎・艮・坤）をいう。年八卦は、年齢と性別によって導き出される年ごとの「本命卦」。奈良の陰陽師は新年の暦を配るとき、その家の主の年八卦と吉凶を書いた占文を付けて渡すことが多かった。月毎の吉凶や注意点、その人にとっての吉方・凶方、とくに年始を迎えるときに若水を汲み・着物を着始める吉方位など詳細に記す。　（梅田）

（3）祭祀（陰陽道祭と反閇）

陰陽道祭祀や反閇（邪気を祓うための足踏み）といった呪術は陰陽師の仕事の中でも重要な職掌の一つである。陰陽道祭祀は九世紀中ごろあたりから本格的に見られるようになり、当初は董仲舒に仮託した説を典拠とするような五行家系の祭祀（高山祭、鬼気祭、火災祭、代厄祭など）が陰陽師の手によってつくられた。その後、一〇世紀後半あたりから道教との習合を経た唐代後期密教の影響を受け、冥道信仰系の祭祀（泰山府君祭、三万六千神祭など）や五行思想の影響が濃い反閇・呪符といった呪術儀礼の基盤が確立し、国家的祭祀へ組み込まれるようになった。さらに一一世紀に入ると星辰信仰の流布や不安定な社会の状況に対して、個人に降りかかる災いや病、怪異に対する処方箋としての役割、あるいは延命寿福の祈願といった個人に対して行う祭祀の需要が急速に高まっていく。このように呪術が大きな位置を占めるようになったことで、陰陽道は宗教的な色合いを濃くしていく。

陰陽道祭祀は時を経るごとに種類が増え、一〇世紀ごろまでは四〇種程度だったが、鎌倉後期には一四九種（祓や鎮法を含む）にまで拡大する。新たに増えた祭祀の中には、風伯祭、鷺の怪異に対処する鷺祭、子供の病に対する小児祭といったように、より具体的な功験を期待したものがみられる。また、星辰信仰の流布や宿曜師が行う星供に影響を受け、歳星（木星）祭、鎮星（土星）祭といった星神を祀る祭祀も行われるようになる。加えて院政期以降、祭祀の規模も大きくなり、一度に多数の陰陽道祭を行ったり、大人数の陰陽師を動員するようになるが、これは陰陽道に限らず仏教祈禱にも共通する動向である。

陰陽道祭祀は貴族社会だけでなく武家へも広がっていく。鎌倉殿の身辺を護るためや、東国の天変地異・怪異への対処、そして北条氏や有力御家人まで幅広く行われるようになる。さらに地方でも行われるようになる。伊勢国員弁郡の領主藤原実重が記した『藤原実重作善日記』（作善：信仰の上で善い行いをすること）には、実重が元仁元年（一二二四）から仁治二年（一二四一）まで、仁王講などの仏事や多賀社などへの奉幣とともに、泰山府君祭や鬼気祭、土公祭といった陰陽道祭を盛んに行わせている。

このように陰陽道祭祀や呪術は国家から個人へ、貴族社会だけでなく武家社会へ、さらに中央から地方へも広がりをみせるようになるのである。

（赤澤春彦）

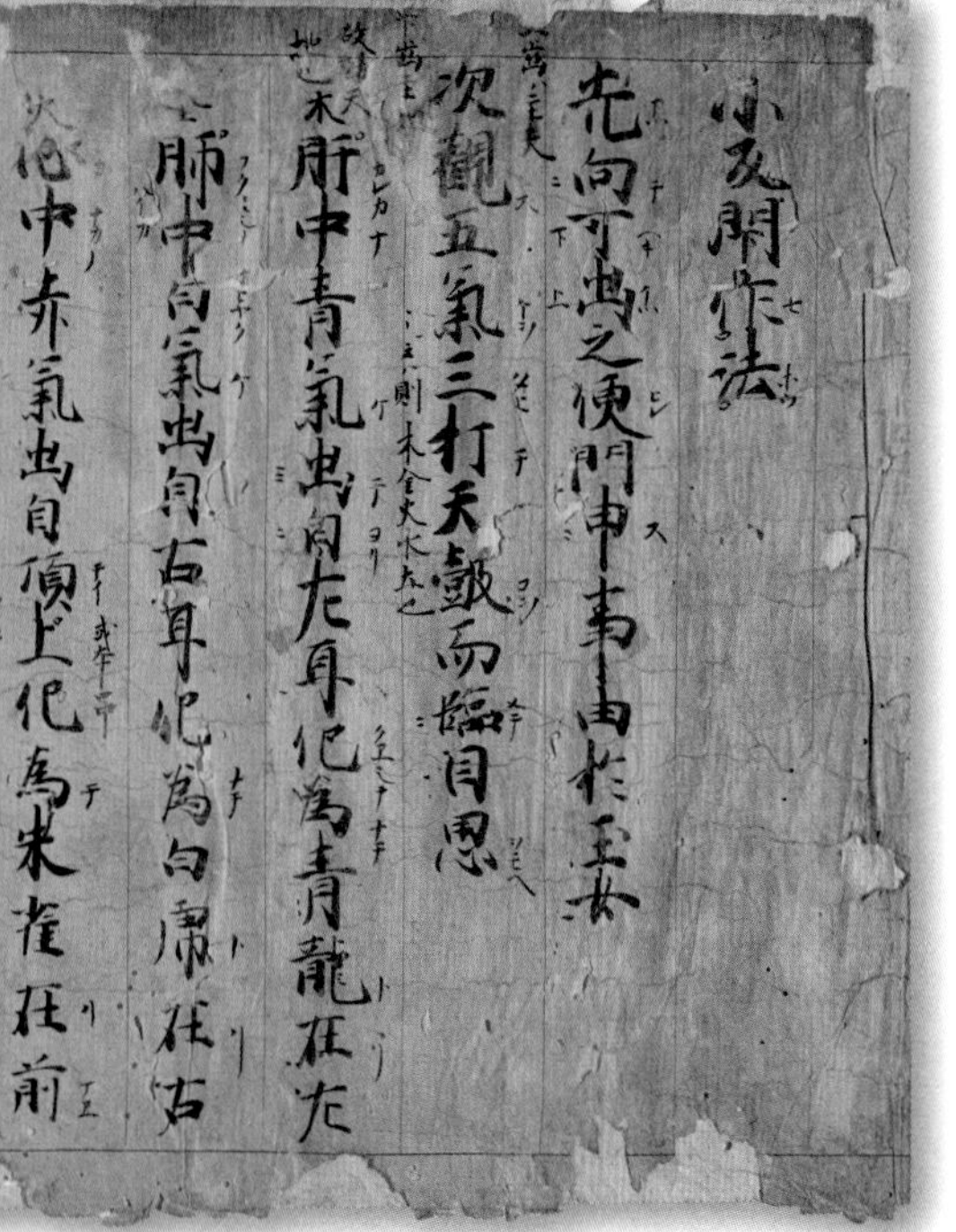
小反閇作法
先向可出之便門申事由於玉女
次観五気三打天鼓而臨目思
東方中青気出自左耳化為青龍在左
西方中白気出自右耳化為白虎在右
次南方中赤気出自頂上化為朱雀在前

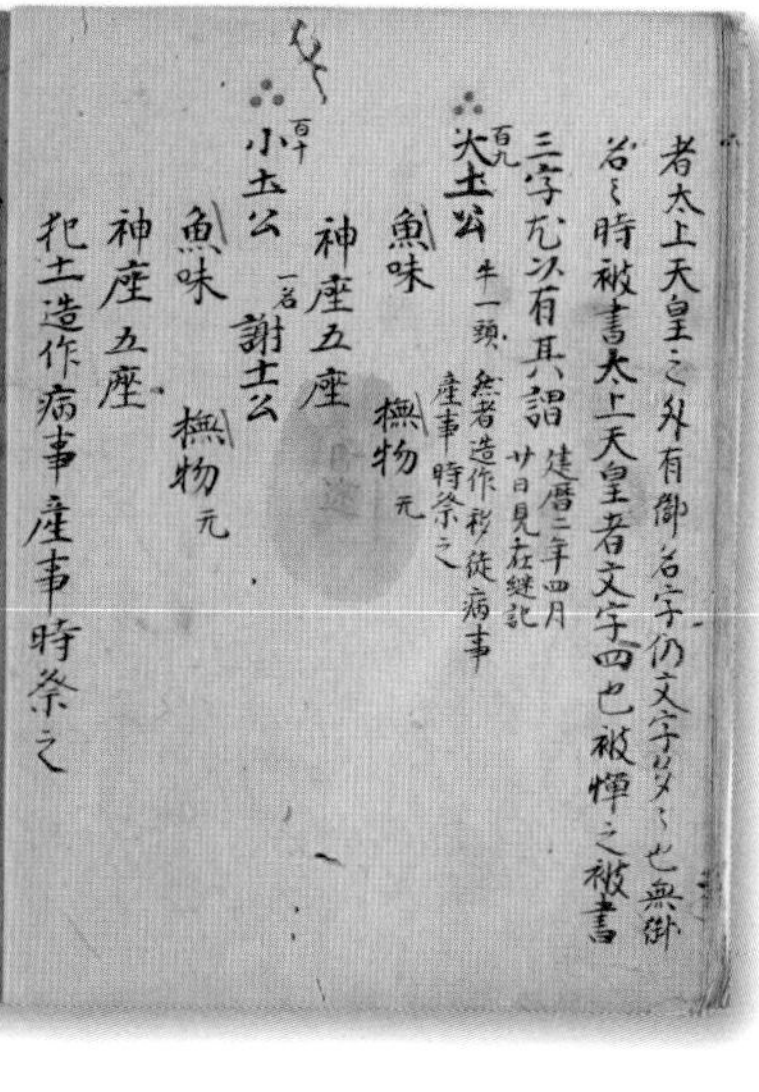

100　文肝抄

京都府立京都学・歴彩館所蔵　若杉家文書　鎌倉時代後期

鎌倉時代後期に成立した一四九種にわたる陰陽道祭祀の修法・作法儀礼の指南書。本来は四巻からなるが現存するのは第四巻のみである（九七番五帝四海神祭～一四九番身固作法）。文中の文言から一三世紀末を遡らない時期に賀茂在材（在親後裔）によって編纂されたと推定される。編纂の背景には鎌倉後期に衰退してゆく在親流陰陽師が氏族内での存在意義を主張する意図があったと考えられる。（赤澤）

101　小反閇作法并護身法

京都府立京都学・歴彩館所蔵
若杉家文書　建長二年（一二五〇）写

反閇は貴人が移動する際に邪気を祓うために行う呪術である。勧請呪、天門呪、地戸呪、玉女呪、刀禁呪、禹歩の次第が列記され、刀禁呪の後に九字を切り、それぞれ四神、星神、仙人、仙女を配当する。禹歩呪は独特の足運びをもって辟邪をなす呪法である。本書は代々安倍泰親流の秘伝として相伝されたもので、奥書によれば仁平四年（一一五四）から寛正二年（一四六一）にわたり、口伝でしか伝授されなかったものであった。（赤澤）

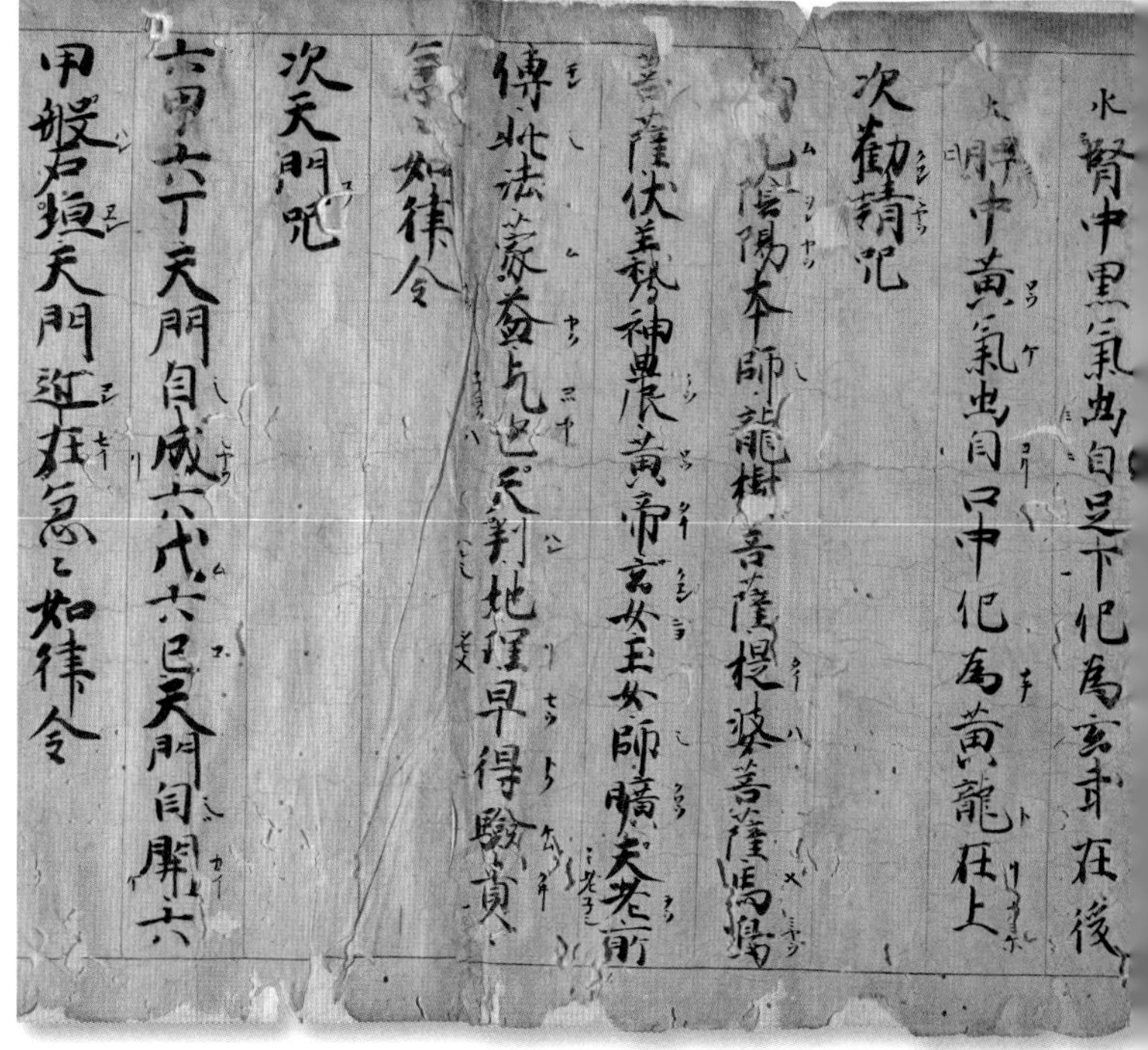

102 反閇作法幷作法（大刀契事）

京都府立京都学・歴彩館所蔵　若杉家文書　鎌倉時代末期
12と同一資料

平安後期の反閇の先例についてまとめた史料。反閇は天皇が大内裏や里内裏から行幸する際だけでなく、賭射・競べ馬・相撲などの勝負事に出場する際にも行われた。また、年始の御祈始め以前に行った例や陰陽師が服暇で反閇を勤仕しなかった例、陰陽師の邸宅の庭で勤仕した例などイレギュラーな事態での例も示される。さらに大内裏で行う際の図が示されているように現場の陰陽師が用いるための指南書でもあった。（赤澤）

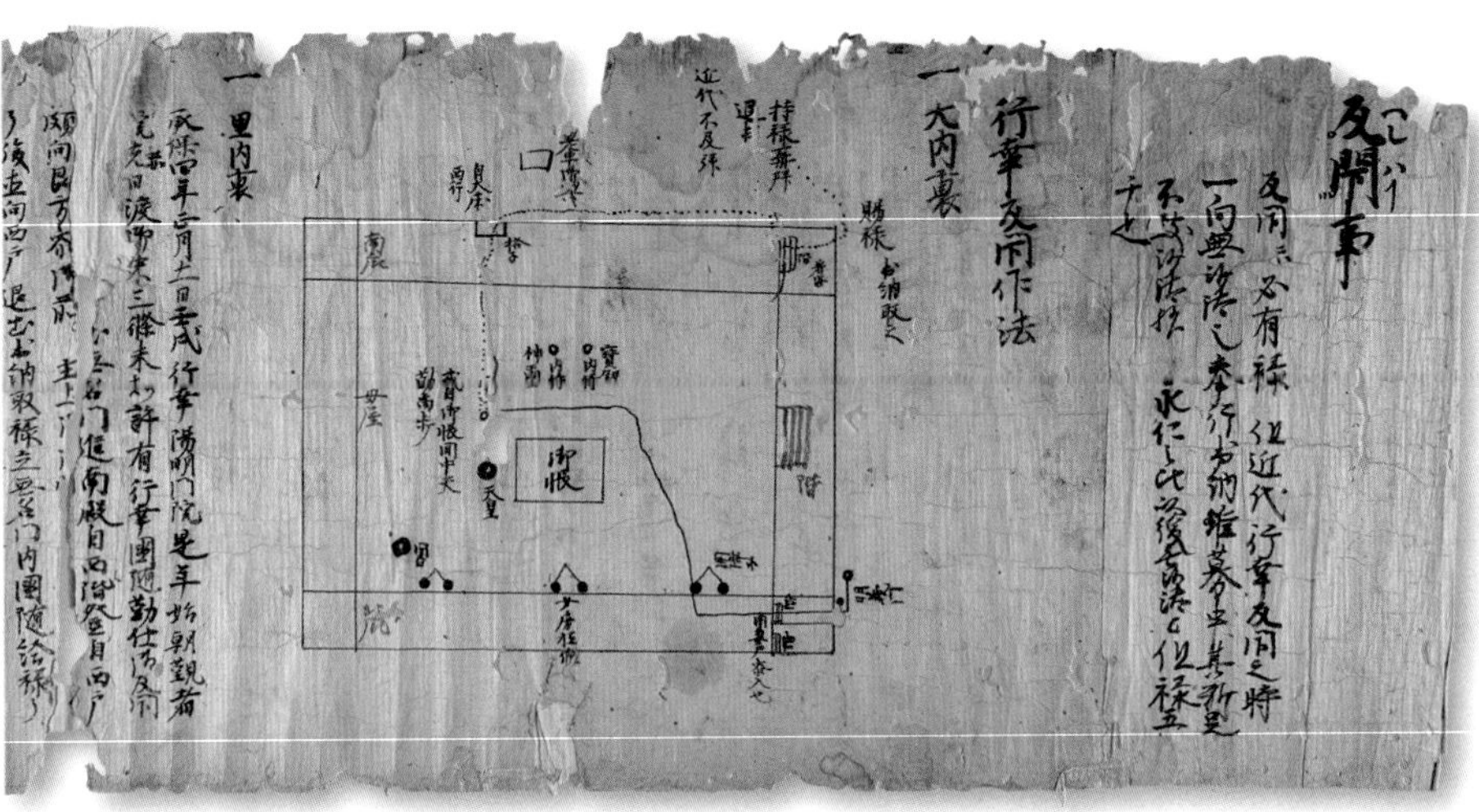

103 反閇作法

本館所蔵　吉川家文書
寛永三年（一六二六）写

奥書によれば寛永三年九月二日に土御門泰重が書写したもので、これをさらに写した可能性が高い。「小反閇作法幷護身法」（101）（若杉家文書）と同内容のものである（ただし護身法は省略されている）。これが吉川家文書の中に残されているということは、安倍氏の中で秘伝とされてきた反閇の呪法が江戸時代には南都の陰陽師にまで伝わっていたことを示す興味深い事例である。おそらく吉川家の当主がこうした知識を意図的に収集していたものと思われる。【→三〇〇頁に翻刻】（赤澤）

近世の陰陽道祭

　ここでは、江戸時代の陰陽道祭について紹介する。陰陽師たちは、わざわいを除き、願いを叶えるために陰陽道の神々をまつる儀式（陰陽道祭）を行った。奈良の陰陽師も例外ではない。かれらは、地元の人々の依頼に応じて陰陽道祭を行っていた。また、京都の土御門家での陰陽道祭にも関わっていた。そのため陰陽師でもあった奈良暦師吉川家の文書には、約六〇件の江戸時代の陰陽道祭に関する史料があり、土御門家関係の陰陽道祭と、地元奈良での陰陽道祭、両方の史料が含まれている。これまで陰陽道祭といえば、ほぼ朝廷での事例だけしか知られてこなかったから、江戸時代の町人社会で実際に行われた陰陽道祭について解明する手がかりが、ようやく得られたことになる。

　陰陽道祭では、祭壇を築いて幣を立て、洒水や香そして供物を用意して陰陽道の神々を招き、祭文を読みあげて願意を伝える。祭祀の度に、祭神に読み上げる祭文、手順などを記した次第書などが作成された。その源流は中国古代の道教祭祀にあると思われるが、手順や構成は神道の祭祀や密教の修法から大きな影響をうけている。

　奈良の陰陽師たちは、土御門家の祭祀の場で祭文や次第書を伝えられ、持ち帰った。なかでも朝廷の大祭である天曹地府祭の史料は、参加した陰陽師にとって権威の証とされた。

　しかし、奈良の陰陽道祭全てが土御門家の影響を受けていたわけではない。吉川家文書には「宅鎮祭」「九将神祭」「土公神祭」「荒神祭」「彗星祭」など様々な名称の陰陽道祭の史料が残り、なかには京都の史料には見られない名称の陰陽道祭もある。また同じ名称でも、祭神の異なる祭文もあった。賀茂氏幸徳井系の陰陽道祭を伝承していた可能性も否定できない。全般的な傾向としては神道・仏教・修験道要素が強く、時代がくだるにしたがって祭文と宣命体の祝詞が混在したものが増加する傾向がある。一方、中国・四国や奥三河の神楽・花祭の祭文に似る「土公神祭文」（119）もあり、その影響関係の解明がまたれる。

（梅田）

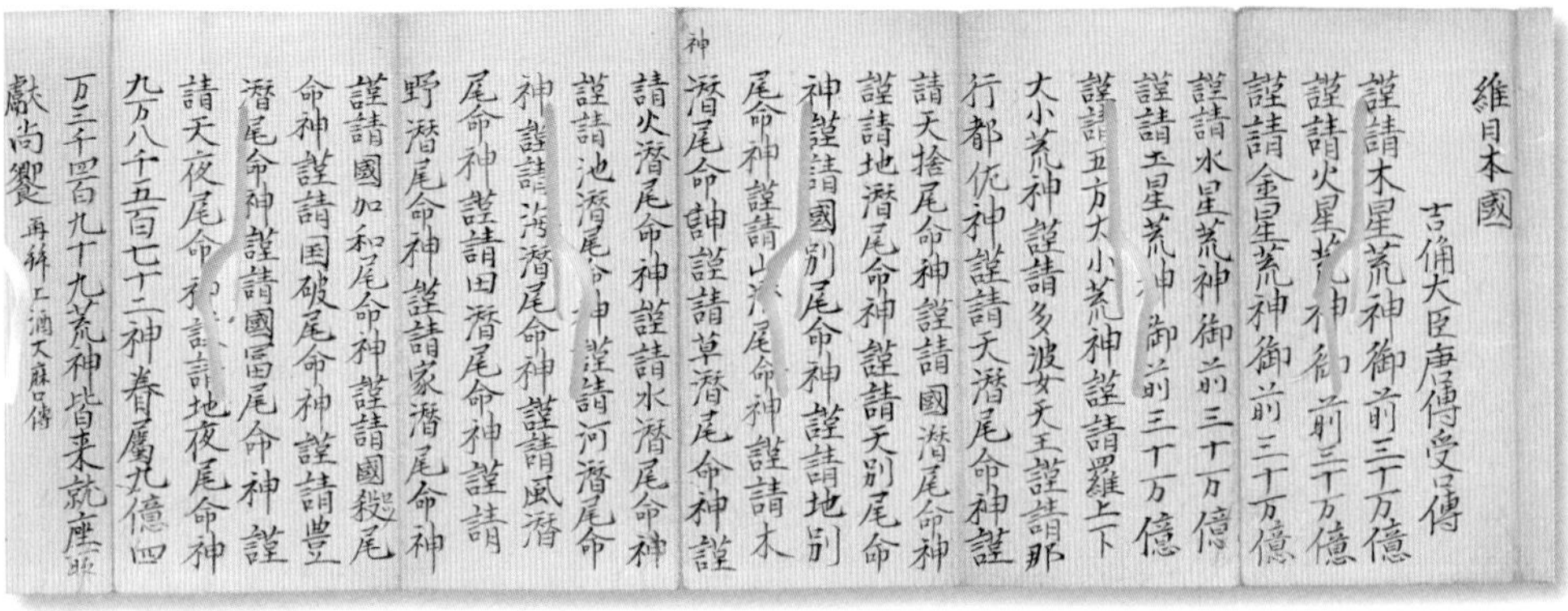

104　吉備大臣唐伝授口伝

本館所蔵　吉川家文書
江戸時代

「木火土金水」の「星荒神」をはじめとする荒神の神名を挙げ、さらに「〜潜尾命」という特徴的な名称の二六神と「九八七二」の神々の名を挙げる。祭神を基準とすれば、荒神を祀る荒神祭の一種であろう。これら祭神・願趣の表現は、土御門家の「荒神祭文」（『祭文部類』所収）とも共通するが、吉備真備の伝授とする仮託が特徴的である。吉備真備が陰陽道を日本に伝えた人物だとする伝説は『簠簋抄』にも載るが、奈良の高畑には吉備真備墓と伝えられる吉備塚があり、奈良の陰陽師達が信仰したという（第Ⅲ部第一章1「地誌のなかの陰陽町」参照）。（梅田）

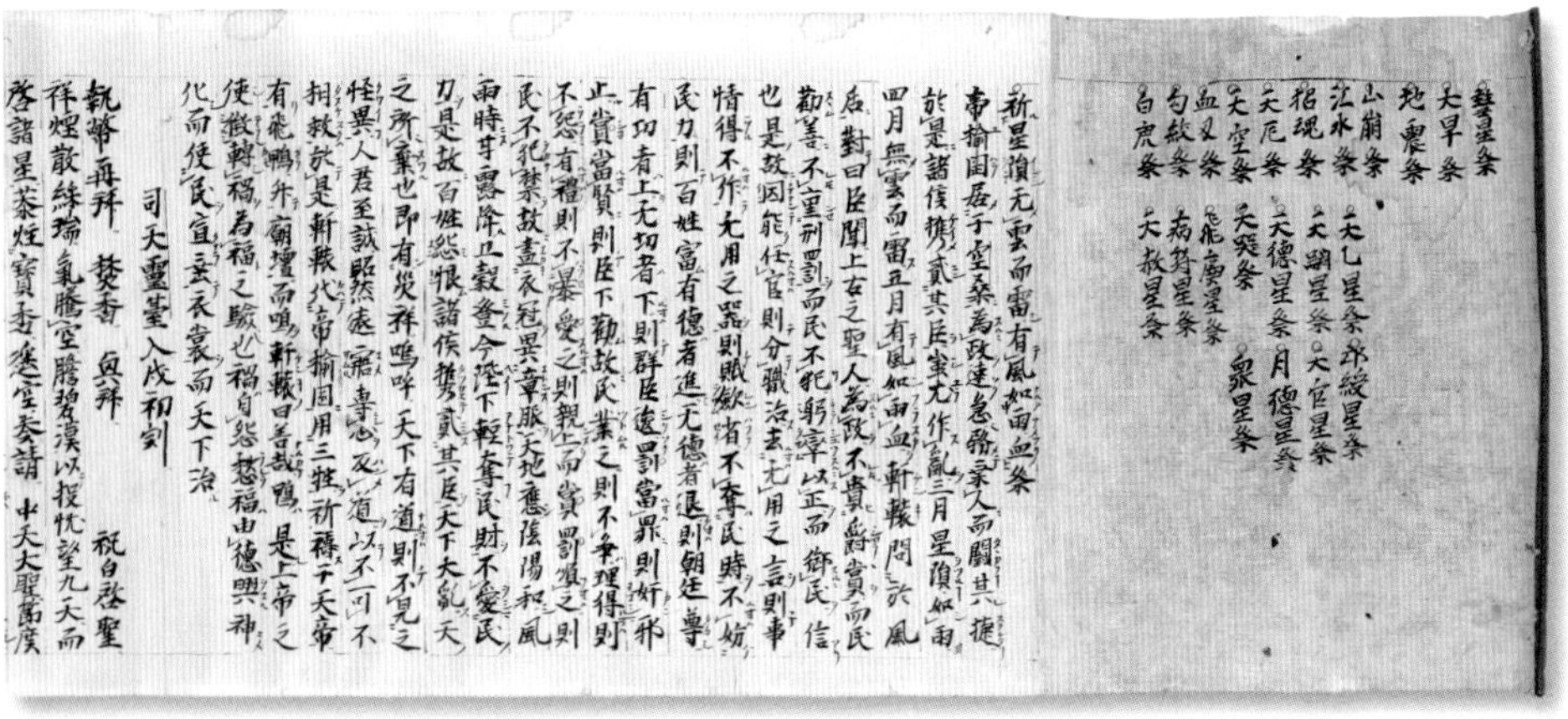

105　萬星祭事

本館所蔵　吉川家文書
江戸時代

外題に「萬星祭事」とあり、「彗星祭」「大旱祭」「地震祭」「山崩祭」「江水祭」「招魂祭」「天厄祭」「天空祭」など諸祭の由来、次第を列挙する。「招魂祭」を除くいずれの祭祀も、土御門家周辺の祭祀史料にはみられない。しかし「司天霊台」での祭祀と注記されていることから、本来「司天」つまり観測を行う天文台を設けていた土御門家での祭祀と解釈しうる。藤村数馬家の伝本から吉川家に移った史料であるが、南都に伝わった経緯は不明。（梅田）

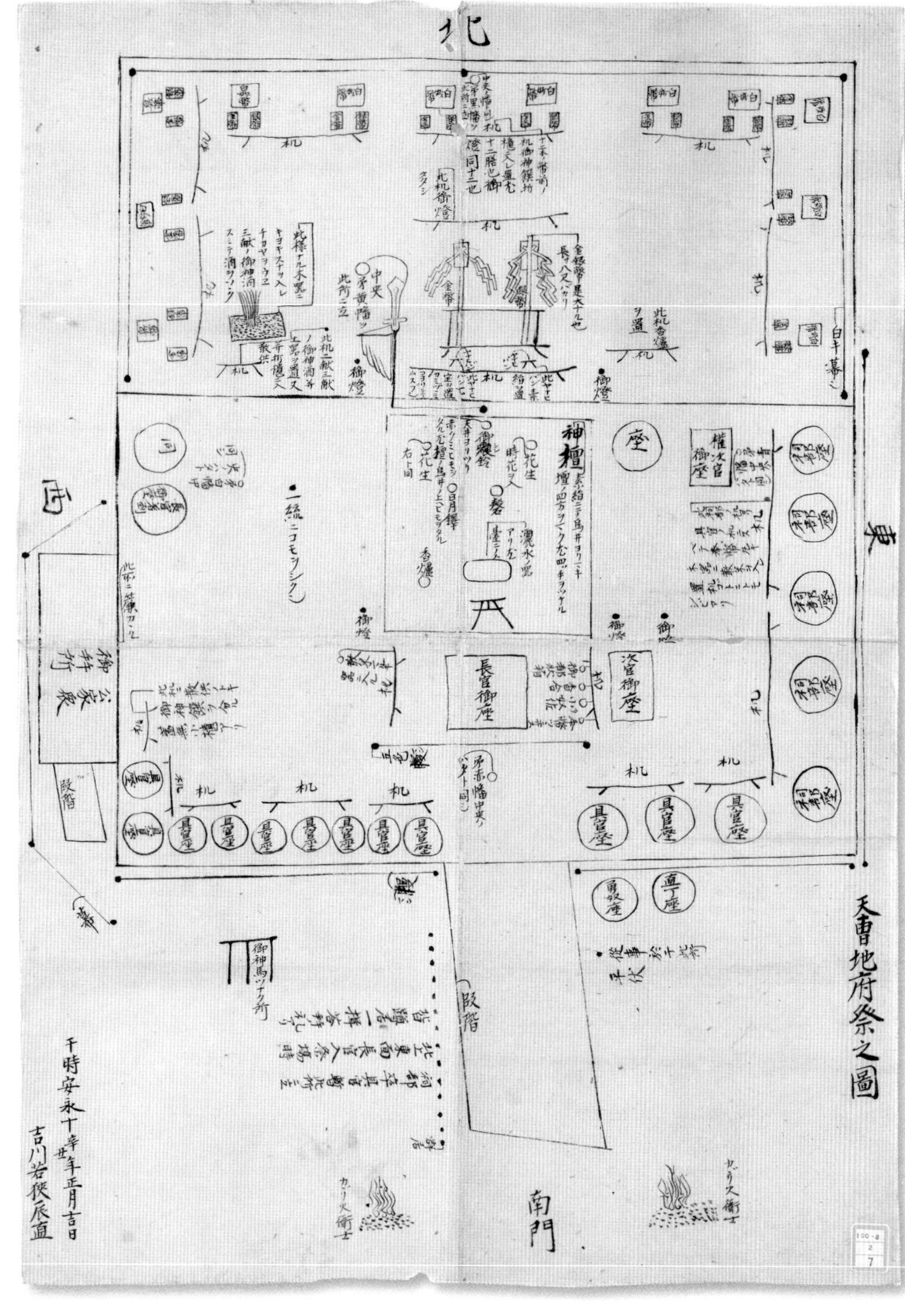

106
天曹地府祭之図
本館所蔵　吉川家文書
安永一〇年（一七八一）

安永一〇年正月二九日から五日間梅小路土御門邸で行われた、光格天皇即位にともなう天曹地府祭の祭場図である。長官（土御門泰栄）・次官・祠部・具官らの座席配置、公家の列座などの配置、祭壇の配置、祭具の仕様が詳細に描き込まれている。具官として参列した吉川辰直は、自ら陰陽道祭を主宰する「同業者」として詳細に観察したのであろう。具官は、用具を動かし覆面で神供を捧げる役割であった。「天曹地府祭法次第」（吉川家文書）というこの時の式次第を時系列に沿って記した史料も残る。（梅田）

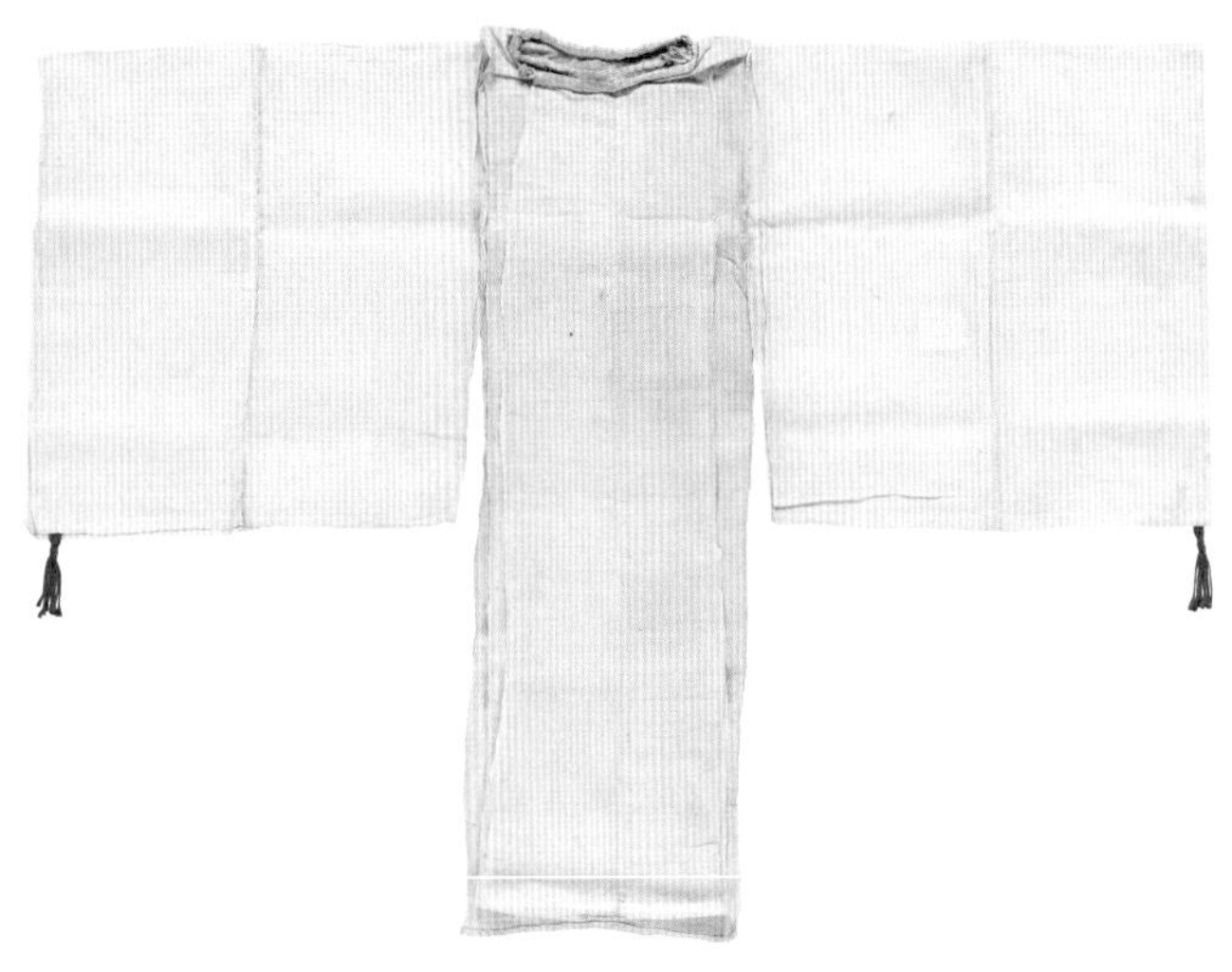

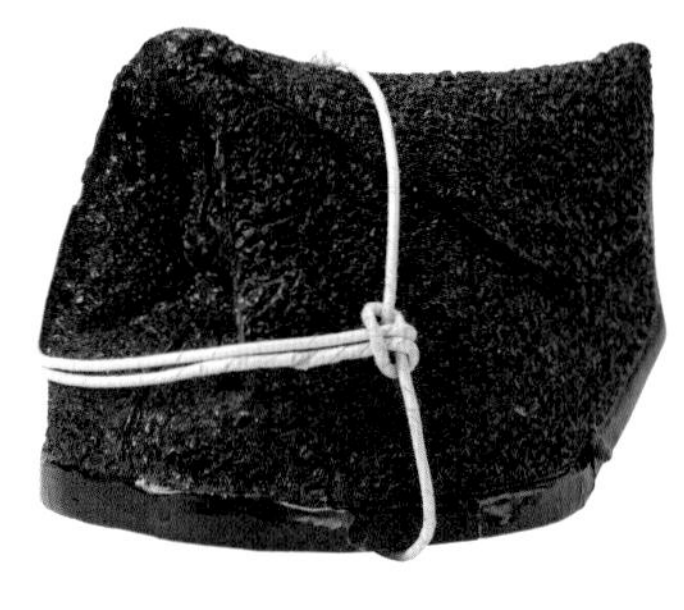

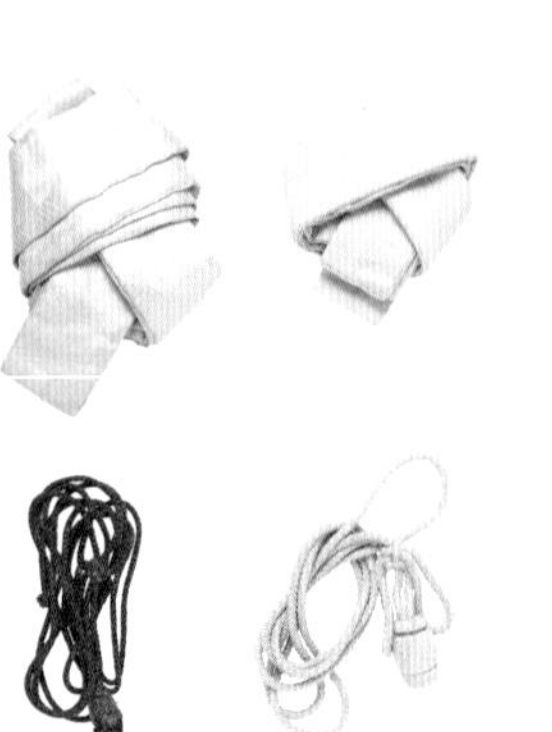

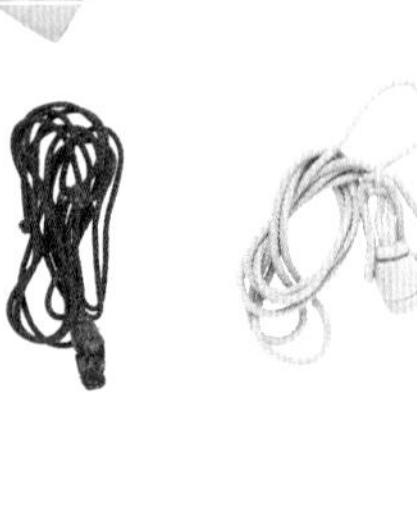

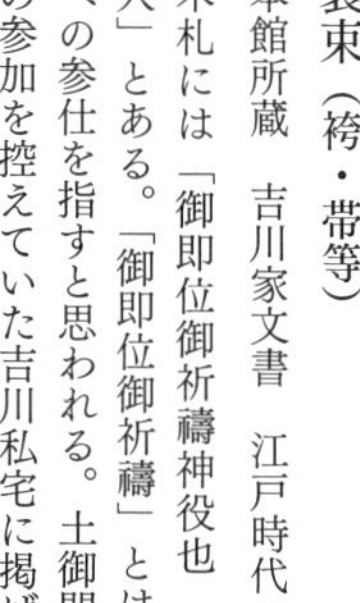

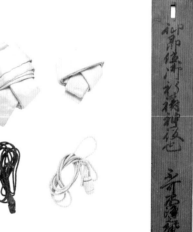

107 大嘗会天曽地府祭　即位祈禱札

108 烏帽子

109 装束（袴・帯等）

本館所蔵　吉川家文書　江戸時代ヵ

木札には「御即位御祈禱神役也　不可不浄之輩入」とある。「御即位御祈禱」とは、天曹地府祭への参仕を指すと思われる。土御門家での大祭への参加を控えていた吉川私宅に掲げられていたものか。吉川家には「大嘗会天曽（曹）地府祭」関連とされる道具類や烏帽子が伝わるが、実際の着用の有無や年代などは不明。烏帽子は風折烏帽子で箱も残る。衣裳は白丁役の物か。陰陽師の家に伝わった装束として稀な例と思われる。（梅田）

（4）まじない

「ちちんぷいぷい、痛いの痛いの飛んで行け！」。子供が転んで泣いた時にかけるこの「おまじない」を聞いたことがあるだろう。もとは江戸時代の滑稽本『古朽木』の序の一節「チチンプイプイ御代の御宝と言かとおもへば桜木と変じ」に由来するという。科学技術が発達した現代社会に生きる私たちは時にこうした「非科学的な」ことをする。むろん、こうしたおまじないによって擦り傷が完治するとは思ってはいないだろうが、古来から現代社会にいたるまで、こうしたまじないは私たちの生活文化として受け継がれてきた。

私たちは怪我や病気にかかったとき、病院に駆け込むだろう。しかし、近代的な医療が整っておらず、医療保険制度もない時代の人々は、むやみやたらに医者に診てもらうことはしなかった。命に別状がないものであれば、薬や民間療法、そしてまじないをもって対処するのが常であった。まじないは古代・中世には宗教者が口伝をもって継承する秘術や秘儀であり、民衆が容易に知れるものではなかった。しかし、江戸時代に入り、出版文化の盛行とともにこうしたまじないも集積、刊行され、急速に世の中に広まっていった。

しかし、一方で宗教者たちはなおもって秘術を保持し続けていた。競合する相手が乱立する中で、それぞれのオリジナリティを出す必要があったからである。奈良の暦師吉川家は陰陽師の家でもあり、残された史料群には呪術に関する史料も豊富に残されている。その中には陰陽道祭祀の祭儀を記したものから呪符を集めたものまで多岐にわたる。吉川家文書の『呪符集』（112）には異なる系統の様々な呪符が筆写されており、吉川家の陰陽師たちは意識的に呪符を収集していた。さらに「奉御立願安産鎮祭神符守護之事」（110）から吉川家では祭祀と呪符による祈願が実際に行われていたこともわかる。

呪符の功験に目を向けてみると、まず病や怪我、身体の不調に対するものが多く、とりわけ女性の出産に関わる呪符が数多く見受けられる。安産祈願だけでなく、産前に呑む符、後産がうまく降りないときに呑む符、白血が止まらないときに呑む符など個別具体的な効能が期待されていた。ちなみに呪符の使い方は門や柱などに貼りつけたり、祭壇に置く、地中に埋める、川に流す、燃やすなど様々あるが、病に対しては、身につける、患部に貼る、細かくちぎって呑む、あるいは焼いて灰にした符を水に溶かして呑んだり、患部に塗ったりした。

地鎮や宅鎮といった住居に関わるものも多く見られる。とくに居宅安鎮祭という家鎮の法に用いられる呪符は『鎮宅祭次第』（113）にも『呪符集』（112）にも載せられており、さらに江戸時代の旗本屋敷（墨田区亀沢四丁目遺跡）で実際に行われた痕跡が確認できる（115）。これらは陰陽師が集積するテクストが実践されていたことを示す貴重な事例であるといえるだろう。

（赤澤春彦）

110　奉御立願安産鎮祭神符守護之事

本館所蔵　吉川家文書　享和三年（一八〇三）

安産祈願の呪符を記す。享和三年閏正月、願主はこの月臨月を迎えた三六歳の吉川寅吉母である。「東借十歩西借十歩…」というくだりは、平安時代の「医心方」にも載る借地文の一節である。この文を伴う図を出産予定月の朔日に壁に貼って「東海神王」「西海神王」ら方位の神々から出産の地を借り、災いを避け神の加護を願うという。この慣行は中国の「借地法」に由来する。陰陽師は中国古代の呪術に日本の神々への祝詞を接合した安産祈願をおこなっていた。

（梅田）

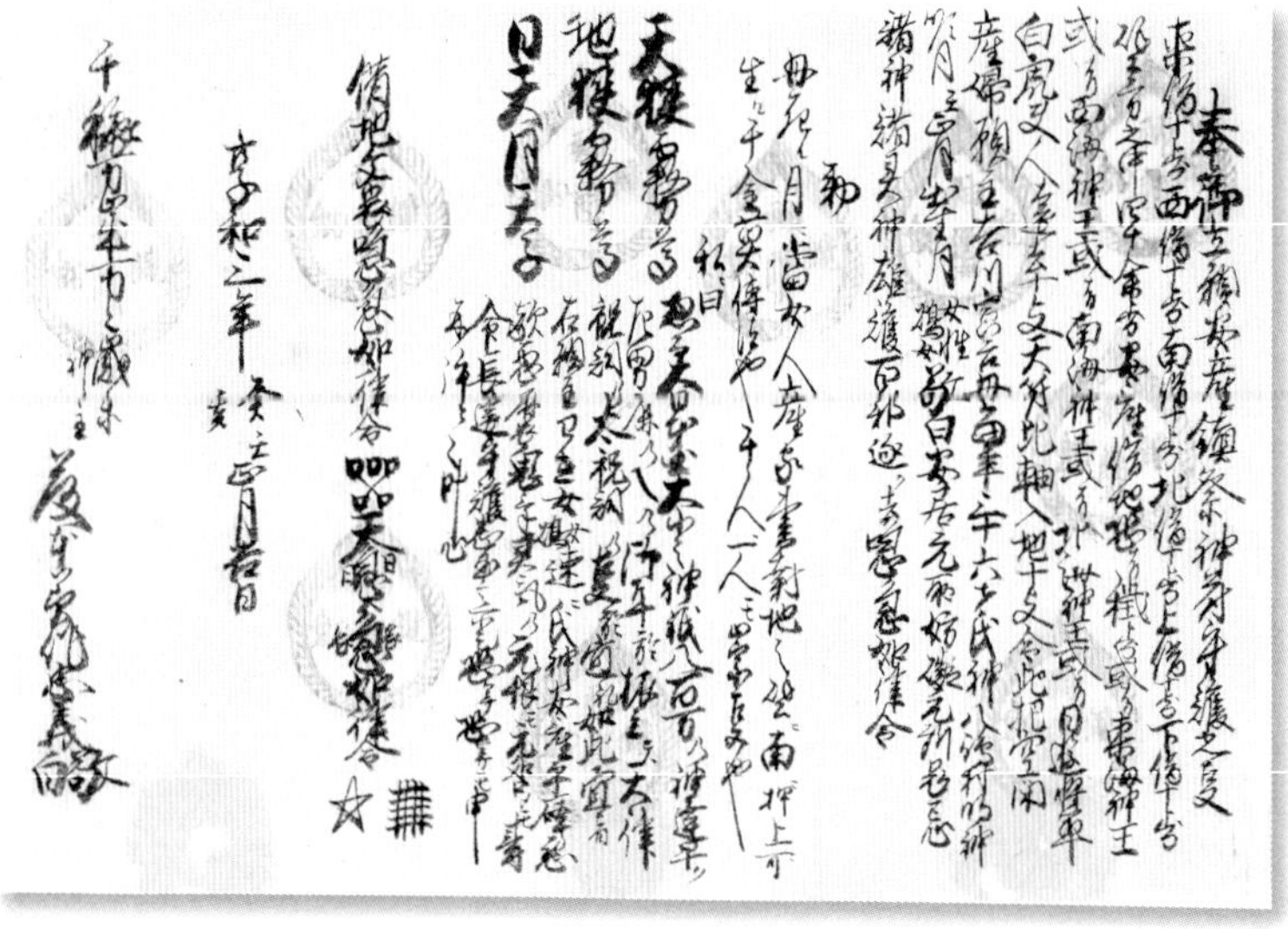

111　平産之符

本館所蔵　吉川家文書　江戸時代

呪符の書上。平産の符、長血の時に呑む符、お産の前に呑む符、難産の時に呑む符、産後におりもの（後産）が降りない時に呑む符など女性の出産に対処するものが多い。この他、狂気や盗人、虫歯に対する呪符も見られる。ここに載る呪符は江戸時代に広く流布した『重宝記』に収められている呪符とは異なる。【→三〇一頁に翻刻】

（赤澤）

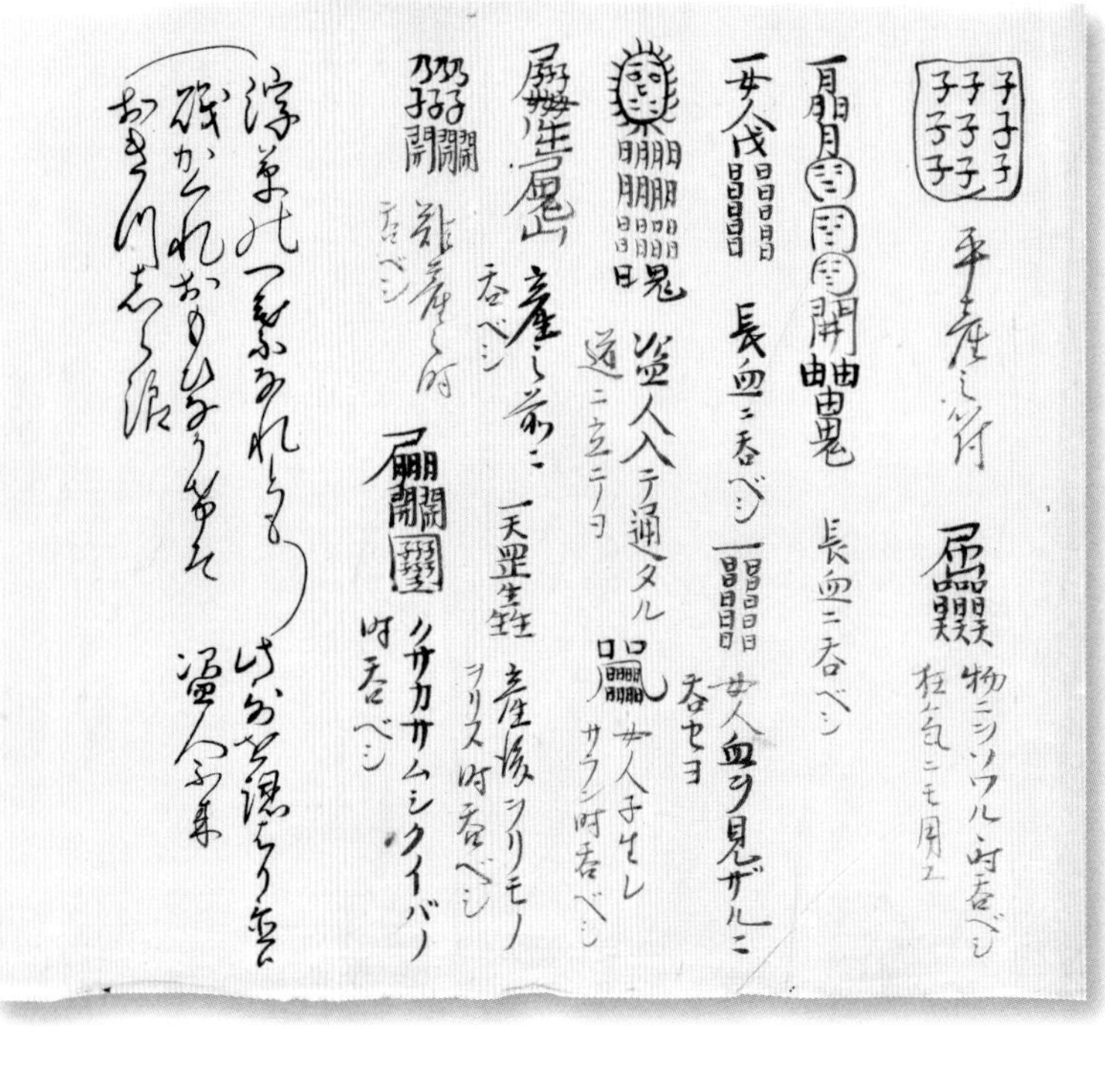

112　呪符集

本館所蔵　吉川家文書　江戸時代

様々な祭祀と呪符を書き上げたもの。前半は身固の符、神道運神祭の祭儀と呪符、水痘、瘡疹、疱瘡除け、安産のための祭祀と符、盗難除けなどを記し、次に符図と六十四卦を組み合わせた六九点の呪符を載せる。例えば、写真の富貴成就の符は上から符図、「乾」の字、「乾」の六十四卦図、「金銀を招き入れ、富貴を宅に入れ、災禍に逢わず」の呪句を載せる。ついで防火の符、馬の気を鎮める符と続く。（赤澤）

113　鎮宅祭次第

本館所蔵　吉川家文書　江戸時代

吉川家に残された祭祀次第の書上。前半に鎮宅祭の儀式次第を載せ、後半に二〇点の呪符を載せる。雪隠埋符、雪隠離方切符、九将神御鎮座の符、井水清浄符など、呪符のほとんどが地鎮、宅鎮、方角神を祀る符であることから、前半部分の地鎮祭の次第に付随して実際に祭祀で用いる符のマニュアルとみて良いだろう。この中には『呪符集』（112）に載るものと同じ符もある。【→三〇一頁に翻刻】（赤澤）

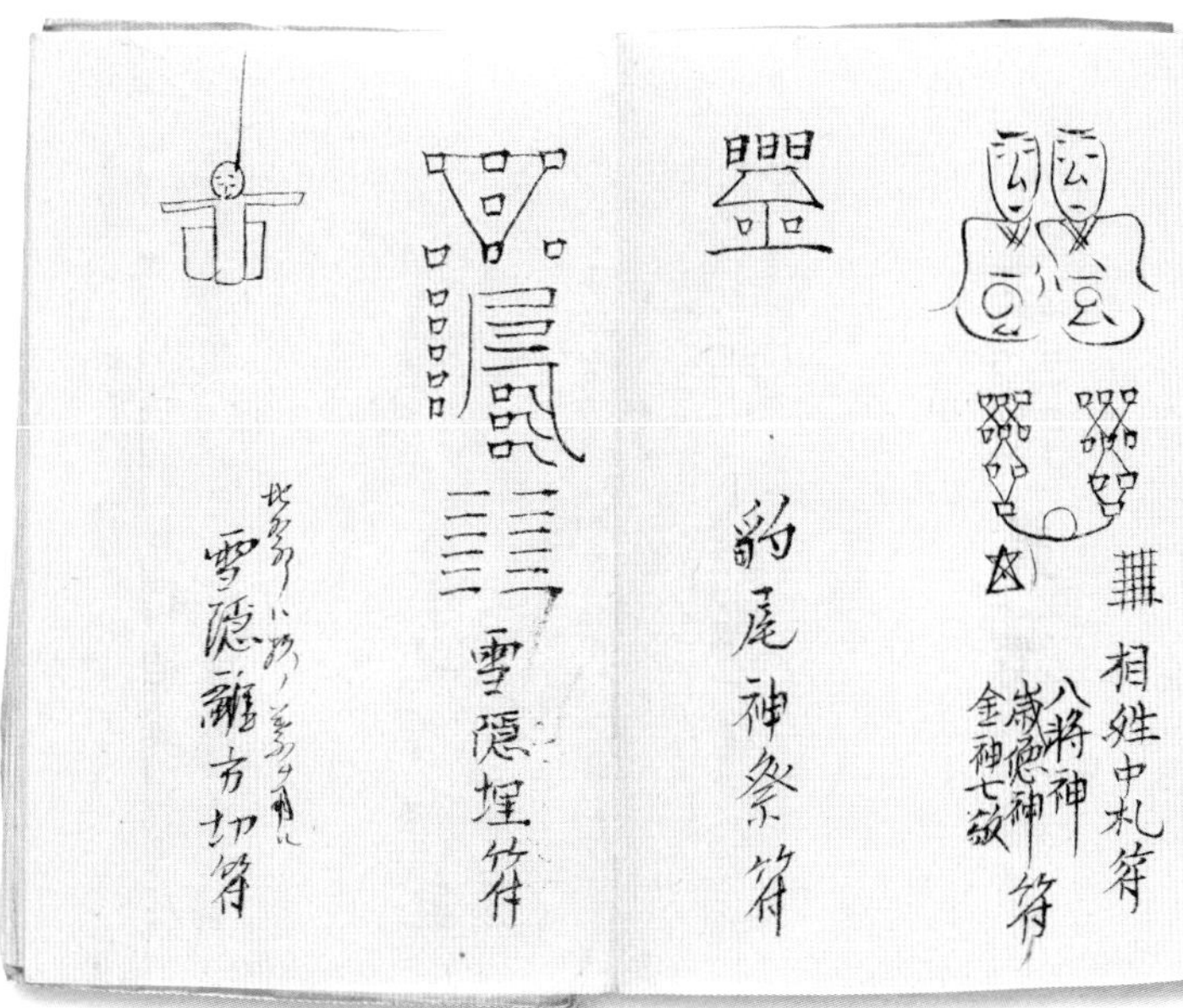

114 陰陽道秘符

京都府立京都学・歴彩館所蔵　若杉家文書
江戸時代

土御門家に相伝・秘蔵されてきた呪符集。「陰陽道符印」と「御守本」という二冊の呪符集を合冊したものである。「陰陽道符印」は同内容のものが岩瀬文庫や天理図書館吉田文庫、大将軍八神社にも現存する。三台星、北斗七星延命経、天罡星、左輔星、右弼星などの符を列記した後、「宅舎安寧章」や「保父母長生章」、「万邪皈正章」などを載せる。これらは中国・金の『太上玄霊北斗本命延生真経註』（明昌二年：一一九一年）とほぼ同一のものである。（赤澤）

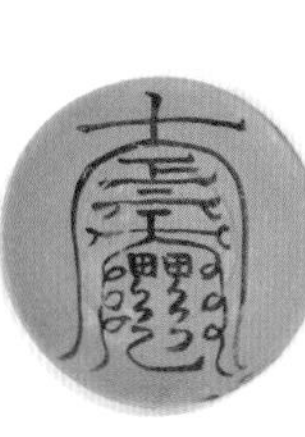

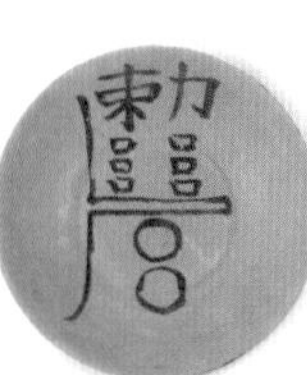

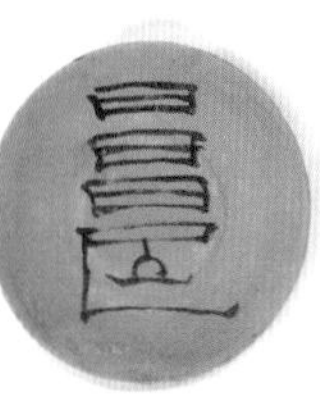

115 呪符かわらけ

墨田区教育委員会所蔵　一九世紀前葉〜中葉
東京都墨田区亀沢四丁目遺跡

本所亀沢町（現：東京都墨田区亀沢四丁目）の旗本屋敷跡の井戸から出土した呪符かわらけ。八枚を重ねて紐で縛って埋納されていた。すべて呪句が墨書されており、『陰陽道秘符』（114）の「解一切霊障」符と「疾病得痊章」符、また『鎮宅祭次第』（113）の「居宅安鎮祭 艮方」「同 坤方」符と一致する。宗教テクストと現場で実際に行われた呪術儀礼を結ぶ実例である。（赤澤）

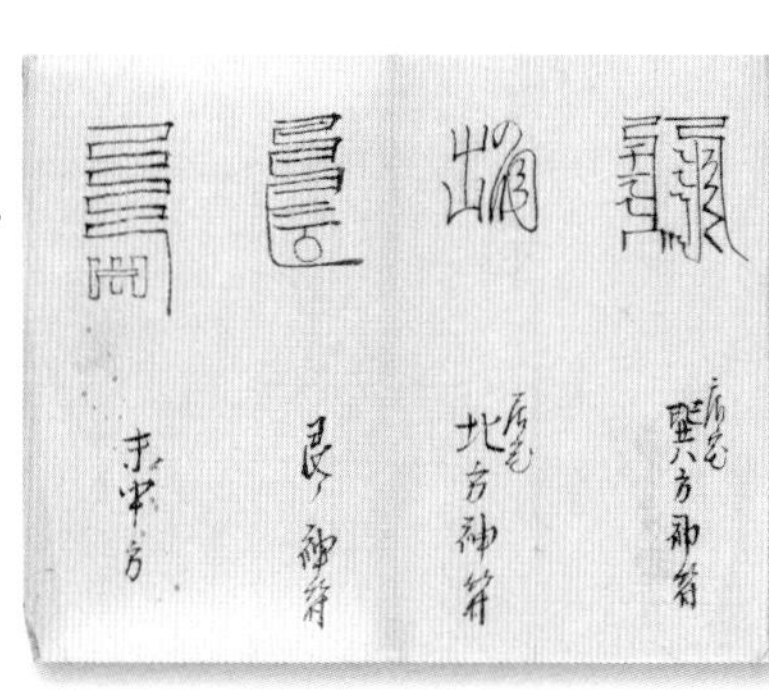

『鎮宅祭次第』（113）

column ④

大将軍神のすがた

京都市上京区一条通御前西入にある大将軍八神社は現在、祭神を素戔嗚尊とするが、もとは大将軍神を祀る堂であったとされる。大将軍は、賀茂家栄撰『陰陽雑書』(90)(保延二年・一一三六以前の成立)に「大将軍方」として「暦例云、大将軍太白之精、天之上客、太一紫微宮、方伯之神、不居四猛、常行四仲、以上四方、三歳一移、百事不可犯、云々…」とあって、本来は遊行する神であった。それが社堂を造営し、神像を整えることで、祭祀が特定の場所で行われるようになったのであろう。

それを示す記録として、『山槐記』治承二年(一一七八)一一月一二日条に中宮平徳子の出産に際しての読経を行なうところのひとつとして、神社四一か所のなかに「大将軍堂」が見える。また、『兵範記』保元三年(一一五八)八月二日条に陰陽師賀茂在憲が高倉殿で祭儀を執行した際に形像と図絵をかけて「大将軍祭」をおこなったことが記載されている。中世前期に成立した『拾芥抄』下巻には諸寺の冒頭に「大将軍堂」として「上一条北　西大宮西　中高辻北萬里小路東、下七条北　東洞院西　已上有三箇所」とあって洛中でも複数の場所に祀られていたことがうかがえる。

この大将軍八神社には重要文化財に指定されている神像が大量に保管されており、春秋の年二回、境内の方徳殿で公開される。甲冑に身を固めた武装神像五〇体、衣冠束帯の神像二八体、童子像一体で、古いものは一一世紀にさかのぼるとされる。大きさは高さ一五〇センチ前後、幅六〇センチのなかに、おおむね収まるが、傷みが甚だしいものも多い。

これほど多くの神像、それも陰陽道の祭神がまとめて残されていることは珍しく、その信仰の具体的なすがたを考える上で重要な材料を提供してくれる。武装神像は、仏教の諸天や神将などの姿とよく似ており、その機能、性格にも共通する点があるものと思われる。衣冠束帯の神像は手を袖に入れて胸の前で合わせて、祭祀を担当する神官に通じる姿である。童子像は牛飼童であり、大将軍神の移動に関連するものと推測されている。

なお、京都府城陽市の旦椋神社にこれらとよく似た、法量が二〇センチ未満の神像が一九体、保管されていることが一九九〇年代の初めに見出された。この旦椋神社の神像群の製作は一二世紀とされており、おおよそ、これくらいの時期に大将軍の信仰が具体的な像容とともに確立、受容されるようになったと思われる。

また京阪神から近江、若狭地方にかけて、小祠や地名に大将軍およびそれにもとづくと思われる呼称が残されている。それらは陰陽道の信仰が、民俗次元での祭祀や禁忌に影響を与えた痕跡とされている。

(小池淳一)

2

陰陽道の典拠と実践

陰陽師の活動には、そのよりどころが存在する。天体を観測することで得られた異変や暦日・方位などの吉凶、怪異などとの遭遇、あるいは祭祀・儀礼に関するさまざまな諮問を受けた場合など、陰陽師は即座にその場で判断するというわけではなく、たいていは、判断のための典籍を参照し、状況と照らし合わせて、慎重に回答することとなる。そうした判断の多くは勘文や占文として示された。

したがって陰陽師の活動の根底には、さまざまな典籍を欠くことができず、陰陽師たちは経験を積み重ねる前に、典拠となる典籍類の選択やその内容、選択の基準などについて詳しく知ることが必要であった。古く『続日本紀』天平宝字元年（七五七）一一月癸未条には陰陽寮の学生の修得書が挙げられており、陰陽生は「周易」「新撰陰陽書」「黄帝金匱」「五行大義」とされている。

これら中国の典籍を参照し、さらに日本の事情を加味することで陰陽師たちは判断をくだしたのであり、やがて時代がくだるにつれて、令の規定をこえるような呪術や祭祀も行なわれるようになっていく。そのなかで参照される典籍には道教や密教の経典類も加わり、さらに代々陰陽師を務めた家に蓄積された記録や家説も重要な論拠として扱われるようになっていく。

朝廷の陰陽道をはじめとする諸道において、典拠となる書物を本書、個々の条文を本条、本文と呼んだことが知られている。典拠が増大するにつれて、それぞれの専門家のなかでも判断が対立する場合もあり、ライバルに対して典拠を明らかにするよう求める場合もあった。

陰陽道の典拠は陰陽師たちの活動の範囲が広がるとともに相互に意識されるものとなっていった。『宇治拾遺物語』巻十四第十話で、安倍晴明は藤原道長が呪詛された際に、道摩法師の仕業であることを見破る。このエピソードは、こうしたまじないの知識が秘匿される一方で、陰陽師たちの間では互いにそれを知ることができたことを示している。中世に形成された『簠簋抄』の〈由来〉の章で『簠簋』そのものをめぐる争いが主題になっているのも典拠の重要性を示している。

近年、全国各地から出土している呪符や墨書土器といった遺物のなかには、こうした典拠によるまじないや祭祀の実践と思われるものが少なからず見出せる。出土資料そのものの状態や、周辺の環境を精査する一方で、陰陽道の典籍類、特に陰陽師や類縁の宗教者たちが書き残した書物に似たような記載がないかどうかを探ることは、それらの性格を確定するためには不可欠の作業である。中世以降、貴族社会だけではなく、日本列島上のさまざまな地域にも陰陽道にもとづくまじないや祭祀の知識が書物のかたちで広がっていった。出土資料からうかがうことのできる実践の様相と典拠となる書物に記された規範との関係を問うことが、陰陽師たちの活動をより明確にとらえることにつながっている。

（小池淳一）

（1）勘申

院や天皇、太政官などから意見を求められた時、これに応じて先例を調べ、意見を述べたものが勘申であり、勘申を載せて提出する文書が勘文である。陰陽道・暦道・天文道はもとより、紀伝道（＝中国文学・中国史）、明経道（＝儒教経典）、明法道（＝法学）、算道（＝数学）、医道（＝医学）などの諸道とよばれる専門家集団が平安時代の朝廷に形成された。

摂関体制や院政においては、しばしば貴族たちが政治向きのことを合議して、これを踏まえて天皇や摂関、院（＝治天の君）が決裁をする方法をとった。その際、前例は太政官の事務局である外記、史に調べさせることが多かったが、専門知識を必要とする場合は、諸道に意見を求め、これに対して諸道は意見を勘申として進めた。

陰陽道の場合は、儀式に適当な日時を日時勘文として進め、天文道は天変について天文密奏で報告した後、天変消除の対策の必要からその詳細について問われた場合に勘文を提出した。また平安時代にしばしば起こった内裏の火災で天皇位の象徴である神器が焼損した場合などや、大変の年とされる辛酉年・甲子年を「辛酉革命」「甲子革令」として改元するべきかどうかを決める際には、広く諸道に勘文の提出が求められた。

諸道は日記や典拠となる書物を引用して、勘文を作成した。陰陽道の場合は『五行大義』『黄帝金匱経』『新撰陰陽書』などが引用され、天文道は『天文要録』『天地瑞祥志』『乙巳占』などが使われた。

このようにして、身分的には中級官人に過ぎない賀茂氏や安倍氏といった陰陽師も、占いの専門家として国政に影響を及ぼしていたわけである。もっとも諸道の意見が尊重されるとは限らず、専門的な知見が権力者に都合が悪いために突き返される場合もあった。また権威ある典拠として引用される書物は固定化傾向があり、直接原典には当たらず、孫引きする場合もあった。なお同じ道の官人術者の間で意見が分かれ、別々に勘文を出す場合もあった。

（細井浩志）

（2）陰陽道書

陰陽師が日時・方角の吉凶判断や占術、あるいは造暦や天文観測を行う際に依拠したのは中国から渡ってきた漢籍である。陰陽寮には陰陽・天文・暦を学ぶ陰陽生、天文生、暦生がいたが、彼らが任官する際にはそれぞれ修得しておくべきテキストが定められていた。『続日本紀』天平宝字元年（七五七）一一月癸未（九日）条によれば、占いを職務とする陰陽生は易占を学ぶ『易経』の他に『新撰陰陽書』『黄帝金匱』『五行大義』といった日時・方角の禁忌や五行説を学ぶための書が指定され、天文生は『史記天官書』『漢書天文志』『晋書天文志』『三家簿讃』『韓楊要集』、暦生は『漢書律暦志』『晋書律暦志』『大衍暦議』『九章』『六章』『周髀』『定天論』といった技術的な専門書と中国正史の諸志から天文学や暦法を学んだ。こうした書物は古代中国の術数学（天文学、数学、地理学などの数理科学と占術が複合した学問）の文献であり、陰陽師には科学的な知識と人文学的な素養の双方が必要とされたことがわかる。

こうした古代中国の学問や思想に基づいて日本で再構築されたのが「陰陽道」であると現在の陰陽道研究では理解されているが、時代が進むにつれて陰陽師たちは漢籍だけでなく、自ら陰陽道書を編纂したり、先例を集積したりするようになる。九世紀中頃から後半の陰陽師で陰陽頭も務めた滋岳川人（生年不詳～八七四）は多くの撰著を残し、著名な六壬式占の書『新撰六旬集』も彼の撰と伝えられている。平安期に陰陽道を掌握する賀茂・安倍氏も数多くの陰陽道書を著している。暦道を家職とする賀茂氏では賀茂保憲の撰による『暦林』が編まれ、日時・方角の禁忌に際しては本書が重要な典拠として貴族社会で重視された。また、賀茂家栄（一一三六年没）撰の『陰陽雑書』(90)も日時や方角の吉凶の判断に広く用いられ、室町期の『庭訓往来』の注釈書にも依拠資料として引用されている。安倍氏では晴明がまとめた六壬式占書である『占事略決』が著名で複数の写本が現存する。

鎌倉期以降、賀茂氏と安倍氏では複数の家が立ち、賀茂・安倍間だけでなく、一族の間でも競合が激しくなる。それぞれ自家の優位を主張するため、家説を形成するようになり、漢籍や先祖の説や先例をまとめた書が作成されるようになる。日時方角関係では、指南書として『陰陽略書』（元暦元年（一一八四）安倍泰忠書写）、『陰陽道旧記抄』(93)（安倍氏の式占・禁忌の口伝書、鎌倉期の成立か）、『方角禁忌』（安倍晴道党陰陽師による禁忌・方違の解説書、鎌倉後期成立）、『建天全書』（安倍長親撰、元応二年（一三二〇））、日時勘申の先例を集積した『陰陽博士安倍孝重勘進記』（承元四年（一二一〇））や『陰陽吉凶抄』(94)（賀茂氏、鎌倉中期成立）など多くの書が作成された。室町期には応永二一年（一四一四）に賀茂在方が編んだ『暦林問答集』(145)は、当時世上に流布していた

『簠簋』など俗説的な暦注に対し、暦注の「正理」を説いたものである。同書は現在では散佚してしまった『新撰陰陽書』や『尚書暦』といった多数の漢籍を引用している点でも貴重である。在方の孫在盛が長禄二年（一四五八）に編んだ『日法雑書』（『吉日考秘伝』）（91）は将軍足利義政の命により当該期の陰陽道の禁忌をまとめたものである。

この他、呪術・祭祀関係では反閇のマニュアル『反閇作法并作法』（12、102）『反閇部類記』『小反閇作法并護身法』（101）や陰陽道祭の祭儀を伝える『文肝抄』（100）『祭文部類』『祭文故実抄』があり、暦道関係では中国から伝わった『大唐陰陽書』（5）『宣明暦』『符天暦日躔差立成』（13）などを書写して家に伝え、天文道関係では漢籍の『天文要録』『天地瑞祥志』や代々の天文観測を記録した『安倍泰親朝臣記』『家秘要録』や天文道の修学書『天文書口伝』『天文要抄』などが伝えられた。

（赤澤春彦）

表6　陰陽師が編纂した主な陰陽道書

書名	時期	撰者・作者	主な所蔵先（抄本・写本も含む）
新撰六旬集	平安時代前期カ	伝滋岳川人	『続群書類従』（宮内庁書陵部）
暦林	平安時代後期	賀茂保憲	現存せず
占事略決	平安時代後期	安倍晴明	前田育徳会尊経閣文庫、宮内庁書陵部、京都大学附属図書館清家文庫、京都府立京都学・歴彩館若杉家文書、国立国会図書館新城文庫
陰陽雑書	平安時代後期	賀茂家栄	前田育徳会尊経閣文庫、西尾市岩瀬文庫、天理図書館吉田文庫、国立歴史民俗博物館吉川家文書
天文要抄	平安時代後期カ	安倍氏	大将軍八神社
小反閇作法并護身法	一一五四年以前	安倍氏	京都府立京都学・歴彩館所蔵若杉家文書
安倍泰親朝臣記	一一六五～六六年	安倍泰親	『史籍集覧』
陰陽略書	一一八四年	安倍泰忠カ	宮内庁書陵部
陰陽博士安倍孝重勘進記	一二一〇年	安倍孝重	京都府立京都学・歴彩館所蔵若杉家文書、宮内庁書陵部、東京大学史料編纂所
天文書口伝	鎌倉前期以前カ	安倍氏	大将軍八神社
陰陽旧記抄	鎌倉時代前期	安倍氏	宮内庁書陵部
陰陽道祭用物帳	鎌倉時代前期	安倍氏カ	宮内庁書陵部
陰陽吉凶抄	鎌倉時代中期	賀茂氏	東京大学史料編纂所
方角禁忌	鎌倉時代後期	安倍晴道党	『続群書類従』（宮内庁書陵部）
文肝抄	鎌倉時代後期	賀茂在親流	京都府立京都学・歴彩館所蔵若杉家文書、宮内庁書陵部
建天全書	一三三〇年	安倍長親	『続群書類従』（宮内庁書陵部）
反閇作法并作法	鎌倉時代末期	安倍氏	京都府立京都学・歴彩館所蔵若杉家文書
暦家秘道秘記（注定付之事）	一四世紀後半カ	賀茂氏	国立天文台
暦林問答集	一四一四年	賀茂在方	天理図書館吉田文庫、『群書類従』、国立国会図書館新城文庫、神宮文庫、国立公文書館内閣文庫ほか
吉日考秘伝（日法雑書）	一四五八年	賀茂在盛	天理図書館吉田文庫、『続群書類従』（宮内庁書陵部）、前田育徳会尊経閣文庫、西尾市岩瀬文庫、大将軍八神社
六甲占抄	室町時代	勘解由小路家	天理図書館吉田文庫
祭文部類	一六世紀末カ	土御門家	京都府立京都学・歴彩館所蔵若杉家文書
家秘要録	江戸時代	土御門家	國學院大学図書館、東京大学史料編纂所

＊本表は、中村璋八『増補版 日本陰陽道書の研究』（汲古書院、2000年）、村山修一編『陰陽道基礎史料集成』（東京美術、1987年）、詫間直樹・高田義人編著『陰陽道関係史料』（汲古書院、2001年）、山下克明「陰陽道関係の伝来史料」（林淳編『新陰陽道叢書 第五巻特論』名著出版、2021年）などをもとに作成した。

(3) 呪符・墨書土器

呪符は、紙・木・石などに、呪句・神仏名・図像などを記した呪具である。病や厄災を退け、招福を願うために用いられる。

木片に呪句などを記した呪符木簡は、七世紀前半頃の大阪市桑津遺跡の出土事例が古く、古代の都城跡からも多く出土している。その中には、「蘇民将来之子孫者」（長岡京跡出土）や「急々如律令」（藤原京・平城京跡出土）のように、現在まで用いられている呪句もある。これらは、建物などの然るべき所に置かれたり、身につけて用いられたりした。

また、考古遺跡より出土した土器のうち、墨書が加えられたものを墨書土器という。その中でも、人の顔が描かれたもの（人面墨書土器）や呪句が記されたものは、祭祀に用いられた呪具であり、埋納されたり川や溝に流されたりした。特に、二枚の墨書土器を合わせ口にした呪具は、家屋敷や井戸の遺構より出土しており、地鎮祭などに用いられたとされている。安倍晴明が登場する『宇治拾遺物語』巻十四・第十話「御堂関白御犬、晴明等、奇特事」の話では、陰陽師の道摩法師（芦屋道満）が行った呪詛の呪法として取り上げられており、陰陽道の呪法の一つとしてイメージされるものであった。

本書では、こうした土器や呪符を用いたまじないの事例を紹介している。その中でも、栃木県宇都宮市長岡百穴A遺跡からは、二枚の墨書土器が出土している（48）。前述した合わせ口の呪具であり、外側の底部には、「天番」「地番」の墨書がある。また内側には、呪符の図様と共に、年や人物情報についての墨書がある。その図様は、愛知県豊根村に伝来した大永五年（一五二五）書写のまじない書（通称『行法救呪』）（45）に、「逃忌人等」と記されるものと近似している。逃毀（領民の逃亡）に関する呪法であろうか。また、京都府福知山市の矢谷経塚、千葉県酒々井町の尾上出戸遺跡、広島県三次市の山崎遺跡では、円形に切り取られた木盤に呪符の図様が墨書された遺物が出土している（49～51）。円盤は和鏡などと共に出土しており、矢谷経塚と尾上出戸遺跡では、壺に入れられた状態で埋納されていた。これらの木製円盤の図様もまた、先のまじない書に記された「悪霊止等」の地盤図と近似している。この書物には陰陽道の知識であることが明記されており、中世末頃に、陰陽道に由来する実用に即したまじないが、全国的に広まっていたことが知られるのである。こうしたまじないに関する知識は、寺院にも伝えられている。延宝八年（一六八〇）書写の「秘符・弘法大師御作」（47）は、弘法大師作に擬される三十三種類の円形の呪符図様が記された呪法書である。病気や産育に関わる不調など、個別症例ごとの呪符の図様と、呪符を患部に押すなどの具体的な用法が記されている。

呪符を用いたまじないは、近世には版本の調法記（重宝記）などに掲載された。特に、治病、出産、育児、家祈禱など、人々の生活に直結する知識について需要があった。また在地の民間宗教者が所持した書物の中にも、呪符を書きつけた写本が多くある。これらもまた、民俗社会の経験的な知識と相まって広く受容された。

（松山由布子）

第五章 陰陽道と民俗

さまざまな社会のなかに広がった陰陽道は、やがて生活のなかに浸透し、民俗となって受けつがれていく。陰陽師たちが、暦や占いによって示した多くの知識は、彼らの手を離れて日常のなかで、広く参照されるべきものとなっていった。

ここではそれらを、祭儀によって神々に祈り、神々をあやつろうとすること――神霊操作(しんれいそうさ)――、病気をはじめとする煩いをとりのぞくこと――悪疫退散(あくえきたいさん)――、長い時間をかけて観察・蓄積した経験を受けついでいくこと――観天望気(かんてんぼうき)――の三つに分けてみていきたい。

陰陽道では暦日(れきじつ)の推移によって神々がその居所を変えることを前提に祭祀がおこなわれてきた。とりわけ竈(かまど)の祭祀にまつわる知識が修験者(しゅげんじゃ)や盲僧らにも広がり、民俗次元でも展開して

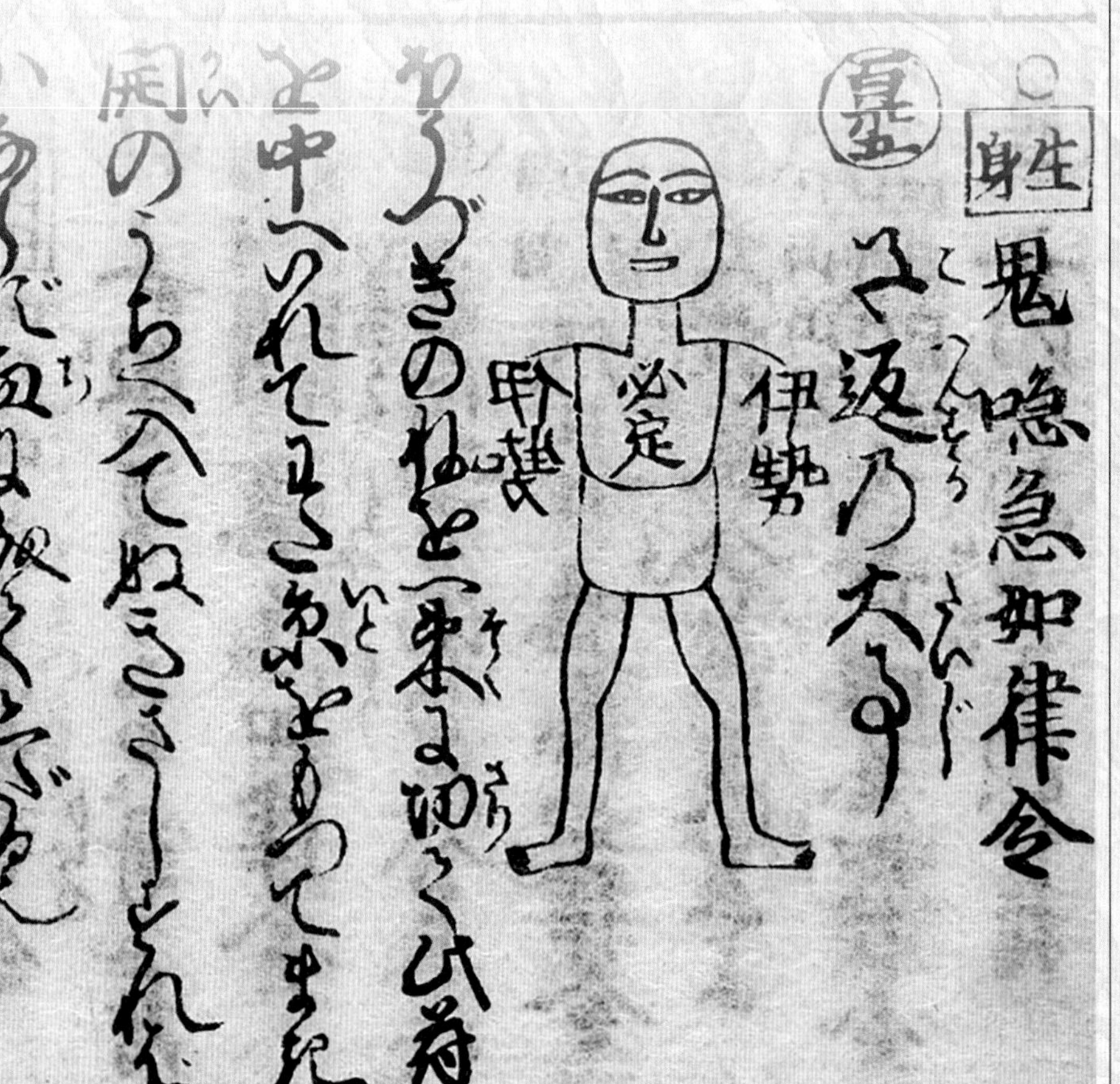

いった。その際に用いられた祭文は五行説を投影し、擬人化した五龍王説話を共通したモチーフとしている。さらに五龍王の説話は芸能としても演じられるようになり、各地での神霊にはたらきかける伝承となっていった。

疫病をつかさどり、またそれを鎮める力を持つと考えられたカミとして牛頭天王は、陰陽道だけでなく神祇祭祀、さらには密教のさまざまな観念と結びついて信仰が形成されていった。その神格は祭文のかたちでも説かれ、伝えられている。各地でのそうした牛頭天王を祀る祇園系の祭礼、そこから展開して夏祭の多様な風流の要素の根底には、疫病から身を守ろうとする心意があるといえる。

また陰陽道の基本要素である干支は、暦日の感覚を六〇年の周期でとらえることとつながり、自然や天体の運行を観察し、経験を伝え、法則化しようとする心意にも連なっている。年ごとの天候やそれによって左右される作物の豊凶をあらかじめ見通すことが地域ごとに求められ、文字文化とも結びついていった。

（小池淳一）

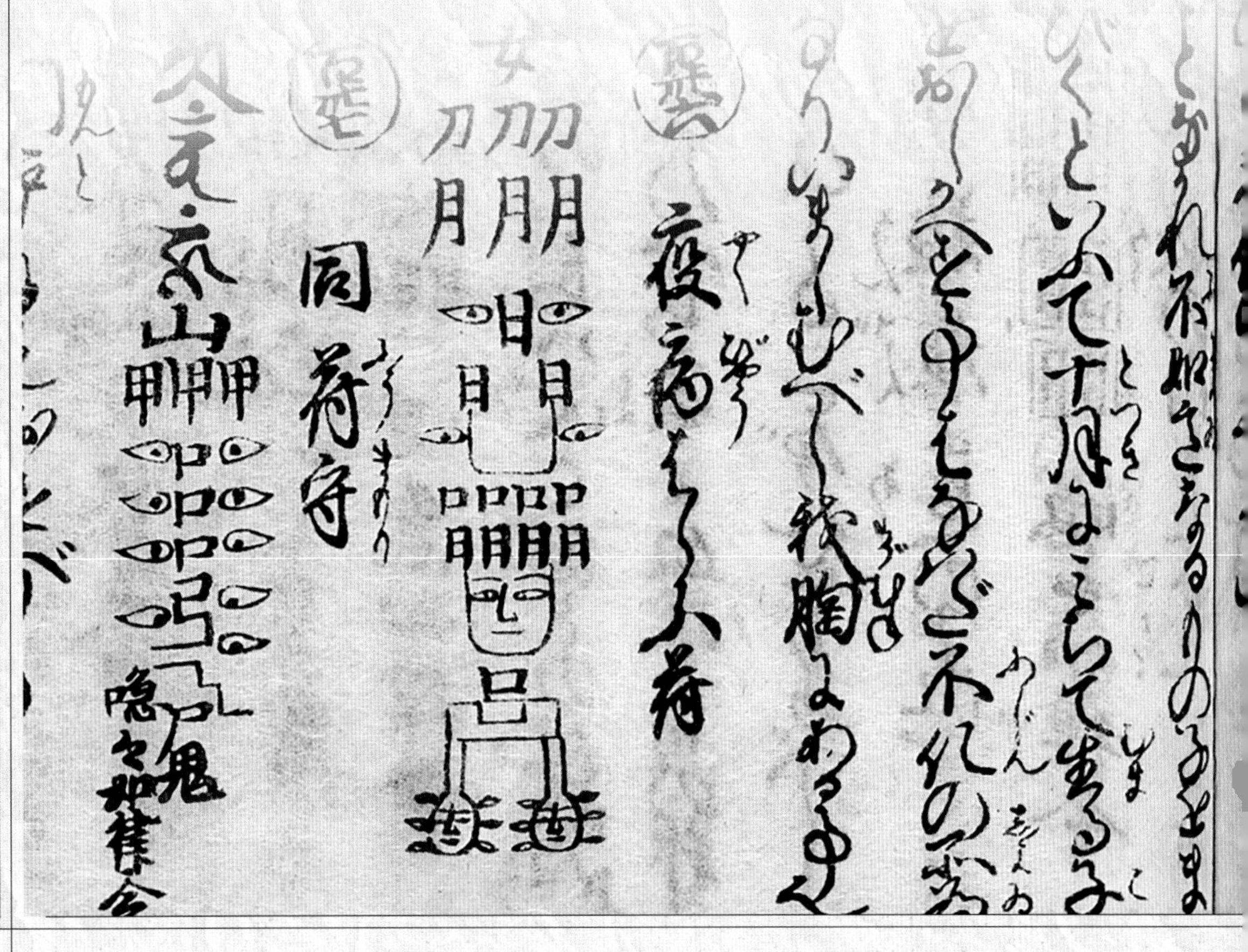

1 神霊操作

陰陽道ではさまざまな神を暦日と方位のなかに位置づけ、それらの神々がもたらすとされる吉凶をもとに占いやまじないをつみ重ねてきた。陰陽師たちが書きあらわした書物にそれらは記録されているが、近世になると、出版が活発となり、陰陽師たちの間だけで参照されていた知識が多くの人々の目にふれるようになっていった。その代表が大雑書である。元和〜寛永（一六一五〜一六四四）の頃、『簠簋』をはじめとする暦占の知識を漢字仮名交じりで記して刊行されたのが始まりで、やがてさまざまな知識が追加され、判型も大きくなって、生活全般にわたる日用百科書に成長していく。明治になっても刊行は続けられ、陰陽道や暦以外の知識も取り込んだ厚いものになっていった。大雑書は近世以降の陰陽道が日常生活のなかに浸透していったことを具体的に示す書物といえよう。

陰陽道でもっとも顕著にみられるまつりのひとつが土公神の祭祀である。土公神は土をつかさどるとされ、季節によりその居場所が移動すると考えられていた。そのため、土公神の居場所を知り、正しく祀ることが陰陽道では重んじられた。さらに、土を練りあげてつくる竈の神、そこで焚かれる火をめぐる神でもあるとされ、陰陽師をはじめ、盲僧や修験者たちは、定期的に家々の竈に対して祭文を唱え、荒神として祀って、生活を安寧に保つことに意を尽くしたのである。

宇宙が木火土金水の五つの要素からなるとされる五行説は、陰陽道の重要な要素である。それらは土公神の祭文においては宇宙を創造した盤古大王とその五人の王子として表象された。土公神や竈神を祀るために用いられる祭文のなかには、五人の王子が四季をめぐって争い、文選博士の仲裁によって土用の犯土の禁忌とその緩和がもたらされることが物語として織り込まれている。さらに貴族社会だけでなく、地方の民俗芸能のなかにも同趣の説話を含む祭文が残されている。また日本各地の神楽のなかには、「五大龍」とか「五行」などという名で、五人の王子が時間の領有を争う演目も伝えられており、これらも陰陽道の展開、民俗化としてとらえることができる。

このなかに登場する文選博士は『文選』という中国の詩文集の名にことよせて、陰陽師の職能をこうした説話や芸能のなかで体現する役割を担っている。いわば陰陽師の投影というべき存在であるが、祭文や神楽詞章本のなかでは門前あるいは門善などと表記されることも多く、もともとの含意はわかりづらくなっている。

また、東北地方の民俗芸能には山の神の出産に立ち会った者が神の子に十二支の名をつけるという語りを伴う「山の神舞」という演目も広く伝えられてきた。これは舞の途中で「山の神の本地」が唱えられるところに、中世の伝承文芸のなかでも「本地物」と呼ばれる文芸様式との共通性が認められる。こうした芸能の存在は民俗文化のなかに陰陽道が組み込まれていく過程を考える上で示唆に富む。

このように陰陽道は、書物や祭文、芸能などのなかに溶かし込まれ、陰陽師の手を離れて生活世界に展開していった。それらは陰陽道の民俗化であるとともに、陰陽道が生活のなかでどのように意識され、利用されてきたかを示しているといえよう。　（小池淳一）

116 大雑書（寛永八年版）

本館所蔵

寛永八年（一六三一）

現在、確認できる最古の大雑書。干支に関する記事をはじめ、暦注書としての性格が看取できる。巻末には「金剛佛子乗継」と墨書があり、僧侶が所蔵していたことが判明する。翌年に刊行された国立国会図書館所蔵の寛永九年版の大雑書よりも判型が小さく、内容もやや異なる。この時期の大雑書の刊本には、すでにバリエーションがあったことがうかがえる。（小池）

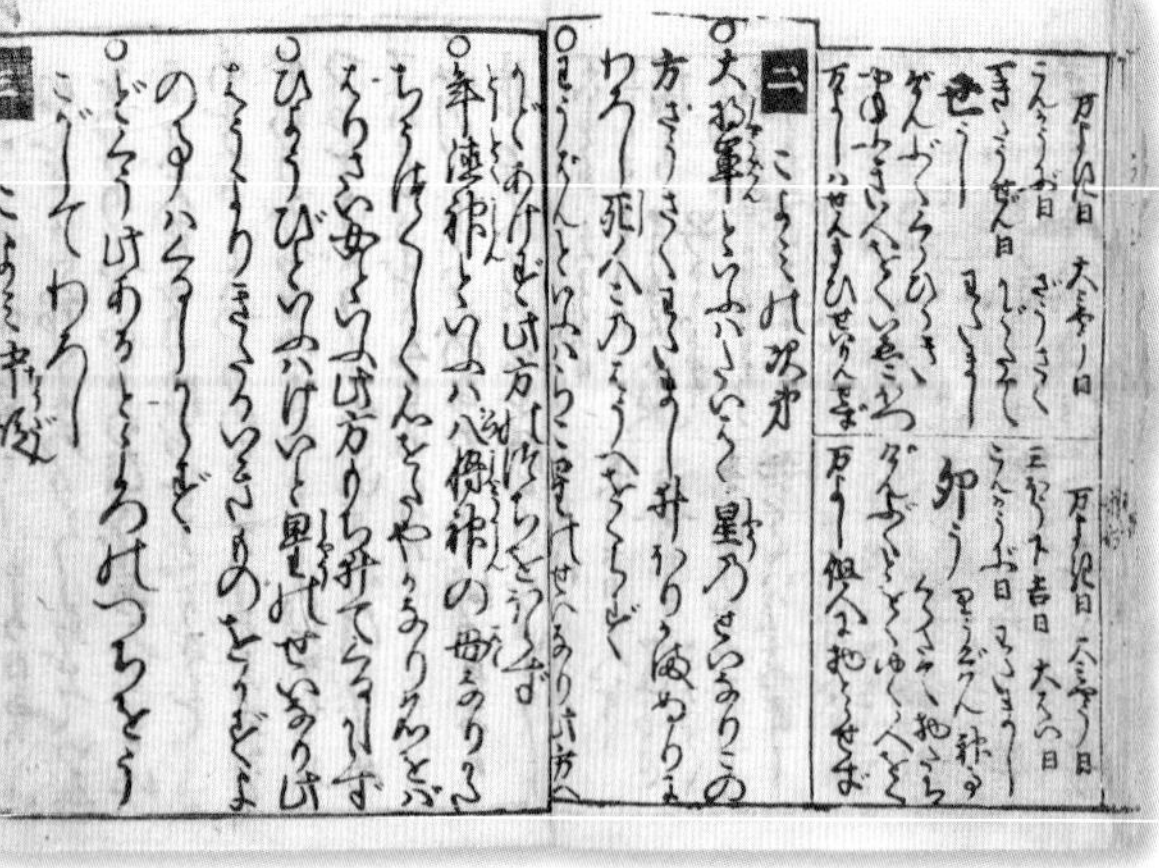

117 増補寳暦大雑書

文庫・おぐま所蔵

宝暦年間（一七五一～六四）刊

大雑書は、類似の表題で増補、充実をうたいながら近世近代を通じて出版がくり返された。その全貌は明らかになっていない。この時期の大雑書は、巻頭をはじめ、各処に図版が組み込まれ、視覚的な情報も増えている。暦とその周辺の知識だけではなく、多様な生活知識が記載され、一冊持っていれば多様なニーズにこたえることができる書物へと成長した。（小池）

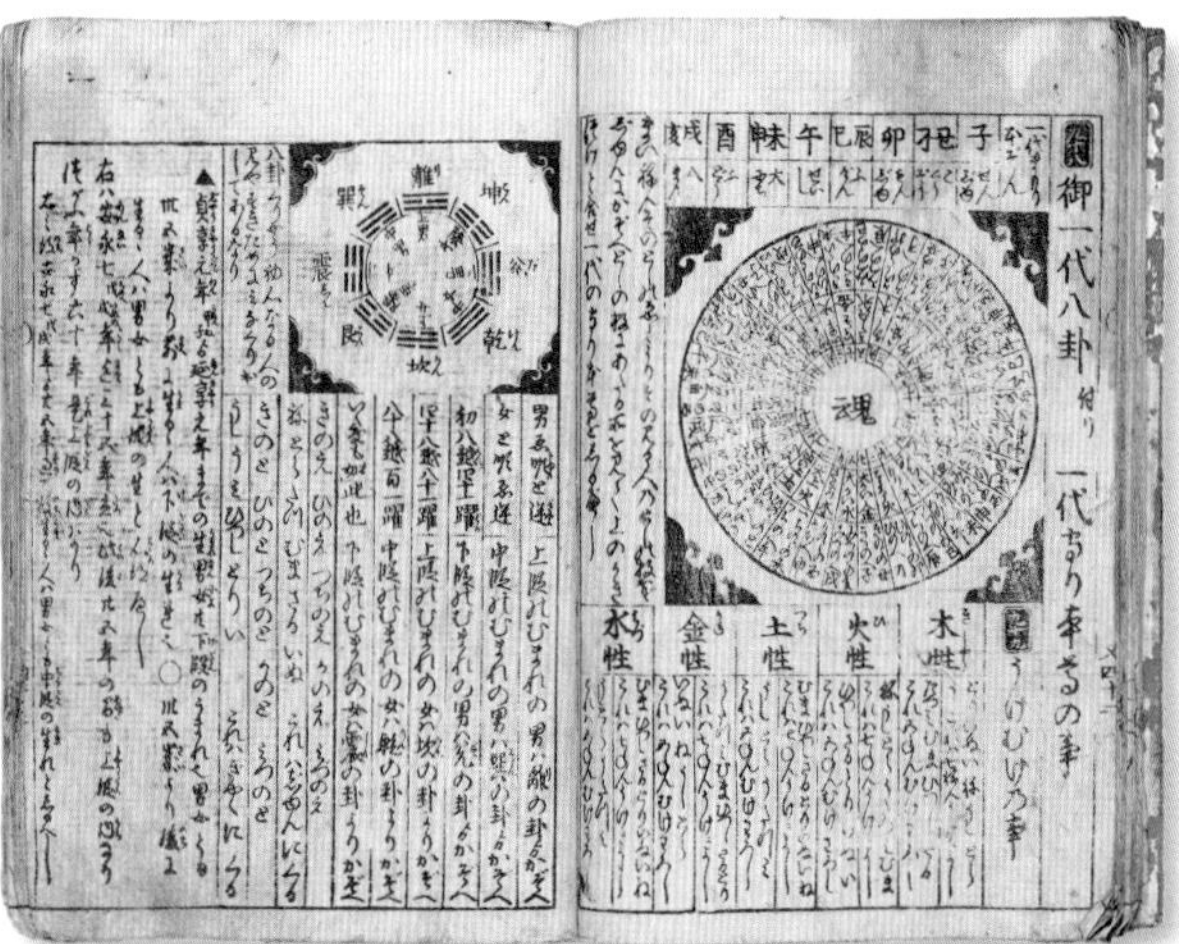

118
明治新刻萬暦大雑書三世相大全

個人蔵　明治一六年（一八八三）

明治以降も大雑書は刊行され続けた。木版によるものだけではなく、活字版も多くみられる。収載されている情報は増大の一途をたどり、辞書と見まちがえるような厚さとなった。陰陽道書、暦注書の範囲をこえて、生活日用百科書とでもいうべき内容を持つようになった。実用書であるために保存状態の良いものは少なく、傷みが甚だしいものをよく見かける。そうした伝存状況が大雑書の利用や受容を示しているともいえる。（小池）

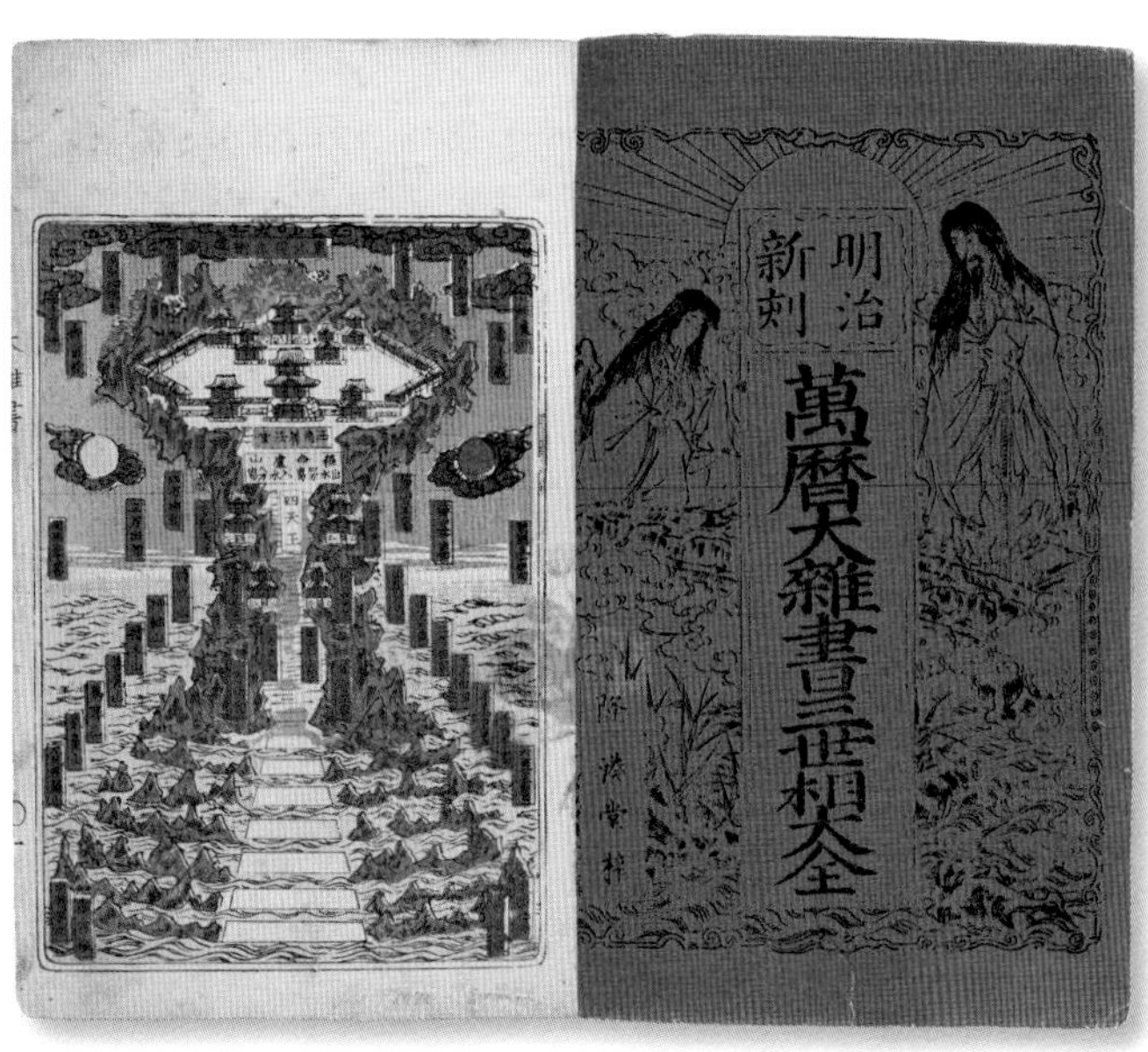

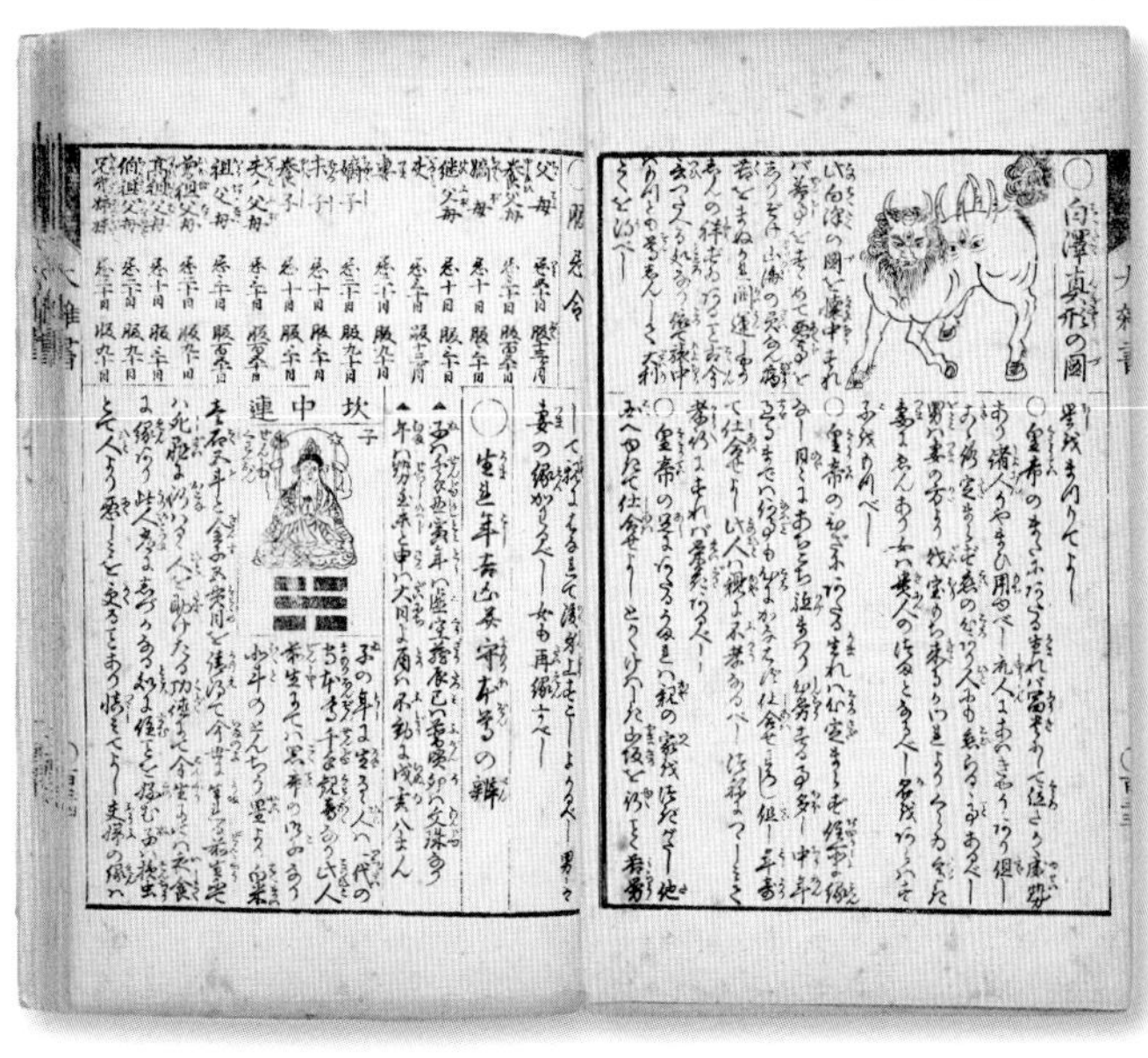

119 土公神祭文

本館所蔵　吉川家文書
寛永一九年（一六四二）写

奈良の暦師・陰陽師であった吉川家に伝来した祭文。陰陽道の祭文として用いるために全体に仏教的な表現を改訂しており、その際には暦注書類を参照したと推測される。内容においても盤護（盤古）王の五人の王子のうち、末の五郎の王子を「今生の悪竜」「猛悪の部類眷属を引率する」と描いており、その印象を強烈なものとしている。全体に伝承の過程において祭文が変容していくことを考える上での貴重な手がかりを提供しているといえる。（小池）

120 大土公神祭文

豊根村教育委員会所蔵　一七世紀写
愛知県豊根村上黒川地区村松家

愛知県奥三河地域にて流布した土公神祭文。近世を中心に、同地域の神楽（大神楽・花祭り）の中で用いられた。「宝づくし」などと称されるテキストが付された写本もある。五人の王子のうち、五郎の王子が姫宮とされる点に特徴があり、慶長一七年古活字版系統の『簠簋』や『簠簋抄』の内容との関連が指摘されている。また王子達の子が、十干・十二支・十二直・九図や暦神とされるなど、暦注にまつわる知識も取り込まれている。（松山）

121 土公神祭文

本館所蔵　広橋家旧蔵記録文書典籍類
享禄四年（一五三一）

広橋家旧蔵記録文書典籍類は、主に中世史料からなる広橋家旧蔵史料群の主要部分と、伊勢神宮祭主家の藤波家旧蔵史料群の主要部分とが融合した史料群である。広橋家は、代々文書行政に直接関わる蔵人・弁官を経て公卿に至る名家の家柄であり、歴代当主は政務儀礼や漢籍の知識の習得を必須とした。そのため広橋家旧蔵記録文書典籍には、個別の政務儀礼を詳細に記録した歴代当主の日記のほか、蔵人・弁官として携わった朝廷政務に関する文書や、年号勘者（考案者）として関わった改元関係の文書などが豊富に残されている。この祭文は地域社会に展開した土公神祭文と比べると、様式など、やや異なっているが、善文（文選）博士が登場するなど、基本的な組み立ては共通していることがうかがえる。（田中・小池）

五大龍と山の神舞

――陰陽道と民俗芸能――

盤古大王の五人の王子が四季の領有をめぐって争い、それを文選博士が仲裁する、という、いわゆる五龍王説話は、民俗芸能、とりわけ神楽として全国各地で伝承されてきた。「五大龍」「五大龍王」「五行」などと呼ばれる演目がそれである。土公神祭文の内容が、具体的な芸能のかたちで上演、継承されてきたという点で注目すべきであるとともに、東日本では五人目の王子を姫宮とする場合がある点が興味深い。こうした芸能が形づくられていく過程のどこかで、陰陽師の関与や、陰陽道の知識の流入があったことは容易に想像できる。

仲裁役の文選博士は、各地に残された詞章の記録では、「門善」とか「文前」などとも記され、その呼称が長く伝承されてきたことを推測させる。争いをやめさせ、土用、間日（まび）といった暦注の由来にかかわる文選博士には陰陽師の職能が投影されている。超越的な存在をコントロールし、秩序を回復し、時間を意味づける陰陽師の役割が芸能のなかに刻み込まれているのである。

さらに東北各地の「山の神舞」「山の神」などと称される芸能には、山の神の出産に立ち会ったものが、生まれた子供たちに十二支の名をつけるという詞章を見出すことができる。ここでも神々の命名、すなわち性格づけをおこなう際に暦につながる知識が用いられることが注目される。

神の子どもたちを十二支によって名づける趣向は、土公神祭文の中でも示されている。文選博士のような具体的な人物として造型されはしないものの、こうした命名のありようを通して陰陽道の要素が、民俗芸能のなかに取りこまれていったことをうかがうことができるのである。

（小池）

122　大乗神楽　五大龍（参考図）
写真提供：東北文化財映像研究所　現代

2 悪疫退散

疫病をつかさどる神として牛頭天王はよく知られている。祇園信仰の祭神として京都の八坂神社や各地の祇園社、津島社などに祀られているこの神は、はやくから陰陽道と習合し、仏教と神祇信仰とが重なり合う領域で展開した。こうした祇園牛頭天王信仰は日常のくらしのなかで、疫病を防ごうとする人々の願いを受け止めてきた。

京都妙法院に伝えられた「神像絵巻」と呼ばれる絵巻には盤古王と五人の王子に続いて、牛頭天王がひときわ大きく描かれていることが注目される。時間を支配する五人の王子に続いて描かれる牛頭天王は、疫神である一方で、暦とその吉凶にも深く関わる存在とされていたのであろう。

この牛頭天王をめぐる説話としては、『釈日本紀』に『備後国風土記』所載とされるものが引かれているのをはじめ、「祇園牛頭天王縁起」として、各地で祭文としても伝えられてきた。その内容は、旅の途中の牛頭天王を親切にもてなした蘇民将来が、疫病から免れる利益恩恵を得るというもので、祭儀に際して、その内容を読み上げ、音として響かせることにも意味があったものと思われる。

祭文に示された説話は、牛頭天王の側からすれば、流離漂泊する苦難の物語であり、蘇民将来の側からは来訪する神霊を迎え祀る物語である。その妃や子どもたちも暦にまつわる神々として位置づけられ、陰陽道の神々とその信仰を示すことにもつながっている。

愛知県の奥三河地方で伝えられてきた牛頭天王祭文は、

同地方の土公神祭文や歳神信仰ともかかわり、民俗祭祀のなかに位置づけることができる。牛頭天王の信仰が単独で発達したのではなく、在地のさまざまな宗教的な活動の影響を受けながら成立したことが民俗学的には重要である。

さらに「蘇民将来之子孫」という語句はそれだけで悪疫から逃れ、福徳がもたらされるものとして広く用いられるようになった。牛頭天王の信仰は寺社の深奥で祀られているだけでなく、人々の日常の維持と深く関わっており、悪疫から身を守るという具体的な願望の表現でもあった。

特に「蘇民将来」の文字を記した呪符は各地の寺社とその祭礼にかかわりながら伝えられている。長野県上田市の信濃国分寺では毎年正月の八日堂祭に、六角柱のかたちをした「蘇民将来」が、地域の人々によって刻まれ、参詣者に頒布される。悪疫を封じ込めるための呪符の背景には陰陽道にもとづく神の物語と信仰とがあり、呪符や呪符に記された文字・文様には疫病を鎮めようとする人々の変わらぬ願いが込められているのである。

（小池淳一）

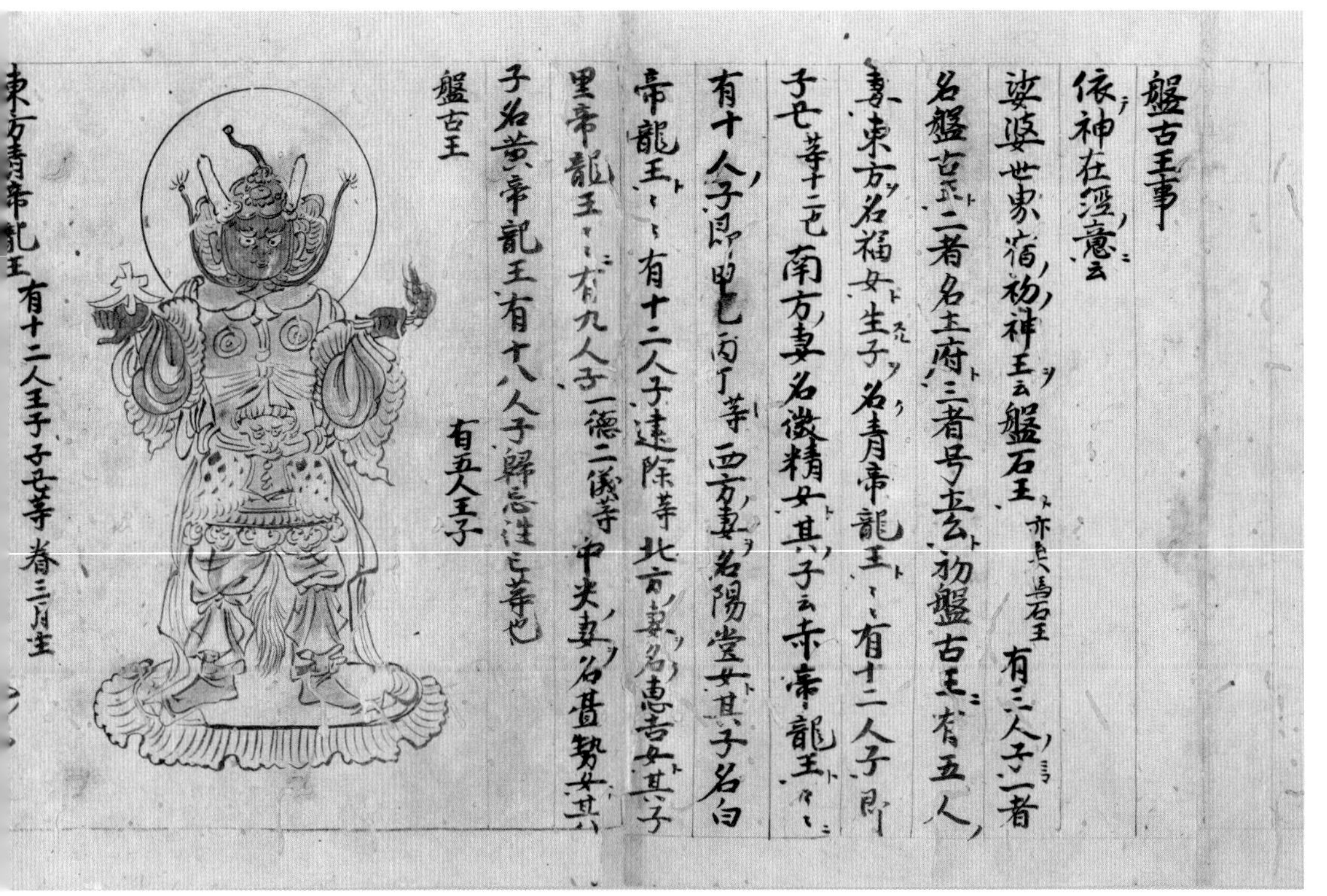

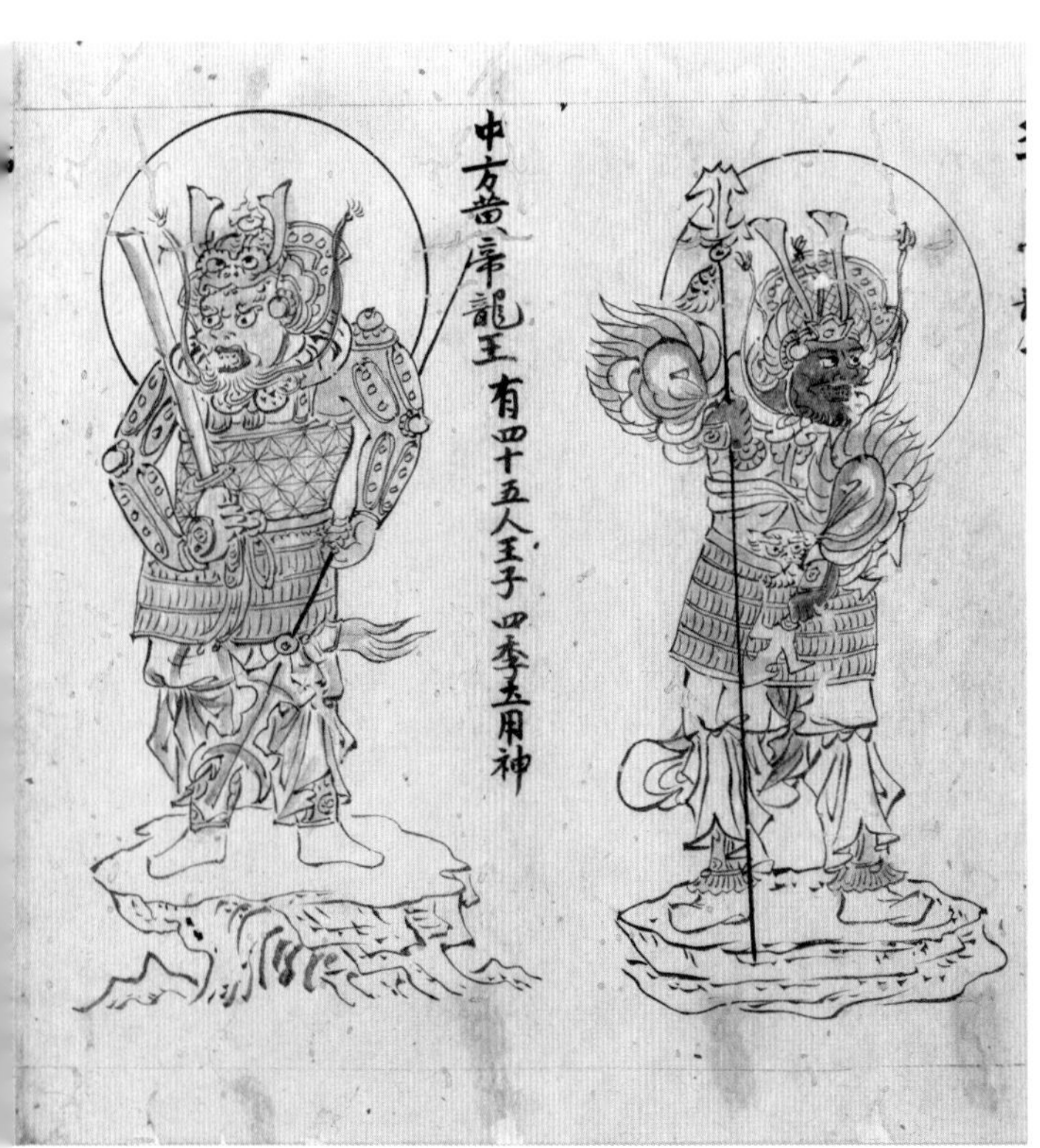

123
神像絵巻

妙法院所蔵　観応元年（一三五〇）

両部神道、真言宗の影響下に成立した二三柱の神々の画像を集成した絵巻。国常立尊、天神七代地神五代に続いて、盤古大王、五帝龍王、最後に大きく牛頭天王が描かれている。神祇信仰に中国の創造神話の神が加わり、さらに牛頭天王が配されて、日本・中国・インドの神々を習合し、暦を軸とした陰陽道信仰を表現したものと考えられる。『簠簋』の記述とも重なる部分が少なくないことが注目される。（小池）

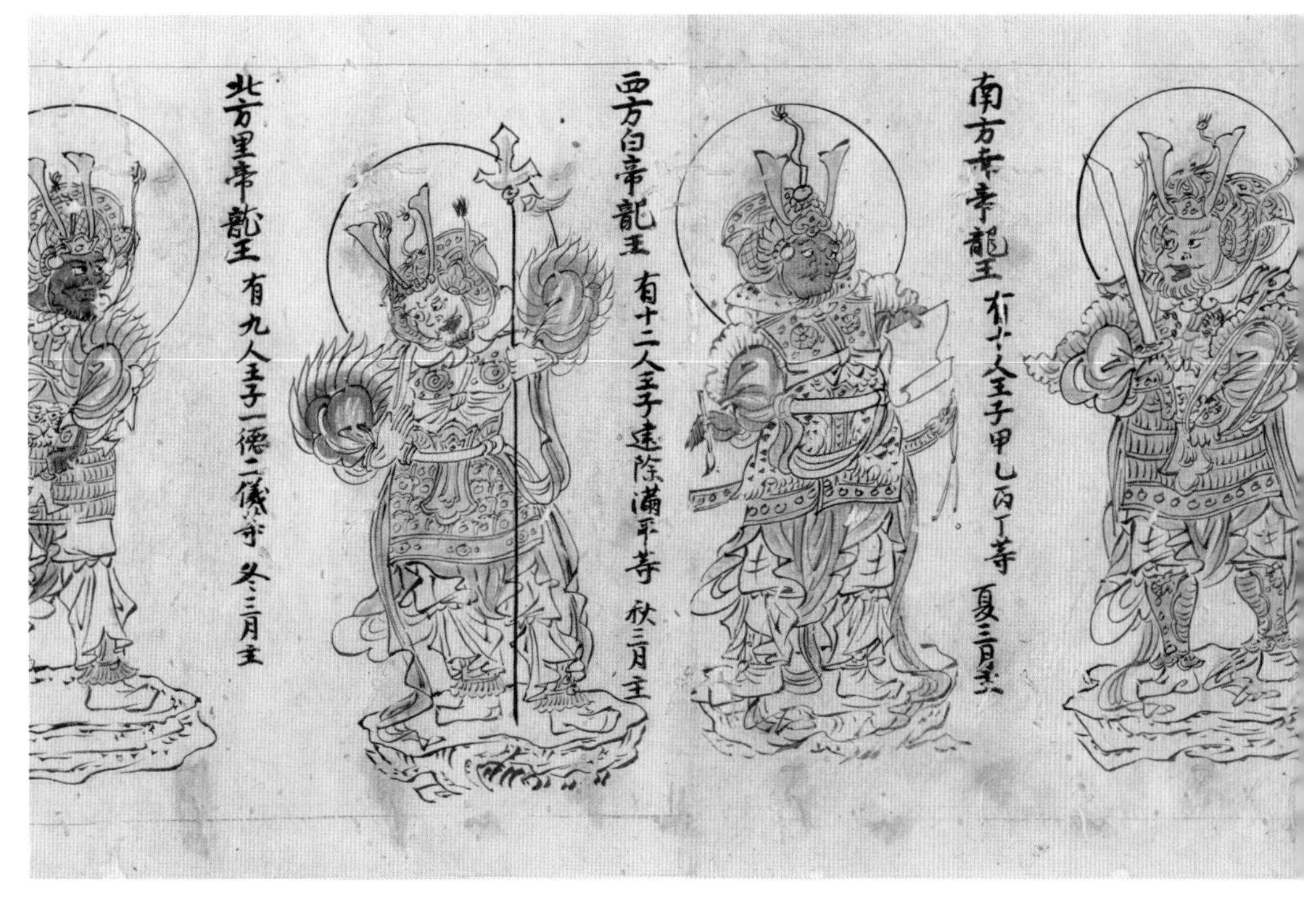

元氣俲動萌牙乍叢八風扇數五才従擴日月
運轉山河鑄寺千名森羅万物雜趣天壽云盤古
ニ時天地混沌清濁不分死後始有開闢清氣
昇上為天濁氣下為地ト左眼為日右眼為月ト骨
節為星辰牙齒為玉石毛髮為草木腹膓為
江河左手為東岳太山右手為西岳花山ト頭為
南岳衡山脚為中岳嵩山咽氣為火付在竹木
中其時亦無年歳文

一牛頭天王像
此天王国土大守護国大将此即薬師如来十二浄願垂跡
日光月光三佛合躰秘佛也今此天王有八大王子十二鬼
王従神八万四千六百九十四神在之此一々祇神年中十二
月毎日十二時分配之且任四角八方以守国土鎮四海以
暦注知之仍以暦注示之ツ
大歳神 今天王也年中大守故云大歳也 大将軍 一王子 相光天王 大陰 第八王子 宅相神撥天
歳徳 第二王子 魔王天王 歳刑 第三王子 倶魔羅天王 歳破 第五王子 羅侍天王 歳殺 第四王子

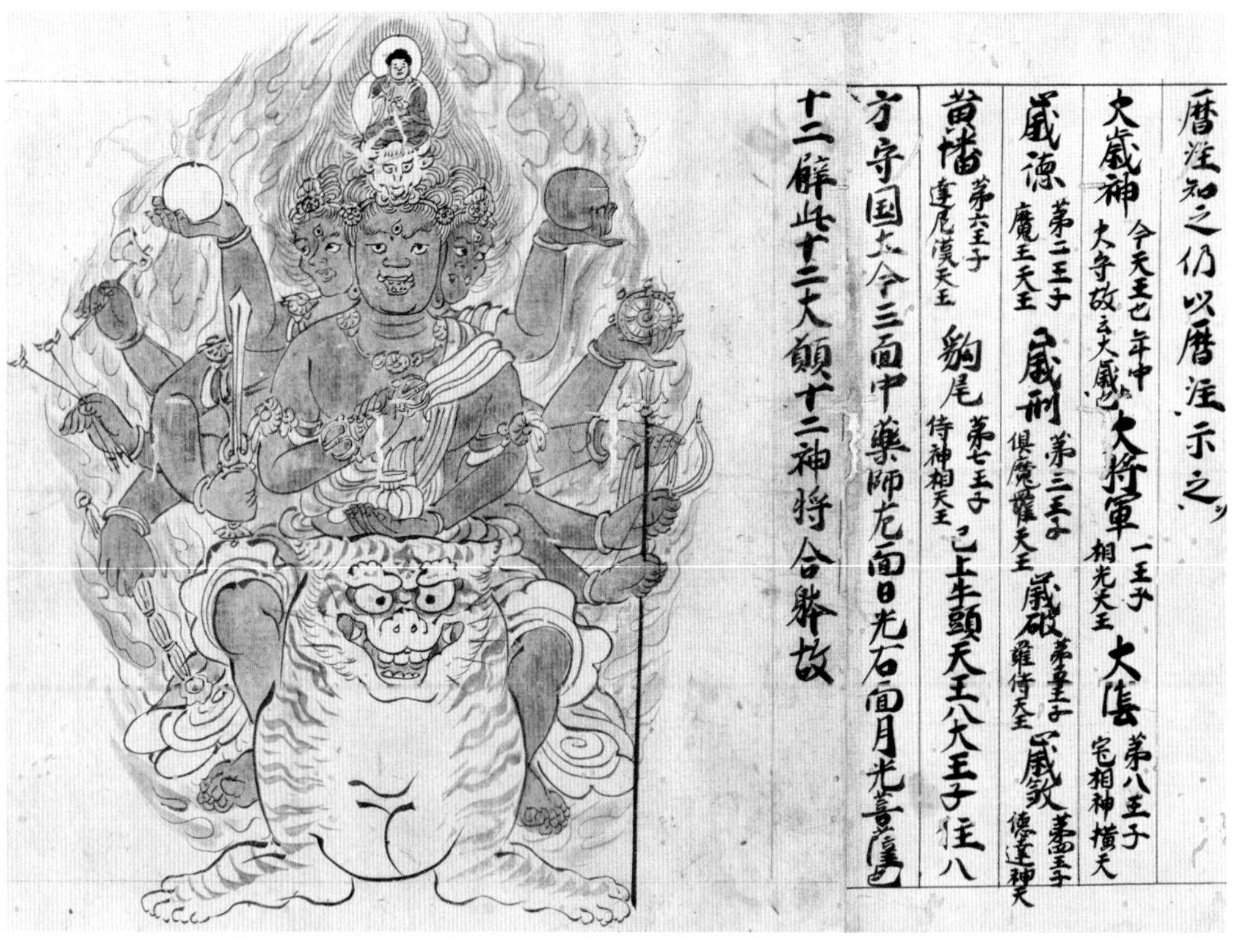

暦注知之、仍以暦注示之、

大歳神 今天王也、年中大守故云大歳也 大将軍 一王子 相光天王 大集 第八王子 宅相神横天

歳徳 第二王子 魔王天王 歳刑 第三王子 倶魔羅天王 歳破 第四王子 羅侍天王 歳殺 第五王子 徳達神天

黄幡 第六王子 達尼漢天王 豹尾 第七王子 侍神相天王 已上牛頭天王八大王子往八

方守国土、今三面中薬師左面日光右面月光菩薩

十二神、此十二大願、十二神将合躰故

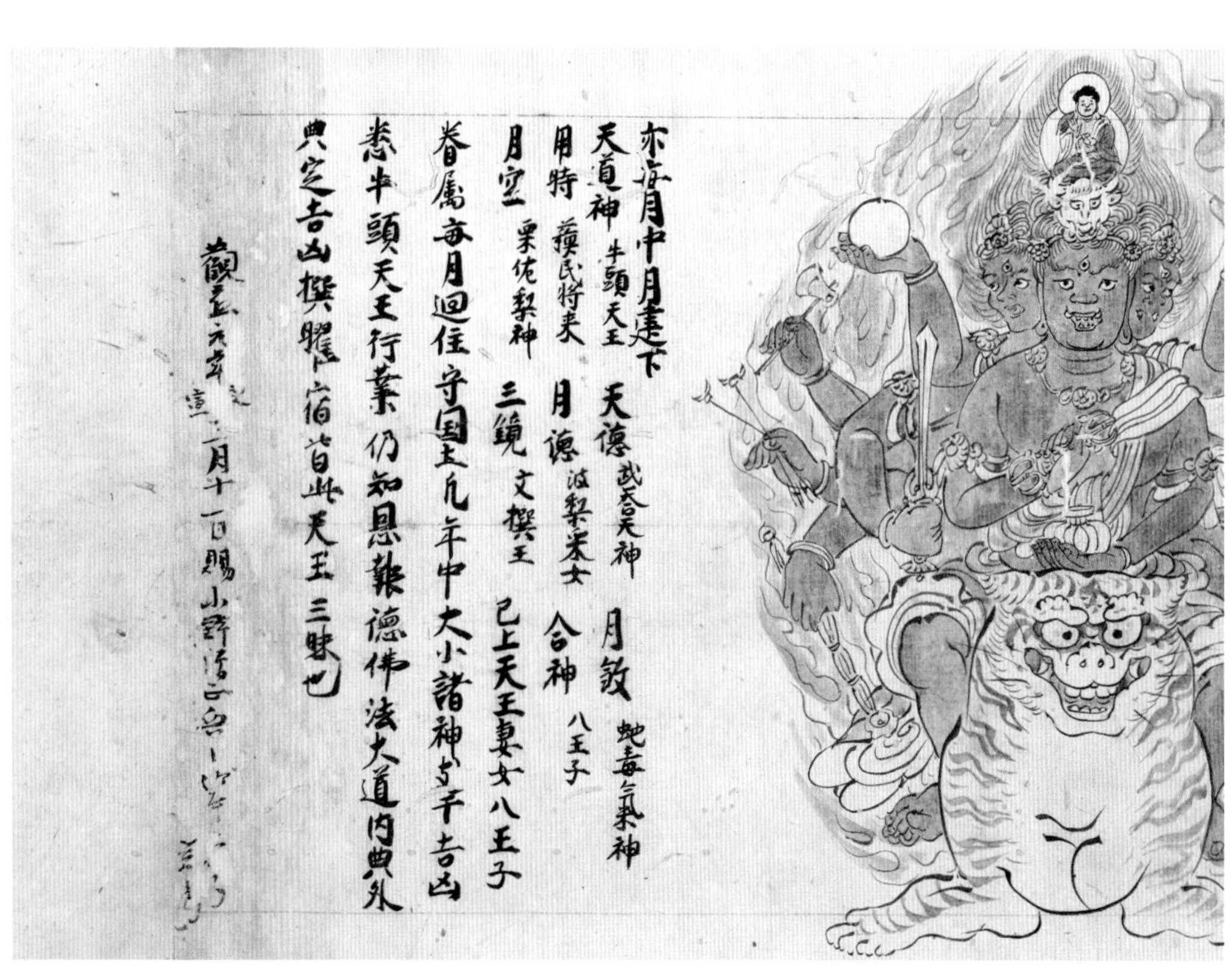

亦毎月中月建下

天道神 牛頭天王 天徳 武荅天神 月殺 蛇毒気神

用特 蘓民将来 月徳 波梨采女 合神 八王子

月空 栗佐梨神 三鏡 文撰王 已上天王妻女八王子

眷属毎月廻往守国土、凡年中大小諸神皆辛吉凶

悉牛頭天王行業、仍知愚鈍徳佛法大道内典外

典之吉凶撰曜宿皆此天王三昧也

124
牛頭天王嶋渡祭文

豊根村教育委員会所蔵
一七世紀写
愛知県豊根村上黒川地区村松家

愛知県奥三河地域にて、近世に流布した祭文。牛頭天王縁起の内容を中心に、胞衣より生まれた蛇毒気神が八王子に加わる・牛頭天王が尾張国の津島社に来臨する・牛頭天王が天竺にて釈迦仏を罹患させるなど、多様なエピソードが見られる。津島信仰の影響のもと、中世の牛頭天王信仰にまつわる言説を取り入れて成立した祭文と推察される。牛頭天王とその眷属は〝一時の悪風〟となって各所を往来すると描写されており、実際の疫病の流行を想起させる。（松山）

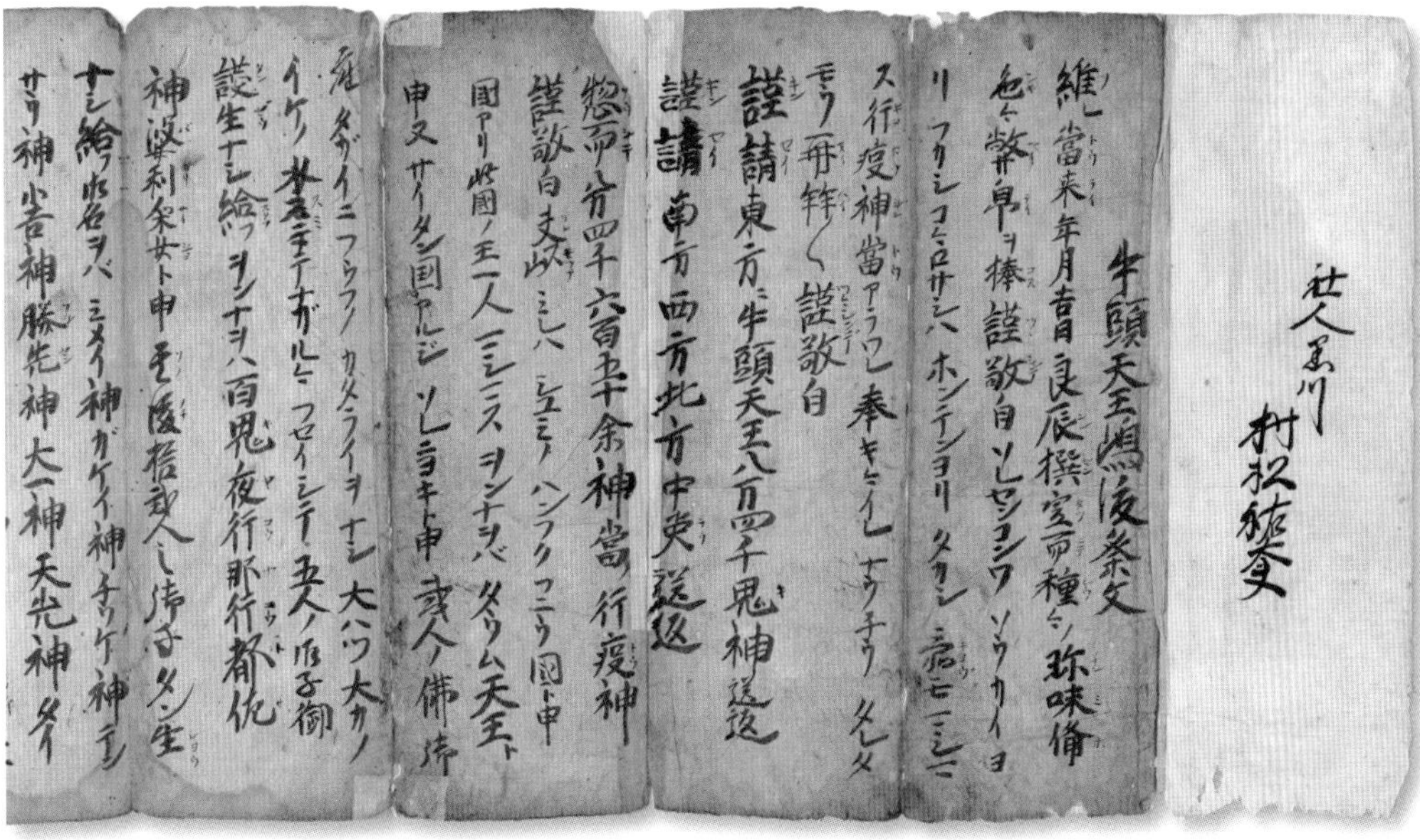

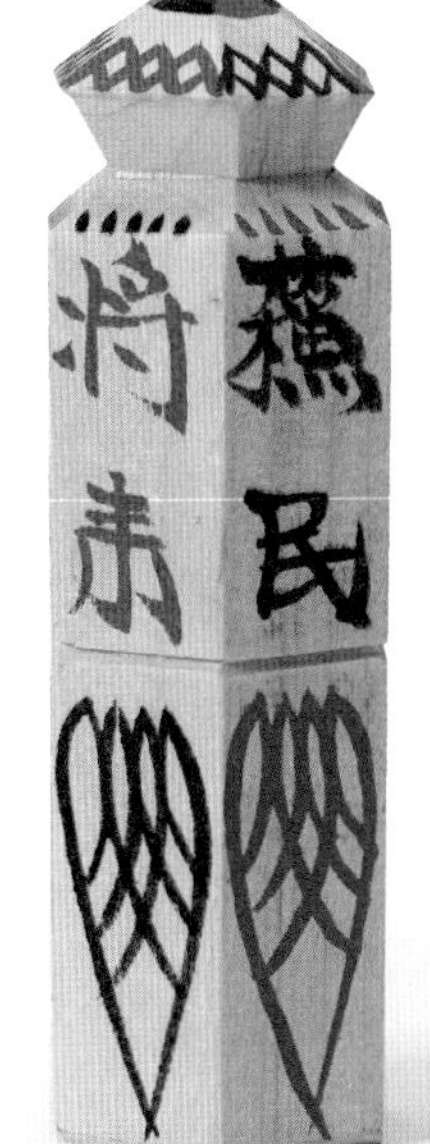

125
蘇民将来符

個人蔵　現代

長野県上田市の信濃国分寺で正月の八日堂祭において頒布される呪符。蘇民講という地元の人々によって製作される。ドロヤナギの木の枝を用い、六角柱の独特のかたちに仕上げ、「蘇民将来子孫人也」という文字を記す。それに加えて、吉祥を表す絵柄が添えられる場合がある。江戸時代からの作例が残り、大きさは二〇センチをこえるものもある。こうした蘇民将来符は全国で五九例ほど確認されているが、その形状はさまざまである。（小池）

3

観天望気

長年の生活経験、とりわけ天候や動植物の成長などの観察の積み重ねによって、未来を予想することを観天望気(かんてんぼうき)といい、人類社会に普遍的に見られる。日本では日和見(ひよりみ)という言い方で、天候を占う行為や、それを得意とする人をさすことが広くおこなわれた。

アジアにおいては漢字文明のなかで、占いと自然科学の知識とが融合して術数(じゅつすう)という概念が生まれ、広がっている。生活経験を法則化してとらえ、さらにそれを次の世代に引き継ごうとするとき、こうした術数文化および、その日本的な展開ともいえる陰陽道とが結びつくことが広く見られるようになった。近世の日本においてはそうした傾向が顕著となり、占いやまじないの知識や実践がそれらを専門とする人々だけではなく、文字文化を背景にさまざまな集団や地域においておこなわれるようになっていく。その様相をここではとりあげてみたい。

東方朔(とうぼうさく)は中国の漢の時代の実在の人物とされるが、西王母の桃を盗んで食べ、異例の長寿を得て仙人となったといわれている。この東方朔が書きのこしたという『東方朔秘伝置文』という書物は、江戸時代に版本(はんぽん)として広く世に受け入れられた。古代以来、東方朔の書き記したと伝わる文章は断片的に確認できるが、近世になると一冊にまとめられて出版された。さらにそれらをもとに、東北地方をはじめ、各地で多様な写本が作られていった。なかにはそれぞれの土地での言い伝えや経験を書き加えて独自の「東方朔」を書きあらわした例もある。これを術数文化の日本における展開、陰陽道の受容のひとつととらえることができよう。

注意したいのは、古代中国の神仙がいきなり、日本の民俗文化のなかに取り込まれたのではなく、常陸坊海尊（清悦）や八百比丘尼といった長寿伝承の枠組みに組み込まれるかたちで東方朔が知られるようになっていったという点である。庚申信仰をはじめ、干支や暦注が地域における微細な観天望気と結びつく「場」として『東方朔秘伝置文』という書物は機能したのである。

また、中世まで陰陽師たちが用いた占いやまじないの知識が、近世になると文字に記され出版されていった場合も少なくない。『呪詛調法記』（元禄一二年刊）や『陰陽師調法記』（元禄一四年刊）などはまさに、そうした陰陽師の知が広く社会に開かれていったことを示す出版物である。陰陽道は生活のなかで「調法」する知識となっていったのである。それらは、日常の生業や行事・儀礼のなかで用いられ、伝えられて民俗となっていった。

こうした民俗文化における陰陽道の展開は、複雑な陰陽道の知識のなかでもどういった部分が生活世界に受け入れられたかという問題を解く手がかりとなる。さらに陰陽道という刺激を受けて、民俗が文字文化と接点を持ち、変容していく過程を探ることにもつながっている。民俗における陰陽道は生活知識の意識化、文字化とつながり、さらにその創造性を支えてきたといえるだろう。

（小池淳一）

126 万家調法呪咀伝授嚢（のう）

個人蔵

安政四年（一八五七）序

さまざまなまじないを、挿絵入りで並べた小型本。こうした小型本の刊行は携帯性に配慮したものかもしれない。類似のまじないがまとめられているが、その背景については、ほとんど記述がなく、あくまでも実用に供することを主眼としたもの。出産をめぐるまじないに「伊勢」の文字を用いるのは中世から確認できる。近世期にまじないが書物を介して新たな広がりを持つようになったことがうかがえる。（小池）

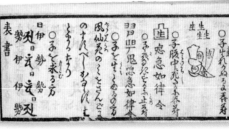

127 呪詛調法記

個人蔵

元禄一二年（一六九九）刊

呪詛は「まじない」とよむ。さまざまなまじないを一冊にまとめて参照しやすく整えた本。陰陽道とそれに関連するものも多く含まれている。類書に『陰陽師調法記』もあり、近世においてまじないと陰陽道とが近接するものとして認識されていたことを示す。後年には増補され、いろは順に並び替えられた本も出版されており、その人気がしのばれる。（小池）

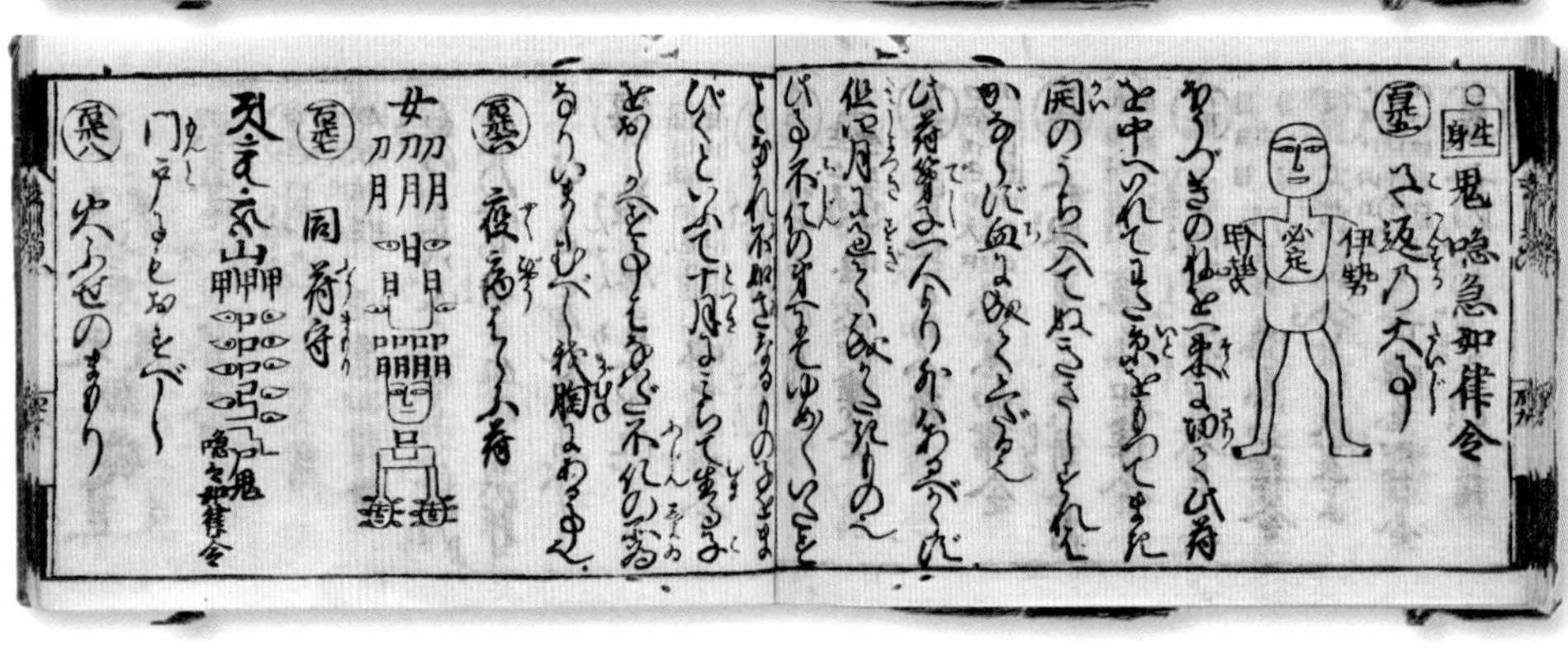

128 **東方朔秘伝置文　版本**

個人蔵　貞享三年（一六八六）

中国の漢代の神仙、東方朔に仮託して、その年の干支によって、天候や作物の豊凶が記されている占書。「東方朔」の名を冠した占いは古代から存在したがその多くは伝わらない。中世末から干支と作物占いとが結びついたかたちで記録されはじめ、貞享三年には『吉凶占東方朔秘伝置文』として刊行された。東北地方を中心に写本が多く残され、干支の知識と長期にわたる天候および農事にまつわる経験の蓄積とが文字記録となった。（小池）

129 **東方朔秘伝置文　写本**

個人蔵　安政二年（一八五五）

『東方朔秘伝置文』の写本は東北地方を中心に広く見出すことができる。その多くは刊写本と呼ばれる、版本を忠実に写したものであるが、なかには関連・類似する知識を新たに加えたものもある。生活のなかで蓄積した観天望気にまつわる知識の受け皿、表現媒体としての役割も果たしたといえよう。（小池）

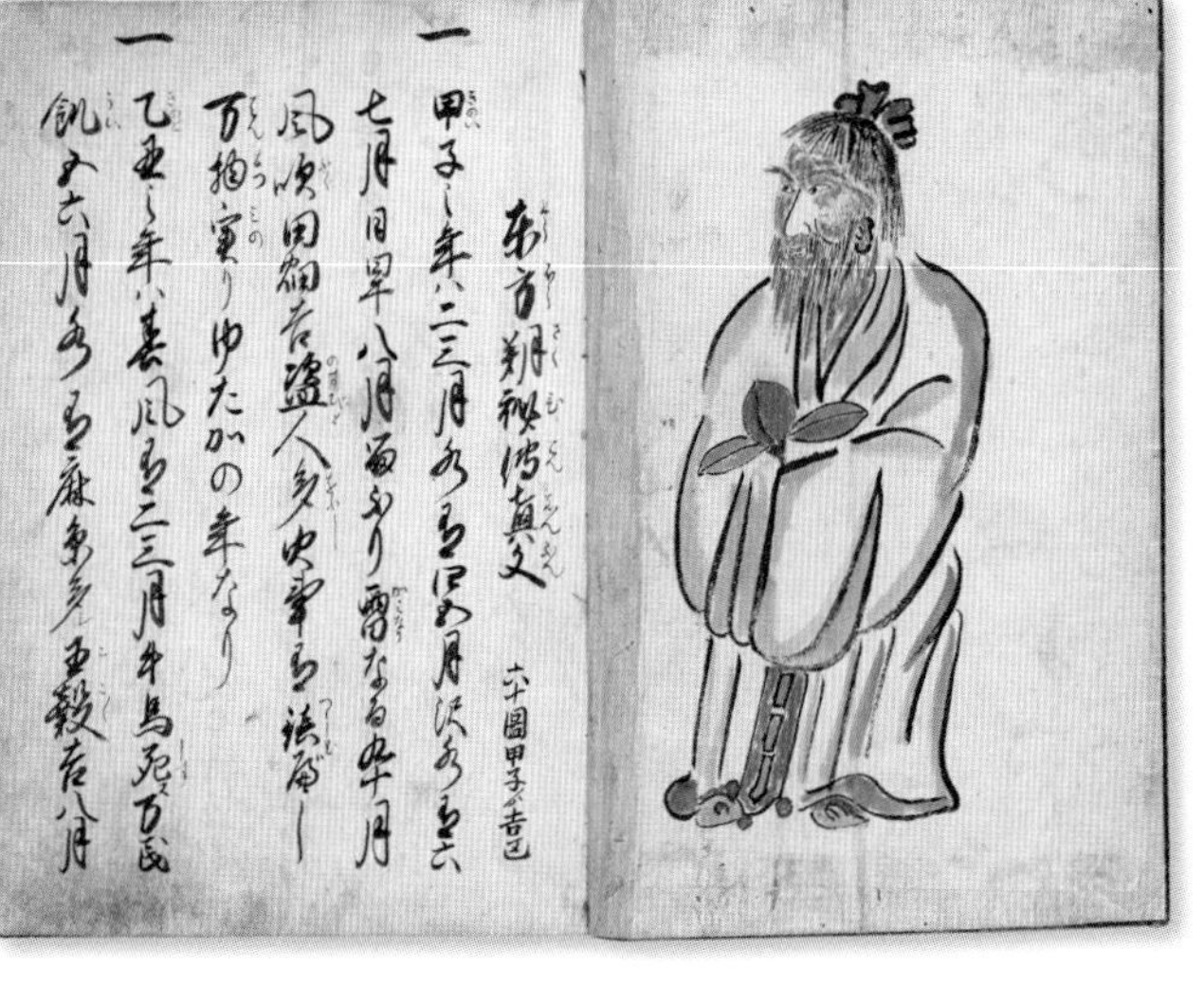

130 **東方朔秘伝真文　写本**

個人蔵　天保八年（一八三七）

「東方朔秘伝真文」という題名は振り仮名が付されていることから、「置文」の誤写ではなく、何らかの含意とともに創造的に付けられたものと思われる。表紙見返しに東方朔の肖像が描かれているのも珍しい。本文は版本に准じたものだが、こうした写本の存在は陰陽道の近世における主体的な受容を示すものといえる。（小池）

131
義経記

本館所蔵　田中穣氏旧蔵典籍古文書　江戸初期写

源義経の活躍を描いた物語。上方で成立したとおぼしいが、北陸から東北各地に残された後世の義経伝説とのかかわりが注目される。源平合戦での活躍以外の時期の義経主従を中心として、衣川での義経の自刃までが描かれ、佐藤兄弟、武蔵坊弁慶、鈴木三郎といった従者たちに並んで、常陸坊海尊が登場する。海尊は巻七で義経の死の直前に行方知れずになったとされ、ここから、義経主従のありさまを自らの長寿を背景に語り伝えたという新たな伝承が生まれた。　（小池）

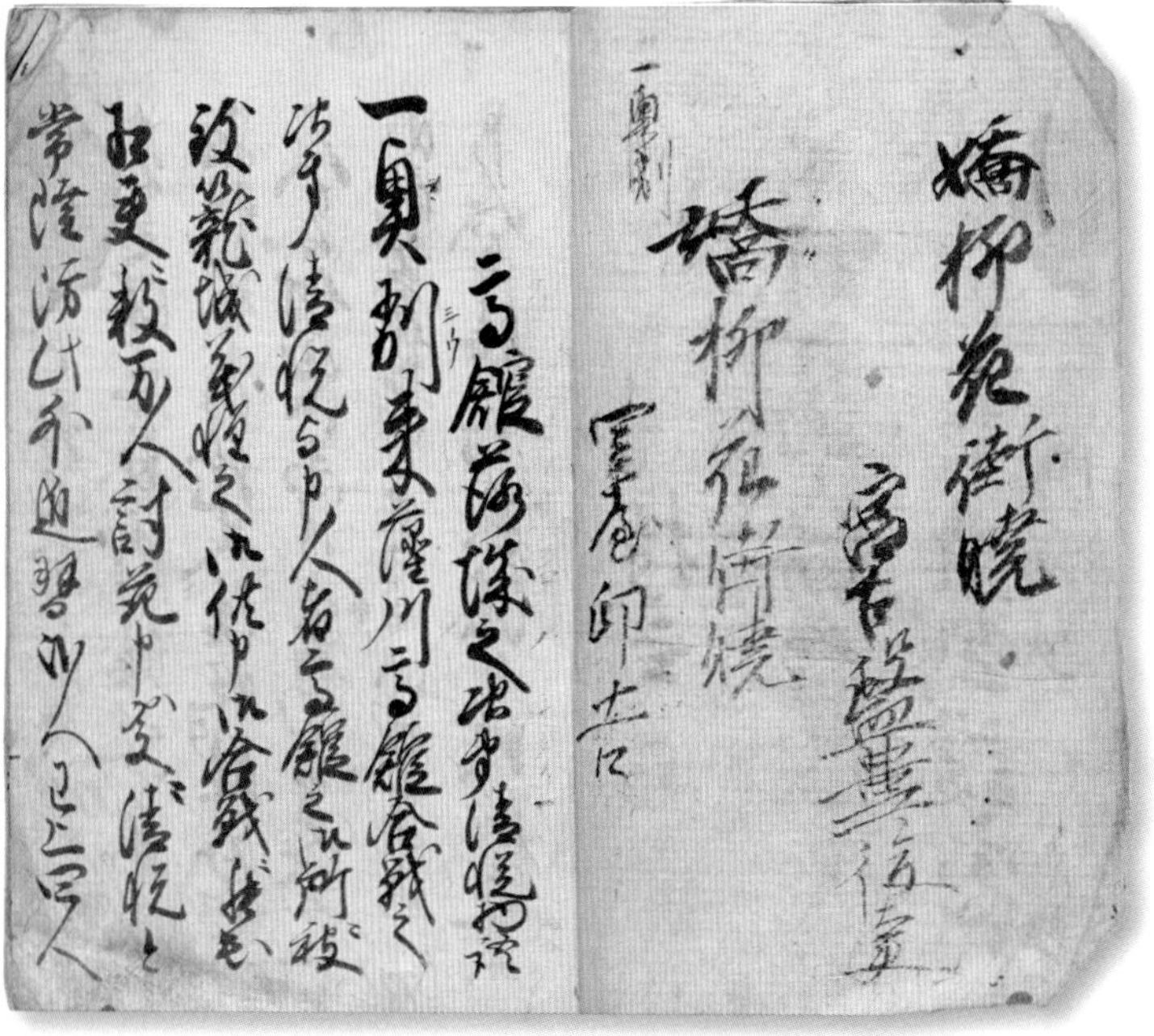

132
清悦物語

本館所蔵　江戸時代

源義経に従っていた常陸坊海尊が義経の死の直前に行方知れずとなり、不思議な食べ物のために長生きをしたという伝承をもとに書かれた物語。海尊はその後、名前を清悦と改めたという。東北各地に多くの写本が伝わり、義経伝説に大きな影響を及ぼしたとされる。異例の長寿を保った人物が、過去の出来事を伝えるという形式は『東方朔秘伝置文』と通じており、共通した基盤の上に成り立っていることを示している。　（小池）

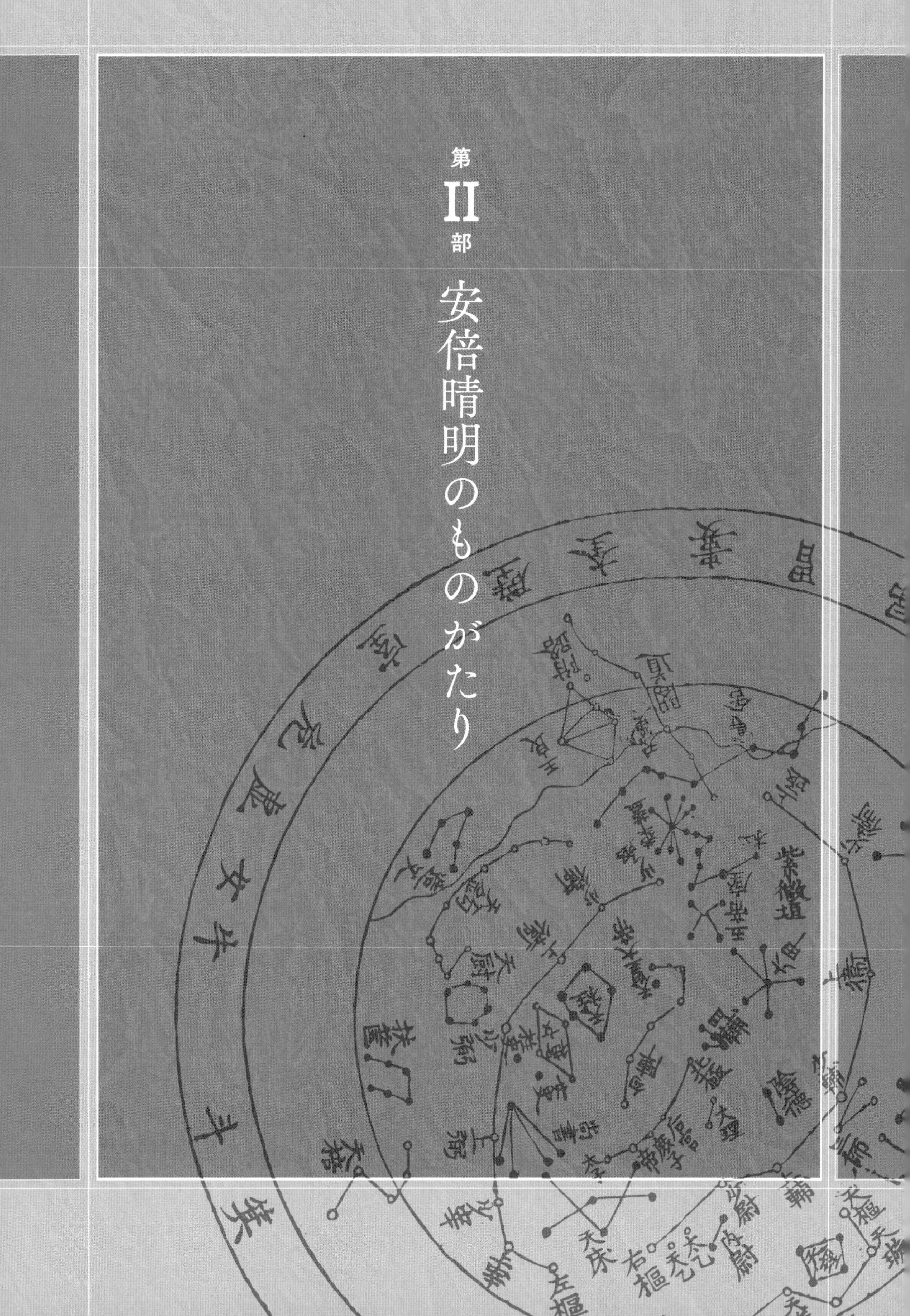

第II部 安倍晴明のものがたり

第一章 安倍晴明とその子孫

安倍晴明は平安時代を生きた実在の陰陽師である。そのことを改めて確認しなければならないほど、晴明にまつわる「ものがたり」はさまざまな展開を見せ、そのイメージは複雑なものとなっている。

延喜二一年（九二一）に安倍益材の子として生まれた晴明は天文得業生、天文博士、蔵人所陰陽師、主計権助、大膳大夫、左京権大夫などを歴任した官人、平安貴族であった。その活躍は平安時代のことであり、御堂関白と呼ばれた藤原道長や『小右記』を残した藤原実資などと同時代に生きた人物である。晴明の確かな生涯は平安中期の記録類からたどることができる。晴明は寛弘二年（一〇〇五）に世を去ったが、後世になって多くのエピソードに囲まれるようになっていった。

晴明の事績は陰陽道に深く関わった安倍氏（土御門家）によって伝えられた面が大きい。晴明のものがたりはまず、そうした子孫たちによって育まれたといえる。そこには単に先祖というだけではなく、自分たちの職掌のシンボルとしての位置づけと陰陽道の可能性とが表現されている。

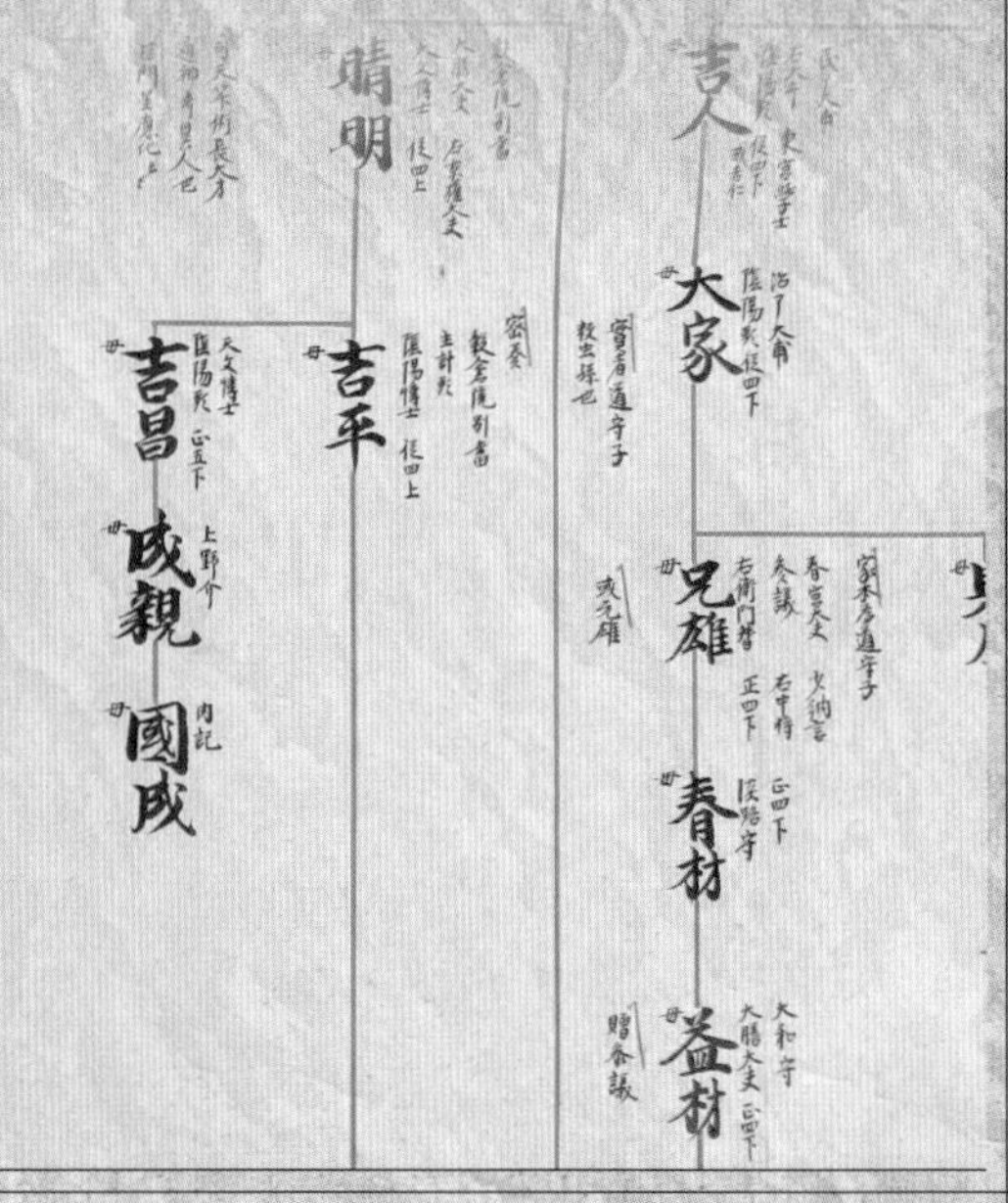

例えば天徳四年（九六〇）の内裏焼亡による霊剣の焼損と再鋳について、晴明が中心であったかのような見解が安倍氏には伝えられていった。一方で賀茂氏側は保憲がその中心であったとしており、両者の主張には齟齬がみられる。

院政期に「指すの神子」（『平家物語』）とその占いが称賛された安倍泰親は晴明の五代の孫にあたり、安倍氏嫡流として、宮廷社会に重きをなした。安倍氏のなかで晴明の祭庭として継承されてきた土御門の邸宅を、一族を相手とする訴訟の結果、伝領することに成功するなど、勢力の拡大に努めた。なお、泰親の孫の泰忠は「養和二年記」(23)を残しており、陰陽師としての毎日を記録している。

戦国期には戦乱を避け、土御門家は若狭の名田庄に移り、京都との二重生活を送ることとなる。京都に復帰するのは土御門久脩の時で、泰福の代に至って、陰陽師の本所支配を担うこととなった。

近世には改暦をめぐって、幕府天文方に対抗して、宝暦改暦を土御門泰邦が主導するなどの積極的な動きも見られる。幕末に土御門家当主であった土御門晴雄は、明治維新における王政復古の流れに乗って陰陽寮の維持や暦製作への土御門家の参画などをめざした。晴明神社との結びつきも深かったが、明治二年（一八六九）、四三歳で病により死去した。陰陽寮は、翌明治三年に廃止され、ここに陰陽師の家としての安倍（土御門）家は終焉を迎えた。

（小池淳一）

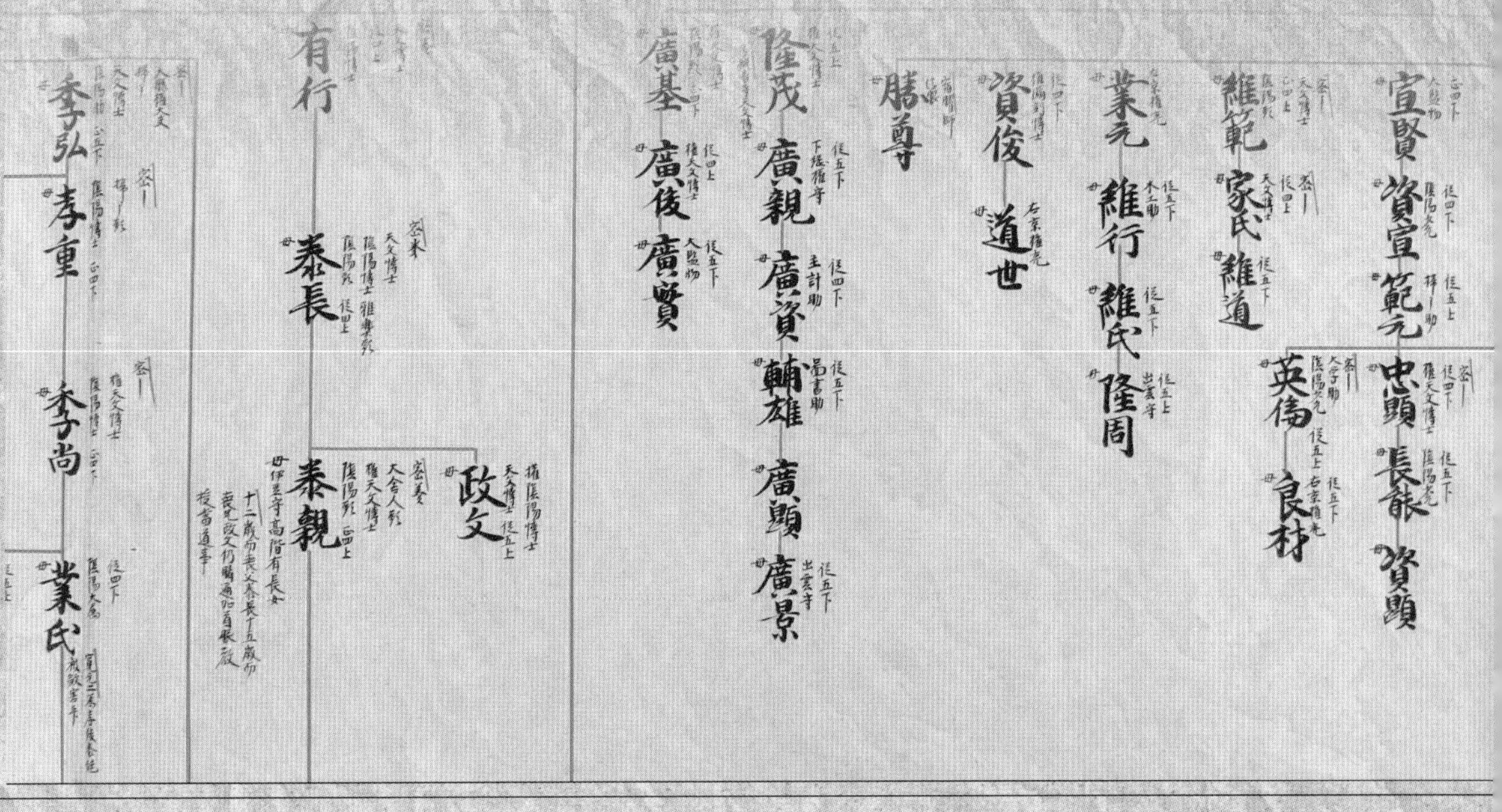

133 泣不動縁起絵巻（不動利益縁起）

清浄華院所蔵（京都国立博物館寄託）
室町時代　重要文化財
奈良国立博物館所蔵　室町時代

三井寺の僧、証空が、重病に陥った師の智興の身代わりとなって病を受け、そのあまりの苦しみに不動明王にすがる。不動明王は身代わりとなって地獄の閻魔たちのもとへ行く。閻魔らは不動明王の出現に驚き、礼拝し、僧侶たちはこの世に蘇るという説話を絵巻にしたもの。『発心集』『宝物集』『曽我物語』などに類話が見られ、中世には広く知られた。病を移す祈禱を安倍晴明がおこなったとされる。（小池）

清浄華院所蔵本

奈良国立博物館所蔵本

134 陰陽師と式神・外道復元模型（泣不動縁起絵巻復元模型）

本館所蔵　現代

「泣不動縁起絵巻」（133）のなかで安倍晴明が祈禱をおこなう場面を立体にしたもの。実際には目に見えないはずの存在までが示されている。祭壇にむかう晴明の傍らには式神が控え、病をもたらしたであろう異形の外道たちがそれに対している。（小池）

135 安倍晴明公御神像

晴明神社所蔵（京都国立博物館寄託）

室町時代中期

晴明神社に伝わる安倍晴明の神像。床几に座し、烏帽子をつけ、白い狩衣を着て、両手は袖のなかで、おそらく印を結んでいる。鋭い眼で威厳に満ちた風貌である。傍らには赤い鉢巻をし、松明を掲げた式神がつき従っていることから夜の姿であることが示唆される。右上の賛には「暦数天文に精通し、金烏玉兎集に名を残す」と記されている。（小池）

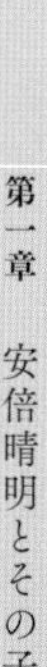

136 晴明社社号額写

晴明神社所蔵　安政元年（一八五四）

晴明社の社号額のもとの文字を軸装したもの。安政元年、土御門晴雄（一八二七〜六九）の揮毫。土御門家と晴明神社との深いかかわりを示している。前年嘉永六年の安倍晴明八百五十年祭には晴雄が晴明社を参拝した。現在も境内には、同年建造の鳥居などが残る。晴雄は、明治維新に際して、陰陽寮の維持をめざしたが、病によって死去し、果たせなかった。額は二〇一七年に復元され、晴明神社二の鳥居に掲げられた。（梅田）

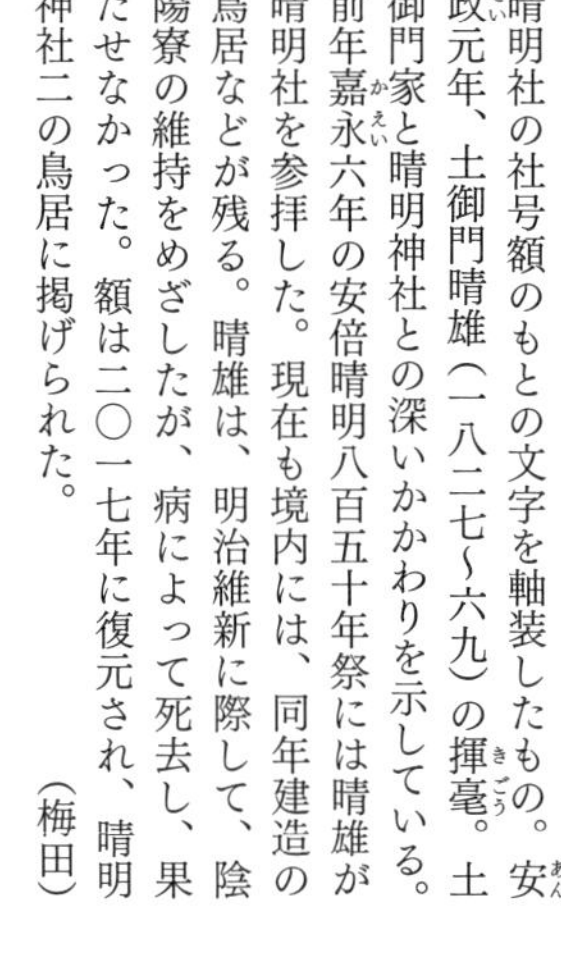

晴明神社扁額（参考図）

137 都名所図会　晴明神社（参考図）

国際日本文化研究センター所蔵

安永九年（一七八〇）刊

京都の名所旧跡を図版とともに紹介した地誌『都名所図会』の巻一に晴明神社が載せられている。一条に所在し、この地が安倍晴明の屋敷跡と伝えられることが記されている。また近くには戻橋があり、晴明がその橋の下に十二神将を鎮めて、使役したとも伝えられる。近世に晴明の伝承がこの付近を舞台として知られていたことがうかがえる。（小池）

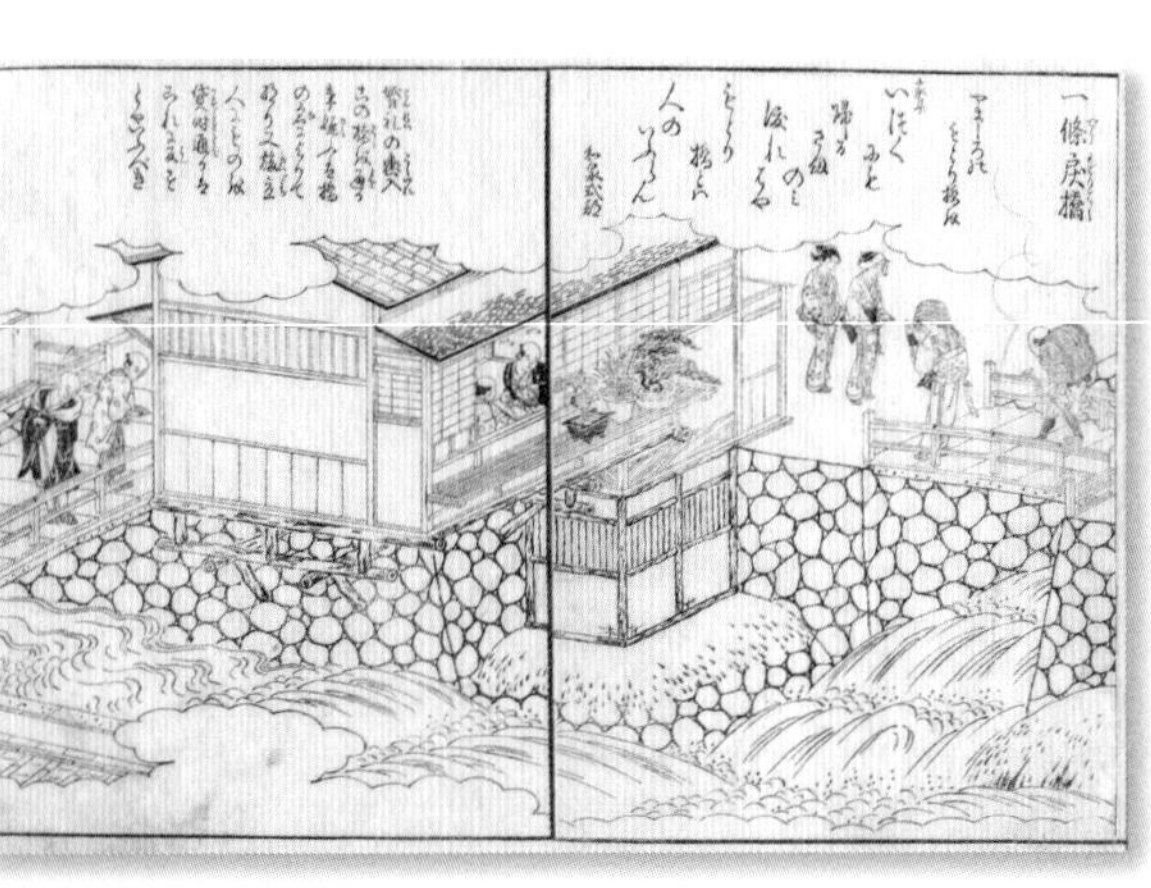

138 山槐記　久寿三年二月一二日条

本館所蔵　田中穣氏旧蔵典籍古文書　江戸時代写

蔵人頭、参議、検非違使別当、内大臣等を歴任した中山忠親（一一三一〜九五）の日記。安倍晴明の子孫である泰親が泰山府君祭を霊所の祭庭で執行したことを記す。この霊所が晴明の屋敷のあったところと推測される。晴明の血統だけではなく、その屋敷地を受けついで祭儀を執行していることが陰陽師としての権威になっていたのであろう。（小池）

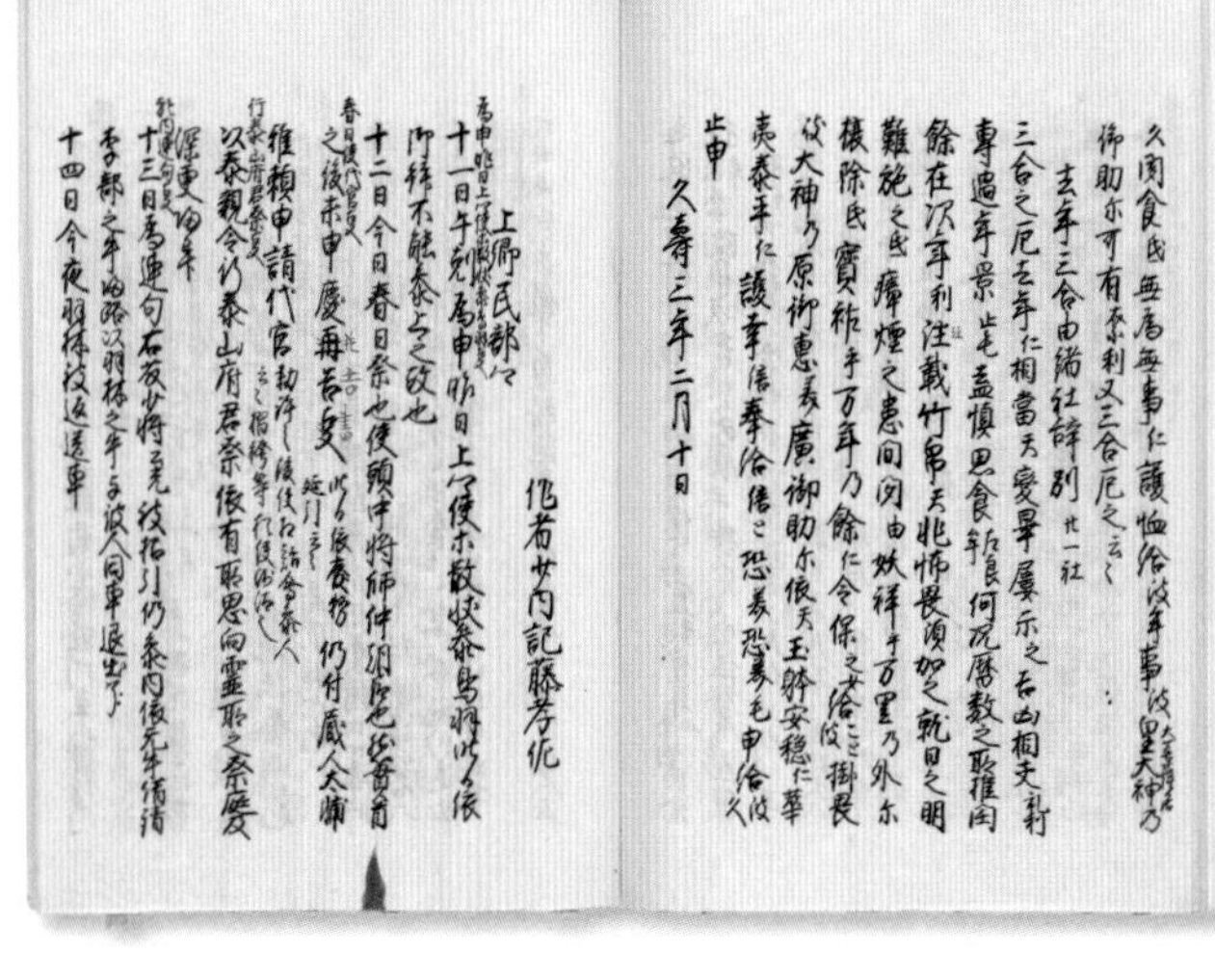

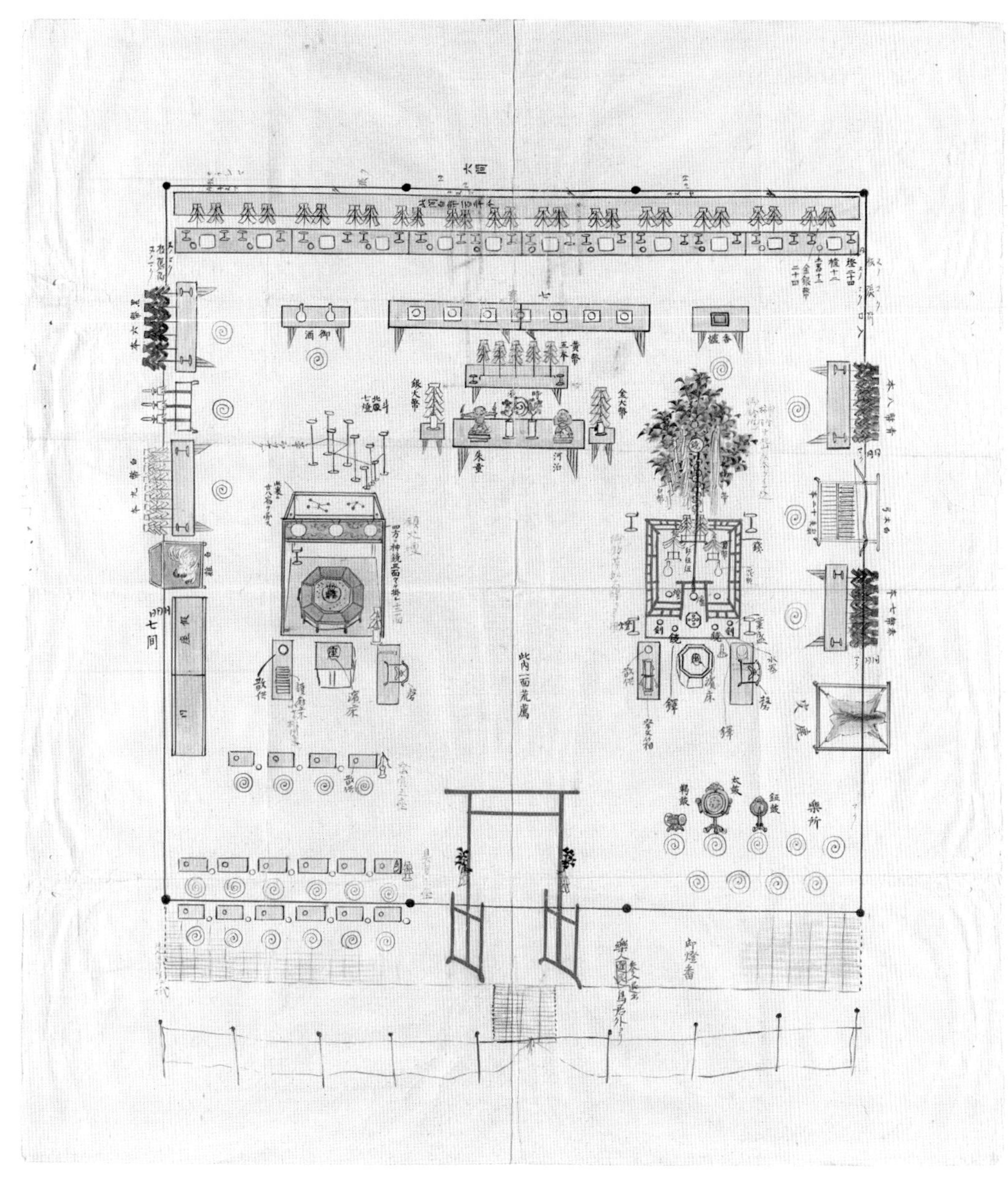

139
安倍晴明八百五十年祭祭場図
京都府立京都学・歴彩館所蔵
若杉家文書　江戸時代（近代の書き込み有り）

江戸時代、土御門家では、安倍晴明没年から数えて五〇年の節目毎に、晴明を神格化して祀る「晴明霊社祭」の大祭を催していた。本図は、嘉永六年（一八五三）三月八日～二八日の二一日間、京都梅小路の土御門家で行われた八百五十年祭の祭場図である。上辺祭壇上には一二〇本の白幣と二四本の金銀幣、左右に四色の幣が並ぶ。祭場の中央には金銀の大幣や鎮火壇・灑水壇、河伯・朱童の像が備えられ、周辺には捧物となる鶏・獣皮などの品や武具を配する。（梅田）

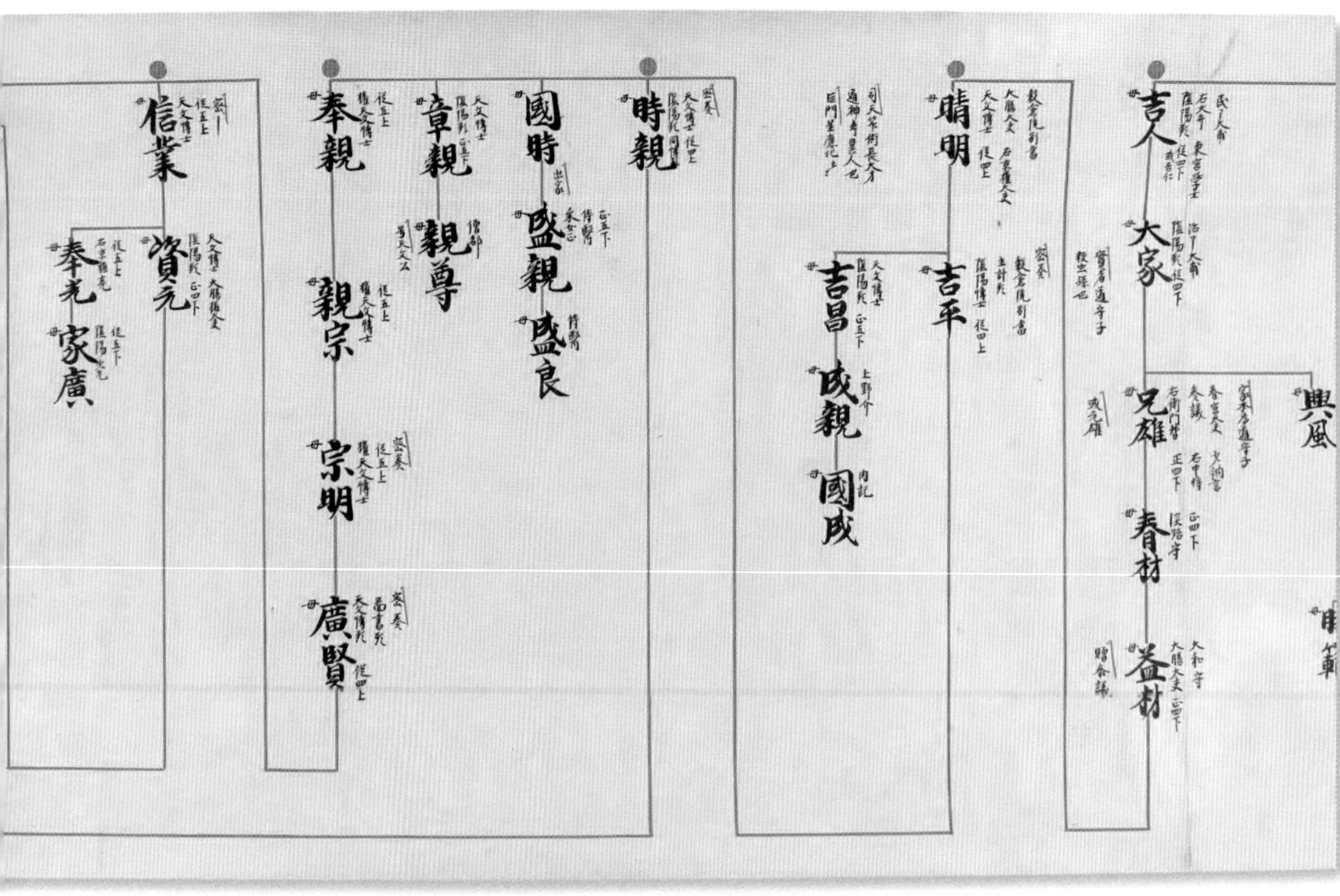

140 **壬生本医陰系図**

宮内庁書陵部所蔵

江戸時代初期写

壬生家の旧蔵で現在は宮内庁書陵部が所蔵する。平安時代より医道を世襲・支配した三氏（和気・丹波・惟宗氏）と陰陽道の賀茂氏・安倍氏の系図である。賀茂氏の最後は永正九年（一五一二）に亡くなった在栄、安倍氏は永正八年に亡くなった有長である。もとは室町時代中期頃に編纂された「諸道系図」の一部で、同系図は『尊卑分脈』にも影響を与えたとされる。よって本系図は諸種の賀茂・安倍氏系図を校訂する際の底本となりうるものである。（細井）

141 **平家物語　巻三　法印問答**

本館所蔵　田中穣氏旧蔵典籍古文書

江戸時代写

院政期の代表的な陰陽師である安倍泰親は、晴明五代の孫として『平家物語』に印象的に登場する。巻三で治承三年（一一七九）一一月七日の地震に際して内裏に駆け付け、その危急を涙を流して訴えた。泰親の占いは掌をさすように正確であるとして「指すの神子」と呼ばれていたという。（小池）

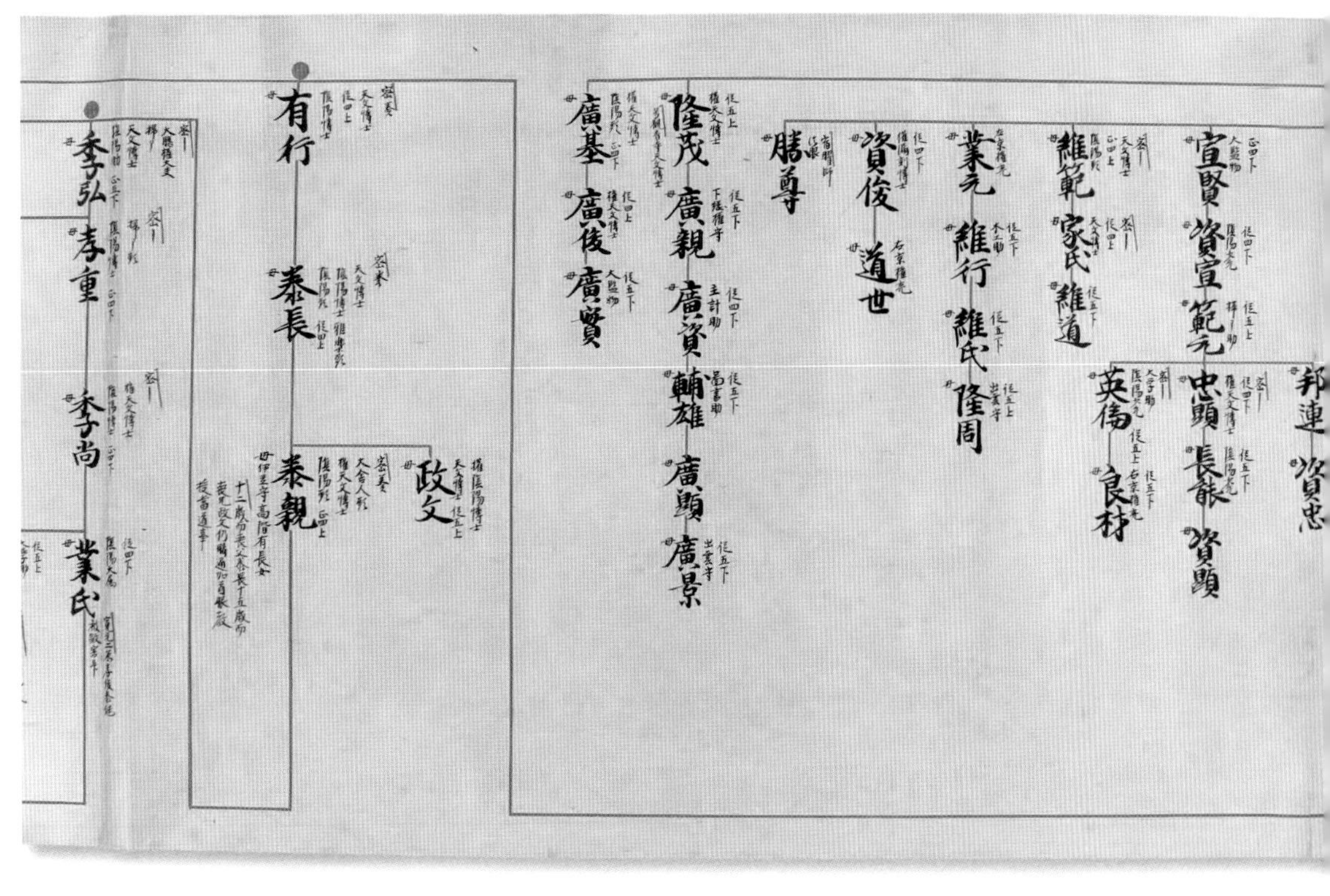

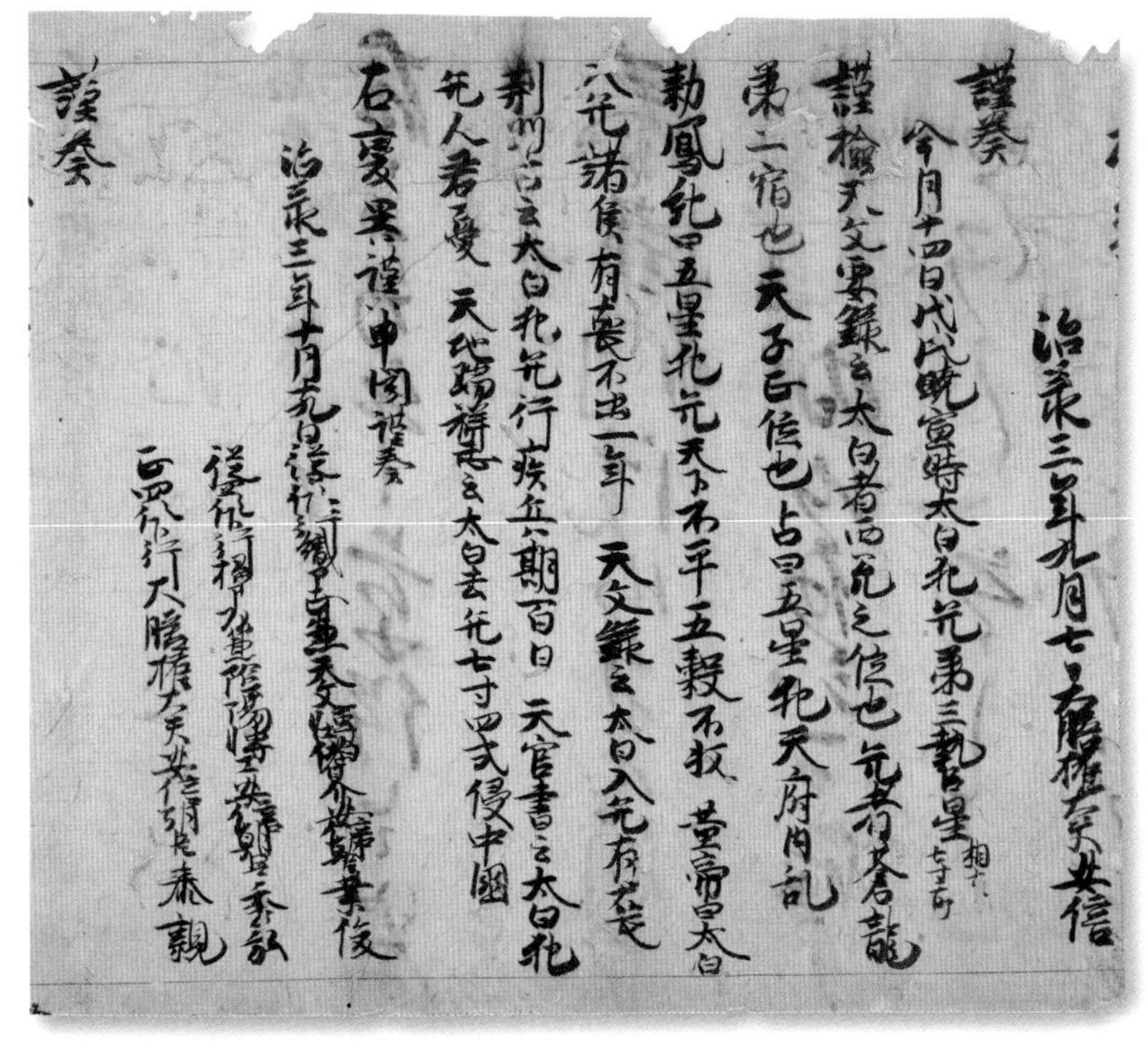

142

安倍泰親等勘申天文奏

東京大学史料編纂所所蔵　一三世紀前半頃写カ

安倍泰親とその子息季弘・業俊が連署して献じた天文奏。治承三年（一一七九）一〇月一四日の太白（金星）の動きについて、『天文要録』や『天地瑞祥志』を典拠に大きな政変が起きることを奏上している。果たしてこの年の一一月に平清盛が後白河法皇の院政を停止する政変が起きた。「指すの神子」泰親の占いが的中したともいえる。院政期の陰陽師の勘申の様式・内容を具体的にうかがうことができる。

（赤澤・小池）

第二章　安倍晴明のライバルたち

安倍晴明が歴史のなかに姿をあらわす以前にも多くの陰陽師が活動していた。また同時代の宮廷社会では陰陽師は日常のなかでごく当たり前の存在であった。さらに密教においても陰陽道と類似近接した修法や祈禱などがおこなわれたことを忘れてはならない。両者の境界は曖昧な部分もあり、僧侶と陰陽師とが協働したり、競合するような場面も少なくなかった。

『今昔物語集』巻二十四には陰陽師を主人公とする説話が内容の伝わらないものも含めると八話集められており、彼らが人々の耳目を集める存在であったことを側面から証明している。平安のはじめに陰陽頭として活躍したとされる弓削是雄や多くの著述をなしたとされる滋岳川人をはじめ、玄妙な能力を発揮したとされる陰陽師は数多い。

とりわけ、晴明の師とされる賀茂忠行やその子で「陰陽の基摸」（『左経記』長元五年五月四日条）と呼ばれた保憲、さらにその子の光栄といった賀茂家出身の陰陽師たちはその代表である。

賀茂家の出身者には紀伝道に進み、『池亭記』を著した慶滋保胤（？〜一〇〇二年没）もいる。なお、時代は下るが、室町時代に賀茂在方は、保憲が撰述し、散逸した『暦林』を受けつぎ、『暦林問答集』を著した。在方は、その序文で当時の「愚師・野巫の僻説」が多く起こって「正理」が錯乱している状態を嘆いている。賀茂家の正統意識がうかがえる。

貴族たちの私的で日常的な占いなどには、官人ではない陰陽師も活躍した。そうした人々は僧形であることも多く、かれらは法師陰陽師と呼ばれた。あるいはそうした存在を「民間陰陽師」と呼ぶことがあるが、その定義はいささか曖昧である。また密教僧も宿曜経などを参照し、陰陽師と似た活動をした。

後世になると晴明の敵役としては蘆屋道満の名が知られるようになっていく。平安期には法師陰陽師として道満という人物を見出すことができ（『政事要略』寛弘六年二月）、『宇治拾遺物語』巻十四第十話にも藤原道長を呪詛しようとして、晴明に見破られる道摩法師が登場する。江戸時代の仮名草子『安倍晴明物語』や古浄瑠璃『信太妻』などでも安倍晴明の敵役としての道満のイメージは強烈である。こうした僧形で、晴明に挑戦し、時には圧倒するというイメージには平安期以来の法師陰陽師の存在が影響を与えているだろう。

（小池淳一）

143 **本朝書籍目録**

本館所蔵

寛文一一年（一六七一）刊

陰陽の項に滋岳川人の著作が見え、「世要動静経」「六甲」「指掌宿曜経」などを撰述したとする。また滋岳川人は『今昔物語集』巻二十四第十三話でも世に並びなき者として登場する。その説話では、川人は地神に追われ、術を尽くして逃げおおせる様子が描かれている。（小池）

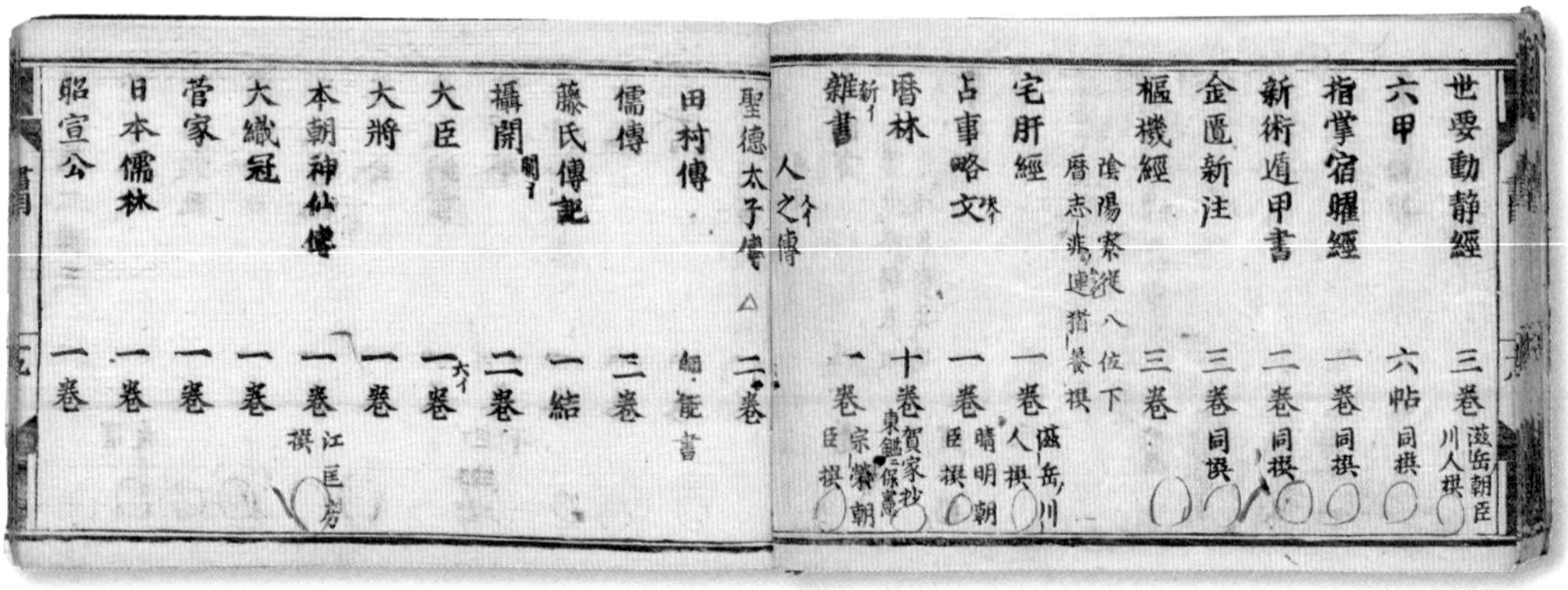

144 **今昔物語集　巻二十四**

国文学研究資料館所蔵

享保年間（一七一六～三六）刊

平安時代後期に成立した説話集。なかでも巻二十四には陰陽師にまつわる説話が集められており、記録類とは異なった角度から陰陽師たちの姿をうかがうことができる。弓削是雄、滋岳川人、安倍晴明や彼の師とされる賀茂忠行の姿が活写されている一方で、名前が伝わらない陰陽師の説話も記される。（小池）

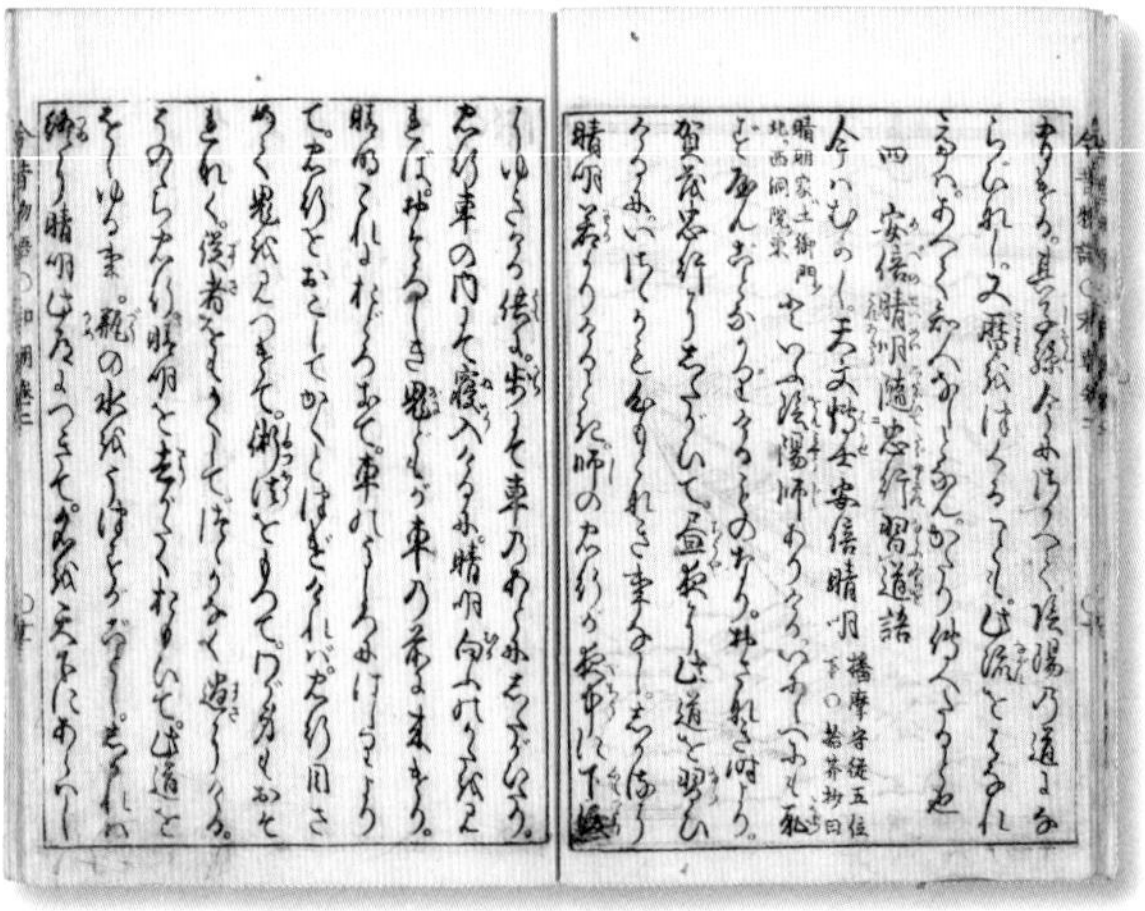

145 **暦林問答集　上巻**

京都府立京都学・歴彩館所蔵

応永二一年（一四一四）

賀茂在方の撰述。応永二一年成立。問答形式で賀茂家に伝えられた暦数の知識を記述している。序では吾祖として賀茂保憲の名をあげており、その著『暦林』をつぐ意識で作られたものであろう。天文博士を安倍家が務めたのに対して、賀茂家は暦博士を務めることが久しかったが戦国期に廃絶した。（小池）

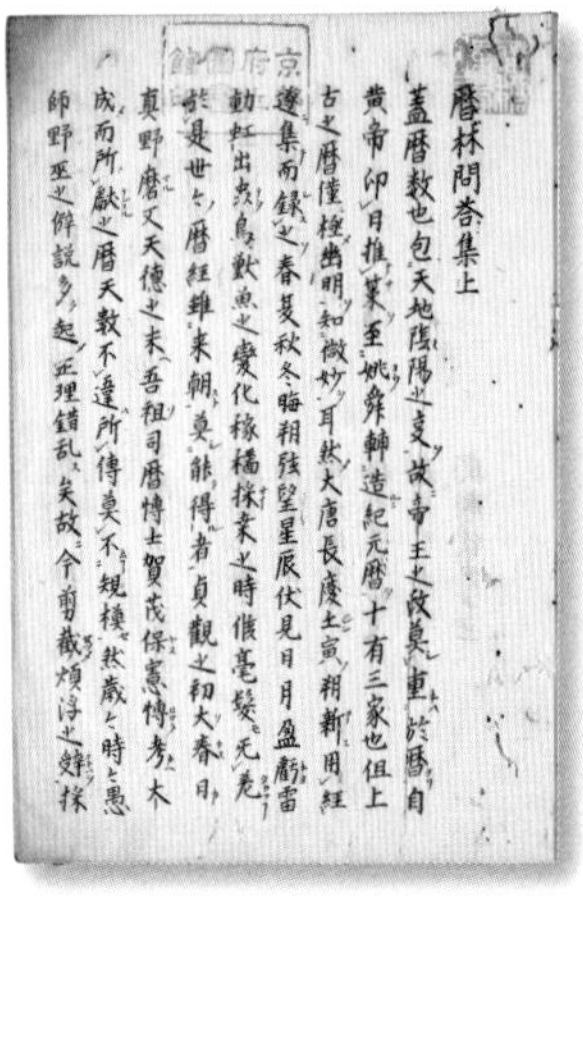

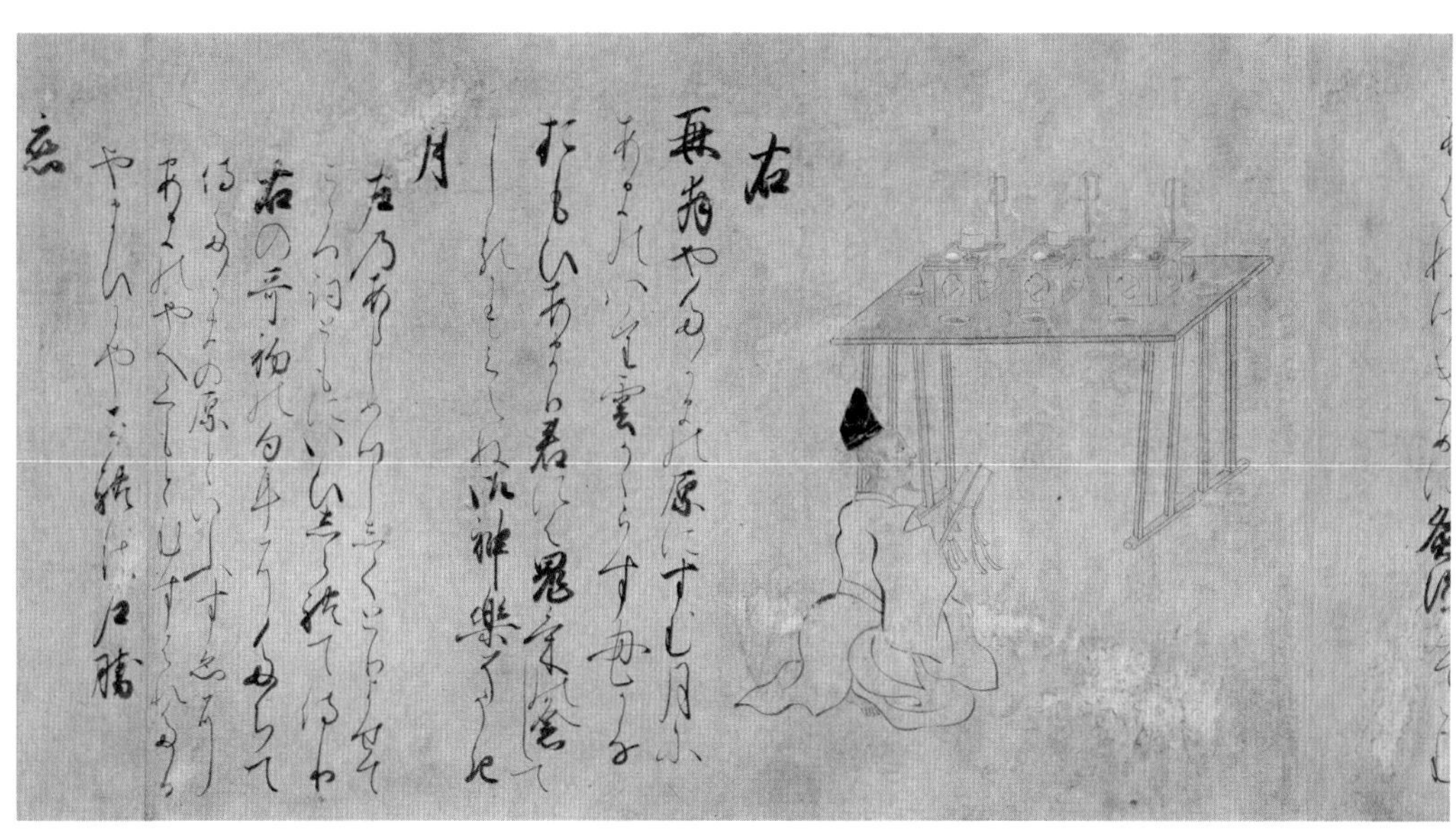

146
東北院職人歌合
本館所蔵　高松宮家伝来禁裏本　室町時代写

さまざまな職種の人々を選び、それぞれ類縁の職人を対にし、和歌を詠むという趣向の絵巻。中世における職人のイメージが託されている。これは建保二年（一二一四）の秋、京都の東北院での念仏会に際しておこなわれたという「東北院職人歌合」と呼ばれるもの。陰陽師は医師と組み合わされており、祭壇に向かって祈りを捧げる様子が描かれている。陰陽師が詠んだとされる和歌は、「再拝やたかまの原にすむ月にあまのやえくもかゝらすもかな」「おもひあまり君には鬼気の祭してしるしも見えぬ御神楽そうき」。（小池）

147
枕草子
本館所蔵　高松宮家伝来禁裏本　江戸時代中期写

平安時代の代表的な随筆。清少納言の美意識と鋭い観察がさまざまな対象に及ぶ。ここでは「みぐるしきもの」と、おそらく官人ではない僧形の陰陽師が祓をしている姿をとらえている。他にも「こころゆくもの」として「物よく言ふ陰陽師して河原に出でて呪詛の祓しさま」と述べたり、陰陽師に仕える小童が気のきいたふるまいをすることを活写したりしている。（小池）

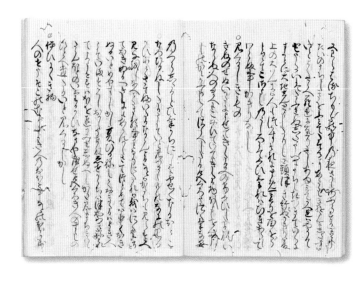

第三章 転生する安倍晴明

中世になると安倍晴明のイメージは伝奇的な様相を帯びるようになっていく。実際の陰陽師が政治や社会のさまざまな場面で活躍していたことと呼応するように、彼ら陰陽師の代表的存在として、晴明の事績はふり返られ、ふくらんでいった。

室町時代中期の臨済宗相国寺の僧侶、瑞渓周鳳（一三九二～一四七三）の日記『臥雲日件録』は、永禄五年（一五六二）に惟高妙安によって抄出された『臥雲日件録抜尤』としてのみ伝わるが、そのなかに晴明にまつわる記事がある（応仁元年一〇月二七日条）。それによると、晴明は烏の声を聞き知って、天皇の病の原因を知ることができたために無双の陰陽師となったとされ、父母がなく、化生の者で、その廟が奥州にあるなどと伝えられていた。この記事は昔話の「安倍童子」などのモチーフと通じる点が興味深い。

晴明が人間と狐とのいわゆる異類婚姻によって生まれたとする伝承は、「狐女房」「安倍童子」などの昔話に見られ、伝承世界では晴明が狐と縁が深く、その異能もそうした出自によるとされてきたらしい。

禅宗とのかかわりでは、お伽草子としても知られる「玉藻前」（たまも）の物語も想起される。晴明の子孫である安倍泰成によって正体を見破られた九尾の狐は、下野（栃木県）の那須野ヶ原へと逃げ去るが、最後には「げんのう」によって済度されたとする。この「げんのう」には曹洞宗の僧侶で数多い逸話を持つ源（玄）

翁心昭の活動が投影されている。九尾の狐を介して禅宗と陰陽道とが結びつけられているといえよう。

狐を母に持ったことをはじまりとして、鳥の声を人語のように解し、占いの力で異例の出世を遂げていく晴明のイメージは、古浄瑠璃『信太妻』によってよく知られている。そのみなもととして、晴明ならぬ清明に仮託された暦注書「三国相伝陰陽輨轄簠簋内傳金烏玉兎集」（簠簋）の由来の章が注目されてきた。吉備真備が唐から持ち伝えた陰陽道を、安倍童子が受けつぎ、その安倍童子の母は実は狐であったと語り継ぐ。貴族層に知られていた吉備真備入唐説話と民俗的な「狐女房」とが結びつけられ、「簠簋」そのものの由来としてその巻頭に据えられるに至ったのである。やがて近世になると晴明の名は占い本の類にも冠されるようになり、そこでは安倍晴明の名は占いという行為のシンボルになったといえる。

一方でセイメイの語は、五芒星をさすとされ、呪符の名ともなっていく。海女たちが海中で身につけていた手拭には護身のまじないとして五芒星と九字が縫い付けられ、「ドーマン・セーマン」と呼ばれていた。セーマンはおそらく晴明で、ドーマンは古浄瑠璃などで晴明の敵役とされた蘆屋道満に由来するものだろう。

また全国に分布する安倍晴明伝説は、陰陽師の活動の痕跡と解することができるが、その活動はかなり多岐にわたっており、近世社会における陰陽師の職掌をこえる広がりを持っている。

さらに現代では夢枕獏の小説「陰陽師」シリーズが人気を呼び、晴明の洞察と活動が平安時代を身近なものにし、そこからさらにマンガや小説、映画などが生み出されるようになった。晴明の宮廷官人としての実像をこえて、その転生は今も続いているといえるだろう。

（小池淳一）

サントリー美術館所蔵本

京都大学附属図書館所蔵本

148
玉藻前草子絵巻
サントリー美術館所蔵
江戸時代

149
たま藻のまへ
京都大学附属図書館所蔵
江戸時代

宮廷に現れた謎の美女が天皇に病をもたらし、陰陽師が占って、美女の正体が妖狐であることを見破る。妖狐は下野の那須野ケ原へと逃げ、上総介・三浦介らによって退治されるという物語を絵巻としたもの。玉藻前は妖狐の名で、後日談として、退治された玉藻前が曹洞宗の高僧、源翁心昭によって済度され、殺生石と化した、と付け加えられる場合もある。天竺・漢土を経て宮中に入り込んだ妖狐に対抗できる力を陰陽師が持っていることを示すもので、美女に対して祈禱をおこなう陰陽師の姿が鮮やかに描かれている。（小池）

サントリー美術館所蔵本

京都大学附属図書館所蔵本

150
臥雲日件録抜尤

本館所蔵　田中穣氏旧蔵典籍古文書　永禄五年（一五六二）

京都相国寺の瑞渓周鳳の日記を永禄五年に惟高妙安が抄出したもの。応仁元年（一四六七）一〇月二七日条に二羽の鳥が、内裏に久しく埋められている銅器が天皇の病気の原因であることを語っているのを晴明が聞き知って上京し、病を治すことに成功したことから「天下無双陰陽師」と言われたと記されている。晴明は父母がなく「化生の者」でその廟が奥州にある、ともあり、晴明のイメージが伝奇性を帯びていく過程を示す貴重な記事である。（小池）

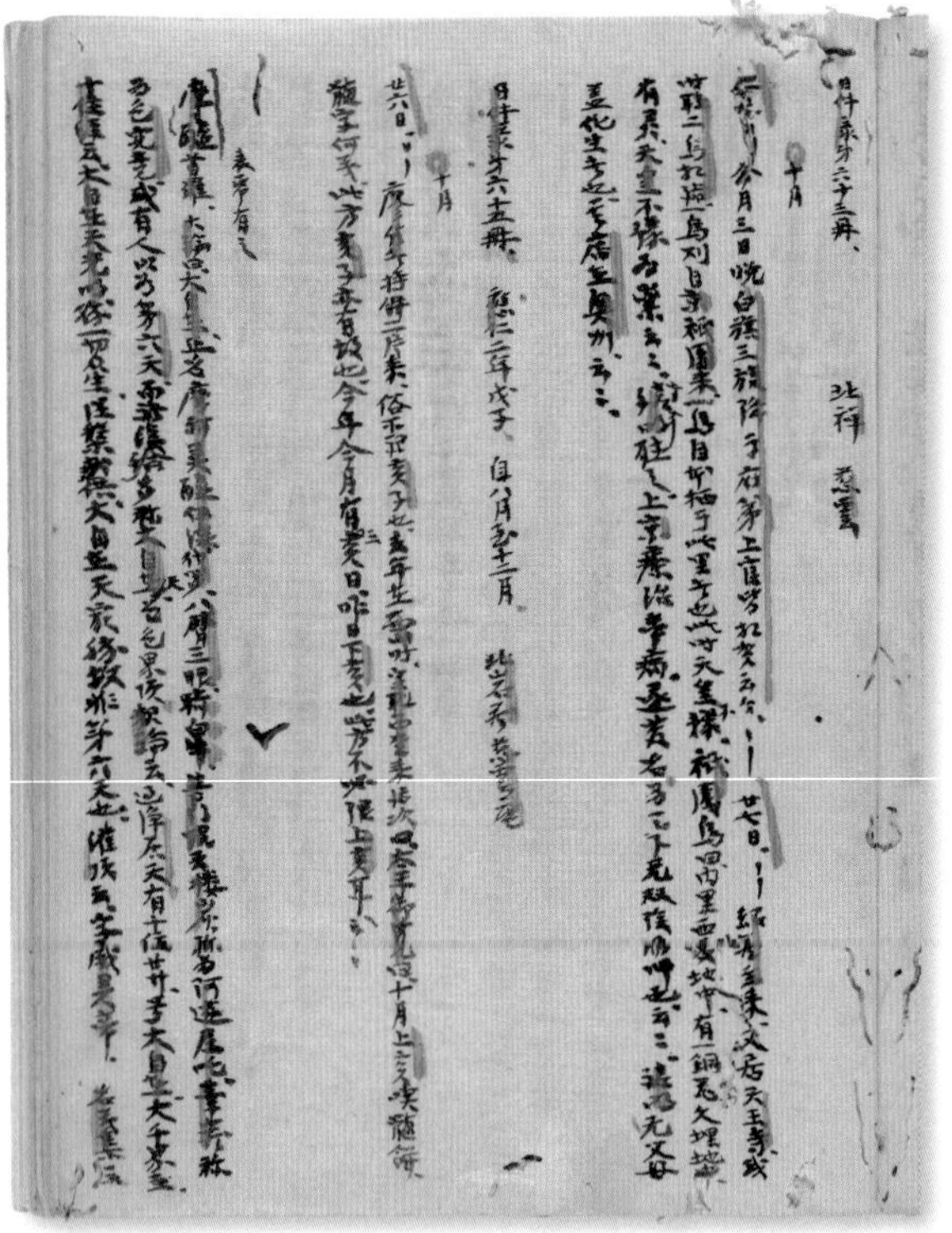

151
版本　謡曲殺生石

本館所蔵　慶長年間（一五九六～一六一五）刊

古活字版。光悦謡本と呼ばれる本阿弥光悦が角倉素庵と協力して刊行した版本。お伽草子や絵巻として知られる九尾の狐（玉藻前）の物語を謡曲にしたてたもの。題名の「殺生石」は陰陽師に追われ、僧侶によって済度された玉藻前が下野国の那須野ヶ原の殺生石と化したことにちなむ。（小池）

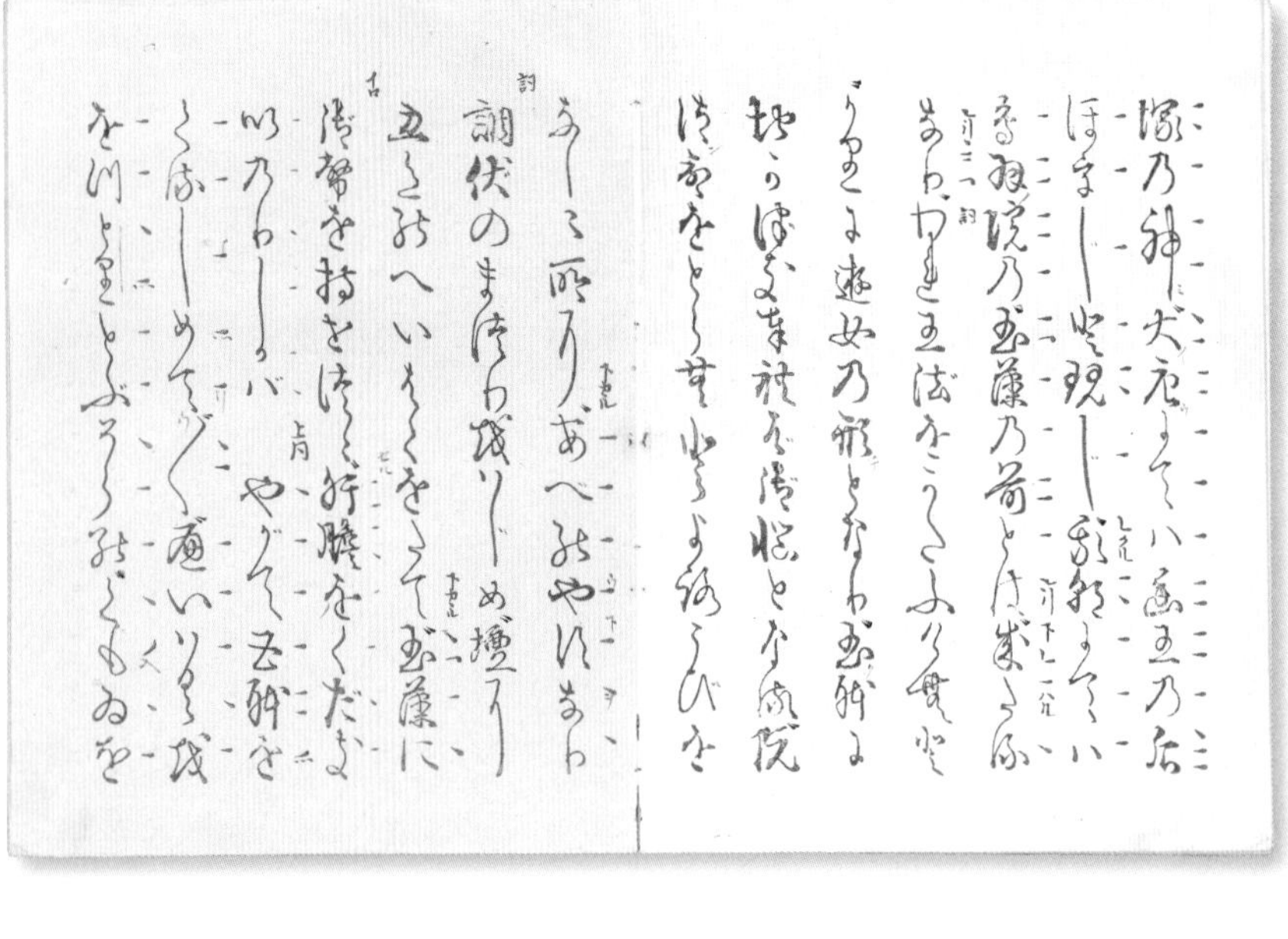

column ⑤

安倍晴明の昔話

昔話は全国各地でよく似た話型（あらすじ）で語り伝えられてきたが、地域によっては独特の表現や名づけが示されることも少なくない。そうした点に注意しながら、安倍晴明を主人公とする昔話を探ってみよう。

昔話に登場する安倍晴明は、「狐女房」という話型において、狐の母から生まれたとされる場合が多い。狩りなどで追い詰められた狐を助けた男のもとにたずねてきた女の正体は助けられた狐であり、男はそれを知らずに結婚し、子どもが生まれるという設定である。生まれてきた子どもを育てるなかで、母親の正体が実は狐であることが露見してしまう。そうして幼い子どもを残して母狐が去ったあと、成長した子どもは母親を探したずねていき、不思議な宝をもらうという筋書きで、それは宝珠の玉（宮城）であったり、水晶の玉（山形）だといったりする。それを得た子どもは「日本一の易者」（宮城）、「八卦見」（山形）、「陰陽師」（愛知）になるといい、安倍晴明と名乗ったという結末である。

狐から生まれた子どもが母狐から得た宝物によって安倍晴明になったという、こうした「ものがたり」は、『簠簋』の〈由来〉や『安倍晴明物語』、そして「信太妻」と同じ趣向である。中世から近世にかけて、文字記録の説話と並行して、昔話伝承のかたちでも安倍晴明の名が広がっていったことがわかる。父親の名が、広く安倍保名とされる点に、浄瑠璃や歌舞伎の影響下にあることがうかがえるが、なかには、狐を助け結婚したのが安倍晴明とするもの（長野）もあり、伝承のなかで、ものがたりが変転していくことを示している。

興味深いのは、安倍晴明は犬の乳で育ったので鳥の声がわかる（岩手）とか、敵に殺された晴明が赤犬の肝を入れて生き返ったとする語り（新潟）があることで、『簠簋抄』の〈由来〉の細かなモチーフが断片となり、さらに組み替えられていった場合があることがわかる。説話や芸能から生まれていった伝承が多い一方で、こうした古めかしい独自の伝承も存在している点に、民俗から陰陽道の展開を考える糸口があるといえよう。

（小池淳一）

152
金烏玉兎集（簠簋）
（天正一二年写本）

本館所蔵
天正一二年（一五八四）写

正式の名を「三国相伝陰陽輨轄簠簋内傳金烏玉兎集」といい、「簠簋」は略称。この写本の外題は「金烏玉兎集」。安倍清明撰とするが、これは後世に附会されたもの。宣明暦の注釈三巻が先に成立し、造屋篇と曜宿経とが加わって中世末に全五巻となった。近世には版（板）本となり、広く迎えられた。この天正一二年写本は中世段階で五巻が揃ったもので、巻三奥書に「天正十二年甲申六月十五日書了下総大田御法談之時分筆者甚舜」とあり、下総大田（未詳）で、おそらく仏教法会に際して書写されたもの。

（小池）

153
安倍晴明物語

個人蔵　寛文二年（一六六二）刊

仮名草子。五巻。浅井了意作。『簠簋抄』の〈由来〉における安倍晴明の一代記を漢字仮名交じりの本文にし、挿絵を加えたもの。巻四以降は晴明の伝記ではなく、天文・日取・人相の占いとなっている点が注目される。当時の書籍目録にも「仮名和書」と「暦占書」の両方に掲出されている。

（小池）

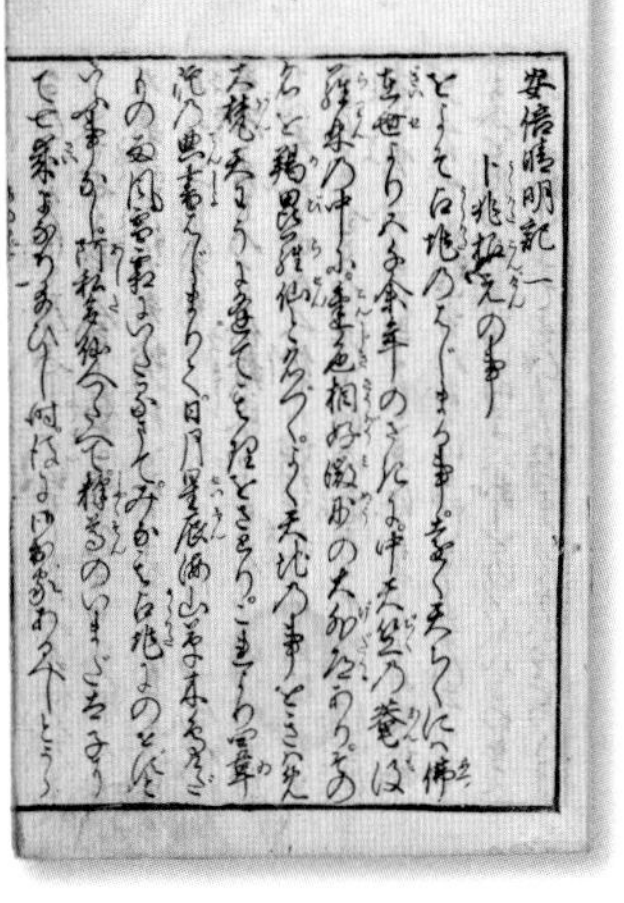

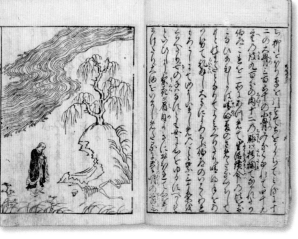

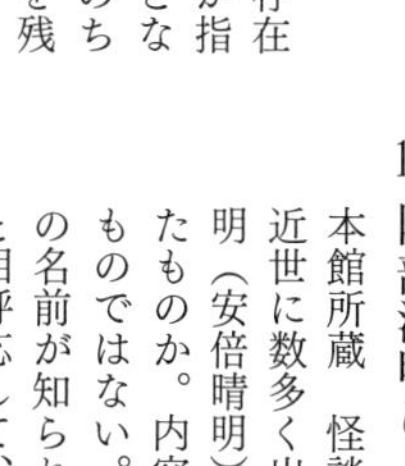

154　しのたづまつりぎつね付あべノ清明出生

大阪大学附属図書館所蔵　延宝二年（一六七四）

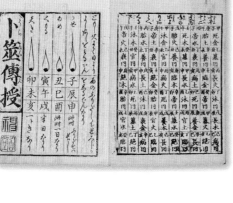

「信太妻」は五説経に数えられるが、説経正本は存在せず、『簠簋抄』の〈由来〉がその源であることが指摘されてきた。狐の母から生まれた童子が清明となり、敵役、道満との争いを征していく物語は、のちに『蘆屋道満大内鑑』などに発展していく。子を残して去る母狐の「恋しくばたずね来てみよ和泉なる信太の森のうらみ葛の葉」という歌は広く知られる。

（小池）

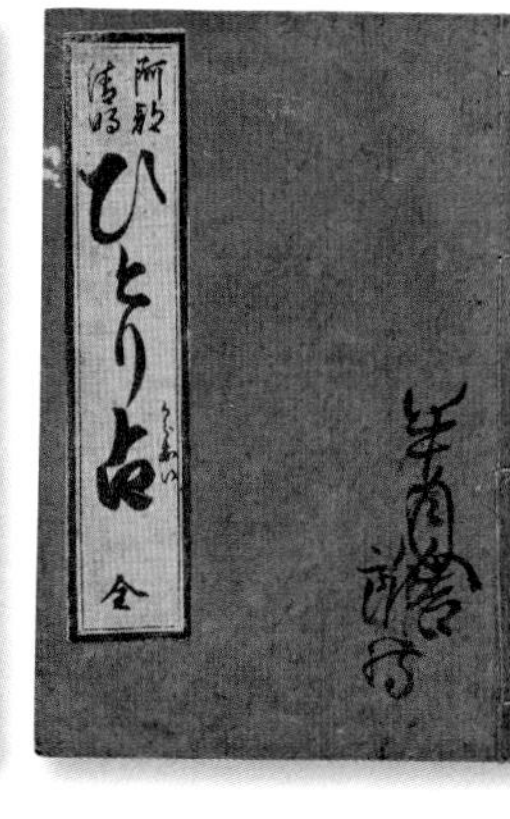

155　阿部清明ひとり占

本館所蔵　怪談・妖怪コレクション　江戸時代

近世に数多く出版された占い本のひとつ。阿部清明（安倍晴明）の名を冠して、権威づけをねらったものか。内容は必ずしも陰陽道に直接かかわるものではない。近世には占いの始祖としても晴明の名前が知られるようになり、芸能や説話の知識と相呼応して、親しまれていった。

（小池）

156　イソテヌグイ

本館所蔵　近代

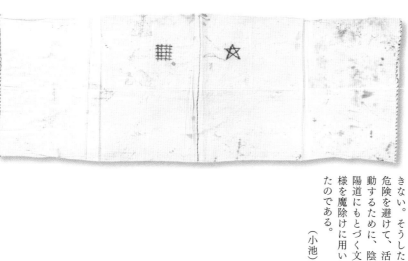

三重県志摩地方の海女たちが携帯する手拭い。晒し木綿に五芒星と九字が縫いつけられていて、それを「ドーマン・セーマン」と呼んでいた。海中は異界であり、身にどんな危険が迫るか、予期できない。そうした危険を避けて、活動するために、陰陽道にもとづく文様を魔除けに用いたのである。

（小池）

安倍晴明伝説の分布

安倍晴明にまつわる伝説は高原豊明（たかはらとよあき）によると、日本全国で三一五か所、確認できるという（「表象民俗文化論の可能性について―『写真集 安倍晴明伝説』の出版を契機として―」『国立歴史民俗博物館研究報告』九一集、二〇〇一年）。その内容は塚や、井戸、屋敷に関するものが多く、近代になって記録されたもの以外に、前近代に地誌や説話集に記載されたものも少なくない。

（小池）

表7　全国安倍晴明伝説一覧表

【塚】

府県名	分布地
福島	福島市清明町
茨城	筑西市猫島
千葉	銚子市忍
神奈川	藤沢市宮ノ前
静岡	三島市
	掛川市藤塚
	掛川市
長野	木曽町清博士
愛知	岡崎市本町通
	岡崎市唐沢
	名古屋市清明山
	名古屋市錦
	あま市清明
	蟹江町
	江南市
	江南市
福井	若狭町無悪
	おおい町名田庄三重
京都	京都市右京区嵯峨角倉町
	京都市東山区本町遣迎院
	京都市五条中島
	京都市東山区宮川筋
	京都市左京区三条東心光寺
	京都市東山区北御門町
	亀岡市西野
	亀岡市曽我部
大阪	池田市東畑
	河内長野市
奈良	奈良市高畑町
	桜井市安倍
和歌山	田辺市龍神村
兵庫	佐用町福吉
	佐用町大木谷
岡山	浅口市金光町占見
	倉敷市真備町嵯峨野
	倉敷市浅原
	真庭市阿口
広島	福山市神郷町三谷
香川	高松市香南町岡
	高松市香川町川東下
	高松市香西東町
	直島町
福岡	八女市黒木町
	前原市

【井戸】

府県名	分布地
福島	福島市清明町
茨城	北茨城市桜井
	太子町萩田
	筑西市猫島
	石岡市吉生
	桜川市真壁町長岡
	桜川市阿部田
	つくば市小沢
栃木	佐野市
千葉	銚子市忍
神奈川	鎌倉市山之内
	茅ヶ崎市今宿
山梨	南アルプス市小笠原
静岡	掛川市
	藤枝市大久保
愛知	新城市阿寺
	岡崎市本町通
	岡崎市唐沢町
	江南市村久野
	清洲町西田中
岐阜	池田町本郷字草深
	揖斐川町東横山
福井	小浜市上根来
京都	京都市上京区堀川通
	和束町湯船
大阪	大阪市
和歌山	田辺市龍神村谷口
兵庫	姫路市亀山
	高砂市
岡山	浅口市金光町占見
	浅口市鴨方町阿部山
香川	東かがわ市馬篠
福岡	福岡市東区
	前原市
	太宰府市南
	宮若市日陽

【屋敷】

府県名	分布地
茨城	筑西市猫島
	石岡市吉生
	神栖市
	桜川市真壁町古城
神奈川	鎌倉市山之内
山梨	大月市
長野	大鹿村入沢井
静岡	三島市
	吉田町
	吉田町大幡寺谷
	掛川市
	掛川市本郷
愛知	岡崎市本町通
	岡崎市唐沢町
	新城市阿寺
	名古屋市清明山
	犬山市羽黒
岐阜	池田町本郷字草深
	揖斐川町北方
	揖斐川町東横山
福井	敦賀市
滋賀	大津市坂本
京都	京都市上京区土御門町
	京都市上京区堀川通
	京都市東山区本町
奈良	桜井市安倍
大阪	大阪市阿倍野区
和歌山	那智勝浦町
兵庫	川辺郡
岡山	浅口市金光町占見
	浅口市鴨方町阿部山
	倉敷市玉島長尾
香川	高松市香南町由佐
	高松市香南町岡
	高松市香南町横井
	高松市香川町川東下
	高松市香川町大野
福岡	前原市

高原豊明『安倍晴明伝説』PHPエディターズ・グループ、1999年、84-85頁より
（市町村名は2023年8月10日現在のものに改めた）

図14　全国安倍晴明伝説分布図

column ⑥

関東の安倍晴明伝説

関東地方にも安倍晴明を主人公とする伝説が残されている。主要なもの四つをとり上げてみよう。

【事例1・猫島】

茨城県筑西市には、安倍晴明がこの地で生まれたという伝説がある。同市猫島の高松家には「晴明伝記」という書物の版木が継承されており、同家の敷地内には「晴明神社」や「五角の井戸」なども残されている。晴明神社の祭日には赤飯が供えられ、「五角の井戸」の水は「乳の出が良くなる」「眼病に効く」といい伝えがあった。猫島には晴明ゆかりの伝説を持つ橋を記念した晴明橋公園もある。宮山ふるさとふれあい公園（筑西市宮山）の展望台には、晴明伝説に関する展示物や歌碑が設けられている。

（出典）https://kitakan-navi.jp/archives/45365（二〇二三／五／一四最終閲覧）

【事例2・鎌倉】

晴明さまの石を踏むと、バチがあたる。車が石の上を通ると、車がひっくり返る。この石を知らずに踏めば、足が丈夫になり、知っていて踏めば、足が悪くなったり、病気になったりする。足が悪くなったら、足を清水で洗い、塩や線香をあげて拝むと直（ママ）るという。だからこの石をビッコ石ともいう。…（中略）…（晴明の）この井戸は、鎌倉の四方ガタメの井戸で、ここにアンテイヤシキという黒漆の屋敷があった。屋敷には稲荷様を祀っていた。この家は晴明が火伏せの呪をした吉相の家で、頼朝が伊豆から出てきて一時住んでいた所である。…（中略）…だから、新宅の火伏せには、晴明さまが霊験がある、山ノ内に大火事がないのは、晴明さまがいるからだと信じられている。

（出典）大藤ゆき『鎌倉の晴明石』（『西郊民俗』九四号、一九八一年）

【事例3・銚子】

云伝ふ、むかし四日市場村に長者あり。其娘を延命姫と云ふ。上富田屋町の刑部と云ふもの媒にて、阿部晴明を聟とす。姫顔かたち至つて見にくし。晴明是をきらひ、長者の家を逃れいで、小濱村の海の端に草履をぬぎ捨て、身を投げたる體になし置き、同村西安寺に入て忍び隠る。姫後を追ひかけ此所に来り、かの草履を見て大になげき、我もともにと思ひ定め、海へ飛入り底のみくづと成りにけり。斯くて姫の尸川口に流れ来りしを、所の者共引きあげて、歯と櫛とを納め祭りし故に、歯櫛大明神といへりけるを、いつの頃にか白紙の字にあやまれりと云ふ。此神もとより顔形のみにくきをうれふる故にや、世人髪の毛の色あしき、またはちゞれ毛などの人、櫛を奉りて祈誓すれば験あり。或は顔のできものあざなど有る人は、紅粉おしろいを奉りて祈るに、神妙不思議の霊験ありとぞ。又銚子濱長く不猟の事あれば、川口明神をいさめのため、小濱村西安寺に祭りある晴明の神より幣を乞ひ来りて、川口明神へ奉れば、奇妙に大猟と成るといへり。

（出典）赤松宗旦『利根川図誌』巻六 川口明神（安政二年（一八五五）序、岩波文庫、一九三八年）

【事例4・葛飾】

里人の云ヒ伝へには、熊野三所権現の地は、安倍の清明か住せし旧地といへり、清明此国に住せしと云事、古書にはなし、食地にてもありし事にや、五方山南蔵院立石寺といふ真言地有り、さして由緒はなき寺なから、土地もきれひにしてあしからぬ寺院にて、御膳所となる寺と云々。

（出典）古川古松軒『四神地名録』巻七（寛政六年（一七九四）序、『葛飾区古文書史料集一〇・かつしかの地誌Ⅰ』、葛飾区郷土と天文の博物館、一九九七年）

（小池淳一）

第III部 暦とその文化

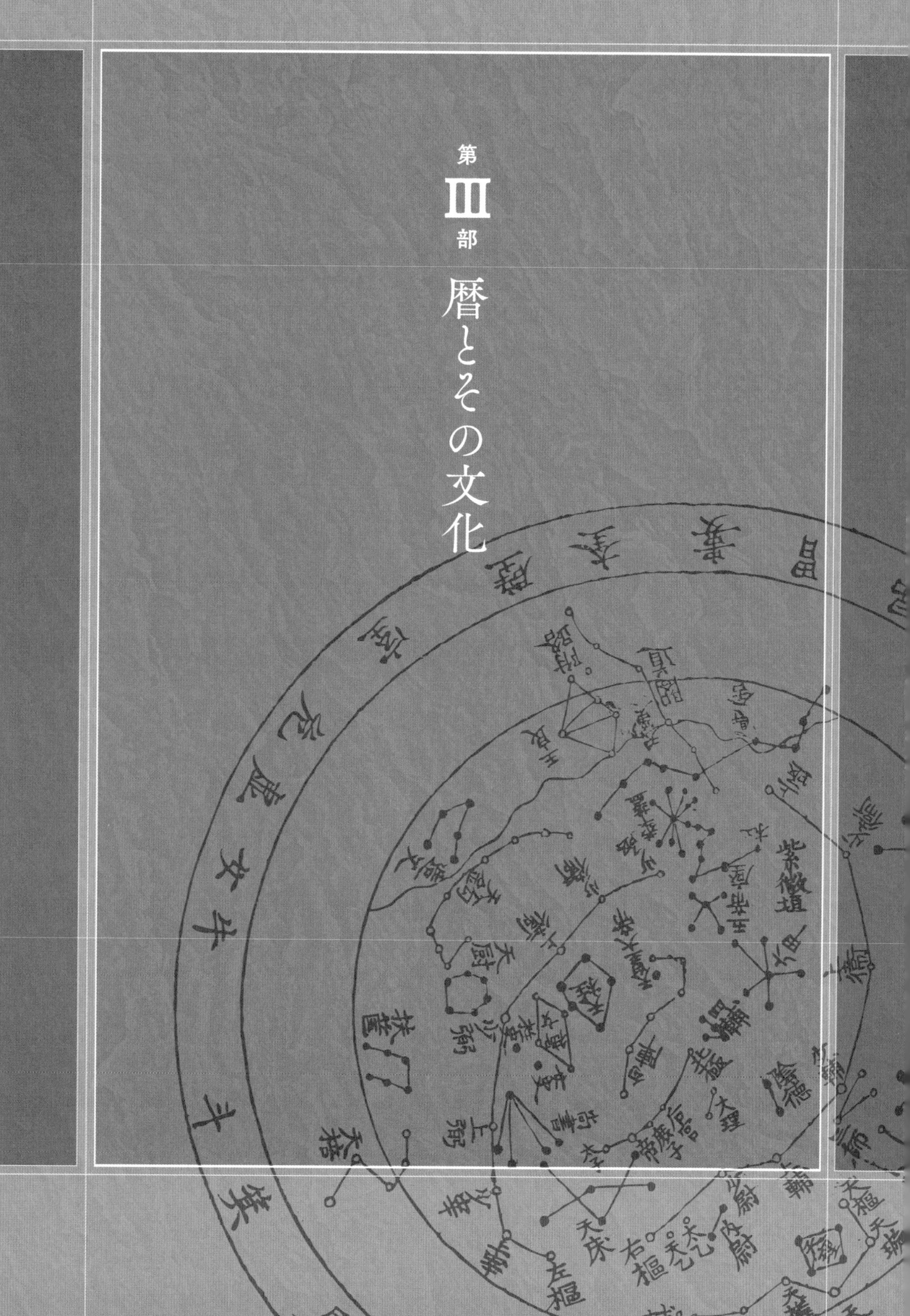

第一章 暦をくばる

東アジアにおける暦はしばしば、王権による支配の象徴とされる。しかし中世日本では、京都の朝廷の統制を離れ、各地で地域の需要に応える地方暦が作られ、流通した。こうした地方暦の発行が可能になった理由の一つは、平安時代以来宣明暦法が使用され、改暦が行われなかったことにある。宣明暦法に基づく暦計算法が一旦伝播すると、それに基づいて毎年の年暦を発行し続けることができた。

実際に各地で地方暦が造られ、印刷された仮名暦がひろく流通するようになったのは南北朝期である（第Ⅰ部第二章3（3）さまざまな暦の流通 参照）。代表的な例に、伊豆の三嶋暦、伊勢の丹生暦・宇治暦・山田暦、陸奥の会津暦などがあった。伊勢神宮や三嶋大社など、大寺社近傍を拠点としていた例が多い。そして、これらの地方暦は、献上暦や売暦として流通するほか、伊勢御師や陰陽師、山伏ら宗教者が各地の檀家（旦家）に配るという

形で流布していた。とくに各地で伊勢神宮の札と大麻を配った伊勢御師が、最も広い地域に暦をもたらしていた。このように宗教者が檀家に配る暦を「土産暦」という。それに対し、書物として販売される売暦もあった。

こうした地方の暦に制度の網がかけられ、江戸幕府の管理下に置かれたのが貞享改暦（一六八五）である。貞享改暦は、日本独自の暦法を確立しただけでなく、まちまちであった地方の暦を、同じ原本に基づく同内容の暦に統一する体制の起点でもあった。地方暦の発行を認めつつ、天文方が競合する暦の販売範囲を整理し、営業範囲の調整を行ったのである。

江戸では新たに暦問屋も結成され、店先で販売する売暦（本屋暦）の部数が増加した。京都の大経師暦も売暦である。暦本そのものを商品として販売する売暦と、陰陽師・伊勢御師などの民間宗教者が祈禱や占いとともに家々にもたらす賦り暦（土産暦）という二種類の形態は維持され、地域ごとの暦師がひきつづき暦を作り続けていた。奈良の南都暦も、そうした地方暦の一つである。

（梅田千尋）

1

陰陽師と暦

江戸時代の面影が強く残る奈良町のなかに、陰陽町（いんぎょまち）はある。およそ数分で行き過ぎてしまうような、狭い通りに向かい合う小さな町である。古地図や地誌類には「をんやう町」「いんやう丁」と表記されるが、現在の地元の古い住人は「いんぎょまち」と読むことが多いという。貞享四年（一六八七）の『奈良曝』という地誌には、一七名の陰陽師が住み、南都暦を造って配っていたとされる。宝永年間（一七〇四〜一一）には一四名の暦師が「土産暦師」として名を連ねている。かれらはいずれも陰陽師であった。

ではなぜ、陰陽師の町で暦が作られたのだろうか。

奈良の暦については、一五世紀、朝廷で暦道を司っていた賀茂家の分家（幸徳井家）が京都から興福寺周辺に拠点を移し、興福寺など有力諸寺院に暦の進上を始めたことが知られている。また、戦国期には幸徳井家とは別に奈良暦を版行する南都暦師があらわれた。これが、陰陽町の暦師の祖にあたると思われる。幸徳井家と南都暦師との関係について、現在のところ、確かなことはわからない。

暦と寺社との関係や、伊勢御師や陰陽師の賦り暦については既に説明したが（本章扉参照）、そのなかでも日時の吉凶判断を職務とする陰陽師は、最も密接に暦と関わりがあった。伊勢丹生の暦や和泉の信太暦も、陰陽師が造った暦であり、いずれも自ら配るために版行していた。

これに対し、伊勢山田では、自ら暦を配る陰陽師と、伊勢御師が配る暦を作成する素人暦師が共存していた。陰陽師による賦り暦は、伊勢暦や売暦が勢力を拡大した江戸時代には次第に減少する傾向にあった。例えば三嶋大社の暦師河合氏も、中世には三嶋大社と関わりを持っていたようだが、近世には売暦のみを行っていた。

こうしたなかで、奈良の暦は賦り暦と売暦の中間的もしくは両面的な性格を維持していた。陰陽町には売暦を行う二軒の暦師と賦り暦を造る一四軒の陰陽師が共存していた。南都暦の売暦範囲は大和一国のみに限定されたが、土産暦については地域を問わず檀家に配賦されていたようである。

暦には大歳・大将軍など方位神と呼ばれる陰陽道の神々が載る。方位神は年・季節・月毎に居場所となる方位を変え、人々はこの神々の方位を避けなければならない。こうした方位の吉凶情報に続いて、正月から年末まで毎日の吉凶を表す注記（暦注）が書き込まれている。

南都（奈良）の暦師たちはこうした暦を、檀家の家々に、しばしば年八卦と呼ばれる年占いを添えて配っていた。配布先の顧客の年齢から「八卦」を導きだし、それにともなう吉凶や月ごとの注意点、「若水手水」や「衣裳召し初め」「お節始め」「恵方参り」「吉書始め」といった正月行事を行う方位などを記したものである。暦は、陰陽師による年卦と一体となって、年の初めに一年の吉凶を知る手段だったのである。

陰陽師の仕事とは、端的に、時間と空間（方位）の吉凶を調整する事であった。当時の人々は、方位の神々を恐れ、家の竈や門や厠あるいは土地そのものに棲まう神々を鎮めて平穏な生活を守ることに腐心した。そして、江戸時代の陰陽師たちは、家々を廻って占いや祈禱を行い、個人・家の状況に即した生活の指針を示していたのである。そうした陰陽師たちにとって、暦は重要な商材であり、陰陽師たちを頼った檀家の人々にとっても、暦は頼るべき情報源であった。

暦を造り、土御門支配下の陰陽道組織運営にかかわり、陰陽道・暦に関する知識を習得して人々のくらしにかかわった奈良暦師の史料からは、そんな営みが見えてくる。

（梅田千尋）

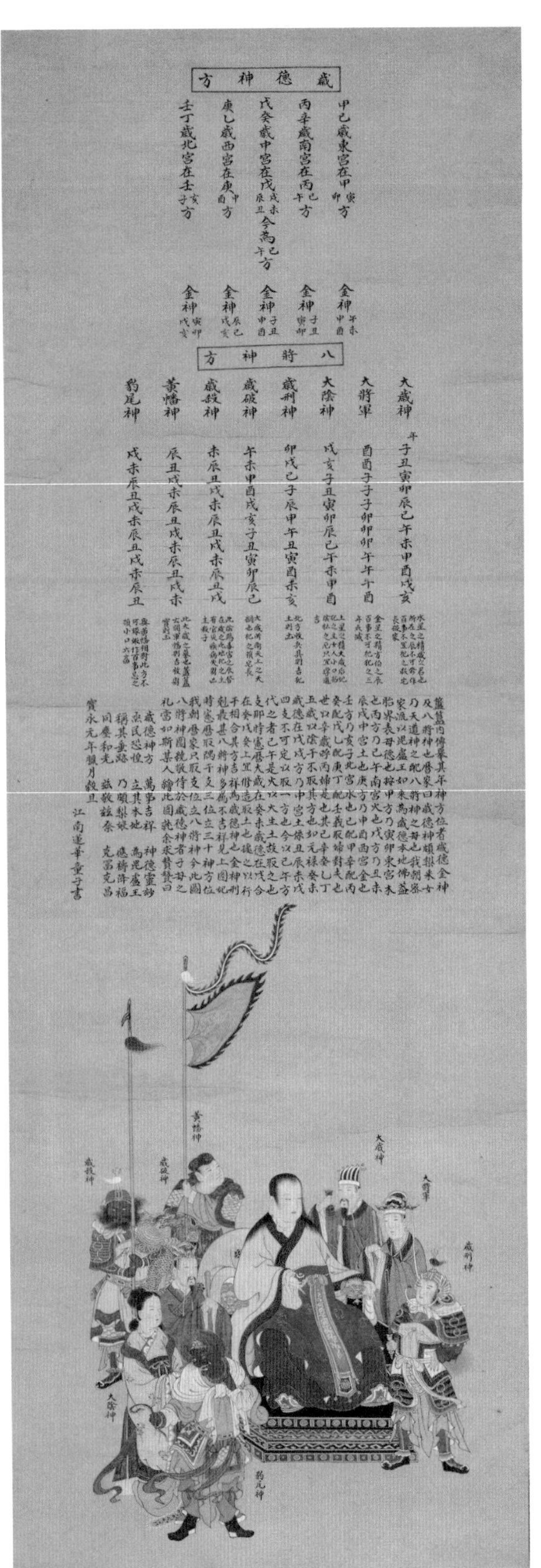

157

歳徳神・八将神像

大将軍八神社所蔵　宝永元年（一七〇四）

暦にまつわる神々の図像。上段に「歳徳神方」、「八将神方」とあり、神々が所在する方位が示されている。中段にはその解説が掲げられ、さらに歳徳神（頗梨采女。牛頭天王の妃とされる）が中央に大きく描かれ、その右上から時計回りに大歳神、大将軍、歳刑神、豹尾神、太陰神、歳殺神、歳破神、黄幡神が描かれている。近世にはこうした図像が「歳徳神」として広く受け入れられた。大雑書の冒頭に掲げられる場合もあり、新年を迎えるにあたって年神様として床の間にかける習俗も報告されている。（小池）

158 （陰陽道）掟

本館所蔵　吉川家文書　元禄一〇年（一六九七）

南都暦師吉川家に伝わった土御門家「掟」のうち最も年代が古い元禄一〇年の物である。「掟」は陰陽師として免許を得た者に授与されていた。内容は、「陰陽家」としての作法を守り「異法を行わないこと」「他と争わないこと」「子供に陰陽師の職を相続させる場合も本所（土御門家）からの免許を受けること」、という簡素なものである。雑掌個人の署名・花押による書式は発給件数が少なかった早期の特徴である。（梅田）

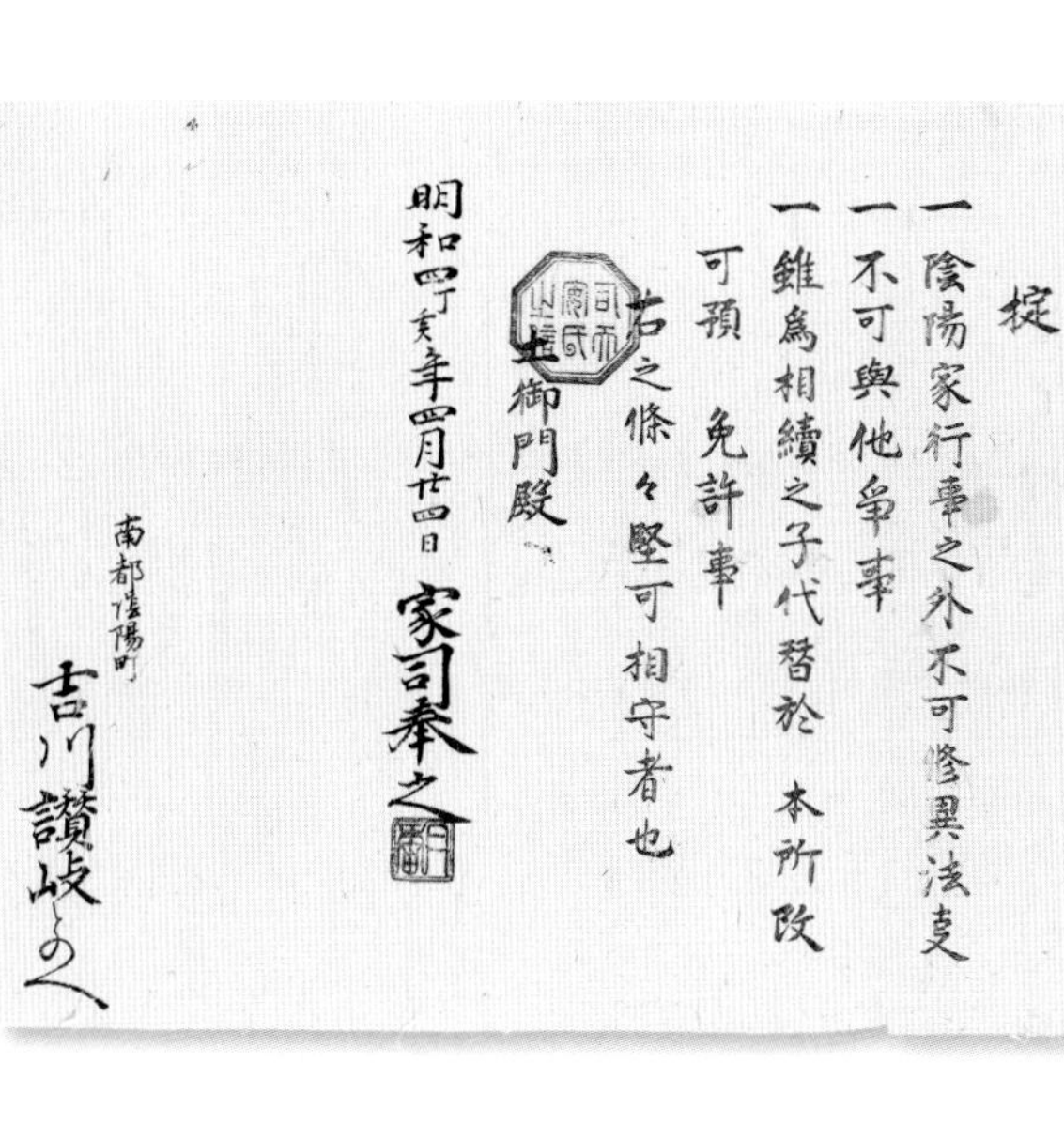
掟
一 陰陽家行事之外不可修異法事
一 不可與他争事
一 雖為相續之子代替於本所改可預免許事
右之條々堅可相守者也
土御門殿
明和四丁亥年四月廿四日　家司奉之
南都陰陽町
吉川讃岐とのへ

159 （陰陽道）掟

本館所蔵　吉川家文書

明和四年（一七六七）

明和四年に発給された木版の「掟」。（梅田）

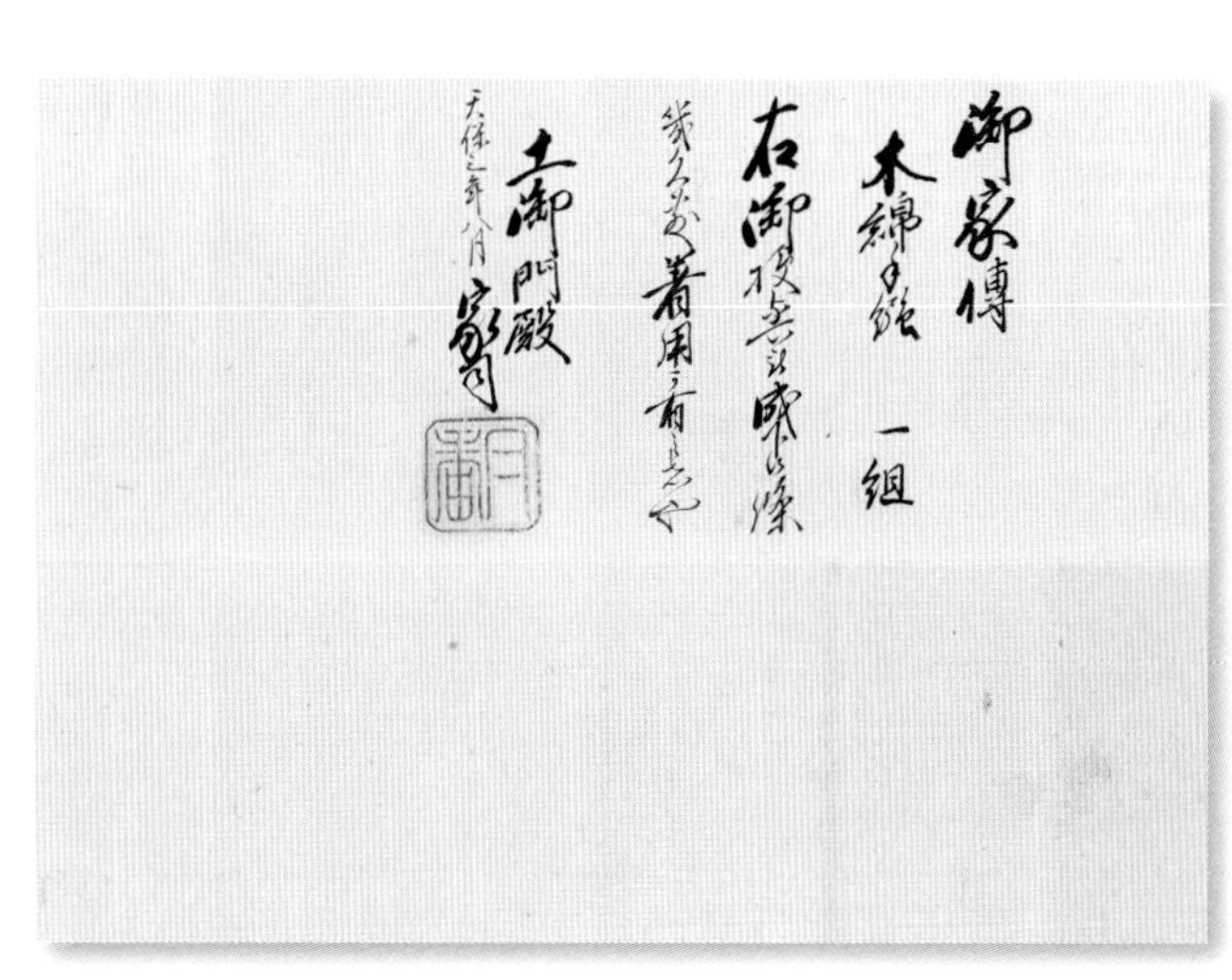
御家傳
木綿手繦　一組
右御
着用可有之候也
天保三年八月
土御門殿
家司

160 （木綿繦官服）許状

本館所蔵　吉川家文書　天保三年（一八三二）

天保三年、吉川筑後は土御門家から木綿手繦の授与を受けた。江戸時代、宗教者の装束には所属組織ごとの規則があった。木綿手繦は神事の際に袖をからげるために用いる「襷」であり、吉田家や土御門家から神職・陰陽師への装束許状に頻出する。一般的には「木綿手繦懸けるべき事」など着用を許可される装束の種類を表記するが、本史料は「家伝の木綿手繦」そのものを授与したという点が珍しく、土御門家祭祀への参加にたいする特典的な報償であったと思われる。（梅田）

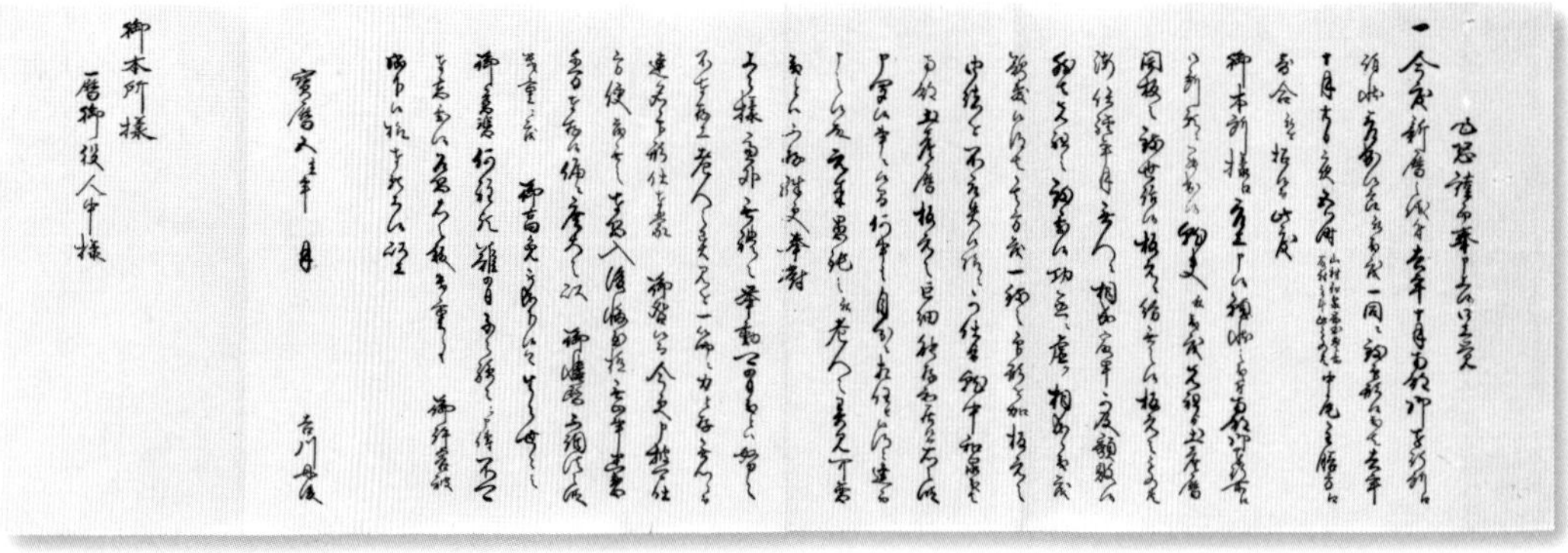

161 （南都暦師中新暦一件ニ付）
乍恐謹而奉申上候口上覚案

本館所蔵　吉川家文書
宝暦五年（一七五五）

宝暦改暦をめぐって起こった南都暦師と土御門家との軋轢を伝える史料。宝暦改暦は、幕府天文方ではなく土御門泰邦が主導した。泰邦は伊勢や奈良の暦師たちを土御門邸に呼び寄せ、観測などの手伝いをさせた。こうした強制に反発した暦師たちは、参勤を怠たり、動員に抵抗した。さらには、南都暦師仲間らのなかに奈良町奉行所に訴え出ようという動きも見られた。そうしたなかで吉川丹後は訴訟に反対し、土御門家に謝罪することで解決を図った。それが本史料である。頒暦に必要な写本暦を毎年土御門家から入手し土産暦の開版を続けるために選んだ、苦渋の決断といえるだろう。（梅田）

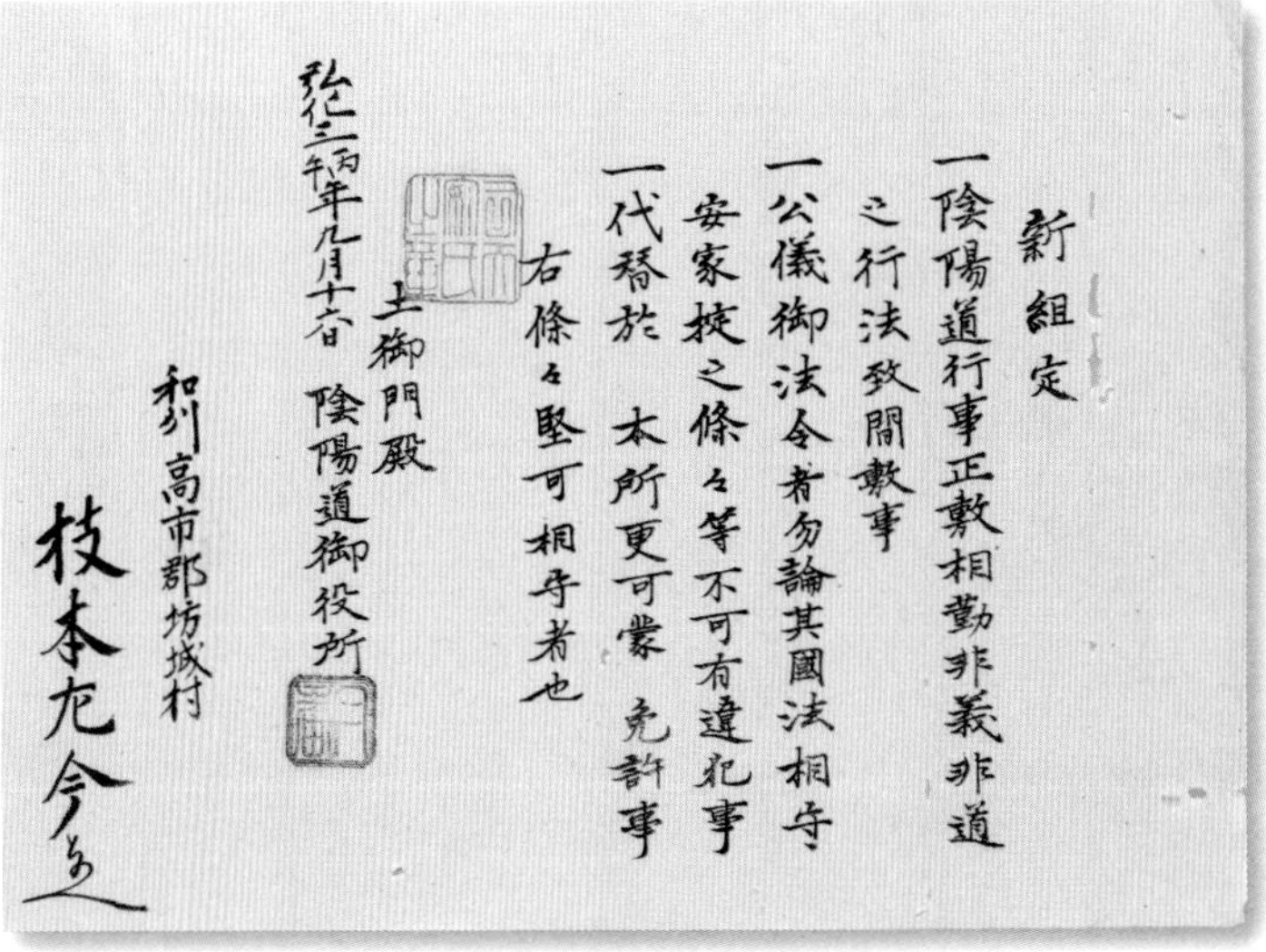

162
新組定

本館所蔵　吉川家文書　弘化三年（一八四六）

弘化三年大和国坊城村（現奈良県橿原市）の陰陽師に発給された「掟」である。江戸時代後半、土御門家役所は各地に出役を派遣し、新規加入者獲得に力を入れた。加入時期によって「本組」「新組」などの区分があった。加入陰陽師が増えたこの時期、掟書は木版摺りで、署名も陰陽道役所月番家司の印だけになっている（159（陰陽道）「掟」参照）。「大和国陰陽道取締役」を務めた吉川家に伝わっていたことから、何らかの理由で「取締役」に回収された文書だと思われる。（梅田）

163（吉川若狭官位継目官銀）御寄進帳

本館所蔵　吉川家文書　天明元年（一七八一）

陰陽師の仕事を子が相続する場合、土御門家に貢納金を支払い、新たに受領名（名乗り）の免許を得る必要があった。天明元年に職を嗣いだ吉川若狭には、蓄えがなかったため、得意先である檀家に寄附を求めて費用を賄うことになった。本史料は寄進を集めるための奉加帳である。北吐田村の久右衛門を筆頭に、主要な檀家九軒に寄進を求めた。寄進が集まったかどうかは不明だが、陰陽師と檀家とは世代を超えた付き合いがあり、出入りの陰陽師の相続は檀家にとっても関心事であった。（梅田）

164 御貢納上納請取割印帳

本館所蔵　吉川家文書

弘化三年（一八四六）～嘉永四年（一八五一）

南都陰陽町の陰陽師仲間から土御門家への上納金の領収簿。弘化三年から嘉永四年まで六年分、二両二歩もしくは三歩を毎年収めていた。例年一二月末に送金し、当番の家司が受取印を押して返却していた。土御門家側の史料（京都府立京都学・歴彩館所蔵若杉家文書一四一「諸国御支配方御日記」他）には、例年奈良特産の霰酒と油煙墨五挺とともに寒中見舞いを添えて届いていたという記事が残る。年頭の挨拶の際に直接持参した年もあったようである。（梅田）

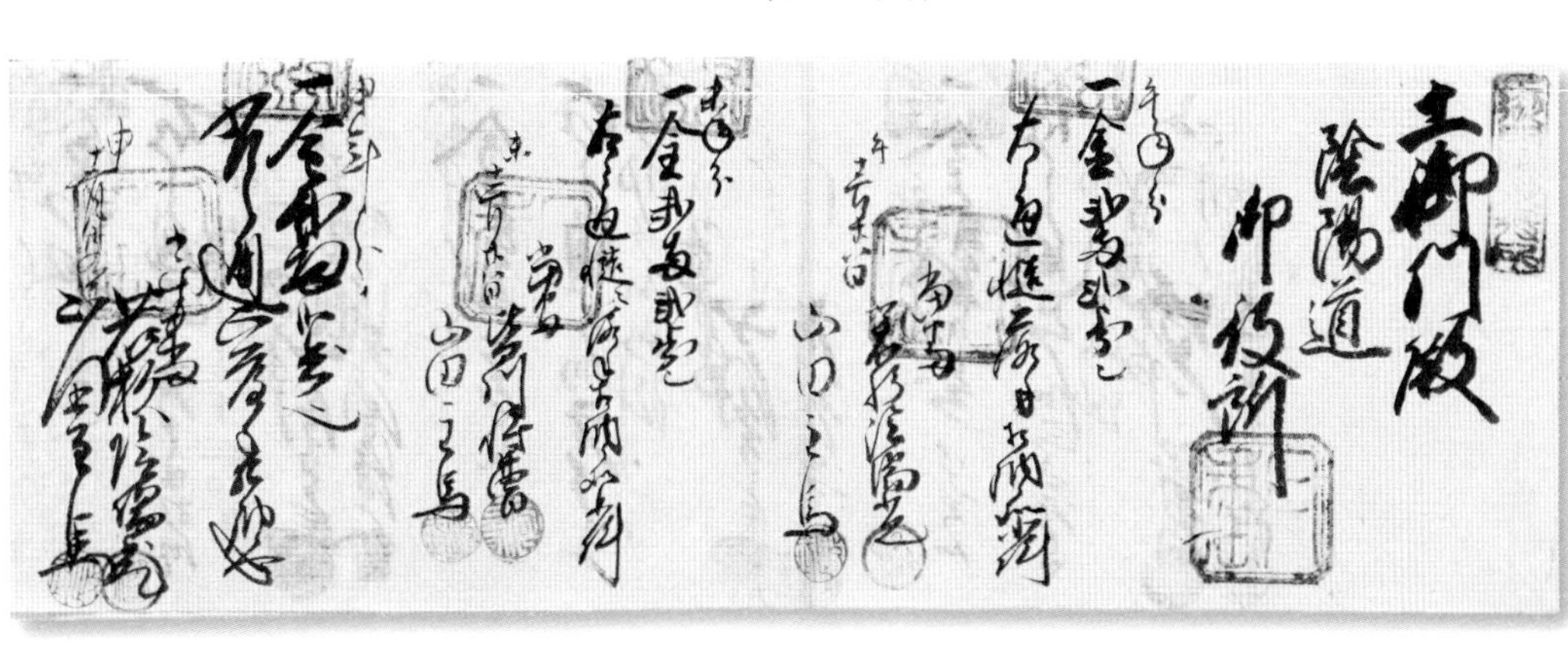

165 陰陽町家職書上帳（下書）

本館所蔵　吉川家文書　天保一三年（一八四二）

天保一三年六月に作成された同種の文書の一点で、下げ札や修正が多い。陰陽町を横断する道の北側と南側に分けて順番に、各家の生業（家職）・当主・人数が記され、二三の屋敷地の内訳がわかる。全一六軒のうち陰陽師を家職とする家は六軒で、山村・中尾の二家は売暦師、他の四家は頒暦師を兼帯していた（本史料では、前者が「売暦師」、後者が「暦師」と表記されている）。当時の陰陽町は、陰陽師が減り、刀脇差金具職・魚商い（商内）・仕立物職・日雇職などで生計を立てる人々と陰陽師の家族が共存していたのである。（小田）

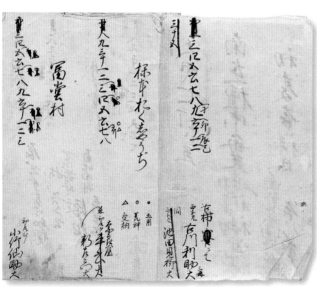

166 南在檀中毎年御祈禱覚帳（参考図）

本館所蔵　吉川家文書
寛政三年（一七九一）

吉川若狭は、寛政三年時点で、大和国添上・添下・山辺・式下・平群郡の二〇以上の町村（現在の奈良市・大和郡山市・天理市など）に、一七〇〜一八〇軒前後の檀家を有し、毎年、暦を年占い（年八卦）とともに配っていた。この史料には、檀家ごとに、配る暦の大きさと冊数や「土用」「荒神」などの情報が記されている。「暦不入」あるいは「年卦不入」と記された例があり、どちらか一方だけを配る場合もあったことがわかる。また、「跡」と記された人名もあるので、二代以上続く檀家もいたことがわかる。大工や現存する寺院の名も見える。近世社会で陰陽師や暦（暦師）は誰にどう必要とされたのかと考えさせられる史料である。（小田）

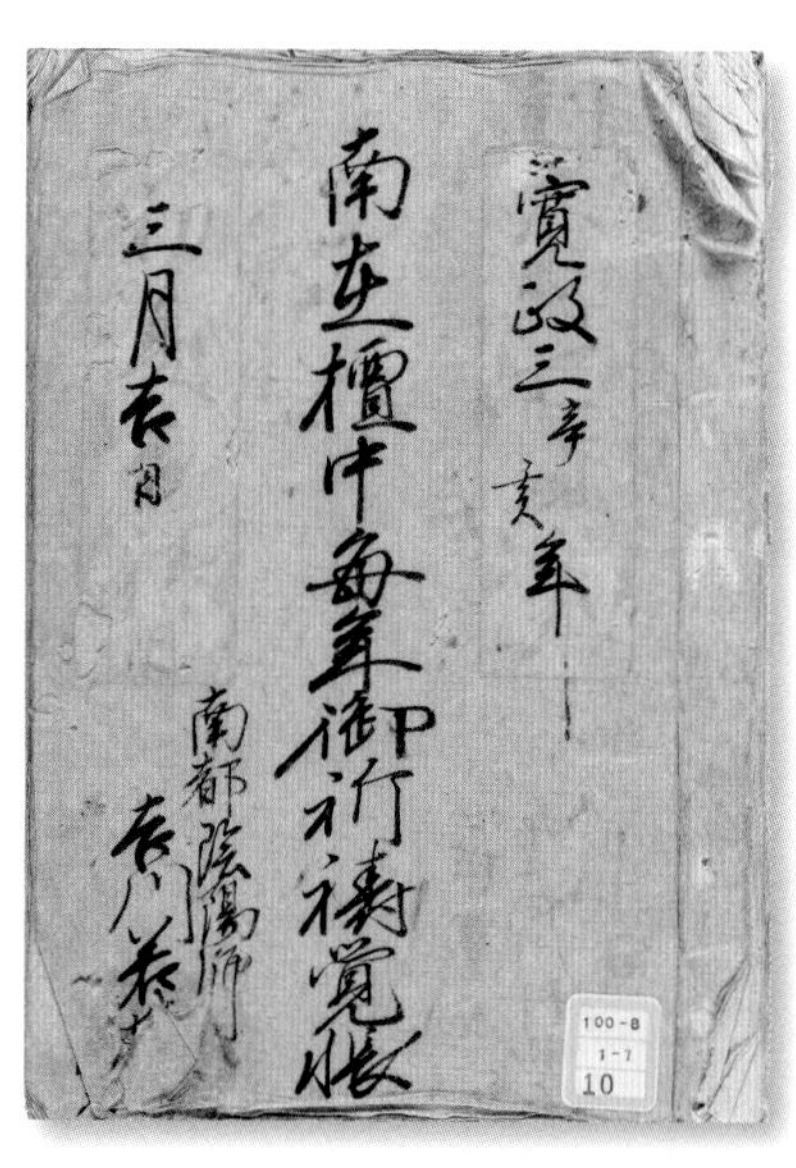

本画像は、奈良文化財研究所が開発した「ひかり拓本」®により作成した画像を鏡像反転したものです。以下、同様の画像には「「ひかり拓本」®画像を鏡像反転」と記します。

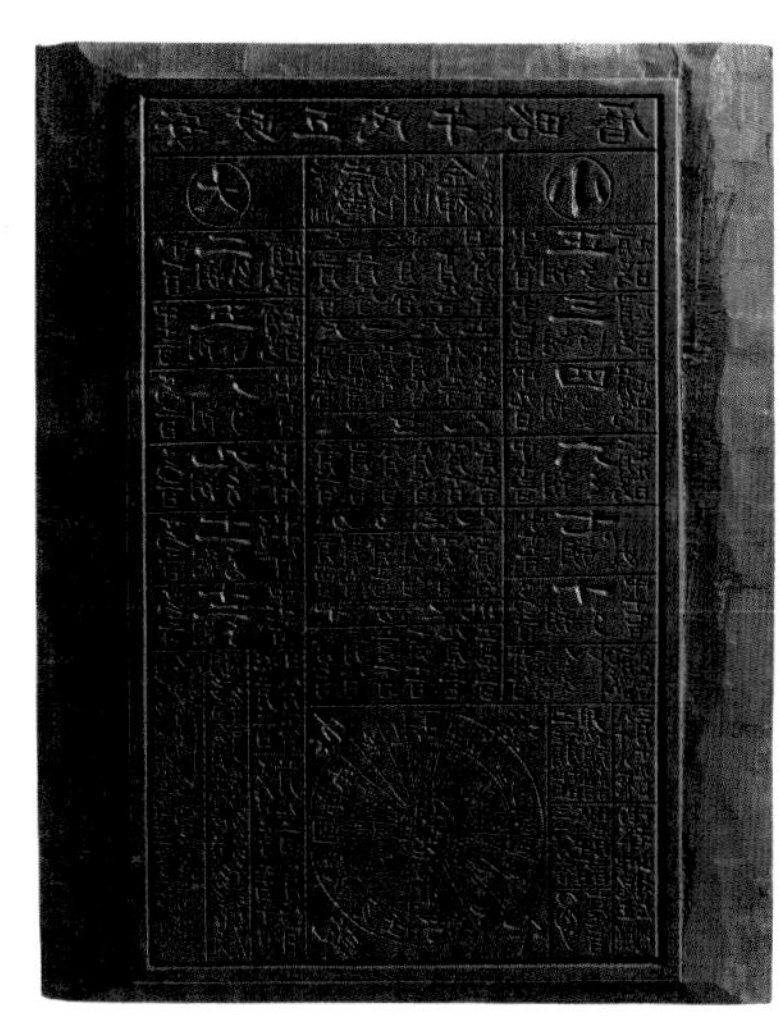

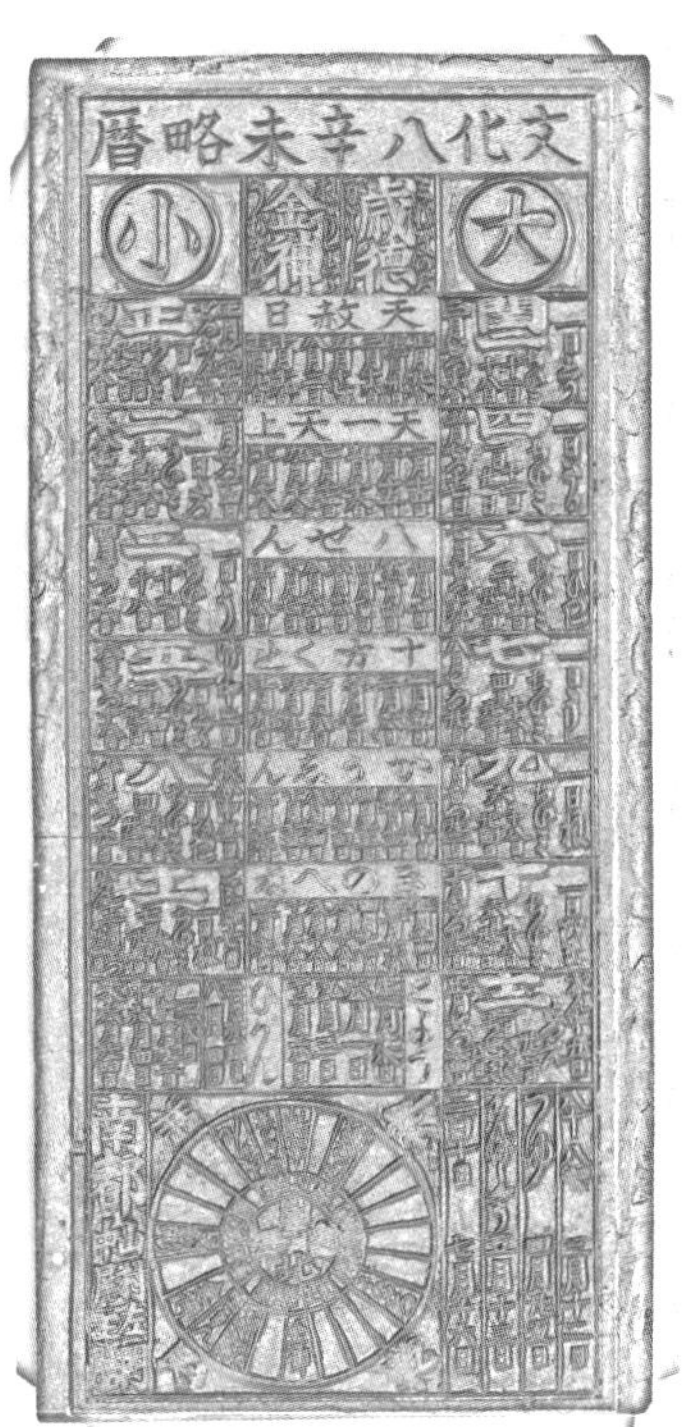

「ひかり拓本」®画像を鏡像反転

167 （中尾家版木）安政五戊午略暦　柱暦
個人蔵（奈良市史料保存館寄託）安政四年（一八五七）

168 （中尾家版木）文化八辛未略暦　柱暦
個人蔵（奈良市史料保存館寄託）文化七年（一八一〇）

中尾家は、近世陰陽町で活動していた暦師のうちの一家である。近世の南都暦師の活動形態は、売暦を行った家と、賦暦を行った家の二形態に分けられるが、中尾家は売暦を許可された家であった。中尾家に所蔵されていた南都暦の版木のうち、安政五年および文化八年の略暦の版木である。当該の略暦は二点共に柱暦の版木であり、一年の暦を一枚の中にまとめた形でおさめられている。版木右下部に「南都 中尾主膳 山村左門」と中尾家と共に奈良で売暦を許可されていた山村家の名前も確認できる。中尾家には略暦の版木としては、略本暦の版木が特に多く残っているが、当資料のような柱暦の版木も一八点ほど現存している。（近藤）

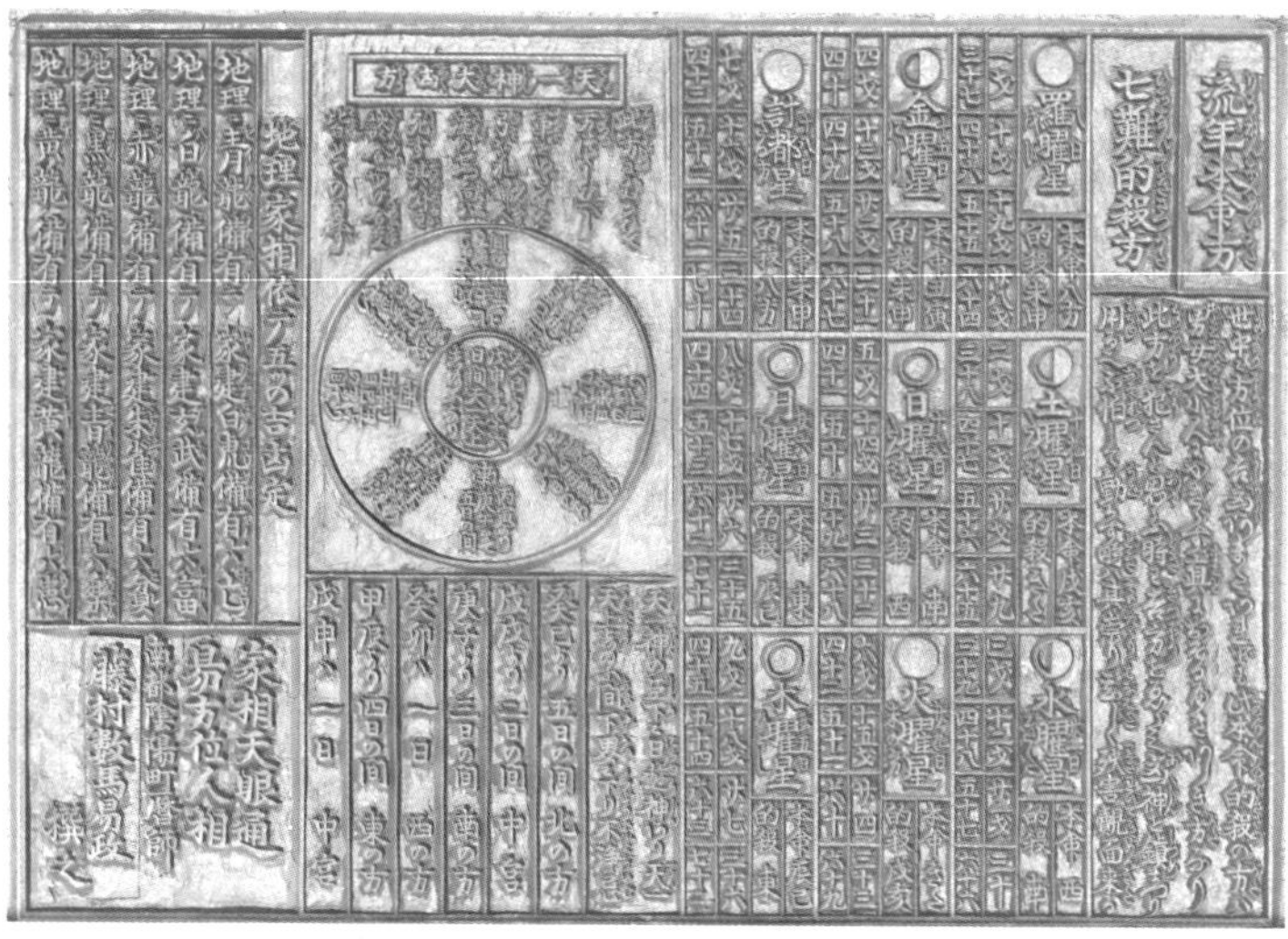

「ひかり拓本」®画像を鏡像反転

169
（中尾家版木）方位吉凶家相吉凶定

個人蔵（奈良市史料保存館寄託）
江戸時代

中尾家の版木には暦の版木に加えて、中尾家が陰陽師としての活動の際に使用・配布したと思われる物品の版木も含まれている。当資料は方位吉凶表の版木である。右下部に藤村数馬（ふじむらかずま）の名義を確認することができ、中尾家と同様に奈良の暦師・陰陽師であった藤村家が作成した方位吉凶表であることが読み取れる。また藤村家が作成した方位吉凶表の版木を中尾家が有している点から、南都の暦師・陰陽師間における繋がりの様相がうかがえる。（近藤）

「ひかり拓本」®画像を鏡像反転

「ひかり拓本」®画像を鏡像反転

170（中尾家版木）富士垢離　版木
個人蔵（奈良市史料保存館寄託）
江戸時代

171（中尾家版木）夏越の祓　版木
個人蔵（奈良市史料保存館寄託）
江戸時代

富士垢離等の際に使用したと推測される富士信仰関係の祈禱札の版木および鎮宅霊符神社の夏越の祓で使用したと推測される祈禱札の版木である。当該資料も中尾家が所有していた暦以外の版木であり、中尾家が陰陽師として、暦の頒布だけでなく祈禱の職務も行っていたことと関連する資料である。また、富士垢離の札の方は、その裏面が暦の版木にもなっており、版木を様々な用途に再利用していた様子がうかがえる。（近藤）

「ひかり拓本」®画像を鏡像反転

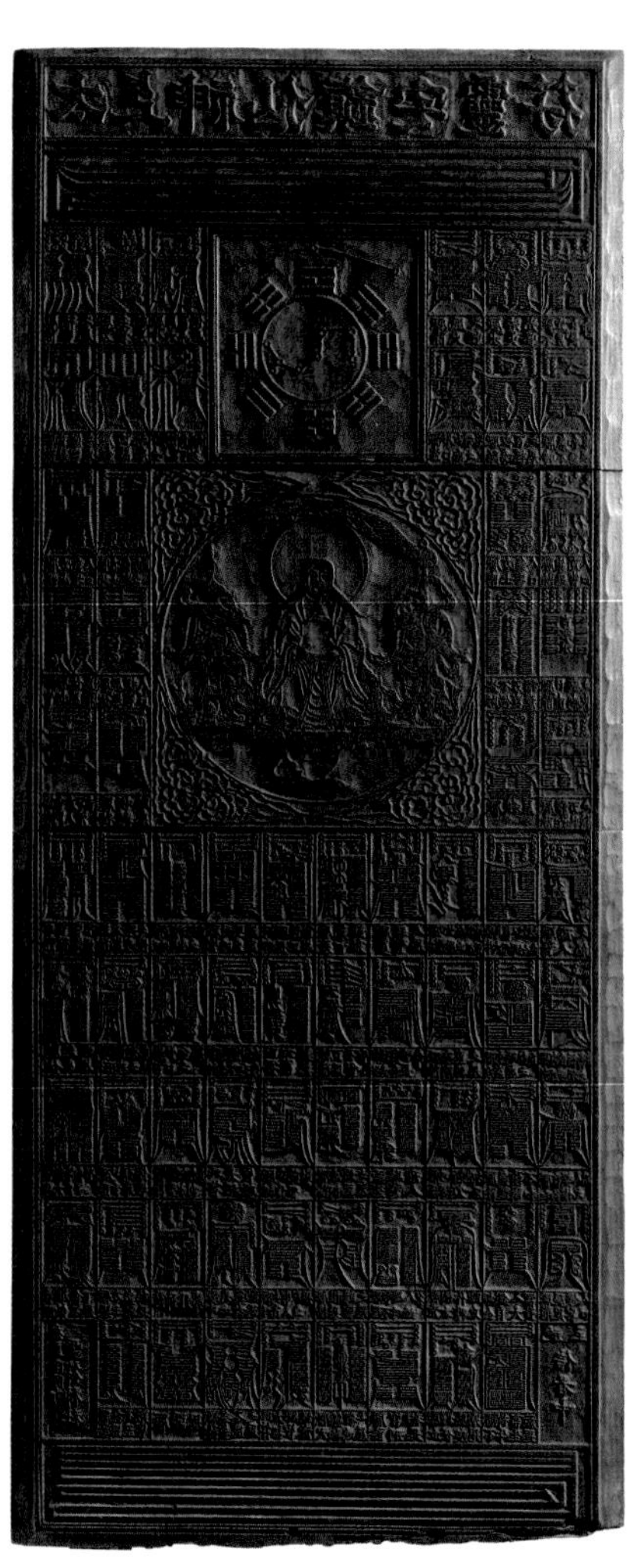

172
鎮宅霊符神符版木
奈良市史料保存館所蔵　年代不明

陰陽町に所在する鎮宅霊符神社の名義が記された「太上神仙鎮宅霊符」の版木である。七二種の護符が記され、中央部に鎮宅霊符神、その上部に八卦と北斗七星が配された構図となっている。版木下部に「奈良陰陽町 霊符神社」・「施主信者中」と表記があり、信者中や当時新築された家々などに配布されていたことが推測される。吉川家は近世において当神社の付近に居を構え、陰陽師の業務として神事への奉仕も行うなど繋がりがあった。（近藤）

column ⑦

南都陰陽師の祭祀用具

吉川家とならんで奈良の陰陽町で暦師・陰陽師として長く活躍したのが中尾家である。陰陽町には貞享四年（一六八七）刊行の『奈良曝』によれば、一七軒の陰陽師が居住していたとあるが、その後の転変もあり、特に明治以降はその変動は著しかった。

中尾家も明治以降は暦を扱う仕事からは離れていったのだが、関連する道具類を捨て去ることなく保存し、伝えてきた。現在では奈良市史料保存館に暦の版木をはじめとする資料が保管されている。それに加えて、奈良県立民俗博物館にも、同家の改築にともなって寄贈された資料が保管されていることが確認された。

この資料は総点数が三〇〇点近いもので、信仰・祭祀にかかわるものから、中尾家が維新後に営んだ醤油醸造業にかんするものも含まれている。近代の手帳などもあり、その中には京都帝国大学教授で、天文学を研究していた新城新蔵の名刺がはさまれていることから、近代にも学術的に注目されていたことがうかがえる。

陰陽道にかかわる資料として興味深いのは幅、高さともに二メートル近い大型の祭壇あるいは神棚とおぼしきものである。『奈良市史（建築編）』（一九七四年）には中尾家の建物にかんする報告が載せられているが、それによると「なかのま」という広い部屋があったことが示されており、神棚が設けられていたとされる。大型の祭壇はその空間にあった可能性がある。

また高さ六〇センチほどの鳥居や柱を木製の台に立てて用いたと推測される正方形の祭壇も残されている。木製の台座は、一辺がおよそ七五センチ、二段になっており、その高さは組み立てると三〇センチほどの高さである。これらはおそらく中尾家の屋内に据えられ、まじないや呪符等の製作にかかわって用いられていたものであろう。あるいはこの祭壇は比較的小さいので、移動させて屋外などでの祭祀にも使われたのかもしれない。

また暦の版木を再利用して組み上げた台や、それらの部材とおぼしきものも残されている。暦は毎年刷られるものであるから、役割を終えた版木の再利用は日常的な生活の工夫であったに違いない。暦師・陰陽師の日常を考えるための具体的なてがかりということができる。

このような陰陽師の家に伝わってきた道具類が、日常生活の用具とともに確認されるのは極めてまれなことである。歴史的に近世にさかのぼる中尾家の資料が、無事に保存されてきたことが確認できたことは陰陽道研究にとって大きな発見といえよう。これら中尾家の祭祀用具をさらに精査することと、関連する資料を発掘することで、陰陽師の「風景」をより鮮明に復元することが可能になる。今後の調査の発展がおおいに期待される。

今回、収蔵資料の調査を御許可いただいた奈良県立民俗博物館と関連情報を御教示いただいた旧蔵者の中尾淳二氏に厚く御礼申し上げる。

（梅田千尋・小池淳一・近藤絢音・水谷友紀）

地誌のなかの陰陽町

近世の陰陽町は奈良奉行所が管轄した奈良町の一町で、市街地の南に位置した。両側町を形成し、町の中程で東西方向へ急坂となる。鎮宅霊符神社は町内北側中央にある。貞享四年（一六八七）刊行の地誌『奈良曝』には、町役一三軒で、町の南側に一〇人（内小頭三人）、北側には七人の陰陽師がいたと記す。なお、本史料には諸師諸芸人等も列挙され、陰陽町の他、野田山上・内侍原町・奥柴（芝）辻町等にも陰陽師の存在がうかがえる。陰陽町の町名は、いにしえより陰陽師が居住したことに由来するとし、「唱門が辻子」という呼称もみえる。こうした町名由来は、享保二〇年（一七三五）に完成した地誌『奈良坊目拙解』でも述べられる（第Ⅰ部第二章3（1）さまざまな「陰陽師」参照）。本史料では、当町の陰陽師は「加茂氏」の苗裔で、元は吉備塚辺りの幸町（現紀寺町）に住まいしたと説く。陰陽町住の山村氏は観光版図『和州南都之図』の刊行にも携わった。絵図黒色の部分が町場を示し、吉備塚（現奈良教育大学構内）も描かれている。

（水谷）

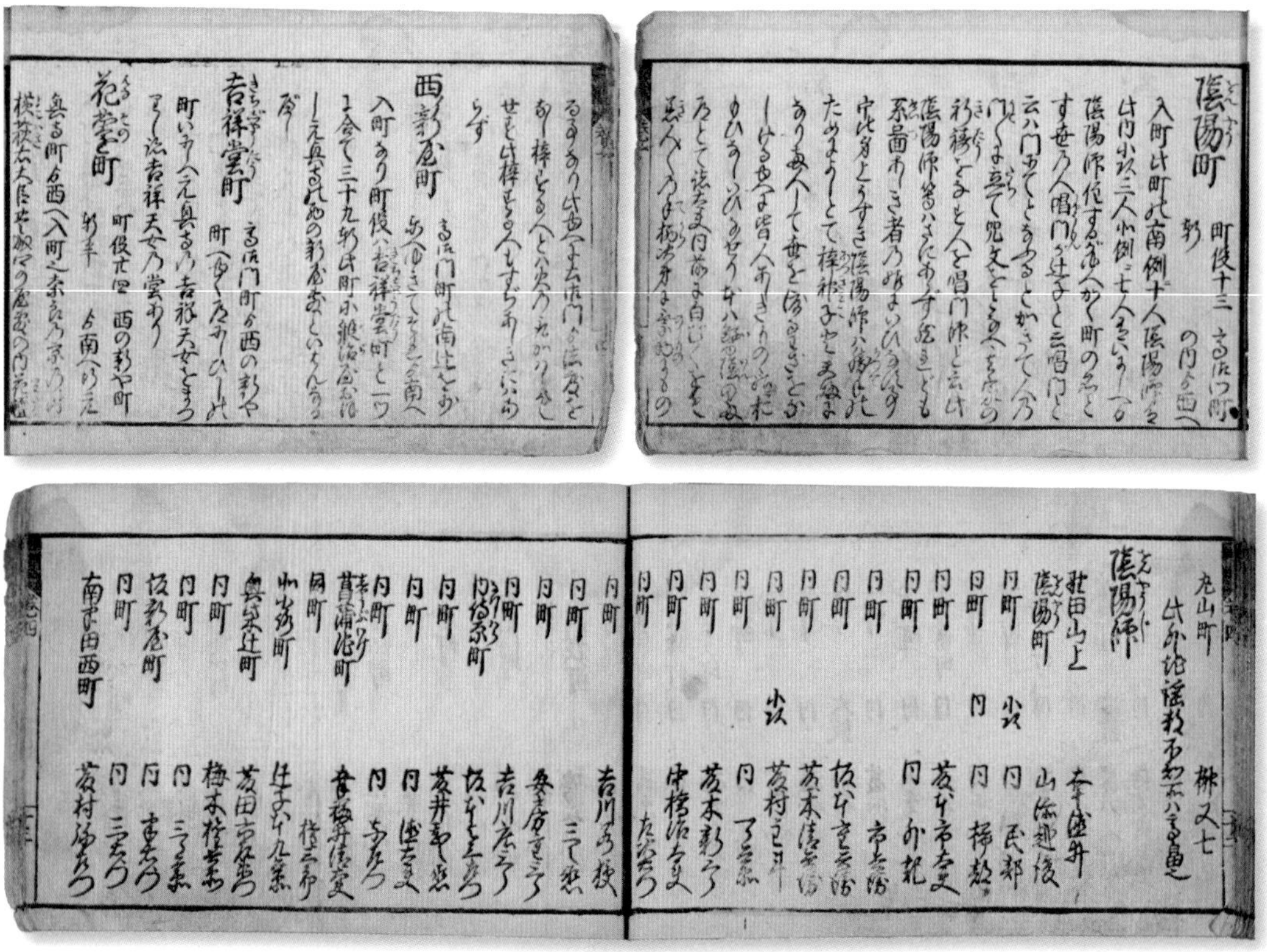

173
奈良曝（参考図）
奈良県立図書情報館所蔵
貞享四年（一六八七）
洛南書坊西村嘯月堂刊

於興福寺矣無疑豊成公於悲田院処顕然也

二〇

○陰陽町

俗謂當町曰唱門辻子斯名非是往昔四条大路而高御門(元興寺西大門)門前通是矣

○當名南都四家陰陽師居住其一所也古老云當所陰陽師加茂氏苗裔而舊年在於吉

備塚邊幸町其後令離散移居于今地云云

●元要記曰興福寺行疫神鳥羽院御宇永久五年正月社檀建立南都四箇陰陽師勤仕之云云

●按職原抄曰陰陽師者其限六人也當所陰陽等名陰陽生矣

○古老云當町往古高御門鄉枝鄉而避地存在小路通自高御門西南各爲田園其後陰陽師四五宇住于此竟及爲町家稱陰陽町也至今謂世俗陰陽辻子或唱門辻子是小路之遺風矣

○或曰中世有賣僧徒讀誦毘沙門経立乞於人家門口名曰唱門師矣此唱門師属仕于興福寺閑閻巷談令知焉興福寺古平相國清盛如令廻見五百禿於皇城矣仍将民家慓汝故爲稚意云云里俗唱門師與陰陽漫令混合謂唱門辻子全不當說也

二一

174
奈良坊目拙解(参考図)
奈良県立図書情報館所蔵
享保一五年(一七三〇)自序、
享保二〇年成立(写本)
無名園古道(村井勝九郎)著

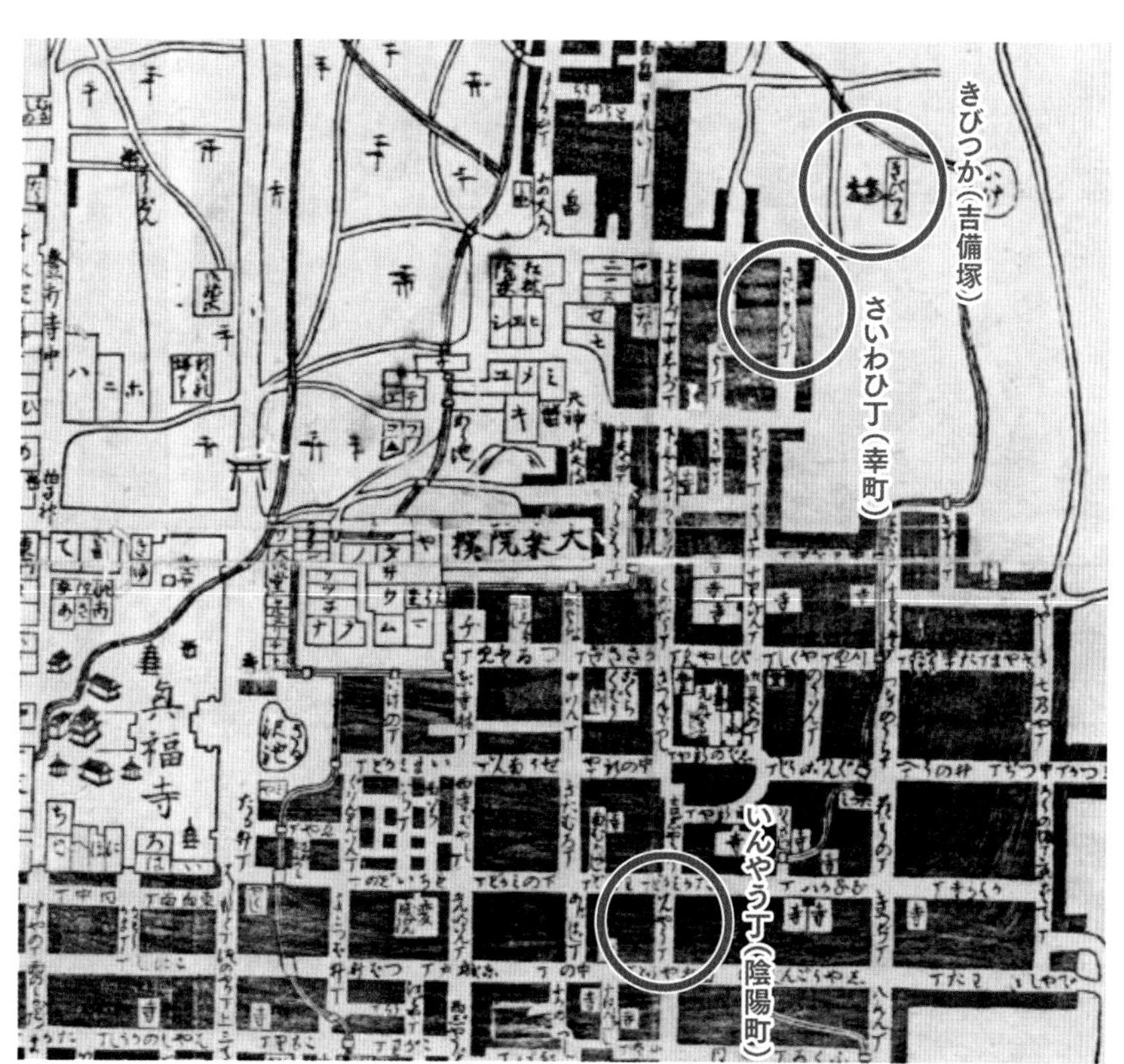

175
和州南都之図(参考図)
奈良県立図書情報館所蔵
宝永六年(一七〇九)
南都山村和泉開板
(上が東)

2 「暦掛り記録」と暦造りの一年

奈良陰陽町の陰陽師兼暦師吉川家に伝来した「暦掛り記録」は、毎年どのようなスケジュールで南都暦がつくられていたのかという疑問に答えてくれる稀有な史料である（「造暦」という史料文言があるので、ここからは「暦造り」と表記する）。

「暦掛り記録」に収録されている文書（の写し）によると、天保改暦後の嘉永七年（一八五四）頃は、①五月中に、奈良奉行所に新暦願を出す。②七・八月中に、写本暦が下付される。③九月中に、幕府天文方に校合用の暦を提出する。④一〇月から一一月中旬に、校合済の暦と押切（発行許可書）が下付される。⑤一一月中に、土御門家に完成した暦一〇〇冊を献上する。⑥一二月朔日（一日）に、奈良奉行所に完成した暦約一〇冊を献上するというスケジュールが目指されていたようだ。また、版木の彫刻を京都の版木師に任せていたこともわかる（ちなみに、陰陽町の売暦師二家のうち中尾家の版木は、一時期大坂で彫られていた）。

ただし、幕末維新期における暦造りは、毎年予定通りかつ平穏無事に済むものではなかった。

「暦掛り記録」には、イレギュラーな出来事への南都の陰陽師たちの対応も、具体的に記録されている。例えば、安政五年（一八五八）は、①南都の陰陽師たちによる新暦願提出は例年通り五月だったが、八月に、一三代将軍徳川家定が死去した。そのため、②写本暦の下付が例年より二か月以上遅い一〇月九日になってしまった。しかし、南都の陰陽師たちは、③一〇月二九日に校合用の暦を提出し、④校合の完了日は例年より少し遅いだけで済んだ。翌安政六年も、②写本暦の下付と③校合用の暦提出がともに例年より少しずつ遅れていたところ、一一月一七日に、江戸で幕府天文方から、校合の結果、略暦に「天赦日」という落字があったことを指摘されてしまった。そのため、南都の陰陽師たちは、再度、③校合用の暦を一一月二二日に提出している。また、元治元年（一八六四）は、七月に京都で禁門の変（蛤御門の変）が起こり、戦場となった京都の市中で大火が発生した。「暦掛り記録」に写しが収録された、同年一〇月付けの幕府天文方に宛てて暦の校合を願った文書では、「京都板木師共類焼」による「職方手支」のために提出が遅れたことを詫びている。

「暦掛り記録」の記録は明治二年（一八六九）で終わるが、南都の陰陽師たちの同年の動きは、かなり慌ただしい。南都の暦師惣代だった吉川筑後は、土御門家の暦役所から届いた二月二八日付けの覚え書きで、「御一新」によって、京都の土御門家が測量・推歩・頒暦などを司るようになったことを伝えられると、二月晦日（三〇日）に上京し、以後の対応を確認している。そして、七月末に、土御門家から毎年配っている暦の数の調査が求められた後は、吉川筑後が度々上京する一方で、売暦師の二名（山村左門・中尾主膳）も上京して、従来通りの売暦の許可を土御門家に願い出ている。そして、一〇月一八日に、南都の暦造りに関する古記録の取り調べがおこなわれている。

版行された毎年の南都暦だけを見ていると、同じ体裁のものが決まったやり取りを経て機械的に発行されているような印象を受けるかも知れない。しかし、「暦掛り記録」に代表される吉川家伝来の文書を丁寧に読むと、南都の陰陽師たちによる暦造りが、奈良と三都との緊張感があるやり取りを経て進められ、幕末維新期の社会の変動による影響を受けていたことがわかる。

（小田真裕）

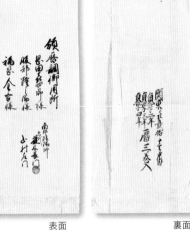

176 暦掛り記録

本館所蔵　吉川家文書　嘉永七年（一八五四）～明治二年（一八六九）

嘉永七年～明治二年にかけての吉川家の頒暦に関する業務内容の記録書である。当資料からは毎年の暦制作のスケジュールを読み取ることができるほか、しばしば不慮の出来事等により暦制作に遅延が生じる場合もあったことなども分かる。加えて明治時代への転換期にかけて起こった頒暦体制の一新に際して吉川家ほか南都の暦師らが対応に迫られた様子なども記録されており、幕末から明治期にかけての南都暦師の動向を知ることができる。（近藤）

177 暦入れ袋

本館所蔵　吉川家文書
江戸時代

吉川家が作成した暦の草案を、頒暦調御用所へ校合のために提出する際に、暦を入れていた内袋である。この袋の表書きの様式は形式が定められていたようであり、前掲の資料「暦掛り記録」（176）の冒頭部に袋の表書きの雛形図が掲載されている。（近藤）

表面　裏面

178 明和五年南都暦

本館所蔵　吉川家文書　明和四年（一七六七）

吉川家文書の南都暦には、書き込みが加えられているものがある。そのうちの一点が、六・七月頃に出現した、世俗で「いなほし（稲星）」と呼ばれている星のことを欄外に加筆しているこの暦である。近世の民衆は、彗星を豊年の兆しと理解して「稲星」と呼ぶことがあった。陰陽師兼暦師である吉川家が、彗星を作物の豊凶と結びつけて理解しようとする人々―例えば農業を生業とする民衆―を意識していたことを窺える。（小田）

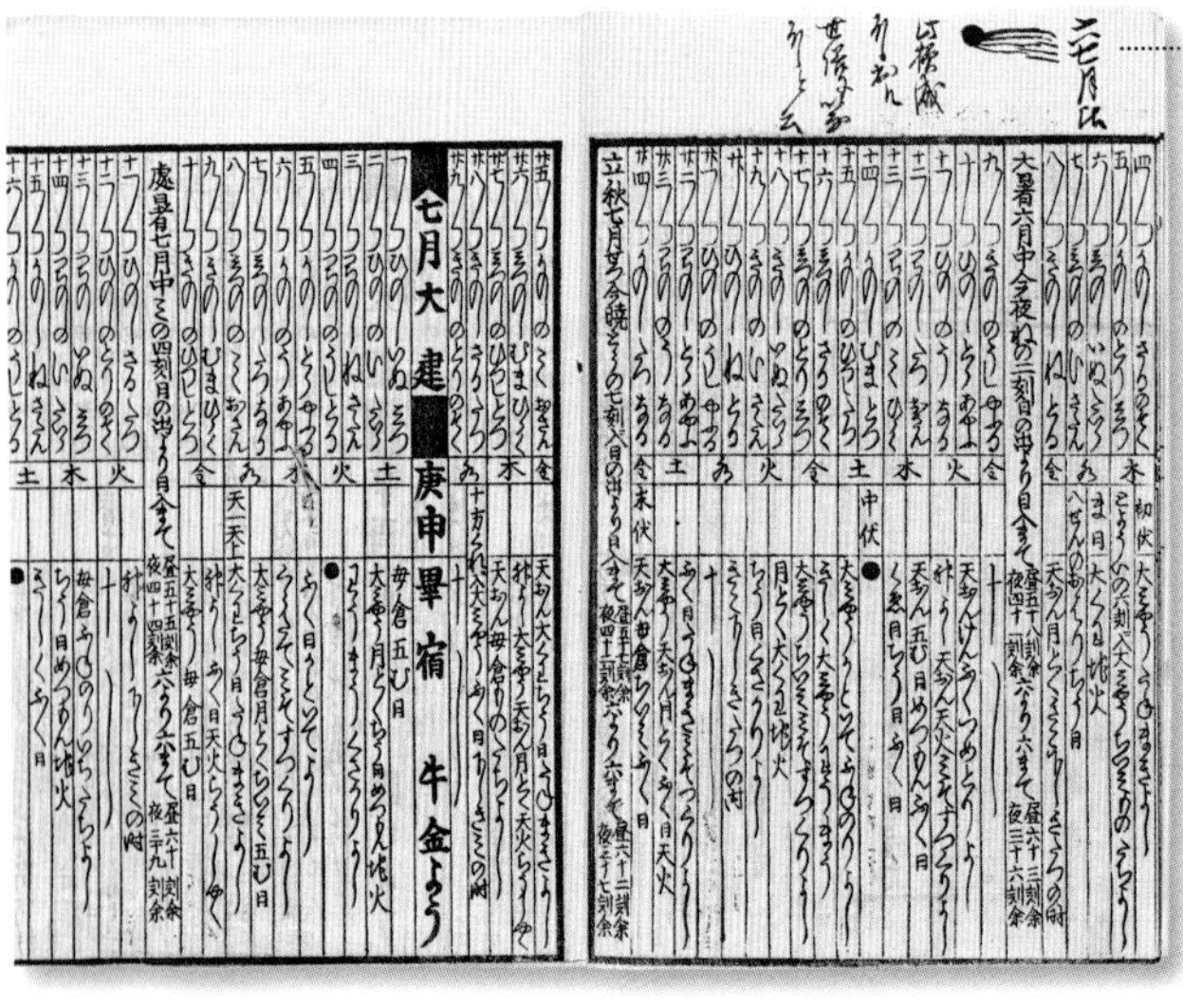

六七月頃
此様成
ほし出ル
世俗にいな
ほしと云

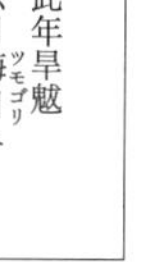

179
明和七年南都暦

本館所蔵　吉川家文書　明和六年（一七六九）

この年の南都暦には、天変地異に関する欄外の加筆が多い。六月に出現した孛星は、曇ってよく見えなかったそうだが、「ボンボリほし」という呼称を記している。また、七月二八日丑の刻（午前二時頃）に見えたオーロラの情報は、かなり詳しい。八月の部分には、「此年旱魃」と記した後、雨天の日付を書いている。吉川家にとって、どのような天変地異がいつ起こったかという情報は、重要な関心事だったのである。（小田）

Ⓐ
此月至りて
孛星ト云
星出ル其体
曇りて不レ明
世ノ人ボンボリ
ほしト俗ニ云
辰巳の方ニ出テ
夫(より)北方へ
出て止

Ⓑ
七月廿八日夜
酉ノ刻より
丑ノ刻まで
北方雲焼ケの
ごとく煙気立
戌亥ノ方ヨリ
卯ノ方ニ至ルマテ
赤雲発シテ
南ノ方ハ
月夜の曇ルガ
如シ小物の虫ニ
デモ見ユル
此ノ天變（変）天正
十年正月十五日
夜ニモあり又
寛永十二年
七月廿六日ニも
有之候

Ⓒ
一此年旱魃
六月晦日ニ
少シふり
七月五日ニ少々
はかりふり
甚旱魃也

※「ツモゴリ」は晦日のこと

180
大硯

本館所蔵　吉川家文書　年代不明

吉川家には実際に使用していたと思われる道具類の現物も残されている。当資料は吉川家が所有していた木製の硯である。刷り物の作成などの用途に使用されていた可能性もあるが、木製であり実用には適さない点や大型である点から、明治期に入り墨筆商を営んでいた際の吉川家で宣伝用の装飾用品として使用されていたとも考えられる。（近藤）

印　暦神配置

印　神像図ヵ

印「欣賀売暦」

印「南都吉川」

南都暦師吉川印

181
印判類

本館所蔵　吉川家文書
江戸時代～近代

吉川家が所有していた印判類である。「南都吉川」といった吉川家の名義の印のほか、「土御門殿出役所」など土御門家役所名義の印や、暦神配置図の印など、多様な印が残されており、吉川家で作成された頒布物に使用されたものと考えられる。また、明治期に入り頒暦業務の体制が変動する中で近世からの暦師達によって設立された頒暦林組の消印も残されているが、当該の消印は実際に吉川家所蔵の官暦に押印されている事例が確認できる。（230「明治十六年暦（官暦）」参照）　（近藤）

印 「林組消印」

印 「土御門殿出役所」

印 「林組消印」

認印ヵ

暦版木断片ヵ

印 「八将神」

3 陰陽師でいるために

日本史上の近世は、文字を読み書きできる人が大幅に増え、出版物や写本がつくられ、流通し、読まれた時代である。武士や公家などの限られた層だけでなく、都市で暮らす人々や農山漁村で暮らす人々の間にも、時代が進むにつれて文字文化・書物文化が広がり、口伝えや身振り手振りで伝えられてきた「経験知」にも、紙に墨で書かれ、あるいは刷られ、後世や他地域に伝えられるものが増えていった。

そうした近世の文字文化・書物文化の中を、陰陽師たちも生きていた。というよりも、近世の陰陽師たちは、口承や秘伝の世界との親和性を保持しつつも、主体的かつ積極的に、文字や書物を自分たちの世界に取り込んでいった。例えば、土御門家は、家塾「斉政館」蔵版で陰陽道や暦占に関する書物を出版した。また、地方の陰陽師も、さまざまな書物から自家の職分に関する知識を得ようとし、中には、書物に書き込んだり、写本を作成したりする者もいた。

奈良陰陽町の陰陽師吉川家の歴代当主は、暦師として毎年、南都暦を造り、造った暦を大和国内の檀家に年占い（年八卦）とともに配っていた。また、陰陽道祭祀もおこなっていた。吉川家文書には、そうした陰陽師・暦師としての実践に関わる内容の書物が、数多くのこっている。それらの中には、広く流通した出版物だけでなく、吉川家の人物や陰陽町の他の陰陽師が書いた祭祀や呪術に関する写本もある。そして、写本に書かれている内容には、「土御門之作法」あるいは「秘伝」「口伝」などと明記されたものがある一方で、大雑書や草双紙由来の知識であることが明記されたものもある。また、土御門家を宗家とする天社神道や山崎闇斎が創始した垂加神道と関わる内容だけでなく、「仏説」であることを明記した内容も見られる。

吉川家は、元文三年（一七三八）に執行された大嘗会の際の天曹地府祭に出仕した由緒を重視し、その時の拝領品や記録を他の文書と分けて保管していた。陰陽師としての吉川家は、そのように京都や土御門家と関わるだけでなく、陰陽町や大和国において、地鎮祭・家相・判形（花押）・出産（平産）といった、檀家や地域民衆の日常生活と関係が深い内容の祭祀や呪術も執行していた。

近世の地方の陰陽師がのこした史料は、古代・中世の陰陽師がのこした史料とは、かなり違うように感じるはずだ。また、同じ近世という時代に生きた異なる陰陽師の史料を比べた場合でも、似たところと違うところがあるはずだ。本書で紹介する史料は、陰陽師たちが手にした史料ばかりである。現物や写真をじっくりと味わって、「当時の人々は、陰陽師に何を求めたのだろう？」「陰陽師たちは、人々のニーズにどう応えようとしたのだろう？」などと、思いを馳せてほしい。

（小田真裕）

182
年卦序書記（参考図）

本館所蔵　吉川家文書　江戸時代（宝暦〜安永頃カ）

表紙に「陰陽家吉川丹後」の名前がある、年占い（年八卦）の内容がまとめられた写本である。一本の長い線（⚊）は陽、短い二本線（⚋）は陰を示し、八卦ごとに遊年の方角や御守の本尊などが説明されている。巻末に書かれた「悴」に向けたメッセージから、この写本が「草双紙の類よりぬき出し」たものであることがわかる。また、自分は「愚昧にして他人のそしりを免れかた」いが、悴は「易学に広く志して多分ニ易をけみ（閲）すべ」きであるとも書かれている。陰陽師の声が聞こえてくるように感じる史料である。

（小田）

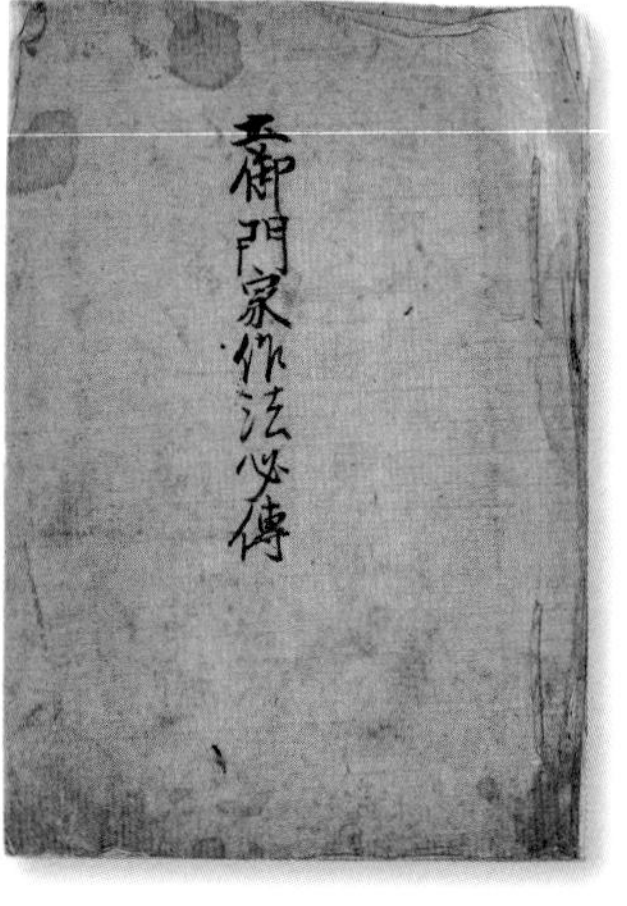

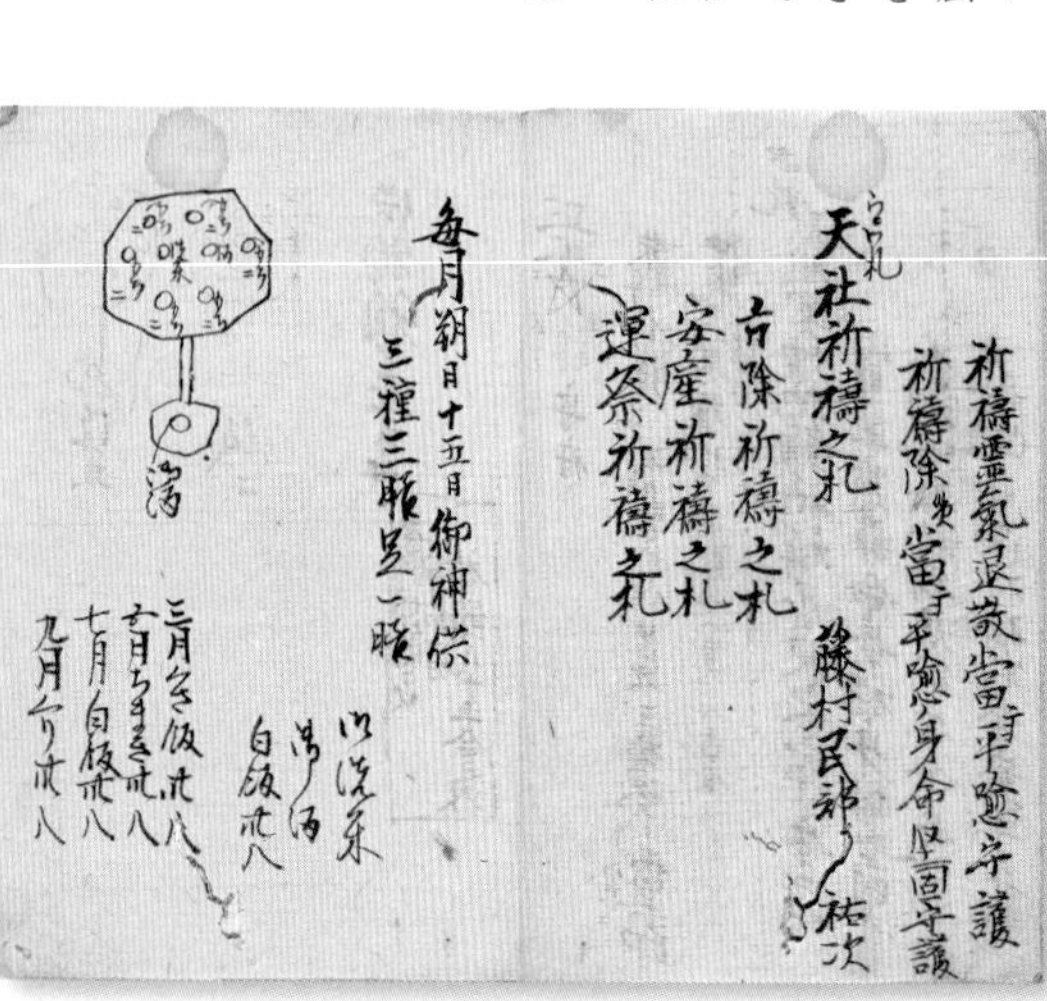

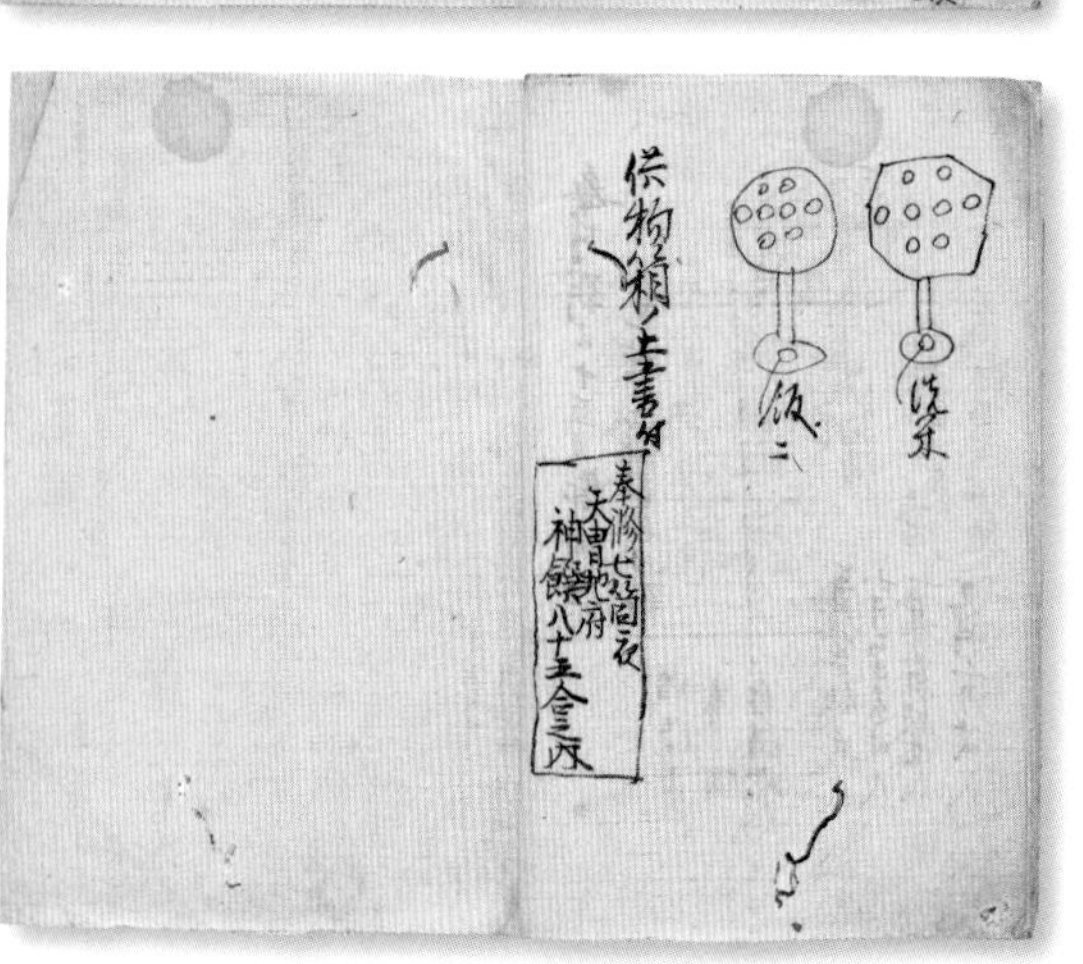

183
土御門家作法必伝（ママ）

本館所蔵　吉川家文書　江戸時代

（内題：土御門神前作法伝）

「天社祈禱之札」の下部に、南都の陰陽師である藤村姓の人名が見える。表紙の「必伝」という表記を踏まえると、吉川家が、この書物に土御門家を宗家とする神道「天社神道」の「秘伝」が書かれていると理解していたこと、吉川家以外の南都の陰陽師も、天社神道の知識を求めていたことがわかる。守符に五芒星を書いたり、「急々如律呂（令）」と唱えたりするなど、陰陽師ならではの、神々との関わり方を見て取れる史料である。

（小田）

184
安家大元水アケ之王垣之伝
本館所蔵　吉川家文書
天明七年（一七八七）

「安家」とは、安倍家のことである。陰陽道と神道が混在したような内容で、天社神道の地方陰陽師への伝播の様相を感じられる祭文である。「岐」とは、道祖神のことで、祭祀に使う「御球」「大元水」「岐」の作り方や祭祀の時の配置が明記され、水中に入れる護符が図示されている。水の注ぎ方や鈴の振り方など、「口伝」と書かれている内容が多いのは、吉川家文書の他の祭文と同様である。（小田）

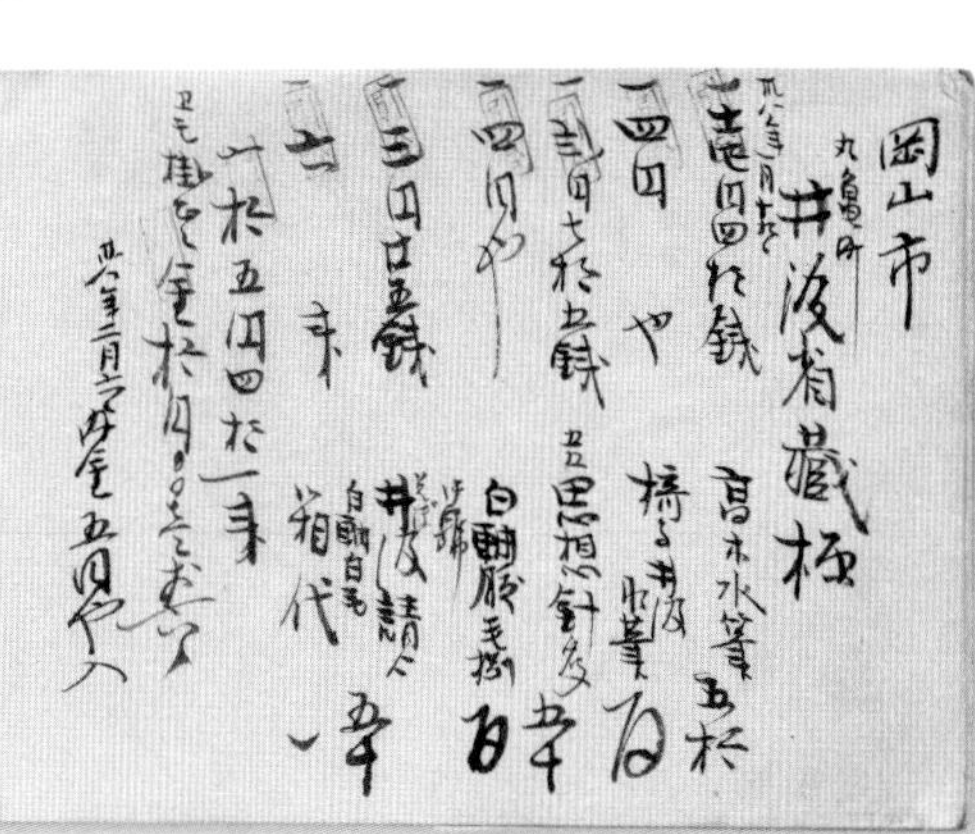

185
売上明細帳
本館所蔵　吉川家文書
明治三八年（一九〇五）

吉川家が明治期から営んでいた墨筆商の売り上げ帳簿である。明治時代に入ると、明治三年には暦道局が新設され、さらに明治一六年からは頒暦の権限が神宮司庁へ委任されるなど体制に大きな変化が生じ、吉川家ほか南都暦師らの頒暦経営の状況は次第に不安定化していった。最終的に吉川家は明治一七年に頒暦業から撤退、墨筆商「文海堂」の経営へ転身している。（近藤）

186
（中尾家版木）醤油屋ラベル　版木
個人蔵（奈良市史料保存館寄託）　近代

中尾家が経営していた醤油屋の醤油樽に貼られていたラベルの版木である。明治期以降の頒暦体制の変化による頒暦経営の不安定化は売暦師であった中尾家も例外ではなかった。詳細な年代は不詳であるが、中尾家も吉川家と同様に墨筆商「浩々堂」の経営を始め、さらに醤油醸造業も行っていた。また、自身の商店用の版木だけでなく、主に奈良地域の様々な商店の引札の版木も残されており、取り扱いを行っていた様子がうかがえる。（近藤）

第二章　暦をかえる

中国から暦法が伝わり、日本で暦が作成されたのは、日本書紀の記述によると、元嘉暦、儀鳳暦を併用したとする持統天皇四年（六九〇）にさかのぼる。それ以降、中国の暦法を使って暦が作られた。大衍暦、五紀暦、宣明暦による改暦が、それにあたる。あたらしい暦法が入手されて、すぐに改暦になることもあったが、政治状況にあわせて改暦が実施されたこともあった。暦は、陰陽寮の暦博士の仕事であった。暦博士が暦を作成し中務省を通して天皇に献上する。つぎに天皇から諸官庁に暦が下される。中国では、天文観測と暦の作成は「観象授時」といって皇帝のみの権限であった。日本でも暦の作成は、天皇の優先事項であった。天皇は、皇帝と同様に時の支配者であったということはできる。しかし宣明暦以降は、改暦はながく行われなかった。

この章では、近世に、どのように改暦が行われたのかを探求する。改暦についていうと、古代律令期が一つのピークであったが、もう一つのピークが近世であった。

近世には天文方という暦や天文に関わる役所が幕府のなかに設置され、造暦や改暦を担当した。天文観測を行ない、西洋の天文学の進展を摂取し、近世の科学の発展に貢献した。

また柱暦（はしらごよみ）、引札暦（ひきふだごよみ）、大小暦（だいしょうごよみ）といった、見て楽しめる多様な暦が生まれたのも、近世の特徴であった。（林淳）

1

近世の改暦

貞観四年（八六二）に宣明暦による改暦が行われたが、それ以降、貞享二年（一六八五）の貞享改暦まで、八二三年にわたる改暦の空白期が続いた。古代において中国の暦が、さまざまなルートで日本に伝来したことを振り返ると、暦の伝来のルートが機能しなくなったことが、改暦の空白を作ったと考えられる。改暦がなかったからといって、暦の制作がなくなったわけではない。宣明暦法によって計算された暦が、長く使用され続けた。

古代の陰陽寮にいた暦博士が作成した暦は、暦注が書き込まれ漢字で記されており、「具注暦」とか「真名暦」とか呼ばれた。それに対して仮名で記された暦は「仮名暦」と呼ばれた。南北朝期に、仮名暦の三嶋暦が三嶋大社で作られており、仮名暦の先駆けであった。それ以降、各地で仮名暦が作られた。

改暦が再開されたのは、近世であった。それも江戸幕府が始まってから、随分と時間がたった五代将軍の徳川綱吉の時であった。徳川家康の政治力で、一気に改暦をなすことはできなかったであろうか。改暦の条件を考えると、それは難しかったといわざるをえない。第一に、天文観測の道具と儀器である。中国で使われていた渾天儀、簡天儀、圭表、朝鮮で作成された「天象列次分野之図」、マテオ・リッチの『坤輿万国全図』、西洋からもたらされた地球儀、望遠鏡などは、渋川春海の改暦をささえた必需品であった。第二に、授時暦についての知識と計算は、岡野井玄貞が春海に教授した。春海は、授時暦をもとにして改暦に挑んだ。第三に、春海は中国から来た、一六七五年の序を持った游子六『天経或問』（196）をよく読み、西洋天文学について基礎的な知識を得ていた。道具と儀器、授時暦の情報、西洋天文学の知識という、三つの条件がそろったのが、春海の時代であった。たとえ家康の政治力によっても、家康の時代に改暦はありえなかった。

近世に行われた四回の改暦を表にしてみよう（表8）。

表8　近世に行われた改暦

暦法	施行開始年	製作者
貞享暦法	貞享2年(1685)	渋川春海
宝暦暦法	宝暦5年(1755)	土御門泰邦
寛政暦法	寛政10年(1798)	高橋至時
天保暦法	天保15年(1844)	渋川景佑

八代将軍の徳川吉宗が西洋天文学をふまえた改暦を望んだが、生前には実現しなかった。もし実現していれば「享保暦」ができたかもしれない。享保、寛政、天保の三大改革に対応して改暦が為されたことになる。改暦は、政治改革を知らしめる有効なシンボルでもあった。

貞享暦についていうと、会津藩主であった保科正之が春海に命じたことが、春海が改暦をめざした契機であった。貞享改暦では、将軍の綱吉が改暦を春海に命じ、朝廷に伝えて、陰陽頭の土御門泰福が霊元天皇に上奏し、天皇の宣下を得て改暦が行われた。それ以降の改暦でも、天皇の宣下が必ず必要とされた。

吉宗が改暦を望み、建部賢弘、中根元圭という優秀な数学、天文学の専門家をブレーンとした。吉宗は、天文方の渋川則休に改暦を命じるが、則休が自らの未熟を理由に辞退した。吉宗は、西川正休を補助者として指名したが、正休と陰陽頭の土御門泰邦とは不和であって、両者の間で激しい論争が起こった。論争に勝った泰邦に対して幕府は改暦を命じ、泰邦が改暦の事業を行った。しかし宝暦暦法は、貞享暦法とそれほど違わないものであった。

渋川家が世襲で継ぐ天文方では改暦はできないと理解した幕府は、大坂の麻田剛立に白羽の矢を立てて、麻田門下の高橋至時、間重富に改暦御用を命じた。至時は、西洋天文学の漢訳書『暦象考成後編』を参照して寛政暦法を完成した。

至時の次男であった景佑が渋川家に養子として入って、天文方を継承し、天保改暦の事業に従事した。幕府からは、『ラランデ天文書』の訳書『新巧暦書』をふまえた改暦であることを命じられた。明治六年に太陽暦が採用されて、天保暦は廃止され、「旧暦」と呼ばれるようになった。

（林淳）

（1）貞享改暦と文芸

渋川春海（安井算哲）が主人公になった小説に、二〇一〇年の本屋大賞をとった冲方丁『天地明察』（二〇〇九年）がある。二〇一二年には、滝田洋二郎監督で映画化されている。歴史ものにしては珍しく、理系的な人物が主人公になった点で話題を呼んだ。春海をはじめ登場人物の多くは、実在の人物であり、保科正之が春海に改暦を命じた点は、史実に忠実に作られている。妻のえんをはじめとして多くの仲間の支えがあって、若き春海は天に挑戦し、ついに改暦に成功するというストーリーである。公家は、春海の改暦に悪意を抱いた立場で登場する。この点は、事実とは多少異なる。朝廷では霊元天皇をはじめ、幕府が決めた春海の改暦事業を承認していたが、どのような手続きを取るかという点で、朝廷内で紛糾した。関白の一条兼輝と左大臣の近衛基熙とが、正式な陣儀を行うかどうかで対立した。朝廷には朝廷の内部事情があり、幕府においても改暦に反対する勢力はあった。事実は、小説よりも複雑であった。むしろ将軍綱吉と霊元天皇は友好的であり、綱吉は霊元天皇のめざす朝廷復興を支持し、霊元天皇も将軍の意図を理解していた。映画の『天地明察』で春海が、妻のえんと地球儀を作成しながら、北京と京都との経度の違い（里差）に気がつくシーンはあるが、こうした気づきの瞬間は、確かに現実にもあったはずである。

貞享改暦には、もう一つの物語があった。改暦の一年前に、大経師の浜岡権之助の家において、妻のおさんと手代の茂兵衛が密通し逃走するという事件が起こった。事件が発覚し、二人は処刑されたが、噂はたちまちに広がった。浜岡家は他にも暦の問題で不始末を犯し、京都所司代によって改易とされ、大経師は降屋家に交代した。井原西鶴が『好色五人女』で、おさんをとりあげ、近松門左衛門が、『大経師昔暦』という浄瑠璃の台本を書き、大ヒットし、「おさんと茂兵衛」の密通の話は人口に膾炙するようになった。おさんの悲恋は、浄瑠璃以外でも、歌祭文の対象にもなり、歌舞伎でも演じられた。近代になっても映画や舞台で、おさん関係のものは興行され、浪曲「おさん茂兵衛」、演歌「おさん」もある。『大経師昔暦』の人気はストーリーテラーの近松の才能に帰するところが大きいが、浜岡権之助が、貞享改暦にあたって巨大な利益を目論んだ新興のビジネスマンであったことが、当時の上方町人の好奇心を掻き立てたように思われる。「暦が儲かる商売である」ことに上方の人々はあらためて気がついたのであった。

（林淳）

（2）天文方とは——江戸時代の改暦事業

貞享元年（一六八四）一二月一日に改暦を完成させた功績によって渋川春海は、幕府によって碁師を免職となって、天文方に任じられた。それまでは碁師として幕府に仕えていたが、それ以降、春海は天文として仕えた。

天文方の日常的な仕事は、毎年の暦の原版をつくることにあった。原版は京都の幸徳井家に送られて暦注を加えられ、それを大経師が刷ったもの（写本暦と呼ばれた）を作成し、天文方に送る。天文方は写本暦を点検した上で地方の暦師へ送る。地方の暦師が写本暦をもとに版を彫って刷り、天文方で校勘をうけ、合格すると頒布を許された。

天文方では、天文観測が行われた。そのための天文台も建設された。日蝕、月蝕の時刻、蝕の状態は、正確に暦に予告されていないといけない。季節を知らせるための二十四節気に関しては、節気に入る時刻が記されて、日の出から日の入りまで計った昼、夜の長さ、明けの六つから暮れの六つまでで計った昼、夜の長さも記されていた。こうした情報は正確さを期すことが必要であった。

春海は、麻布、本所二つ目、神田駿河台と住まいを替えたが、そこを天文台として、観測を行った。その後天文台は、徳川吉宗の命で神田佐久間町に置かれ、宝暦暦の修正のために牛込袋町に移された。天明二年（一七八二）から浅草片町の裏に、高さ約九・三メートルの築土した台に約五・五メートル四方の天文台が築かれた。葛飾北斎の「浅草鳥越の図」（189）は、この浅草の天文台を描いている。大きな簡天儀と富士山が目立つ。当時の地図には「頒暦所御用ヤシキ」とあり、このように称されていたことがわかる。

初めは春海が一人で天文方の仕事をこなし、長男の昔尹が補助したが、渋川家血縁者だけで天文方の業務を処理することはできなくなった。春海の血筋を引いていても、観測や数学に長けているわけではなかったからである。世襲が家業の継承の常識であった時代に、天文観測や作暦も世襲で維持されることに誰もが疑問を持たなかった。しかし幕府が、渋川家の世襲だけでは天文方を維持できないと気づく時があった。仙台藩にいた春海の高弟・遠藤盛俊は、天文方の後継を心配し、自らの門弟の入間川重恒を天文方に推挙し、重恒が渋川家の養子に入った。期待された重恒は、四代目の天文方となり、渋川敬也と名乗ったが、謎の死をとげる。敬也の死については、渋川家の関係者が殺意を抱いていたとする見解もある。それ以降、渋川家の血縁者が天文方を継ぐが、そこに天文学や数学に秀でた人物を補助役としてつけることになった。猪飼、西川、山路、吉田、奥村、高橋、足立の七家が、天文方に任じられる家になった。猪飼家、西川家、奥村家は続かないが、山路家、吉田家、高橋家、足立家は幕末まで天文方を務める。寛政改暦を担った高橋至時には、長男に景保、次男に景佑がいた。景保は、天文方に蕃書和解御用を設け、蘭書の翻訳を手がけるが、シーボルト事件で牢死した。景佑は、渋川家の養子となって天保改暦を成し遂げ、暦学や天文学に関する多くの著作をものにした。

（林淳）

187 **天地明察**（小説）（参考図）
平成二一年（二〇〇九）

安井算哲（渋川春海）は囲碁の家に生まれたが、天文暦術にすぐれ、会津藩主の保科正之から改暦を命じられた。北極出地という各地の緯度を測る旅に出て、妨害にもあうが、仲間と苦楽をともにする。公家から暦は公家の領分だと主張され批判されるが、算哲は粘り強く努力して改暦を実現する。理系的な主人公が、妨害や非難にもめげず、妻や仲間に支えられ、天に挑戦する姿を描いている。小説と映画によって、渋川春海の名前は、近世天文学史の外側にも広がることになった。（林）

『天地明察(上)』冲方 丁
KADOKAWA／角川文庫

188 **人形浄瑠璃文楽**
大経師昔暦（文楽）ポスター
国立劇場所蔵　協力：人形浄瑠璃文楽座
平成三一年（二〇一九）

近松門左衛門が、『大経師昔暦』という浄瑠璃の台本を書いた時、密通事件があった天和三年（一六八三）を一年後の貞享元年に変更し、さらに一一月一日のことにした。一一月一日は新暦を披露する日であり、大経師家にとって最も忙しく晴れやかな日であった。新暦とは、貞享暦であった。おさんの母親が、新暦のお祝いに来たが、実は借金に困り、大経師家に金を借りに来たところから始まる。大経師家は、改暦によって財をなす新興の商人として描かれている。（林）

189 **冨嶽百景　浅草鳥越の図**
（浅草天文台）（参考図）
千葉市美術館所蔵　一八三〇年代
葛飾北斎画

浅草天文台ができる前まで、天文台は改暦を目的に作られ、改暦が終わると使われなくなった。天明二年（一七八二）に設立された浅草天文台では、継続的に天文観測が行われた。簡天儀を設置した建物の隣には、象限儀を設置した建物が建てられた。北斎の画は、簡天儀の建物を描いたものである。寛政改暦、天保改暦でも、ここでの天文観測のデータが使われた。明治維新後、浅草天文台は取り潰しとなって、機械類は開成学校に引き取られた。（林）

（3）渋川家について

渋川春海は、寛永一六年（一六三九）に幕府の碁師であった安井算哲の長男として生まれた。算哲の父は、安井宗順という武士で、大坂の陣で徳川家康側につき、家康の上方案内役を勤めた。宗順は家康から河内国久宝寺一円を安堵された。宗順の息子であった算哲は囲碁にすぐれ、家康に見出されて、碁師になった。碁師としての算哲は、家康をはじめとして徳川家の関係者の囲碁の相手を勤めた。算哲は、春海が一四歳の時に亡くなり、算哲の高弟であった算知が春海の後見人になった。春海は二世算哲となり、算知とともに碁師として勤めを続けた。

家康は囲碁を好んだことから、碁師となる四家を選んだ。それは、本因坊、井上、安井、林の四家であった。碁師は、京都に住まいを持っており、三月に東上し、四月一日に江戸城に行き、一二月まで江戸で勤務した。その間、将軍をはじめとして幕府の中枢にいた人々に囲碁を指南し、対局の相手となった。碁師にとって、もっとも重大なイベントは、「お城碁」というトーナメント戦であった。一〇月から一一月に江戸城で行われ、碁師が将軍の前で、腕前を競い合った。

父・算哲は家康だけでなく、二代将軍の秀忠、三代将軍の家光とも対局の相手を勤めた。算知は、家光や会津藩主の保科正之の囲碁の相手をしていた。算知は、保科と昵懇の仲であって、対局の相手をすることが多かった。逸話によると、保科が計算好きな春海の様子を知り、このまま囲碁をやらせておくか、計算ができるので暦学をやらせるのか迷ったことがある。それは、算知との囲碁の最中のことであった。算知は、迷っている保科の様子を察知し、「囲碁では最初に思いついた手で行くべきです」と助言すると、保科は「よしわかった。決めた」と答えたという。このような経緯があって、保科は春海に暦学を勉強するように命じたという。逸話通りのことがあったかどうかは不明である。しかし結果として保科が、春海に改暦を命じたことは事実であった。もし春海が碁師ではなかったのであれば、保科に見出される可能性はなかったであろう。会津藩には安藤有益という暦学者がいたし、和算で有名な関孝和は授時暦の研究者であり、春海のライバルであった。

保科は朱子学を信奉する知識人であった。江戸にあった会津藩邸には、吉川惟足、山崎闇斎などの著名人が講義を行っていた。保科のまわりにはサロン的な雰囲気があり、春海もまたサロンの一員であった。惟足は吉田神道の継承者であったが、その影響は、保科、闇斎、春海にも及んでいた。また春海は闇斎の垂加神道の門人であり、後に陰陽頭になる土御門泰福も同門であった。闇斎門下の春海と泰福は天文観測の勉強会を開き、切磋琢磨する仲間であった。貞享改暦において、幕府から改暦の命を受け京都に行った春海は、土御門邸で観測を行うが、二人の間の友情があればこそ、貞享改暦は成し遂げられたといって過言ではなかった。

つぎに春海の「渋川」家に対するこだわりに触れておきたい。高祖父の定継の時に「安井」を名乗ったが、それ以前は「渋川」という苗字であった。春海が谷秦山へ「定継より以前は、みな渋川氏と称して、公家方の有職者であった。小笠原、伊勢、一色と相並んだ八家の一つであった。しかしわが家は有職の家伝を失った」と話したという（『秦山集』二〇）。有職とは、故実法式のみをさすように思われているが、春海によると、そうではなく政治も宗教もふくむ全般的な学知の体系であった。天文暦術も、そのなかに含まれる。春海が、貞享改暦を成し遂げ、天文方になったが、土御門家、幸徳井家を指南しているという意識もあったようである。渋川家という有職の家の復興こそが、春海の活動の原動力であった。碁師の「安井」をやめて、「渋川」に苗字を変えたのも、渋川家の復興をめざす思いからであった。

（林淳）

渋川春海の人間関係

囲碁を通して春海は保科正之の知遇をえて、保科のまわりに集まった人たちと交流した。吉川惟足、山崎闇斎、保科の家臣であった友松氏興、服部安休、安藤有益などもいた。春海もまた保科のサロンに出て、惟足、闇斎と交際した。春海は闇斎の垂加神道を信奉し、同門の門人ともつきあいが深かった。土御門泰福、谷秦山も垂加神道の門人であった。天文暦術の師匠として岡野井玄貞、松田順承がいた。保科逝去後は、徳川光圀が春海を援助している。

（林）

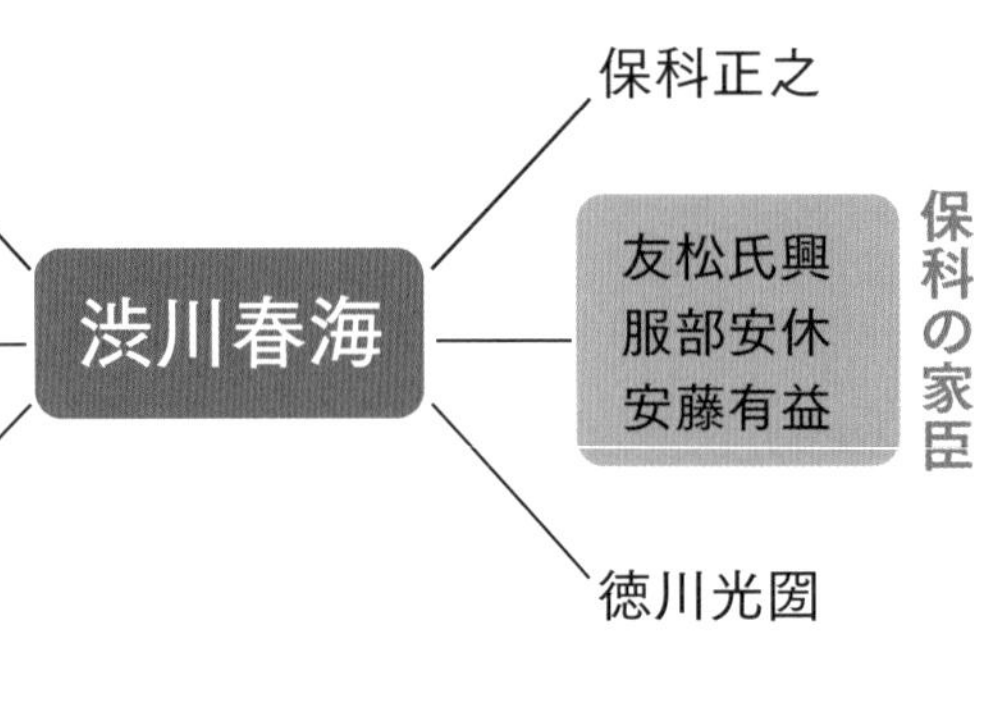

図15　渋川春海の人間関係

190
泰福卿記（参考図）

宮内庁書陵部所蔵　延宝九年（一六八一）

土御門泰福の自筆の日記。延宝四年、延宝九年、貞享三年（一六八六）、宝永二年（一七〇五）、宝永四年の一部が宮内庁書陵部に収蔵されている。延宝九年には、泰福と春海が互いに訪問をしていた様子が記されている。「天文の会」「暦算天文志の会」という勉強会を開いていた。泰福が、暦算を春海から習っていたことがわかる。『授時暦議』上巻を読むときもあった。春海が「辛酉革命の算法」を発明したことも記されている。

（林）

朝廷と幕府の関係

天和三年（一六八三）一一月六日に渋川春海は、将軍綱吉に対して改暦の上表文を捧げた。幕府はそれを承認し霊元天皇に伝えた。霊元天皇は、関白一条兼輝に相談して幕府の改暦の決定を追認することにした。改暦の宣下はできるだけ簡単に済ませようとしたが、左大臣近衛基熙は正式な陣の儀を行うべきだと主張し、天皇、兼輝と対立した。霊元天皇は、将来の自らの譲位、新帝の即位、大嘗祭の復興を見据えて、幕府からの支援を期待しており、改暦の件では幕府の意向を尊重した。改暦の宣下は、朝廷と幕府の間で良好な関係が保たれていたなかで行われた。（林）

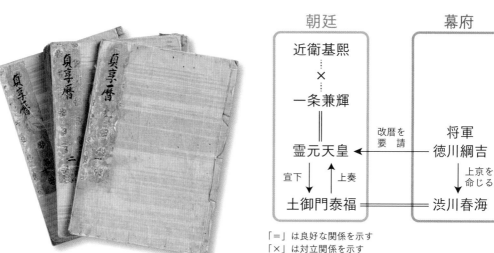

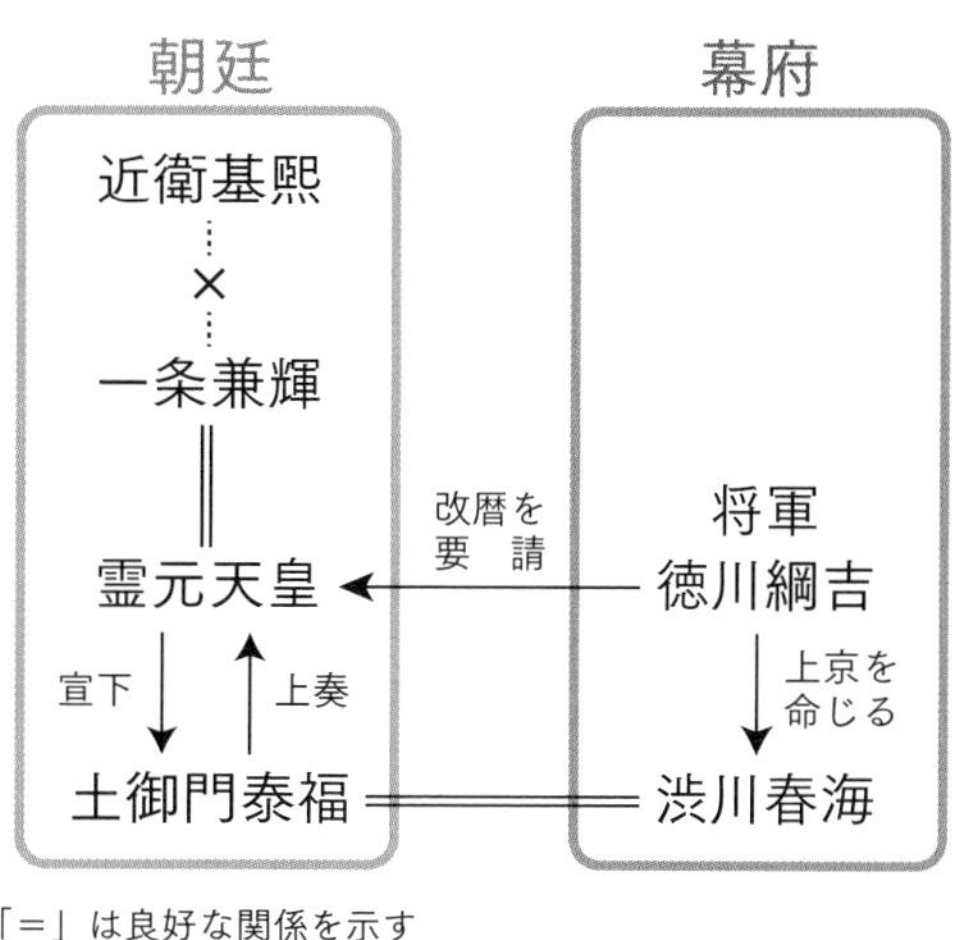

図16　朝廷と幕府の関係

191　貞享暦
国立天文台所蔵　元禄一二年（一六九九）

貞享元年（一六八四）三月三日に改暦の宣下があり、大統暦採用が公にされた。授時暦を勉強していた春海はショックをうけ、背後で動いた人物をさぐったりもした。しかしそれは関白の一条兼輝の意向であった。元代の授時暦よりも明代の大統暦の方が、公家社会のなかでのイメージはよかったからであろう。春海は口上書を書いて授時暦の採用を訴えて、兼輝もそれを認める。一〇月二九日に再度、改暦の宣下が出される。兼輝のライバルの近衛基熙は、二度目の宣下を知って「末世の体か」と嘆いた。（林）

（4）科学史的視点からみた改暦事業、観測儀器

天文方が使用した儀器や情報には、中国で作られたものと、イエズス会の宣教師がもたらしたものがあった。元代（一二七一～一三六八年）に郭守敬が作成した授時暦は、イスラムの天文学や数学の成果を踏まえた高水準のものであった。元代に天文学は著しく発展し、渾天儀、玲瓏儀、圭表、簡天儀などの儀器が改良されて制作された。西洋から来たイエズス会宣教師や商人が、時計、世界地図、地球儀などを日本にもたらした。星座を描いた星図に関しては、朝鮮から「天象列次分野之図」が伝来したが、渋川春海は、それを参照して「天象列次之図」「天文分野之図」を作った。春海の長男の昔尹の名前で「天文成象」(198)が刊行され、星図はさらに改良された。自らが観測して発見した星の情報も新たに書き加えられた。

春海が所持していた儀器は、自作の渾天儀、圭表儀、百刻環であった。渾天儀は、中国天文学の代表的な儀器で、天球上の経度、緯度をあらわす目盛りがついた円環があり、そのなかを四遊環という環が回転できるようになっている。この四遊環をまわして、星に照準をあわせ、星の位置や高度を観測する。圭表儀とは、太陽の影の長さを測る儀器であった。垂直に立てた表の影の位置を水平に置いた圭で測定する。影の長さによって、冬至、夏至を知ることができた。これによって一年の長さも知ることができた。百刻環は、一日を百刻に分割した日時計のことで、時刻を知るためのものであった。

イエズス会宣教師で中国に渡ったマテオ・リッチは、一六〇二年『坤輿万国全図』を刊行したが、日本にも伝来した。春海はそれを実見し、北京と京都の経度の差（里差）を知るにいたった。さらに春海は、『坤輿万国全図』を使って紙張子の地球儀、星図を使って紙張子の天球儀を制作している。この春海作の地球儀、天球儀ともに、重要文化財として国立科学博物館に所蔵されている。天球儀は観測の儀器ではなく、天文学者が室内で見ていたものである。大阪歴史博物館には、春海作の『天文図・世界図屏風』(199)が展示されている。天文図は星図であり、世界図は『坤輿万国全図』をもとにしている。

宝暦改暦を主導した土御門泰邦は、自邸のなかに天文台を作って天体観測を行った。土御門邸跡にある京都・梅小路の梅林寺には、圭表儀の台石が残っており、台石の側面に「安倍泰邦製」と刻まれている。近くの円光寺には、渾天儀の台石が残っている（第Ⅰ部第三章1（3）陰陽道本所という場所　参照）。泰邦が、この二つの儀器を使ったことがわかるが、儀器の点で春海の時代とさほど違いはなかった。泰邦が作った宝暦暦は、貞享暦の延長線にあった。宝暦一三年（一七六三）九月の日蝕予報を外したため、面目を失した幕府は、急いで暦の修正を行った。

観測儀器が大きく変わるのは、寛政改暦の時であった。イエズス会の宣教師で天文台長であったフェルディナンド・フェルビーストは、北京で天文儀器を作成し、それを一六七四年に『霊台儀象志』にまとめた。フェルビーストが参照したのはティコ・ブラーエの書物であった。寛政改暦を担った麻田剛立門下の高橋至時、間重富は、『霊台儀象志』

を参照し、儀器を制作した。とくに大坂の質商であった重富は、機械細工に天分を持っており、職人を雇って天文観測の儀器を改良制作した。至時、重富が作ったのは、象限儀、子午線儀、垂揺球儀であった。象限儀は天体の高度角を測るものであり、子午線儀は天体が真南にきた瞬間を知るものであった。垂揺球儀は、振り子時計の原理で時刻を測るものであった。これらの儀器は、浅草天文台に設置された。『寛政暦書』には、寛政改暦で使われた儀器の図が描かれている（193～195）。（林淳）

192
渾天儀
本館所蔵　江戸時代
中国で漢代からあった天文観測の儀器で、元代に改良された。水平環と子午線環が固定されていて、その中をいくつかの環が回転するように組み合わされている。星の位置や高度を観測し確定するための儀器で、渾儀とも呼ばれた。（林）

193 **圭表儀**（寛政暦書　巻十九）（参考図）

国立国会図書館デジタルコレクションより

天保一五年（一八四四）

水平の地面に垂直に棒（表）を立てて、棒の北側に目盛りのついた水平部分（圭）がある儀器。これによって南中時の太陽の高度を測る。冬至で影は最も長くなり、夏至で最も短くなることから、冬至の日、夏至の日を確定することができた。そこから一年の長さを正確に知ることもできた。（林）

194 **子午線儀**（寛政暦書　巻十九）（参考図）

国立国会図書館デジタルコレクションより

天保一五年（一八四四）

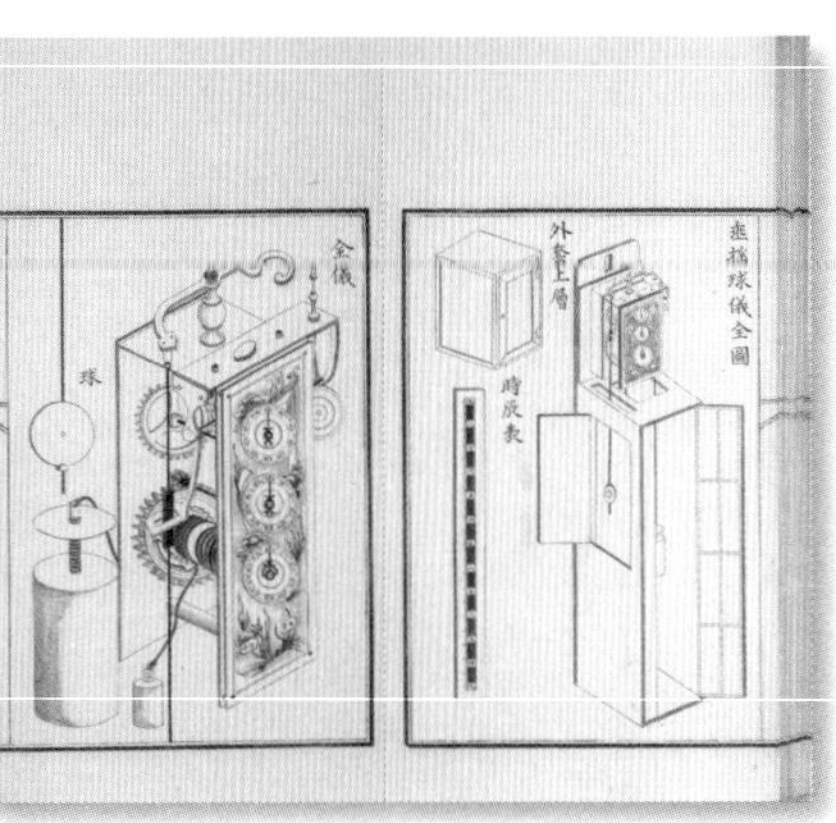

195 **垂揺球儀**（寛政暦書　巻十九）（参考図）

国立国会図書館デジタルコレクションより

天保一五年（一八四四）

196 **天経或問**

国立天文台所蔵　江戸時代

游子六が書いた西洋天文学の入門書。一六七五年の序があり、すぐに日本にも伝えられる。図を以て地球説、日蝕、月蝕の仕組みなどを説明しており、渋川春海も影響をうけた。西川正休が訓読本を出して、広く読まれるようになった。太陽暦が季節と一致することも書いており、太陽暦の合理性を主張する山片蟠桃にも影響を与えた。地球説に衝撃を受けた浄土宗僧侶の文雄は『非天経或問』を書いて須弥山説を擁護し、梵暦運動のきっかけとなった。（林）

197
天球儀

大将軍八神社所蔵　年代不明

星図をもとにして、球体に赤道、黄道、星、星座などを表記したのが天球儀であった。天球儀は、天文観測の儀器ではなく、天文観測の成果を表現したものであった。春海製作の天球儀で最古のものは、熊本藩主細川家に伝来し永青文庫に所蔵されている銅製のものである。板台に春海の識語があり、それによると寛文一三年（一六七三）に工人津田友正に作製させたとある。（林）

198
天文成象（参考図）

国立天文台所蔵

元禄一二年（一六九九）

李氏朝鮮時代に星図「天象列次分野之図」が作られたが、石板に刻まれたものであった。その後に木版のものも刷られたようである。渋川春海は、「天象列次分野之図」を参照して、「天象列次之図」「天文分野之図」「天文成象」を制作した。「天文成象」は、元禄一一年に春海が書いた『天文瓊統』に収録されたが、翌年に長男の保井昔尹の名前で刊行された。春海、昔尹が発見した星座、星も「天文成象」に書き加えられた。（林）

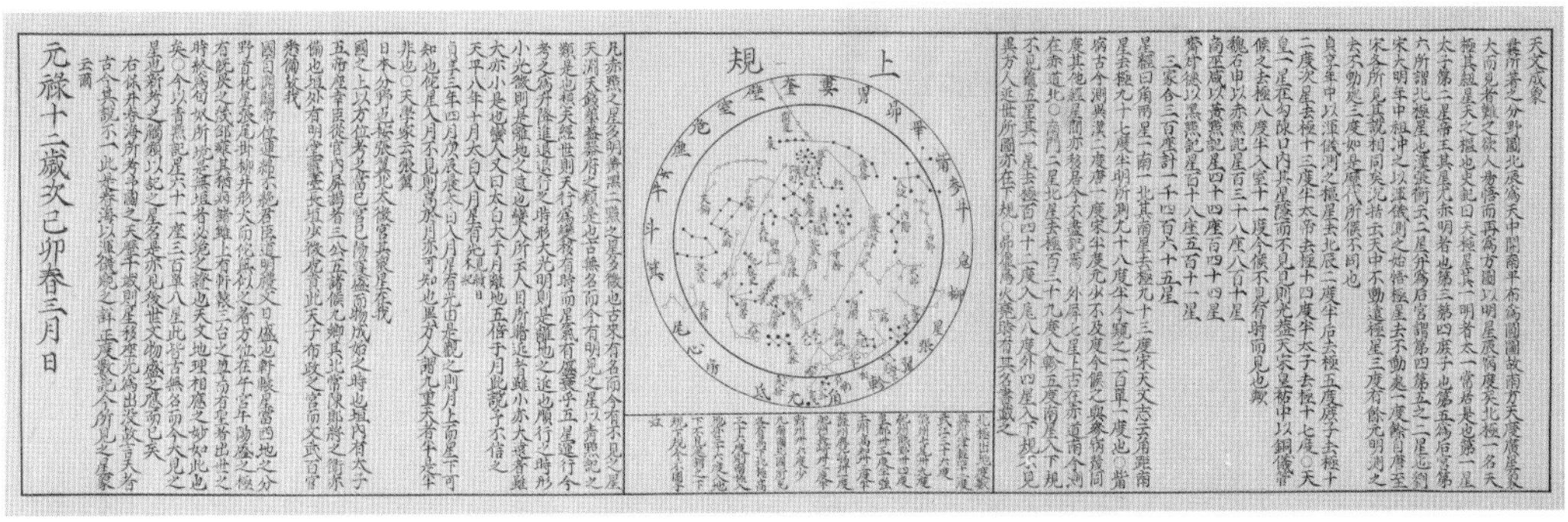

天文成象

上規

元祿十二歳次己卯春三月日

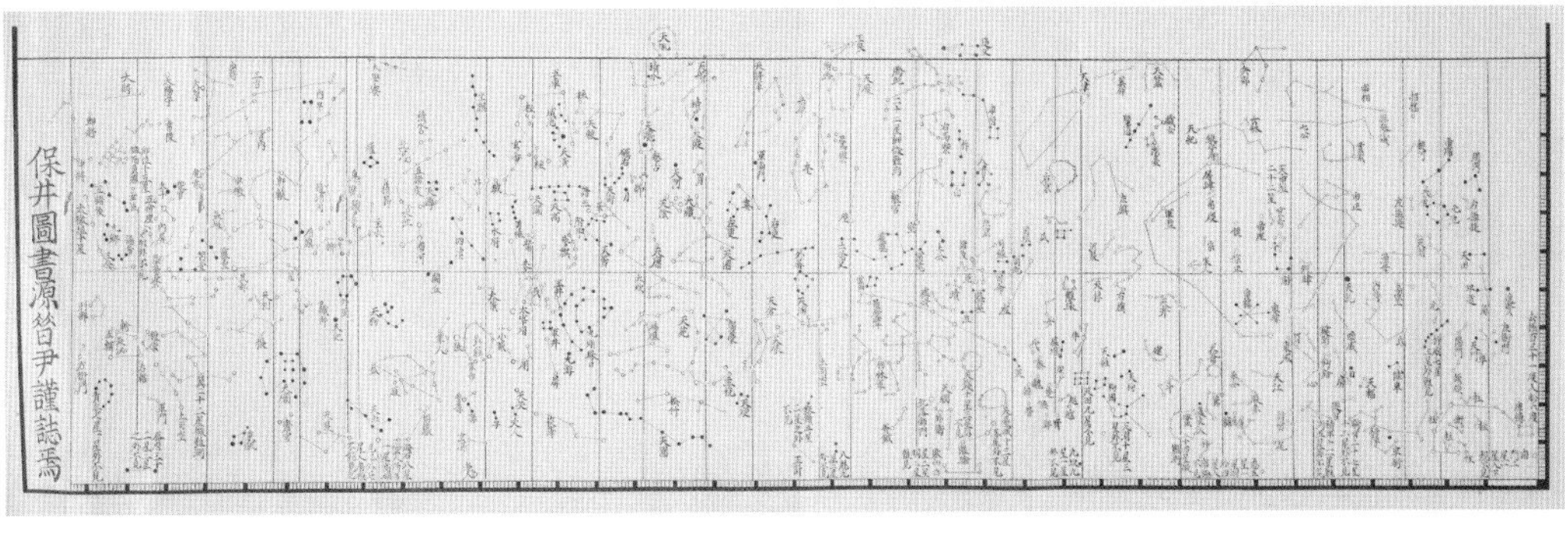

保井圖書源昔尹謹誌焉

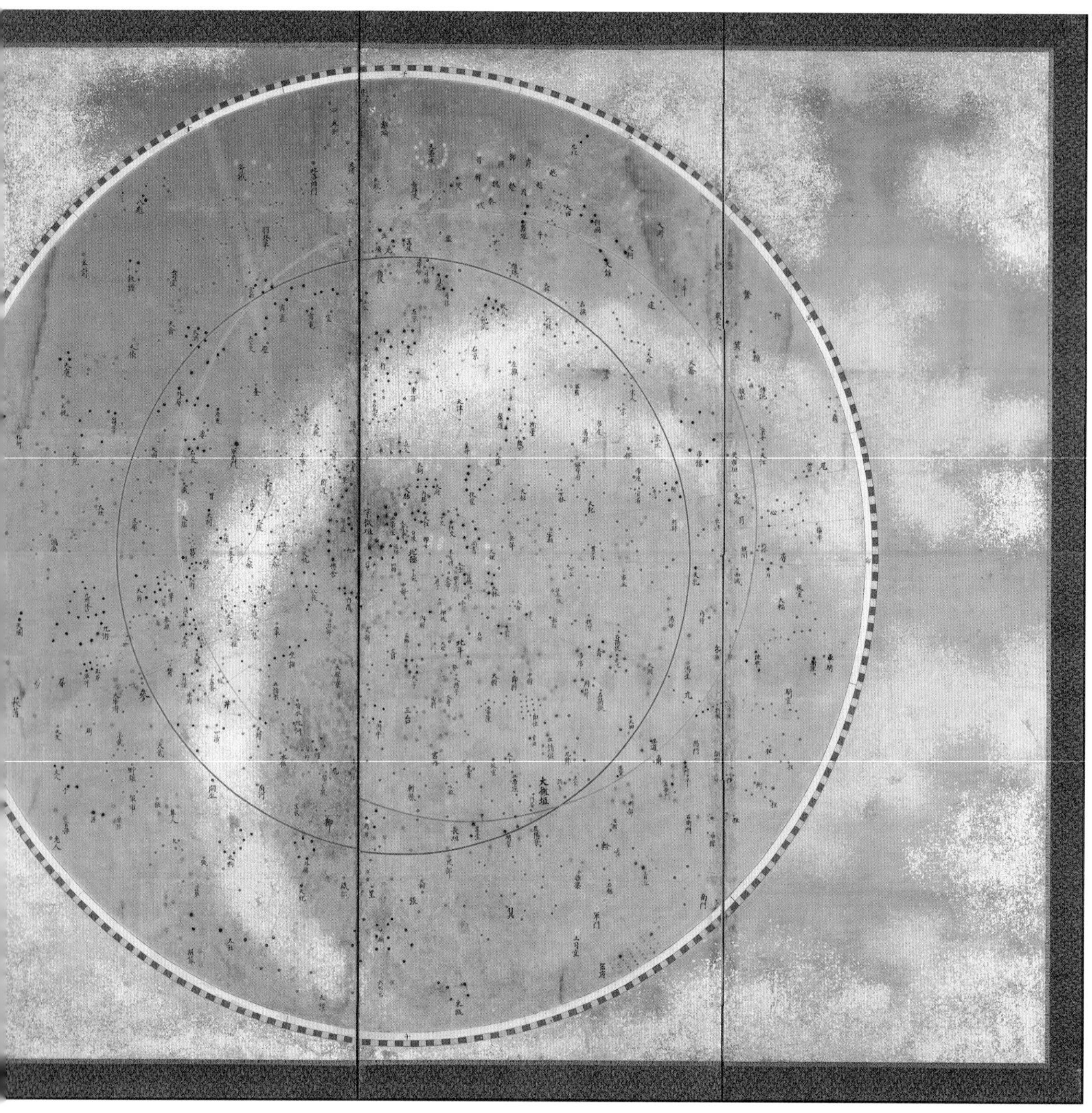

199
天文図・世界図屏風

個人蔵（大阪歴史博物館寄託）
元禄一五年（一七〇二）以前

渋川春海作の『天文図・世界図屏風』は、天文図屏風と世界図屏風から成る。どちらも六曲の屏風である。天文図の方は、北極を中心とした大きな円形星図であり、その左には方形星図、小円形星図も描かれている。世界図は、マテオ・リッチの『坤輿万国全図』を参照しているが大陸の輪郭などは異なる面もある。天文図には「保井春海謹記之」とあり、元禄一五年に「渋川」と改名するので、それ以前の作品である。（林）

天文図屏風

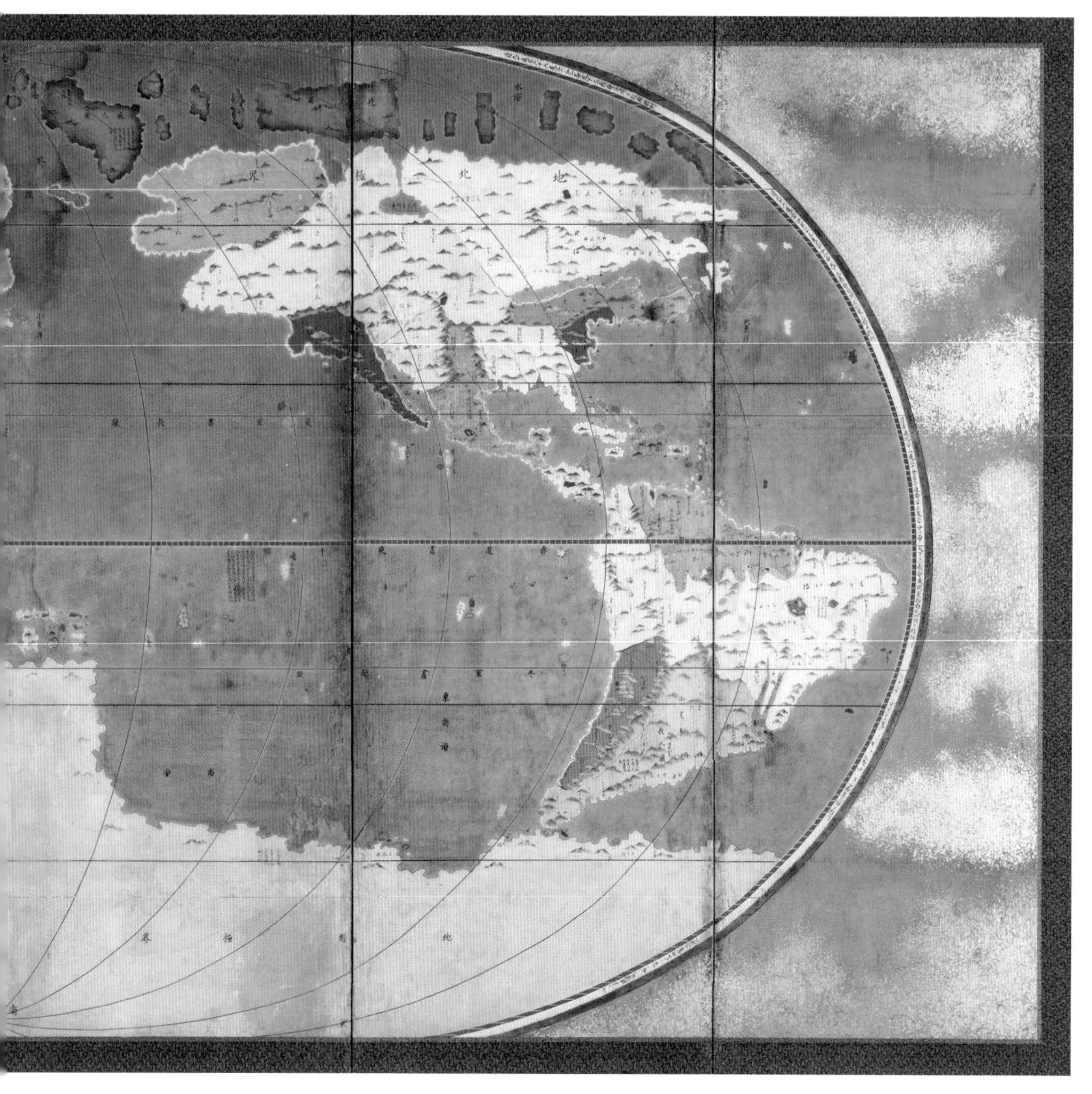

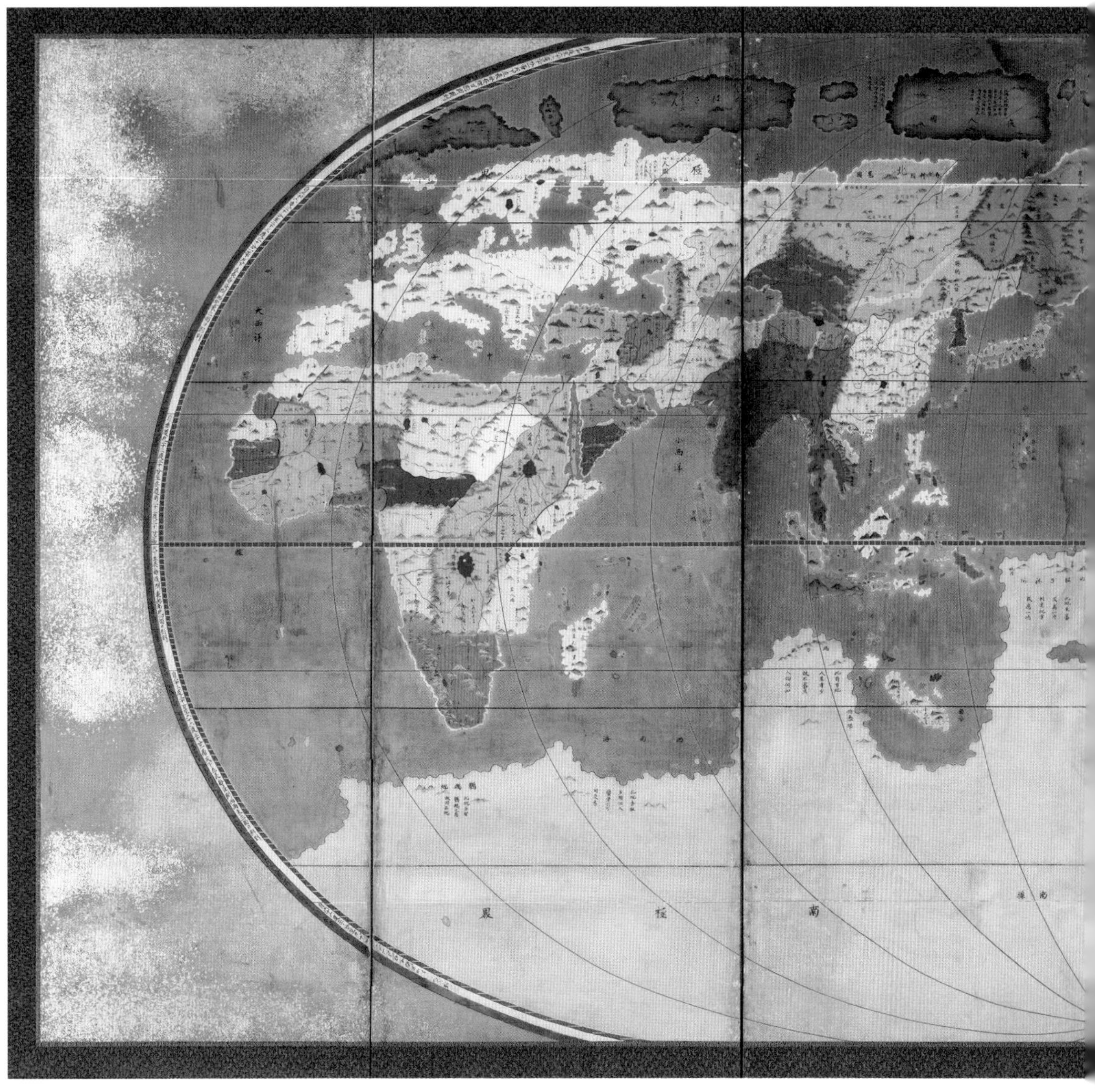

世界図屏風

2 家業としての作暦

暦を作っていた暦師が、どのような生活を営み、どのように暦を作っていたのか。家業としての作暦はどのようなものであったのか。彼らの姿は、それほど明確にわかっていない。本書で紹介している吉川家は、多くの史料が残っている稀有な事例である。吉川家は南都の暦師でありながら陰陽師を務め、明治維新以降は、頒暦商社に属し活動した。

貞享改暦以前から、地方には暦を作成し頒布する暦師が活動していた。近世の地方暦としては、大経師暦、院御経師暦、丹生暦、伊勢暦、泉州暦、三嶋暦、江戸暦、仙台暦、薩摩暦などが知られていた。改暦以前では、暦師が自ら計算して暦の原版を作り、暦を印刷し、頒布した。地方暦ごとに違いが生じることはあった。改暦以降は、計算し原版を製作するのは、天文方の仕事に一元化された。暦師は、天文方から原版を譲り受けて刷って、頒布すればよかったのである。暦の形態や大きさなどは異なっていたが、どの暦師が刷ろうと同一の内容であった。日本中、どの地域であろうとどのような身分であろうと、人々は同じ暦を見るようになった。よく考えてみると、貞享改暦は日本人の社会生活に緩やかではあったとしても大変化をもたらしたことがわかる。運輸、交通、相場、契約、生業など、その影響はあらゆる面に及んだ。利用者側の立場からすると、一冊の暦を入手すれば、他の暦を購入する必要はない。暦の頒布、販売をめぐっては、暦師の間でし烈な競争が生じることは予想された。それを回避するために、幕府は暦師の持ち場を決めて、それを遵守させようとした。

京都では、経文の製本を職とする経師がいて摺暦座を作り、その長が大経師と呼ばれて暦を作成した。慶長一八年（一六一三）以来、院御経師という経師が登場し、やはり京都で暦を作成した。奈良町の陰陽町にいた暦師は陰陽師でもあり、暦を作って大和国一円で頒布していた。和泉国信太村にいた陰陽師は暦師でもあり、泉州暦を作っていたが、南都暦を購入して頒布した時もあった。伊勢国飯高郡の丹生村には、一六世紀から賀茂氏の末裔を名乗った賀茂家が、伊勢国司北畠氏の庇護のもとで丹生暦を作成し頒布した。丹生暦を継承したのが、伊勢の暦師であった。

関東では、三嶋暦が南北朝期には版暦として存在しており、三嶋大社の社家の河合家が作暦に従事した。近世には三嶋暦は伊豆国、相模国で頒布された。会津では会津暦が、菊地庄左衛門家と諏訪神社の神職によって作成された。江戸では暦問屋が結成されて、関東、東北を範囲にして暦の印刷と頒布を独占した。

仙台藩と薩摩藩は、天文学者、暦算家を抱えていた。仙台藩には渋川春海の門弟であった遠藤盛俊の学問が継承されて、多くの天文学者、暦算家を輩出したが、独自の暦を作成することはなかった。幕末には仙台暦の作成が、幕府から許可された。薩摩藩は、琉球との交易の関係で、独自の暦を作成することが幕府から許された唯一の藩であった。記載項目は、中国の時憲暦のものが多く採用され、琉球との交易に使われていたと思われる。

地方暦が各地にいろいろとあったが、頒布の量と範囲の広さにおいて伊勢暦が群を抜いていた。伊勢の御師が、多量の暦を暦師から購入し、全国を回る際に大麻（お札）とともに土産用に暦を檀家に配った。御師の檀家回りを通じて、伊勢暦は全国の津々浦々に頒布された。伊勢には、暦師の家の数も多かった。宝暦三年（一七五三）には外宮のまわりの山田町には、暦師の家が二〇軒あったことが確認できる。内宮の宇治町には、佐藤伊織という暦師の家が一軒だけであった。山田町の方が、御師の館も多くあって賑わっていた。伊勢の暦師は、暦を御師に卸すが、参宮に来た人たちに販売することはできなかった。御師が持ち運びやすいように折本になった伊勢暦は、近世の暦を代表するものであった。明治四年（一八七一）に御師が廃止になったため、廃業した暦師も多かったと思われるが、弘暦者となって作暦の活動を続けた人たちもいた。

（林淳）

作暦フロー

貞享改暦以前と以後では、暦師の仕事は大きく変わった。改暦以前では、暦師は自ら計算して版を作って、それを刷って頒布した。以後では、計算し暦草稿を製作するのは、天文方の仕事となった。天文方は暦草稿を土御門家、幸徳井家に送り、幸徳井家はそれに暦注を加筆する。天文方で校閲し、写本暦稿を作成し幸徳井家へ戻す。それを大経師が版に彫って刷ったものが写本暦と呼ばれた。写本暦は天文方に送られて、そこでチェックをうけて天文方から地方の暦師へ送られる。暦師は版を作って刷って、天文方の校合を受けた上で頒布、あるいは販売した。（林）

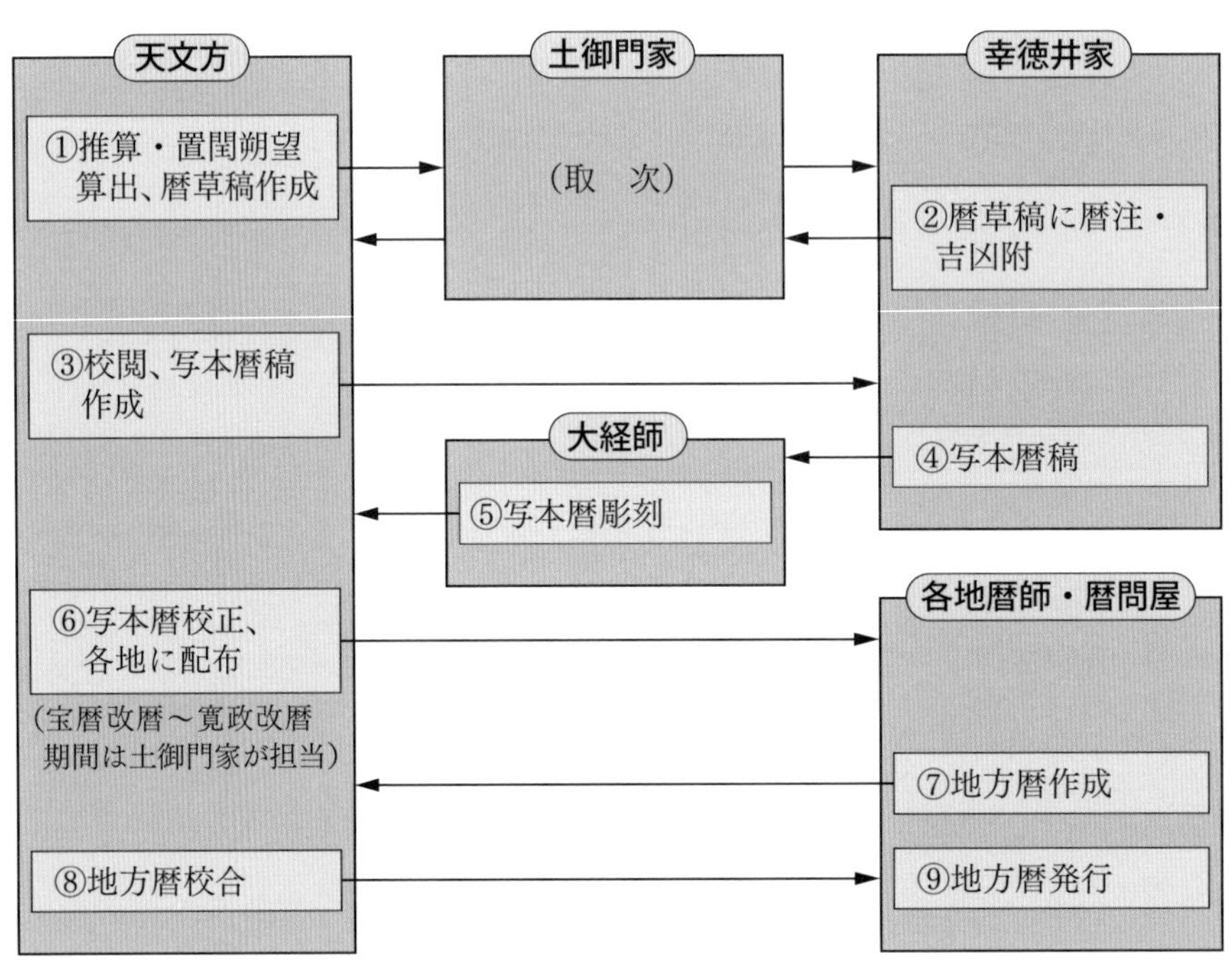

図17　貞享改暦後の作暦フロー（梅田 2021より）

暦の頒布地域

貞享改暦時に幕府は暦師のそれぞれの持場を指定したが、それは網羅性を欠き、曖昧さも残る不十分なものであった。渋川春海から大経師宛に送られた貞享三年（一六八六）の書簡によると、当時明確に頒布地域を指定されたのは会津暦・南都暦・三嶋暦のみとなっている。頒布地域の区分が不完全だった理由は大きく分けて二つあり、一つは天文方が全国の暦師を網羅的に把握していなかったからで、会津以北や陰陽師の頒布する暦については貞享改暦時に触れられていない。もう一つは従来の慣習に則り檀家単位で暦を配布する暦師が多かったためであり、特に人気のあった伊勢暦は全国各地で受け入れられた。結果として貞享改暦後は暦師の持場の争論が絶えず、裁判で頒布地域を決められた後も取締りは不徹底であったことから、幕末まで争いは継続し、明治期に弘暦者として暦師が整理されるまで不完全性が残ることとなった。

（小田島）

表9　暦師の分布

	頒布方法	貞享改暦時(明時館叢書)	幕末頃の想定頒布地域	補足事項
伊勢暦	賦暦	伊勢神宮の檀家	伊勢神宮の檀家	江戸・京・三嶋と頒布地域の争論あり
丹生暦	賦暦	伊勢神宮の檀家	紀伊、伊勢	出典：測量御用諸覚書留帳（宝暦3年(1753)）
泉州暦	賦暦	聖神社の氏子	発行停止	
会津暦	賦暦・売暦	諏訪神社の檀家・会津藩領内と近辺	米沢、福島、二本松、白川、大田原、喜連川、宇都宮、八槻、越後、日光、秋田、最上、岩城、相馬、三春　周辺と主張	出典：会津暦之由来（元文3年(1738)）
南都暦	賦暦・売暦	春日大社の檀家・大和	大和	
京暦（大経師暦）	売暦	地域への言及なし	明文化されず	
京暦（院経師暦）	売暦	地域への言及なし（部数1万部）	明文化されず	
仙台暦	売暦	—	仙台	安政元年(1854)以降頒布を許可
江戸暦	売暦	地域への言及なし	武蔵、上総、下総、上野、下野、奥州、仙台と主張	出典：東京国立博物館『暦記録』(文化2年(1805))
三嶋暦	賦暦・売暦	三嶋大社の檀家・伊豆	伊豆・相模	出典：河合家文書（元文4年(1739)）

※重複する国は競合地域

その他局所的に作成・使用された暦	図19地図上の番号	補足事項
弘前暦	①	藩校稽古館の教官・生徒用
秋田暦	②	嘉永4年(1851)以降残存
田山暦	③	田山村周辺のみ、天明3年(1783)以降残存
盛岡暦	④	慶應4年(1868)以降残存
盛岡絵暦	④	文化7年(1810)以降残存
月頭暦（金沢暦）	⑤	明和8年(1771)以降残存
薩摩暦	⑥	薩摩藩の重役へ頒布

暦師分布図（貞享改暦時）

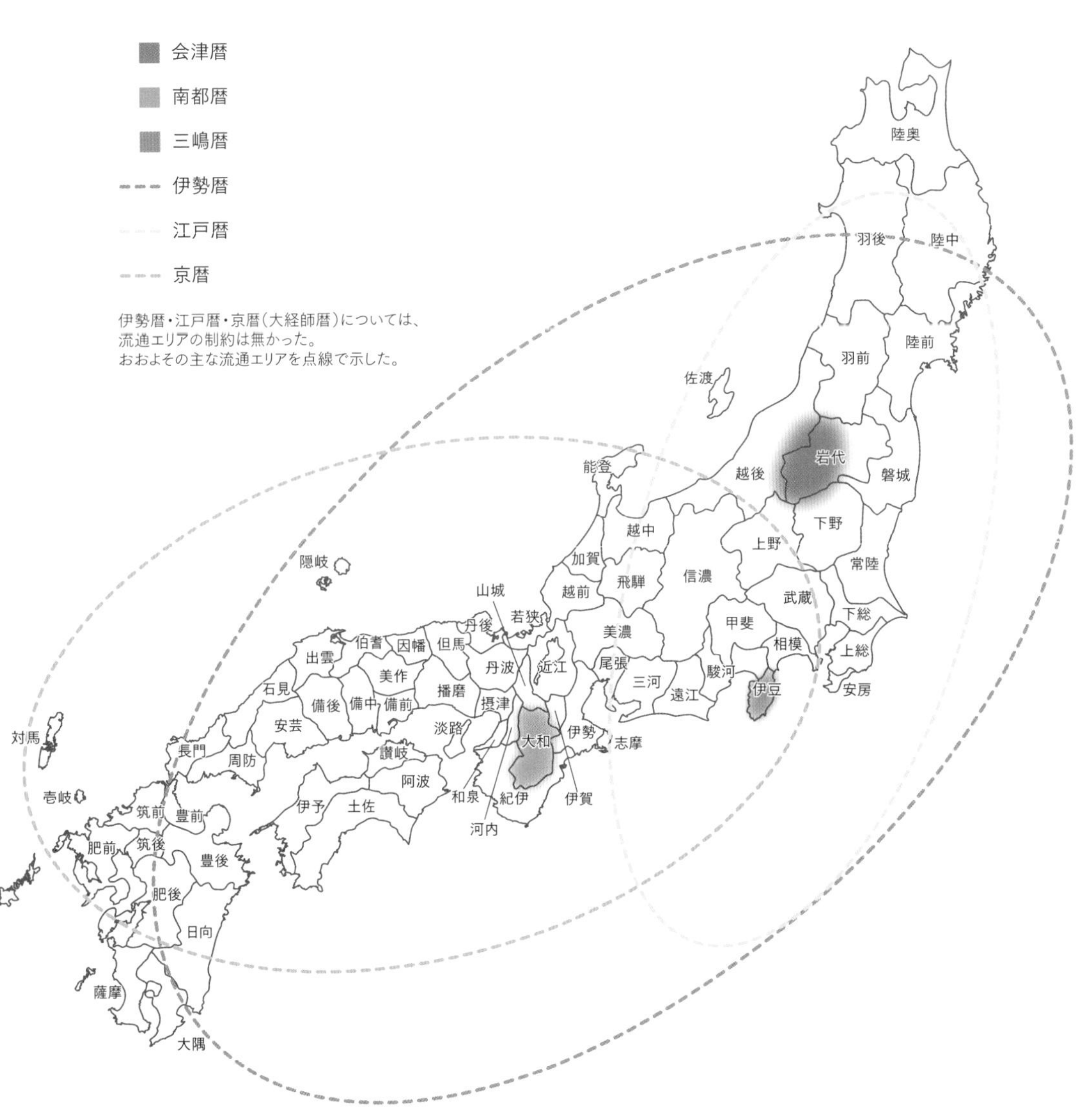

図18　暦師分布図（貞享改暦時）

暦師分布図(幕末頃)

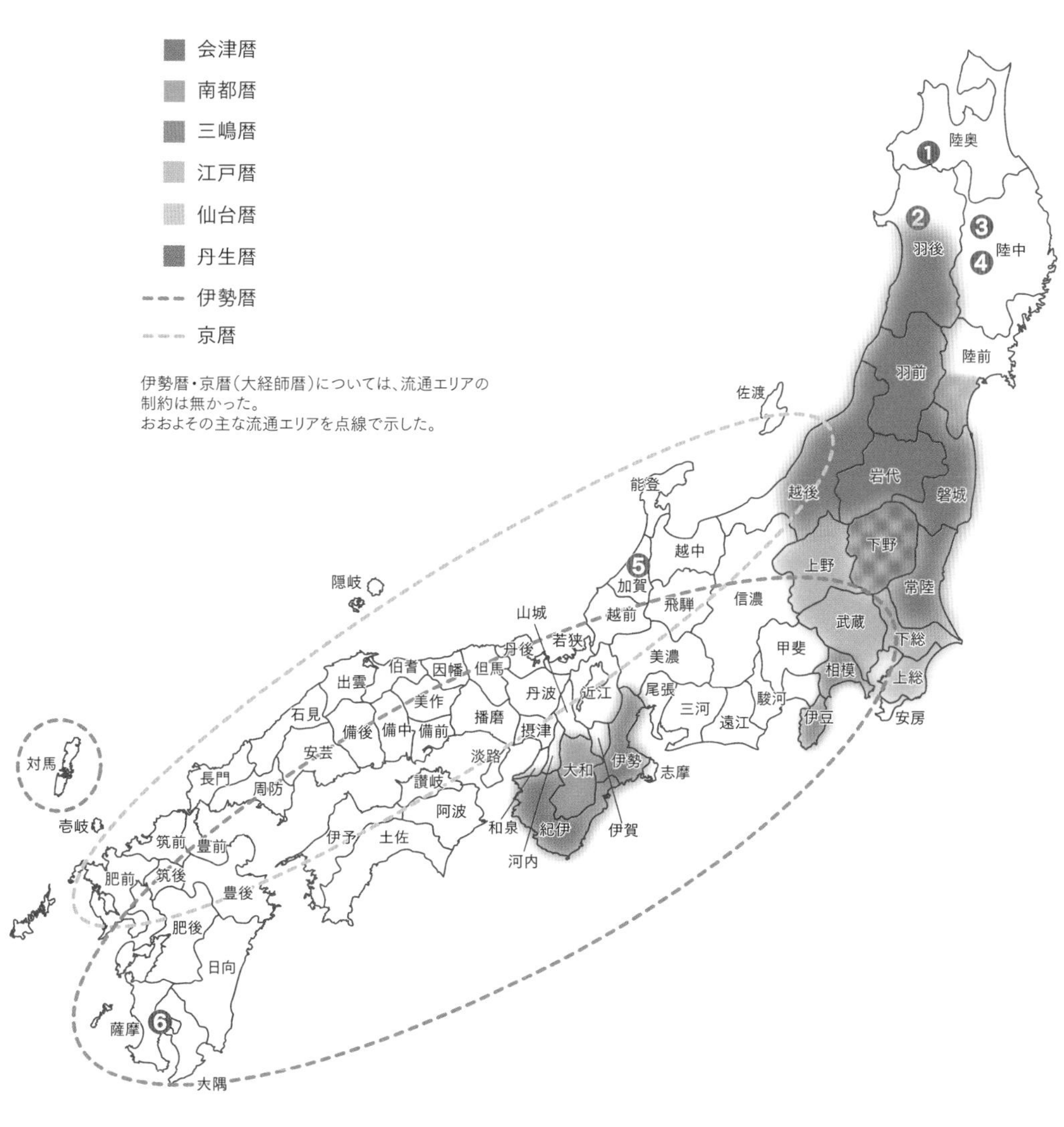

図19　暦師分布図(幕末頃)

伊勢の御師

伊勢の御師は、神職の位をもって諸国の檀家を回り、大麻や暦などを土産にして配っていた。山田町、宇治町には御師の館が多くあって、伊勢参宮に来る檀家を迎えて、館に泊めて神宮や歓楽街を案内した。御師による檀家回りの経済効果は大きく、伊勢は観光と物流の一大拠点となった。御師は、新しい情報を地方にもたらし、地方の情報を伊勢にもたらす文化交流と情報交流の最先端を担った。（林）

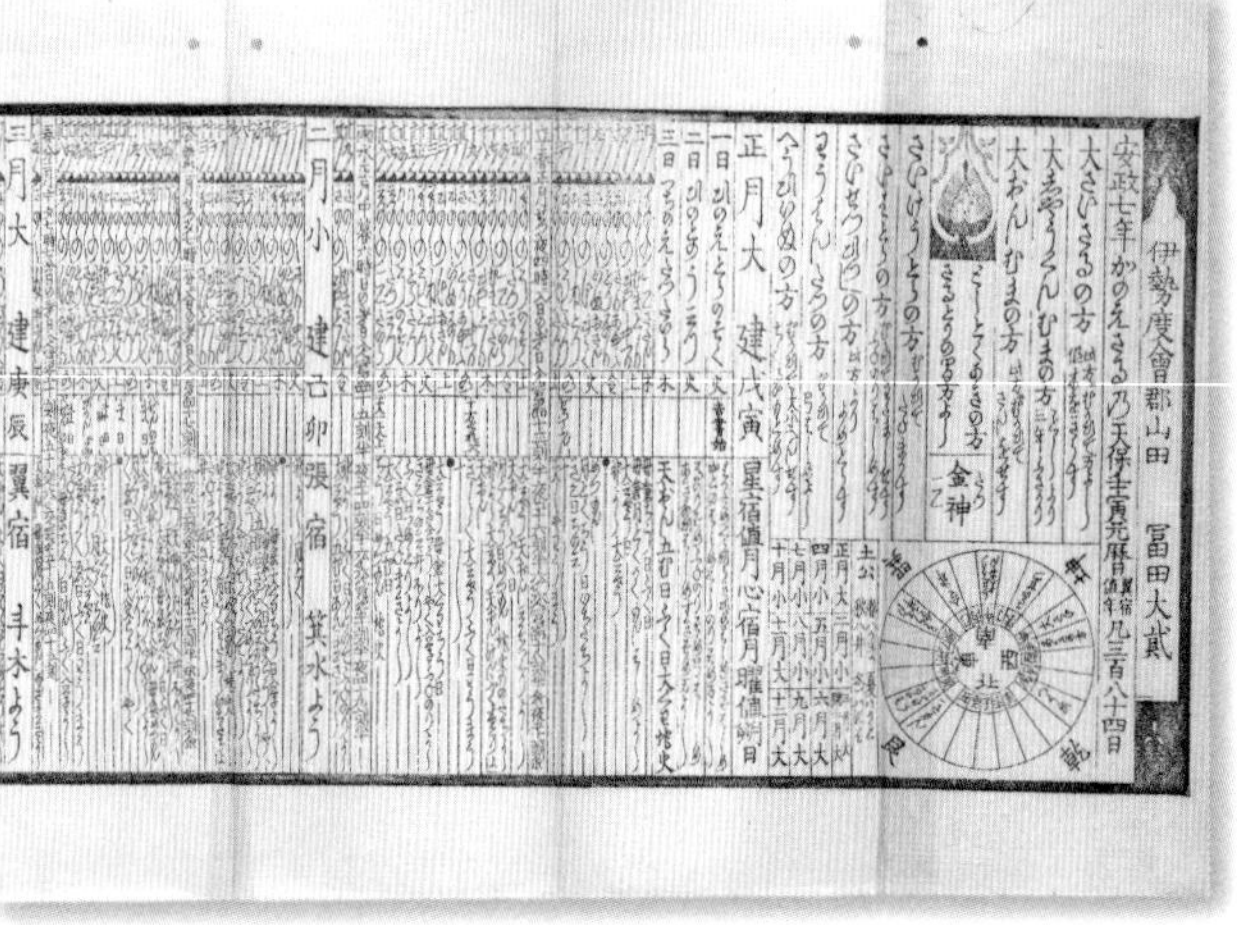

200 安政七年伊勢暦

個人蔵　安政六年（一八五九）

一六世紀に伊勢国司北畠氏の庇護を受けた飯高郡丹生村に住む賀茂杉太夫は、丹生暦を伊勢国で頒布していた。ところが寛永八年（一六三一）山田町で森若大夫が暦を作ったため、賀茂は森を出訴したが、老中は「伊勢に暦師がいくらいてもよい」と裁許した。それ以降、山田町に暦師の家が増加し、最大の暦の生産地となった。御師は、山田町の暦師から暦を購入し、土産品の暦として檀家に頒布した。折本の伊勢暦は、日本中に配られた。（林）

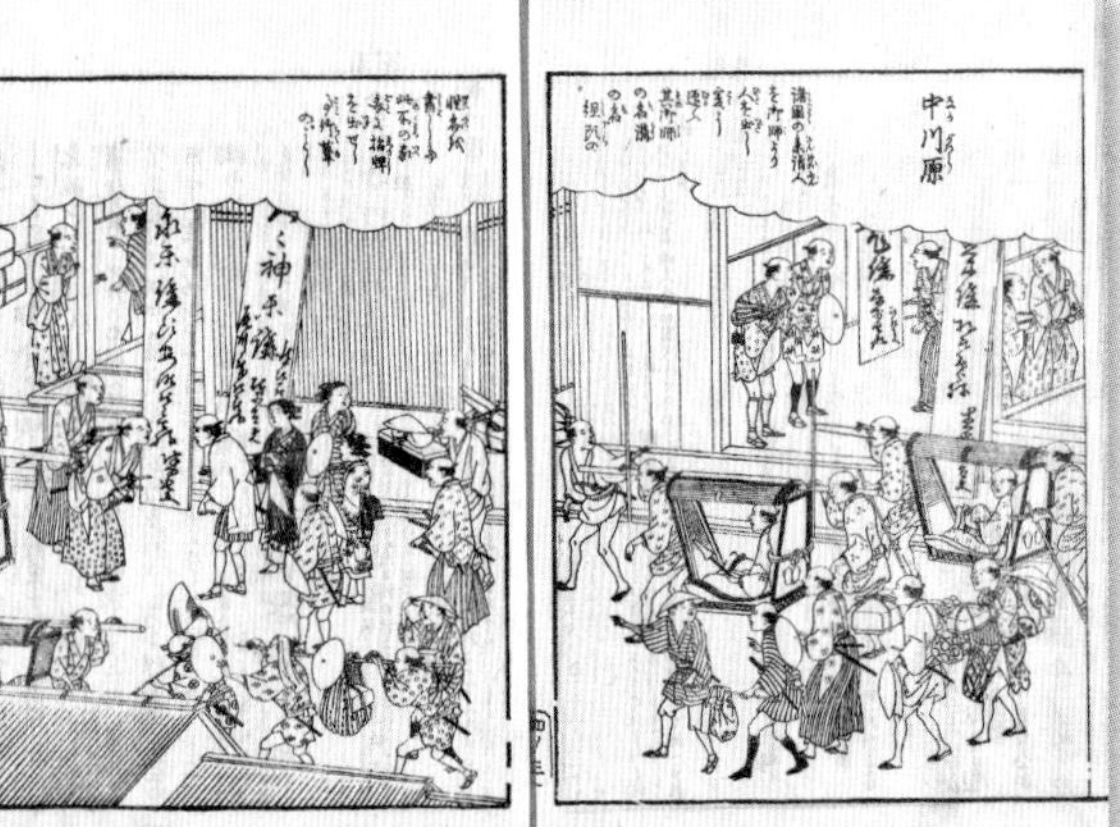

201 伊勢参宮名所図会　巻之四　中川原（参考図）

国立国会図書館デジタルコレクションより

寛政九年（一七九七）

宮川を渡って山田町に入るところに中川原はあった。そこには片旅籠茶屋という施設があった。参詣者は、馴染みの御師の手代に迎えられる。御師、講、組頭の名前を書いた抬牌（しるし）が立てられて、参詣者はそれを見て手代と出会う。手代は、まずは二見ヶ浦まで檀家を連れて行き、それから御師の館に連れて行ったという。御師の館では神楽の奉納があり、贅をつくした料理が振舞われた。明治四年に御師は廃止になって、伊勢の風景は激変した。（林）

佐藤伊織

伊勢の暦師の住まいは外宮のある山田町に集中していた。山田三方会合は、年寄衆を中心とした自治組織であって、そこに暦師も属していた。宇治町の暦師としては佐藤伊織だけで、しかもその作暦は山田町の暦師より遅れた。享保三年（一七一八）の暦で佐藤吉大夫の署名があるものがある。吉大夫は内宮の御師であったが、土御門家の配下に入って「伊織」を名のった。伊織は、山田町の暦師が用済みとなった写本暦を受け取って作暦を行ったが、宝暦三年（一七五三）に土御門家に独自に一巻を渡してくれるように願い、それが叶えられた。慶応三年（一八六七）の名簿には「佐藤吉大夫　御暦師　佐藤伊織」とある。　（林）

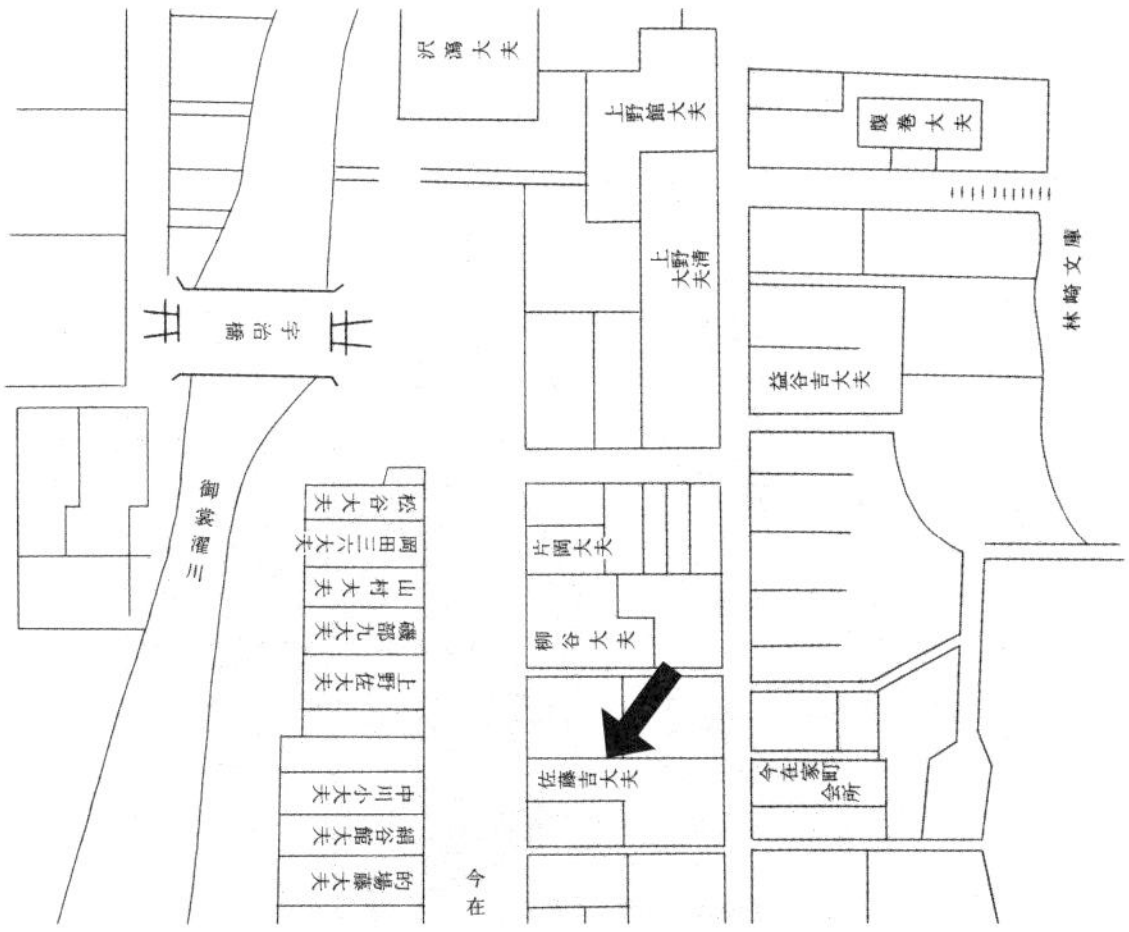

図20　文久元年（1861）「度会郡宇治郷之図」トレース図（皇學館大学史料編纂所編『神宮御師資料―内宮篇―』224頁より転載、矢印を追加）

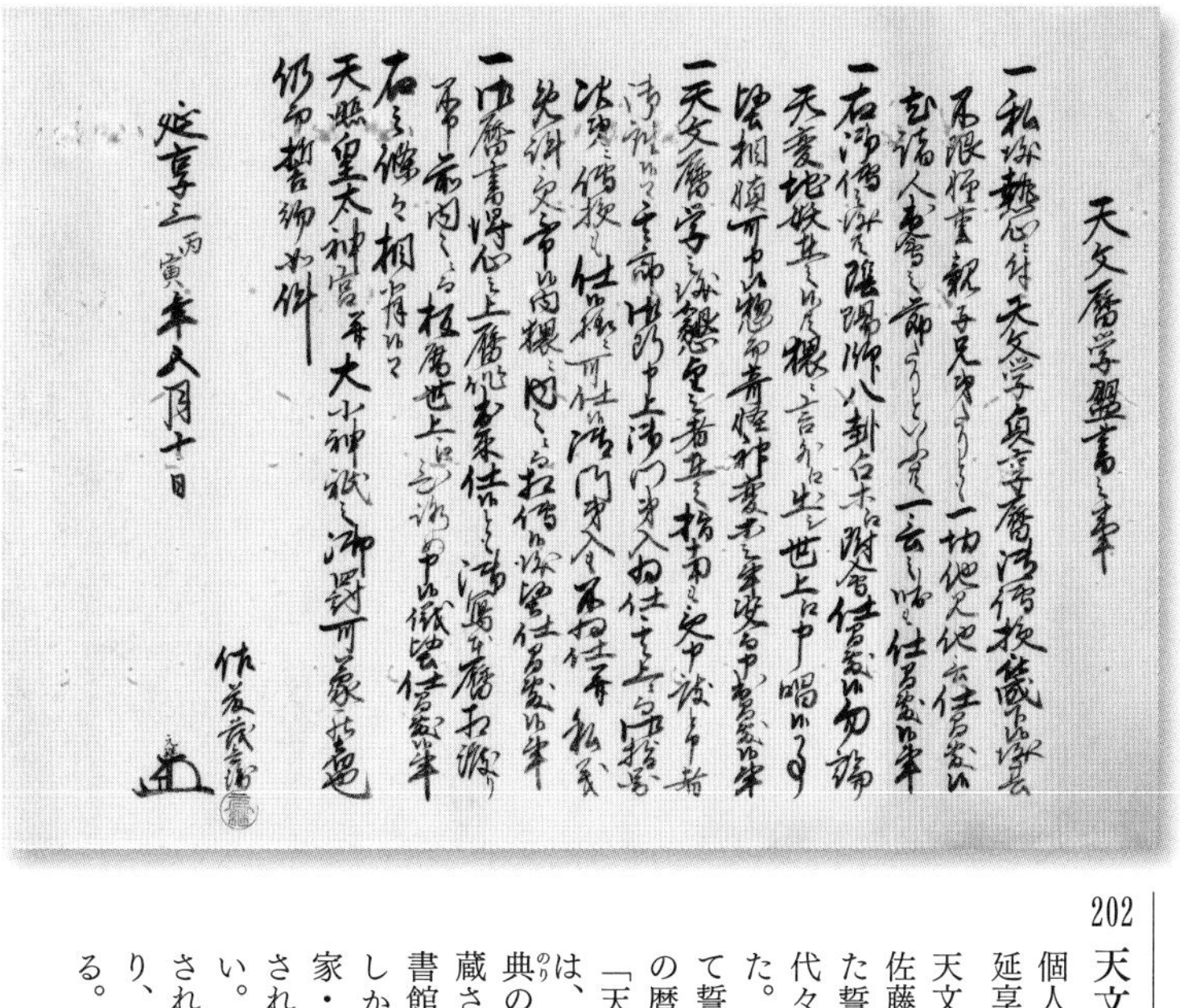

202　天文暦学盟書之事

個人蔵

延享三年（一七四六）

天文暦学の伝授にあたって佐藤伊織が天文方に提出した誓約書である。伊織は、代々通称を「茂兵衛」とした。天照皇大神宮を挙げて誓詞するところは、内宮の暦師ならではと言える。「天文方渋川家関係資料」は、最後の天文方・渋川敬典の娘の婚家・浅野家に旧蔵された資料（国立国会図書館蔵）が知られてきた。しかしもう一人の娘の婚家・海野家にも資料群が残されていたことは知られない。本資料はこのたび発見された海野家蔵の資料であり、本邦初公開のものである。　（下村）

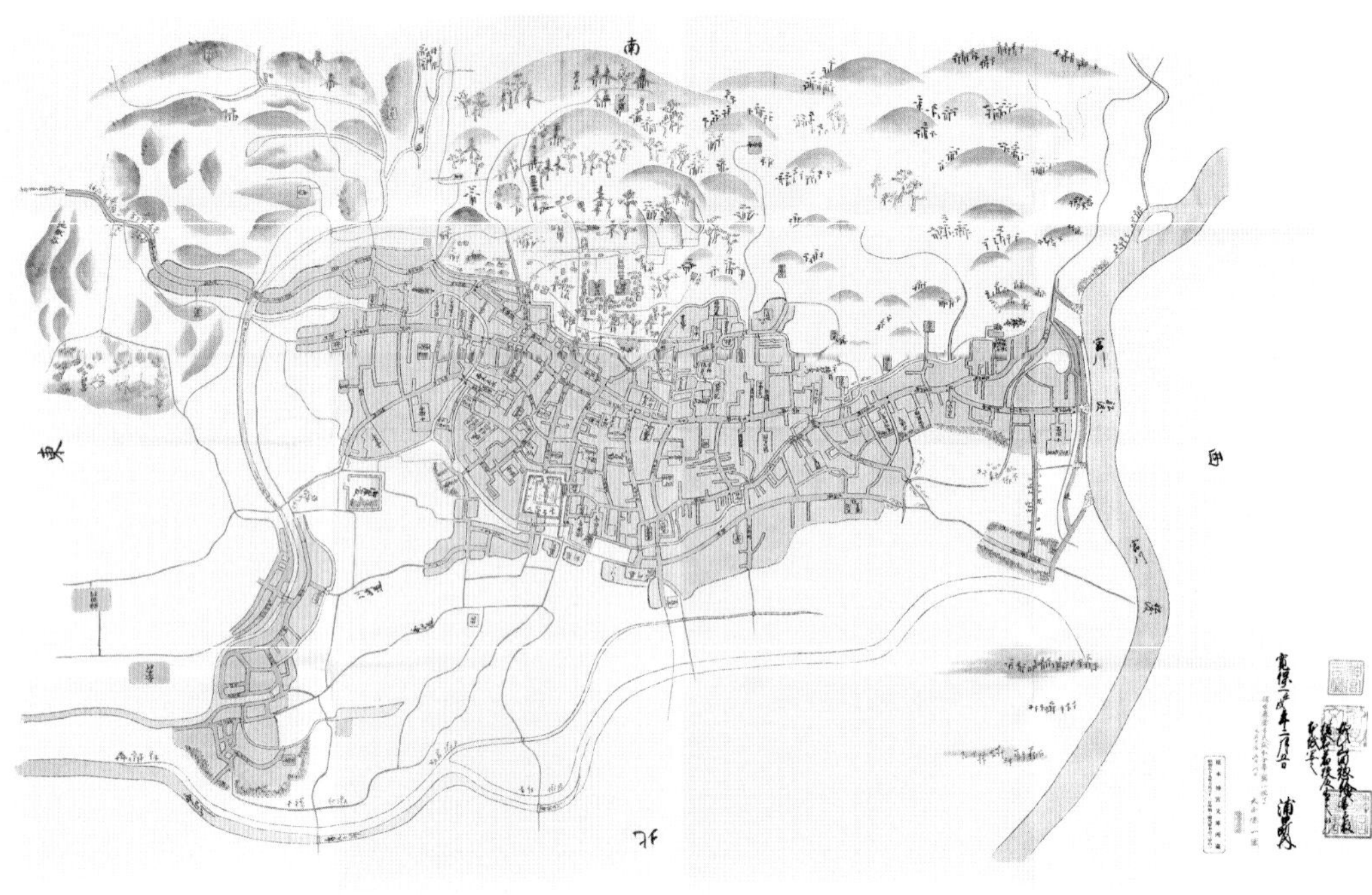

203

山田惣絵図（複製）（参考図）

個人蔵　原品：神宮文庫所蔵
大正一〇年（一九二一）〔原品の年代〕

山田町は、外宮の鳥居前を中心にして神官の館が東西に広がってできた門前町であった。中世には宮川以東は守護不入の地とされていた。近世には三方会合という自治組織で運営されていた。勢田川の大湊、神社港、河崎は物流と交通の拠点であった。月夜見宮の北側を清川が流れており、山田町の内と外の境界になっている。その外側に墓地があったことが地図で確認できる。山田惣絵図は、寛保二年（一七四二）三方会合年寄衆である榎倉若狭架蔵のものが浦口町内の要望で影写され、古森家に伝わり、大正一〇年（一九二一）に模写されたものである。（林）

204 貞享三年三嶋暦

本館所蔵　吉川家文書　貞享二年（一六八五）

静岡県三島市にて三嶋大社の社人（専門職に従事する家）である河合(かわい)家が作成していた暦で、その起源は鎌倉時代と推測されている。版暦(はんれき)（印刷した暦）として最も早く広域に普及し、「みしま」は暦全般を指す言葉として、また暦の文字のように細かい文様を表す言葉として用いられた。この貞享三年暦は巻暦だが、一般に頒布されたものは綴暦が多く残存している。冒頭に貼られた付箋には、奈良の暦師仲間が関東へその年の暦を受け取りに行った際に買い求めたものである旨が記されている。（小田島）

暦師同士の争い

貞享改暦時に各地域の暦師は頒布地域を設定されたが、実際はその後多くの争論を経て各暦師の営業範囲は確定していった。一八世紀前半までは争論を通して一部の暦師が廃業したり、頒布地域に変更が生じている。一八世紀半ば以降は、決められた頒布地域を越えて暦を配布・販売する他業者を訴え出る動きが多く見られ、主に賦暦(ふれき)（くばり暦(ごよみ)）として人気を博した伊勢暦が訴えられる事例が多くなっている。頒布地域の問題は暦師の売上に直結することから、幕末まで争いが絶えなかったことが窺える。（小田島）

表10　貞享改暦以後の暦師同士の争論

西暦	年代	原告	被告	内容	出典
1695	元禄7年	大経師	南都	大坂での南都暦販売差止願	幕令
1714	正徳4年	江戸	仙台	仙台暦師入牢、廃版	暦記録
1719	享保4年	江戸	会津	江戸での会津暦の売出し差止を願出	暦記録
1727	享保12年	大経師	伊勢	伊勢山田暦師の開版差止を願出	毎事問
1739	元文4年	三島	伊勢	伊勢暦の伊豆・相模での頒布停止	河合家文書
1739	元文4年	大経師	伊勢	伊勢暦を販売している旨を見咎め京都町奉行へ訴え	伊勢暦雑記
1793	寛政5年	三島	伊勢	伊豆・相模での伊勢暦頒布差止願	河合家文書
1805	文化2年	江戸	三島	武州上州での三嶋暦販売を確認→内済	暦記録
1841	天保12年	三島	伊勢・江戸	伊豆・相模での伊勢暦頒布差止願	河合家文書
1858	安政5年	三島	伊勢	伊豆・相模での伊勢暦頒布差止願	河合家文書

column ⑧

「旧暦」とは

明治六年（一八七三）に現在の太陽暦が採用されるまでは、太陰太陽暦、いわゆる旧暦が使われていた。現在の暦が太陽の周りを地球が回る周期を元に作られているのに対し、旧暦は月の満ち欠けを元にした暦である。月が見えない新月（朔）の日を一日、満月の一五日を経て、次の新月の前日までを一か月としていた。こうした月の周期による一か月はおよそ二九・五日なので、三〇日の月と二九日の月を組み合わせて一年の暦を作成していた。旧暦の時代を生きた人々は夜に月の大きさを見れば今日が何日かわかったのである。

しかし、月の満ち欠けを一か月の基準にすると不便な点がでてくる。それは、地球が太陽の周りを回る周期（公転周期≒三六五日）とズレが生じることで、徐々に季節と暦日が合わなくなる点である。一か月を二九・五日とすると、一年（一二か月）はおよそ三五四日となり、地球の公転周期と比べ約一一日足りない。そのため、毎年二九日の月（小の月）と三〇日の月（大の月）を多様に組み合わせたり、閏月を設けて一年を一三か月にしたりして季節とのズレを調整した。一三番目の月をどこに入れるかは、年によって変わり、例えば四月の後に二回目の四月が挿入された場合に閏四月が発生する。

人々は、いつ閏月が来るのか、来年の大小の配列はどうなっているのか、これを知るためには毎年暦を買い求めるしかない。毎年ほぼ同じ暦を使っている現代以上に、暦は生活の必需品だったのである。

（小田島梨乃）

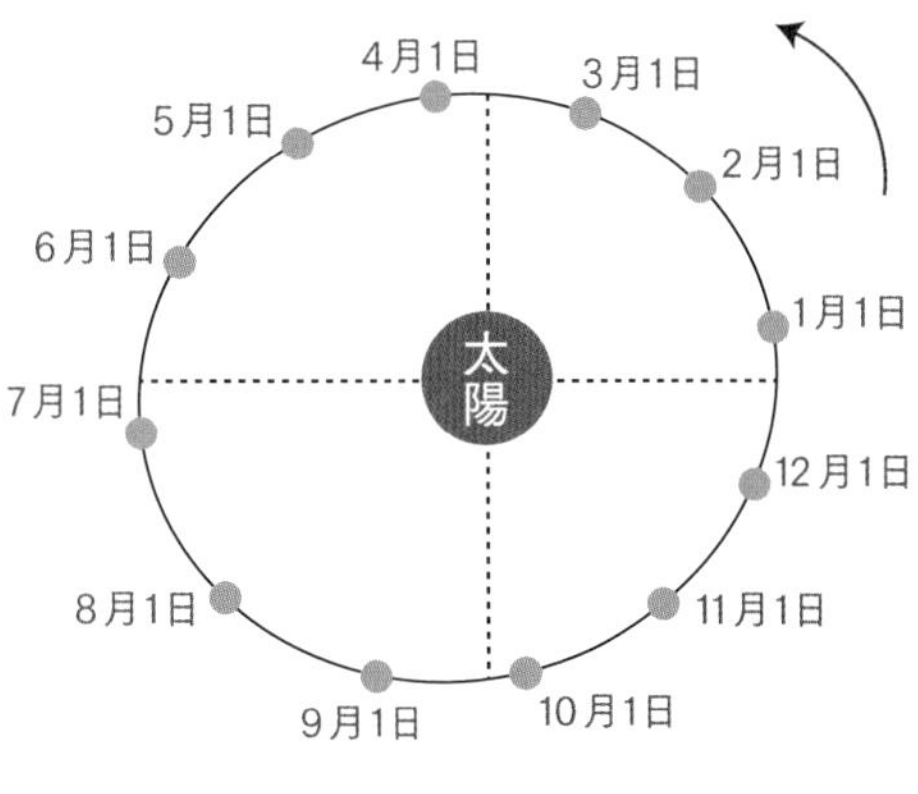

太陽のまわりを地球が回る周期を元に一か月を設定した場合、日付と地球の位置は毎年ほぼ一定

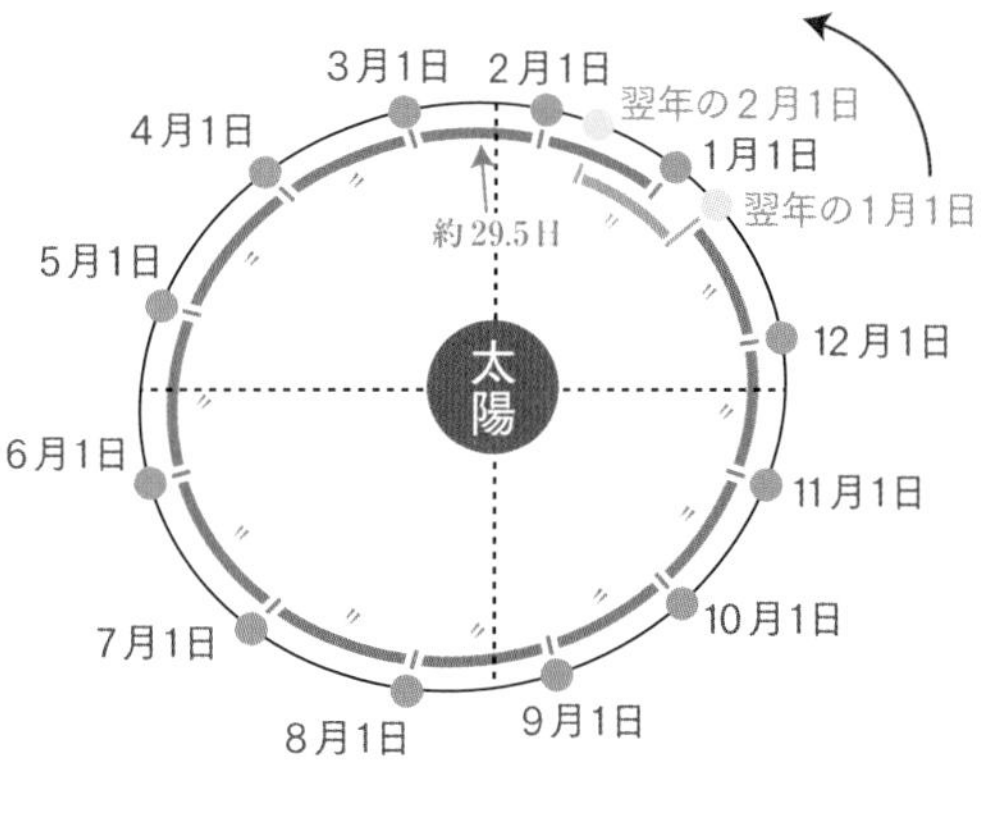

月の満ち欠けを元に一か月を設定した場合、日付と地球の位置は年によってずれる

図21　一か月の基準の違いによる影響

column ⑨

二十四節気とは

閏月を入れて一年間の日数を調整しているとはいえ、年によって一年の日数が大きく変わる太陰太陽暦では季節を日付だけで把握するのは困難であった。そのため、太陽の周期に合わせて設定されたのが二十四節気である。地球から見た太陽の位置（太陽黄経）を基準に二四の節気を設定しており、現在でもなじみのある春分・夏至・秋分・冬至も二十四節気の一つである。

特に農作業において二十四節気は重要で、種まきの時期などの参考にされていた。例えば「茶摘み歌」の歌詞にもある「夏も近づく八十八夜」は立春から八八日目を指しており、この頃から霜が降りなくなることから種まきや茶摘みの目安とされていた。（小田島梨乃）

表11　二十四節気一覧

名称	太陽黄経	月日	中気＊
小寒	285度	1月6日	
大寒	300度	1月20日	○
立春	315度	2月4日	
雨水	330度	2月19日	○
啓蟄	345度	3月6日	
春分	0度	3月21日	○
清明	15度	4月5日	
穀雨	30度	4月20日	○
立夏	45度	5月6日	
小満	60度	5月21日	○
芒種	75度	6月6日	
夏至	90度	6月21日	○
小暑	105度	7月7日	
大暑	120度	7月23日	○
立秋	135度	8月8日	
処暑	150度	8月23日	○
白露	165度	9月8日	
秋分	180度	9月23日	○
寒露	195度	10月8日	
霜降	210度	10月24日	○
立冬	225度	11月8日	
小雪	240度	11月22日	○
大雪	255度	12月7日	
冬至	270度	12月22日	○

＊中気は、二十四節気の偶数番目の称
月日は2023年の中央標準時のもの（国立天文台発表）

芒種　小満　立夏　穀雨　清明　春分　啓蟄　雨水　立春　大寒　小寒
夏至　太陽　冬至
小暑　大暑　立秋　処暑　白露　秋分　寒露　霜降　立冬　小雪　大雪
地球の公転方向

図22　二十四節気と公転軌道上の地球の位置

国立天文台Webサイト「暦Wiki」の「二十四節気とは？」より引用

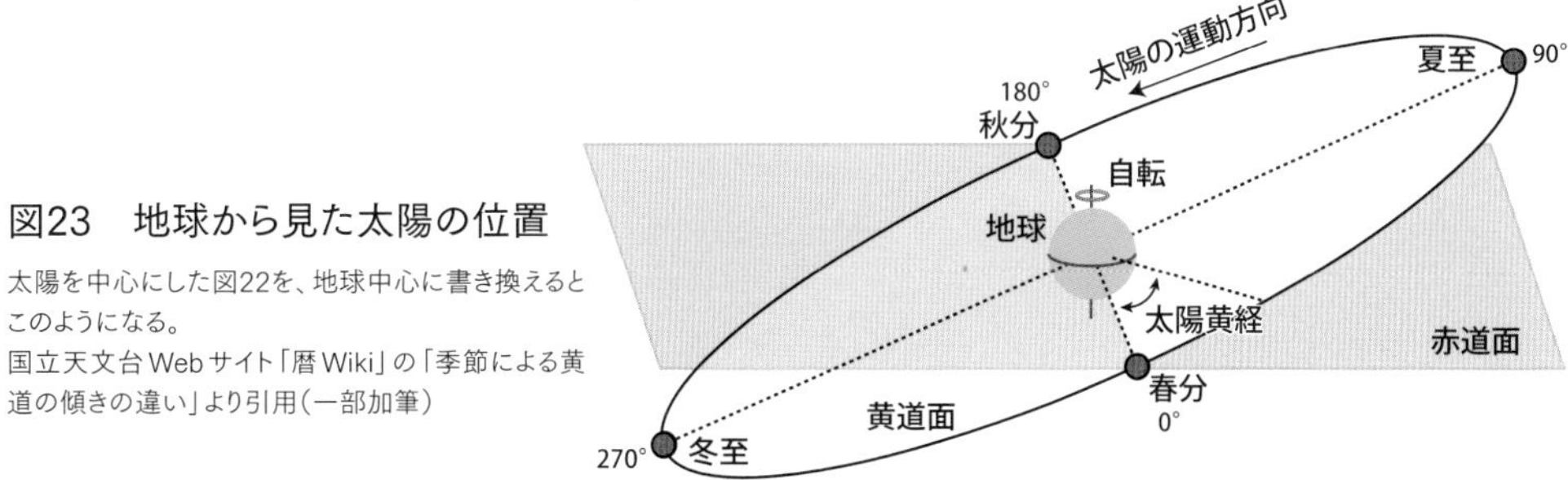

図23　地球から見た太陽の位置

太陽を中心にした図22を、地球中心に書き換えるとこのようになる。
国立天文台Webサイト「暦Wiki」の「季節による黄道の傾きの違い」より引用（一部加筆）

3 さまざまな暦

先に紹介した南都暦や伊勢暦、三嶋暦は、幕府が定めた暦師が決められた作暦フローに則って作成し、一年間全ての暦日と暦注が記載された、いわばオーソドックスな暦（本暦）である。一方で、本暦以外にも用途・使用者・宗教的背景などを異にする様々な暦が作られていた。ここではその事例をいくつか紹介する。

日常で頻繁に使用する内容だけを残して簡略化した暦である略暦は、様々な用途に応じて作成された。懐に入れて持ち運びやすいサイズにたたまれた「懐中暦」や、家の柱に貼る用に細長く作られた「柱暦」などがその一例である。略暦は庶民の使用頻度が高く、店舗は引札（チラシ）に略暦を記載した引札暦を得意先に配り、寺社の名前の入った略暦は土産物として人気を博した。また、文字が読めない庶民でも内容がわかるように作成された略暦である田山暦・盛岡絵暦は、暦の内容を絵で表現した特徴的な暦である。

実用的な暦から派生して、年末年始の挨拶に贈答・交換用として作られる暦もあった。略暦を簡素な紙製の扇やたばこ入れに記載したものは特に贈答用として人気を博していたようである。暦の内容を図案に入れ込んだ「暦手茶碗」と呼ばれる茶碗も各地に現存しているが、これは実際の暦と内容の整合性が取れないものも多く、専ら新年を表すモチーフとして暦が使用された事例であろう。さらに趣向を凝らした暦として、一部の好事家の間では

「大小」と呼ばれる暦の交換が流行した。これは、絵や漢字、句や歌の中にその年の大の月（三〇日の月）・小の月（二九日の月）の並び順を入れ込んで謎解きを楽しむ、パズルのような暦である。暦は、上は将軍から下は庶民まで皆が使用するものであるから、実用の工夫や趣向に富んだものまで、数多く印刷されるに至ったのである。

この暦の需要の大きさに起因して、非正規に作成された略暦も多く存在した。貞享改暦以降、暦の頒布・販売の権利は決められた陰陽師・問屋に制限されていた。正規の発行元は天文方・陰陽師家の内容確認を経て本暦を出版するため作成に時間を要するが、違法に出版する者はその年の月の大小や大まかな暦注さえ入手できれば、正規の発行元に先んじて略暦を販売することが可能である。こうして違法頒布された略暦は時に誤った情報が記載されていた。

江戸時代にはたびたび非正規の略暦販売を禁じる町触が出されたが、完全な取締りには至らなかった。略暦の販売を売上に見込んでいる暦師は営業が圧迫され、奉行所に取締りを依頼する願書も残されている。

（小田島梨乃）

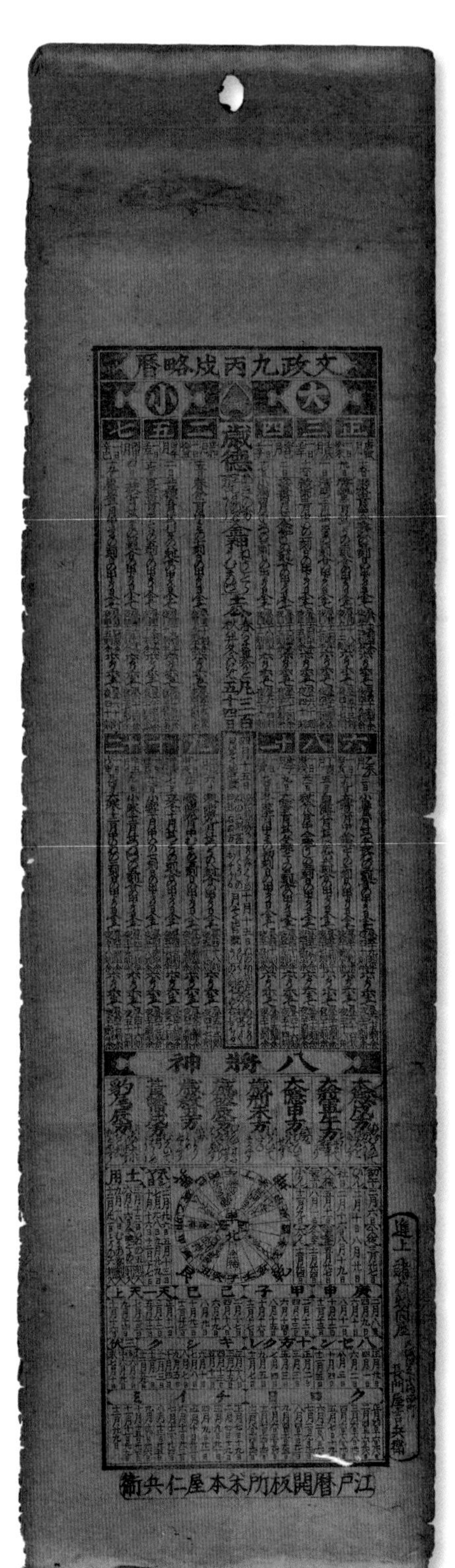

205 **柱暦**（参考図）

個人蔵　文政八年（一八二五）

柱暦はその名の通り柱に貼って使用する縦長の一枚摺りの略暦で、日ごろ確認する月の大小や主な暦注が抜粋されている。これに店舗名を入れて広告チラシ（＝引札）としたものが引札暦である。年の暮れに得意先への挨拶とともに配れば一年間顧客に使用してもらうことができるというもので、江戸時代のように柱暦と宣伝を組み合わせた形の引札暦は明治・大正期にも作成され、この文化は現在も「企業名入りカレンダー」として残っている。（小田島）

206 **略暦　住吉踊り**

おおい町教育委員会所蔵　文久元年（一八六一）

左上に「田中直衛太夫」の印がある。住吉大社石灯篭に同名の寄進鳥居があり、住吉大社執次（他社の「御師」にあたる）が土産暦の代わりに配った可能性もある。（梅田）

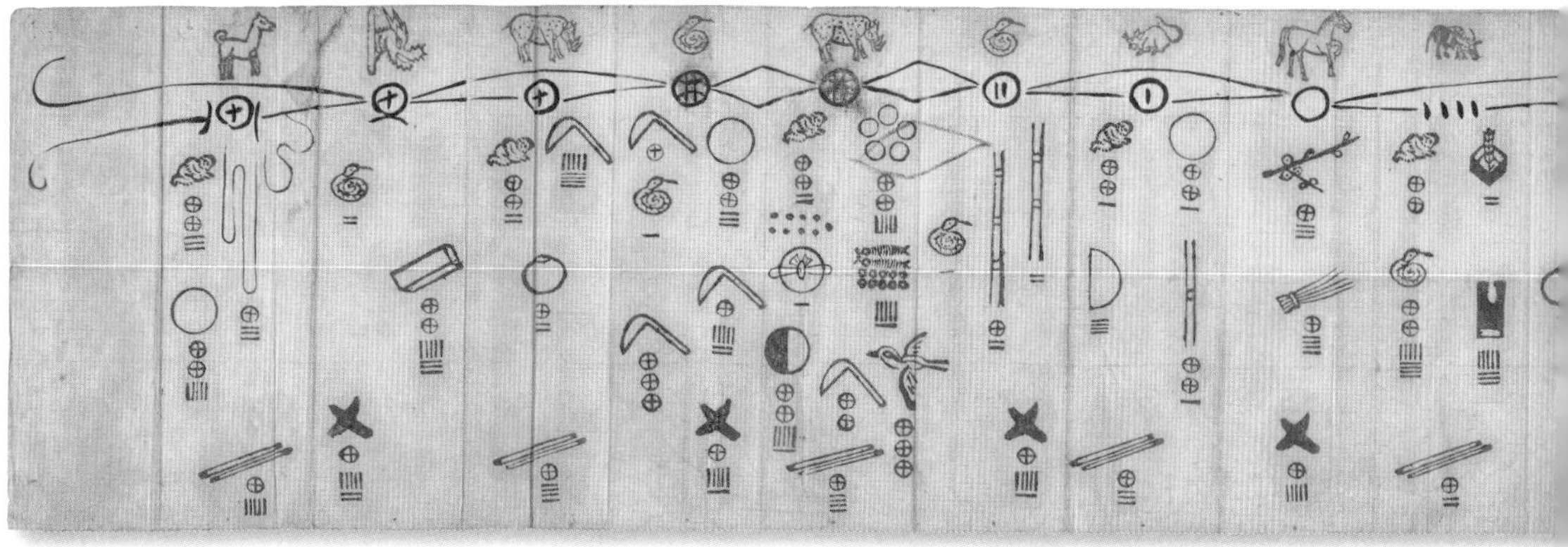
田山暦

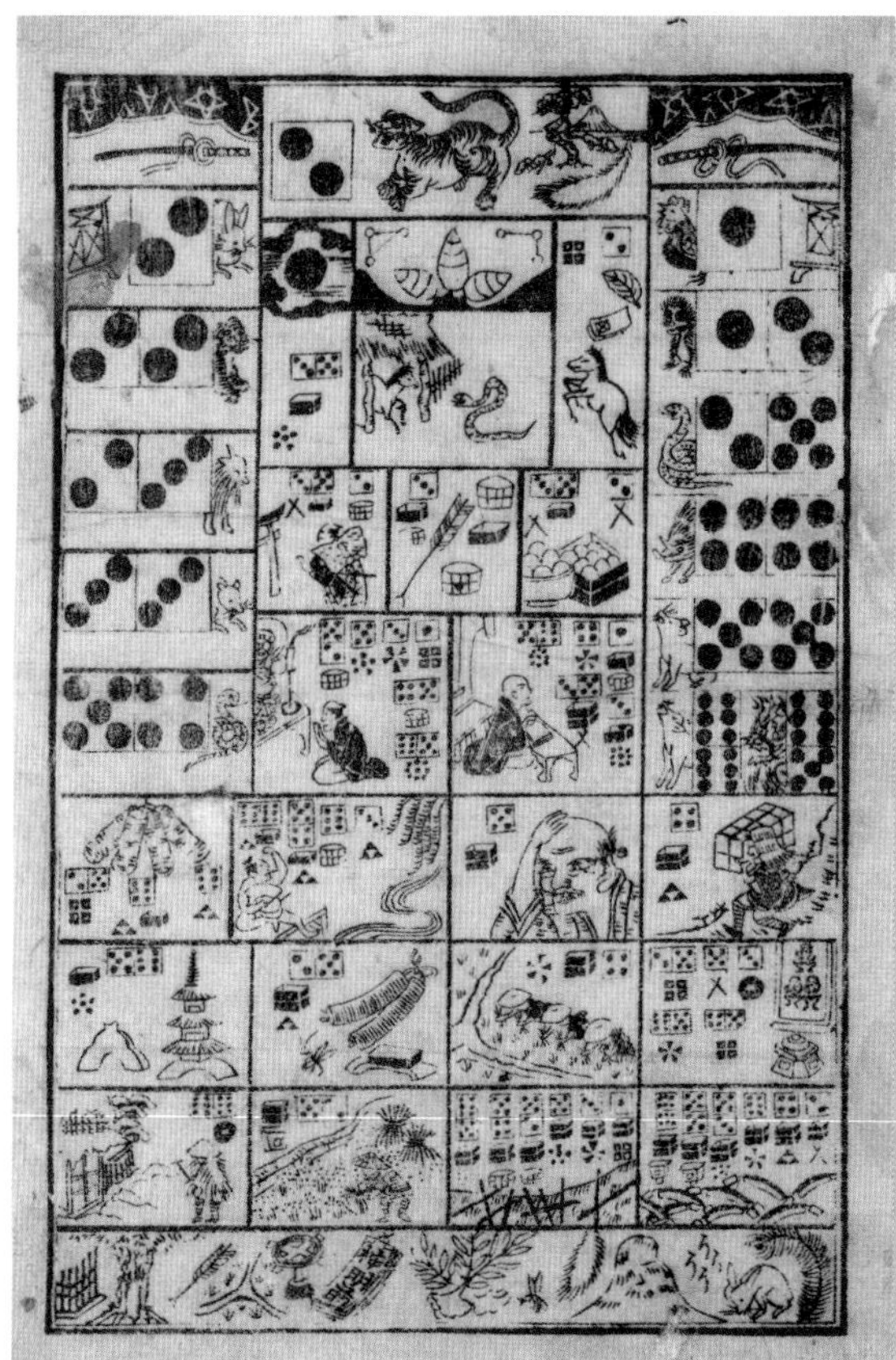
盛岡絵暦

207

田山暦・盛岡絵暦（参考図）

国立国会図書館デジタルコレクションより（田山暦）享和二年暦、享和元年（一八〇一）（盛岡絵暦）慶応二年暦、慶応元年（一八六五）

東北地方の南部地域では、文字の代わりに絵文字を使った暦が作られていた。二つの暦は絵を用いている点では共通するが、田山暦は判じ絵を用いているのに対し、盛岡絵暦は絵文字の音を使った表現が中心であるという違いがある。田山暦は南部藩領田山村（現在の岩手県八幡平市）でごく少部数作成されており、明治期以降のものは現存していない。盛岡絵暦は明治の一時期作成を中止しながらもその後復活し、近年まで地元有志により制作されている。

（小田島）

208

犬字大小（参考図）

本館所蔵

嘉永二年（一八四九）

「、」の位置に違和感のある「犬」が大きく中央に描かれた一枚絵。上に書かれた句に「いぬのてんあくれば～」とある通り「、」を開けると、漢字は「大」となり、「、」があった位置には「正、三、六、八、十、十二」と書かれている。これは題にある嘉永三年の大の月に相当する。大小は干支をモチーフに描かれるものが多くあり、現在の年賀状にも通ずる趣向である。（小田島）

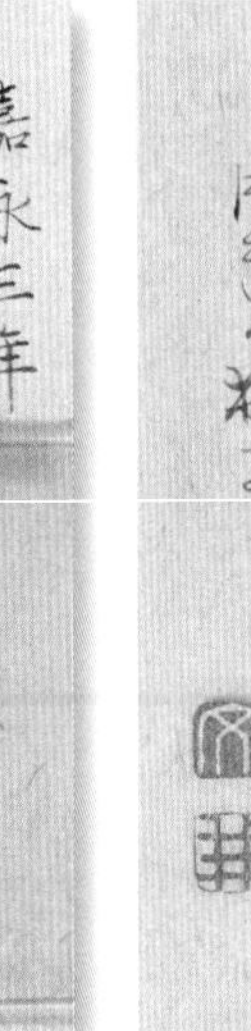

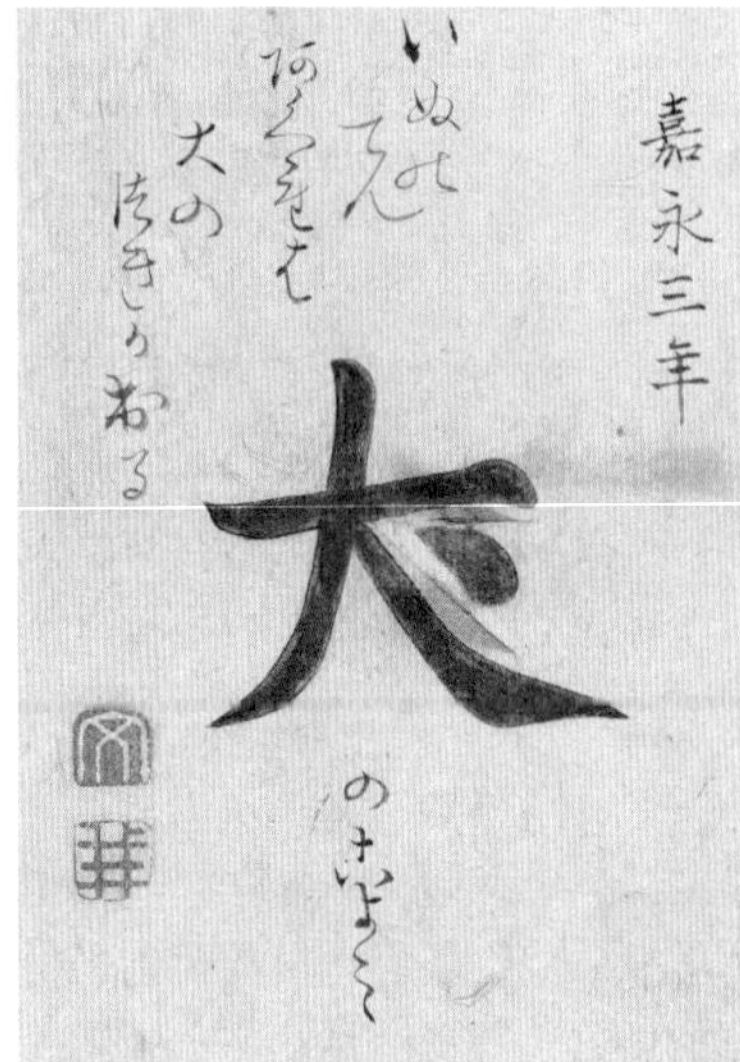

209

鞘絵大小（参考図）

国立国会図書館デジタルコレクションより

天明二年（一七八二）

右上に記されている鏡柱画とは、鞘絵とも呼ばれ、刀の鞘のように円筒形の凸曲面に映すと正しく見えるように描かれた絵のことである。この絵は横に引き伸ばされ奇妙な形をしているが、下の半円形に「コジリ」と書かれた印に湾曲した鏡を置くと、鏡に映った絵は漢数字の模様が描かれたウサギである。模様は「二・四・五・七・九・十一」となっており、卯年の天明三年の大の月となっている。作者は洋風画家の司馬江漢である。（小田島）

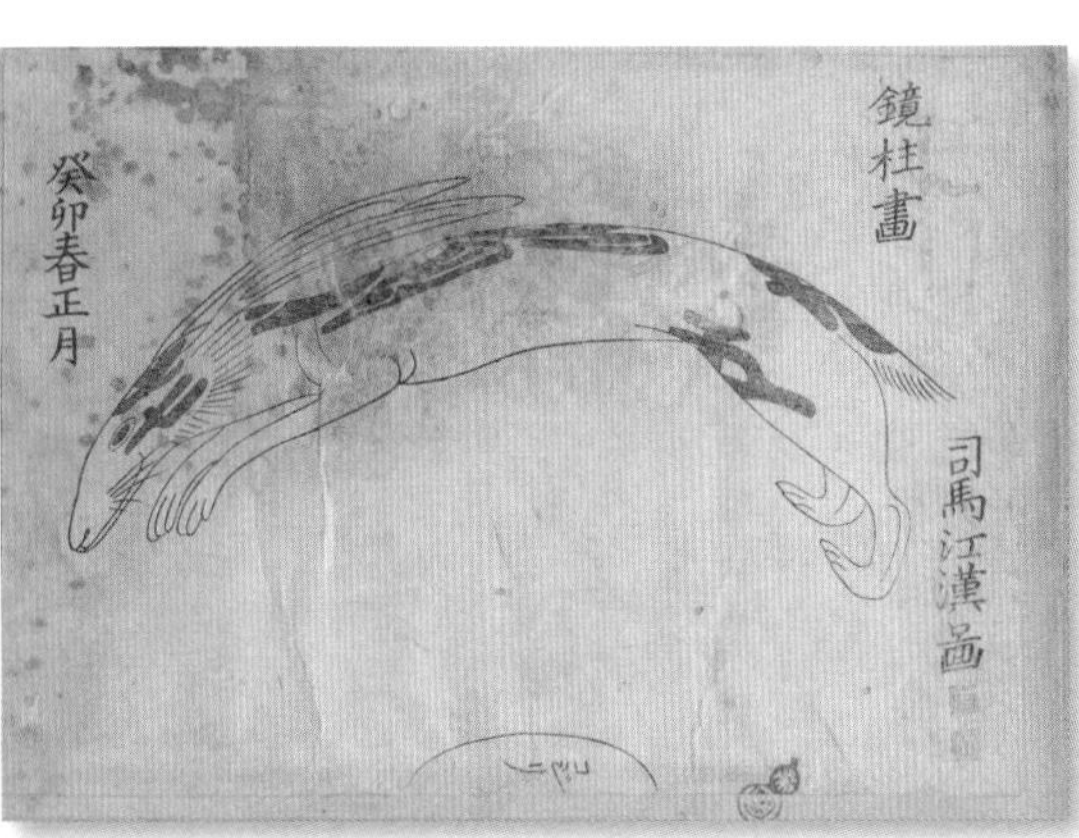

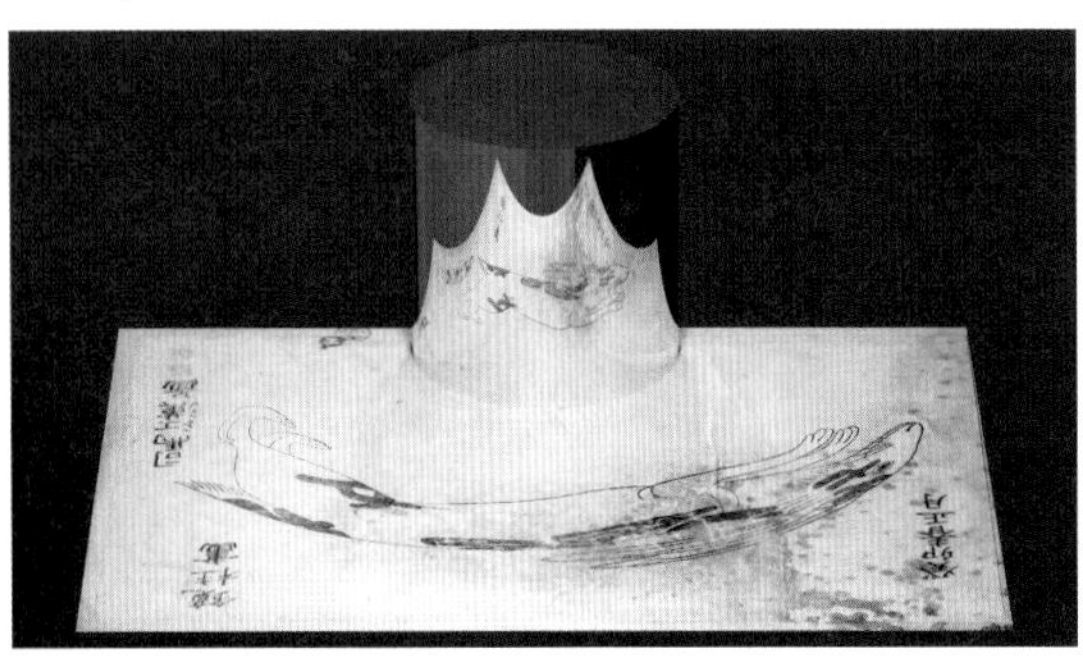

3DCGで再現した鏡柱画（CG作成：鈴木）

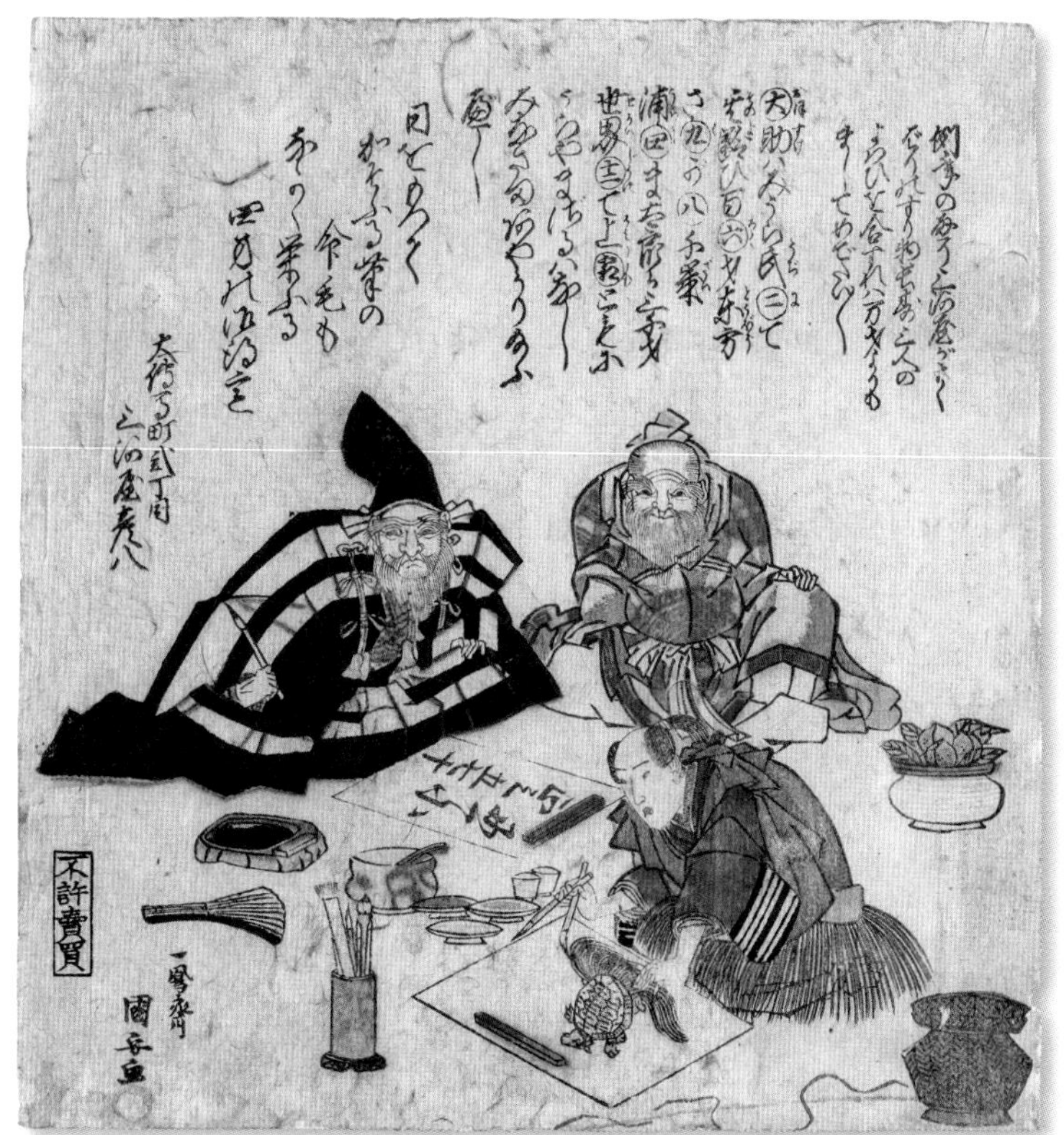

210 三河屋彦八気配りの大小

おおい町教育委員会所蔵

文政一一年（一八二八）

商家が顧客に配った引札暦だが、有名な長寿の人物三名（一〇六才迄生きた三浦義明・東方朔・浦島太郎）を描き、大の月を文中に織り込む。好事家の交換用に似た洗練された体裁。大伝馬町弐丁目三河屋彦八は墨筆硯問屋（『江戸独買物案内』）。（梅田）

211 猿使いの図

おおい町教育委員会所蔵

安政五年（一八五八）

シンプルな図柄のなかに文字を配して、大の月と小の月を示している。安政六年己未（一八五九）の暦。猿使いが大の月、正、三、六、九、十一、十二。猿が小の月、二、四、五、七、八、十を表す。署名の「閏山人」は不明。（梅田）

212 風刺画　陰陽師の災難（参考図）

おおい町教育委員会所蔵　江戸時代

占い師が自らの身を予測できないということわざ（陰陽師身の上知らず）を絵にしたもの。（梅田）

213 たばこ盆

おおい町教育委員会所蔵

嘉永四年（一八五一）頃

暦の版面は毎年変わるので、版木は翌年には不要となり、小物などに再利用された。火鉢やたばこ盆の用材とされることが多い。本資料には嘉永四年の版木が使われている。（梅田）

214
須弥山図

本館所蔵　文化一〇年（一八一三）

地球説や太陽系の天体図を紹介した游子六『天経或問』（196）が中国から日本へ渡って、広く読まれるようになると、仏教側から西洋天文学への全面的な批判が出てきた。それは、須弥山を中心とした宇宙論を再構築し、仏教経典にもとづく独自な暦（「梵暦」）を提唱した運動であった。その運動のなかから須弥山図や須弥山儀が作成され、三次元的な仏教的な世界像が再現された。東芝の創業者である田中久重は須弥山儀の製作者として知られている。（林）

215
天朝無窮暦　草稿

本館所蔵　天保八年（一八三七）

平田篤胤は、中国暦が日本に入る前に、日本には神武天皇が作った古暦があったとする渋川春海の説を支持し、古代日本には文字に書かれた暦がなかったとする本居宣長『真暦考』の説と統合しようと試みた。伊弉諾尊が作り大国主命が調整したとする暦が大国主命によって中国に渡り、中国の最古の暦となったという。それと同一の暦が、日本の朝廷に伝わり、天朝無窮暦となった。暦を通して日本が文明の中心であったことを篤胤は主張した。（林）

第三章 暦をそろえる

明治六年（一八七三）、日本は、文明開化の潮流のなかで東アジアにおいて最初に太陽暦を採用し、欧米諸国と暦日をそろえた。世に言う「明治改暦」である。これにより過去千数百年にわたって使われてきた太陰太陽暦が廃され、日本史上初めて太陽暦が採用された。また暦面に記載される事項もがらりと様変わりし、近世期とは趣の異なる暦が誕生する。

　明治改暦は、日本における「最後」の改暦であり、現代の「時」の淵源に当たると言い得る。一般的には、改暦によって「グレゴリオ暦」が採用されてから今日まで、日本の暦の制度に特にみるべきものはなく、直線的に現代に至ったとする歴史観が支配的であろう。しかし先の敗戦までの暦をめぐる制度的条件は、現代とはかなり様相が違っていた。現代の日本では、大安、仏滅、友引といった六曜などのお日柄や禁忌の情報（暦注）を載せた「高島暦」などが書店で販売され、神社仏閣で独自の特色を

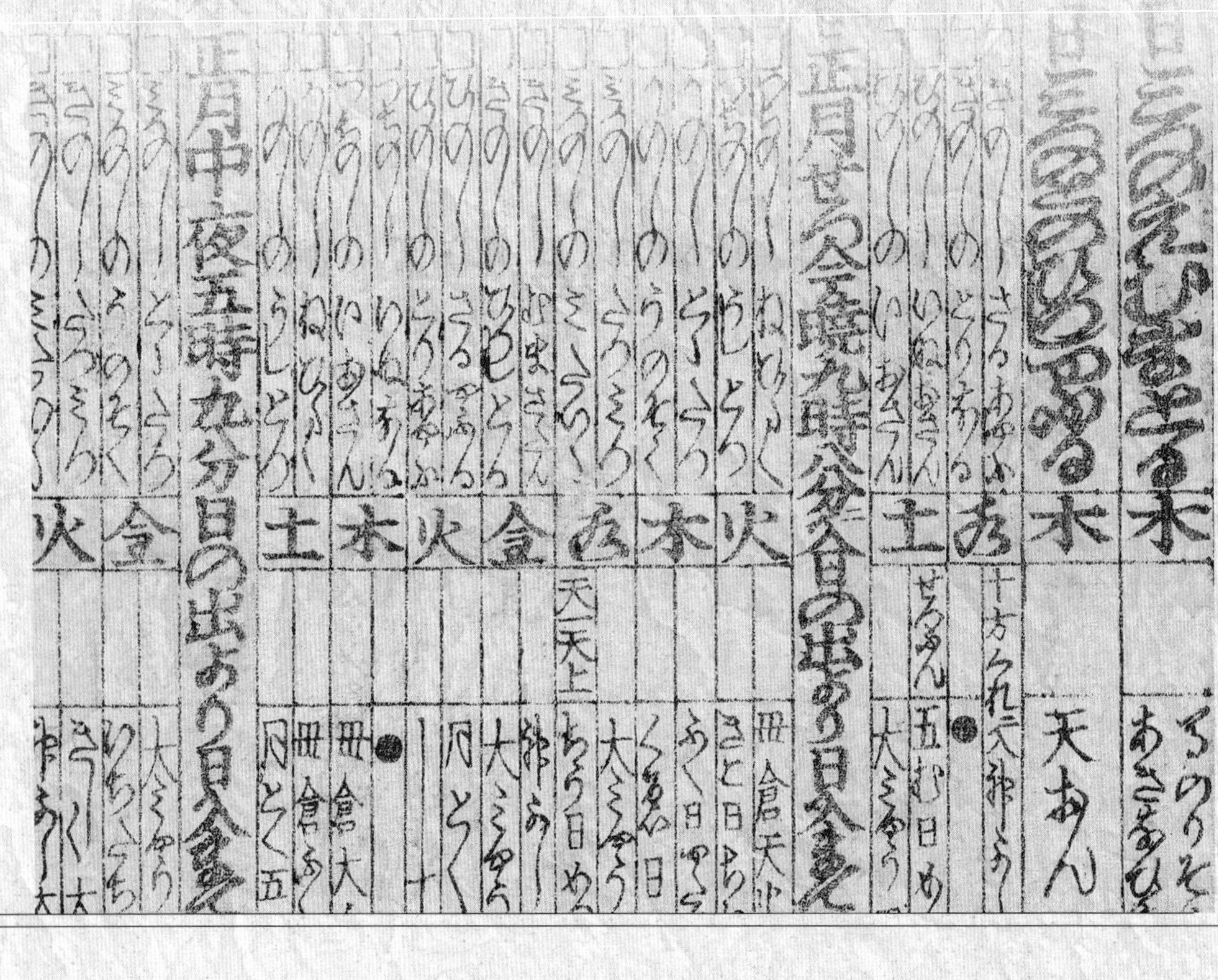

もつ様々な暦が頒布されるなど、多様なニーズに応える暦やカレンダーが自然に流通している。しかし戦前では、これは当たり前の景観ではなかった。

　近世期がそうであったように、明治改暦以降も、暦の発行や流通は統制されていた。政府から公認を受けた「官暦」のみが頒布を許され、初期には近世期の方法を踏襲した方法で、ついで伊勢神宮から公的に頒暦されるようになる。そしてそれ以外の流通経路による暦本は「お化け暦」と呼ばれ、見つかり次第没収・発禁処分とされるなど著しく通行を制限された。「お化け」は、近世期以来の暦注をふんだんに掲載し人気が高かったと言われる一方で、官暦は需要が少なかったと言われることもある。しかし判明している限りの頒布数は、毎年一二〇万部を下らず、約五〇〇万部を記録した年もあり、現代では考えにくいほど多くの部数が全国に通行していた。先の敗戦を機にこの暦の統制は解かれ、「お化け」と名指され規制を受けてきた暦も含め、暦の流通は自由化した。

　ここでは明治改暦とその周辺を確認するとともに、伊勢神宮との関わりを制度的に強めていく近代の暦の通行制度をとりあげていく。近世と近代、さらに先の敗戦以前と以降における連続と断絶にも目配りしつつ、近代国家日本にとっての暦の位置づけについて探っていきたい。

（下村育世）

神武天皇即位紀元二千五百三十

一月大三十一日

一日 水 日赤緯南二三度○○分五二秒 一時差三秒四減視半至一六分一八秒
二日 木 日最昇午前五時五分
三日 金
四日 土
五日 日 日赤緯南二二度三八分三三秒 一時差一七秒○減視半至一六分一八秒
小寒午後二時二十六分 日出午前 日入午後
六日 月 上弦午前六時四十六分
七日 火
八日 水
九日 木
十日 金 日赤緯南二一度五七分五三秒 一時差二三秒四減視半至一六分一八秒
十一日 土
十二日 日

1 暦の近代化とその影響

日本は、明治改暦によってこれまで使い続けてきた太陰太陽暦から、有史以来初めてとなる太陽暦を採用し暦法を切り替えた。太陰太陽暦は月のみちかけによって月をたて、一二ヵ月を一年とする。したがって太陽年との差は約一〇日におよび、三年で約一ヵ月の差が生じるので、閏月を設けることが必要である。これは農業上の手順や行事を、暦日を目安にすることが出来ないことを意味した。太陽暦の採用により、約三年に一度挿入される閏月も、三〇日か二九日（月の大小）のいずれか定まっていなかった月の日数も気にする必要がなくなった。啓蒙思想家・福沢諭吉は太陽暦のこういった利便性を『改暦弁』(218)で喧伝、改暦は文明開化を象徴するものとみなされていく。

改暦を機に暦面の内容も大幅に刷新された。それまでの暦にあった陰陽道に基づく暦注（日取りの吉凶など）が「妄誕無稽」として廃され、代わりに皇紀紀元、皇室に関わる新しい祝祭日である神武天皇即位日（後の紀元節）や天長節が登場した。さらに歴代天皇の忌日（命日）や神社の例祭日なども掲載され始める。一方で人々の生活に根ざしていた五節句（人日・上巳・端午・七夕・重陽）の祝いは、時期を同じくして禁じられる。しかし太陽暦に対する人々の反応は芳しくなく、その使用はもとより、国民にその祝祭日の示す時のリズムを通じた一年を送ることを浸透させるのもその後長い年月を要することとなる。

ここで明治初期の暦がどのように流通したのか、それを支えた暦の通行制度について簡単に述べておきたい。王政復古の大号令が発された直後の慶応四年（一八六八）二月、土御門家は朝廷が暦を掌った体制に復すことを訴え出で、幕府天文方から編暦の権限を奪取、頒暦権も掌中にした。同家は、奈良暦師・吉川家など旧幕時代の配下暦師を中心として、全国の暦師と暦問屋を「弘暦者」として支配下に組み入れ、同家を頂点とする新たな組織を作り上げ、暦の全国頒布を担っていく。しかしこの体制は長く続かず、政府の方針の転換により、同家は明治三年閏一〇月には天社神道廃止令により全国の陰陽師支配権を喪失し、同年一二月には暦に関わる全ての権限も失った。家職を失った土御門家は、ここで歴史の表舞台から撤退することとなる。同家配下であった吉川家は、この時に陰陽師身分を失うものの、暦師としての活動を継続していく。

その後、暦の編纂や頒布の事務所管は、大学、文部省、内務省と短期間に移り変わるが、全国に暦を実際に頒布したのは、頒暦に通暁した旧幕時代の人材であった。すなわち吉川家など近世期の暦師や暦問屋に出自を持つ人々である。彼らは近代以降も改めて頒暦の独占を認められ、暦の製造と頒布に公的に関わり続けていく。彼らにとって、暦業は先祖代々の家業であると同時に、生活を成り立たせる稼業でもあったため、その継続に必死にならざるを得なかった。近世期の彼らは、全国の頒暦持場をめぐり潜在的に競合関係にあり、場合によっては争論に発展するような関係性にあった。しかし近代になると地域を超えた横のつながりを持ち始め、全国の弘暦者を組織化した「頒暦商社」を結成、規則を作り、協働して全国に漏れなく暦を配ることに意を用いていく。

弘暦者は、明治政府から暦の原本を下付され、それを仲間内で摺り、政府による校正を受けた上で、全国頒布した。これは写本暦（暦の稿本）の下付元が幕府天文方から明治政府に変わったに過ぎないとも言え、彼らの頒暦方法は近世期のそれを踏襲していたと言える。近代初期の暦の通行制度は、旧幕時代の人的継続性を有し、さらに弘暦者同士で新たに取り決められた頒暦持場も旧幕時代のそれぞれの頒布地域を反映させたものだと言われている。そしてこの色濃く残った近世的な頒暦体制は、明治一五年の伊勢神宮による頒暦制度の成立まで継続することとなる。

（下村育世）

（1）明治改暦と人々の対応

明治五年一一月九日、太陽暦を採用し、同年一二月三日をもって明治六年一月一日とする改暦の詔書・布告が発された。これは、明治太政官期に出された法令のうち、現在においても効力がある数少ない法令の一つでもある。多くの場合、改暦は独立国家としての立場を確保する必要に迫られた、日本の近代化政策の一環として理解される。文明国家であることを欧米先進国に認めさせるためにも、また諸外国との交易の利便性からも、これまでの太陰太陽暦ではなく欧米先進国で通用する太陽暦を採用する必要があった。そして太陽暦は、太陰太陽暦よりも簡便であり合理的でもあった。

暦は社会生活に密接に関わるものであるから、明治改暦が社会に及ぼした影響は大きかった。この改暦は、実施までに間がなく、その報が人々にとって寝耳に水であったことも混乱に拍車をかけた。従来の明治六年暦（太陰太陽暦）も市中に既に出回るなか、明治五年一一月一二日、弘暦者であった降谷明晴（旧大経師）や菊澤藤造（旧院御経師）の耳にも改暦の第一報が入った。菊澤家の日記によると、同日両家は話し合い、「東京文部御省ヨリモ今ニ御沙汰モ無之候ニ付、全ク悪説ト申居帰宅致候」と、「悪説」として全く取り合っていない。ここからは、弘暦者ですら改暦について何も知らされていなかった様子が窺える。これまでの通説として、明治六年に改暦された背景として、同年の陰暦に閏月が入るため、官吏への給与を閏月分余計に支払わなければならず政府の財政を圧迫するからとした大隈重信による回顧談が引かれることが多い。明治改暦はどこまでも政府の都合による上からの施策で、庶民の生活への配慮はなかったと言えよう。

改暦により、一二月が二日間で終わり、突然「正月」が来る。明治六年一月の『日要新聞』には、次のような痛烈な風刺が掲載されている。「昨日はしはすの朔日にて、あすは天朝の一月一日ぢやといふ、然れば二日の一日に三十日のはたらきをせねばならぬ訳ぢやが、とても及ばねば、我らにはやはり徳川の正月がいい」。そして世の中に絶無の例であった晦日に月も出た。さらに暦面からは択日に使われた暦注が無くなり、明治六年一月には五節句の祝いも廃された。代わりに「天長節、紀元節などといふわけもわからぬ日を祝ふ」（『開化問答』）ことが求められる。一般の人心は頗る動揺、同年には敦賀県、鳥取県、福岡県などで政府の文明開化政策に反対し、太陽暦を廃止し従前の通り太陰暦に戻すことを訴えの一つに掲げた暴動まで起きた。改暦による生活秩序の転換はその後もなかなか上手くいかず、各地では、新暦は天朝様のお正月、旧暦は徳川様のお正月と唱えられ、旧暦が継続した。地域によっては、新暦のみ、旧暦のみ、ひと月遅れ、また新旧併用など種々の時間に則って生活が営まれるようになる。

明治改暦は、弘暦者が集う全国組織・頒暦商社の惣代・降谷明晴すらも与かり知らぬところで断行された。同社は、文部省に従い校正を受け、明治五年一〇月から暦の全国頒布を既に始めていた。突然の改暦によって、頒暦商社は、膨大な暦の残部を抱えることになり、莫大な損失を蒙ることとなる。惣代の降谷他三名は、改暦による大損害を蒙ったことへの対応を文部省に訴え出た。文部省はこれを受け、明治六年一月一二日付で弘暦者に三年間の弘暦専売と冥加金の免除を許した。これにより弘暦者は、明治七・八・九年暦の頒布を独占することとなる。（下村育世）

216 **太陰暦ヲ廃シ太陽暦ヲ行フ附詔書**

国立公文書館所蔵　明治五年（一八七二）

明治五年一一月九日に発表された改暦の布告により、同年一二月三日は明治六年一月一日となり、日本は有史以来使用し続けてきた太陰太陽暦から太陽暦へ乗り換えることとなった。これは、布告が発されるに至るまでの経緯が書かれた公文書である。塚本明毅（つかもとあきかた）による改暦の建議にはじまり、改暦直前には正院（せいいん）が諸省に改暦案について の「異存」の有無を問うという手続きを踏んで発表されたことがわかる。（下村）

217 **皇霊正辰並諸祭日改定**

国立公文書館所蔵　明治六年（一八七三）

改暦後の暦には、皇室関連の祝祭日や歴代天皇の忌日（きじつ）、神社の例祭日などが新たに掲載されるようになる。しかし改暦までにこれらを太陽暦に換算して提示することは間に合わなかった。政府は暦面に掲載された祝祭日の日取りは「当分御仮定」のものであるとする法令を出し確定版の発表を先延ばしにしたが、明治六年七月二〇日太政官布告第二五八号をもってこれらの日取りの推歩（すいほ）を終えた。これはそれを報告した公文書である。（下村）

十五
三十三
七月廿日（大本）
第二百五十八號
太陽暦ニ掲載ノ御祭日御祝日等ハ追テ確定スヘキ旨壬申第三百六十號布告候處今般歴世　皇靈以下御祭日及ヒ御祝日等月日相當推歩相成本月廿四日ヨリ別紙ノ通被改候條此旨布告候事
但成務天皇御祭典ハ己ニ被為濟一條天皇光明天皇後宇多天皇ハ本年限リ舊日ヲ以テ被為行候事
一神宮以下諸社御祭日ノ儀ハ舊暦定日ヲ新暦日ニ充テ尤從前干支ヲ用ヒ来リ候分ハ當年相當ノ日ヲ以テ永ク御祭日ト被定候事
一一月一日ヨリ一本年諸御祭日御祝日等ハ来七年甲戌暦面ニ掲載追テ頒行可致事

五節句廃止

民間で行われてきた年中行事は、太陽暦採用により季節感が合わなくなった。例えば五節句の一つのひな祭りは、旧暦では桃が盛り、桜が咲き出るという駘蕩（たいとう）たる好季節のはずが、新暦の三月ではひな壇に供える桃も咲いていない。現在では昔のことを知らないから、以前とは異なる季節感でもって定着した「ひな祭」がなされている。旧暦の六月一日には紫陽花（あじさい）をさげて厄除けする風習もあったが、新暦では紫陽花が咲かないため廃れてしまった。（下村）

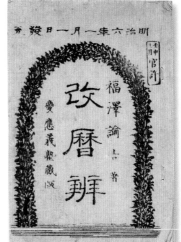

218　改暦弁

本館所蔵　明治六年（一八七三）

太陽暦の合理性と便利さを宣伝するために書かれ、爆発的な売り上げを記録したのが、新暦法採用と同じタイミングで発行された福沢諭吉による『改暦弁』である。太陽と地球の公転・自転を説明するのに、地球を丸行灯の周囲を回る独楽に例えたように平易な説明が特徴だが、「日本国中の人民此改暦を怪む人は必ず無学文盲の馬鹿者なり」とその論調は激しい。これを福沢は、改暦の詔書が発されて後、風邪で臥床中のところ六時間ほどで執筆したという。（下村）

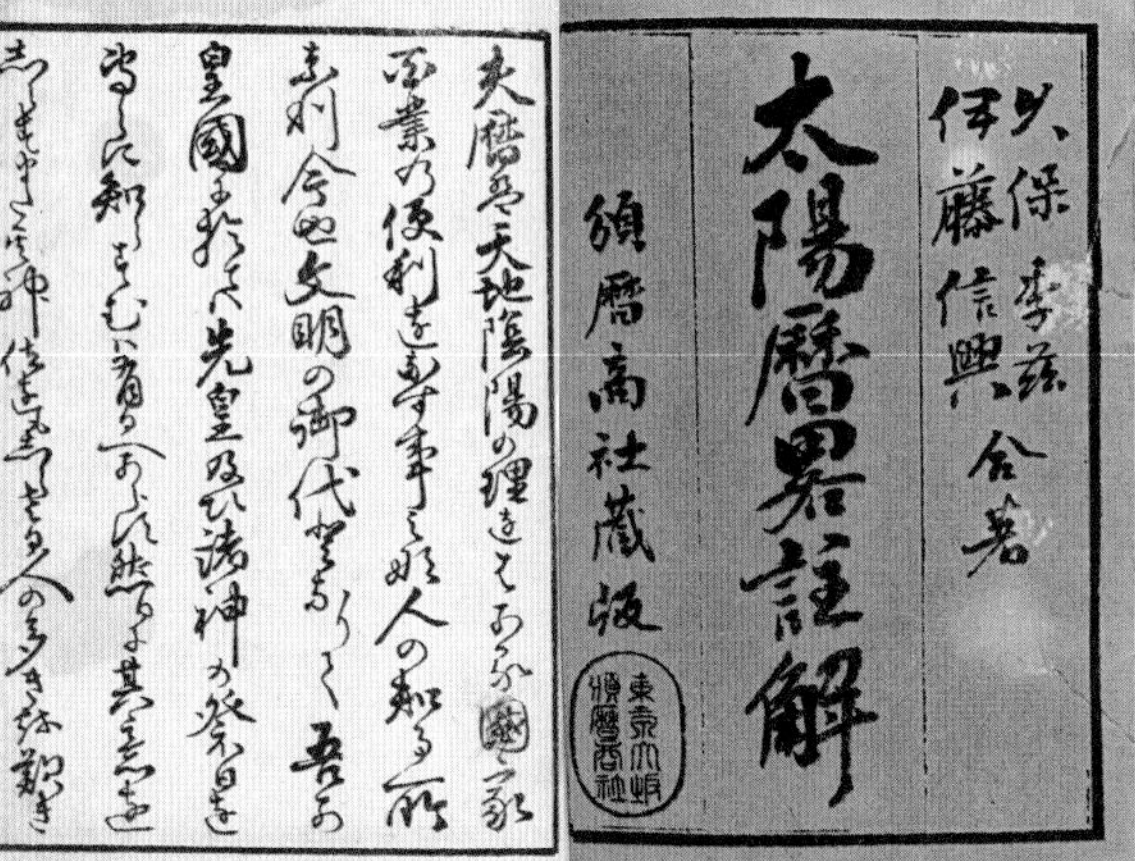

219　太陽暦略註解

個人蔵　明治一〇年（一八七七）

頒暦商社社長・林立守の出版による、太陽暦と暦面掲載事項の解説本である。前半は祝祭日、歴代天皇の忌日、官幣社の例祭日、後半は二十四節気、日蝕・月蝕、八十八夜などの解説という構成。改暦により暦面から陰陽道に基づく暦注が一掃され、代わりに多くの忌日と例祭日が新たに掲載された。近世陰陽道との関わりの否定と、近代神社神道との接続を象徴的に見ることができる。（下村）

220　明治二十二年両暦使用取調書

国立天文台所蔵　明治二二年（一八八九）

明治二二年、東京天文台の初代台長・寺尾寿は、日本全国の郡区に管下の新旧暦の使用状況の調査を依頼、得られた報告書を六分冊に編綴した。これはその報告書で、ほぼ悉皆的に当時の全国の状況を知りうる貴重な史料である。これは印旛郡の報告書である（国立歴史民俗博物館が所在する佐倉市は、当時の印旛郡にあった）。同郡では、旧暦と新暦の使用はほぼ半々、やや旧暦使用が多い状況であると、町村数を挙げて報告されている。（下村）

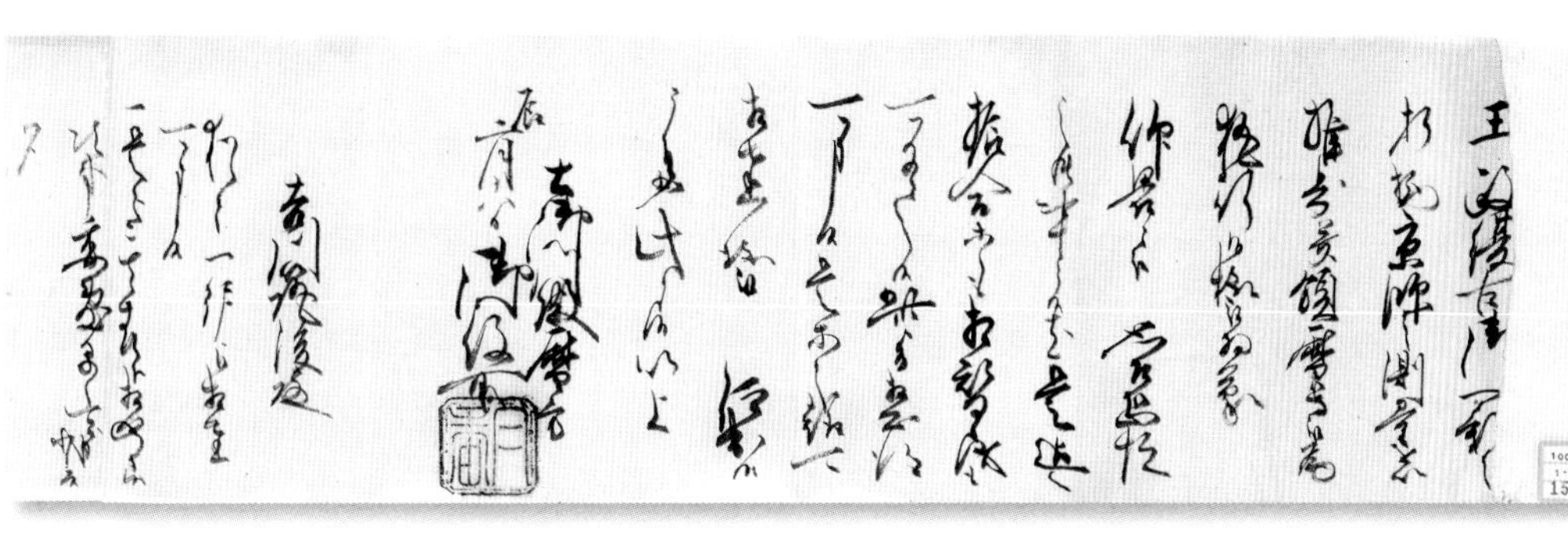

221
維新以後頒暦ニ付達状
本館所蔵　吉川家文書
慶応四年（一八六八）

王政復古の大号令が発された直後の慶応四年二月一日、土御門家の当主・晴雄は「王政復古御一新之折柄」として、朝廷が「推暦」を握り、土御門家が担った古き体制に復して欲しいと訴え出た。これは即日承認され、土御門家は幕府天文方から編暦権を奪取、さらに頒暦権も掌中にした。土御門家による「御一新」後の暦道支配の報は、同家配下であった吉川家に、同月一八日付で土御門家暦役所から届いている。

（下村）

222
頒暦取締達状写
（弘暦者ノ外暦本取扱ヲ禁ス）
本館所蔵　吉川家文書
明治三年（一八七〇）

これは、明治三年四月二二日の太政官布告、弘暦者以外の頒暦取り扱いを禁ずる法令の写しである。同年二月、天文暦道は大学に新設された天文暦道局に所管されることとなり、編暦・頒暦の事務はここに移された。土御門家から政府に弘暦支配の権限が移るなか、固唾を呑んで情勢を見守っていた同家配下の弘暦者にとって、本法令は、政府が頒暦の実務を今後も保証してくれることを示す朗報であった。吉川家にはこの写しが大切に受け継がれた。

（下村）

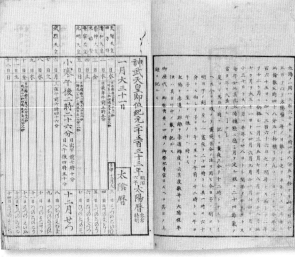

223　新旧明治六年暦

（旧暦）本館所蔵　吉川家文書　（新暦）個人蔵
明治五年（一八七二）

改暦の布告が発された時には、明治六年暦（旧暦）の頒布が既に始まっていたため、明治六年には新旧両暦が市中に流通した。政府による厳正なる校正を受けるという正式な製造工程を経て、暦を頒布した全国の弘暦者にとって、改暦は寝耳に水の事態であり、金銭的な大損失となった。同じ年の暦であるが、暦面は全く異なる。旧暦には中下段に暦注が見られるが、新暦では削られ、欄外上に歴代天皇の忌日、元始祭などの皇室の祭祀日が新たに加わった。（下村）

旧暦

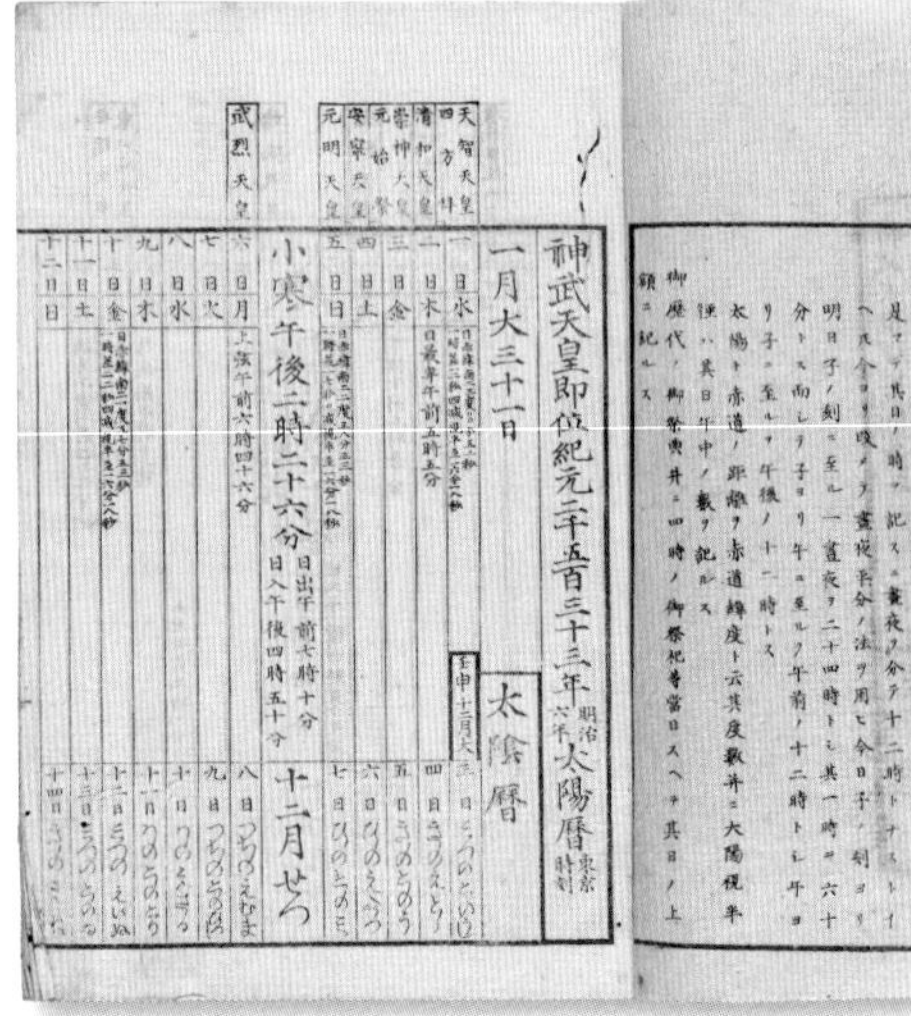

新暦

224　明治九年太陽暦と太陽略暦（本暦と略本暦）

本館所蔵　吉川家文書　明治八年（一八七五）

政府から公認を受け流通した官暦は、「本暦」と「略本暦」と称された暦本である。本暦は官衙や学校などに、略本暦は主に一般の人々の手に渡った。いずれも冊子形式であるが、略本暦は本暦の簡易版で判型もコンパクトである。この明治九年暦は「略暦」とあるが、後に名称が定まる「略本暦」のことである。共に金銭と引き換えで流通している。近世期には賦暦師であった吉川家であるが、近代に入ると「売暦」に携わっていることが窺える。（下村）

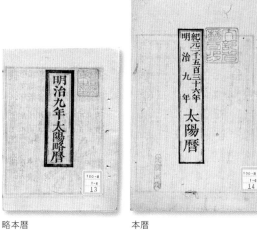

略本暦　本暦

持場分界

近代における各地の弘暦者の頒暦持場を図示したものである。全国の弘暦者は持場を確認し合い、その結果は弘暦者惣代・降谷明晴により政府に報告された。「伊勢」が東北から九州地方まで、「京都」が日本海側をほぼ牛耳っていることからも、旧伊勢暦と旧京暦の分布範囲の広さが窺える。奈良弘暦者の持場は、大和と伊賀の二ヵ国のみである。

また明治三年四月に上納された明治三年暦の冥加金の額からも、伊勢（勢州）弘暦者の負担割合は圧倒的に大きいことがわかる。各地の弘暦者は各々の持場に暦を頒布したため、持場の広狭により冥加金の上納額に違いが生じた。奈良弘暦者は「南部山村左門外一人分」と「南部吉川辰治分」にあたるが、両者を合算しても上納額は全国最低で、負担割合は全国の約一％に過ぎない。（下村）

表12　明治3年暦冥加金（明治2年より頒暦、諸経費差し引き前）

弘暦者	金額	割合
勢州　宇治山田弘暦者九人分	1631両3分3朱銭425文	56.9%
東京弘暦者分	271両2朱銭313文	9.5%
京都　降谷明晴分	254両2分1朱銭135文	8.9%
大坂　松浦善右衛門分	216両1分銭337文	7.5%
京都　中嶋利右衛門分＊	107両3分3朱銭538文	3.7%
京都　河合弥七郎分	102両3分銭147文	3.6%
京都　菊澤藤蔵分	75両3分2朱銭400文	2.6%
奥州会津　菊池庄右衛門分	57両2分銭1文	2.0%
勢州　加茂杉太夫分	46両2分1朱銭284文	1.6%
豆州三島　河合龍節分	36両1分銭363文	1.3%
仙台領分	36両3分	1.3%
南部　吉川辰治分	17両2朱銭190文	0.6%
南部　山村左門外一人分	12両3朱銭573文	0.4%
計	2866両3分銭3貫726文	99.9%

＊「利左衛門」の誤記か。
『太政類典』第一編・第二巻（太00002100、国立公文書館蔵）を元に、負担割合も試算し加筆した。

表13　領暦商社のメンバーと持場（色分けは次頁図24・25に対応）

	吉川家文書(7-85)明治3年		吉川家文書(7-100)明治9年	
弘暦者	持場国名	持場国数	持場国名	持場国数
伊勢弘暦者	伊勢半国、志摩、三河、遠江、飛騨、信濃、上野、下野、羽前、羽後、阿波、淡路、讃岐、伊予、土佐、肥前、肥後、日向、薩摩、壱岐、対馬、大隅、石見、美作、佐渡	24ヵ国半	伊勢半国、志摩、尾張、三河、遠江、美濃、飛騨、信濃、淡路、阿波、讃岐、伊予、土佐、肥前、豊後、日向、大隅、薩摩、壱岐、対馬、石見、美作、佐渡	22ヵ国半
伊勢丹生(加茂杦太夫)	紀州、隠岐、勢州半国	2ヵ国半	伊勢半国、紀州、隠岐	2ヵ国半
京都(降谷明晴)	山城半国、近江、越前、越後、丹波、丹後、但馬、因幡、伯耆、出雲	9ヵ国半	山城半国、近江、越後、丹波、丹後、但馬、因幡、伯耆、出雲	8ヵ国半
京都(菊澤藤蔵)	山城半国、若狭、加賀、能登、越中	4ヵ国半	山城半国、若狭、加賀、能登、越中	4ヵ国半
京都(中嶌利左衛門)	筑前、筑後、豊前、豊後、蝦夷半国	4ヵ国半	筑前、筑後、豊前、肥後、北海道内	4ヵ国半
京都(川合弥七郎)	美濃、尾張、周防、長門	4ヵ国	越前、周防、長門、安芸、北海道内	4ヵ国半
大阪(松浦善右衛門)	摂津、河内、和泉、播磨、備中、備前、備後、安芸	8ヵ国	和泉、河内、摂津、播磨、備前、備中、備後	7ヵ国
会津弘暦者	岩城、岩代、陸奥、松前	4ヵ国	磐城、岩代、陸中、羽前、羽前＊	5ヵ国
三嶋(河合龍節)	伊豆、相模、駿河、甲斐、安房	5ヵ国	伊豆、相模、安房、駿河、甲斐	5ヵ国
東京弘暦者	武蔵、上総、下総、常陸、陸中、陸前、箱館、蝦夷半国	7ヵ国半	武蔵、上総、下総、常陸、上野、下野、陸前、陸奥	8ヵ国
南都弘暦者	大和、伊賀	2ヵ国	伊賀、大和	2ヵ国

＊「羽後」の誤記か。　明治9年の持場国数などは、筆者により書き加えた。

弘暦者の頒暦持場分布（明治3年）

- 伊勢弘暦者
- 伊勢丹生（加茂杦太夫）
- 京都（降谷明晴）
- 京都（菊澤藤蔵）
- 京都（中嶌利左衛門）
- 京都（川合弥七郎）
- 大阪（松浦善右衛門）
- 会津弘暦者
- 三嶋（河合龍節）
- 東京弘暦者
- 南部弘暦者

蝦夷
松前
箱館
陸奥
羽後
陸中
羽前
陸前
佐渡
岩代
磐城
能登
越後
越中
下野
上野
加賀
常陸
隠岐
飛騨
信濃
山城
越前
武蔵
若狭
甲斐
下総
丹後
美濃
相模
上総
出雲
伯耆
因幡
但馬
丹波
近江
尾張
駿河
美作
三河
石見
遠江
伊豆
安房
備後
備中
備前
播磨
摂津
安芸
淡路
伊勢
対馬
大和
志摩
長門
周防
讃岐
阿波
壱岐
和泉
紀伊
伊賀
伊予
土佐
河内
筑前
豊前
肥前
筑後
豊後
肥後
日向
薩摩
大隅
琉球

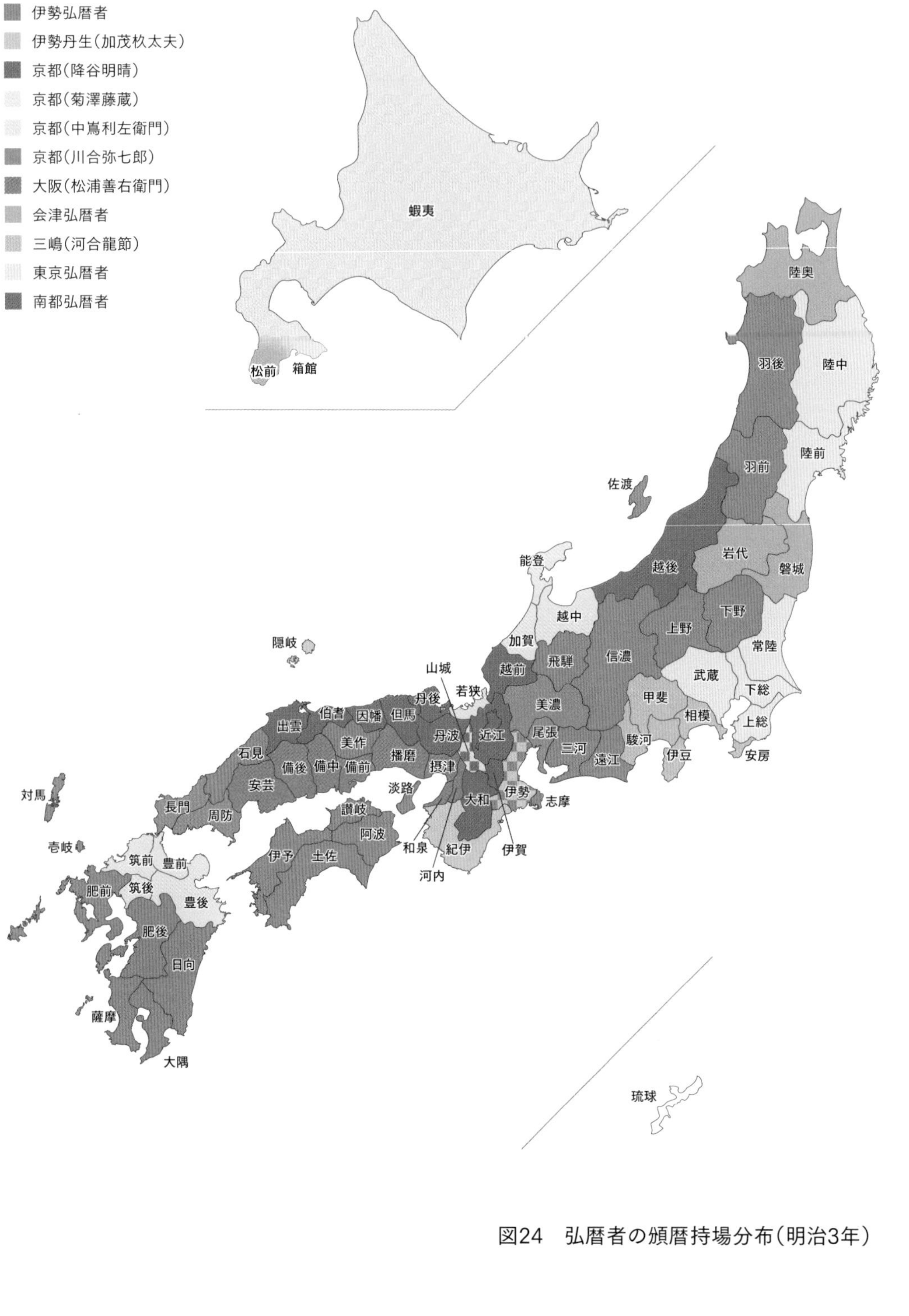

図24　弘暦者の頒暦持場分布（明治3年）

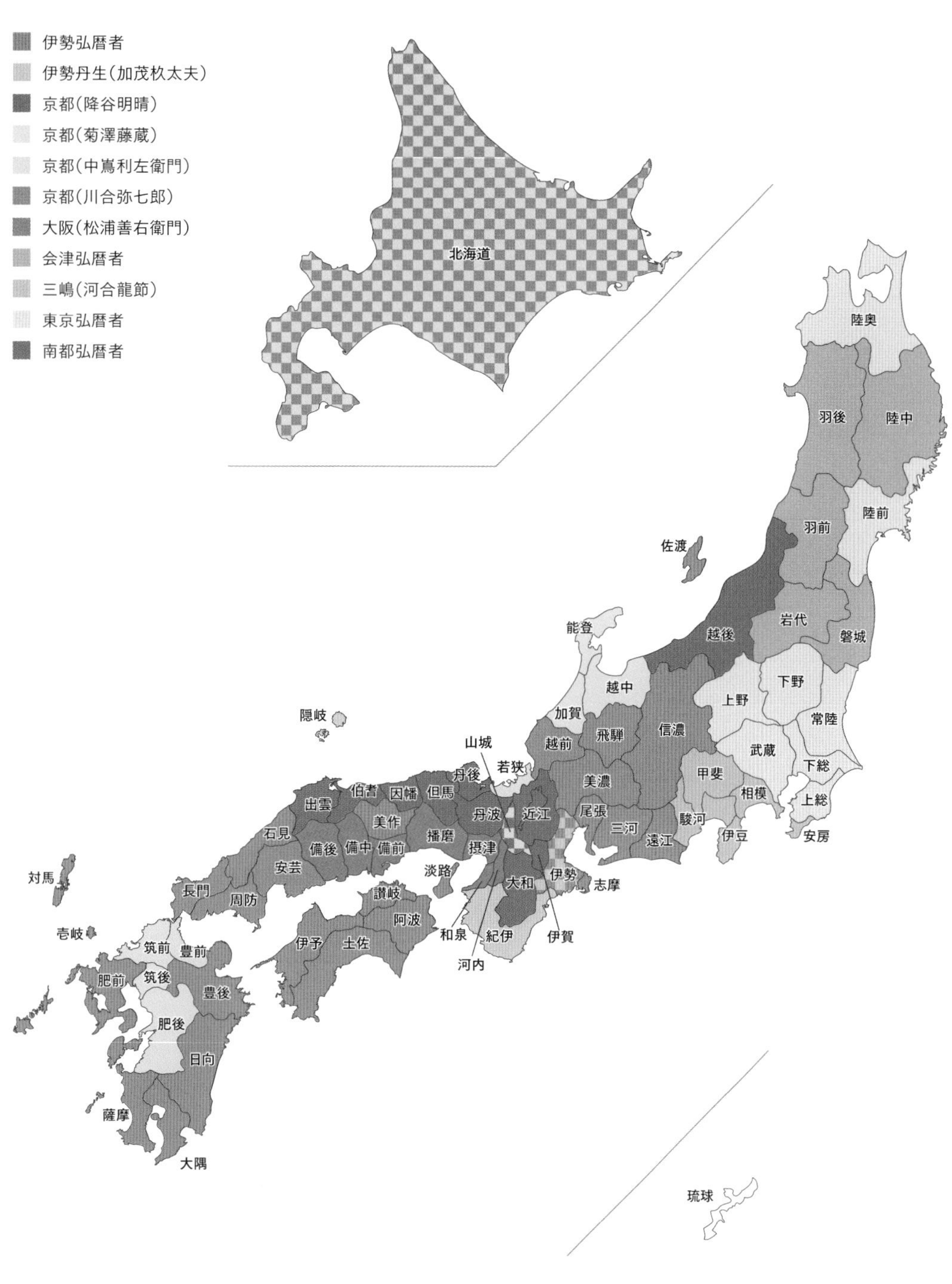

図25　弘暦者の頒暦持場分布（明治9年）

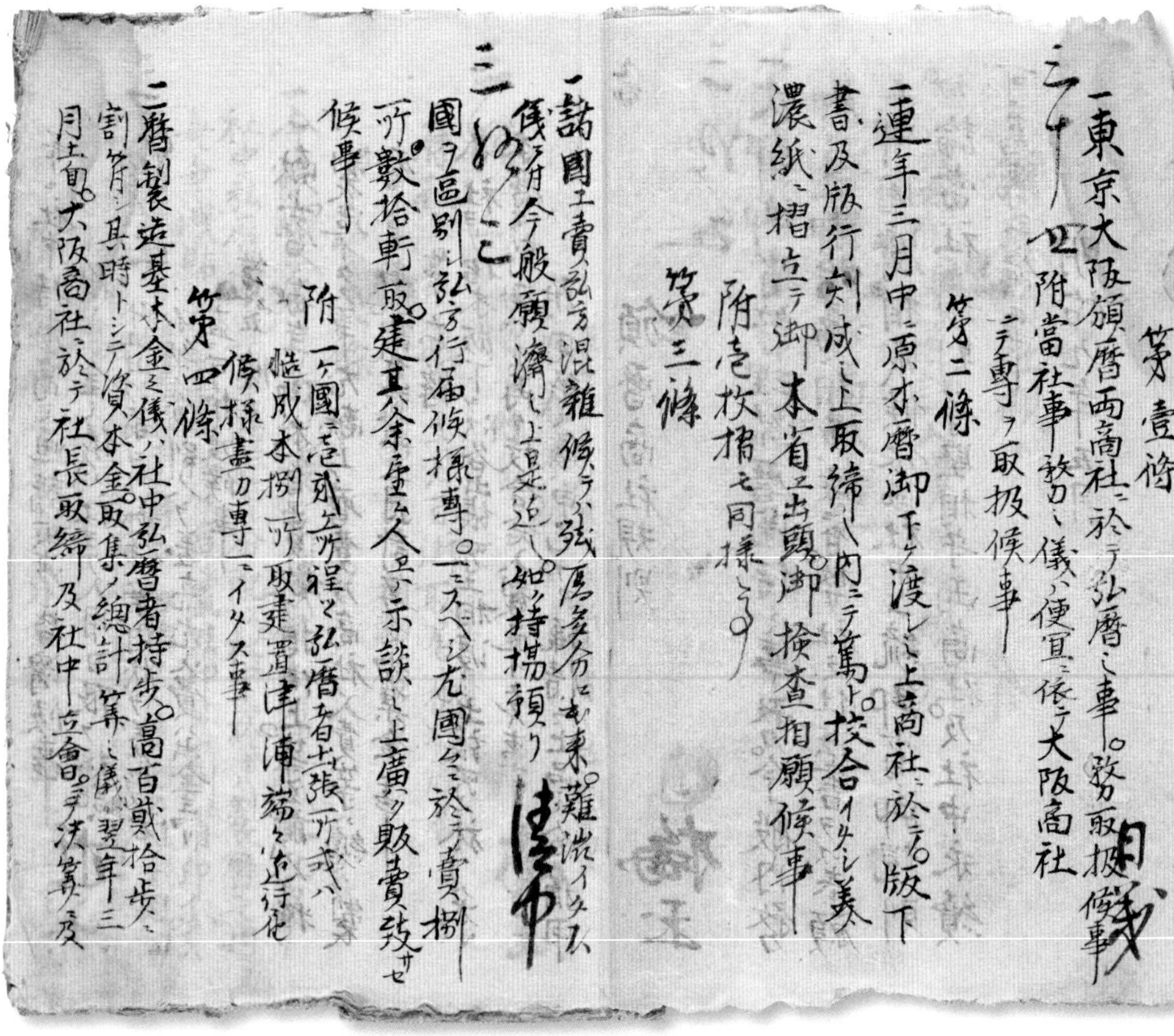

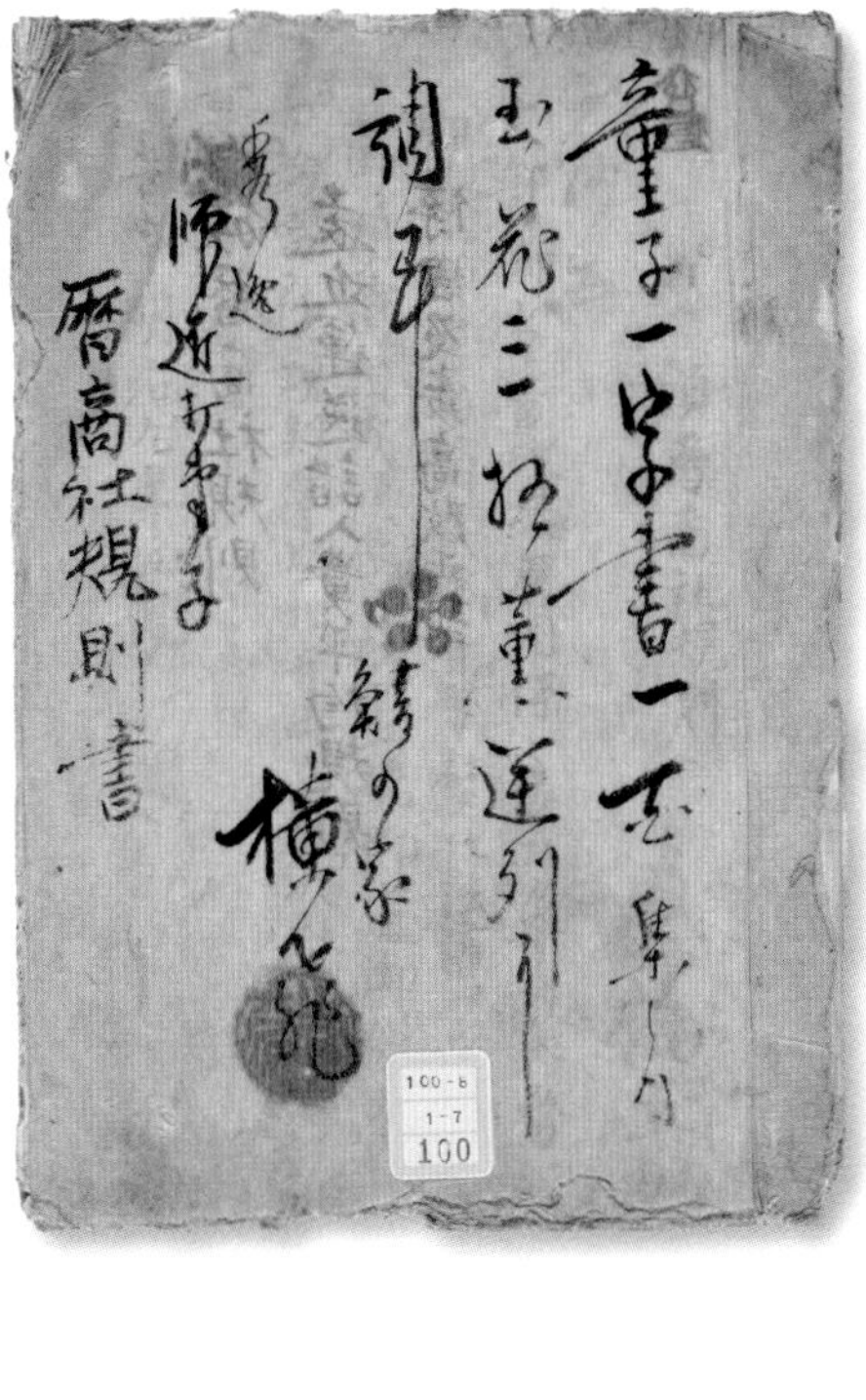

225

暦商社規則書

本館所蔵　吉川家文書　明治九年（一八七六）

明治九年五月付の全二五条から成る頒暦商社の規則書。頒暦商社にさらに五年間の専売権が認められた直後に作成されたものとみられ、社中の守るべき規則が記される。全国の弘暦者の名前や、旧国名ごとの持場分界も改めて確認された。惣代は降谷明晴のままだが、林立守が同社社長に就任している。毎年三月中に原本暦が下げ渡され、同社にて版下書と版行を作成し、校合した上で美濃紙に摺り立て、内務省に提出、検査を願うとある。（下村）

（2）さらば陰陽師

明治一五年までは、政府は頒暦について期限付きの施策を重ねることでしのぎ、官許を得た各地の弘暦者が暦本を開版し頒布していた。しかし、「一個人若クハ一商社ニ対シ専売ヲ許与スルハ不公平」とした不満の声があがっていたこともあり、明治一五年四月二六日、「本暦並略本暦ハ伊勢神宮ヨリ頒布シ一枚摺略暦ハ出版条例ニ準拠シ出版スルヲ得」として神宮司庁に頒暦の権限を一任する方策が打ち出される。内務省の見解によれば、中世以来神宮の師職より毎年大麻（御祓大麻）とともに暦は全国に頒布され、その実績が数百年に及ぶことは広く知られており、「自今頒暦ヲ神宮ニ付属セラレ候共中古以来ノ慣行ニ復スルニ過キス」とされ、神宮司庁による暦の頒布は伊勢暦に起原がある「慣行」であるから自然な成り行きとして正当化されることとなる。

これは、近世期の暦の製造・頒布方法を基とした暦の頒布システムがこれを機に打ち切られることを意味する、近代日本の頒暦の一大変革であった。この一連の動きのなか、吉川家をはじめとする頒暦商社のメンバーはただ指をくわえて既得権の危ぶまれる状況を静観していたわけではない。商社をすぐさま解散させ、同社社長であった林立守を組長に新たに据えなおし頒暦林組を結成、神宮司庁より暦の製造・頒布の委託を受け、明治一六年暦の頒暦にあたるなど、暦業の継続を必死に模索している。しかし林組の活動は長く続くことはなく、明治一七年暦の製造を最後に幕を閉じる。内務省が、明治一六年一〇月に林組への頒暦委託を取り消す方向に動き、林組は明治一八年暦からは頒暦に携わることが制度的にできなくなったからである。林組は明治一七年暦の製造頒布を最後に、暦に関わる一切の権限を失った。これまで暦業の継続を必死で模索し続けてきた吉川家も、ここで二〇〇年以上にわたる暦に関わる家業を断絶させ、後に暦業とは関わりのない「文海堂」という屋号で筆墨商に転じている。それに代わり、神宮司庁が暦を製造し、製造料と手数料を徴した上で神宮教に下付し、頒布を委託する体制が幕を開ける。神宮教を通じたルート以外から、暦を頒布することは叶わなくなった。

土御門配下の多くの陰陽師は、明治三年閏一〇月の天社神道廃止令により、土御門被官として保障された身分と特権を剥奪され、歴史の表舞台から消え去った。吉川家のような陰陽師はやや例外的で、土御門家配下の陰陽師であったが暦師も兼任していたこともあり、陰陽師の身分を失ってもなお、暦師としての活動に活路を見出し、すべての家職の途絶から免れることができた。同家は、その後神宮からの頒暦制度成立まで暦業に公的に携わったこともあり、その後の動向も比較的判明している「陰陽師」でもある。とはいえ近世期に長らく活動していた陰陽師たちの多くが、近代以降どうなったのか、実はあまりよくわかっていない。今後の研究が俟たれる領域と言える。（下村育世）

226
本暦幷略本暦伊勢神宮ニ於テ頒布一枚摺略暦ハ何人ニ限ラス出版准許

国立公文書館所蔵　明治一五年（一八八二）

明治一五年四月二六日付太政官布達第八号により、官暦（本暦と略本暦）は伊勢神宮から頒布されることとなった。これはその法令成立までの経緯がわかる公文書で、内務省による法令の意義や背景など、政府内における意思決定過程を窺うことができる。加えて同布達では、従来は公許を要した「一枚摺略暦」を誰でも自由に印刷頒布できるとした。これに商機を見た商人たちにより、一枚摺の引札暦や日めくりが隆盛することとなる。（下村）

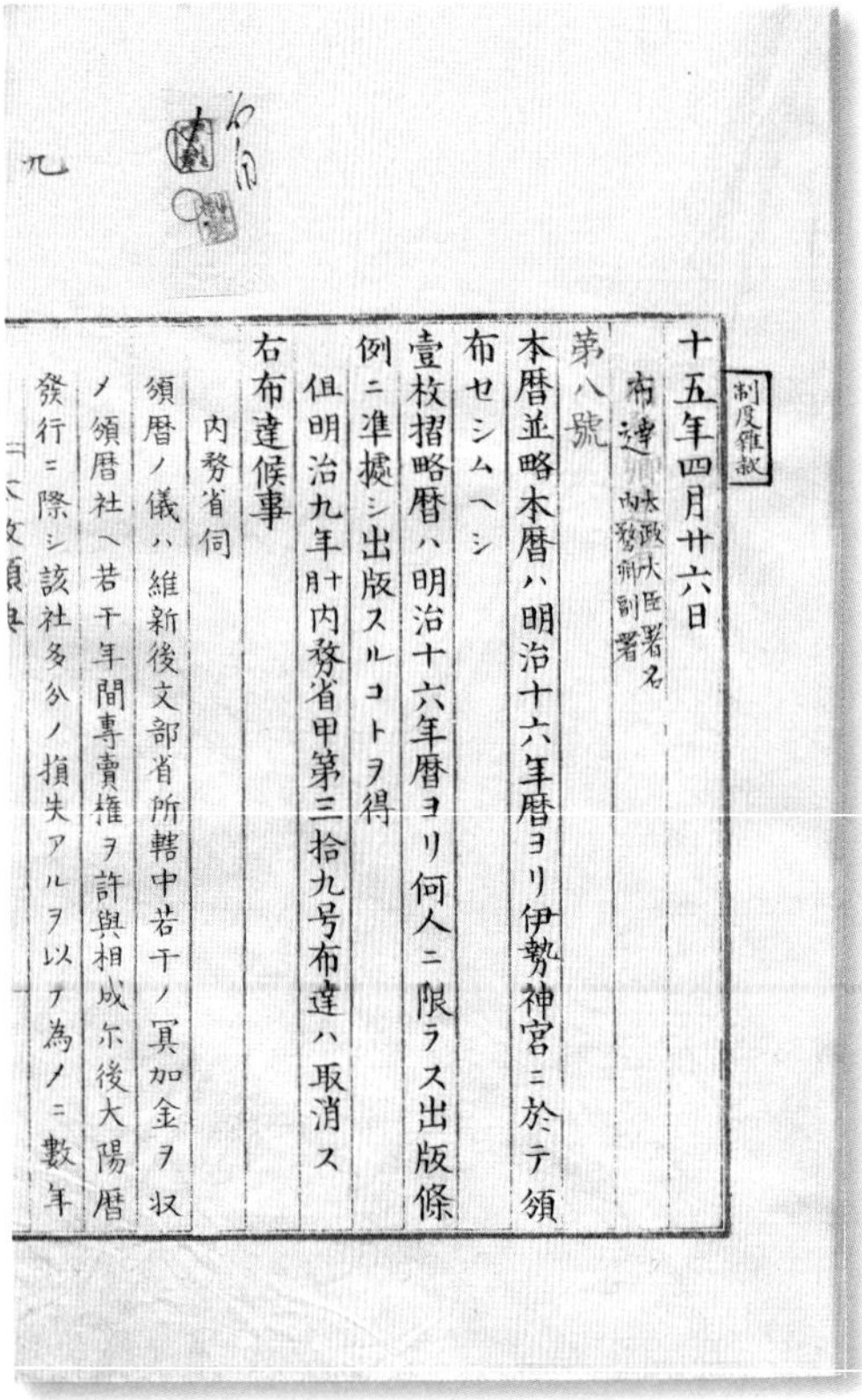

227
頒暦取扱規則

本館所蔵　吉川家文書　明治一五年（一八八二）

神宮司庁は当初、暦の製造と頒布を頒暦商社社長・林立守に委託した。林は同社を解散、頒暦林組を改めて結成しそれを請け負った。これは明治一五年八月の同組の規則が記されたもので、製造した暦には、（従来とは異なる）頒暦証の印紙を貼る（第二条）、「遠闊辺鄙」の地にも暦を行き届かせる（第三条）、頒暦は全国同一日から同一価格で行う（第四条）、偽暦販売を見つけた際には、買い求め、本店に詳細を知らせる（第五条）ことなどが定められた。（下村）

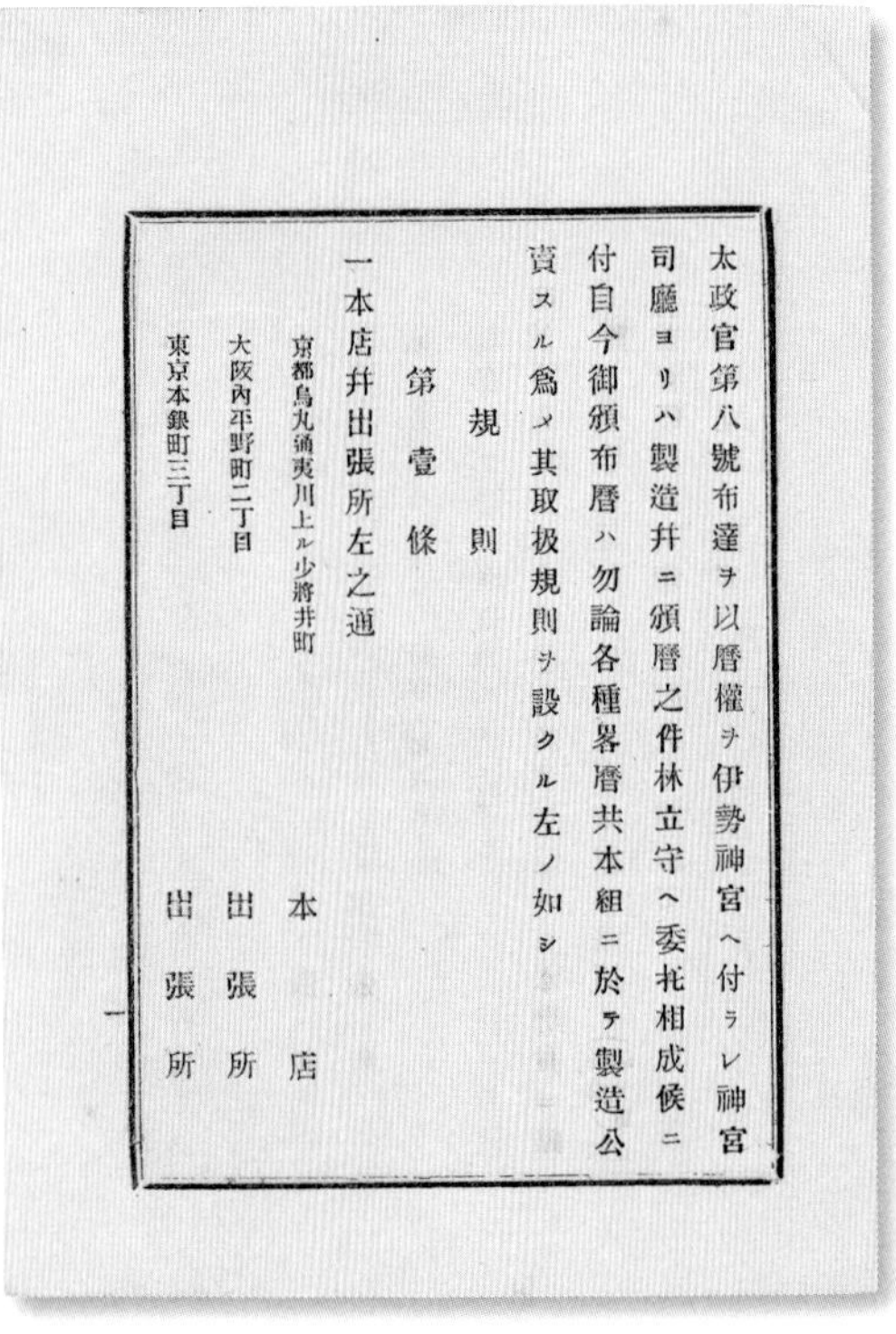

228 **退組御願（林組退組）**

本館所蔵　吉川家文書
明治一七年（一八八四）

奈良弘暦者も惣代・藤本正巳を中心として林組に参加した。吉川家も明治一五年五月、林組に加わり、頒暦家業の継続をはかった。しかし組員としての同家の活動は、制度的改革もあり、長くは続かなかった。明治一七年八月二三日、吉川辰二は林組組長・林原吾（立守の息子）宛てに「退組御願」を提出した。こうして同家の林組としての活動は約二年で幕を閉じ、二〇〇年以上にわたる暦家業を廃絶させることとなった。

（下村）

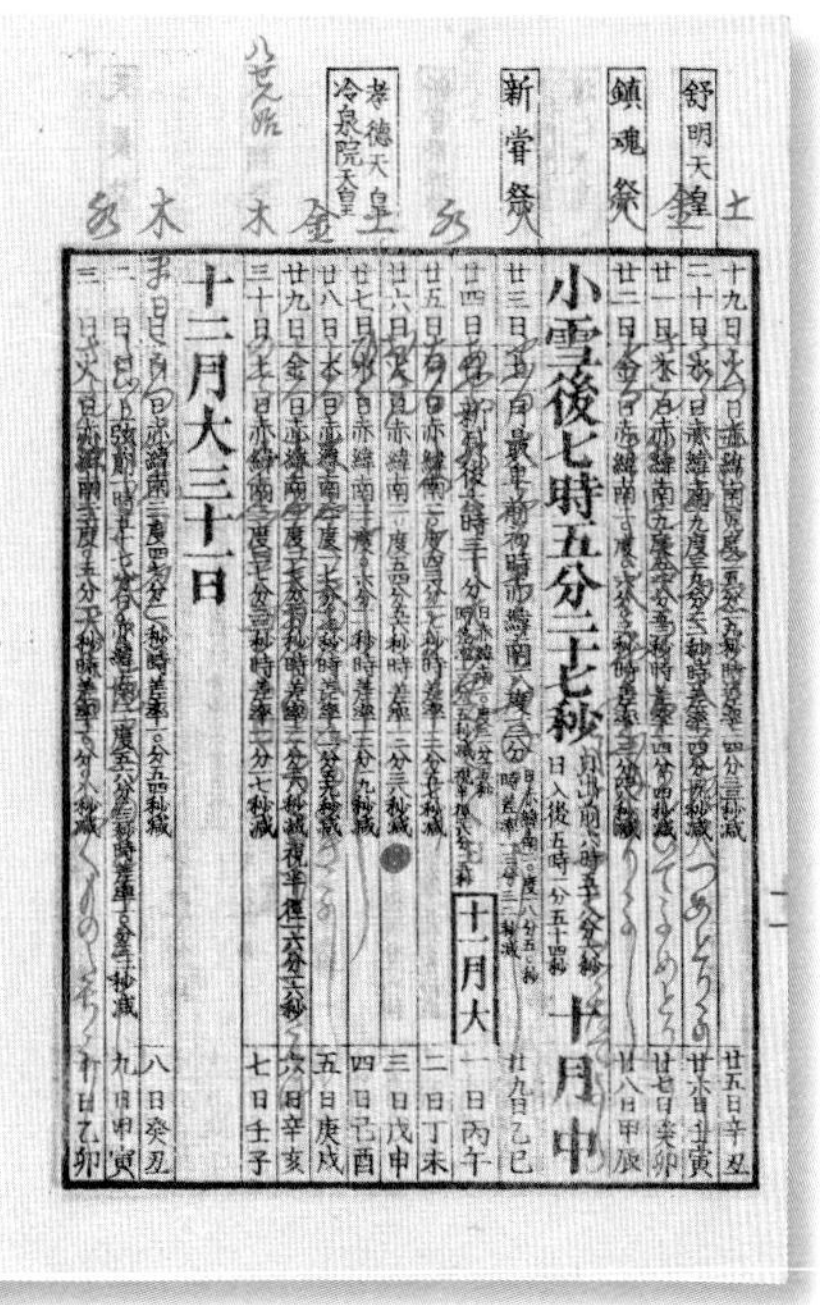

229 **明治十一年太陽暦**

本館所蔵　吉川家文書
明治一〇年（一八七七）

土御門家が撤退して後、吉川家は陰陽師の身分を喪失、公的には弘暦者の活動のみを継続させるが、図で掲げた「明治十一年太陽暦」のように暦面に暦注の書き込みを断続的に行っている。私的な心覚えとして書き記したとも考えられるが、日取りの吉凶や日々の行動指針を示すといった従来の陰陽師の活動を非公式に継続していた可能性を否定できない。また占いにかかわる書も継続して収集している。

（下村）

2

近代国家と暦

明治一五年の太政官布達第八号により、暦は伊勢神宮（神宮司庁）から公的に頒布されることが決まった。これは近代の暦の通行制度において、最大の変革と言い得るものである。それまでの明治政府の暦の通行に関わる方針は、様々な弥縫策の結果として、短期間での異動を繰り返してきた。暦の全国頒布の局面でも、期限付きの法令が積み重ねられた末に、近世期に活躍した暦師や暦問屋を再編成した全国組織・頒暦商社に委ねられてきた。しかし、伊勢神宮からの頒暦制度の成立により、旧幕時代の人材や頒布システムの再利用はここで終わりを告げる。

暦の通行には、大きく分けると、暦の編纂、製造、頒布という三つのプロセスがある。それぞれの内実は大きく異なるため、行政上の所管も異なることが多いが、神宮司庁による頒暦体制が成立するまでは、暦の編纂、（製造と）頒布という二つのプロセスで把握することができる。頒暦には当然のごとく造暦も含むものとされていた。近世期の奈良暦師・吉川家も暦を頒布するにあたり、自家で暦を摺っていたし、近代初期の頒暦商社の時代においても同様であった。しかし近代の通行制度に神宮司庁が関わるようになると、神宮司庁が造暦するものの、その暦を全国に頒布するのは委嘱を受けた神宮教院となる。その後、頒暦事務は先の敗戦まで神宮関係機関に所管され続け、頒暦は神宮奉斎会や全国神職会などに委嘱されるが、造暦は所管機関が担い続けた。神宮からの頒暦制度の成立は、これまでは見えにくかった暦の製造の局面を分化させたと見ることもできる。

既に述べたように、伊勢神宮からの頒暦は、伊勢の御師による伊勢暦の頒布という慣行への復帰であると理由づけられた。神宮から頒暦することは、暦を神宮大麻（神宮の神札）とともに頒布することで、長い「伝統」があるとされたわけである。近世期の伊勢御師は、御祓大麻に添えた土産物として、暦を全国の檀家に届けたことはよく知られる。しかし御師の営みは私的であったうえ、明治四年に御師は廃止され、御祓大麻と伊勢暦の頒布の伝統はそこで途絶えた。代わって創出されたのが神宮大麻（以下、大麻）で、その頒布制度は公的なものとなった。伊勢暦の「伝統」をもって正統化された伊勢神宮による暦の公的な頒布は、近世とは全く異なる形式のもので、近代の制度的条件のなかで成立した「伝統の創造」である。

伊勢神宮による頒暦制度の成立により、暦の通行制度は神社神道との関わりを密にしていく。通行制度だけに着目すると、それまで神社神道との関わりはなかったようにも見える。しかし国家の祝祭日や神社の例祭日といった暦面に掲載された諸事項の存在は、暦と神社や神道との深い繋がりを以前から有していたと見ることもできる。明治改暦時に新たに登場した暦面掲載事項は、神道や神社との関わりが既に胚胎していたことを示している。

官暦は、その後先の敗戦まで、伊勢神宮（や神宮関係機関）から大麻とともに頒布され、内地だけでなく、版図拡大に伴い「外地」にも頒布範囲を拡大させていく。頒布というと無料のような印象を与えるかもしれないが、有償である。暦の頒布には莫大な金銭が動いていた。

ここで官暦以外についても一言しておきたい。日本人は日にちを知るのにもっぱら暦を用いてきたが、時代が下ると、時を知る同様の機能を持つもの、日めくりカレンダー（日表）や西洋式カレンダー（月表）なども使うようになる。今では、後から登場したカレンダーが、暦に代わって主役の座を奪った形となった。戦前の様々な形態の暦、Calendarの登場についても併せて見ていきたい。

（下村育世）

（1）神宮の暦の時代

伊勢神宮による頒暦制度の成立により、暦の通行制度は国家的な神道・神社との密接な関係を築いていく。それは、神宮による頒暦の所管という通行制度上のみにとどまらない。

明治一五年以降、神宮司庁は以前からの神宮大麻の頒布事務に加え、暦のそれをも所管することになった。その後先の敗戦まで、大麻と暦は常に一体のものとして、同一の法令によって同一機関に管掌され、同一機関で製造頒布され、頒布ルートも共有し同一の頒布者によって全国の人々の手に渡った。暦の全国頒布は時期により、神宮教、神宮奉斎会、全国神職会などの構成員を中心とした人々が担ったが、彼らは大麻の頒布者でもあった。大麻と暦は神宮の敷地内の同一建物内で製造されたが、とりわけ神聖な対象とされる大麻の製造に関わる職工は毎朝潔斎を行ない所定の白衣を着用し神宮遥拝の後に職務に着手するといった厳しい規則に服した。暦の職工も所定の白衣着用が義務付けられるなどそれに準じていた。また大麻と暦はその製造と頒布の過程における折々の神道式儀礼、例えば神宮神楽殿で行われた「神宮大麻及暦頒布始奉告祭」などを共有し、同時に神前に供されている。また大正期くらいから、この始奉告祭が執り行われる時期にあわせて、神社局長による大麻と暦の普及促進への尽力を乞うとする頒布奨励についての通牒が、各地方長官に発されるようになる。昭和期に入るとほぼ毎年発されるこれら通牒類からは、政府も大麻と暦を一体のものとして把握・理解していたことが窺えよう。

近代日本において、暦本は一貫して統制され、公的には官暦以外の暦本の流通は禁じられた。しかし慣れ親しんできた暦注の掲載のない官暦では、人々の欲求を満足させることはできなかった。旧暦や暦注への需要は依然として高く、見つかり次第、没収・発禁処分を課されるものの、多様な暦本がひそかに出回った。これらは「お化け暦」といわれ、暦でありながら「農家便覧」などと銘打ちそのことを正面にうたわず、主として旧暦とそれに伴う暦注を記した。一枚摺の略暦も当初は統制対象であったが、明治一五年、出版条例に準拠して一枚摺の暦なら誰でも作ることができるようになる。この自由化を機に、とりわけ大阪で、広告媒体として引札暦の生産が盛んになったと言われている。引札とは商店や問屋などの名前や商品名を入れた広告ちらしを指し、これに暦を入れ年末に顧客に配布することで、実用を兼ねた顧客サービスとするとともに、一年を通じて柱や壁に貼ってもらうことによる宣伝目的も兼ねたため、多色摺りで意匠を凝らした美しい暦の製作にしのぎが削られた。明治三〇年代になると、日めくりも会社などの宣伝用に製造販売されるようになる。また明治四一年には、文部省告示第二三五号により官暦の暦面に記載され続けた旧暦の日取りを削除することが決まった。これは、旧暦を掲載し続けた日めくりにさらなる追い風となり、明治末から大正にかけて需要が伸び、昭和一〇年代に全盛期を迎えることとなる。

昭和戦中期には、政府による官暦の頒布奨励も目立って行われるようになり、頒暦数も伸長する。昭和一六年以降は、戦時体制のなかで民間の暦の統制が強化されたことも手伝い、頒暦数は加速度的に伸長し、昭和一八年には最高値の約五〇〇万部を記録した。　（下村育世）

230

明治十六年暦（官暦）

本館所蔵　吉川家文書
明治一五年（一八八二）

この「明治十六年暦」は、伊勢神宮から公的に頒布された最初の暦である。実際にはこの時期はまだ神宮による頒暦体制は流動的で、頒暦に通暁した林組に頼る状況であった。林組は暦の頒布だけでなく、製造も行った。表紙には公的な手続きを経た暦であることを証する神宮司庁発行の頒暦証印紙が貼られ、林組の消印が押されてある。奥付には、頒暦製造御用として林組長・林立守（たてもり）と吉川辰二の名前がある。（下村）

231 お化け暦

個人蔵

明治・大正・昭和期（戦前）

「お化け」と呼ばれるのは、官憲の眼を逃れるため、出没自在、編集発行人の正体も不明で「足がつかない」という特徴からである。官暦のうちの「略本暦（りゃくほんれき）」に準じた形をとり、大きさは縦一五センチ、横一〇センチ程度の小冊子である。「農家便覧」、「九星表」、「方位便覧」といったように、「暦」という言葉を巧みに避けた表題をつける。隅に穴があるのは、そこに紐をとおしてつるし、日々参照されたことを窺わせる。（下村）

232
戦前の日めくり・西洋式カレンダー・引札

（日めくり・西洋式カレンダー）
新日本カレンダー株式会社所蔵
（引札）個人蔵　明治・大正・昭和期（戦前）

戦前の日本の日めくり製造のメッカは関西、とりわけ大阪であった。そこに大正一一年から営業を続ける新日本カレンダー株式会社がある。同社は日めくりを主力商品としながら、西洋式カレンダー、団扇（うちわ）の製造も行っていた。同社製の日めくりで残っているものは、ほとんどが表紙のみである。名刺くらいのサイズである表紙には、意匠を凝らした絵が施される。台紙に広告主の名前を入れて、主に広告用商品として販売された。（下村）

戦前の西洋式カレンダー

戦前の日めくり

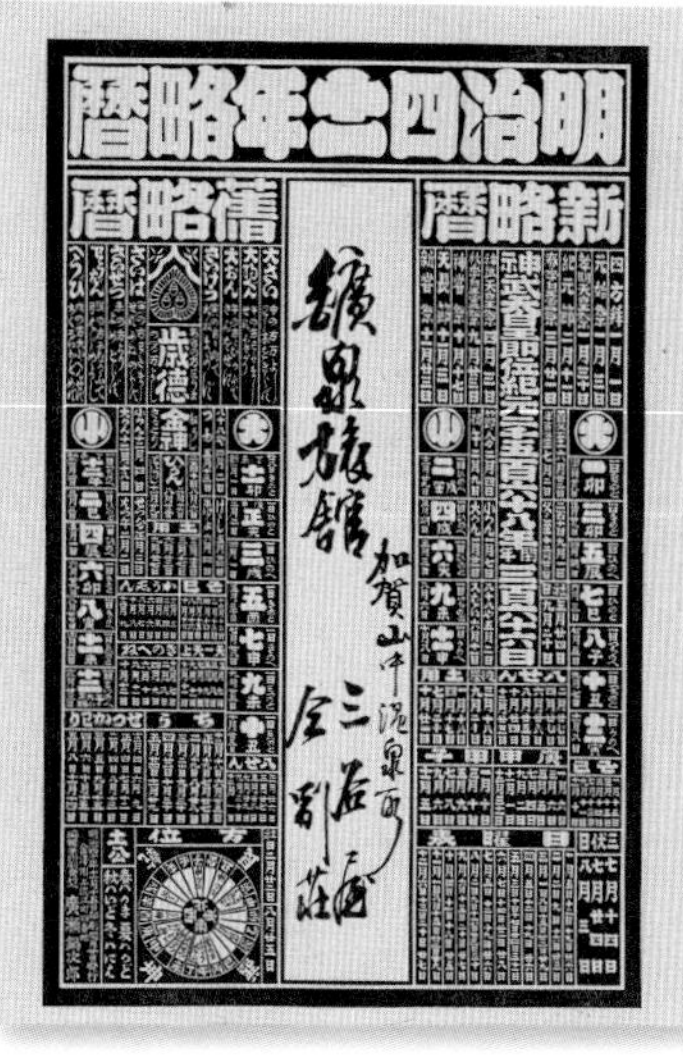

引札暦

column ⑩

日本の帝国主義と東アジアの暦

あまり知られていないが、日本の「官暦」（本暦と略本暦）は、いわゆる「外地」にも頒布された。その頒暦範囲は時代が下るにつれ拡がり、昭和戦中期には、朝鮮、台湾、樺太、南洋、関東州・満洲、中華民国、布哇、居留地などに頒布され、各地の頒布数は毎年報告された。『神宮大麻及暦頒布統計表』によると、朝鮮における一九一二年の頒布部数は三五七〇一部とあることからも、一九一〇年の日韓併合直後から官暦の頒布が始まっていたことが窺われる。外地への頒暦数は時代が下るにつれ増大するが、昭和一八年以降は減少に転じる。頒布は、台湾神宮や朝鮮神宮などの海外神社を通じて行われた。

日本語で書かれる官暦が通行する一方で、現地の言語に翻訳し編集しなおした暦も公的に製造され通行するようになる。これが、『台湾民暦』や『朝鮮民暦』で、いずれもグレゴリオ暦法の暦である。『台湾民暦』を例にとると、同暦は一九一四年から日本の関与のもと編纂され、当初は台湾神苑会（台湾神社）、ついで台湾総督府によって発行された。新暦を上段に、下段には日本の官暦には既に掲載がなくなった旧暦と暦注も掲載されたが、この旧暦は時憲暦ではなく「天保暦」に則

233 台湾民暦（参考図）
国立国会図書館デジタルコレクションより
大正一〇年（一九二一）

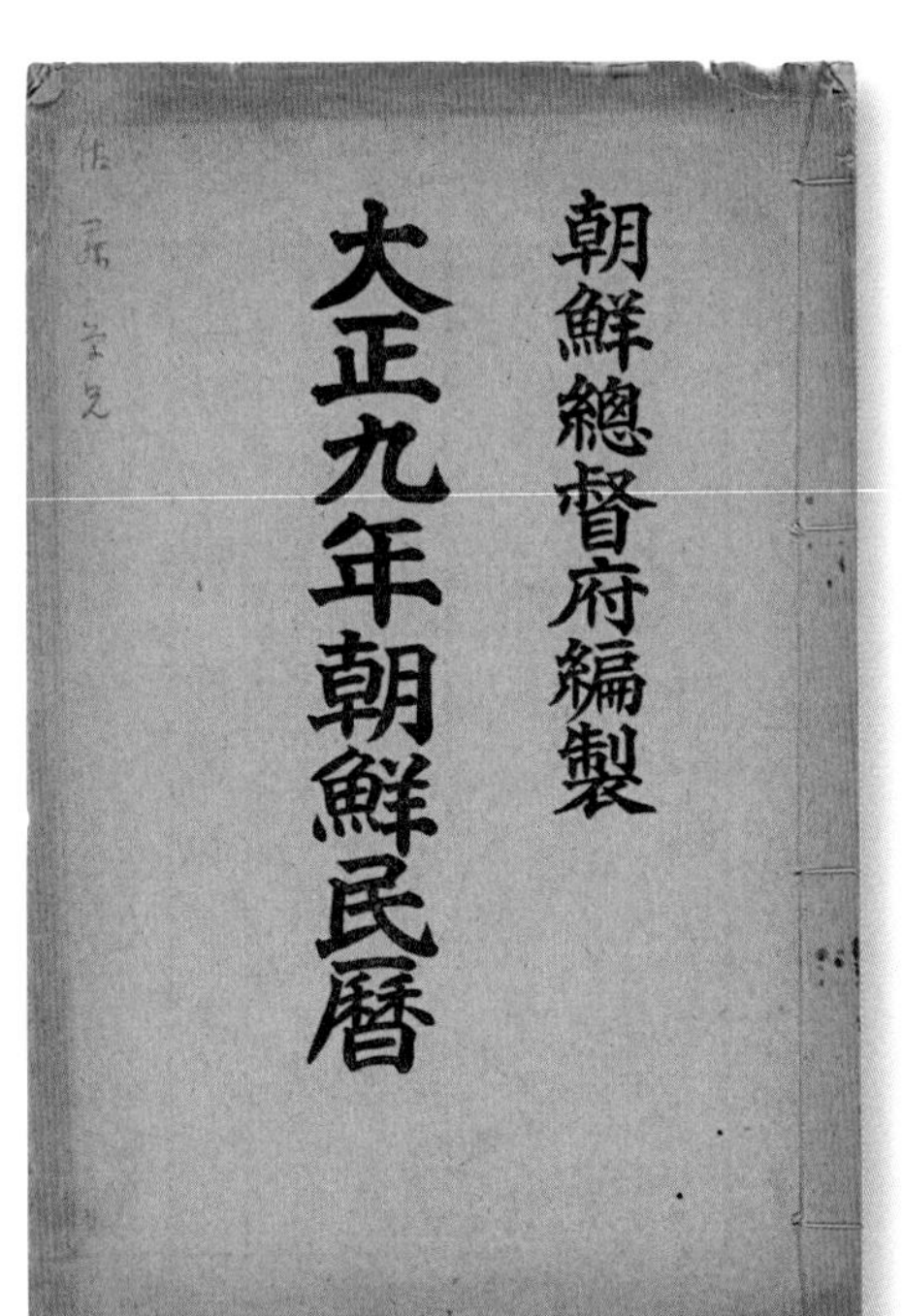

234 朝鮮民暦
個人蔵　大正八年（一九一九）

ったもので、東経一三五度を基準に計算した太陰太陽暦である。大正一一年暦の『台湾民暦』の巻頭見開き右頁には、神武から今上天皇までの歴代天皇の代数（と今上天皇以外の諡号）が列挙され、左頁には祝祭日が掲載される。祝祭日は、日本のそれに準拠しており、台湾総督府が開設された台湾始政記念日（六月一七日）、台湾神社（後に神宮）の祭神である北白川宮能久親王の忌日を祭る台湾神社祭（一〇月二八日）が加わった。『台湾民暦』も官暦と同様、神社を通じて頒布されている。

さらに長引く戦争のなかで、従来の植民地や「満洲国」に加え、中国大陸や東南アジア一帯に「帝国」の版図が拡がるにつれ、それら全域に共通の暦を施行することが、大政翼賛会興亜局などで真剣に議論されるようにもなる。同局は各地（満洲国、支那、南方諸地域など）の暦法調査活動などに乗り出すが、その背景には、これらの調査を踏まえて、日本が「大東亜共栄圏」の樹立に際し、グレゴリオ暦に代わる新たな暦を作り通行させ、世界新秩序における新文化建設をするべきだとする理解があった。この活動のなかで、当時の名だたる天文学者が、共栄圏全体に通行させ統一した秩序を広めるにふさわしい暦案を提案し、昭和一七～一八年にかけて調査資料が編纂されている。しかしその後ほどなく敗戦を迎え、新たなる暦案による改暦や統一的暦が実現することはなかった。（下村育世）

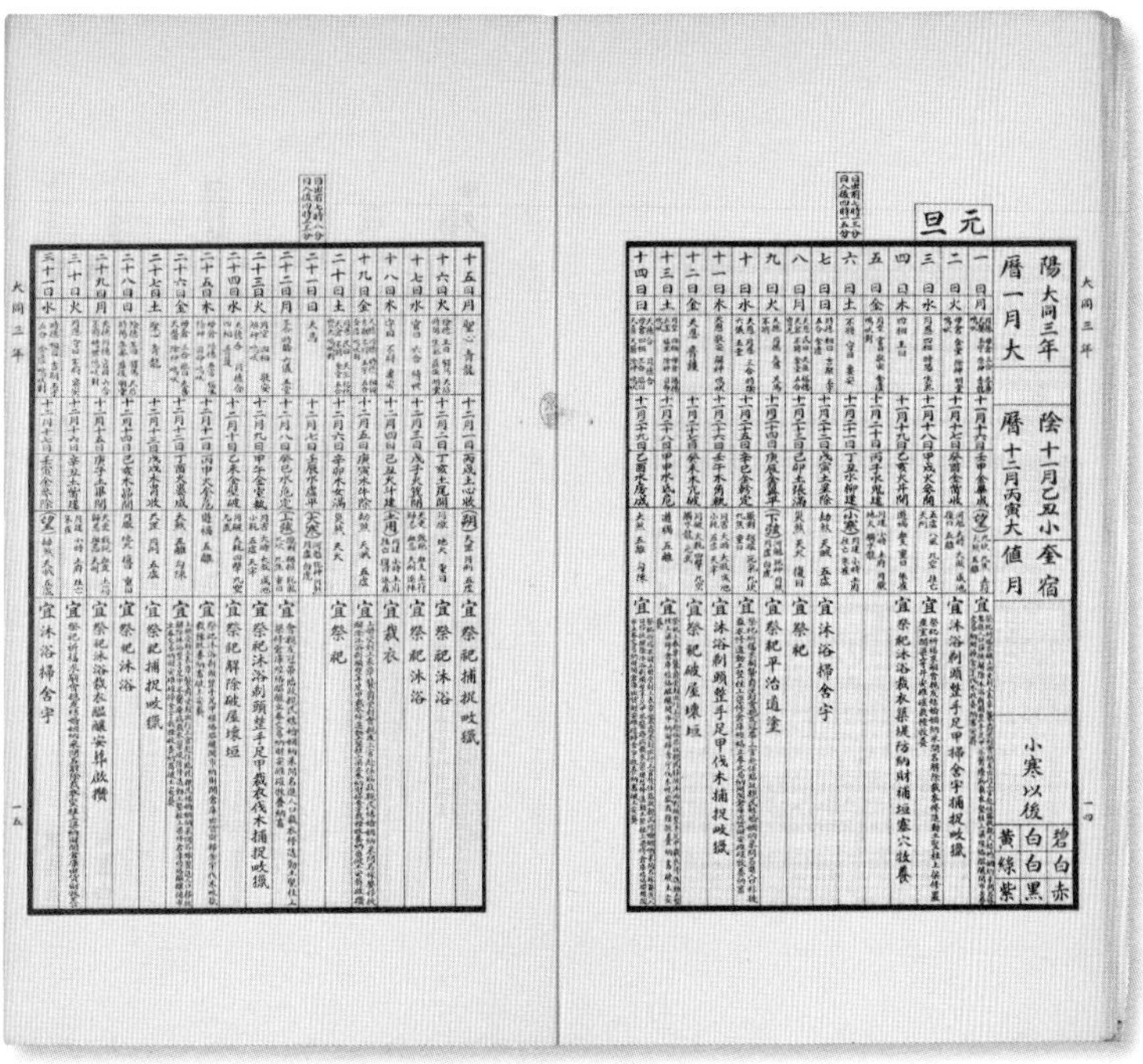

235
満洲国大同三年歳次甲戌時憲書
京都府立京都学・歴彩館所蔵
一九三三年

満洲国では一九三二（大同元）年に編暦事業が日本の関与のもと開始され、初の「大同二年時憲書」が頒布された。この「満洲国大同三年歳次甲戌時憲書」は、満洲国の二年目の国暦である。発行部数は三〇万部で、年々増加した。暦を通じた国民指導、国策宣伝を行ったため、普及には様々な手段が講じられ、人々の需要に応えるべく、暦面には旧暦を併記、暦注も残した。

（下村）

3
暦からカレンダーへ

昭和二〇年、先の敗戦により、暦の通行制度は統制の解除に向けて大きく舵を切ることとなる。

そのきっかけは、同年一二月に連合国軍最高司令官総司令部（ＧＨＱ／ＳＣＡＰ、以下ＧＨＱ）から日本政府に発された「神道指令」である。その内容は公的な「神道ノ保証、支援、保全、監督並ニ弘布」の「即刻ノ停止」を求めるものであった。これを受け、暦の編纂を担った東京天文台の当時の台長・関口鯉吉は、現行の暦には「神道の後援普及を意図する事項（例えば神社祭祀等）」があり、この頒布は「神道の後援普及」に当る行為で、それを「政府の機関（神部署も其の一例）」が行うことの即時停止を要求され、早急な対策を講じなければならないとする文書を同台に残している。東京天文台により公的に編纂され、神宮神部署で製造、大日本神祇会によって頒布される制度を通じて成立した「官暦」は、これを機に成り立ちえなくなった。翌二一年には従来の暦の通行制度は全廃され、新たな時代を迎えることとなる。

明治六年の明治改暦により、長らく通用された太陰太陽暦が廃され、太陽暦が採用された。しかし法令として太陽暦が採用されても、その実態というと、太陽暦は官衙や教育関係者、軍隊などでは率先して使用されたものの、人々の生活のなかでは太陰太陽暦が「旧暦」として使われ続け、太陽暦の普及は遅々として進まなかった。太陽暦がやっと普及浸透するのは、先の敗戦以降であると言われることもある。そして現代の日本人は、あれほど旧暦に馴染み、新暦を疎んじてきたのがうそのように、正月などの年中行事も新暦ベースで行うようになっている。他の東アジア諸国が公的には太陽暦、私的な伝統行事には太陰太陽暦を用いる併用スタイルを採ったのとは異なる時間感覚と言える。

近代日本における暦の発行や流通の統制に着目すると、戦前と戦後の暦の行政施策の断絶の側面が強調されるかもしれないが、現在まで続く連続性についても一言しておきたい。戦後、暦の通行上の国家統制は無くなり、暦やカレンダーの流通もそれらに掲載される内容も自由化される。新たな祝日法も制定され、戦前の暦制度は全く過去のものとなり、新たな時代を迎えたかのように映る。しかし戦後に制定され新たな名前を付された国民の祝日の多くは、戦前に定められた祝祭日にルーツをもっている。普段我々は、これら祝日が織りなす時のリズムのなかで生活していることを特に意識しないかもしれないが、日本人の時の秩序は、明治改暦を契機に単にグレゴリオ暦を採用したにとどまらない形で大幅に改変され、それは現在でも大枠として存続している。

また近代の暦に関わる制度的変革である、一世一元（いっせいいちげん）の制も現代日本に深く根をおろしているものである。一代の天皇の在位期間を一つの元号で統一することを定めたもので、現在の日本では天皇の代替わりとともに元号が変わることは「伝統」として定着しているかの如くだが、「大正」や「昭和」と呼ばれる一定の長さの時間を一人の天皇とともに想起するような時間感覚は、少なくとも江戸時代まで日本には無かった。明治改暦に代表される一連の時の改革は、単に暦学的な側面や生活上の変化にとどまるものではなく、従来とは異なる政治権力や宗教文化との関係性を生み、その影響は現在にまで及んでいる。これは明治から先の敗戦に至る時の管理に関わる行政的施策が、戦後も「伝統」としての正統性を帯びて継続しているものといえる。

明治改暦を含む明治初期に新たに導入された時の秩序は、先の敗戦まで続いた暦の通行制度が瓦解した後も、形を変えながらこれからも続いていくのだろう。

（下村育世）

（1）暦の自由化

昭和二〇年末にGHQにより発せられた神道指令により、事態は急展開を迎えた。翌二一年二月には、神宮司庁と神宮神部署は廃され、伊勢神宮をはじめとした神社は「国家の宗祀」から一宗教法人となる道を歩み始める。暦の頒布事務を所管した神宮神部署の廃止は、暦の通行制度の抜本的な変革を意味したが、同年七月にはさらに、暦の製造頒布に関わる既存の法令も全廃された。これにより、伊勢神宮のみが暦の頒布の権限を有した時代は完全に終わりを告げ、暦の形態も頒布も自由化する。国家による暦の統制は無くなり、通行を禁止されていた「お化け暦」も自由に流通できるようになった。「お化け暦」という概念自体が意味をなさない時代の幕開けである。国家から公的に流通を認められた「官暦」は撤退し、誰もが内容や形態を問わず、自由に暦を製造し頒布できる時代になった。

伊勢神宮で製造・頒布され特権的地位にあったこれまでの「官暦」は、流通する多くの暦のなかの一つという位置づけになる。伊勢神宮は、翌二二年暦から「神宮暦」と改称した上で、暦の製造・頒布の継続を決定した。全国頒布については、神社本庁に委託し、本庁を通じて各地の神社庁に任せ、神職の手により頒暦する体制を築いていく。こうして神宮暦の頒布は現在も続けられている。

祝祭日も大きく変化する。昭和二三年七月、いわゆる祝日法が公布された。同時に昭和二年の祝祭日を休日とする勅令が廃され、皇室の祭典が行われる日としての祭日は無くなった。元始祭、紀元節、神武天皇祭、神嘗祭、大正天皇祭は廃されたが、春季皇霊祭は春分の日、秋季皇霊祭は秋分の日、新嘗祭は勤労感謝の日と改称されて残り、明治節は文化の日となった。そして憲法記念日、こどもの日が祝日として新たに制定された。その後昭和四一年、戦前に紀元節として祝日であった二月一一日に、「建国をしのび、国を愛する心を養う」とする趣旨で「建国記念の日」が祝日として復活している。

一方、沖縄は昭和四七年の本土復帰まで、アメリカ合衆国による占領統治が続いていた。そして本土復帰までは、本土の祝日法を意識した「住民の祝祭日」（昭和三六年公布）が法律上の休日であった。六月二三日の「慰霊の日」も休日扱いとなっていたが、本土復帰により、日本の法律が沖縄に適用され、祝日法に則る法定休日が採用され、公休日としての法的根拠を失い一時消失した。しかし昭和四九年、沖縄県の条例で同日を「慰霊の日」と定め、現在では県内では休日となっている。

（下村育世）

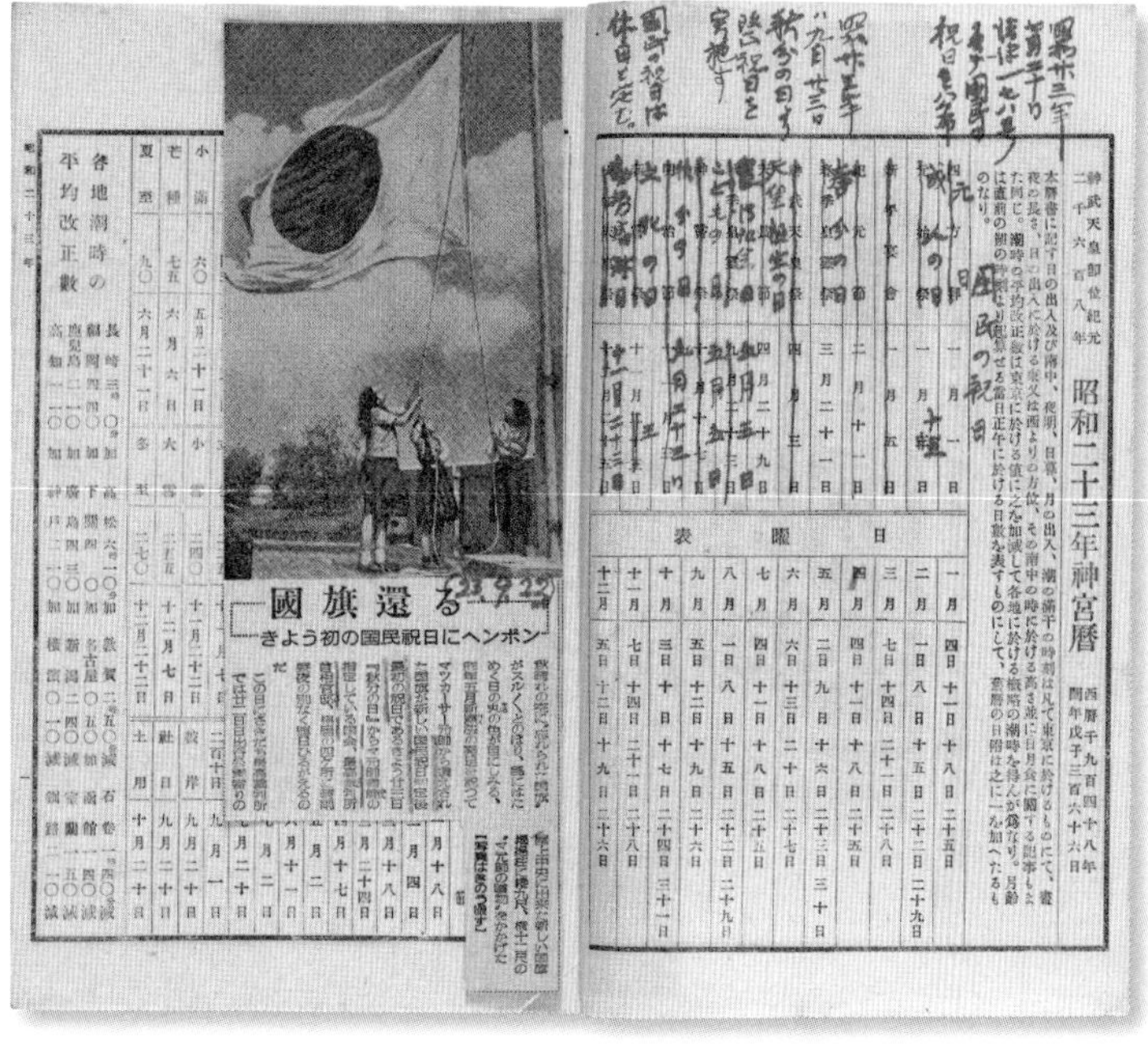

昭和二十三年神宮暦

神武天皇即位紀元二千六百八年　西暦千九百四十八年　閏年戊子三百六十六日

本暦書に記す日の出入及び南中、夜明、日暮、月の出入、潮の満干の時刻は凡て東京に於けるものにて、晝夜の長さ、日の出入に於ける東又は西よりの方位、その南中の時に於ける高さ並に日月食に關する記事もまた同じ。潮時の平均改正數は東京に於ける値に之を加減して各地に於ける概略の潮時を得んが爲なり。月齢は直前の朔の時刻より起算せる當日正午に於ける日數を表すものにして、舊暦の日附は之に一を加へたるものなり。

日曜表				
一月	四日	十一日	十八日	二十五日
二月	一日	八日	十五日	二十二日
三月	七日	十四日	二十一日	二十八日
四月	四日	十一日	十八日	二十五日
五月	二日	九日	十六日	二十三日
六月	六日	十三日	二十日	二十七日
七月	四日	十一日	十八日	二十五日
八月	一日	八日	十五日	二十二日
九月	五日	十二日	十九日	二十六日
十月	三日	十日	十七日	二十四日
十一月	七日	十四日	二十一日	二十八日
十二月	五日	十二日	十九日	二十六日

（二月：二十九日、五月：三十日、八月：二十九日、十月：三十一日）

還る國旗

ポンヘンに日祝民国の初うよき

236　**昭和二十三年神宮暦**（戦後祝日法制定時の暦）

個人蔵　昭和二二年（一九四七）

これは、伊勢神宮で戦後に製造された「神宮暦」である。神宮暦と改称されて二年目の暦にあたる。官暦の後継にあたるが、戦後の暦の自由化により既に官暦の地位にはない。同年、祝日法が公布、同時に昭和二年の休日に関する勅令が廃され、祝祭日であった元始祭、紀元節、神武天皇祭、神嘗祭などが廃されるなど大幅な変更を加えられた。この暦の元持ち主は、暦面に掲載されていた祝祭日に朱で訂正線を引き、その横に祝日法で制定された新しい祝日を書き込んだ。（下村）

237　**農山漁家の暦**

個人蔵　アメリカ合衆国による占領統治期

沖縄の占領統治下の後期、琉球政府により毎年刊行、無料配布された。生業に利する情報を掲載した「農暦」の体裁をとり、旧暦併記、六曜、干支も加筆された。四月二九日を天皇誕生日とするが、二月一一日の建国記念の日などはなく、四月一日の琉球政府創立記念日、六月二三日の慰霊の日などがある。これらは「住民の祝祭日」として休日であった。琉球諸島高等弁務官の肝入りで制作された。（下村）

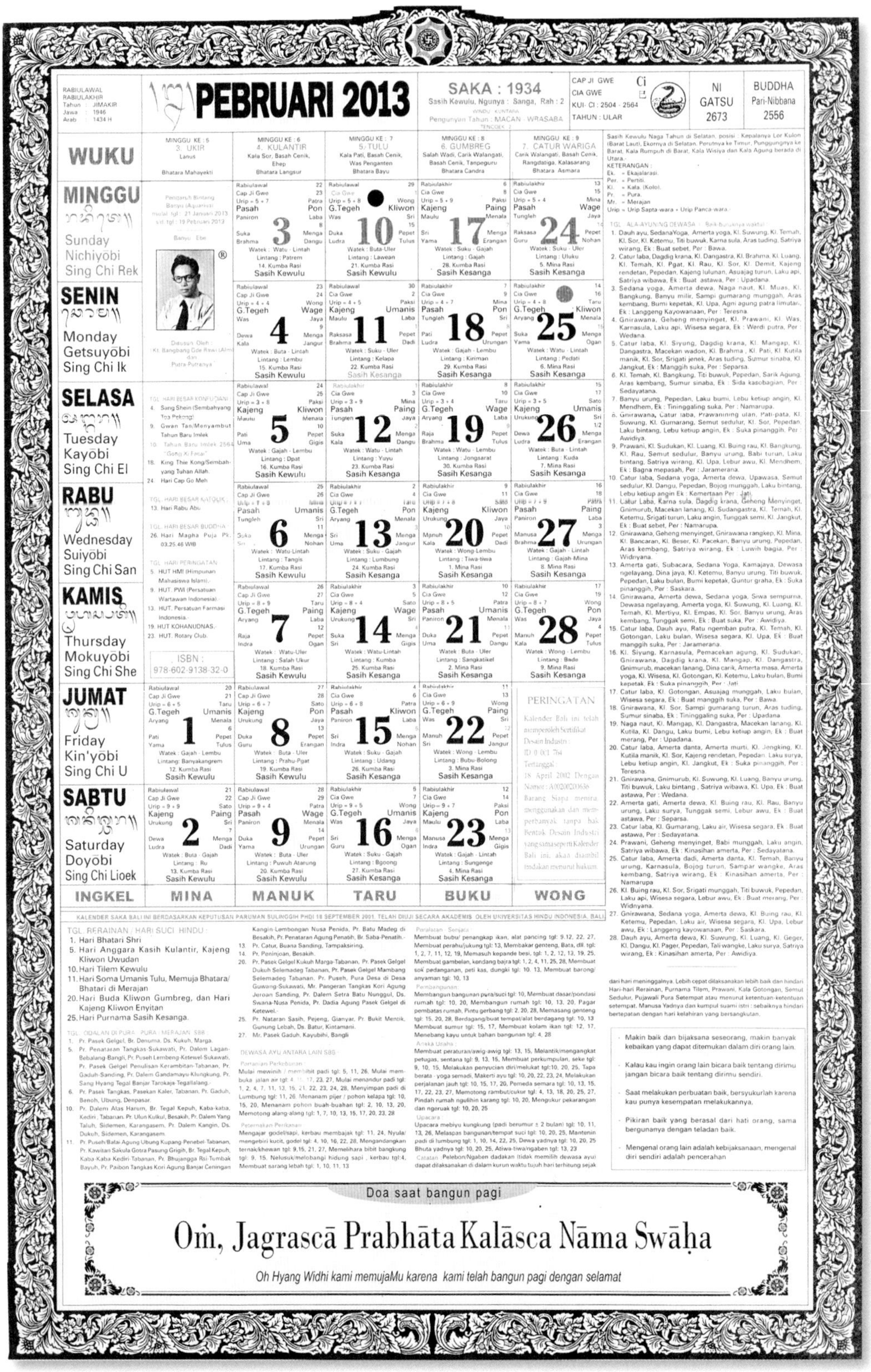

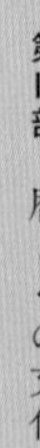

RABIULAWAL RABIULAKHIR Tahun : JIMAKIR Jawa : 1946 Arab : 1434 H	**PEBRUARI 2013**	SAKA : 1934 Sasih Kewulu, Ngunya : Sanga, Rah : 2 WINDU : KUNTARA Pengunyan Tahun : MACAN - WRASABA TENGGEK : 2	CAP JI GWE CIA GWE KUI- CI : 2504 - 2564 TAHUN : ULAR	NI GATSU 2673	BUDDHA Pari-Nibbana 2556

WUKU	MINGGU KE : 5 3. UKIR Lanus Bhatara Mahayekti	MINGGU KE : 6 4. KULANTIR Kala Sor, Basah Cenik, Ehep Bhatara Langsur	MINGGU KE : 7 5. TULU Kala Pati, Basah Cenik, Was Penganten Bhatara Bayu	MINGGU KE : 8 6. GUMBREG Salah Wadi, Carik Walangati, Basah Cenik, Tanpeguru Bhatara Candra	MINGGU KE : 9 7. CATUR WARIGA Carik Walangati, Basah Cenik, Rangdatiga, Kalasarang Bhatara Asmara
MINGGU Sunday Nichiyōbi Sing Chi Rek	Pengaruh Bintang Banyu (Aquarius) mulai tgl : 21 Januari 2013 s/d. tgl : 19 Pebruari 2013 Banyu : Ebe	Rabiulawal 22 Cap Ji Gwe 23 Urip = 5 + 7 Patra Pasah Pon Paniron Laba 8 Suka Brahma **3** Menga Dangu Watek : Watu - Lintah Lintang : Patrem 14. Kumba Rasi Sasih Kewulu	Rabiulawal 29 Cia Gwe 1 Urip = 5 + 8 Wong G.Tegeh Kliwon Was Sri 15 Duka Ludra **10** Pepet Tulus Watek : Buta-Uler Lintang : Lawean 21. Kumba Rasi Sasih Kewulu	Rabiulakhir 6 Cia Gwe 8 Urip = 5 + 9 Paksi Kajeng Paing Maulu Menala 2 Sri Yama **17** Menga Erangan Watek : Suku - Gajah Lintang : Gajah 28. Kumba Rasi Sasih Kesanga	Rabiulakhir 13 Cia Gwe 15 Urip = 5 + 4 Mina Pasah Wage Tungleh Jaya 14 Raksasa Guru **24** Pepet Nohan Watek : Suku - Uler Lintang : Uluku 5. Mina Rasi Sasih Kesanga
SENIN Monday Getsuyōbi Sing Chi Ik	® Disusun Oleh : Kt. Bangbang Gde Rawi (Alm) dan Putra-Putranya	Rabiulawal 23 Cap Ji Gwe 24 Urip = 4 + 4 Wong G.Tegeh Wage Was Jaya 9 Dewa Kala **4** Menga Jangur Watek : Buta - Lintah Lintang : Lembu 15. Kumba Rasi Sasih Kewulu	Rabiulawal 30 Cia Gwe 2 Urip = 4 + 5 Paksi Kajeng Umanis Maulu Laba 1 Raksasa Brahma **11** Pepet Dadi Watek : Suku - Uler Lintang : Kelapa 22. Kumba Rasi Sasih Kesanga	Rabiulakhir 7 Cia Gwe 9 Urip = 4 + 7 Mina Pasah Pon Tungleh Sri 8 Pati Ludra **18** Pepet Urungan Watek : Gajah - Lembu Lintang : Kiriman 29. Kumba Rasi Sasih Kesanga	Rabiulakhir 14 Cia Gwe 16 Urip = 4 + 8 Taru G.Tegeh Kliwon Aryang Menala 15 Suka Yama **25** Menga Ogan Watek : Watu - Lintah Lintang : Pedati 6. Mina Rasi Sasih Kesanga
SELASA Tuesday Kayōbi Sing Chi El	TGL. HARI BESAR KONFUCIANI : 4. Sang Shein (Sembahyang Tea Pekong) 9. Gwan Tan/Menyambut Tahun Baru Imlek 10. Tahun Baru Imlek 2564 "Gong Xi Fa Cai" 18. King Thie Kong/Sembahyang Tuhan Allah. 24. Hari Cap Go Meh	Rabiulawal 24 Cap Ji Gwe 25 Urip = 3 + 8 Paksi Kajeng Kliwon Maulu Menala 10 Pati Uma **5** Pepet Gigis Watek : Gajah - Lembu Lintang : Dpat 16. Kumba Rasi Sasih Kewulu	Rabiulakhir 1 Cia Gwe 3 Urip = 3 + 9 Mina Pasah Paing Tungleh Jaya 2 Suka Kala **12** Menga Dangu Watek : Watu - Lintah Lintang : Yuyu 23. Kumba Rasi Sasih Kesanga	Rabiulakhir 8 Cia Gwe 10 Urip = 3 + 4 Taru G.Tegeh Wage Aryang Laba 9 Raja Brahma **19** Pepet Tulus Watek : Watu - Lembu Lintang : Jongsarat 30. Kumba Rasi Sasih Kesanga	Rabiulakhir 15 Cia Gwe 17 Urip = 3 + 5 Sato Kajeng Umanis Urukung Sri 1/2 Dewa Ludra **26** Menga Erangan Watek : Buta - Lintah Lintang : Kuda 7. Mina Rasi Sasih Kesanga
RABU Wednesday Suiyōbi Sing Chi San	TGL. HARI BESAR KATOLIK : 13. Hari Rabu Abu TGL. HARI BESAR BUDDHA : 26. Hari Magha Puja Pk. 03.25.46 WIB TGL. HARI PERINGATAN : 5. HUT HMI (Himpunan Mahasiswa Islam).- 9. HUT. PWI (Persatuan Wartawan Indonesia).- 13. HUT. Persatuan Farmasi Indonesia.- 19. HUT KOHANUDNAS.- 23. HUT. Rotary Club.	Rabiulawal 25 Cap Ji Gwe 26 Urip = 7 + 8 Mina Pasah Umanis Tungleh Sri 11 Suka Sri **6** Menga Nohan Watek : Watu-Lintah Lintang : Tangis 17. Kumba Rasi Sasih Kewulu	Rabiulakhir 2 Cia Gwe 4 Urip = 7 + 7 Taru G.Tegeh Pon Aryang Menala 3 Sri Uma **13** Menga Jangur Watek : Suku - Gajah Lintang : Lumbung 24. Kumba Rasi Sasih Kesanga	Rabiulakhir 9 Cia Gwe 11 Urip = 7 + 8 Sato Kajeng Kliwon Urukung Jaya 10 Manuh Kala **20** Pepet Dadi Watek : Wong-Lembu Lintang : Tiwa-tiwa 1. Mina Rasi Sasih Kesanga	Rabiulakhir 16 Cia Gwe 18 Urip = 7 + 9 Patra Pasah Paing Paniron Laba 3 Manusa Brahma **27** Menga Urungan Watek : Gajah - Lintah Lintang : Gajah-Mina 8. Mina Rasi Sasih Kesanga
KAMIS Thursday Mokuyōbi Sing Chi She	ISBN : 978-602-9138-32-0	Rabiulawal 26 Cap Ji Gwe 27 Urip = 8 + 9 Taru G.Tegeh Paing Aryang Laba 12 Raja Indra **7** Pepet Ogan Watek : Watu-Uler Lintang : Salah Ukur 18. Kumba Rasi Sasih Kewulu	Rabiulakhir 3 Cia Gwe 5 Urip = 8 + 4 Sato Kajeng Wage Urukung Sri 4 Suka Sri **14** Menga Gigis Watek : Watu-Lintah Lintang : Kumba 25. Kumba Rasi Sasih Kesanga	Rabiulakhir 10 Cia Gwe 12 Urip = 8 + 5 Patra Pasah Umanis Paniron Menala 11 Duka Uma **21** Pepet Dangu Watek : Buta - Uler Lintang : Sangkatikel 2. Mina Rasi Sasih Kesanga	Rabiulakhir 17 Cia Gwe 19 Urip = 8 + 7 Wong G.Tegeh Pon Was Jaya 4 Manuh Kala **28** Pepet Tulus Watek : Wong - Lembu Lintang : Bade 9. Mina Rasi Sasih Kesanga
JUMAT Friday Kin'yōbi Sing Chi U	Rabiulawal 20 Cap Ji Gwe 21 Urip = 6 + 5 Taru G.Tegeh Umanis Aryang Menala 6 Pati Yama **1** Pepet Tulus Watek : Gajah - Lembu Lintang: Banyakangrem 12. Kumba Rasi Sasih Kewulu	Rabiulawal 27 Cap Ji Gwe 28 Urip = 6 + 7 Sato Kajeng Pon Urukung Jaya 13 Duka Guru **8** Pepet Erangan Watek : Buta - Uler Lintang : Prahu-Pgat 19. Kumba Rasi Sasih Kewulu	Rabiulakhir 4 Cia Gwe 6 Urip = 6 + 8 Patra Pasah Kliwon Paniron Laba 5 Sri Indra **15** Menga Nohan Watek : Suku - Gajah Lintang : Udang 26. Kumba Rasi Sasih Kesanga	Rabiulakhir 11 Cia Gwe 13 Urip = 6 + 9 Wong G.Tegeh Paing Was Sri 12 Manuh Sri **22** Pepet Jangur Watek : Wong - Lembu Lintang : Bubu-Bolong 3. Mina Rasi Sasih Kesanga	PERINGATAN Kalender Bali ini telah memperoleh Sertifikat Desain Industri : ID 0 001 764 Tertanggal : 18 April 2002 Dengan Nomor : A00200200636 Barang Siapa meniru, menggunakan dan memperbanyak tanpa hak Bentuk Desain Industri yang sama seperti Kalender Bali ini, akan diambil tindakan menurut hukum.
SABTU Saturday Doyōbi Sing Chi Lioek	Rabiulawal 21 Cap Ji Gwe 22 Urip = 9 + 9 Sato Kajeng Paing Urukung Sri 7 Dewa Ludra **2** Menga Dadi Watek : Buta - Gajah Lintang : Ru 13. Kumba Rasi Sasih Kewulu	Rabiulawal 28 Cap Ji Gwe 29 Urip = 9 + 4 Patra Pasah Wage Paniron Menala 14 Duka Yama **9** Pepet Urungan Watek : Buta - Uler Lintang : Puwuh Atarung 20. Kumba Rasi Sasih Kewulu	Rabiulakhir 5 Cia Gwe 7 Urip = 9 + 5 Wong G.Tegeh Umanis Was Jaya 6 Sri Guru **16** Menga Ogan Watek : Suku - Gajah Lintang : Bgoong 27. Kumba Rasi Sasih Kesanga	Rabiulakhir 12 Cia Gwe 14 Urip = 9 + 7 Paksi Kajeng Pon Maulu Laba 13 Manusa Indra **23** Menga Gigis Watek : Gajah - Lintah Lintang : Sungenge 4. Mina Rasi Sasih Kesanga	
INGKEL	MINA	MANUK	TARU	BUKU	WONG

Sasih Kewulu Naga Tahun di Selatan, posisi : Kepalanya Lor Kulon (Barat Laut), Ekornya di Selatan, Perutnya ke Timur, Punggungnya ke Barat, Kala Rumpuh di Barat, Kala Wisiya dan Kala Agung berada di Utara.-

KETERANGAN :
Ek. = Ekajalarasi.
Per. = Pertiti.
Kl. = Kala. (Kolo).
Pr. = Pura.
Mr. = Merajan
Urip = Urip Sapta-wara + Urip Panca-wara.

TGL. ALA-AYUNING DEWASA : (Baik-buruknya waktu) :

1. Dauh ayu, SedanaYoga, Amerta yoga, Kl. Suwung, Kl. Temah, Kl. Sor, Kl. Ketemu, Titi buwuk, Karna sula, Aras tuding, Satriya wirang, Ek : Buat sebet, Per : Bawa.
2. Catur laba, Dagdig krana, Kl. Dangastra, Kl. Brahma, Kl. Luang, Kl. Temah, Kl. Pgat, Kl. Rau, Kl. Sor, Kl. Demit, Kajeng rendetan, Pepedan, Kajeng lulunan, Asuajag turun, Laku api, Satriya wibawa, Ek : Buat astawa, Per : Upadana.
3. Sedana yoga, Amerta dewa, Naga naut, Kl. Muas, Kl. Bangkung, Banyu milir, Sampi gumarang munggah, Aras kembang, Bumi kepetak, Kl. Upa, Agni agung patra limutan, Ek : Langgeng Kayowanaan, Per : Teresna.
4. Gnirawana, Geheng menyinget, Kl. Prawani, Kl. Was, Karnasula, Laku api, Wisesa segara, Ek : Werdi putra, Per : Wedana.
5. Catur laba, Kl. Siyung, Dagdig krana, Kl. Mangap, Kl. Dangastra, Macekan wadon, Kl. Brahma , Kl. Pati, Kl. Kutila manik, Kl. Sor, Srigati jenek, Aras tuding, Sumur sinaba, Kl. Jangkut, Ek : Manggih suka, Per : Separsa.
6. Kl. Temah, Kl. Bangkung, Titi buwuk, Pepedan, Sarik Agung, Aras kembang, Sumur sinaba, Ek : Sida kasobagian, Per : Sedayatana.
7. Banyu urung, Pepedan, Laku bumi, Lebu ketiup angin, Kl. Mendhem, Ek : Tininggaling suka, Per : Namarupa.
8. Gnirawana, Catur laba, Prawanining ulan, Pati-pata, Kl. Suwung, Kl. Gumarang, Semut sedulur, Kl. Sor, Pepedan, Laku bintang, Lebu ketiup angin, Ek : Suka pinanggih, Per : Awidiya.
9. Prawani, Kl. Sudukan, Kl. Luang, Kl. Buing rau, Kl. Bangkung, Kl. Rau, Semut sedulur, Banyu urung, Babi turun, Laku bintang, Satriya wirang, Kl. Upa, Lebur awu, Kl. Mendhem, Ek : Bagna mepasah, Per : Jaramerana.
10. Catur laba, Sedana yoga, Amerta dewa, Upawasa, Semut sedulur, Kl. Dangu, Pepedan, Bojog munggah, Laku bintang, Lebu ketiup angin Ek : Kemertaan Per : Jati.
11. Catur Laba, Karna sula, Dagdig krana, Geheng Menyinget, Gnimurub, Macekan lanang, Kl. Sudangastra, Kl. Temah, Kl. Ketemu, Srigati turun, Laku angin, Tunggak semi, Kl. Jangkut, Ek : Buat sebet, Per : Namarupa.
12. Gnirawana, Geheng menyinget, Gnirawana rangkep, Kl. Mina, Kl. Bancaran, Kl. Beser, Kl. Pacekan, Banyu urung, Pepedan, Aras kembang, Satriya wirang, Ek : Luwih bagia, Per : Widnyana.
13. Amerta gati, Subacara, Sedana Yoga, Kamajaya, Dewasa ngelayang, Dina jaya, Kl. Ketemu, Banyu urung, Titi buwuk, Pepedan, Laku bulan, Bumi kepetak, Guntur graha, Ek : Suka pinanggih, Per : Saskara.
14. Gnirawana, Amerta dewa, Sedana yoga, Siwa sempurna, Dewasa ngelayang, Amerta yoga, Kl. Suwung, Kl. Luang, Kl. Temah, Kl. Mertiyu, Kl. Empas, Kl. Sor, Banyu urung, Aras kembang, Tunggak semi, Ek : Buat suka, Per : Awidiya.
15. Catur laba, Dauh ayu, Ratu ngemban putra, Kl. Temah, Kl. Gotongan, Laku bulan, Wisesa segara, Kl. Upa, Ek : Buat manggih suka, Per : Jaramerana.
16. Kl. Siyung, Karnasula, Pemacekan agung, Kl. Sudukan, Gnirawana, Dagdig krana, Kl. Mangap, Kl. Dangastra, Gnimurub, macekan lanang, Dina carik, Amerta masa, Amerta yoga, Kl. Wisesa, Kl. Gotongan, Kl. Ketemu, Laku bulan, Bumi kepetak, Ek : Suka pinanggih, Per : Jati.
17. Catur laba, Kl. Gotongan, Asuajag munggah, Laku bulan, Wisesa segara, Ek : Buat manggih suka, Per : Bawa.
18. Gnirawana, Kl. Sor, Sampi gumarang turun, Aras tuding, Sumur sinaba, Ek : Tininggaling suka, Per : Upadana.
19. Naga naut, Kl. Mangap, Kl. Dangastra, Macekan lanang, Kl. Kutila, Kl. Dangu, Laku bumi, Lebu ketiup angin, Ek : Buat merang, Per : Upadana.
20. Catur laba, Amerta danta, Amerta murti, Kl. Jengking, Kl. Kutila manik, Kl. Sor, Kajeng rendetan, Pepedan, Laku surya, Lebu ketiup angin, Kl. Jangkut, Ek : Suka pinanggih, Per : Teresna.
21. Gnirawana, Gnimurub, Kl. Suwung, Kl. Luang, Banyu urung, Titi buwuk, Laku bintang , Satriya wibawa, Kl. Upa, Ek : Buat astawa, Per : Wedana.
22. Amerta gati, Amerta dewa, Kl. Buing rau, Kl. Rau, Banyu urung, Laku surya, Tunggak semi, Lebur awu, Ek : Buat astawa, Per : Separsa.
23. Catur laba, Kl. Gumarang, Laku air, Wisesa segara, Ek : Buat astawa, Per : Sedayatana.
24. Prawani, Geheng menyinget, Babi munggah, Laku angin, Satriya wibawa, Ek : Kinasihan amerta, Per : Sedayatana.
25. Catur laba, Amerta dadi, Amerta danta, Kl. Temah, Banyu urung, Karnasula, Bojog turun, Sampar wangke, Aras kembang, Satriya wirang, Ek : Kinasihan amerta, Per : Namarupa
26. Kl. Buing rau, Kl. Sor, Srigati munggah, Titi buwuk, Pepedan, Laku api, Wisesa segara, Lebur awu, Ek : Buat merang, Per : Widnyana.
27. Gnirawana, Sedana yoga, Amerta dewa, Kl. Buing rau, Kl. Ketemu, Pepedan, Laku air, Wisesa segara, Kl. Upa, Lebur awu, Ek : Langgeng kayowanaan, Per : Saskara.
28. Dauh ayu, Amerta dewa, Kl. Suwung, Kl. Luang, Kl. Geger, Kl. Dangu, Kl. Pager, Pepedan, Tali wangke, Laku surya, Satriya wirang, Ek : Kinasihan amerta, Per : Awidiya.

KALENDER SAKA BALI INI BERDASARKAN KEPUTUSAN PARUMAN SULINGGIH PHDI 18 SEPTEMBER 2001. TELAH DIUJI SECARA AKADEMIS OLEH UNIVERSITAS HINDU INDONESIA, BALI.

TGL. RERAINAN / HARI SUCI HINDU :

1. Hari Bhatari Shri
5. Hari Anggara Kasih Kulantir, Kajeng Kliwon Uwudan
10. Hari Tilem Kewulu
11. Hari Soma Umanis Tulu, Memuja Bhatara/Bhatari di Merajan
20. Hari Buda Kliwon Gumbreg, dan Hari Kajeng Kliwon Enyitan
25. Hari Purnama Sasih Kesanga.

TGL. ODALAN DI PURA - PURA / MERAJAN SBB :

1. Pr. Pasek Gelgel, Br. Denuma, Ds. Kukuh, Marga.
5. Pr. Penataran Tangkas-Sukawati, Pr. Dalem Lagan-Bebalang-Bangli, Pr. Puseh Lembeng-Ketewel-Sukawati, Pr. Pasek Gelgel Penulisan-Kerambitan-Tabanan, Pr. Gaduh-Sanding, Pr. Dalem Gandamayu-Klungkung, Pr. Sang Hyang Tegal Banjar Tarokaja-Tegallalang.-
6. Pr. Pasek Tangkas, Pasekan Kaler, Tabanan, Pr. Gaduh, Benoh, Ubung, Denpasar.
10. Pr. Dalem Alas Harum, Br. Tegal Kepuh, Kaba-kaba, Kediri , Tabanan. Pr. Ulun Kulkul, Besakih, Pr. Dalem Yang Taluh, Sidemen, Karangasem, Pr. Dalem Kangin, Ds. Dukuh, Sidemen, Karangasem.
11. Pr. Puseh/Balai Agung Ubung Kupang-Penebel-Tabanan, Pr. Kawitan Sakula Gotra Pasung Grigih, Br. Tegal Kepuh, Kaba-Kaba-Kediri-Tabanan, Pr. Bhujangga Rsi-Tumbak Bayuh, Pr. Paibon Tangkas Kori Agung Banjar Ceningan Kangin-Lembongan Nusa Penida, Pr. Batu Madeg di Besakih, Pr. Penataran Agung Penatih, Br. Saba-Penatih.-
13. Pr. Catur, Buana Sanding, Tampaksiring.
14. Pr. Peninjoan, Besakih.
20. Pr. Pasek Gelgel Kukuh Marga-Tabanan, Pr. Pasek Gelgel Dukuh Selemadeg Tabanan, Pr. Pasek Gelgel Mambang Selemadeg Tabanan, Pr. Puseh, Pura Desa di Desa Guwang-Sukawati, Mr. Pangeran Tangkas Kori Agung Jeroan Sanding, Pr. Dalem Setra Batu Nunggul, Ds. Swana-Nusa Penida, Pr. Dadia Agung Pasek Gelgel di Ketewel.-
25. Pr. Nataran Sasih, Pejeng, Gianyar, Pr. Bukit Mentik, Gunung Lebah, Ds. Batur, Kintamani.
27. Mr. Pasek Gaduh, Kayubihi, Bangli

DEWASA AYU ANTARA LAIN SBB :

Pertanian Perkebunan :
Mulai mewinih / membibit padi tgl: 5, 11, 26, Mulai membuka jalan air tgl: 4, 11, 17, 23, 27, Mulai menandur padi tgl: 1, 2, 4, 7, 11, 13, 15, 21, 22, 23, 24, 28, Menyimpan padi di Lumbung tgl: 11, 26. Menanam pijer / pohon kelapa tgl: 10, 15, 20, Menanam pohon buah-buahan tgl: 2, 10, 13, 20, Memotong alang-alang tgl: 1, 7, 10, 13, 15, 17, 20, 23, 28

Peternakan Perikanan :
Mengajar godel/sapi, kerbau membajak tgl: 11, 24, Nyula/mengebiri kucit, godel tgl: 4, 10, 16, 22, 28, Mengandangkan ternak/khewan tgl: 9,15, 21, 27, Memelihara bibit bangkung tgl: 9, 15, Nelusuk/melobangi hidung sapi , kerbau tgl:4, Membuat sarang lebah tgl: 1, 10, 11, 13

Peralatan - Senjata :
Membuat bubu/ penangkap ikan, alat pancing tgl: 9.12, 22, 27, Membuat perahu/jukung tgl: 13, Membakar genteng, Bata, dll. tgl: 1, 2, 7, 11, 12, 19, Memasuh kepande besi, tgl: 1, 2, 12, 13, 19, 25, Membuat gambelan, kendang bajra tgl: 1, 2, 4, 11, 25, 28, Membuat sok pedanganan, peti kas, dungki tgl: 10, 13, Membuat barong/anyaman tgl: 10, 13

Pembangunan :
Membangun bangunan pura/suci tgl: 10, Membuat dasar/pondasi rumah tgl: 10, 20, Membangun rumah tgl: 10, 13, 20, Pagar pembatas rumah, Pintu gerbang tgl: 2, 20, 28, Memasang genteng tgl: 15, 20, 28, Berdagang/buat tempat/alat berdagang tgl: 10, 13 Membuat sumur tgl: 15, 17, Membuat kolam ikan tgl: 12, 17, Menebang kayu untuk bahan bangunan tgl: 4, 28

Aneka Usaha :
Membuat peraturan/awig-awig tgl: 13, 15, Melantik/mengangkat petugas, sentana tgl: 9, 13, 15, Membuat perkumpulan, seke tgl: 9, 10, 15, Melakukan penyucian diri/melukat tgl:10, 20, 25, Tapa berata - yoga semadi, Makerti ayu tgl: 10, 20, 22, 23, 24, Melakukan perjalanan jauh tgl: 10, 15, 17, 20, Pemeda semara tgl: 10, 13, 15, 17, 22, 23, 27, Memotong rambut/cukur tgl: 4, 13, 18, 20, 25, 27, Pindah rumah ngulihin karang tgl: 10, 20, Mengukur pekarangan dan ngeruak tgl: 10, 20, 25

Upacara :
Upacara mebiyu kungkung (padi berumur ± 2 bulan) tgl: 10, 11, 13, 26, Melaspas bangunan/tempat suci tgl: 10, 20, 25, Mantenin padi di lumbung tgl: 1, 10, 14, 22, 25, Dewa yadnya tgl: 10, 20, 25 Bhuta yadnya tgl: 10, 20, 25, Atiwa-tiwa/ngaben tgl: 13, 23

Catatan : Pelebon/Ngaben dadakan (tidak memilih dewasa ayu) dapat dilaksanakan di dalam kurun waktu tujuh hari terhitung sejak dari hari meninggalnya. Lebih cepat dilaksanakan lebih baik dan hindari Hari-hari Rerainan, Purnama Tilem, Prawani, Kala Gotongan, Semut Sedulur, Pujawali Pura Setempat atau menurut ketentuan-ketentuan setempat. Manusa Yadnya dan kumpul suami istri : sebaiknya hindari bertepatan dengan hari kelahiran yang bersangkutan.

- Makin baik dan bijaksana seseorang, makin banyak kebaikan yang dapat ditemukan dalam diri orang lain.
- Kalau kau ingin orang lain bicara baik tentang dirimu jangan bicara baik tentang dirimu sendiri.
- Saat melakukan perbuatan baik, bersyukurlah karena kau punya kesempatan melakukannya.
- Pikiran baik yang berasal dari hati orang, sama bergunanya dengan teladan baik.
- Mengenal orang lain adalah kebijaksanaan, mengenal diri sendiri adalah pencerahan

Doa saat bangun pagi

Oṁ, Jagrascā Prabhāta Kalāsca Nāma Swāhạ

Oh Hyang Widhi kami memujaMu karena kami telah bangun pagi dengan selamat

インドネシア（バリ島）

アジアに残る旧暦

個人蔵　現代

インドネシアのバリ島のカレンダーは、多様な宗教や文化の共存をはかるべく工夫がされている。西暦二〇一三年二月のカレンダー（前頁に掲載）には、最上段にインドのサカ暦（ヒンズー暦）一九三四年のほか、孔子生誕紀元二五六四年、アラブのイスラーム暦一四三四年、釈迦入滅紀元の仏暦二五五六年の記載がある。では二六七三年二月は何か。神武天皇即位紀元（皇紀）である。曜日にも日本語のローマ字表記がある。日本統治時代の名残だろう。アジア諸国では現在でも様々な紀年法が並列した形で生活に根づいている。（下村）

北朝鮮

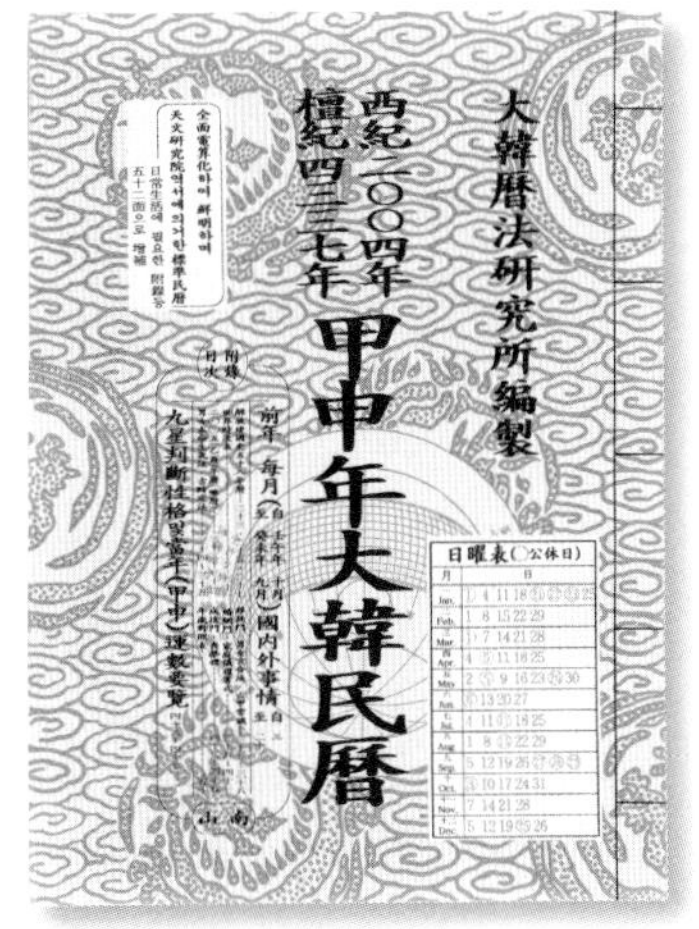

大韓民暦

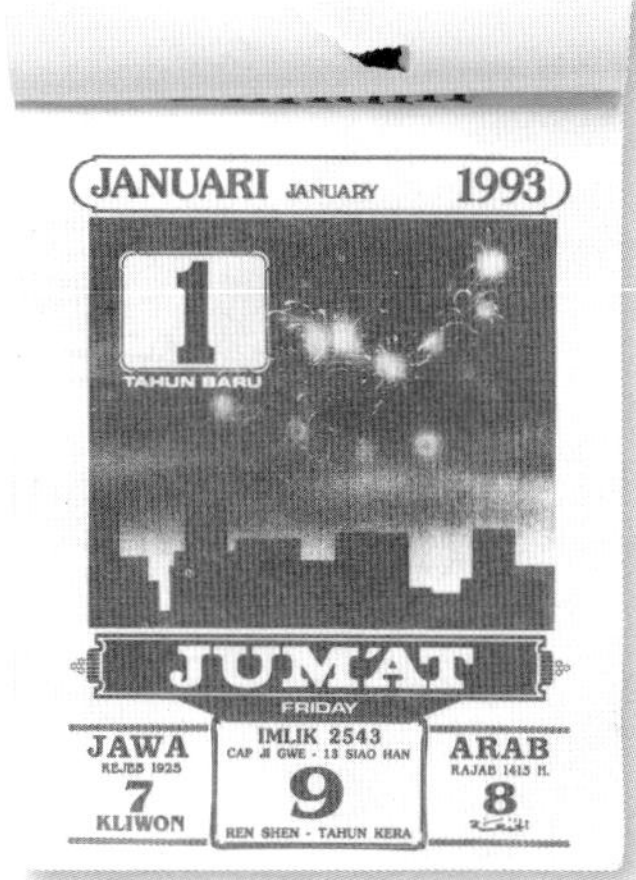

インドネシア

（2）現代のカレンダー

二〇一九年、一世一元の制の採用以来初となる、約二〇〇年ぶりの天皇の生前退位が行われた。そしてそれに伴う改元の動きは、天皇と暦（時間）との深い関係性を一般社会に強く印象づけるものであった。

退位の日取りを同年四月三〇日、新天皇の即位・改元を五月一日とすることが、一七年一二月一日の皇室会議で決まった。しかし新元号をいつ発表するか、天皇が新元号の制定にどのように関わるかという点で政府には保守派からさまざまな干渉があったという。保守派にすれば、元号は天皇のもので、早期公表は「今の陛下」（現・明仁上皇）に失礼であり新天皇が公布すべきである、あるいは「元号は首相が天皇に内奏し、ご聴許を得た上で、閣議決定すべきだ」とする考えが根強い。日本の公年号は最初とされる「大化」から「令和」に至るまで二四八を数えるが、歴史的に天皇勅定を原則としていた。戦後制定された元号法（昭和五四年制定）で、元号は政令で定めると明文化され、事前公表により国民生活の混乱を回避できることが明らかであっても、反発は強かった。

新元号が決定された四月一日の様子は、メディアを通じてよく知られる。有識者による「元号に関する懇談会」が午前中に首相官邸で開かれ、事前に選定された六案から候補が絞り込まれた。続いて全閣僚会議、そして元号を改める政令を閣議決定し、新元号は定まった。印象深いのは、この間の徹底した情報管理・操作である。有識者会議の出席者は携帯電話を預けるよう求められ、官邸の上層階では「ジャミング」と呼ばれる携帯電話の通話を妨害する装置も導入、外部との通信を遮断された。そして新元号がメディアに正式発表されるまで、閣僚も有識者も退出を許されなかった。これはもちろん新元号が発表前に漏れることを避けるためであるが、この物々しい厳戒態勢の中、政府は天皇および新天皇に新元号を伝えていた。菅義偉官房長官によって新元号が発表され国民の知るところとなる一〇分ほど前の出来事であった。国民に新元号が漏れないよう政府が細心の注意を払い神経を尖らせたのは、「勅定」の様式に則るためである。こうして「令和」の御代が始まった。

日本のカレンダー業界が、一連の改元の動きを緊張しながら見守っていたことはあまり知られない。元号はカレンダーにとって必須の構成要素であるため、発表直後から元号を新カレンダーに入れ込む作業にとりかからねばならないからである。機械化が進んだ現代でもなお、翌年のカレンダーの製造には約一年前からとりかからねば、質量の需要に応えることができないという事情が背景にある。業界は、製造過程に数々の工夫をこらしながら、歴史的な改元の年を乗り越えていった。

先の敗戦後、人々の時を知る手段は、暦からカレンダーへと移り変わった。「暦」は中国由来の名称で、英語訳で「カレンダー」であるが、その形状・様式や時の秩序のあり方は大きく異なっている。暦は格子状の枠に縦書きされ、右綴じで右にめくりながら暦日を確認するが、カレンダーは上綴じで上にめくり、格子状の枠に一週間のサイクルを基準に日取りが配置される。一週間に強く枠づけられた時の秩序を持つカレンダーを使用することは、その秩序のあり方を自然に感じる体系のなかで生きることに繋がる。そして大安や仏滅、友引といった六曜などの日の吉凶を気にする心性は、依然として根強く残る。暦から日取りの吉凶を読み解く営みは、現代においても息づいている。

（下村育世）

239
令和元年のカレンダー（参考図）

株式会社トーダン所蔵　令和元年（二〇一九）

古来、世に出回らないもののたとえとして、元年の暦がある。二〇一九年の歴史的な天皇の生前退位では、新元号は四月一日に発表された。同年のカレンダーは平成三一年カレンダーとして既に流通している（240「平成三十一年神宮暦」参照）。このカレンダーは、元号発表と同時に、待機していた書家が「令和」と毛筆書きし、それをスキャンしてその日のうちに部数限定で印刷・製品化したもの。現代の技術あってこそ可能となったものであるが、珍しいカレンダーと言える。（下村）

240
平成三十一年神宮暦（参考図）

個人蔵　平成三〇年（二〇一八）

「神宮暦」は、現在も伊勢神宮から私的に製造・頒布され続けている。戦前の官暦であった「本暦」と「略本暦」のなごりか、それらの判型を踏襲した二種類の暦が今も頒布される。平成三一年（二〇一九）は新元号「令和」が発表された年にあたるが、暦やカレンダーの製造は新元号発表の前年にとりかかり完成させるため、「平成三十一年神宮暦」として流通した。神宮暦も令和元年版はない。（下村）

241 令和二年のカレンダー（参考図）

株式会社トーダン所蔵　令和元年（二〇一九）

カレンダー業界は、製造に約一年前からとりかかり、需要に応えている。二〇一九年は天皇の生前退位による改元が行われた歴史的な年で、四月一日の新元号発表の瞬間を、関係者は固唾（かたず）を呑んで見守っていた。翌二〇二〇年のカレンダーは、元号を早急に入れなければ、納品に間に合わないからである。本カレンダーは、ヘッダー部分に「令和二年」と書き入れ、既に印刷・丁合（ちょうあい）し待機させていた月表（げっぴょう）を天綴じして製品化したもの。カレンダー業界の苦心が窺える。（下村）

242 現代の「開運カレンダー」（参考図）

株式会社トーダン所蔵　令和五年（二〇二三）

株式会社トーダンの毎年のベストセラー・カレンダーが、実はこの壁掛け版の「開運カレンダー」。六曜（ろくよう）、九星（きゅうせい）、十二直（じゅうにちょく）、二十八宿（にじゅうはっしゅく）などの情報が毎日付されており、日取りの吉凶が解説によりわかるようになっている。近世期の暦注（れきちゅう）とその注釈本が一体となったような親切な造りである。カレンダーから日の吉凶を知る風習は、現代社会においても形を変えて根強く息づいていることがわかる。（下村）

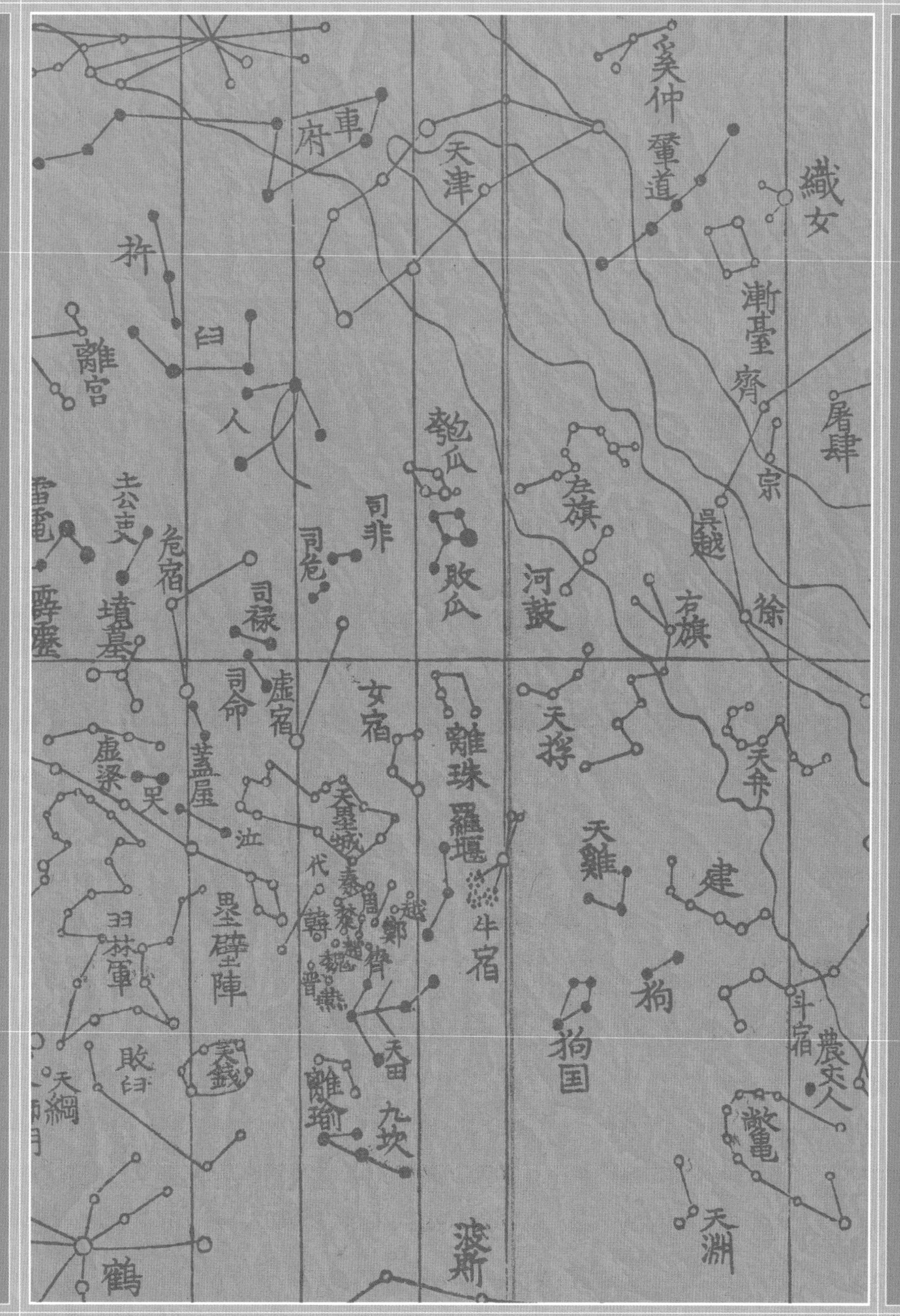

エピローグ

陰陽師が残したもの

陰陽師とは何者だったのでしょうか。彼らのあしあとをたどり、歴史のなかに刻まれたその役割を考えてきました。安倍晴明という有名な陰陽師にまつわる「ものがたり」も取り上げ、伝承の世界の陰陽師像について見つめてみました。そして最後に陰陽師たちが作り、広めた暦に焦点をあて、その現代に至るまでの姿を追いかけてみました。

陰陽師たちが、なしとげ、とらえてきたものの中にはまだ充分に明らかになっていないものも多くあります。本書では、多くの陰陽師にかかわる資料を集めただけではなく、そうした未解明の問題に対する手がかりや考察の出発点を示すこともこころがけました。

わたしたちの感覚からは、宗教のようでもあり、技術でもあり、科学的な領域もふくみ、時には哲学的な雰囲気もただよう陰陽道を多面的にとりあげ、その姿を見すえようとしてきたのです。陰陽道を具体的な資料を通して考えようとすると、それらを体現した陰陽師という存在に行きつきます。彼らの活動が、日本列島上の人々のくらしにどのようなものをもたらしたのか、最後に考えてみたいと思います。

暦を作るためには天体観測をはじめとする時代ごとの最新の知識や技術が動員されました。宇宙の運行と自然を相手に陰陽師たちは模索を重ねてきたのです。そうした最先端の知識は生活のなかでも活かされることが望まれました。占いやまじないは神秘的であるだけでなく、知識と経験を動員した真摯な営みでもありました。陰陽師たちはそうして時間と空間に対する感覚をつちかい、磨き上げ、それらを人々に伝えてきました。それらのなかには今日から見れば誤りであったり、迷信としか言えないものも含まれています。しかし、その背景にあった陰陽師たちの努力を歴史の中から消し去ることはできないと思います。

かつての陰陽師たちが残したもので、今に訴えるのは、宇宙や自然に向き合いながら、わたしたちとわたしたちを取りまく未来へとかかわろうとする姿勢ではないでしょうか。それは知識や技術のかたちで示された場合もあり、経験の継承のかたちに表れている場合もあります。陰陽師たちは社会や時代の制約のなかで、よりよく生き、未来を希望のあるものにするために努力を重ねてきたといえるでしょう。

わたしたちの目の前から陰陽師が姿を消してから一五〇年以上が過ぎようとしています。彼らの知識や活動は、それらが刻まれた暦が、大きく改められてから、見えにくく、ふりかえりづらくなりました。ここでは時間と未来に対する営みの担い手であった陰陽師を蘇らせることによって、そうした歴史の中に残された叡智を確かめようとしたのです。月や星、季節の移り変わりを感じるとき、それらをとらえ、法則化しようとし、さらにそれによって未来を見通そうとしていた陰陽師たちがいたことを思い出していただけたらと思います。

史料翻刻

本書に掲載した主な史料の翻刻を以下に掲げる。年代や所蔵等史料の詳細は、本文を参照。

❖凡例

- 資料番号は図録の資料番号と一致する。
- 用字は原則として新字体を用いたが、史料により、旧字体を用いたところもある。
- 改行は基本的には行わず続けて記載したが、史料によっては原本通りに改行したものもある。
- 翻刻は各史料の解説担当者が行い、参考にした文献がある場合は翻刻末尾に示した。

第Ⅰ部　陰陽師のあしあと

第二章　陰陽師、ひろがる――中世の陰陽道

12　反閇作法并作法（大刀契事）

大刀契事

護身剣　南斗　北斗　日形　月形　朱雀　青龍　白虎　玄武　形等

五帝三公

七星南斗

将軍剱　三公五帝　南斗　北極　北斗　白虎　青龍

四月己巳（□字虫損）、、、日儲具（物）

七月庚申日申時造了也

若無庚申日者　待有歳造也

五座祭　西王母兵（刃）信符

天者（二字虫損）、、符〔老君破敵カ〕

革命前令焼失　徵也

天徳（応徳（和）元年辛酉歳）五年六月廿八日庚申　七月節　申時造霊剱

二柄　一柄仁　一柄義

置此剱之所万鬼散走　仁剱者天子所帯　邪鬼悉伏（万忌之鬼悉去万里）　疾病除愈　寿命延長

万福無極

義剱者将軍之所持也　怨敵皆伏　当者抑摧

敵者不起

勅使　主殿権助藤原為光

祝　天文博士賀茂保憲

奉礼　天文得業生安倍晴明　々々即造之

祭郎　暦得業生味部好相

鍛冶備中国白銀安見

鋳物工内蔵史生葛井清泉

上造工内竪子安部〔宗カ〕字生

於愛護山神護寺　臨暁五帝祭了　経十一箇日

造了帰京　各奉礼祝已下工部以上有勅禄云〔也カ〕

（山下克明『平安時代の宗教文化と陰陽道』岩田書院、一九九六年、一七三～四頁参照）

15　十二番職人歌合（宿曜師）

左　宿曜師

くもりなき星のやとりハみしかとも月の哀もすてかたき哉

うき人のむまれの月日問聞んけにあひかたき事やミゆると

24　吾妻鏡　承久三年六月八日条

八日（中略）、おなしき日の戌の刻に、かまくらにいかつち右京兆の館の釜殿におち、疋夫一人これかためにをかされ畢ぬ、亭主すこふる怖畏し、大官令

禅門をまねきこれをしめしゐハく、武州等上洛をは朝廷をかたふけたてまつらんものなり、しかるに今此怪あり、もしこれ運命のししまるへき獨相かと者れハ、禅門のいはく、君臣の運命ハ、ミな天地のつかさとる所也、つらつら今度の次第を案するに、其是非よろしく天道の決断をあふくへし、まつたく怖畏のかきりにあらす、中につゐてこのことは関東の佳例たるか、文治五年に故幕下将軍、藤の泰衡を征するの時、奥州の軍陣にをひていかつちおちをわんぬ先規也、ことさらに卜筮あるへしと者れハ、親職・泰貞・宣賢等最吉のよし同心にこれを占と云々

[参考]（国史大系『吾妻鏡』）

八日辛酉、（中略）同日戌刻、鎌倉雷落于右京兆館之釜殿、疋夫一人為之被侵畢、亭主頗怖畏、招大官令禅門示合云、武州等上洛者、為奉傾朝庭（ママ）也、而今有此怪、若是運命之可縮端歟者、禅門云、君臣運命、皆天地之所掌也、倩案今度次第、其是非宜仰天道之決断、全非怖畏之限、就中此事、於関東為佳例歟、文治五年、故幕下将軍征藤泰衡之時、於奥州軍陣雷落訖、先規雖明故可有卜筮者、親職・泰貞・宣賢等、最吉之由同心占之云々

25　金沢貞顕書状

御神事中候之間、久不申
入候、背本意候、放生会無
為被遂行候了、喜悦候、
抑金堂上棟事、相尋前主
税頭晴村朝臣候之処、申詞
如此候、可為何様候哉、今月
中者吉日無之由令申候、
可為十二月十六日候歟、有御計
重可承候、此間依放生大会

26　足利義満三万六千神祭記

応安元年〈戊／申〉五月三日壬申、今夜武家左馬頭源義満〈故征夷大将軍義詮息〉、為彗星祈□（禱カ）被行三万六千神御祭、戌時許御代官右馬助□（源カ）頼氏〈執事武蔵守頼行／舎弟〉、着浄衣〈下括〉、監臨祭壇、祝有世、奉礼縫殿頭有茂、祭郎前大蔵少輔泰兼〈兼執事〉・民部丞久益・雅楽允久直・左兵衛尉清科重方等也、具官不足之間、祭郎兼行献者・謁者畢、御使□（着カ）座之後、久益持参垸水、予書解穢符、御使弁具官等灑之、其次第如恒、奉礼称衆官再拝之時、御使礼拝、于時降雨之間、祝以下取笠、御祭文読畢之後、奉礼称礼畢、祭物等焼上之、御撫物〈御鏡／一面〉於案上祭郎久益如元奉裹之、伝予、々乍居伝御使、御使帰参、御祭礼無為無事、可謂天之与善歟、祭壇次第守旧図、無聊之違失致沙汰、此祭地座之祭也、安家不用御棚、神座卌九前也、幡卌九本、随方染色〈以上紙五枚続之、為幡手／幡高一丈余〉神座絹布・紙等同随方染色〈但今度絹布等／不染、紙許染之〉、燈明卌九、以番匠作、打燈台〈高一丈五寸許〉、毎座供之、内・中・外壇之次第、委見図、今度御祭奉行斎藤太郎兵衛尉利員也、御太刀一柄、弓一張〈滋籐〉、征矢一腰〈鷲羽〉、名香一裹、蘇蜜各一裹〈当日自大弼入道／許送之〉、各自奉行方送給之、其外御祭料用途五千疋被下行、自去一日始斎籠、具官已下沐浴、今度用鑽火畢、御祭文草管大府卿〈長綱卿〉、於清書者任例以黄紙朱字陰陽家令清書之、当日令持参武家、申請御署名〈義満〉者也、抑御祭礼之時降雨例、典厩之御祖父〈将軍／尊氏卿〉、去建武三年八月三日被行如法泰山府君御祭、故光禄卿被奉仕之、御代官嶋津豊後前司忠員着座祭壇、于時降雨、祝・御使以下取笠、且降雨之段、於将軍家為佳例之由被仰之間、凌雨□（勤カ）仕御祭、其後天下静謐武運長久、今度被摸彼例者也、

27　足利義尚泰山府君祭都状

謹上　泰山府君都状

南浮州日本国征夷大将軍参議従三位行左近衛権中将兼美作権守源朝臣
「義尚」（別筆）年十二二（四）謹啓
右「義尚」（別筆）謹啓、泰山府君・冥道諸神等言、夫
泰山府君者天帝之孫、獄霊長、在東岱而施威
験者也、爰去月度々変異、其慎重、仍任
恒例択木益之吉曜、従今日一七ヶ夜
備十二坐清供、設礼奠、所祈者天下泰
平、二二（四）海静謐基也、然則早預府君加被必
除諸事、障難招吉而仰二儀擁護、弥長
久心中所願成就、身体無恙、保千秋万歳之
寿命令栄昌　謹啓

文明十年九月廿七日征夷大将軍参議従三位行左近衛権中将兼美作権守源朝
臣「義尚」（別筆）謹啓

33　奈良坊目拙解　第七　幸下之町

○幸下之町　〈興福寺領下紀寺村組也／各在家地子午貢〉

○幸町在上下両町今別記ス之上下者謂東西ヲ南都習俗具ニ記前段略于此

○元禄年町中改帳云幸下ノ町興福寺領
家数廿六軒　竈員五十二宇云々

○当名里諺云、往昔陰陽轉〔博〕士幸徳井氏族〈加茂氏吉備大臣真備末孫也〉、住居于此所也、于今在古井於当町人家裏号幸徳井、是即居地ノ遺跡也、仍名幸徳井町、其後省略シメ字音ヲ轉訓ニ而号幸井町ト焉云々、

○元要記第十七巻曰興福寺行疫神〈在修南院艮角〉、鳥羽院御宇永久五年丁酉正月社檀建立南都四箇陰陽師勤仕之、修南院家寺務恵暁僧正御時陰陽頭幸徳井賀茂朝臣勤仕畢云々

幸徳井累世在于当郷吉備塚北辺乎、其後移居ヲ於野田村山上ニ至于今、現住是也、

（以下略）

34　奈良坊目拙解　第十五　野田山上村

○野田山上村　〈在於野田村北巳寅方／東大寺領内也〉

（中略）

○幸徳井屋敷　在同所　御赦免地

○幸徳井家ハ陰陽助暦博士也、亦世々春日・興福寺清祓勤務、毎歳三月
中旬興福寺心経会所鬼気禊出勤也、束帯乗輿行荘厳重也、

○元要記曰行疫神八万四千六百五十四神等正月心経会請勤寺内外行疫神仏転義也、鳥羽院御宇永久五年丁酉正月社檀建立南都四箇陰陽師勤仕之、修南院寺務恵暁僧正御時陰陽頭幸徳井賀茂朝臣勤仕畢云々、

○昔伝拾葉上巻曰陰陽道・天文道昔ハ一家トシテ両道ヲ兼タリ、然ルニ加茂保憲ト云名人天文道ヲ以テ其弟子安倍清明ニ授ケ暦道ヲ其子光栄ニ譲ル、是ヨリ両道ニ分ル也、夫天文ト云ハ天地変災・雲気・非常ノ怪ミ有時、其様子ヲ見テ見ハ吉瑞、是ハ凶兆ト明ラム役也、サレハ此見立ハ凡人ノ不及所也、又暦道ハ年々ノ暦ヲ沙汰ス、是ハ算数ヲ以テ所致也、加茂保憲名誉ノ達人ナレハ我子ノ光栄ニ天文ヲ授タクハ思フラシメト器量不及カ故ニ暦道ヲ授ケ弟子ノ晴明ニ大事ノ天文道ヲ与ヘラレ侍ルハ晴明ガ器量抜群スクレタルガ故也、然共父保憲非道ニシテ天文ヲ我子ニ譲ラバ天下国家ノ為ナラズ家ノ疵ト云笑ヲ後代ニ残スヘキヲ筋目ナル計ヒト云ベシ、去程ニ清明ハ古今無双之神人ニテ其子孫泰親ナト云者ハ指カミコト云ル、程ノ博士也、此泰親ハ賀茂ノ社ニ詣ケル折節神鳴落カ、リタレ共何ノ障モナシ、平家ノ時分奇妙ヲ顕シタル事諸書ニ見ユ、然レハ元

祖保憲カ眼力ハ明哲ナル者也、暦ハ光栄ノ流ニテ号幸徳井、今ニアレトサタカニ人不知安倍ノ家筋ヲハ土御門ト号シテ相続スト云

○幸徳井家累代陰陽頭暦博士而居住於当山上里焉、然禁裏東武毎事日取皆以自此幸徳井家令出考於是一年之間過半令在京也、仍近世移居宅於洛陽而後当所旧家漸下部為留守人自是家内大破而人跡疎乎、享保甲寅年秋八月壊客殿一宇而移建于東大寺北林院也、于時同九月初三日有稲倉魂神託而令宮殿造営参詣諸人為群追日繁昌再帰旧代之福貴家屋再興修覆厳重也、於此当職保篤朝臣往々下向旧家神事等勤務有之、諸人信御益深懇也、可謂神変奇哉云々　俗間依稲荷社神告謂幸徳井曰安倍家不可説也、不可信用乎、

伝云、幸徳井氏当初居住於幸町吉備塚近辺ニ、而後移居于此所也云々、当家ハ吉備大臣真備公之末裔加茂氏陰陽博士也　家領　十石有之

（以下略）

35　八幡宇佐宮御託宣集　第十三巻

右神以去天長元年、蘊麻呂母酒井勝門主女、就神余経七箇年而間、父従八位下大神朝臣真守之宅、就門主女託宣、吾波菱形宮西方荒垣之外隠居神曾、若不顕申波、汝家爾入神気牟物曾、其時吾喩為土波可告者、而思忘経年不顕、而後神気入真守之家、陰陽師川辺勝真苗録申云、為託宣神向事陰陽師、吾礼其命取利死牟物曾者、未経幾年陰陽師真苗頓死、然後門主女依神託宣告蘊麻呂・助雄等云、神乃託宣、陰陽師更不用須、但汝能久彼神奉治倍志、然間陰陽師不聞教弖、急死亡、已上、汝不見哉者、蘊麻呂等申云、已身命取給、何大神宮之辺禱神可顕申即託宣、（以下略）

42　北原村並御前座由緒書

一、豊前下毛郡筑地村北原算所と申候ハ、薦社陰陽師也、因之祭礼之吉日良辰、不浄之祓、心経会等之儀を主り相勤来候、中古兵乱之時分より断絶して、其事名のみにて不行、剰古記池魚の災にかかり、僅に其流をつくといへとも、其由緒を知事もなく成来候、

一、最明寺時頼朝臣、諸国御巡見之頃、大江郷湯屋村にて御病気之処、算所阿部大内蔵と申者を被召寄、御祈念致、且御看病申、御立被成時分、鎌倉江参候ハヽ、何によらす願可被聴召由、扇子に御書附被下候、其後大内蔵鎌倉江参、西国一向執行者之司ニ罷成、心まゝに行脚致度よし願申、則御免被下、其上亀甲之紋をたまハり、御教書頂戴帰り申候、是等之証文、右之古記と同しく焼失申候由申伝候、

一、右之大内蔵、鎌倉よりかすかの作の弥陀之尊像を求来り安置申候、其後了門山西福寺を建立致、天台之法をひろめ、毎年三日三夜心経を読誦し、五穀成就之祈念を致し、国中に守札を与え来候、是も只今は三日経と申名のみ相残候、

一、大内蔵殿当国をしろしめし候時分、西福寺を御祈禱所に被仰付相勤申候故、其節八ヶ所八屋敷と申を附被下候、今の古屋鋪に有之也、

一、只今之歌舞伎ハ、近キ頃出雲丞参候て躍を教、かりそめに習候より家業之様ニ成来候、細川三斎公、小倉之城御築被成候節、薦社の由緒によりて、天台土台躍鎮申様ニと被仰付相勤、依之寛永弐、北原村諸役御免、元高百拾四石四斗分夫米被下置、証文于今所持致候、

一、長次公御代、不相替右之通ニ被仰付候、長勝公御代延宝中ニ今之新村江御移し被成候、其後御代々、前々之通被仰付相勤来候、

元禄十五四月十八日

43　三十二番職人歌合絵巻

六番

左

おくさんの

そうしょうしたる
　はなのとき風をば
　　いれぬ五形なりけり
（中略）
算道の指南、五形の相剋相生を本躰にて
一切の吉凶を判定する事なれば
花の時の相生に風をバいれぬ五形と
勘あげめるいと興あり
（以下略）

71　土御門御役所通達

口達

四条通堺町西江入
丸屋孫市借家
皆川村吉

於右家当道一派之輩為稽古毎月三箇度、御家道之書御会被相始候間、各出精出席可有之候、右村吉方御稽古所ニ被相用候　御趣意者、是迄御本館御稽古所斉政館江出席致稽古候様、毎度被　仰渡候得共、御本館之儀者市中相離遠路之儀故、出席心懸之族有之候得共、今日之業体ニ被掩、其上遠路之不便利を相厭候而、自然相怠候儀も可有之哉、左候而者甚御不本意之御事、市中ニ而者万事便利能路次之費等も無之出席致易可有之、其上右村吉当時居住之地者、旧来御旅館茂有之候、御由縁茂候得者、万事思召被合　御本館御定会之内三箇度右村吉宅を被用御会被　仰付候、右等之次第候得者、御厚意之処、且職恩之冥加其上自分上達之道故、可相成相励精々出席可有之、追々出精之族者応其趣夫々急度御恩賞可有之候、尤村吉自宅且町方之儀ニ候へ者、出席之上下并町内往来総而乱雑不法之筋、殊更堅被製禁候間、弥以神妙之身体可有之、尚又右御場所甚手狭不都合ニ有之候得共、前條之義共御含を以被相用候へ者、各無心得違承之必出精出席可有之、此段組々不洩様可申渡被　仰出候条、無洩脱早々通達可有之者也、

丑十月　　　土御門殿陰陽道
　　　　　　　御役所［月番］

前書之趣夫々謹而承知、精々出勤可被致候

83　口達（御当家格別の由緒につき帯刀の事）

口達

於
当家其方義格別之御由緒有之候ニ付、帯刀御差免ニ可相成筈ニ候得共、御領主ニ差支等有之候而者

無詮事ニ候間、帰国之上御領
主之所程能差支等無之
儀候ハヽ、其段可被申出候、
早速御領主江帯刀差
免候義御掛合可有之、右者
含迄書付を以相達置候、
以上

八月八日　土御門殿　家司［月番］

谷川左近殿

84〔晴明霊社八百五十年忌につき書状〕

一筆令啓達候先以
御本所益御安泰候事ニ候、
次ニ其許愈以無変被相勤
珍重存候、然者別紙之通
来丑年三月
晴明御霊社御神忌ニ付参
勤被　仰出候、就而者御配下
之輩者勿論精々出情御寄附
可有之、且又御配下ニ不抱各壇
中又者信心之輩江此段被
申通同様御寄附候ハヽ任願意
御神事御祈禱可被成下候、
猶又御配下之族自然遠路
上京差支候ハヽ前以御断可申
上候、何分格別之
御神忌ニ候得者各職恩之程
無忘却厚被心掛無懈怠忠
勤可被励候、右申達間如此候、以上

土御門殿
御神忌御用掛［月番］

子（嘉永五年）閏二月

若州
谷川左近殿

85　証（上京参殿ノ際扶持持方下付につき）

証

一、其方儀往古格別
御由緒柄有之候趣、
右ニ附至子孫
御用向有之上京参
殿之砌、自然長逗留ニ茂
相成候ハヽ、御扶持方
可被下置もの也、

安政五年二月　土御門殿
家司［月番］

若州名田庄
納田給村
谷川左近殿

103　反閇作法

反閇作法　　土御門之作法也
先向玉女方二拝申事由於玉女
次観五氣三打テ天鼓ヲ而臨目思
木肝中青氣出自左身化為青竜在左
金肺中白氣出自右身化為白虎在右
火心中赤氣出自頂上化為朱雀在前
水腎中黒氣出自足下化為玄武在後
土脾中黄氣出自口中化為黄龍在上
南无陰陽本師竜樹菩薩提婆菩薩
馬鳴菩薩伏羲神農黄帝玄女玉
女師曠天老所傳此法蒙益乞也天
判地理早得験貴　　喼々如律令
次天門之文
六甲六丁天門自成六戊六己天門自開
六甲磐垣天門近在　　急々
次地戸之文
九道開塞々々々々有来追我者従此極
乗車来者折其両軸騎馬来者暗
其目歩行来者瞳其足楊兵来者令
自伏不敢起明星北斗却敵万里追我
不止牽牛須女化成江海　　喼々
次玉女文
甲上玉女々々々々来護我身無令百鬼中
傷我見我者以為束薪獨開我門自
閇自他人門　　急々
次刀禁　　取刀可頌
吾此天帝使者所使執持金刀令滅不祥
此刀非凡常之刀百煉之鋼此刀一下何鬼
不走何病不癒千殃万邪皆伏死亡吾今
刀下喼喼如天帝太上老君律令
次四縦五横加持
四縦五横禹為除道蚩尤避兵令吾
周遍天下帰還故郷向吾者死留吾
者亡　急々

九字　勾陣／白虎／玄武／朱雀　［符図］　急々如律令

次禹歩
謹請天逢天内天衝天輔天禽天心天柱
天任天蓁

八　六　二　右
七　四　一
九　五　三　左

次禹歩立留ル
南斗北斗三台玉女左青竜避万兵右
白虎避不祥前朱雀避口舌後玄武
避万鬼前後輔翼　　急々如律令アリ
次二神前之作法
次二護神法　万事口傳次第有之云々、可秘云々
于時寛永三年九月二日　泰重　判在リ
不可有他見者也

111　平産之符

［符図］平産之符　［符図］物ニヲソワル時呑ベシ、狂気ニモ用ユ
［符図］長血ニ呑ベシ
［符図］長血ニ呑ベシ　［符図］女人血ヲ見ザルニ呑セヨ
［符図］盗人入テ通タル道ニ立テヨ　［符図］女人子生レサラン時呑ベシ
［符図］産ノ前ニ呑ベシ　［符図］産後ヲリモノヲリス時呑ベシ
［符図］難産之時呑ベシ　［符図］クサカサムシクイバノ時呑ベシ

浮草の一葉なれとも　此哥を認はり置ハ
磯かくれおもひなかけそ　盗人不来
おきつしら浪

113　鎮宅祭次第

鎮宅祭次第
神饌　一膳
祭官進神前
次　奉幣
次　読祭文　身曽貴（禊）祓
次　散米
次　奉幣
次　洒水　東西南北
次　神役執テ洒水器而退
次　神役徹ス神饌
次　神役掛絵像而焚香而退
次　神役献六神饌ヲ
次　鎮宅勧請奉読　霊符祭文
次　奉幣
次　鎮宅諸霊ノ祭文奉読　中臣祓
次　奉幣
次　主人焚香　揖礼而退
次　神饌加持
次　読祭文　送文
次　奉幣
次　祭官退出
次　徹神饌
右謹奉執行事
［符図］運神祭神符
［符図］地鎮祭
奉勅仕〈五方土神／十二運神〉守護
［符図］大将軍神符
［符図］卦続祭神符
［符図］相姓中札符
八将神
歳徳神　符
金神七殺
［符図］豹尾神祭符
［符図］雪隠埋符
［符図］此祭ハ杉ノ葉ヲ用ル
雪隠離方切符
［符図］〆よせの神札、かまどの護
九将神御鎮座
毎年暦納ノ節古川へ納ル、杉原紙也
［符図］井水清浄符
［符図］有気祭神符

［符図］厄除ヶ祭神符
［符図］居宅安鎮祭
乾方用ル神符
［符図］居宅安鎮祭
坎方神符
［符図］居宅
南方神符
［符図］居宅
東方神符
［符図］居宅
巽方神符
［符図］居宅
北方神符
［符図］艮ノ神符
［符図］未申方

掲載資料一覧

指定文化財は、国宝は◉、重要文化財は◎を付した（参考図は除く）

番号	資料名	所蔵	指定	資料群・出土先	年代
	第I部　陰陽師のあしあと				
	第一章　陰陽師、あらわる——古代の陰陽道				
1	（参考図）卜甲	対馬博物館所蔵			江戸時代末期～明治初期
2	令集解　第三　職員二	本館所蔵		田中穣氏旧蔵典籍古文書	江戸時代前期写
3	日本書紀	本館所蔵		高松宮家伝来禁裏本	江戸時代前期写
4	易経	本館所蔵		吉川家文書	江戸時代～明治
5	大唐陰陽書	国立天文台所蔵			江戸時代カ
6	卜筮書	称名寺所蔵（神奈川県立金沢文庫保管）	◎		六～七世紀写
7	御堂関白記（複製）	本館所蔵 原品：公益財団法人陽明文庫所蔵	◉		長保六年（寛弘元年・一〇〇四）／ 寛弘四年［原品の年代］
8	（参考図）春日権現験記絵（法師陰陽師）	国立国会図書館デジタルコレクションより			明治三年（一八七〇）写
9	（参考図）日本三代実録	国立公文書館所蔵			慶長一九年（一六一四）写
10	（参考図）病草紙（病気治療をする医師）	京都国立博物館所蔵			一二世紀
11	（参考図）将門記（新皇平将門を呪詛）	国立公文書館所蔵			江戸時代写
	第二章　陰陽師、ひろがる——中世の陰陽道				
12	反閇作法并作法（大刀契事） ※102と同一資料	京都府立京都学・歴彩館所蔵		若杉家文書	鎌倉時代末期
13	符天暦日躔差立成	大将軍八神社所蔵			中世写
14	明応三年七曜暦	西尾市岩瀬文庫所蔵			室町時代
15	十二番職人歌合（宿曜師）	西尾市岩瀬文庫所蔵			江戸時代後期写

番号	資料名	所蔵	指定	資料群・出土先	年代
16	（参考図）二占要略（太一式盤）	国立国会図書館所蔵			文化一二年（一八一五）
17	朝野群載　巻十五 治暦元年一二月勘申	国立公文書館所蔵		内閣文庫慶長御写本	慶長二〇年（一六一五）写
18	職原抄	本館所蔵		吉川家文書	江戸時代版
19	安倍良光言上状断簡	本館所蔵		広橋家旧蔵記録典籍類	一三世紀後半
20	（参考図）官職秘抄	国立国会図書館デジタルコレクションより			大永五年（一五二五）写
21	（参考図）百寮訓要抄	国立公文書館所蔵			慶安二年（一六四九）版
22	奈與竹物語	曇華院所蔵（京都国立博物館寄託）			江戸時代前期写カ
23	養和二年記	宮内庁書陵部所蔵			寛政一一年（一七九九）写
24	吾妻鏡　承久三年六月八日条	本館所蔵			江戸時代写
25	金沢貞顕書状	称名寺所蔵（神奈川県立金沢文庫管理）	◉		文保二年（一三一八）カ
26	足利義満三万六千神祭記	京都府立京都学・歴彩館所蔵			室町時代
27	足利義尚泰山府君祭都状	京都府立京都学・歴彩館所蔵			文明一〇年（一四七八） 九月二七日
28	名田庄室町幕府制札	加茂神社所蔵			永正一〇年（一五一三）カ
29	天変地異勘文案	谷川左近家所蔵			天正一一年（一五八三）
30	沙弥道孝泰山府君祭都状	谷川左近家所蔵			応永一五年（一四〇八） 七月二九日
31	平平貞泰山府君祭都状	谷川左近家所蔵			文明一四年（一四八二）六月七日
32	（参考図）陰陽家系図	宮内庁書陵部所蔵			江戸時代
33	（参考図）奈良坊目拙解　第七　幸下之町	奈良県立図書情報館所蔵			享保一五年（一七三〇）自序、享保二〇年成立（写本）
34	（参考図）奈良坊目拙解　第十五　野田山上村	奈良県立図書情報館所蔵			享保一五年（一七三〇）自序、享保二〇年成立（写本）

◉

35	八幡宇佐宮御託宣集　第十三巻	宇佐神宮所蔵		応永二四年（一四一七）写
36	（参考図）宇佐宮神事式	宇佐神宮所蔵		明治一三年（一八八〇）写
37	宇佐宮御祓会絵図	宇佐神宮所蔵		江戸時代中期
38	（参考図）宇佐宮応永造営記	宇佐神宮所蔵		宝暦四年（一七五四）写
39	享保度宇佐宮御杣始記	宇佐神宮所蔵		享保一三年（一七二八）～一九年
40	御杣始之儀絵図	大楠神社所蔵		江戸時代末期～明治初期
41	御杣始之儀版画	築上町教育委員会所蔵		安政三年（一八五六）頃ヵ
42	北原村並御前座由緒書	個人蔵		一八世紀半ば以降ヵ
43	三十二番職人歌合絵巻	サントリー美術館所蔵		一六世紀
44	占術・暦注雑書	本館所蔵	吉川家文書	一六世紀初頭～前半
45	盤法まじない書（行法救呪）	豊根村教育委員会所蔵		大永五年（一五二五）写
46	易術大事	豊根村教育委員会所蔵		一七世紀写
47	（参考図）秘符・弘法大師御作	個人蔵		延宝八年（一六八〇）写
48	呪符かわらけ	栃木県立博物館所蔵	栃木県宇都宮市長岡百穴A遺跡出土	一六世紀頃
49	呪符木製円盤	福知山市教育委員会所蔵	京都府福知山市夜久野町矢谷経塚出土	応永（一三九四～一四二八）頃
50	呪符木製円盤	酒々井町教育委員会所蔵	千葉県酒々井町尾上出戸遺跡出土	一六世紀
51	（参考図）呪符木製円盤	広島県立埋蔵文化財センター所蔵 写真：公益財団法人広島県教育事業団撮影／広島県立埋蔵文化財センター提供 出土状況　写真：公益財団法人広島県教育事業団撮影／広島県立埋蔵文化財センター提供	広島県三次市山崎遺跡出土	天文六年（一五三七）頃
52	嘉禄三年具注暦	本館所蔵	広橋家旧蔵記録文書典籍類	嘉禄二年（一二二六）
53	応長二年仮名暦	本館所蔵	田中穣氏旧蔵典籍古文書	応長元年（一三一一）

番号	資料名	所蔵	指定	資料群・出土先	年代
54	永享九年三嶋暦	史跡足利学校事務所所蔵	◎		永享八年（一四三六）
55	正和六年具注暦	称名寺所蔵（神奈川県立金沢文庫管理）	◉		正和五年（一三一六）
56	（参考図）空華日用工夫略集	東京大学史料編纂所所蔵			江戸時代初期写
57	（参考図）初渡集　下	妙智院所蔵（京都国立博物館寄託）			天文一〇年（一五四一）七月
58	（参考図）大乗院日記目録　応仁二年閏一二月	国立公文書館所蔵			一五世紀後半
59	（参考図）碧山日録　応仁二年正月四日条	公益財団法人前田育徳会所蔵			室町時代
	第三章　陰陽師、たばねる——近世の陰陽道				
60	徳川家康天曹地府祭都状	宮内庁書陵部所蔵			慶長八年（一六〇三）二月一二日
61	伊達政宗泰山府君祭都状案	京都府立京都学・歴彩館所蔵		若杉家文書	慶長二〇年（元和元年〈一六一五〉）二月
62	伊達政宗泰山府君祭都状案	京都府立京都学・歴彩館所蔵		若杉家文書	慶長二〇年（元和元年〈一六一五〉）二月
63	天曹地府祭御祭典絵図	宮内庁書陵部所蔵			江戸時代
64	霊元天皇綸旨	宮内庁書陵部所蔵			天和三年（一六八三）
65	徳川綱吉朱印状	宮内庁書陵部所蔵			天和三年（一六八三）
66	関東参向記（江戸城身固図）	京都府立京都学・歴彩館所蔵		若杉家文書	嘉永六年（一八五三）
67	指田日記	武蔵村山市教育委員会所蔵			嘉永六年（一八五三）
68	土御門家屋敷図	個人蔵（京都市歴史資料館寄託）			明治三年（一八七〇）
69	蛍火武威丸	京都府立京都学・歴彩館所蔵		若杉家文書	江戸時代
70	蛍火丸修法祭文	京都府立京都学・歴彩館所蔵		若杉家文書	文化七年（一八一〇）
71	土御門御役所通達	京都府立京都学・歴彩館所蔵		若杉家文書	江戸時代
72	星図歩天歌	本館所蔵		吉川家文書	文政七年（一八二四）

73	天和貞享御定古格之趣并面々常可心得条々	本館所蔵	吉川家文書	天明四年（一七八四）
74	山城国目代職補任状	京都府立京都学・歴彩館所蔵	若杉家文書	天明四年（一七八四）
75	天社神道行事	京都府立京都学・歴彩館所蔵	若杉家文書	寛文二年（一六六二）
76	（参考図）公事録（恒例公事録・第一一）	宮内庁書陵部所蔵		明治二〇年（一八八七）
77	三毬打御用手順	京都府立京都学・歴彩館所蔵	大國家文書	明治一五年（一八八二）
78	三毬打装束図	京都府立京都学・歴彩館所蔵	大國家文書	明治一五年（一八八二）
79	（参考図）安家相承霊符口伝	武蔵村山市教育委員会所蔵		天保一一年（一八四〇）
80	（参考図）土御門二位安倍晴親卿直筆口伝	武蔵村山市教育委員会所蔵		天保一一年（一八四〇）
81	泰山府君并土御門家　旧跡状況報告	京都府立京都学・歴彩館所蔵	若杉家文書	文政九年（一八二六）
82	（参考図）許状	谷川左近家所蔵		文政一一年（一八二八）
83	口達（御当家格別の由緒につき帯刀の事）	谷川左近家所蔵		文政一一年（一八二八）
84	〔晴明霊社八百五十年忌につき書状〕	谷川左近家所蔵		嘉永五年（一八五二）
85	証（上京参殿ノ際扶持持方下付につき）	谷川左近家所蔵		安政五年（一八五八）

第四章　陰陽師の仕事

86	家業年中行事	京都府立京都学・歴彩館所蔵	若杉家文書	明治時代
87	臨時祈禱並勘文記	京都府立京都学・歴彩館所蔵	若杉家文書	文化七年（一八一〇）
88	大将軍神像	大将軍八神社所蔵	◎	平安時代
89	日時勘文留（慶長一二年）	宮内庁書陵部所蔵		慶長一二年（一六〇七）
90	陰陽雑書	本館所蔵	吉川家文書	江戸時代写
91	吉日考秘伝（日法雑書）	西尾市岩瀬文庫所蔵 大将軍八神社所蔵		天正四年（一五七六）写 享保一一年（一七二六）写
92	普星伝	大将軍八神社所蔵		応仁二年（一四六八）写

番号	資料名	所蔵	指定	資料群・出土先	年代
93	陰陽道旧記抄	宮内庁書陵部所蔵			鎌倉時代前期カ
94	陰陽吉凶抄	東京大学史料編纂所所蔵			室町時代写カ
95	式盤　復元模型	個人蔵			現代
96	算木	本館所蔵		吉川家文書	江戸時代カ
97	筮竹・筮竹立て・筮竹入れ	本館所蔵		吉川家文書	江戸時代カ
98	諸神神名柱・呪符版木	本館所蔵		吉川家文書	寛政七年（一七九五）
99	年卦版木	本館所蔵		吉川家文書	江戸時代
100	文肝抄	京都府立京都学・歴彩館所蔵		若杉家文書	鎌倉時代後期
101	小反閇作法并護身法	京都府立京都学・歴彩館所蔵		若杉家文書	建長二年（一二五〇）写
102	反閇作法并作法（大刀契事） ※12と同一資料	京都府立京都学・歴彩館所蔵		若杉家文書	鎌倉時代末期
103	反閇作法	本館所蔵		吉川家文書	寛永三年（一六二六）写
104	吉備大臣唐伝授口伝	本館所蔵		吉川家文書	江戸時代
105	萬星祭事	本館所蔵		吉川家文書	江戸時代
106	天曹地府祭之図	本館所蔵		吉川家文書	安永一〇年（一七八一）
107	大嘗会天曽地府祭　即位祈禱札	本館所蔵		吉川家文書	江戸時代カ
108	烏帽子	本館所蔵		吉川家文書	江戸時代カ
109	装束（袴・帯等）	本館所蔵		吉川家文書	江戸時代カ
110	奉御立願安産鎮祭神符守護之事	本館所蔵		吉川家文書	享和三年（一八〇三）
111	平産之符	本館所蔵		吉川家文書	江戸時代
112	呪符集	本館所蔵		吉川家文書	江戸時代
113	鎮宅祭次第	本館所蔵		吉川家文書	江戸時代

番号	資料名	所蔵	文書群	年代
114	陰陽道秘符	京都府立京都学・歴彩館所蔵	若杉家文書	江戸時代
115	呪符かわらけ	墨田区教育委員会所蔵	東京都墨田区亀沢四丁目遺跡	一九世紀前葉～中葉

第五章　陰陽道と民俗

番号	資料名	所蔵	文書群	年代
116	大雑書（寛永八年版）	本館所蔵		寛永八年（一六三一）
117	増補寶暦大雑書	文庫・おぐま所蔵		宝暦年間（一七五一～六四）刊
118	明治新刻萬暦大雑書三世相大全	個人蔵		明治一六年（一八八三）
119	土公神祭文	本館所蔵	吉川家文書	寛永一九年（一六四二）写
120	大土公神祭文	豊根村教育委員会所蔵		一七世紀写
121	土公神祭文	本館所蔵	広橋家旧蔵記録文書典籍類	享禄四年（一五三一）
122	（参考図）大乗神楽　五大龍	写真提供：東北文化財映像研究所		現代
123	神像絵巻	妙法院所蔵		観応元年（一三五〇）
124	牛頭天王嶋渡祭文	豊根村教育委員会所蔵		一七世紀写
125	蘇民将来符	個人蔵		現代
126	万家調法呪咀伝授嚢	個人蔵		安政四年（一八五七）序
127	呪詛調法記	個人蔵		元禄一二年（一六九九）刊
128	東方朔秘伝置文　版本	個人蔵		貞享三年（一六八六）
129	東方朔秘伝置文　写本	個人蔵		安政二年（一八五五）
130	東方朔秘伝真文　写本	個人蔵		天保八年（一八三七）
131	義経記	本館所蔵	田中穣氏旧蔵典籍古文書	江戸初期写
132	清悦物語	本館所蔵		江戸時代

番号	資料名	所蔵	指定	資料群・出土先	年代
	第II部　安倍晴明のものがたり				
	第一章　安倍晴明とその子孫				
133	泣不動縁起絵巻（不動利益縁起）	清浄華院所蔵（京都国立博物館寄託） 奈良国立博物館所蔵	◎		室町時代 室町時代
134	陰陽師と式神・外道復元模型（泣不動縁起絵巻復元模型）	本館所蔵			現代
135	安倍晴明公御神像	晴明神社所蔵（京都国立博物館寄託）			室町時代中期
136	晴明社社号額写	晴明神社所蔵			安政元年（一八五四）
137（参考図）	都名所図会　晴明神社	国際日本文化研究センター所蔵			安永九年（一七八〇）刊
138	山槐記　久寿三年二月一二日条	本館所蔵		田中穣氏旧蔵典籍古文書	江戸時代写
139	安倍晴明八百五十年祭祭場図	京都府立京都学・歴彩館所蔵		若杉家文書	江戸時代（近代の書き込み有り）
140	壬生本医陰系図	宮内庁書陵部所蔵			江戸時代初期写
141	平家物語　巻三　法印問答	本館所蔵		田中穣氏旧蔵典籍古文書	江戸時代写
142	安倍泰親等勘申天文奏	東京大学史料編纂所所蔵			一三世紀前半頃写ヵ
	第二章　安倍晴明のライバルたち				
143	本朝書籍目録	本館所蔵			寛文一一年（一六七一）刊
144	今昔物語集　巻二十四	国文学研究資料館所蔵			享保年間（一七一六〜三六）刊
145	暦林問答集　上巻	京都府立京都学・歴彩館所蔵			応永二一年（一四一四）
146	東北院職人歌合	本館所蔵		高松宮家伝来禁裏本	室町時代写
147	枕草子	本館所蔵		高松宮家伝来禁裏本	江戸時代中期写

第三章　転生する安倍晴明

番号	資料名	所蔵	資料群	年代
148	玉藻前草子絵巻	サントリー美術館所蔵		江戸時代
149	たま藻のまへ	京都大学附属図書館所蔵		江戸時代
150	臥雲日件録抜尤	本館所蔵	田中穣氏旧蔵典籍古文書	永禄五年（一五六二）
151	版本　謡曲殺生石	本館所蔵		慶長年間（一五九六～一六一五）刊
152	金烏玉兎集（簠簋）（天正一二年写本）	本館所蔵		天正一二年（一五八四）写
153	安倍晴明物語	個人蔵		寛文二年（一六六二）刊
154	しのたづまつりぎつね付あべノ清明出生	大阪大学附属図書館所蔵		延宝二年（一六七四）
155	阿部清明ひとり占	本館所蔵	怪談・妖怪コレクション	江戸時代
156	イソテヌグイ	本館所蔵		近代

第Ⅲ部　暦とその文化

第一章　暦をくばる

番号	資料名	所蔵	資料群	年代
157	歳徳神・八将神像	大将軍八神社所蔵		宝永元年（一七〇四）
158	（陰陽道）掟	本館所蔵	吉川家文書	元禄一〇年（一六九七）
159	（陰陽道）掟	本館所蔵	吉川家文書	明和四年（一七六七）
160	（木綿繈官服）許状	本館所蔵	吉川家文書	天保三年（一八三二）
161	（南都暦師中新暦一件ニ付）乍恐謹而奉申上候口上覚案	本館所蔵	吉川家文書	宝暦五年（一七五五）
162	新組定	本館所蔵	吉川家文書	弘化三年（一八四六）
163	（吉川若狭官位継目官銀）御寄進帳	本館所蔵	吉川家文書	天明元年（一七八一）
164	御貢納上納請取割印帳	本館所蔵	吉川家文書	弘化三年（一八四六）～嘉永四年（一八五一）

番号	資料名	所蔵	指定 資料群・出土先	年代
165	陰陽町家職書上帳（下書）	本館所蔵	吉川家文書	天保一三年（一八四二）
166	（参考図）南在檀中毎年御祈禱覚帳	本館所蔵	吉川家文書	寛政三年（一七九一）
167	（中尾家版木）安政五戊午略暦　柱暦	個人蔵（奈良市史料保存館寄託）		安政四年（一八五七）
168	（中尾家版木）文化八辛未略暦　柱暦	個人蔵（奈良市史料保存館寄託）		文化七年（一八一〇）
169	（中尾家版木）方位吉凶家相吉凶定	個人蔵（奈良市史料保存館寄託）		江戸時代
170	（中尾家版木）富士垢離　版木	個人蔵（奈良市史料保存館寄託）		江戸時代
171	（中尾家版木）夏越の祓　版木	個人蔵（奈良市史料保存館寄託）		江戸時代
172	鎮宅霊符神符版木	奈良市史料保存館所蔵		年代不明
173	（参考図）奈良曝	奈良県立図書情報館所蔵		貞享四年（一六八七）刊
174	（参考図）奈良坊目拙解	奈良県立図書情報館所蔵		享保一五年（一七三〇）自序、享保二〇年成立（写本）
175	（参考図）和州南都之図	奈良県立図書情報館所蔵		宝永六年（一七〇九）開板
176	暦掛り記録	本館所蔵	吉川家文書	嘉永七年（一八五四）～明治二年（一八六九）
177	暦入れ袋	本館所蔵	吉川家文書	江戸時代
178	明和五年南都暦	本館所蔵	吉川家文書	明和四年（一七六七）
179	明和七年南都暦	本館所蔵	吉川家文書	明和六年（一七六九）
180	大硯	本館所蔵	吉川家文書	年代不明
181	印判類	本館所蔵	吉川家文書	江戸時代～近代
182	（参考図）年卦序書記	本館所蔵	吉川家文書	江戸時代（宝暦～安永頃ヵ）
183	土御門家作法必（ママ）伝	本館所蔵	吉川家文書	江戸時代
184	安家大元水アケ之王垣之伝	本館所蔵	吉川家文書	天明七年（一七八七）
185	売上明細帳	本館所蔵	吉川家文書	明治三八年（一九〇五）

No.	資料名	所蔵	備考	年代
186	(中尾家版木) 醤油屋ラベル　版木	個人蔵(奈良市史料保存館寄託)		近代

第二章　暦をかえる

No.	資料名	所蔵	備考	年代
187	(参考図) 天地明察(小説)			平成二一年(二〇〇九)
188	人形浄瑠璃文楽 大経師昔暦(文楽)ポスター	国立劇場所蔵 協力:人形浄瑠璃文楽座		平成三一年(二〇一九)
189	(参考図) 冨嶽百景　浅草鳥越の図(浅草天文台)	千葉市美術館所蔵		一八三〇年代
190	(参考図) 泰福卿記	宮内庁書陵部所蔵		延宝九年(一六八一)
191	貞享暦	国立天文台所蔵		元禄一二年(一六九九)
192	渾天儀	本館所蔵		江戸時代
193	(参考図) 圭表儀(寛政暦書　巻十九)	国立国会図書館デジタルコレクションより		天保一五年(一八四四)
194	(参考図) 子午線儀(寛政暦書　巻十九)	国立国会図書館デジタルコレクションより		天保一五年(一八四四)
195	(参考図) 垂揺球儀(寛政暦書　巻十九)	国立国会図書館デジタルコレクションより		天保一五年(一八四四)
196	天経或問	国立天文台所蔵		江戸時代
197	天球儀	大将軍八神社所蔵		年代不明
198	(参考図) 天文成象	国立天文台所蔵		元禄一二年(一六九九)
199	天文図・世界図屏風	個人蔵(大阪歴史博物館寄託)		元禄一五年(一七〇二)以前
200	安政七年伊勢暦	個人蔵		安政六年(一八五九)
201	(参考図) 伊勢参宮名所図会　巻之四　中川原	国立国会図書館デジタルコレクションより		寛政九年(一七九七)
202	天文暦学盟書之事	個人蔵		延享三年(一七四六)
203	(参考図) 山田惣絵図(複製)	個人蔵　原品:神宮文庫所蔵		大正一〇年(一九二一) 〔原品の年代〕
204	貞享三年三嶋暦	本館所蔵	吉川家文書	貞享二年(一六八五)

番号	資料名	所蔵	指定　資料群・出土先	年代
205	（参考図）柱暦	個人蔵		文政八年（一八二五）
206	略暦　住吉踊り	おおい町教育委員会所蔵		文久元年（一八六一）
207	（参考図）田山暦・盛岡絵暦	国立国会図書館デジタルコレクションより		（田山暦）享和二年暦、享和元年（一八〇一）（盛岡絵暦）慶応二年暦、慶応元年（一八六五）
208	（参考図）犬字大小	本館所蔵		嘉永二年（一八四九）
209	（参考図）鞘絵大小	国立国会図書館デジタルコレクションより		天明二年（一七八二）
210	三河屋彦八気配りの大小	おおい町教育委員会所蔵		文政一一年（一八二八）
211	猿使いの図	おおい町教育委員会所蔵		安政五年（一八五八）
212	（参考図）風刺画　陰陽師の災難	おおい町教育委員会所蔵		江戸時代
213	たばこ盆	おおい町教育委員会所蔵		嘉永四年（一八五一）頃
214	須弥山図	本館所蔵		文化一〇年（一八一三）
215	天朝無窮暦　草稿	本館所蔵		天保八年（一八三七）
	第三章　暦をそろえる			
216	太陰暦ヲ廃シ太陽暦ヲ行フ附詔書	国立公文書館所蔵		明治五年（一八七二）
217	皇霊正辰並諸祭日改定	国立公文書館所蔵		明治六年（一八七三）
218	改暦弁	本館所蔵		明治六年（一八七三）
219	太陽暦略註解	個人蔵		明治一〇年（一八七七）
220	明治二十二年両暦使用取調書	国立天文台所蔵		明治二二年（一八八九）
221	維新以後頒暦ニ付達状	本館所蔵	吉川家文書	慶応四年（一八六八）
222	頒暦取締達状写（弘暦者ノ外暦本取扱ヲ禁ス）	本館所蔵	吉川家文書	明治三年（一八七〇）

223	新旧明治六年暦	（旧暦）本館所蔵 （新暦）個人蔵	吉川家文書	明治五年（一八七二） 明治五年（一八七二）
224	明治九年太陽暦と太陽略暦 （本暦と略本暦）	本館所蔵	吉川家文書	明治八年（一八七五）
225	暦商社規則書	本館所蔵	吉川家文書	明治九年（一八七六）
226	本暦弁略本暦伊勢神宮ニ於テ頒布一枚摺略暦ハ何人ニ限ラス出版准許	国立公文書館所蔵		明治一五年（一八八二）
227	頒暦取扱規則	本館所蔵	吉川家文書	明治一五年（一八八二）
228	退組御願（林組退組）	本館所蔵	吉川家文書	明治一七年（一八八四）
229	明治十一年太陽暦	本館所蔵	吉川家文書	明治一〇年（一八七七）
230	明治十六年暦（官暦）	本館所蔵	吉川家文書	明治一五年（一八八二）
231	お化け暦	個人蔵		明治・大正・昭和期（戦前）
232	戦前の日めくり・ 西洋式カレンダー・引札	（日めくり・西洋式カレンダー）新日本カレンダー株式会社所蔵／（引札）個人蔵		明治・大正・昭和期（戦前）
233	（参考図）台湾民暦	国立国会図書館デジタルコレクションより		大正一〇年（一九二一）
234	朝鮮民暦	個人蔵		大正八年（一九一九）
235	満洲国大同三年歳次甲戌時憲書	京都府立京都学・歴彩館所蔵		一九三三年
236	昭和二十三年神宮暦 （戦後祝日法制定時の暦）	個人蔵		昭和二二年（一九四七）
237	農山漁家の暦	個人蔵		アメリカ合衆国による占領統治期
238	アジアに残る旧暦	個人蔵		現代
239	（参考図）令和元年のカレンダー	株式会社トーダン所蔵		令和元年（二〇一九）
240	（参考図）平成三十一年神宮暦	個人蔵		平成三〇年（二〇一八）
241	（参考図）令和二年のカレンダー	株式会社トーダン所蔵		令和元年（二〇一九）
242	（参考図）現代の「開運カレンダー」	株式会社トーダン所蔵		令和五年（二〇二三）

図表一覧

主要参考文献

。紙幅の都合から、論文等の初出年は省略し、論文・書籍名の副題を省略したものがある

全体に関わるもの

村山修一ほか編『陰陽道叢書1　古代』（名著出版、一九九一）
村山修一ほか編『陰陽道叢書2　中世』（名著出版、一九九三）
村山修一ほか編『陰陽道叢書3　近世』（名著出版、一九九二）
村山修一ほか編『陰陽道叢書4　特論』（名著出版、一九九三）
細井浩志編『新陰陽道叢書　第一巻　古代』（名著出版、二〇二〇）
赤澤春彦編『新陰陽道叢書　第二巻　中世』（名著出版、二〇二一）
梅田千尋編『新陰陽道叢書　第三巻　近世』（名著出版、二〇二一）
小池淳一編『新陰陽道叢書　第四巻　民俗・説話』（名著出版、二〇二一）
林淳編『新陰陽道叢書　第五巻　特論』（名著出版、二〇二一）
『総特集陰陽道・修験道を考える』現代思想四九−五（青土社、二〇二一）
安城市歴史博物館編・発行『陰陽師安倍晴明』（二〇一七）
大阪市立美術館編『道教の美術』（読売新聞大阪本社、二〇〇九）
大阪人権博物館編・発行『安倍晴明の虚像と実像：語られた歴史・由緒と被差別民』（二〇〇三）
陰陽道史研究の会編『呪術と学術の東アジア―陰陽道研究の継承と展望―』アジア遊学二七八（勉誠出版、二〇二二）
神奈川県立金沢文庫編・発行『陰陽道×密教』（二〇〇七）
京都文化博物館・郡山市立美術館・読売新聞大阪本社編『安倍晴明と陰陽道展』（読売新聞大阪本社、二〇〇三）
小池淳一・国立歴史民俗博物館編・発行『呪術・呪法の系譜と実践に関する総合的調査研究』（文部科学省科学研究費補助金研究成果報告書、二〇〇七）
国立歴史民俗博物館編・発行『異界万華鏡：あの世・妖怪・占い』（二〇〇一）
暦の会編『暦の百科事典』（本の友社、一九九九）
奈良市史編集室著・発行『吉川家文書目録―奈良暦の解説』（一九八二）
林淳・小池淳一編著『陰陽道の講義』（嵯峨野書院、二〇〇二）
村山修一『日本陰陽道史総説』（塙書房、一九八一）
村山修一編著『陰陽道基礎史料集成』（東京美術、一九八七）
山下克明『平安時代の宗教文化と陰陽道』（岩田書院、一九九六）
山下克明『平安時代陰陽道史研究』（思文閣出版、二〇一五）
山下克明『陰陽道　術数と信仰の文化』（臨川書店、二〇二二）
渡邊敏夫『日本の暦』（雄山閣、一九七六）

第Ⅰ部　陰陽師のあしあと

阿賀岡希子「広島県・山崎遺跡―中世末のまじない札が出土した埋納土壙―」（『祭祀考古』二、一九九四）
赤澤春彦「鎌倉後期〜末期の鎌倉陰陽師」（阿部猛編『中世政治史の研究』日本史史料研究会、二〇一〇）
赤澤春彦『鎌倉期官人陰陽師の研究』（吉川弘文館、二〇一一）
赤澤春彦「鎌倉幕府と陰陽師」（赤澤同右書）
赤澤春彦「院政期・鎌倉期の宿曜道と宿曜師」（同編『新陰陽道叢書　第二巻　中世』名著出版、二〇二一）
赤澤春彦「宇佐の陰陽師」（赤澤編同右書）

赤澤春彦「中世における晴明像の展開」（林淳編『新陰陽道叢書　第五巻　特論』名著出版、二〇二一）

赤澤春彦「亀沢四丁目遺跡出土の呪符かわらけについて」（『亀沢四丁目遺跡（墨田区No.83遺跡）—亀沢四丁目共同住宅建設に伴う埋蔵文化財発掘調査報告書—』墨田区教育委員会、二〇二二）

赤澤春彦「山村における病とまじない」（中央大学山村研究会編『山村は災害をどう乗り越えてきたか—山梨県早川町の古文書・民俗・景観を読み解く—』小さ子社、二〇二三）

飯淵康一「太白神による方忌み」（『日本建築学会計画系論文報告集』四一一、一九九〇）

石塚尊俊『里神楽の成立に関する研究』（岩田書院、二〇〇五）

泉万里『扇のなかの中世都市—光円寺所蔵「月次風俗図扇面流し屏風」—』大阪大学総合学術博物館叢書一（大阪大学出版会、二〇〇六）

伊藤啓介ほか編『気候変動と中世社会』（臨川書店、二〇二〇）

井上亘「「御体御卜」と『新撰亀相記』」（『東アジア文化環流』一—二、二〇〇八）

上島享『日本中世社会の形成と王権』（名古屋大学出版会、二〇一〇）

内田啓一『仏教美術史展望』（法藏館、二〇二一）

梅田千尋「近世陰陽道祭祀の性格—公家社会における陰陽道をめぐって」（『仏教史研究』四九—二、二〇〇七）

梅田千尋『近世陰陽道組織の研究』（吉川弘文館、二〇〇九）

梅田千尋「「暦占書」の出版と流通」（横田冬彦編『シリーズ〈本の文化史〉4　出版と流通』平凡社、二〇一六）

梅田千尋「江戸時代の陰陽道認識と陰陽師—呪術書と重宝記—」（陰陽道史研究の会編『呪術と学術の東アジア—陰陽道研究の継承と展望—』アジア遊学二七八、勉誠出版、二〇二二）

海老沢有道『増訂切支丹史の研究』（新人物往来社、一九七一）

遠藤克己『近世陰陽道史の研究　新訂増補版』（新人物往来社、一九九四）

遠藤珠紀『中世朝廷の官司制度』（吉川弘文館、二〇一一）

遠藤珠紀「徳川家康の誕生年について」（『戦国史研究』八六、二〇二三）

大江篤『日本古代の神と霊』（臨川書店、二〇〇七）

大谷光男「大唐陰陽書と日本の具注暦」（同『東アジアの古代史を探る』大東文化大学東洋研究所、一九九九）

尾上陽介「再利用された日記原本」（『年報三田中世史研究』一二、二〇〇五）

鐘江宏之「木簡・呪符・人形」（林淳・小池淳一編著『陰陽道の講義』嵯峨野書院、二〇〇二）

川田貞夫「徳川家康の天曹地府祭都状」（村山修一ほか編『陰陽道叢書3　近世』名著出版、一九九二）

川原秀城「『九章算術』解説」（藪内清責任編集『中国天文学・数学集　科学の名著二』朝日出版社、一九八〇）

川原秀城「術数学—数と易のパラドックス—」（水口拓寿編『術数学研究の課題と方法』汲古書院、二〇二三）

川本慎自「足利学校と伊豆の禅宗寺院」（『日本と《宋元》の邂逅　中世に押し寄せた新潮流』アジア遊学一二二、勉誠出版、二〇〇九）

衣川栄一「夜久野町板生出土の中世遺物」（『京都考古』二四、一九七六）

木場明志「暦道賀茂家断絶の事—永禄～文禄期宮廷陰陽道の動向—」（村山修一ほか編『陰陽道叢書2　中世』名著出版、一九九三）

木村純子『室町時代の陰陽道と寺院社会』（勉誠出版、二〇一二）

木村純子「中世興福寺と幸徳井家」（木村同右書）

木村純子「大乗院尋尊と幸徳井家」（赤澤春彦編『新陰陽道叢書　第二巻　中世』名著出版、二〇二一）

近世文学書誌研究会編『近世文学資料類従　参考文献編14　重宝記集一』（勉誠社、一九七九）

小池淳一「神を名づけた話—山の神出産譚と陰陽道—」（『國文學—解釈と教材の研究』四四巻一四号、一九九九）

小池淳一「陰陽道書」（鵜飼政志ほか編『歴史をよむ』東京大学出版会、二〇

〇四)
小池淳一『陰陽道の歴史民俗学的研究』(角川学芸出版、二〇一一年)
小池淳一「龍王たちの行方―陰陽道「神話」の唱導性―」(林雅彦・小池淳一編『唱導文化の比較研究』岩田書院、二〇一一)
小池淳一「書物と呪術・秘伝」(島薗進ほか編『シリーズ日本人と宗教 近世から近代へ5 書物・メディアと社会』春秋社、二〇一五)
小坂眞二「陰陽道の成立と展開」(『古代史研究の最前線 第四巻』雄山閣出版、一九八七)
小坂眞二「式占」(高橋洋二編『別冊太陽 七三 占いとまじない』平凡社、一九九一)
小坂眞二「古代・中世の占い」(村山修一ほか編『陰陽道叢書4 特論』名著出版、一九九三)
小坂眞二「祭・祓と陰陽道の祭祀部門」(村山ほか編同右書)
小坂眞二「安倍泰親の占験譚をめぐって」(『東洋研究』一三二、一九九九)
小坂眞二『安倍晴明撰『占事略决』と陰陽道』(汲古書院、二〇〇四)
児島啓祐「『平家物語』の陰陽師像とその史的背景―安倍泰親と時晴の対比表現をめぐって―」(『日本文学』七〇―八、二〇二一)
斎藤望編『大将軍神像と社史』(大将軍八神社、一九八五)
斎藤英喜『安倍晴明』(ミネルヴァ書房、二〇〇四)
西連寺育子「陰陽頭賀茂在昌のキリスト教受容をめぐって」(岸野久・村井早苗編『キリシタン史の再発見』雄山閣出版、一九九六)
坂上康俊『律令国家の転換と「日本」』(講談社、二〇〇一)
坂本太郎「日本三代実録」(同『六国史』吉川弘文館、一九七〇)
佐藤均『革命・革令勘文と改元の研究』(佐藤均著作集刊行会、一九九一)
繁田信一『陰陽師と貴族社会』(吉川弘文館、二〇〇四)
繁田信一『安倍晴明―陰陽師たちの平安時代―』(吉川弘文館、二〇〇六)
繁田信一『呪いの都平安京』新装版(吉川弘文館、二〇二二)
下村周太郎「中世国家論と陰陽道研究」(赤澤春彦編『新陰陽道叢書 第二巻 中世』名著出版、二〇二一)
末柄豊「応仁・文明の乱以後の室町幕府と陰陽道」(『東京大学史料編纂所研究紀要』六、一九九六)
末柄豊「勘解由小路家の所領について」(科学研究費補助金研究成果報告書〔研究代表者:厚谷和雄〕『具注暦を中心とする暦史料の集成とその史料学的研究』二〇〇八)
杉岳志「近世中後期の陰陽頭・朝廷と彗星」(井上智勝・高埜利彦編『近世の宗教と社会2 国家権力と宗教』吉川弘文館、二〇〇八)
杉山美絵「戦国期の禁裏における声聞師大黒の存在形態」(『芸能史研究』一七五、二〇〇六)
鈴木一馨「京都市大将軍八神社所蔵『皆川家旧蔵資料』について」(大東文化大学東洋研究所編『年代学(天文・暦・陰陽道)の研究』汲古書院、一九九六)
鈴木一馨「『符天暦日躔差立成』とその周辺」(『駒沢史学』五一、一九九八)
鈴木一馨「日本における風水と陰陽道」(林淳・小池淳一編著『陰陽道の講義』嵯峨野書院、二〇〇二)
鈴木一馨「「陰陽道」をなんと訓む?」(『本』二七―八、講談社、二〇〇二)
鈴木元「中世陰陽道の片影―『塵滴問答』略注―」(同『室町連環―中世日本の「知」と空間―』勉誠出版、二〇一四)
晴明神社編『安倍晴明公』(講談社、二〇〇二)
世界人権問題研究センター編『散所・声聞師・舞々の研究』(思文閣出版、二〇〇四)
高田義人「『朝野群載』写本系統についての試論」(『書陵部紀要』五四、二〇〇三)
高田義人「泰山府君都状の古文書学的考察」(『古文書研究』八五、二〇一八)
高田義人『平安貴族社会と技能官人』(同成社、二〇二〇)
高埜利彦『近世日本の国家権力と宗教』(東京大学出版会、一九八九)
高埜利彦『近世の朝廷と宗教』(吉川弘文館、二〇一四)

高橋洋二編『別冊太陽　七三　占いとまじない』（平凡社、一九九一）
高原豊明『晴明伝説と吉備の陰陽師』（岩田書院、二〇〇一）
詫間直樹「陰陽道の方違えについて」（細井浩志編『新陰陽道叢書　第一巻　古代』名著出版、二〇二〇）
詫間直樹・高田義人編著『陰陽道関係史料』（汲古書院、二〇〇一）
竹迫忍「符天暦による七曜暦の造暦について」（『数学史研究』二三七、二〇二〇）
田村正孝「室町期における宇佐宮の祭祀・造営再興」（『年報中世史研究』三二、二〇〇七）
築上町教育委員会著・発行『築上町文化財調査報告書第12集　本庄の大楠保存整備報告書』（二〇一五）
戸田雄介「宿曜道の院政期」（『仏教大学大学院紀要』三四、二〇〇六）
栃木県立博物館編『平成十八年度春季企画展　今よみがえる中世の東国』（栃木県立博物館友の会、二〇〇六）
豊根村教育委員会編・発行『豊根村古文書目録』（一九九六）
中島和歌子「陰陽道における医書の重要性と色選びの独自性」（『風俗史学』五九、二〇一四）
中島和歌子「陰陽道の式神の成立と変遷再論」（『札幌国語研究』二二、二〇一七）
中島和歌子「古代陰陽道の占いと物忌」（細井浩志編『新陰陽道叢書　第一巻　古代』名著出版、二〇二〇）
中津市史刊行会編・発行『中津市史』（一九六五）
中野幡能『宇佐宮』（吉川弘文館、一九八五）
中野玄三「大将軍信仰とその造形—新出の南山城旦椋神社神像群を中心にして—」（同『続日本仏教美術史研究』思文閣出版、二〇〇六）
中村璋八『日本陰陽道書の研究　増補版』（汲古書院、二〇〇〇）
奈良場勝『近世易学研究—江戸時代の易占』（おうふう、二〇一〇）
新潟県立歴史博物館編・発行『平成28年度春季企画展図録　おふだにねがいを—呪符—』（二〇一六）
新潟県立歴史博物館監修『まじないの文化史—日本の呪術を読み解く』（河出書房新社、二〇二〇）
西岡芳文「赤口」（網野善彦ほか編『ことばの文化史3』平凡社、一九八九）
西岡芳文「『卜筮書』（初唐鈔本）について」（『三浦古文化』五四、一九九四）
西岡芳文「六壬式占と軒廊御卜」（今谷明編『王権と神祇』思文閣出版、二〇〇二）
西岡芳文「中世の密教と陰陽道—盤法をめぐって—」（赤澤春彦編『新陰陽道叢書　第二巻　中世』名著出版、二〇二一）
西岡芳文「『行法救呪』翻刻」「『行法救呪』解説」（松山由布子編『科学研究費補助金研究報告奥三河宗教文献資料集—陰陽道と民俗信仰—』私家版、二〇二一）
西垣晴次「藤原実重の信仰と生活」（四日市市教育委員会『四日市市史』一六巻、一九九五）
西田かほる「無宿の陰陽師守屋安芸をめぐって」（青柳周一ほか編『近世の宗教と社会一　地域の広がりと宗教』吉川弘文館、二〇〇八）
西山良平『都市平安京』（京都大学学術出版会、二〇〇四）
野口飛香留「安倍泰宣流再考—南北朝～室町期を中心に—」（『北大史学』六二、二〇二二）
野口飛香留「南北朝の分立と陰陽師—北朝と賀茂氏・安倍氏諸流との関係を中心に—」（『古文書研究』九三、二〇二二）
ハイエク・マティアス「算置考—中世から近世初期までの占い師の実態を探って—」（赤澤春彦編『新陰陽道叢書　第二巻　中世』名著出版、二〇二一）
橋本萬平・小池淳一編『寛永九年版大ざつしよ』（岩田書院、一九九六）
馬場真理子「暦の「正理」—『暦林問答集』における暦注の解説を中心に—」（『東京大学宗教学年報』三四、二〇一六）
林淳『近世陰陽道の研究』（吉川弘文館、二〇〇五）
林淳「幸徳井家と南都陰陽道」（林同右書）

林淳「江戸幕府と陰陽道・暦道」（島薗進ほか編『シリーズ日本人と宗教　近世から近代へ1　将軍と天皇』春秋社、二〇一四）
速水侑『平安仏教と末法思想』（吉川弘文館、二〇〇六）
原史彦「徳川家康イメージの現在」（大石学・時代考証学会編『戦国時代劇メディアの見方・つくり方』勉誠出版、二〇二一）
東アジア恠異学会編『亀卜』（臨川書店、二〇〇六）
広島県埋蔵文化財調査センター編・発行『広島県埋蔵文化財調査センター調査報告書 第123集　山崎遺跡』（一九九四）
広瀬千絵「尾上出戸出土の呪術関連遺物について」（『戦国の城のライフサイクル～本佐倉城築城から廃城、そして現代へ～』酒々井町教育委員会、二〇二二）
福島金治「中世後期における地方暦と在地社会」（赤澤春彦編『新陰陽道叢書　第二巻　中世』名著出版、二〇二一）
福知山市教育委員会編・発行『福知山市指定文化財図録Ⅱ（補遺版）　文化財が語る福知山の歴史』（二〇一一）
福原栄太郎「天平9年の疫病流行とその政治的影響について」（『神戸山手大学環境文化研究所紀要』四、二〇〇〇）
ベルナール・フランク（斎藤広信訳）『方忌みと方違え』（岩波書店、一九八九）
細井浩志「『日本紀略』後篇と『新国史』」（同『古代の天文異変と史書』吉川弘文館、二〇〇七）
細井浩志『日本史を学ぶための〈古代の暦〉入門』（吉川弘文館、二〇一四）
細井浩志「七、八世紀における文化複合体としての日本仏教と僧尼令」（新川登亀男編『仏教文明と世俗秩序』勉誠出版、二〇一五）
細井浩志「古代対馬の亀卜」（高野晋司氏追悼論文集刊行会編・発行『高野晋司氏追悼論文集』二〇一五）
細井浩志「陰陽道の成立についての試論」（吉川真司・倉本一宏編『日本的時空観の形成』思文閣出版、二〇一七）
細井浩志「陰陽師の日記・『養和二年記』にみる天文道」（松薗斉・近藤好和編著『中世日記の世界』ミネルヴァ書房、二〇一七）
細井浩志「陰陽道と東アジア」（田中史生編『古代日本と興亡の東アジア』竹林舎、二〇一八）
細井浩志「「陰陽道」概念と陰陽道の成立について」（同編『新陰陽道叢書　第一巻　古代』名著出版、二〇二〇）
細井浩志「古代における晴明像の形成」（林淳編『新陰陽道叢書　第五巻　特論』名著出版、二〇二一）
細井浩志「陰陽師賀茂保憲について」（坂上康俊編『古代中世の九州と交流』高志書院、二〇二二）
細井浩志「法師陰陽師の実態とその歴史的性格について」（『史学研究』三一五、二〇二三）
本田済『易』上・下（朝日文庫、一九七八）
前田育徳会尊経閣文庫編『前田育徳会尊経閣文庫所蔵七十一番職人歌合』（勉誠出版、二〇一四）
増尾伸一郎『道教と中國撰述佛典』（汲古書院、二〇一七）
増尾伸一郎「〈文選博士〉考—吉備真備・安倍晴明・大江匡房をむすぶもの—」（小池淳一編『新陰陽道叢書　第四巻　民俗・説話』名著出版、二〇二一）
松本政春「奈良朝陰陽師考」（同『律令兵制史の研究』清文堂出版、二〇〇二）
松山由布子編『古真立地区守屋家・上黒川地区村松家・下黒川地区清川家宗教文献目録』（名古屋大学人文学研究科附属人類文化遺産テクスト学研究センター、二〇一九）
松山由布子「解説『牛頭天王五段式』と『牛頭天王嶋渡り祭文』」（同編『科学研究費補助金研究報告　奥三河宗教文献資料集—陰陽道と民俗信仰—』私家版、二〇二一）
松山由布子「民俗社会の信仰と知識—奥三河宗教文献研究の現在—」（近本謙

介編『ことば・ほとけ・図像の交響―法会・儀礼とアーカイヴ―』勉誠出版、二〇二一）
松山由布子「陰陽道の呪術と民俗信仰との繋がり―まじない呪盤書をもとに―」（陰陽道史研究の会編『呪術と学術の東アジア―陰陽道研究の継承と展望―』アジア遊学二七八、勉誠出版、二〇二二）
丸山士郎「大将軍八神社神像群と神の表現」（『MUSEUM』五八二、東京国立博物館、二〇〇三）
水口幹記『日本古代漢籍受容の史的研究』（汲古書院、二〇〇五）
水口幹記『古代日本と中国文化―受容と選択』（塙書房、二〇一四）
水口幹記「古代東アジアの術数書について」（細井浩志編『新陰陽道叢書　第一巻　古代』名著出版、二〇二〇）
水口幹記「陰陽道・宿曜道別立隆盛の淵源」（『歴史評論』八六二、二〇二二）
水口幹記「「東アジア」という視点」から考える陰陽道」（陰陽道史研究の会編『呪術と学術の東アジア―陰陽道研究の継承と展望―』アジア遊学二七八、勉誠出版、二〇二二）
水野杏紀「江戸時代末期の土御門家と陰陽書出版について」（『人間社会学研究集録』四、二〇〇九）
水野正好「道教とまじない―東アジア・日本における交流」（『文化財学報』八、一九九〇）
三田加奈『常陸坊海尊の再誕』（みちのく民芸企画、二〇二二）
宮崎真由「陰陽道祭祀について」（細井浩志編『新陰陽道叢書　第一巻　古代』名著出版、二〇二〇）
村上紀夫『近世勧進の研究』（法藏館、二〇一一）
室田辰雄「『文肝抄』編者についての検討」（『佛教大学大学院研究紀要　文学研究科篇』三七、二〇〇九）
室田辰雄「『文肝抄』における賀茂家の始祖伝承について」（『佛教大学大学院紀要　文学研究科篇』三八、二〇一〇）
桃裕行『桃裕行著作集七　暦法の研究　上』（思文閣出版、一九九〇）
桃裕行『桃裕行著作集八　暦法の研究　下』（思文閣出版、一九九〇）
桃裕行「『御堂関白記』の暦」（同『桃裕行著作集七　暦法の研究　上』思文閣出版、一九九〇）
森茂暁「大内氏と陰陽道―大内政弘と賀茂在宗との関係を中心に―」（赤澤春彦編『新陰陽道叢書　第二巻　中世』名著出版、二〇二一）
柳原敏昭「室町王権と陰陽道」（村山修一ほか編『陰陽道叢書2　中世』名著出版、一九九三）
矢野道雄『増補改訂密教占星術』（東洋書院、二〇一三）
山口えり『日本古代国家の祈雨儀礼と災害認識』（塙書房、二〇二〇）
山口啄実「鎌倉後期～南北朝期の官人陰陽師―変革期の安倍氏と賀茂氏―」（赤澤春彦編『新陰陽道叢書　第二巻　中世』名著出版、二〇二一）
山下克明「遣唐請益と難義」（同『平安時代の宗教文化と陰陽道』岩田書院、一九九六）
山下克明「陰陽道と護身剣・破敵剣」（山下同右書）
山下克明「宿曜道の形成と展開」（山下同右書）
山下克明「陰陽道の典拠」（山下同右書）
山下克明「若杉家文書『反閇作法并作法』『反閇部類記』」（『東洋研究』一六四、二〇〇七）
山下克明『陰陽道の発見』（日本放送出版協会、二〇一〇）
山下克明「密教修法と陰陽道」（大橋一章・新川登亀男編『「仏教」文明の受容と君主権の構築―東アジアのなかの日本―』勉誠出版、二〇一二）
山下克明「『大唐陰陽書』の考察」（同『平安時代陰陽道史研究』思文閣出版、二〇一五）
山下克明「安倍晴明の「土御門の家」と晴明伝承」（山下同右書）
山下克明「陰陽道の宗教的特質」（山下同右書）
山下克明「陰陽道関係史料の伝存状況」（山下同右書）
山下克明「院政期の大将軍信仰と大将軍堂」（山下同右書）
山下克明「式神の実態と説話をめぐって」（細井浩志編『新陰陽道叢書　第一

巻　古代』名著出版、二〇二〇）
山田邦和「平安京の条坊制」（奈良女子大学21世紀COEプログラム古代日本形成の特質解明の研究教育拠点編・発行『都城制研究（1）』二〇〇七）
山本ひろ子『異神』（平凡社、一九九八）
山本ひろ子『大荒神頌』（岩波書店、一九九三）
湯浅吉美「『吾妻鏡』に見る鎌倉武士の方違え」（同『暦と天文の古代中世史』吉川弘文館、二〇〇九）
吉田栄治郎「近世大和の陰陽師と奈良暦」（村山修一ほか編『陰陽道叢書3　近世』名著出版、一九九二）
若狭路文化研究所　多仁照廣編『おおい町教育委員会文化財調査報告書『加茂神社宮司谷川左近家文書』土御門家陰陽道の歴史　名田庄・納田終の地にて』（岩田書院、二〇二三）
渡邊敏夫「七曜暦」（同『日本の暦〔第二版〕』雄山閣出版、一九八四）

第Ⅱ部　安倍晴明のものがたり

赤澤春彦『鎌倉期官人陰陽師の研究』（吉川弘文館、二〇一一）
朝倉治彦編『仮名草子集成（第一巻）』（東京堂出版、一九八〇）
岩田準一『志摩の海女』（自刊、一九七一（一九三九））
大島由紀夫『中世衆庶の文芸文化―縁起・説話・物語の演変―』（三弥井書店、二〇一四）
小澤俊夫・稲田浩二編『日本昔話通観』（同朋舎出版、一九七七～九八）
小池淳一「簠簋とは何か―陰陽道の由来と行方―」（『総特集陰陽道・修験道を考える』現代思想四九―五、青土社、二〇二一）
繁田信一『陰陽師―安倍晴明と蘆屋道満―』（中央公論新社、二〇〇六）
繁田信一『安倍晴明―陰陽師たちの平安時代―』（吉川弘文館、二〇〇六）
晴明神社編『安倍晴明公』（講談社、二〇〇二）
高原豊明『安倍晴明伝説』（PHPエディターズ・グループ、一九九九）
高原豊明「表象民俗文化論の可能性について―『写真集安倍晴明伝説』の出版を契機として―」（『国立歴史民俗博物館研究報告』九一、二〇〇一）
詫間直樹・高田義人「『医陰系図』解題」（同編著『陰陽道関係史料』汲古書院、二〇〇一）
中野瑛介「『簠簋抄』の説話世界」（『青山語文』五二、二〇二二）
中村璋八『日本陰陽道書の研究　増補版』（汲古書院、二〇〇〇）
マティアス・ハイエク「近世前期の占いの「学術」の一側面―『簠簋』の解説書を中心に―」（陰陽道史研究の会編『呪術と学術の東アジア―陰陽道研究の継承と展望―』アジア遊学二七八、勉誠出版、二〇二二）
横山重『古浄瑠璃正本集（第四）』（角川書店、一九六五）
渡辺守邦『仮名草子の基底』（勉誠社、一九八六）
渡辺守邦「『簠簋抄』以前―狐の子安倍の童子の物語―」（『国文学研究資料館紀要』一四、一九八八）
渡辺守邦「『簠簋抄』の諸本」（『実践女子大学文学部紀要』三五、一九九三）
渡辺守邦「『簠簋抄』の諸本・補遺」（『実践女子大学文学部紀要』三六、一九九四）
渡辺守邦「『簠簋抄』以前・補注」（『説話論集　第四巻』清文堂出版、一九九五）
渡辺守邦「『簠簋抄』を修訂する」（『実践国文学』九八、二〇二〇）
渡辺守邦「『簠簋抄』を修訂する・続考」（『実践国文学』一〇〇、二〇二一）

第Ⅲ部　暦とその文化

浅野珠枝「『天文方渋川家関係資料』の寄贈に際して」（『国立国会図書館月報』七二五、二〇二一）
梅田千尋「近世社会における「暦」」（同編『新陰陽道叢書　第三巻　近世』

名著出版、二〇二一）
岡田正彦『忘れられた仏教天文学―十九世紀の日本における仏教世界像―』（ブイツーソリューション、二〇一〇）
岡田芳朗『日本の暦』（木耳社、一九七二）
岡田芳朗『南部絵暦』（法政大学出版局、一九八〇）
岡田芳朗『明治改暦―「時」の文明開化』（大修館書店、一九九四）
岡田芳朗編著『江戸の絵暦』（大修館書店、二〇〇六）
岡田芳朗編『暦の大事典』（朝倉書店、二〇一四）
小田真裕「歴史の証人　写真による所蔵品紹介　奈良暦師吉川家旧蔵資料」（『歴博』二一〇、二〇一八）
小田真裕「幕末奈良陰陽師の活動」（『国文学解釈と鑑賞』七二－一〇、二〇〇七）
小田真裕「吉川家文書の陰陽道関係史料」（林淳編『新陰陽道叢書　第五巻　特論』名著出版、二〇二一）
嘉数次人『天文学者たちの江戸時代―暦・宇宙観の大転換―』（筑摩書房、二〇一六）
下村育世『明治改暦のゆくえ―近代日本における暦と神道』（ぺりかん社、二〇二三）
神宮徴古館編・発行『企画展　暦』（二〇〇四）
新宿歴史博物館編・発行『平成十七年度企画展　暦の世界へ』（二〇〇六）
新日本カレンダー株式会社著・発行『新日本カレンダー１００周年記念誌』（二〇二二）
「トーダン１００年のあゆみ」編集委員会編『トーダン１００年のあゆみ―the history of Todan 1903-2003』（トーダン、二〇〇三）
特別展「みしま～三嶋暦から三島茶碗へ～」実行委員会編・発行『特別展　みしま～三嶋暦から三島茶碗へ～』（二〇〇一）
中牧弘允『カレンダーから世界を見る』（白水社、二〇〇八）
中村士『江戸の天文学者　星空を翔ける―幕府天文方、渋川春海から伊能忠敬まで―』（技術評論社、二〇〇八）
奈良市教育委員会『奈良市古文書調査目録（七）』（奈良市教育委員会文化課、一九九一）
林信二郎「カレンダーの変遷」（印刷時報社編・発行『カレンダーの研究』一九五〇）
林淳『天文方と陰陽道』（山川出版社、二〇〇六）
林淳『渋川春海―失われた暦を求めて―』（山川出版社、二〇一八）
宮島一彦「日本の古星図と東アジアの天文学」（『人文學報』（京都大学人文科学研究所）八二、一九九九）
宮島一彦「保井春海筆の天文図屏風について」（『大阪市立科学館研究報告』三〇、二〇二〇）
柳澤洋文・福江純・富田良雄「天文学史教材としての天体観測儀器３ＤＣＧ復元（３）古観測機器「渾天儀（こんてんぎ）」の３ＤＣＧ復元」（『天文教育』二三（六）、二〇一一）
柳澤洋文・福江純・冨田良雄「天文学史教材としての天体観測儀器３ＤＣＧ復元（４）古観測機器「圭表（けいひょう）」の３ＤＣＧ復元」（『天文教育』二四（一）、二〇一二）
吉田栄治郎「近世大和の陰陽師と奈良暦」（村山修一ほか編『陰陽道叢書３　近世』名著出版、一九九二）
渡邊敏夫『近世日本天文学史』上・下（恒星社厚生閣、一九八六・八七）

協力者

企画展示「陰陽師とは何者か」の開催並びに本書の作成にあたり、資料所蔵先をはじめとする左記の方々にご協力いただきました。記して感謝の意を表します。（敬称略・順不同）

◆機関

足利市教育委員会
一般社団法人日本カレンダー暦文化振興協会
一般社団法人人形浄瑠璃文楽座
宇佐神宮
円光寺
おおい町教育委員会
おおい町暦会館
大楠神社
大阪大学附属図書館
大阪歴史博物館
神奈川県立金沢文庫
株式会社KADOKAWA
株式会社トーダン
加茂神社
京都国立博物館
京都市歴史資料館
京都大学附属図書館
京都府立京都学・歴彩館
金沢山称名寺
宮内庁書陵部
公益財団法人前田育徳会
公益財団法人陽明文庫
国際日本文化研究センター
国文学研究資料館
国立劇場
国立公文書館
国立国会図書館
国立天文台
サントリー美術館
酒々井町教育委員会
清浄華院
神宮文庫
新日本カレンダー株式会社
墨田区教育委員会
晴明神社
大将軍八神社
築上町教育委員会
千葉市美術館
対馬博物館
東京大学史料編纂所
東北文化財映像研究所
栃木県立博物館
豊根村教育委員会
曇華院
中津市歴史博物館
奈良県立図書情報館
奈良県立民俗博物館
奈良国立博物館
奈良市史料保存館
西尾市岩瀬文庫
梅林寺
八戸市教育委員会
広島県教育委員会
福知山市教育委員会
妙智院
妙法院門跡（三十三間堂本坊）
武蔵村山市立歴史民俗資料館

◆個人

相沢　顕子
浅井　勝利
阿部　武司
井上　智勝
小熊　健
乙咩　政已
宇佐神宮宮司　小野　崇之
大久保　純一
小倉　慈司
嘉数　次人
熊谷　博明
指田　浩明
澤田　和人
曽我　俊裕
髙尾　栄市
谷川　泰信
冨田　良雄
中尾　淳二
長岡　寿和
中牧　弘允
南波　秀洋
西尾　栄之助
仁藤　敦史
馬場　真理子
藤田　雅子
真野　和夫
三上　喜孝
三谷　紘平
宮島　一彦
山下　克明
山田　邦和
吉田　隆博
吉川　健

展示プロジェクト委員

赤澤　春彦　摂南大学　国際学部
梅田　千尋　京都女子大学　文学部
遠藤　珠紀　東京大学史料編纂所
小田　真裕　船橋市郷土資料館
小田島　梨乃　東京大学大学院博士課程
垣東　敏博　おおい町暦会館
川波　久志　福井県立若狭歴史博物館
近藤　絢音　神奈川県立公文書館
下村　育世　日本学術振興会特別研究員
林　淳　愛知学院大学　文学部
細井　浩志　活水女子大学　国際文化学部
松山　由布子　中京大学　教養教育研究院
水谷　友紀　京都府立大学
山本　琢　京都府立京都学・歴彩館

◎小池　淳一　研究部　民俗研究系
後藤　真　研究部
鈴木　卓治　研究部　情報資料研究系
田中　大喜　研究部　歴史研究系
福岡　万里子　研究部　歴史研究系
○松田　睦彦　研究部　民俗研究系

◎代表　○副代表

テキストデータ提供のお知らせ

視覚障害、肢体不自由、発達障害などの理由で本書の文字へのアクセスが困難な方の利用に供する目的に限り、本書をご購入いただいた方に、本書のテキストデータを提供いたします。データはテキストのみで、写真などは含みません。

ご希望の方は、必要事項を添えて、下のテキストデータ引換券を切り取って（コピー不可）、下記の住所までお送りください。

【必要事項】データの送付方法をご指定ください（メール添付 または CD－Rで送付）

メール添付の場合、送付先メールアドレスをお知らせください。

CD－R送付の場合、送付先ご住所・お名前をお知らせいただき、２００円分の切手を同封してください。

【引換券送付先】〒６０６－８２３３ 京都市左京区田中北春菜町26－21 小さ子社

＊公共図書館、大学図書館その他公共機関（以下、図書館）の方へ図書館がテキストデータ引換券を添えてテキストデータを請求いただいた場合も、図書館に対して、テキストデータを提供いたします。そのデータは、視覚障害などの理由で本書の文字へのアクセスが困難な方の利用に供する目的に限り、貸出などの形で図書館が利用に供していただいて構いません。

陰陽師（おんみょうじ）とは何者（なにもの）か

――うらない、まじない、こよみをつくる――

発行日 二〇二三（令和五）年 一〇月 三日 初版発行
二〇二四（令和六）年 三 月 二〇日 第四刷
編　集 大学共同利用機関法人 人間文化研究機構　国立歴史民俗博物館
発行者 原 宏一
発行所 合同会社 小さ子社
〒六〇六－八二三三京都市左京区田中北春菜町二六－二一
電話〇七五－七〇八－六八三四 ＦＡＸ 〇七五－七〇八－六八三九
E-mail: info@chiisago.jp
ブックデザイン 尾崎閑也（鷺草デザイン事務所）
印刷・製本 シナノパブリッシングプレス
ISBN：978-4-909782-21-2

テキストデータ引換券
陰陽師とは何者か